18

夏衍研究资料

XIAYAN YANJIUZILIAO

会林 陈坚 绍武 编

中国文学史资料全编

现代卷

中国社会科学院文学研究所 总纂

知识产权出版社

内容提要：

夏衍，本名沈乃熙，中国现代著名作家、文艺评论家，中国新文化运动的先驱之一。本书分生平与创作自述，生平与创作的评论，生平年表、著译系年和评论资料目录索引等三部分，全面收集了关于夏衍的研究资料。

责任编辑：马　岳　　　　**装帧设计**：段维东

图书在版编目（CIP）数据

夏衍研究资料/会林，陈坚，绍武　编.— 北京：知识产权出版社，2009. 8

（中国文学史资料全编·现代卷）

ISBN 978-7-80247-760-5

Ⅰ. 夏…　Ⅱ. ①会…　②陈…　③绍…　Ⅲ. 夏衍（1900~1995）—人物研究

Ⅳ. K825.6

中国版本图书馆 CIP 数据核字（2009）第 138996 号

中国文学史资料全编·现代卷

夏衍研究资料

会林　陈坚　绍武　编

出版发行：知识产权出版社

社　址：北京市海淀区马甸南村 1 号　　**邮　编**：100088

网　址：http: // www. ipph. cn　　**邮　箱**：bjb@cnipr.com

发行电话：010-82000860 转 8101/8102　　**传　真**：010-82005070/82000893

责编电话：010-82000860 转 8171　　**责编邮箱**：mayue@cnipr. com

印　刷：北京市兴怀印刷厂　　**经　销**：新华书店及相关销售网点

开　本：720mm×960mm　1/16　　**印　张**：41.5

版　次：2010 年 1 月第一版　　**印　次**：2010 年 1 月第一次印刷

字　数：590 千字　　**定　价**：83.00 元

ISBN 978-7-80247-760-5/K·026（2608）

汇纂工作小组

名单

（按姓氏笔画排列）

王润贵　刘跃进　刘福春　严　平

张大明　杨　义　欧　剑　段红梅

编辑说明

中国社会科学院文学研究所向来重视文学史料的系统整理与深入研究，建所50多年来，组织编纂了很多资料丛书，包括《古本戏曲丛刊》、《古本小说丛刊》、《中国现代文学史资料汇编》、《近代文学史料汇编》、《当代文学史料汇编》以及《文艺理论译丛》、《现代文艺理论译丛》、《古典文艺理论译丛》等。其中，介绍国外文艺理论的3套丛书，已经汇编为《文学研究所学术汇刊》9种30册，交由知识产权出版社出版。该书出版后，国内一些重要媒体刊发评介文章，给予充分肯定。为满足学术研究的需要，2007年初，中国社会科学院文学研究所与知识产权出版社商定继续合作，编辑出版《中国文学史资料全编》，将以往出版的史料著作汇为一编，统一装帧，集中出版。

这里推出的《中国文学史资料全编·现代卷》就是其中的一种。本卷主要以《中国现代文学史资料汇编》为基础而又有所扩展。《中国现代文学史资料汇编》的编纂工作启动于1979年，稍后列入国家第六个五年计划社科重点项目。该编分为《中国现代文学运动、论争、社团资料丛书》、《中国现代作家作品研究资料丛书》、《中国现代文学书刊资料丛书》即甲乙丙3种，总主编陈荒煤，副主编许觉民、马良春，编委有丁景唐、马良春、王景山、王瑶、方铭、许觉民、刘增杰、孙中田、孙玉石、沈承宽、芮和师、张大明、张晓翠、杨占陞、陈荒煤、唐弢、贾植芳、徐迺翔、常君实、鄂基瑞、薛绥之、魏绍昌，具体组织主要由徐迺翔、张大明负责。此项目计划出书约200种。至20世纪末，前后20多年间，这套书由数家出版社陆陆续续出版了80余种，还有数十种虽然已经编就，由于种种原因，迄今尚未出版。“现代卷”包括上述已经出版的图书和若干种当时已经编好而尚未出版的图书。

这项工作得到了中国社会科学院文学研究所和知识产权出版社的高度重视，为此成立了汇纂工作小组。杨义、刘跃进、严平、张大明、刘福春等具体负责学术协调工作，于2007年11月，向著作权人发出《征求〈中国文学史资料全编·现代卷〉版权的一封信》，很快得到了绝大多数编者的授权，使这项工作得以如期顺利开展。为此，我们向原书的编者表示由衷的谢意。为尽快将这套书推向社会，满足学界和社会的急需，除原版少量排印错误外，此次重印一律不作任何修改，保留原书原貌，待全部出齐，视市场情况出版修订本。为此，我们也诚挚地希望广大读者能给予充分谅解。

《中国文学史资料全编·现代卷》出版后，我们将尽快启动“古代卷”、“近代卷”和“当代卷”的编纂工作，希望能继续得到专家学者的大力支持和热心参与。

现代卷汇纂工作组

目　录

生平年表与著译系年

生平与创作的评论

夏衍传略

会　林　绍　武

夏衍，本名沈乃熙，字端轩，一九〇〇年十月三十日（阴历九月初八）出生于浙江省杭县庆春门外严家弄。其祖籍原为河南开封，先辈在北宋末年避难至杭州，从此定居江南。他的祖父沈文远，曾在太平天国将领陈玉成部做过文书工作，祖母是著名国学家章太炎的堂妹。父亲沈学诗，字雅言，是个不第秀才，教过私塾，业余学医。母亲徐氏主持家务，为人宽厚，酷爱民间文学和戏曲。夏衍为第八子，上有四姐一兄，另一姐一兄早殁。

夏衍出生的那一年，全国正陷于八国联军侵华的战乱烽火之中。三岁时，父亲因中风遽然病逝，寡母带着六个儿女，靠摇丝、绣花等手工劳作及典质、借贷维持生计。他是母亲最疼爱的稚子，六岁入蒙馆读书。以后，又靠姑母、舅父接济，勉强念完高小。在舅父家寄居时，几只小猫成了他最好的伴侣，终至爱猫成癖。在学习之余，他喜欢翻检父亲留下的书籍，反复阅读《三国演义》、《水浒传》等优秀古典名著，也读过《天雨花》、《再生缘》等唱本。一九一四年，夏衍毕业于德清县立高小，家贫不能进中学，当了约半年的染坊店学徒，后因在校“品学兼优”，由德清县立高小校长曹绪康推荐免费进入杭州甲种工业学校，入染色科。

由于家道败落，战乱频繁，夏衍幼小的心灵中深深刻下了对社会的不满。他在回顾自己的少年时代时曾写道：“从小吃过苦，亲身经历过农村破产的悲剧，也饱受过有钱人的欺侮和奚落，因此，对旧社会制度的不满和反抗，可以说在少年时代就在心里扎下了根子。”❶这里孕育着他把自己的一生与国家、民族命运紧紧相连，从而走上革命道路的契机。

一九一五年进入中学，夏衍的面前展开了一个新生活的天地。离开僻居的乡间，处身于政治、文化中心的省城，他的眼界大大开拓了。当时，正是外强侵略、军阀内乱时期，他在学校里如饥似渴地汲取着新的知识，思索着拯救国家的道路。一九一九年，轰轰烈烈的五四运动爆发了。在“民主”与“科学”口号的吸引下，十九岁的夏衍投身于革命运动之中。通过阅读《新青年》，参加进步学生的学习会，他与马克思主义有了最初的接触，参加了浙江第一个宣传社会主义的刊物《双十》（后改名《浙江新潮》）的编辑工作。“五四”高潮过去，他正逢中学毕业，想到法国去勤工俭学没有成功，“又因毕业考试‘名列第一’的原故，由学校以公费保送到日本去‘深造’”❷。在工业救国思想支配下，于一九二〇年秋赴日，翌年春考入日本明治专门学校（现九州工业大学）电机科。

日本留学约六年半，在人生道路上给夏衍留下的最重要印迹是：急迫地寻找、追求改造社会的道路。从一九二三年开始，他阅读了《共产党宣言》、《社会主义从空想到科学的发展》等马列著作；参加了日本进步学生组织；接触了共产党人和国民党左派人士。一九二四年，他作为“明专”进步留学生代表在门司见到由广州北上的孙中山先生，由中山先生指定李烈钧为介绍人，参加了国共合作的中国国民党。一九二五年“明专”毕业后，为保留官费，进入福冈九州帝国大学，旋即赴东京担任了左派国民党驻日总支部的常委、组织部长。这期间，他对工业救国思想由怀疑而动摇而舍弃。在日本最后二年中，他做的是留学生和华侨的组织工作，并和日本共产党、劳农党领导人接触。

和中国现代文学史上几位文艺大师相仿的一点是：夏衍的正式学历与文艺毫无关系，“从中学到大学，都是学工的”❸。由于他学工的目的是在于救国，在于对“穷困、压迫，封建制度和旧礼教的束缚，

---

❶❷ 夏衍：《走过来的道路》，《收获》1958年第3期。

❸ 夏衍：《忆阿英同志》，《战地增刊》1978年第2期。

以及帝国主义对我们的侵略”❶的强烈憎恶，在于受“社会太不合理、太黑暗了，非彻底革命不可”❷的信念驱使，所以当他一旦找到另一条真正可以救国的革命道路时，当救国需要他弃工事文时，他便很容易地转换过来。他要拿起一切可以使用的武器，为反帝反封建而战斗。

一九二七年，蒋介石发动“四一二”政变，大革命遭到失败。夏衍由于在日本的革命活动被迫回国，一九二七年五月抵上海。就在中国革命的低潮时期，同年六月，他加入了中国共产党，在闸北区从事工人运动。

入党后不久，夏衍又以一个“不曾写过一篇作品的非文艺工作者”❸的身份跨进文艺界，在翻译、戏剧、电影、杂文、评论……诸领域作了各方面的尝试，这是他本人始料所未及的。这里面确有偶然的机缘：他所在的中共闸北区街道第三支部中，主要成员是一批文艺青年和几位太阳社作家，因而与革命文艺界有了较密切的联系。但其决定因素还在于潜在的内因：第一，从小受到根底扎实的文化教养，使他具备了从事文化工作的优越条件；第二，作为中国第一批为新思潮哺育出来的知识分子，他对帝国主义、封建主义、官僚资本主义的压迫有深刻仇恨，并由此形成坚定、昂扬的斗争意志；第三，在新文化熏陶下，他倾心于哲学、文学，热衷于办刊物、写文章，并由此结识了鲁迅、郭沫若、田汉、郑伯奇、冯乃超等文学界重要人士。正因为具备这些条件，一九二九年秋，党组织选派他参加中国左翼作家联盟的筹备工作，从而开始了他的文艺生涯。

夏衍在做了职业革命家的同时，由同乡吴觉农介绍，到开明书店翻译外国理论著作及文艺作品以维持生活。他以不倦的劳动连续译出德国倍倍尔的《妇女与社会主义》、苏联柯根的《新兴文学论》、日本本间久雄的《欧洲近代文艺思潮论》等。特别是在一九二九年翻译出版了高尔基的名著《母亲》，首次把第一部社会主义现实主义伟大作品介绍给中国人民。《母亲》出版后受到读者热烈欢迎，一年之内

❶ 夏衍：《走过来的道路》，《收获》1958年第3期。
❷ 夏衍：《当“五四”浪潮冲到浙江的时候》，《青年运动回忆录》第2辑。
❸ 夏衍：《忆阿英同志》，《战地增刊》1978年第2期。

就重版二次，夏衍也以翻译家沈端先的名字为文坛所知。

一九二九年九月，夏衍与郑伯奇、冯乃超、钱杏邨、孟超、沈西苓等一起，为推进革命戏剧运动的开展，组织了上海艺术剧社，在中国话剧运动史上首次提出“普罗列塔利亚戏剧”这个无产阶级戏剧口号。在排演德国米尔顿的《炭坑夫》时，他“有生以来第一次”担任了导演工作。

一九三〇年三月二日，“左联”成立大会秘密召开，夏衍被推选为执行委员，分工负责同国际左翼文艺团体的联系工作。不久，他又应周剑云、洪深之邀，进入电影界。这是“一二八”战事以后，抗日形势急剧发展的结果。当时几家以武侠片、言情片招揽生意的电影公司因观众的变化而面临危机，要求与左翼文艺界合作。经党组织研究同意，夏衍（化名黄子布）与钱杏邨、郑伯奇担任了明星电影公司编剧顾问。之后，又成立了以夏衍为组长的党的电影小组，在十分困难的条件下，开展了评论电影、组织编剧、输送新人、评介苏联影片及电影理论等项工作。

“左联”成立后不久，夏衍与冯乃超等创办了左翼戏剧刊物《艺术》、《沙仑》，由他担任主编。从一九三二年五月起，电影小组通过各种关系，在上海各主要报刊陆续开辟电影副刊。六月，由蔡叔声（夏衍）等十五位左翼影评家发表声明，提出了“今后电影批评的方针任务”。七月，电影小组创办左翼电影理论刊物《电影艺术》。随后，在各报电影副刊及《电影艺术》上，对外国反动电影，特别是对国民党御用文人鼓吹的“软性电影”谬论及时组织了论战。夏衍以罗浮的笔名连续撰写文章，犀利地揭露其种种谎言，揭示其反动实质，打击了反动派的气焰。此外，电影小组抓紧时机组织左翼队伍，先后把左翼剧联的重要骨干郑君里、舒绣文、赵丹、王莹等介绍于各大影片公司。一九三三年底，夏衍与司徒慧敏、孙师毅、许幸之、赵邦鑅等组成电通影片公司，集中了众多左翼文艺工作者，形成一支强大的创作力量。同时，夏衍与郑伯奇分别翻译了苏联普多夫金的《电影导演论》、《电影脚本论》，连载于《晨报·每日电影》副刊。一九三三年二月，苏联电影《生路》在上海公映，夏衍与洪深等在《每日电影》上发表了八篇评论、十四篇短文，成为中国电影评论史上一件盛事。六月，夏衍又翻译了《生路》摄制台本公开发表，这是我国翻译的第一部苏联电影剧本。这些工作，使中国电影界发生了很大变化，使左翼电影运动冲破反革命文化“围剿”向前发展，为中国电影史写下了重要的一页。

夏衍在电影战线担任组织领导工作的同时，深入钻研、刻苦实践，以掌握电影艺术规律，取得电影创作的发言权。他的第一部电影剧作《狂流》，于一九三三年三月首映，轰动了沪滨。随之，他又改编了茅盾的著名短篇小说《春蚕》，这是中国新文艺作品搬上银幕的第一次尝试。《春蚕》放映后引起观众与进步文艺界的广泛注视，被认为是一九三三年中国影坛的重大收获。鲁迅曾在文章中表示过对此片的赞赏。此后，夏衍又编写了不少电影剧本。《中国电影发展史》曾作过如下的概括：“不仅在于富有现实意义的题材，也由于独特的结构，精选的细节，真实的环境描绘，简洁的蒙太奇处理，以及其他电影表现手段的出色运用，这一切构成了夏衍电影剧作艺术的特色，也标志着党的电影工作者在当时掌握电影艺术形式方面的一次重大的收获。”❶

一九三五年二月，中共江苏省委及上海文委被敌人破坏；不久，共产国际远东情报局又遭破坏。夏衍受到敌人追捕，不得不避居在上海一家小公寓中，并放出空气：“沈端先已去日本、北平避难。”在蛰居期间，他开始了话剧创作，写成独幕剧《都会的一角》等，又搜集材料创作了多幕话剧《赛金花》，一九三六年二月刊于《文学》，从此以夏衍笔名著称。同年六月，又写成我国报告文学典范作品《包身工》，亦获强烈反响。同年十二月，创作了歌颂中国第一位为革命献出头颅的女杰秋瑾的多幕剧《自由魂》。次年，又创作多幕剧《上海屋檐下》。

一九三七年七月全面抗战开始，经周恩来同志决定，夏衍在以郭沫若为社长、上海文化界救亡协会机关报的《救亡日报》任总编辑，于上海、广州、桂林从事新闻工作。同时，他还创作了多幕剧《一年间》、《心防》、《愁城记》。一九四一年皖南事变后，他奉命赴香

❶《中国电影发展史》第220页。

港，与邹韬奋、范长江等创办《华商报》。太平洋战争爆发，香港沦陷，他脱险回到重庆，任中共南方局重庆办事处文化组副组长及《新华日报》特约评论员，在此期间，他写成多幕剧《水乡吟》、《法西斯细菌》、《离离草》、《芳草天涯》，并改编了托尔斯泰名著《复活》。

夏衍的剧作，散发着强烈的时代气息，贯串着全民抗战的时代氛围。他一方面通过剧中的人物与故事，反映那令人窒息的黑暗社会现实，另一方面又严肃地预告着"坏天气总有一天要过去的，将来好的天气总会来的"，❶寄希望与憧憬于未来。他执拗地遵循着"戏剧为革命服务"的方针，以"把握当前的主题，效率最高地使我们的艺术服务于抗战"，"表达中国人民在抗战中真实的喜悦、愤怒和哀愁，表现激变着的人民生活"❷作为自己剧作的最高准则。人们可以强烈地感受到，在他的剧作中，跳动着一颗"尽忠竭虑为国家民族服务"的心。夏衍剧作中的主人公大部是他所熟悉的平凡小人物，多数为小资产阶级及其知识分子。他们想挣脱社会的重压而不得，却往往被时代的车轮所压倒。但作家为自己的社会理想所照耀，也注意到不让人物的色彩过分暗淡，让他们为着革命、为着前途继续奋斗下去。他努力于从小人物的生活中反映大的时代。在人物描写上，夏衍以写性格、写人物内心世界为主要艺术手段。他严格地要求自己笔下的人物要有血有肉，要符合生活的逻辑，要真实。他自觉地运用现实主义的创作原则，"忠实地去刻划人生的严肃"，❸舍弃情节的奇巧和偶合，在平凡的生活中去发掘与寄托作品的主题。在长期创作实践中，夏衍逐渐形成自己独特的朴质、凝炼、清峻、隽永的艺术风格。

夏衍在抗战期间的主要精力从事新闻工作，写下了大量杂文、政论、散文、随笔，连同解放后所写的这一类文字，据初步统计约达五六百万字之多。在抗战八年中，他几乎没有一天放下过手中的笔，仅在《救亡日报》四年间，除剧本外，平均每天要写两三千字。文章的内容十分广泛丰富，凡古今中外政治、思想、文化、艺术、科学、人

❶ 夏衍：《谈〈上海屋檐下〉的创作》，《剧本》1957年第4期。
❷ 夏衍：《给战地戏剧工作者的一封信》，《长途》集。
❸ 夏衍：《〈心防〉后记》，《野草》第1卷第2期。

物、社会生活、旅行札记、时事评论、新闻记事……几乎无所不包。他的全部文章“都反映着时代的精神面貌和紧扣着革命斗争的需要”。[1]

新中国诞生后，夏衍担任了繁重的行政工作。解放初期，他在上海领导文化事业，一九五四年又被任命为文化部副部长，主管电影及外事工作。在周恩来同志的直接领导下，夏衍竭尽全力推进新中国的电影事业。为培养新生力量，他亲自到电影学院为学生讲课；为拍好重点影片，他不止一次深入到摄制现场；不少电影剧本经他亲笔修改定稿。在他和广大电影工作者的努力下，中国电影朝气蓬勃地发展起来，产生了一批受到国内外欢迎的优秀影片。同时，夏衍亲自动手改编了《祝福》、《林家铺子》、《革命家庭》、《烈火中永生》等剧本，为电影工作者作出示范。在《祝福》与《林家铺子》的改编中，夏衍充分发挥了自己的优长：一、与原著作家同是浙江人，对作品的环境背景、山水花草、人情风俗、衣着穿戴，以至年节时令、婚丧嫁娶等地方特色十分熟悉；二、亲身经历过五四运动、抗日战争的动荡时代，对当时时代气氛、社会状况、政治脉搏深有理解。他一方面注意保持原著的深刻思想和独特风格；另一方面又针对原著篇幅短小精炼的体裁特点与时代的变迁差异，审慎地作了必要的丰富、增补，以适应再现银幕的需要。影片风格朴实，结构谨严，时代风貌与生活气息扑面而来，突出地体现了原著的神韵风采，成为改编电影剧本的典范而具有永久的艺术生命力。除此之外，在对外文化交流方面，他也做了大量的工作。

经过所谓“文化部整风”，一九六五年夏衍被免去了文化部副部长职务，到山西介休参加了“四清”运动。一九六六年以后，他度过八年零七个月的“监护”生活，留下了无法治愈的残疾。粉碎“四人帮”后，年近八十高龄、损目折肢的夏衍，又继续战斗在文化战线上。在思想领域里，他对现代迷信及其变种进行了激烈论战；在全国第四次文代会上，他旗帜鲜明地提出了应当把反对封建主义归入文艺创作的重要任务之列；在文艺界各种会议上，他严肃地总结几十年革命文艺运动正反两方面的经验；在体衰身残、视力极差的情况下，他悉心

[1] 廖沫沙：《凌云健笔意纵横》，1980年6月4日《人民日报》。

地指导青年业余作者的创作。

夏衍的优秀著译作品，早在三十年代已陆续出版并拥有大量读者。全国解放前，先后出版过他的十一种多幕剧单行本及杂文集五本；建国后，又出版了《夏衍剧作选》、《夏衍选集》及《杂文与政论》集。《五四以来电影剧本选集》中，收录了夏衍的《狂流》、《春蚕》、《上海二十四小时》。一九八〇年重编出版的《夏衍选集》，增加了部分多幕剧、电影剧本及报告文学《包身工》，共达五十五万余字。在国内和香港分别出版的《夏衍杂文随笔集》，约五十万字。此外，还有多次重版的《写电影剧本的几个问题》、《电影论文集》等电影理论著作。近年来又相继出版了《夏衍近作》、《劫后影谈》、《蜗楼随笔》、《夏衍论创作》等。

在半个多世纪的写作生涯中，夏衍始终没有脱离过火热的斗争，没有脱离过社会生活的实际。他时刻与人民在一起，忧人民之忧，乐人民之乐，为人民而写作。他用那支挥洒自如的笔，为后代留下了历史与时代的风貌，为中华民族的文化园地增添了夺目的光彩。廖沫沙同志在《夏衍杂文随笔集》代序中说，“无论从他写作的数量庞大来说，或者从他写作形式的多样性和思想内容的广泛丰富方面来说”，“夏衍同志实在是中国文坛上罕见的作家之一”。[1]当我们编辑本书的时候，更觉得这个评价是符合实际的。

1980年冬

[1] 廖沫沙：《凌云健笔意纵横》，1980年6月4日《人民日报》。

生平与创作自述

走过来的道路

夏　衍

在《文艺月报》上读了巴金同志的《谈〈灭亡〉》，使我想起周扬同志在《文艺战线上的一场大辩论》中讲到的两段话来。其中一段讲的是我们这一辈知识分子走过来的道路，另一段讲的是一支完全新型的无产阶级文艺大军的建军问题。

周扬同志的文章中说："我们中间的许多人出身于没落的封建地主或其他剥削阶级的家庭，就教养和世界观来说，基本上都是资产阶级知识分子。"这是无可置疑的事实。在过社会主义这一关的时候，我不止一次痛苦地回想过我自己走过来的道路的问题。

我出身在一个没落了的小地主的家庭，三岁丧父，穷困到靠典质和借贷度日，但始终放不下"书香子弟"的架子，读完小学之后升学无望，当过染坊店的学徒，可是由于我在小学的时候"品学兼优"，由县费保送我进了甲种工业学校。从小吃过苦，亲身经历过农村破产的悲剧，也饱受过有钱人的欺侮和奚落，因此，对旧社会制度的不满和反抗，可以说在少年时代就在心里扎下了根子。进中学那一年，碰上了第一次世界大战，看到"弱肉强食"的世界，油然而发生了富国强兵的爱国主义思想。五四运动那一年我十九岁，十月革命的炮声使我震动了一下，"五四"之后也曾以"过激党"自居，还参加了浙江第一个马克思主义刊物《双十》和《浙江新潮》的编辑工作，可是，什么是社会主义、共产主义，头脑里是并没有明确的认识的。日间参加学生运动，罢课游行，晚上悄悄地耽读克鲁泡特金的《告青年》等无政府主义读物。这一年中学毕业，想到法国去勤工俭学没有成功，又因为毕业考试“名列第一”的原故，由学校以公费保送到日本去“深造”。现在想来，“五四”那一年在革命的巨浪中滚了一下，自己思想里的富国强兵、个人奋斗的想法依然是原封未动。在日本念的是工科，而自己热心地阅读的却是哲学和文学著作。最初欢喜 R·L·史梯文生、狄更斯，后来又爱上了屠格涅夫和托尔斯泰。起初是不满现状，向往革命，可是找不到正确的革命道路，接着是“急迫地吸取一切从外国来的新知识，一时分不清无政府主义和社会主义、个人主义和集体主义的界线”。一九二三年，在日本进步同学的推荐下，我读了《社会主义从空想到科学的发展》和《共产党宣言》，才开始对科学的社会主义有了进一步的认识，才有意识地去接触共产党人，并参加了党领导的进步团体。但是，正如周扬同志所说，“我们有了一个抽象的共产主义的信仰，但支配我们行动的却仍然是个人英雄主义的冲动。”为什么会这样？我想除去出身教养之外，还有一个处身的环境和生活的问题。穷困、压迫，封建制度和旧礼教的束缚，以及帝国主义对我们的侵略，我们这一辈人都曾亲身经历过，都有那强烈的反感和憎恨，可是我们处身的环境，却局限于一个资产阶级和小资产阶级知识分子的圈子。读了一些马克思主义的经典著作之后，在理性上懂得了无产阶级必然的是新世界的主人，要革命就必须依靠无产阶级，可是如何去依靠？如何去接近工人？如何改造自己而使之成为工人阶级的一员？当时是没有清楚地意识到的。我在日本北九州的一所工科大学念书，这地方是日本重工业的中心地带，也是日本进步力量很强大的地方，我们也曾和日本的进步分子一道，参加过一些工人运动的实际工作，可是现在回想起来，当时去做这种工作，带着的却是一种类似托尔斯泰所描写过的所谓“忏悔贵族”的心情。同情工人，想去帮助工人，以“启蒙者”自居，而不知“蒙”着者正是自己。这是思想感情问题，也是立场态度问题。这种思想情况延续得很久，甚至入了党之后也还没有意识到这个问题的严重。

一九二七年大革命失败，我从日本被逐归国，在上海入了党，参加了党的实际工作，应该说，在以反帝反封建为主的民主革命时期，尽管我们的处境十分危险，我们的工作非常困难，可是在政治斗争的领域之内，我们的斗志是昂扬而坚定的。因为在这个革命阶段，小资产阶级知识分子身受帝国主义、封建主义和买办资产阶级的剥削和迫害，所以对这三个敌人的憎恨和反感是强烈而深刻的。在党的领导和教育之下，我们做了一些工作，也写了一些作品，但是，对我自己来说，由于长期在国民党区域工作，自己没有主动地去和工农群众接近，国民党反动派也不让我们去和工农群众接近，所以在很长的一个时期之内，立场态度和思想感情的问题依旧还没有得到很好的解决。周扬同志说得很对："我们和工人农民没有结合，甚至很少接近，民主革命是我们切身的要求，而社会主义革命还只是一个理想。那个时候，我们许多人与其说是无产阶级革命派，不如说是小资产阶级革命民主派。"也就是说，我们这一批小资产阶级知识分子尽管参加了革命，参加了党，但是，在最根本的问题上，我们还"不大清楚无产阶级和小资产阶级的区别"，还没有"由一个阶级变到另一个阶级"，也就是说，我们自己的思想感情还没有经过必要的改造。为什么这样一个根本性质的问题在很长的时期之内没有自觉地去解决？我想，由于当时进行着的是民族解放战争和民主革命，当前的大敌是帝国主义和封建主义，我们所处的环境又是和工农群众隔离了的国民党后方，所以我们这批人就很容易自满于政治战线上的坚定和果敢，而忽略了思想战线、文艺战线上的阶级意识的模糊和动荡。我们这一辈人继承了一份很痛苦的遗产，我们对资产阶级文化艺术不仅没有对旧政治、旧经济那样的仇恨，而相反地还留得有千丝万缕的联系，这就大大地阻碍了我们努力改造自己，来和资产阶级意识形态、思想感情作斗争的决心和勇气。解放以后，我曾经硬着头皮翻阅过一些过去所写的文章和作品，最触目惊心的一个问题，就是我写这些东西的时候，并没有站在无产阶级革命派的立场，而只是从小资产阶级革命民主派的立场来观察、分析和描写。把问题拆开来说，这就是毛泽东同志《在延安文艺座谈会上的讲话》中所说的："小资产阶级出身的人们总是经过种种方法，也经过文学艺术的方法，顽强地表现他们自己，宣传他们自己的主张，要求人们按照小资产阶级知识分子的面貌来改造党，改造世界。"坦率地说，最初，对于小资产阶级要经过文学艺术的方法，顽强地表现他们自己，宣传他们自己的主张的"顽强性"，我是体会不深的。经过了解放以来的几次文艺战线上的剧烈斗争，我才如梦初醒，有了进一步的体会。在民主革命时期，我们要和它斗争的敌人主要是在我们身外，而在社会主义革命时期，我们要和它斗争的敌人却在我们自己的灵魂深处了。这就是和自己的过去、自己的思想感情决裂的问题，这就是自我改造的问题，这也就是现在所说的“革自己的命”的问题了。按我自己的体会，革思想感情的命，要比革政治制度的命困难得多，苦痛得多，因为，这个长期潜伏在我们灵魂深处的敌人是一个最顽强的敌人。

且放开资产阶级知识分子的出身和教养不谈，由于知识分子是脑力劳动者和个体生产者，我们这些人在我们从事的业务本身，就包含着容易轻视体力劳动和轻视集体的特点。这种特点，有意无意地阻碍着我们和工农群众的接近和结合。知识分子总以为自己有知识，有文化，总以为脑力劳动要比体力劳动高一等，最初是想以启蒙者自居去启工农群众之蒙，接着是想以义勇军或者志愿军的姿态去“帮助”工农阶级，以为这样做就已经是舍己为人，应该得到工农群众的感谢和报答，应该承认，大部分资产阶级知识分子的参加革命，是带着强烈的优越感和个人英雄主义去接近群众的。因此，当他们勉强通过了民主革命这一关而进入到社会主义革命这一关的时候，当他们听说要老老实实地改造自己，向工人阶级学习，要决心向工人阶级投降和归顺的时候，两种不同的、对立的世界观就猛烈地发生冲突了。现在看来，这种矛盾和对立的主要之点，就是资产阶级的个人主义与无产阶级的集体主义的冲突，现在看来，资产阶级知识分子能不能通过社会主义这一关的主要关键，就在于他们有没有决心和勇气抛弃他们身上的个人主义的包袱了。

从投降和归顺，就很自然地会联想到“识时势者为俊杰”这一句古话。现在的时势是什么呢？简单的一句话，就是过去资产阶级、小资产阶级知识分子可以依附的那个社会基础，已经面目全非，已经不复存在了。资产阶级和小资产阶级文化的毛，只能依附在资本主义社会这一层皮上。现在，旧皮不存，旧皮变了新皮，于是一方面新皮上一定会长出相应的新毛，而另一方面，失去了依附对象的旧毛，势所必然的就必须认识这个时势，改造自己，去依附这个新的对象。不改造自己，不自觉地到这层新皮上去生根，那么他们不仅会失去服务的对象，而且有失掉存在意义之危险了。

新的皮上一定会长出新的毛来，在社会主义社会的基础上一定要有一种新的、忠于社会主义事业的知识分子，这就是新的知识分子大军的建成的问题。关于建成一支忠于无产阶级和社会主义事业的文艺队伍，周扬同志在上述文章中有一段极其重要的话：

> 在我国，一九五七年才在全国范围内举行一次最彻底的思想战线上和政治战线上的社会主义大革命，给资产阶级反动思想以致命的打击，解放文学艺术界及其后备军的生产力，解除旧社会给他们带上的脚镣手铐，免除反动空气的威胁，替无产阶级文学艺术开辟了一条广泛发展的道路。在这以前，这个历史任务是没有完成的。这个开辟道路的工作今后还要做，旧基地的清除不是一年工夫可以全部完成的。但是基本的道路算是开辟了，几十路、几百路纵队的无产阶级文学艺术战士可以在这条路上纵横驰骋了。文学艺术也要建军，也要练兵。一支完全新型的无产阶级文艺大军正在建成，它跟无产阶级知识分子大军的建成只能是同时的，其生产收获也大体上只能是同时的。这个道理只有不懂历史唯物主义的人才会认为不正确。

我们这一辈人走过来的道路，是崎岖的，我们这一辈人走上这条路的时候，是戴着脚镣手铐，而且经常受着反动空气的威胁的。现在，这条路算是开辟了，我们身上的镣铐，也算是被解放了，但是，开辟道路和清除旧基地的工作还要继续去做，解除镣铐的工作更有待于我们自己的努力。“一支完全新型的无产阶级文艺大军正在建成”，这支大军中有工农出身、在党的教育和培养下成长起来的新知识分子，也还有一批跨过一个世纪，经过崎岖曲折的道路，经过痛苦的自我改造，从旧社会走过来的文艺界、知识界的“解放战士”。新兵要培养，要教育，老兵更应该鼓足干劲，力争上游，参加到社会主义革命和社会主义建设的火热的斗争中去，锻炼自己，改造自己，为祖国的社会主义文学事业贡献出新的力量。不自觉，就不能自由，意识到自己身上有“不适合人民需要的思想、观点、意见、办法”，就要有勇气和决心去割弃。毛泽东同志在《论联合政府》的最后一章中有一段话：“无数革命先烈为了人民的利益牺牲了他们的生命，使我们每个活着的人想起他们就心里难过，难道我们还有什么个人利益不能牺牲，还有什么错误不能抛弃吗？”在革自己的命，过社会主义关的时候，常常记起这句话，就会给我们以无限的勇气。

1958年5月

（原载《收获》1958年第3期）

旧家的火葬

夏 衍

半个月前，接到妻从上海寄来的信，说六月一日游击队打到杭州近郊，把我们的旧家放火烧了，因为那屋子被敌伪占领了之后，开了一所很大的茧厂，所以除出屋子全烧之外，还烧毁了敌人已经收买了的几十万元的茧子。妻在后面附加着说：“我们觉得很痛快，这最少对于你们沈家的子弟，给了一个不小的教训。”所谓子弟，是指我的侄辈，他们一度逃出了家乡之后又回到故居，将祖传的屋子租给敌伪，过着准奴隶的日子。

在将信将疑中，昨天深夜看到了中央社金华发的一个电报：“浙东我某部，于五月三十一日晚潜入杭垣，当在太平门外与敌发生激战，毙敌甚多，并将敌仓库多所及安利、正大两茧行全部焚毁，一时烈焰熊熊，火光烛天，城内秩序大乱，是役敌除死伤外，损失三百万元以上。”

消息是证实了，正大茧行就是我的故居，我出生的旧家，竟在这样的情形下火葬了。和妻子一样，我也只能喊出了一句痛快。

四十年前我出生在这古旧的大屋子里。那是一所五开间，而又有七进深的庄院。地点是在杭县太平门严家衖，离城三里，这屋子造于洪杨之前，所以一切都是老派，我懂得人事的时候，我们的家是凋落了，全家人不到十口，但是这一百年前造的屋子，说得毫不夸张，至少可住五百人以上。经过了洪杨之劫，许多雕花的窗棂之类是破损了，但是合抱的大圆柱，可以做一个网球场的大天井，依旧夸示着它昔日的面貌。我在这破旧而大得不得体的旧家，度过了十五个年头。辛亥革命之后，我的哥哥因为穷困，几次要把这屋子卖掉，但是在那时候竟找不着一个能够买下这大屋子的买主。哥哥瞒了母亲，从城里带一个人在估看，我只听见他们在讨价还价，一会儿笑一会儿争之后，哥哥愤愤地说：

“单卖这几千块尺半方的大方砖，和五百几十块青石板，也非三千块钱不可！”

我才知道了这些我日常在那里翻掘起来捉灰鳖虫的方砖，也是这样值钱的东西。

据母亲说，这屋子是我们祖上“全盛时代”在乡下建造了而不用的“别邸”，本家住在艮山门内的骆驼桥，这是每年春秋两季下乡祭祖时候用的临时公馆，出太平门不远，就可以望见这座大屋子的高墙，那高得可怕的粉墙，将里面住的“书香子弟”和外面矮屋子里的老百姓们分开，所以不认识的人，只要一问沈家，那一带的人立刻就会知道：“啊，墙里。”“墙里”变成了太平门外沈家的代名，据说已经是近百年以来的事了。

但是，辛亥革命前后，我们的家衰落到无法生存的田地，这屋子周围的田地、池塘，都渐渐的给哥哥押卖了，只有这屋子，却因为母亲的反对，而保留着它破旧得象古庙一般的形态，夏天的黄昏会从蛀烂了的楼板里飞出成千成万的白蚁，没人住的空房间里也会白昼走出狐狸和鼷鼠。但是，墙里和墙外的差分，却因为“墙里”人的日益穷困，而渐渐地撤废了，墙外的野孩子们也做了我的朋友，我记忆中也还鲜明地留着一幅冬天自己拿了篮子到乡间去拾枯柴的图画。

假如我母亲还在世，今年已经是八十三岁了。在那个时代里，她算得是一个性格奇特的人。四十五岁那年死了我父亲之后，从不念过一句佛，从不烧过一次香，出嫁了的姊姊送她一串念珠，她却丢在抽斗里。从来不去理会，不佞佛，当然不信耶稣，不迷信中医，有什么毛病常服西药。从这种性格推衍开去，她是一个富于民主精神的人。她从不讨厌邻近的穷孩子到我家里来，也从不禁止我和这些野孩子们在一起，把自己吃用的东西省下来送给邻近的穷人，是她唯一的愉快。我长大了之后从日本或者上海回来，总带给她一点糖果和食品，但是她自己并不吃，瞒着我们偷偷地送给那些终年赤脚的孩子。被我们看见了的时候，她说：

“我们吃得多了，这种东西，也许他们是一生也不会吃到的。”

但是，具有这种近代性格的人，对于这所古旧的屋子，她却怀抱着使人不能相信一般的留恋与执着。我中学毕业的那一年她郑重地对我说：

“趁我活着，把这屋子分了吧，我一死，迟早会给你哥哥卖掉的。”

当时是“五四”之后，我根本就对这象征封建的“破庙”有了反感，所以我对于她苦心地保守了几十年的财产简直不加任何的考虑，随口地说：

“我不要，让他卖去！”

这句话伤了她的心，背着人哭泣了一整日，我也就从这时候离了“家”。“旧家”的影子在记忆里渐渐地淡忘了。一直到抗战开始那一年的初夏，接到母亲病笃的来信而赶回到这屋子的时候。

随着时代的变迁，这旧家也有了几度的沧桑。第一次欧战之后，因为民族工业的勃兴，我哥哥也在这间屋子里开过一个现代式的工厂，用新式的“机子”织杭纺，在“城外”这屋子算是第一所“工场”，浙江丝织业凋落了之后，“机子”停止了工作，于是这屋子在五年前又变了“正大茧厂”。那一年，因为哥哥要把母亲卧房侧面的“果园”改作屯茧的仓库，要把“果园”的枣树和桔子树斫掉，他们之间曾引起过一次很大的冲突，但是结果是母亲失败了。我最后一次回家的时候，青葱的枣树园已经变成了煞风景的“茧灶”了。我虽则不曾亲耳听见丁丁的伐木声音，但是《樱桃园》最后一场的主人公们的心境，我是感受得到的。

在斗争剧烈的时候，我屡次感觉到潜伏在我意识深底的一种要将我拖留在前一个阶段的力量，我挣扎，我残忍地斫伐过我自己的过去，廉价的人道主义，犬儒式的洁癖，对于残酷的斗争的忌避，这都是使我回想到那旧家又要使我恼怒于自己的事情。而现在，一把火把象征着我意识底层之潜在力量的东西，完全地火葬了。将隔离了穷人的书香人家的墙，在烈火中烧毁了。

我感到痛快，我感觉到一种摆脱了牵制一般的欢欣。

7. 13

（原载《野草》1940年8月创刊号）

当"五四"浪潮冲到浙江的时候

夏 衍

"五四"那一年我十九岁，在浙江甲种工业学校念书。

"火烧赵家楼"的消息传到杭州之后，首先起来响应的是省会的各中学的学生。大概在六月初，北京派来了一个学生代表，这样，杭州各校学生就在欢迎北京学生代表的名义下组织起来，六月下旬，成立了浙江学生联合会。学联会的主要工作，除出打电报、发宣言，援助北京学生的义举之外，最激动人心的，是抵制和搜查日货。首先是各校学生分别组成了小队到贩卖日货的商店去劝告，后来就把检查到的日本货拿到西湖边上的公众运动场去烧掉。我们曾到城站南洋兄弟烟草公司的门市部去示过威，因为听说这家公司的老板简照南入了日本籍。

运动初起来的时候，提的口号是"拒签凡尔赛和约"，"惩办曹章陆卖国贼"和"收回青岛"、"抵制日货"，按性质是以青年学生为中心的爱国反帝运动，可是，六月初上海罢市罢工之后，杭州的工人、店员也参加到运动的行列中来了。杭州的现代工业，大部分是第一次世界大战之后才建立起来的，当时较大的工厂是铜元局、纬成丝织厂、武林铁工厂、火柴公司和一家开设在拱宸桥的日本纱厂，而占工人人数最多的，倒是许多作坊性质的、一般人叫作"机坊"的丝织工人。几次游行示威和搜查日货之后，就有许多工人和店员来参加了，工人和店员参加进来之后，运动的声势就壮大了。

自从第一次世界大战爆发——特别是十月革命之后，新思潮已经开始在杭州的知识分子中间起了影响，“新旧冲突”就成了不可避免的趋势。在当时杭州各学校中，浙江第一师范是新派的代表。一师的校长经亨颐（子渊），是浙江教育界的前辈，又是浙江省教育会的会长，他受了“五四”潮流的影响，办学采取了“与时俱进”的方针，并做了几项革新事业，例如学生自治、职员专任、国文改授国语等等，特别引人注意的，是一师有了几位“新派”教员，也就是当时被称为一师“四大金刚”的陈、夏、刘、李。陈是陈望道，夏是夏丏尊，刘是刘大白，李是李次九。除出“四大金刚”之外，还有浙江“二沈”也与一师有着密切的关系，二沈，就是沈仲九和沈玄庐。由于一师树起了文化革命的大旗，这个学校一方面成了青年学生向往的中心，另一方面也就成了旧派攻击的目标。

一九一九年暑假之后，“五四”初期的“外争国权、内惩国贼”的政治运动，逐渐地向着反帝反封建的新文化运动发展，中国思想界出现了进一步的“伟大的分裂”。《新青年》、《解放与改造》这些杂志，不仅在青年中间起了很大的启蒙作用，而且还逐渐地把分散的进步力量组织起来，形成了一支目标比较明确的反帝反封建的文化队伍。就在这一年八、九月间，以一师为中心，杭州几个学校的少数学生通过阅读《新青年》和给这个杂志写通讯的关系，开始集合起来，筹备出版一个刊物，这就是这一年十月十日创刊的《双十》。究竟有多少人参加，我已经记忆不清楚了，记得的是第一师范的俞秀松、周伯棣、施存统，第一中学的查猛济、阮毅成，和甲种工业学校的汪馥泉、孙锦文、蔡经铭和我。这个杂志是旬刊，办了两期，第二号出版之前，我们几个人在浙江省教育会的一间小屋子里开了一个会，决定吸收更多的人来参加，改出周刊，并把名字改为《浙江新潮》。这时候参加进来的人有一师的傅彬然等。

和前面说过一样，这是一个新旧决裂和分化的时期，在当时，杭州各学校——主要是各学校的校长之间，也形成了新与旧的两个阵营。一师、一中是进步派，我念书的那所甲种工业学校则是保守派的代表。我从保守派的学校里被吸引过去，是由于同学孙锦文的介绍，他看见我经常阅读《新青年》之类的杂志，就介绍我去拜访了沈玄庐和沈仲九。沈仲九送给我一本小册子——克鲁泡特金的《告青年》，这本书对我起了很大的影响。在当时，我根本分辨不出无政府主义和马克思主义的区别，看了这本书，只觉得社会太不合理、太黑暗了，非彻底革命不可，这样，就很自然地参加到"新派"的队伍中去了。《双十》和《浙江新潮》的经费，听说是同情我们的一师的教员们捐助的，参加的人，也量力捐助一些，记得我们甲种工业学校的四个人每个各出了一块钱，这对当时的穷学生来说，已经是一个不小的数目了。

到《浙江新潮》出版，这个刊物的性质已经渐渐地明白了。在《浙江新潮》的发刊词里，宣布了这个刊物"四种旨趣"："第一种旨趣，就是谋人类——指全体人类——生活的幸福和进化；第二种旨趣，就是改造社会；第三种旨趣，就是促进劳动者的自觉和联合；第四种旨趣，是对于现在的学生界劳动界，加以调查批评和指导。"从这篇发刊词可以看出，当时的一部分青年人已经从民族、民主革命前进了一步，认识到改造社会的责任主要要落在劳动阶级身上，而"知识阶级里面觉悟的人，应该打破'知识阶级'的观念，投身劳动界中，和劳动者联合一致"。在当时，中国共产党还没有成立，在知识界，无政府主义还有很大的影响，象我们这些人，也只不过是激于爱国热情，不满旧社会的黑暗，莽莽撞撞地在寻找革命的道路。所以在当时，对于这一篇分明是受了十月革命的影响而写成的发刊词，在我们同人之间，看法上也还并不是完全明确而一致的。不过，从《浙江新潮》的内容来看，这份刊物已经接受了十月革命的影响，却是很明白的。举例来说，在第一期上，我们转载了日本《赤》杂志的一幅"社会新路线"图，指出了新社会改造的方向，终将走向"布尔什维克"。毛泽东同志说过："五四运动时期虽然还没有中国共产党，但是已经有了大批的赞成俄国革命的具有初步共产主义思想的知识分子。"这一论断是完全正确的，因此，把《浙江新潮》看成是无政府主义者领导的刊物，无疑是不恰当的。

在《双十》和《浙江新潮》，我用沈宰白的笔名写过几篇文章，记得的是发表在《双十》第一期上的一篇批评杭州四家日报的文章，和登在《浙江新潮》第一期"随感录"中的两段杂感，其中一段是反对北洋政府制定的印刷物管理规则，另一段是继续对杭州四家日报的批评。在《浙江新潮》同人中，我年纪比较小，不能做别的事，所以给我分配了一项工作，就是每次报纸印出之后，在浙江省教育会楼下的一间小屋子里装信封、写地址、贴邮票。

《浙江新潮》出版到第三期，因为施存统（施复亮）写了一篇题名《非孝》的文章，就在整个浙江文化教育界引起了轩然巨浪。当时我和施存统不熟，但是听人说，他本人倒是一个很孝顺母亲的孝子，可是在那个时代，这篇文章的题目，确是可以算得上“过激”的了，以这篇文章为引火点，浙江教育界、思想界的左右两派立刻展开了激烈的斗争。杭州各中学校长中的旧派人物，也就是当时的所谓“校长团”，就以“非孝”作为罪名，还加上了“公妻”、“共产”等等耸人听闻的罪名，勾结最反动的浙江省长齐耀珊、教育厅长夏敬观，对新派的一师校长经子渊和“四大金刚”展开了全面的攻击。其实，这一场斗争已经酝酿了好久，旧派要打击和赶走经子渊，主要是因为他在一师采取了一些进步改革，深得学生拥护，其他各校学生就引据一师的先例，要求各校也作同样的改革，所以旧派抓住《非孝》这篇文章，只不过是攻击一师的借口而已。为什么发表在《浙江新潮》上的文章可以成为反对第一师范和经子渊的借口？这第一是因为施存统是第一师范的学生，再加上第二是由于我们没有经验，在《浙江新潮》的广告上写了“本社通讯处由浙江杭县贡院前第一师范转”的缘故。

在这场斗争中，还有一个插话，就在《非孝》的文章发表之后，一师的一个名叫凌独见的学生，一个人办了一张和《浙江新潮》同型的周刊，报名叫作《独见》。我不认识这个人，但是据说这个人“眇其一目”，是个独眼龙，所以“独见”二字带有双关的意思。这是一份和《浙江新潮》针锋相对的刊物，凌独见其人号称所有的文章都由他一个人执笔，而每一篇文章又都是针对着《浙江新潮》的论点而写的。事实很清楚，办这份报的决不是一个人，所谓“独见”也决不是一个人的见解，在他后面，显然还有一个有力的“校长团”的背景。

由于《非孝》，《浙江新潮》出了三期就被查禁了，这是一九一九年冬天的事情。

《浙江新潮》被禁止了，但是新旧斗争不仅没有平息，相反的变成了更尖锐的政治斗争。夏敬观为了《浙江新潮》通信处的问题几次派人到第一师范去“查办”而又找不到什么“过激党”的把柄之后，终于在第二年（一九二〇年）二月，乘学生放寒假的时候，下令将经亨颐免职，并且指明所有原任教员，都要经过新任校长重新聘任。这意思是很明白的，主要是为了要赶走旧派的眼中钉“四大金刚”，和改组整个学校。这件事，引起了浙江教育史上有名的“一师风潮”，一师全体师生和其他各校的学生联合起来，反对更换校长，反对改组学校，进行了英勇不屈的斗争，后来反动派老羞成怒，终于在三月间闹出了军警包围学校，打伤学生的流血事件。“一师风潮”是一九二〇年全国学生运动中的最突出的事件之一，全国学联和海内外爱国团体都支援了这场斗争，罢课坚持了两个多月，直到四月间才告结束。由于全国舆论的支持和学生的团结斗争，浙江的反动派没有能够彻底地打垮一师的进步力量，但是经亨颐和几个著名的教员，还是不得不离开了浙江。陈望道和刘大白到了上海，在《民国日报》的副刊《觉悟》上写文章，夏丏尊则被请到湖南第一师范去当教员去了。参加过《双十》和《浙江新潮》的学生，大部分都不能再在杭州住下去了，有的到了北京，有的到了上海，我在这一年毕业，想到法国去“勤工俭学”不成，就改变主意，到了日本。以《浙江新潮》为起因的“一师风潮”是“五四”之后浙江思想界新旧交锋的第一个回合，反动派赶走了经亨颐和一批进步知识分子，但是革命的火种并没有熄灭，值得注意的是经过这一场斗争，不仅激发了广大学生群众的革命热情，积累了斗争经验，而且把一大批工人、店员带进了反帝反封建的群众运动，从而为一九二一年中国共产党成立以后的浙江的革命运动准备了条件。

正如毛泽东同志所指出：“‘五四’运动，在其开始，是共产主义的知识分子、革命的小资产阶级知识分子与资产阶级知识分子（他们是当时的右翼）三部分人的统一战线革命运动。”因此，参加这一运动的三部分人，六十年来，随着革命的发展与深入，都已经起了很大的变化。有人站在光荣的共产党员的岗位上英勇牺牲了，有人作了革命的逃兵，也有人变节堕落，变成了革命的对象。古人说“往事如烟”，但是当我们回忆起六十年前的往事，却觉得这不是易逝的云烟，而是一团永不熄灭的熊熊的烈火。星星之火，可以燎原，在燎原的烈火中，凤凰新生了，六亿中国人民站起来了。我们这一辈人，六十年间，能够亲眼看到旧中国的死灭，新中国的诞生和强大，我觉得是很幸福的。

（原载《青年运动回忆录》第2辑，

中国青年出版社1979年5月版）

我的文艺生活

夏　衍

我的文艺生活？——我只好说全等于零。

某省某工业学校染色科卒业，日本某工业专门学校电机科卒业，专修是发电的工程。我的学历如此而已。

但是，因为从小就喜欢看文学作品，所以从中国的旧小说，弹词，……以至当时的新兴文学，例如沫若的诗剧，晶孙的小说——尤其是《木樨》，都看过一点。在日本学习时期，因为学外国语的原故，顺便看过许多文学作品，最喜欢的是史蒂文生、狄更斯、屠格涅夫、高尔基等等，当然，也在《创造日》、《语丝》等杂志上发表过文章。

回国之后，认识到自己的专业只能帮助一部分人剥削大多数人，所以下决心改了行，当然，我还期待着“更好的将来”到来的时候，能够应用我所学的技术。

学校时代曾经用种种假名在《创造》、《语丝》寄稿。但是到现在已经没有一篇还能承认是自己作的作品。

已出版的翻译书十五种，（包括社会科学五、文艺十）正在印刷中者三，陆续在杂志上用各种笔名发表的杂文也不少。所讲者如此而已。

（原载《大众文艺》1930年6月1日第2卷第5、6期合刊）

忆阿英同志

夏　衍

一种强烈的时代思潮，一个划时代的政治运动，都会引导或者驱使一批青年人走上新的道路，而当他们走上新路的时候，也可能由于某种偶然的因素，——也就是某种外因对他们潜在的内因起作用，使他们决定各种不同的工作。想到这个问题，我就会很自然地想起阿英（钱杏邨）同志。他，就是使我此后半个世纪从事文化工作——特别是戏剧、电影工作的重要因素。

我从中学到大学，都是学工的。学工，可能是从小就受到了“工业救国”这种思潮的影响。中学快毕业，被五四运动的狂潮卷了进去，民主与科学这个口号吸引我参加学生运动。办同人杂志，写些短文章，是从这时候开始的。可是一九二一年去日本，“工业救国”这个思想依旧支配着我，我还是考进了工科大学。二十年代初，日本正是左翼运动的全盛时代，先是读克鲁泡特金的书，后来又读了列宁的《共产主义运动中的“左派”幼稚病》，认识了松本治一郎和大山郁夫两位先生，对“工业救国”的想法开始怀疑了，我参加了日本进步学生的“社会科学研究会”。一九二四年，参加了第一次国共合作的国民党，进九州大学，只不过是取得“官费”的手段，尽管似懂非懂地读了一点马列主义的书，可是在当时，主要支配我行动的还是“打倒列强、除军阀”这个口号。一九二七年蒋介石背叛革命，西山会议派砸烂了左派的国民党驻日总支部，我被迫回国，才加入了中国共产党。

这年秋天，我被编入中共上海闸北区第三街道支部。很巧，我参加的那个小组的组长就是钱杏邨同志，小组成员除我之外，又全是太阳社的作家，其中有孟超、戴平万，有时洪灵菲、童长荣也来参加。我们都住在杨树浦附近一带的工人区，搞的主要是工人运动。我当时入党才几个月，而杏邨同志则是一九二六年入党，早在第一次国内革命战争时期就在安徽领导过学生运动，在武汉搞过工会工作，认识许多党内高级干部的“老资格”。他那时住在下海庙，我住在唐山路，相隔一箭之遥。他写文章很泼辣，可是，他没有当时有些左翼青年那股霸气，所以不久就成了无话不谈的朋友。尽管我留日时期，曾向《语丝》、《创造周报》投过稿，认识郭沫若，回国之后又认识了鲁迅、创造社的郑伯奇、李初梨、冯乃超，但是我和文学研究会、创造社、太阳社都没有“社友”关系，一九二八年那场革命文学论战，我没有参加。因此，一九二九年冬，党中央决定革命文艺工作者联合起来，组织“左翼作家联盟”，把我从街道支部调出来参加筹备工作的时候，我觉得很惊奇，我问杏邨同志：为什么要我这个不曾写过一篇作品的非文艺工作者参加，他回答说，这是他和洪灵菲提出的，因为你认识各方面的人，又没有参与一九二八年的那次论争。我以非作家的身份参加“左联”，这就是我毕生从事文艺工作的起点。

我开始搞电影，学习写电影剧本，也是杏邨同志把我“拉”进去的。“一二八”淞沪战争之后，他来找我，说以《孤儿救祖记》等伦理片起家的明星电影公司要改变作风，请几个“进步作家”当编剧顾问，由他建议，由郑伯奇、他和我三人参加，我和他一起去请示了当时领导文艺工作的同志，得到组织同意，我们三人在明星公司当了三年顾问，写了一些电影剧本，并参与了联华、艺华、电通等电影公司的工作，不久组成了党的电影小组。据我记忆，杏邨同志写电影剧本，也是从这时候开始的。

一九三五年，国内外形势发生了急剧的变化，要求停止内战、团结抗日的爱国救亡运动席卷全国，而在这一民族存亡的紧急关头，上海文化界也有少数人以“左”的面貌出现，反对联合抗日，甚至到“西安事变”前后，还有一些别有用心的人，公然反对和平解决“西安事变”这一毛主席亲自领导、周副主席坚决执行的伟大的战略决策。这时，杏邨同志奋然而起，坚决执行党的统一战线政策，耐心说服一些不明事理和受欺骗的人，在党组织的领导下，组成了规模空前的“上海文化界救亡协会”。抗日战争爆发后，郭沫若同志孑身从日本回国，杏邨同志当了郭老的得力助手，和我们一起，创办了《救亡日报》。他日以继夜，废寝忘餐地跑前线、写报道，为团结人民、教育人民、打击敌人而作出了巨大的努力。

上海沦陷前夕，在周副主席直接领导下，上海进步文化工作者一部分人赴延安，去敌后，一部分人组织“战地服务队”、“救亡演剧队”等等，到前线和大后方进行动员、服务、宣传工作。当然，在沦陷后的上海——这个有几百万爱国人民的“孤岛”，也必须有一批坚强的战士在敌人的心脏地区坚持战斗。杏邨同志，还有孙冶方、梅益、于伶同志等，英勇地担当了这一“在荆棘里潜行，在泥泞中苦战”的任务。他办书店，出刊物，并以惊人的精力，用魏如晦的笔名写了《碧血花》、《海国英雄》、《杨娥传》等八个宣传爱国主义、发扬民族气节的话剧剧本。八年，在历史的长河中只是短暂的一瞬，可是，在日本帝国主义、汪伪刽子手和蒋介石特务的层层包围中度过这八年，坚韧地苦斗八年，其艰难困苦，是不难想象的。这一时期我奔走在广州、桂林、香港、重庆，每想起在孤岛奋战的旧友，常常夜不成寐，我曾写过一个剧本《心防》，借以表达我对他们的敬佩和忧煎。

一九四五年抗战胜利，我在九月初赶回上海，才知道他已于一九四一年冬到苏北解放区去了。直到一九四九年五月，我从香港回到北平，再次和他见面，而这次见面，却又是永远不能忘记的。

我于五月五日到北平，毛主席、周副主席指示，要我和许涤新等同志尽快到江苏丹阳第三野战军总部报到，随军进入上海，并指定我负责接管上海文化机构的工作。因此我们决定十四日清晨离京南下。可是十三日傍晚，正当我在整理行装的时候，接到周副主席的通知，要我晚九时到中南海开会。当我准时赶到会场的时候，意外地见到了阔别多年的周扬、阿英等同志。周副主席对大家说，全国解放的日子快要到了，现在就得准备好解放区和国统区两支文化艺术大军的会师问题，团结问题。他听了大家的情况汇报，然后阐述了党的统一战线政策，全国解放后党的文化、艺术、新闻、出版等方面的具体方针，他说：文化、艺术、新闻、出版工作者，是政治上、意识形态上的一支强大的部队，必须把大会师、大团结工作做好。中央决定，今年下半年召开一次全国文学艺术界的代表大会，组成一个全国性的、包括现在海外文艺工作者的统一组织，现在该开始这次会议的筹备工作。这次会议从十时一直开到黎明。最后，周副主席对周扬、沙可夫同志说，解放区——主要是西北、华北、东北、中原各解放区的情况你们比较熟悉，由你们负责联系；对我说，上海、西南、广东、香港和海外的文艺工作者（这时他特别关切地问到当时还在美国的老舍同志），由你负责；又对阿英同志说，上海、新四军所在地区的作家、艺术家你都熟悉，现在就可以开一个可以参加会议的人选名单。周副主席着重指出：要团结一切可以团结的人，团结面越广越好，必须包括戏曲、曲艺界的代表人物。他对我说，梅兰芳、周信芳、袁雪芬都还在上海吧？上海一解放，你就得一一登门拜访，不要发通知要他们到机关来谈话。你们要认识他们在群众中的影响，要比话剧演员大得多。他加重语气对大家说：只要不是汉奸、特务、反共的顽固分子，即使在旧社会沾染了坏习惯，政治上有污点的人，只要他们今后愿意为人民服务，拥护新政府，都要团结他们，让他们到北平来开会。临别时，还和大家一起照了相，可惜，这张照片在十年前被抄走了。

第一次文代大会于一九四九年七月召开，那时，正是接管上海文教机关工作最紧张的时刻，我不能参加这次盛会，好在杏邨同志都有详细的日记。

杏邨同志是一个对人谦和，律已谨严的人。他平易近人，热情诚恳。他善于在各种不同的处境中团结朋友，打击敌人。因此，不论在上海，在江淮、盐阜，在烟台，在大连，在天津，都有一大批文艺、新闻、出版界的朋友团结在他的周围，共同战斗。也正由于他善于团结人，乐于帮助人，凡是和他接近过的人，都把他看成最可信赖的朋友。因此，在上海沦陷后白色恐怖极端严重的情况下，他能始终和各阶层人民群众保持广泛而紧密的联系，也正由于他的这种优良品质，他才能在刀丛中保存了方志敏同志的遗稿和其他革命文物，出版了黄镇同志的《长征画集》（原题《西行漫画》）。做别人不敢做的事，做别人不能做的事，这是杏邨同志一贯的“甘为孺子牛”的精神。

从二十年代起，杏邨同志战斗、工作、写作了五十年，“著述丰富，达七十余种，包括文学研究论文、杂文、文艺史、小说、剧本等”。其实，这只是一个估计数字。解放后他曾和我说过，从一九二七年到一九四一年在上海时期，用各种笔名写的杂文、速写、歌词、唱本，以及未定稿的作品，和一九四一年到一九四九年在新四军时期写的论文，有的散失了，有的来不及整理，都未包括在内。我粗粗统计过，在抗日战争时期，剧本写得最多的一是郭沫若，二是钱杏邨，在全国解放后，剧本写得最多的是老舍。文化大革命前，就曾有人不以为然地把他们三位称之为“多产作家”，我曾说，为了打击日本侵略者，为了揭露独夫民贼汪精卫、蒋介石，写得多，不是对民族、国家贡献更大么？为了歌颂新社会，教育人民不要忘记过去，写得多，不是对新社会、新制度贡献得更大么！当然，说“多产”，也带有多而不精的意思，那么，据我所知，杏邨同志写作品，也不是草率成章，一挥而就的。记得一九六二年，蒋介石妄图“反攻大陆”的时候，我曾问他是否可以把《海国英雄》改名《郑成功传》，重新上演？他说，那个剧本是在成了“孤岛”之后的上海上演的，当时的环境使我不能不写得比较隐晦，加上有些历史事实，也还得进一步核实。这件事说明，杏邨同志的写作，首先是紧密地配合当前的政治斗争，为革命服务的；其次，他的写作态度，是认真严肃的。

特别使我感佩的，是他留下了他在新四军时期用蝇头小楷工整地记录下来的一部完整的日记。这不仅是一部近代文学史上的宝贵资料，而且，从这部日记，也正说明了杏邨同志治学处事的严谨。

我写这篇短文的时候，阿英同志离开我们已经整一年了。他和我是“世纪同龄人”，共过忧患，同过欢乐。去年今日，当我向他遗体告别的时刻，悲痛之中，也暗自替他庆幸，因为他经过顽强的斗争，没有死于一九七六年十月六日之前，而死于历史给林彪、“四人帮”作了判决之后，他不仅看到了抗日战争的胜利，看到了蒋家王朝的覆灭，中华民族的解放，而且他在重病中终于推倒了林彪、“四人帮”及其大小余党强加于他的一切诬陷之词，党和人民对他的一生作出了正确的评价。他历尽艰险，奋斗了五十年，他，可以含笑地安息了。

1978年6月

（原载《战地增刊》1978年第2期，收入本书时，作者做了个别修改）

难忘的一九三〇年

——艺术剧社与剧联成立前后

夏　衍

这已经是二十七年以前的事了。

一九二七年我从日本回国，因为一些偶然的机缘，和文学艺术界发生了关系，这主要是因为当时党的关系在闸北区第三街道支部，而这个支部的主要成员是一批文艺青年和从各地撤退到上海来的知识分子。我们做工人运动，发行党的秘密刊物，同时还接办过一所艺术学校。由于大革命的失败，许多文艺工作者从实际工作的战线上撤退下来，集中在上海，革命的文艺运动就在这个地方旺盛起来。一九二九年秋，为了集中力量，确立当前文学运动的任务，党指定以我们这个支部为中心，联络文艺界，筹备组织一个统一的左翼文艺界的团体——这就是下一年成立的中国左翼作家联盟。为了筹备左联，我们经常在北四川路底的一家名叫“公啡”的咖啡店里集会。要组织一个剧社来推进革命戏剧运动的建议，我记得是在十月下旬的一次座谈中提出来的。

一九二八年前后，上海话剧运动很活跃，我们这群人中也有许多人对话剧有兴趣，从日本回来的人们中间，叶沉（沈西苓）、许幸之两位还曾在筑地小剧场实习过一个时期，而且，上海艺术大学和中华艺术大学的学生中，不少人有过学校演剧的经验，这样，上海艺术剧社就很快地组织起来了。其时，创造社的郑伯奇同志得到他的一位同乡前辈的帮助，在北四川路底永安坊开了一家文献书房，我们就推郑伯奇同志为剧社社长，并把剧社的社址暂设在文献书房的楼上。

张庚同志在《半个世纪的战斗经历》中说，艺术剧社是“创造社创立的”，这可能是当时一般人的印象，因为社址设在文献书房，社长又是郑伯奇同志。其实，艺术剧社倒是一个进步戏剧工作者的统一战线组织，有创造社的冯乃超、郑伯奇、陶晶孙；有太阳社的钱杏邨、孟超、杨邨人；有方从日本回来的叶沉、许幸之；也还有一大批爱好戏剧的文艺青年，如朱光、石凌鹤、李声韵、陈波儿、王莹、易洁、刘丱（刘保罗）、屈文（司徒慧敏）、吴印咸、侯鲁史、唐晴初、陈劲生等等。当时把话剧叫做“爱美剧”，这个名词是英文 Amateur 的译音，意思是非专业的演剧，而在日本，Amateur 一般译作“素人”，素人的意思是“外行”，也可以译成“业余”。这样，我觉得把艺术剧社的演剧叫做 Amateur 的演剧，倒是很恰当的，因为一则我们是非专业的，二则我们之中的绝大部分人都是话剧的外行。

假如艺术剧社在中国话剧运动史上还值得一提的话，那么它的意义只在于这是中国共产党直接领导、并且首先提出了“普罗列塔利亚戏剧”这一个口号。在这之前，应该说，“五四”以来，中国话剧早已有了一个反帝反封建的革命传统，可是，当时的所谓民众戏剧或者革命戏剧，还缺乏一个明确的阶级观点。由于艺术剧社是党直接领导的剧团，在这一点上就比较明确而坚定了。冯乃超同志在艺术剧社编辑出版的《戏剧论文集》中说：“民众戏剧的革命化，根本地，若不站在民众自身的社会关系上，代表他们自己阶级的感情、意欲、思想，它永远不会成为民众自己的戏剧。”这很明白，已经不同于过去一个时期的革命的知识分子从小资产阶级的立场来“同情”民众，而是要求革命的知识分子下决心站到无产阶级的立场来了。

从这个要求出发，艺术剧社选定了三个首次公演的剧目，这就是德国米尔顿的《炭坑夫》，美国辛克莱的《梁上君子》，法国罗曼·罗兰的《爱与死的角逐》。为什么演的都是翻译剧本？第一是我们还没有适当的创作剧本，第二是当时白色恐怖很厉害，在租界上演外国剧本比较保险一些。

决定了剧目之后，就开始了排戏，这次公演的工作人员和演员名单，就记忆所及，大致如次：

《炭坑夫》：导演：沈端先（夏衍），演员：石凌鹤、王莹、唐晴初。

《梁上君子》：导演：鲁史，演员：陈波儿、刘丱、鲁史。

《爱与死的角逐》：导演：叶沉，演员：李声钧、易洁、凌鹤。

装置：许幸之、吴印咸。

效果：陶晶孙。

排戏的地点，记得是在北四川路余庆坊的一家楼下的客堂间。排得较认真的是叶沉的《爱与死的角逐》，他在我们这里是唯一的“专家”，他跟村山知义排过戏，总算有一点经验。我呢，不仅是有生以来第一次当导演，甚至中国人自己演的话剧也看得很少，当时年少气盛，胆大妄为，于此也可以看出来的。

一边排戏，一边筹款和预先进行推销戏票的工作，我们这批人在北四川路底的几个据点度过了一个紧张而愉快的冬天。那时演戏不仅剧团要筹款预备蚀本，演员和所有工作人员都得自己赔车钱、管伙食。排完了戏到施高塔路口的一家叫“白宫”的广东小饭馆去吃一客两毛小洋的客饭，这种情景还很清楚地留在我的记忆之中。

翌年一月六日起，艺术剧社在虞洽卿路（西藏路）宁波同乡会礼堂举行了连续三天的首次公演。表面上看来卖座很好，几乎场场客满，事实上是门售的并不太多，绝大多数的戏票都是经过党组织和赤色工会向学生群众和工厂中推销的，由于这种关系，由于绝大部分观众都是进步分子，演出的效果不错，台上演到暴露资产阶级丑恶的时候，台下发出了热烈的鼓掌和欢呼。当时和我们有联系的几位外国进步记者，如美国的史沫特莱、日本《朝日新闻》的尾崎秀实和一位曾经参与过广州暴动的日本记者山上正义，都给我们在上海的外文报上作了宣传。特别使我们这批人高兴的是上海话剧界的所有知名之士，如田汉同志，洪深、应云卫、朱穰丞等先生都来看了戏，而且和我们发生了友好的接触，这就使我们的勇气更增加了。

尽管大家很努力，戏，应该说演得并不好。第一，剧本的台词都是外文直译，听起来已经很难懂（譬如“炭坑夫”这个名词就是日本文的直译，当时根本没有想到应该通俗一点，译成“煤矿工人”），加上演员很少有人能讲象样的北方话，从上面的演员表可以看出，陈波儿、鲁史、屈文是广东人，凌鹤是江西人，王莹是安徽人，刘丱、易洁是湖南人，唐晴初、陈劲生是四川人，真所谓南腔北调，蔚为大观。为此，我曾在余庆坊排戏的时候作过一副对联：“两间东倒西歪屋，一桌南腔北调人”，上一句略有夸张，下一句则是完全写实。

在筹备第二次公演的同时，这一年我们经历了一个不平凡的春天。

一九三〇年二月，中国自由运动大同盟成立。

三月，中国左翼作家联盟成立。

四月，艺术剧社举行了第二次——也是最后一次的公演。

这一次演出了两个剧目：冯乃超创作的独幕剧《阿珍》，和从德国小说家雷马克原作改编的《西线无战事》。

《西线无战事》是一出“群戏”，群众演员很多，而且全剧三幕十一场，不仅舞台条件困难，还需要相当大的一笔演出经费。好在第一次演出“成功”，给了这群“新生之犊”以勇气，我们根本不把困难放在眼里，演员不够，所有工作人员一律得当群众演员；经济困难，大家掏腰包来解决。剩下来最难解决的是换景，按当时的技术条件，两三小时内换十一堂景是不可能的，可是后来经过郑伯奇、陶晶孙的努力，我们终于找到了北四川路横浜桥的一家日本人经营的戏院，叫“上海演艺馆”，座位不多，可是它有转台装置，这就解决了舞台换景的问题——当然，这个转台装置是用人力而不是电力操纵的，因此全体后台工作人员——包括导演、演员在内，换景的时候就不得不到台下去推转舞台了。

舞台条件好，可是前台的条件却很坏。因为这是一座纯日本式戏院，观众席没有椅子，而只是一片划成方格子的“塔塔米”（草席），为了演出，不能不委屈观众了，好在我们的观众绝大部分都是有组织的进步学生和工人，所以大家盘足而坐，一点也没有怨言。

这次演出从艺术角度来看，也算不上成功，可是，不论剧本、演出、舞台装置，乃至剧院，都有一点新的东西，所以在当时也居然颇为哄动。现在看来，由于当时艺术剧社的成员都是话剧界的新人，而且一部分人刚从国外回来，一方面固然对国内话剧界情形不熟悉，而另一方面也可以说他们丝毫不受旧传统的影响和束缚。的确，这一次演出试用了许多新的花样，例如《西线无战事》开幕之前先放映了一段欧战电影（这是从外国影片中翻出来的），并用字幕说明，陶晶孙的音响效果也做得不坏，同时还利用灯光，试行了“暗转”。

应该说，艺术剧社的这次公演，不论从剧本到演出，都是一种大胆的革新，而这种革新精神在当时的话剧界发生了一定的影响。当然，推动整个话剧界转变的，终于还是当时已经弥漫在广大知识分子中间的那种不满现状、要求革命的时代精神。大家痛感到在那个苦难的时代，群众要求于话剧的已经不只是曲折的故事，巧妙的对话，精湛的演技，而是更能反映人民群众的现实生活和斗争的戏剧了。这次演出之后，上海各剧团之间有了更进一步的接触，接着，组织一个剧团联合会的建议提出来了。

国内外反动派并没有熟睡，很快地袭来了“镇压”的暴风。艺术剧社第二次公演之后不久，上海工部局就在四月二十八日晚间查封了窦乐安路十二号的艺术剧社社址，当时由我们主办的中华艺术大学也遭到了抄查。不久，南国剧社在中央大戏院演出《卡门》，因为内容“过激”地反对了“黑暗政治”，也被勒令停演，这一年秋天，南国剧社也被查封。

我们没有被暴压所吓倒。冒着风雨，中国话剧运动前进了。

以南国剧社和艺术剧社为中心，我们很快地组成了上海剧团联合会（后来改名为左翼剧团联盟），参加的有艺术、南国、辛酉、大夏、摩登、戏剧协社、光明这七个剧团。这是一个大转变，这也是中国话剧史上第一次在共产党领导之下结成的强大的统一战线。这之间有过斗争，有过分化，可是话剧界压倒多数的成员向左转了。辛酉剧社的转变是一个很突出的例子，不久以前还是孜孜矻矻地钻研演技，曾经以“专演难剧”为标榜的辛酉，坚决地参加了“为工人演剧”的队伍，不久，这个剧社的主持人朱穰丞同志抛弃了高薪的职业和美满的家庭，只身到苏联去了。

在艺术剧社被查封之前，它就曾和其他剧团合作，组织过专到工厂和学校去演出的“移动剧团”。艺术和南国被封，剧联就迅速地把主要力量移转到“移动演出”这个面向工人、农民和学生的方向。表面上看，一九三〇年下半年上海剧坛是沉寂了，实际上，这不是沉寂而是深入。从此之后，中国话剧运动的领导权就掌握在党直接领导下的剧联手中，方针比以前明确了，斗争的策略也比以前更灵活、更韧性了。

艺术剧社的寿命是很短的，从筹备到封闭，只不过是半年的时间，但是它的作用，我们以为不在于举行了两次公演，办过两个专业性的杂志（《艺术》、《沙仑》siren，汽笛这个字的译音）和办过一次戏剧讲习班，而在于正当广大知识分子彷徨苦闷、寻找不到正确出路的时候，它响亮地喊出了“无产阶级的戏剧”这个口号，而替左翼戏剧家联盟的成立准备了条件。艺术剧社在白色恐怖最严重的时候成立，勇敢地进行了斗争，它在话剧艺术上，贡献是不多的，但，它在反对国民党文化围剿中，却起了显著的作用。

日子过得真快，二十七年过去了，我想起了刘卯、宗晖、李尚贤等同志。为了中国无产阶级戏剧，他们付出了生命的代价，在纪念中国话剧运动五十年的时候，我希望能有人为他们作传，让下一代人能够知道前驱者的榜样，应该是有好处的。

1957年10月

（原载1958年1月5日《文汇报》，收入本书时，作者做了个别修改）

“左联”成立前后

夏　衍

今年三月二日是中国左翼作家联盟成立五十周年纪念日。五十年，就是半个世纪，半个世纪以前，也就是一九二九年十月，那时参加筹备“左联”的十二个人，现存的已经寥寥无几了。而从筹备开始到一九三六年二、三月间解散“左联”为止，一直没有和“左联”中断关系的盟员，现在恐怕只有我一个人了。有些同志在“左联”成立后不久就调派做别的工作（如冯乃超同志调往武汉，洪灵菲等同志调往东北），有些同志相继被捕（如李初梨、彭康等同志），有的同志在白色恐怖之下壮烈牺牲（如柔石等“左联”五烈士）。最可悲的是，有许多好同志是在万恶的林彪、“四人帮”肆虐时期被迫害致死的。有的同志侥幸熬过了这个黑暗的时期，看到了光明，但却因心力交瘁，来不及拿起笔来重新战斗就离开了我们。因此，当前年为钱杏邨同志，去年为田汉、冯雪峰、郑伯奇同志平反昭雪，开追悼会的时候，我除了悲痛而外，还有一种寂寞苍凉之感。五十年也许不算太长，但一个人的记忆力却会因年龄的增长而逐渐衰退。因此，在回忆这段历史的时候，我只能简略地记述一些我觉得记忆比较清楚的事实，至于细节上的差错和遗漏，那是势所难免的了。

一

“左联”成立于一九三〇年，筹备工作却在一九二九年秋季就开始了。在谈到筹备“左联”之前，有必要先讲一下当时国内外的形势。

自从一九二七年国民党反动派背叛革命，大肆屠杀共产党人和进步爱国人士，实行白色恐怖以后，党内出现了一种性急的、企图速胜的冒险思想。同时，整个国际共产主义运动也正值一个全盛时期。从一九二九年开始，西方资本主义世界碰上一个空前严重的经济衰退，这个经济危机持续时间很长，直到一九三三年罗斯福的新政之后，才开始缓和。因此，各国共产党，包括日本、美国共产党在内，都认为世界无产阶级革命就要到来，有些跃跃欲试，准备起来推翻资本主义制度。而在莫斯科的第三国际，当时对革命形势的估计也有点过分乐观。这时，在我们党内正是立三、王明路线统治时期。所以，“左联”的成立以及成立后的一段时间，整个是处于比较“左”的政治空气当中。政治上思想上左右翼的分化，也很明显，用现在的话来说，左右之间，有一种“一刀切”的情况。

其次，还得说一说当时聚集在上海的左翼文艺工作者的思想情况。这些人多半是在第一次国共合作破裂后，从实际斗争的前线撤退到上海的。例如郭沫若、李一氓、阳翰笙等同志，是在南昌起义之后，经潮汕、香港等地来到上海的；杜国庠、洪灵菲、戴平万等同志，是在海陆丰起义失败之后来到上海的；钱杏邨、孟超等同志，是在武汉陈独秀背叛革命后经安徽撤到上海的；还有一大部分则是从日本被迫回到上海的，如创造社的李初梨、冯乃超、朱镜我、彭康、王学文、沈叶沉等同志。这些人到了上海后，为了继续进行战斗，陆续组织了一些社团，创办了一些书店，出版了一些杂志，写了不少文章。当时这些文艺工作者和对文艺有兴趣的革命工作者，除了鲁迅、郑伯奇、杜国庠等极少数人年纪较长外，都是不到三十岁的青年。我们对国民党反动派的残酷屠杀极其愤恨，但对中国的历史和现状都缺少认真的研究和了解，大多数人是阅读了马列主义书本而开始从事革命的。太阳社那时几乎没有一个人不是党员，后期创造社的绝大部分都是新党员，但在立三、王明“左”倾思想占统治地位时期，还根本不了解统一战线对革命的意义，不了解统一战线是进行新民主主义革命的重要武器。我们也谈过要争取“同路人”，但对“同路人”的看法显然是不全面的。鲁迅先生虽不是党员，但他年纪比我们大，在北京、广州、上海经历了五四运动以后的历次斗争，他熟悉中国的历史，深刻地了解中国现实斗争的实际。他对我们这些“左得可爱”的青年人，尽管愿意联合，但对我们当时的做法、作风、文风是有不少意见的。有时他当面讲，有时从他的文章中可以清楚地看得出来。在成立“左联”的时候，我们在组织上服从了党的意见，与鲁迅实行了联合，并以他为“左联”的领导人，但在思想上显然与鲁迅还是有差别的。前面讲到，当时整个第三国际就有一种“左”的倾向，而与我们中国左翼文艺运动关系密切的苏联的“拉普”（俄罗斯无产阶级作家联盟）和日本的“纳普”（全日本无产者艺术联盟），当时也都是很“左”的文艺组织。日本的“纳普”，是受日共负责人福本和夫的极左路线影响的，从日本回来的一些人，包括我在内，受福本主义“左”倾思想的影响是很难免的。也许可以说，接受这种影响倒很自然，很容易。而苏联后来解散“拉普”，现在回想起来，在思想上没有引起我们很大的震动，我们并不了解苏联解散“拉普”的意义。

考虑到这种种情况，就可以看出，把一九二八年开始文艺论争的团体和个人联合起来，组成“左联”，这是个关系到中国现代文学史的发展，具有深刻意义和作用的非常重大的事件。尽管它的成立正当立三路线时期，但停止了文艺论争，组成一个以鲁迅为首的、包括党员和非党同路人在内的统一战线的文艺团体，这件事应该说是做得正确的。

也许有的同志会问：既然当时在上海的党中央是李立三同志的“左”倾路线占统治地位，为什么反而会提出反对关门主义、宗派主义、教条主义，提出党的文艺工作者与鲁迅以及其他非党文艺工作者联合呢？我觉得，无论在立三路线还是王明路线统治时期，事情决不象某些人想的那样，尤其不象“四人帮”所编造的那样，似乎整个党的领导都是“铁板一块”，似乎每个党员都是“左”倾机会主义者。当时在临时中央工作的和在上海领导文化工作的，除了李立三同志外，还有周恩来、陈云、李富春、王稼祥、李维汉等同志，和一九三一年到上海的瞿秋白同志。我觉得现代文学史上，有一个问题需要解决，即究竟是哪一位领导同志首先提出停止文艺界的“内战”，联合起来建立“左联”这一提案的。有人说是李立三同志提出的，也有人说是周恩来同志提出的。我曾经听阳翰笙同志说，他是从李富春同志那里得到这个指示的。当时的领导人，现在健在的只有陈云和李维汉两位同志。我很希望这次在纪念“左联”成立五十周年的时候，能使这个问题得到澄清。

二

我与“左联”发生联系，正象我在悼念钱杏邨同志那篇文章中所说的，有一个偶然的因素。

我是一九二七年五月从日本回到上海的。我不是作家，也没有写过一篇象样的作品。回国后，我的组织关系是在上海闸北区第三街道支部，我的任务是在沪东一带纱厂的工人中作组织、宣传工作。我利用基督教青年会办的工人夜校与工人发生联系，后来也与一些进步工会组织的负责人发生联系。为了维持生活，我也翻译了一些日本、俄国的文学作品。但是要我参加筹备“左联”的工作，却另有原因。因为我的组织关系在第三街道支部，与太阳社的成员钱杏邨、戴平万、孟超等同在一个党小组，洪灵菲也经常来参加这个党小组活动；同时，我在日本读书的时候，认识郭沫若，曾在创造社的刊物上投过稿，回国后与创造社的李初梨、冯乃超、李一氓等也相互熟悉；另外，我为了搞翻译，常到内山书店买杂志书籍，经内山完造介绍，早在一九二八年春就与鲁迅相识。由于这样的关系，当一九二九年十月开始筹备“左联”的时候，我们的党小组长钱杏顿就通知我，把我调出去参加筹备“左联”的工作，我就成了十二个筹备人之一。当时我感到很惊奇，曾对钱杏邨说，我不是作家。他说这是洪灵菲提出并得到组织上同意的。“左联”成立之后，潘汉年（他当时是中央宣传部干事，负责文化界的联络工作）曾对我说，由于一九二八年这场文艺论争，几个文艺团体之间不仅在理论上，而且在感情上都有相当大的隔膜，需要有一些没有卷入过论争的人参加筹备小组，作为缓冲。这样，我就在一生中第一次跨进了文艺领域。我当时对潘汉年提出：“假如我们的建议鲁迅不同意怎么办？”他说：“你放心，这件事已酝酿了很久，中央负责人已经和鲁迅谈过，得到了他的同意。”

三

"左联"筹备小组成员，一共十二个人，即鲁迅、郑伯奇、冯乃超、彭康、阳翰笙、钱杏邨、蒋光慈、戴平万、洪灵菲、柔石、冯雪峰和我。十二人中，除鲁迅和郑伯奇外，都是党员。文化大革命中流传的一个回忆材料说十二人中有沈起予，那是记错了。一是因为一九二九年沈起予还在日本；二是因为开始讨论筹备人名单，大家就商定太阳社、创造社参加筹备小组的人数应当相等。我记得我参加党召集的第一次筹备会议，是在一九二九年十月中旬（国民党的"双十节"前后），地点是在北四川路有轨电车终点站附近的"公啡"咖啡馆二楼。参加的人共有十一个，即筹备小组的十个党员和潘汉年。潘是作为中宣部联络员出席的。这次会，主要由潘传达中央主张停止文艺界"内战"，组成包括鲁迅在内的"左联"的意义，并且也讲了一些反对宗派主义、关门主义的话。中央并指定这个小组的任务是，尽快拟出两个文件：一、拟出"左联"发起人名单；二、起草"左联"纲领。会上决定这两个文件一拟出了初稿，就先送鲁迅审阅，得到他的同意后，再由潘汉年转送中央审查。这个会开得不长，我的印象却很深，大约不会记错。我还记得潘汉年说，中央负责同志和鲁迅谈话的时候，鲁迅说明他不一定参加筹备小组的工作，他可以挂名，不能每次会都参加，有必要的、非他参加不可的，他可以参加。潘要我们把每次筹备会的情况，通过冯雪峰、冯乃超和我经常向鲁迅汇报。据我的回忆，鲁迅参加"公啡"咖啡馆二楼的前期筹备会，大概只有一次。那是很冷的一个下午，可能是十二月底或一月初。至于郑伯奇，则参加过不止一次。他是创造社的元老之一，在政治上思想上与我们没有什么距离。

筹备会一般是每周开一次，有时隔两三天也开过。地点几乎固定在"公啡"咖啡馆二楼一间可容十二三人的小房间。筹备工作的难点是起草"左联"纲领。因为筹备会的成员，多半只懂日文而不懂其他外文，参考的主要是日本"纳普"的纲领。蒋光慈是懂俄文的，但他不经常到会，说他写作忙，不过他也谈过苏联"拉普"纲领和组织情况。至于"左联"发起人的名单，一般说来是较容易的，即绝大部分是与我们志同道合的进步作家、党员作家。但在这之中，也有经过讨论才最后决定的。例如有的不是作家，而是搞戏剧、美术、音乐，或者搞社会科学的，象筹备小组十二人中的彭康就是搞社会科学的。这个发起人的名单，讨论了不止一次。当时左翼戏剧家联盟和左翼社会科学家联盟都还没有成立，因此有些研究社会科学的和从事戏剧活动的以及创造社、太阳社、我们社、南国社、上海艺术剧社等团体的主要成员，也被邀请列入发起人名单。据我回忆，这两个文件是在一九三〇年一月下旬基本上定稿的。这中间，冯雪峰、冯乃超和我，有时加上潘汉年，曾和鲁迅谈过筹备情况，具体时间和内容都记不起来了。

除了这两个文件外，还有一个组织关系的草案，这就是"左联"的组织机构、内部分工以及和国内各地、国外进步作家组织联系之类的问题。上海所有的进步作家联合起来组成"左联"，鲁迅是旗手，是盟主，这是没有问题的，但也讨论过用什么名义的问题。有人建议叫委员长，有人建议叫主席。当把这些方案向鲁迅报告时，他坚决不同意。他说他可以做力所能及的工作，尽力多做，但他不喜欢委员长之类的名义。因此，可以说，"左联"实行了集体领导，它的组织，只有一个执行委员会。同时，我们和鲁迅也讲明，他是我们的领导人，重要的事情一定要得到他的同意，他虽然没有用语言表示，事实上是同意了。

这两个文件拟好以后，筹备小组决定由我和冯乃超拿去征求鲁迅的意见，希望得到他的批准。这次会见是在鲁迅家里，我们说明了筹备会讨论的经过，把两个文件交给了他。鲁迅很仔细地同时也是很吃力地阅读了那份文字简直象从外文翻译过来的纲领，后来慢慢地说："我没有意见，同意这个纲领。"又说："反正这种性质的文章我是不会做的。"接着他又看了发起人的名单。有些他不认识的人，我们一一作了介绍，他也没有表示不同意见。最后他提出为什么没有郁达夫参加发起？我们说，郁达夫最近情绪不好，也不经常和一些老朋友来往。鲁迅听了之后，很不以为然地说："那是一时的情况，我认为郁达夫应当参加，他是一个很好的作家。"我们表示同意。不过我们说这还得征求他本人的意见，鲁迅也赞成。在我看到的一些回忆录和文科教材的有关记载中，不少人都说创造社、太阳社坚决反对郁达夫参加"左联"，只是由于鲁迅的坚持才勉强同意。我认为这是讲得过分了，事实并非如此。当时，郁达夫确有消沉的迹象，也表示过对后期创造社的不满，但他和我们这些人还保持着联系。谈完“左联”纲领、名单和组织机构问题之后，我们还闲谈了一阵，鲁迅还讲了他家乡的一些笑话。我记得他讲了个农民想象皇帝怎样生活的笑话：两个农民，一个说，皇帝这么有钱，这么舒服，不知怎样过日子的，另一个农民很有把握地回答：皇帝的生活嘛，一只手元宝 nia nia（捏捏），一只手人参 jia jia（嚼嚼）。这两句话完全是用绍兴话讲的，可能乃超听不懂。鲁迅讲完，自己禁不住哈哈大笑起来。这个情况我是记得很清楚的。（冯乃超同志一九七六年八月写的回忆材料中，说鲁迅还讲了另外两个笑话，这我已经记不清了。鲁迅常常喜欢讲他家乡的农民故事。也许那两则笑话是在别的场合讲的吧。）

四

在一些回忆录中，有人说，“左联”成立大会开幕前几天，曾在鲁迅家中开过一次人数相当多的会。这件事，我现在再三回忆也想不起来了。开成立大会的时间和地点，都是筹备小组几个人商谈后由潘汉年决定的。地点是在中华艺术大学，这是个党办的规模不大的学校，但为了公开合法，经陈望道先生的同意，由他担任了校长。学生几乎都是进步的青年，是一些大革命失败后聚集在上海的进步青年。开会的时间定在三月二日，这一天是星期日，学生都不在学校。这个学校没有宿舍，一般学生都走读。至于开会的程序、主席团的组成以及分工，都是在“公啡”咖啡馆楼上，包括郑伯奇、潘汉年在内的十二人讨论后决定的。当时还决定由冯乃超说明大会筹备的经过，郑伯奇对纲领作简要的解释，然后由几位发起人，特别是鲁迅讲话。这些，包括关于主席团、执行主席组成在内，都是经过大家商量后由潘汉年决定的。据他说，这样做是经过中央讨论过的，所以大家也没有意见。

“左联”成立大会是在一九三〇年三月二日下午二时召开的。大会的程序是：首先推定鲁迅、钱杏邨、沈端先三人为主席团，然后由冯乃超报告筹备经过，郑伯奇对“左联”纲领作了说明，接着由中国自由运动大同盟代表潘漠华同志致祝词，鲁迅、彭康、田汉、华汉（阳翰笙）等相继发表演说。大会选出了沈端先、冯乃超、钱杏邨、鲁迅、田汉、郑伯奇、洪灵菲七人为执行委员，周全平、蒋光慈二人为候补执行委员（以上名次是按“左联”机关杂志《拓荒者》第一卷第三期的报道排列的）。大会通过了“左联”纲领和行动纲领要点，通过了成立“马克思主义文艺理论研究会”、“国际文化研究会”、“文艺大众化研究会”等机构，创刊联盟机关杂志《世界文化》，通过了与各革命团体发生密切关系、参加工农教育组织自由大同盟分会、与国际左翼文艺团体建立联系等提案。

这个大会是在白色恐怖极端严重的情况下秘密召开的。由于时间限制，还有几位预定发言的人没有来得及讲话，到傍晚就宣布散会了。因为保密的需要和缺乏经验，上述报告、演说都没有文字记录。鲁迅在大会上的讲演，即后来登载在左联刊物《萌芽月刊》一卷四期上的《对于左翼作家联盟的意见》，也是三五天后，由冯雪峰根据回忆记录下来，写成草稿，并把鲁迅在会场上没有讲到而经常私下对我们讲的一些话补在里面，最后经鲁迅亲自审阅修改而定稿的。（见冯雪峰同志一九七三年九月十一日的回忆材料。）

“左联”成立后不久，就在先施公司附近的贵州路建立了一个秘密机关，但是由于缺乏经费、资料，再加上那时把“左联”的主要工作集中在飞行集会、散传单、贴标语等事情上面，上述的马克思主义文艺理论研究会等等也都没有正式形成组织，而纯由个人分别进行工作。我担负的是国际文化研究会，但实际上作的却只是对国际左翼文艺团体的联系工作。在这里我得提一下帮助“左联”进行了许多工作的三位外国同志。一位是美国的史沫特莱，她当时是德国《佛兰克福日报》驻上海记者；一位是日本《朝日新闻》驻上海特派员尾崎秀实；还有一位是日本联合通讯社驻中国的记者山上正义。“左联”成立的情况、纲领、名单，以及以后的许多工作——特别是一九三一年柔石等五烈士牺牲的报道和“左联”告国际进步作家书等文件，都是通过他们三位分别向国外发出去的。史沫特莱对中国人民的友谊和她的革命业绩，我国报刊上已有了较多的报道，我在这里不再详述。而尾崎秀实和山上正义这两位同志，即使在“左联”内部知道的人也是很少的。我在一九二八年就认识了尾崎秀实，他是一个表面上看来非常绅士式的记者，但是，他在当时却是在上海的日本共产党和日本进步人士的核心人物。他和史沫特莱有经常的联系，并把一些国际上的革命动态告诉我们。特别使我不能忘记的是在一九三〇年五月下旬，胡也频、柔石参加了在上海举行的苏维埃区域代表大会之后，“左联”决定向全体盟员作一次传达报告，但在当时，要找一个能容纳四五十人的会场是十分困难的。我把这件事情告诉了尾崎，请他帮忙。当时，在虹口，日本人势力很大，他们的机关连工部局也不敢碰。他很爽快地说：机会很好，这个月驻沪日本记者俱乐部轮着我主管，这个俱乐部除在星期六和星期日外，一般是空着的，只有一个中国侍者管理，你们决定了日期以后，我可以把这个侍者遣开。但时间不能超过下午六点，过时就可能有人到俱乐部来。就是这样，我们在虹口驻沪日本记者俱乐部召开了一次超过五十人的全体盟员大会。尾崎秀实是一个非常精细的、考虑问题十分周到的人，当他把俱乐部钥匙交给我时，一再说明，不要大声讲话，散会后收拾干净，不要留下痕迹。但是，开会后，胡也频报告时这个约束就打破了。有的人高呼：“苏维埃万岁！”“保卫苏联！”等口号，使我跑上跑下，搞得十分紧张。幸亏这次会议没有出事。尾崎秀实回日本后继续进行革命，终于在太平洋战争后的一九四四年十一月七日被日本法西斯政府以叛国罪处死。山上正义曾目睹过一九二七年十二月的广州暴动和一九三〇年工农红军占领长沙的情景，拍摄了大量国民党屠杀共产党和革命人民的照片，并在日本和外国报刊上作了大量报道。他还用林守仁的笔名翻译了鲁迅的《阿Q正传》及柔石等五烈士的作品。我希望谈“左联”历史，不要忘记这些外国同志。

提到苏维埃区域代表大会，我还得追述一下一九三〇年四月底在一个旅馆里召开的一次“左联”盟员大会。这是“左联”成立后第一次全体会议。这个会表面上是为了检查“左联”成立两个月的工作，实际上是为了筹备“红五月”的行动，因为五月间有许多纪念日：“五一”劳动节，“五七”、“五九”国耻纪念日，“五卅”纪念日等等，所以在这一个月内就布置了几乎每周不断的飞行集会，贴标语，散传单……，不管具体情况，规定凡是盟员都必须参加。当然，在这种情况下我们受到了很大的无谓损失，有许多同志被捕。鲁迅先生批评我们“赤膊上阵”，主要指的是这一类事情。

关于“左联”发起人的人数和参加成立大会的名单，各种回忆录和教材上的说法，都有分歧。对这个问题，丁景唐同志曾写过专文，这篇文章在“文化大革命”前我曾看过，并提过一些意见。据我所知，《拓荒者》上发表的那个名单，说有五十余人是对的，但由于种种原因，主要是安全的原因，在刊物上发表的名单只有三十多人。至于出席那天大会的人数，也有种种说法。最少的说有三四十人，最多的说五六十人或五六十人以上。我是主张后者的。因为开这个会的教室，可以容纳四十至五十人。开会的那天几乎全坐满了，甚至主席台旁边还有人站着。这次会虽然是在秘密中进行的，但中华艺大的教员和闸北区有关的一些党员，事先已经知道。举个例子，如一九三一年二月七日牺牲的五烈士之一的李伟森（即李求实），原是当时共产主义青年团的负责人，酷爱文学，也写过诗，他是发起人，也出席了会议，但没有发表他的名字。因为发表了对他的安全有影响。出席大会的还有许多人，是从事党的工作的，也不便公布名字，如潘漠华同志、庞大恩同志（党报《红旗》的负责人，长征中在六盘山战斗中牺牲）、童长荣同志等。我在这里要谈一下童长荣的情况。他是安徽人，很早就参加革命，当时在党内担任相当重要的职务，是一个有很好的文学素养的青年作家，原来在太阳社，后来参加了“左联”。一九三〇年秋他被派到东北担任领导工作，后来在延边作为东北联军的一个领导者与日伪军作战中英勇牺牲。这个人的名字，现在讲“左联”的一些书籍中几乎没有人提起。知道童长荣同志在东北英勇作战事迹的人，现在可能只有李延禄和骆宾基同志两位了。由于这种种原因，《拓荒者》上发表的名单，是不完备的。解放后我们从国民党档案中又找到了一个所谓出席“左联”成立大会的名单，这个名单显然更靠不住，可能是国民党反动派事后听到了点风声而炮制的。因为名单中有郭沫若，而郭老当时正在日本，不在国内。名单中还有些人根本不是“左联”的，也被国民党算作发起人和大会的出席者。为什么我说这个会议的参加者至少有五六十人呢？我有个主要的理由。这次会我在主席团里，参加主持会议，必须从主席台上不断警惕地看着会场，因此整个会场坐满了人以及不时有人出入，我看得很清楚。还有一件事也可以说一下。三月一日下午，潘汉年和闸北区委的一位负责人找到了我，说要先看看会场的情况，他们同我和戴平万四个人一起去看了。从北四川路与窦乐安路的交界，到艺大二楼的进口处，直到全校的房间，都仔细作了视察。有哪几个门可以出口，有没有后门，经过后门可以从哪条路出去，都作了周密的检查。后来潘汉年对我说，这次会筹备得久，到会的人又多，国民党反动派方面可能已经得到了些消息，因此必须特别谨慎。我们已经准备了纠察队和保卫人员。他对我说："你可以事先和冯雪峰、柔石讲明，万一有紧急情况发生，让他们两个人陪着鲁迅首先从后门撤退。在会场中我们布置了四个身强力壮的工人纠察队员，他们会一直保护鲁迅先生的。"同时他还告诉我，在会场内外，从北四川路底到窦乐安路，到中华艺大门口，安排了大约二十个纠察队员，只要我们警惕可疑人物，不粗心大意，那么，会议的安全是可以得到保证的。因此，可以估计，到会的人除正式出席会议的四五十人外，还有若干艺术大学的师生参加。这些人绝大多数是共产党员和青年团员，他们是从他们党小组、团组织或者从亲密朋友口中知道这次大会召开，而且知道鲁迅要在会上讲话，得到了门口检查人的同意而进入会场的。当然，列入发起人名单中的人，也有当天没有参加会的。例如蒋光慈、郁达夫就没有参加会议。郁达夫，据考证，他那天因有私事没有到会。蒋光慈，则因病没有参加。

五

如上所述，"左联"成立时正碰上"左"倾路线时期。十个月后，一九三一年一月，王明召开了六届四中全会，决定了更"左"的错误路线。这时"文总"已经在南京路跑马厅西边另建了一个秘密机关，是在一家很有名的木器店"王兴记"的楼上。为了掩护，我们还挂了一块"洛阳书店"的招牌。一九三一年一月下旬，潘汉年召集"文总"所属各联的盟员在这个楼上开会，传达六届四中全会精神。但是，由于部分党员已经在立三路线时期受到过不应有的损害，因此对于王明的那条路线很有反感。报告中途就有人窃窃私语，表示不满。散会后我们下楼时，胡也频、冯铿等对我说：对这个报告我们有意见，今晚上要开会讨论一下，问我能不能去参加。我问了身边的阳翰笙同志，他说对传达的决议他也有意见，但是，不经中央同意，擅自开会，也似乎不好。于是我们就没有去参加。这之后，两天或三天，报上发表了东方饭店二十二名“共党”被捕的消息。这二十二人当中就有“左联”的五个成员，即柔石、胡也频、冯铿、李伟森、殷夫，他们是为了反对王明的“左”倾路线，在东方饭店开会而被捕的，二月七日在龙华惨遭杀害。这便是“左联”历史上用鲜血写成的五烈士事件。

一九四五年四月二十日中央发表的《关于若干历史问题的决议》中指出，第三次“左”倾路线的代表者们“在白区工作方面，继续采取为当时情况所不允许的进攻的形式，组织庞大的没有掩护的党的机关和各种脱离广大群众的第二党式的所谓赤色群众团体”。尽管“左联”是党与非党作家联合组织的群众性团体，但实质上还是一个“没有掩护的”“第二党式的所谓赤色群众团体”。由于“左联”有非党同志参加，并由鲁迅担任这个团体的领导，表面上是公开的，但具体工作是由“文委”和“左联”的党团来领导的。据我的回忆，“左联”第一任党团书记是冯乃超同志。一九三一年，冯乃超调往武汉工作，由冯雪峰同志担任。一九三二年以后则由周扬同志担任，直到一九三六年“左联”解散为止。“左联”成立后不久，左翼社会科学家联盟成立，简称“社联”。主要负责人有杜国庠、李一氓、彭康、钱亦石、王学文、王新元、何敬之、艾思奇等同志。同样也在一九三〇年，成立了左翼剧团联盟。这是不以个人名义而以剧团为盟员参加的组织，包括上海艺术剧社、南国社、摩登剧社、复旦剧社、戏剧协社等。不久以后，南国社、上海艺术剧社相继被封，于一九三一年改为由个人参加的中国左翼戏剧家联盟，简称“剧联”。有了“左联”、“社联”、“剧联”，同时一部分从事音乐、美术、电影工作的同志，也相继成立了有党领导的音乐小组、美术小组、电影小组。这样就有必要成立一个领导这些联盟和小组的机构，这就是左翼文化总同盟，简称“文总”，它也是统一战线性质的组织，由中央宣传部直属的一个文化工作委员会，简称“文委”来领导。有的同志说，“文总”下面有八个盟或六个盟。实际上，真正有组织、人数较多、工作量较大的只有“左联”、“社联”、“剧联”，除此之外，有三个人数较少的小组，即音乐小组、美术小组、[1]电影小组。电影小组成立于一九三二年五月下旬，由五人组成的一个党小组来领导。至于教育工作者联盟、新闻记者联盟，都是在一九三三年以后才成立并由“社联”领导的（新闻记者联盟，实际上是在抗战前夕才成立的，它的前身是范长江、孟秋江、陈同生等领导的中国青年记者协会）。

“左联”成立后不到一年的时间，由于“左”倾路线的错误，经常举行无准备的飞行集会，以至组织罢工、罢市等不适当的工作，盟员受到很大损失，被捕的人不少，其它各盟也是一样，如“剧联”第一个牺牲的是宗晖同志，这是戏剧工作者永远不能忘记的。“社联”方面也有许多人被捕，如彭康等同志。到了一九三一年一月，王明路线支配了党，实行了比李立三更“左”的“左”倾路线。在这一年中，“左联”、“社联”、“剧联”工作作风还是没有改变，继续有许多党员和非党同志被捕。这些人中大多数都是坚强的革命者，但也有如姚蓬子、杨邨人、周全平等一些意志薄弱或为了投机而加入“左联”的，经不住白色恐怖的恐吓而叛变投降，或悄悄地离开了“左联”。这是不足为奇的。一九二七年大革命失败后，带着小资产阶级“左”倾狂热情绪参加“左联”这样一个团体的，本来就是鱼龙混杂，各种各样的人都有的。一九三一年王明路线抬头以后，搞飞行集会这类的所谓“实际行动”，大约又继续了半年，而真正的文艺工作本身却做得不多，也没有写出较好的作品。当然，在鲁迅领导下也对国民党反动派进行了许多文化斗争，也办了许多杂志。这些杂志，据我的记忆，凡属“左联”机关刊物的，很少能出到五期以上。大都是出一二期就被封，然后改名再出版。到了一九三一年底，情况又如何了呢？有两方面的情况。一方面是白色恐怖比以前更严重。一九三二年，国民党的头目到了上海，和租界的工部局达成了一个秘密协定。过去国民党的侦探是不能在租界里公开捕人的，必须事先得到工部局同意，与工部局一起破案，然后由工部局审判。根据工部局的法令，如果没有证据，就可以交保或释放。到了一九三二年达成秘密协定之后，国民党的特务就可以进入租界随意捕人。为了避免与工部局引起纠纷，他们

[1] 据许幸之同志回忆，1930年或1931年也曾组成了左翼美术家联盟。

的手段也更加残酷和无耻。例如可以用绑票的办法，或者打麻醉针，使被捕者昏迷不醒，然后用汽车运到“中国地界”。在这种情况下，“左联”的工作更加困难了。

另一方面，就在这个时期，发生了两件重大的事情。

其一是日本帝国主义先发动了“九一八”事变，继而在上海挑起了“一二八”战争。这时我们虽然还没有提出抗日救亡的口号，但广大人民群众为了抗日，为了反对帝国主义的侵略，或自动或受党的影响组织了很多大大小小的抗日团体。由于日本帝国主义的侵略不断深入，抗日运动也逐渐加强。有一种变化使我印象很深。在“一二八”以前，我们地下党在上海处境很困难，不仅工作困难，生活也困难，我们的同志，假如是单身住亭子间，身份不清楚，或者没有职业，或者衣着装束与一般人不同（在当时我们有些年轻的文艺工作者缺乏经验，的确有人喜欢蓄长发，穿乌克兰式衬衣，戴大红领带，作为艺术家的标志），或者不按上海一般人的生活规律活动的，就会引起房东、邻居的注意而被看成共产党，甚至被人向工部局告发。但到了“一二八”以后，情况就有了很大的改变。地下党的工作比以前方便多了，这时即使是单身汉，没有职业，不合乎当时一般人的生活习惯，例如中秋节不吃月饼，过年不请客，不放鞭炮，过去容易被看成共产党的，现在则被认为是抗日分子了。对这样的人，一般群众不但不会去报告工部局，反而要对他们保护和帮助。这种情况对我们的工作有很大的好处。又例如，过去我们作家的作品只能在自己办的或与左翼有关的书商办的杂志上发表，我们的机关刊物只能在比较进步的书商办的书店出版，到了“一二八”以后情况就不同了。许多报纸、杂志，包括中间的或中间偏右的，都欢迎左翼作家以原来的名字（当然也有用化名的）写文章。一九三三年以后，甚至上海几个主要报纸的副刊，如《申报》的《自由谈》和《电影副刊》，《晨报》（国民党CC派潘公展主办的）的《每日电影》，《时事新报》的副刊，几乎都由“左联”或与“左联”有关的人担任编辑。通过郑振铎同志，连商务印书馆也肯出版“左联”作家的作品了。这样，“左联”以及“文总”所属的各个组织不仅得到了发展工作的机会，而且得到了改变宗派主义、关门主义作风的机会。事实教育了我们，使我们懂得了我们必须和群众在一起，而不要象过去那样单独行动，才能真正展开我们的工作。

这时期发生的另一件重大事情，就是中央委托瞿秋白同志到上海领导文化工作。这件事情过去大家也都知道的。瞿秋白同志对于“左联”纠正错误，改进工作，扩大统一战线是起了很重要的作用的。这里可以举几个例子。过去我们是不允许在国民党报刊上发表文章的，而我们自己又没有报纸，我们的刊物常被封闭。其实，只要我们广交朋友，方法妥善，我们宣传爱国抗日的文章，不管用真名还是笔名，即使在国民党报纸，包括《时事新报》和《晨报》也是可以挤得进去的，至于资产阶级办的《申报》、《新闻报》就更不必讲了。自从瞿秋白同志领导了文化工作，我们就开始逐步地、有计划地占领这些宣传阵地。例如石凌鹤当了《申报》（上海销路最大的一家报纸）的《电影副刊》编辑，王尘无当了《晨报》的《每日电影》实际编辑。凡此种种可以说在宣传工作上是很大的转变。对报纸如此，对杂志也如此。我们在《东方杂志》、《申报月刊》以及其它杂志上也发表了文章，特别是发表了许多反对国民党“先安内后攘外”反动主张的辛辣的杂文、随笔、漫画等等。这件事，我认为秋白同志的功劳是不可磨灭的。由于秋白同志对实际政局的观察以及他和鲁迅的亲密关系，他受党中央的委托来领导我们，比鲁迅暗示的意见更直接明确，更容易为我们所理解和接受（“文化大革命”中流传的一个回忆材料，说瞿秋白在上海领导文化工作时，党中央规定只由冯雪峰同志一个人与秋白同志联系，别人不能来往。这个回忆中的讲法是错的。事实上，秋白同志在上海时期，不仅常与鲁迅、茅盾同志有亲密的联系，而且与阳翰笙、钱杏邨同志和我都有过多次接触，有时他还到我家里一坐就是半天）。他对于我们教条主义、关门主义的错误以及我们对中间派文艺工作者的不适当的态度，进行了批评。他告诉我们，在目前情况下，在广大群众要求抗日的时候，我们必须把作家、艺术家组织起来，利用群众要求抗日的爱国心理来进行我们的文化工作。正如我以前讲过的，郑伯奇、钱杏邨和我三个人参加明星电影公司这件事就可以说明。当钱杏邨和我第一次向他请示的时候，他说：“要考虑一下，电影界的恶势力太大，你们这些书生斗不过他们。”后来他经过考虑，则说不妨试试。他说：“我们还没有力量和可能办自己的电影公司，而电影又是影响最大的宣传工具，你们可以试试。”并指示我们今后工作的方针和作风、态度。我们的工作虽然做得很少，但在王明路线统治时期，假如没有秋白同志的指示和指导，是根本不可能这样做的。还有一个例子，我们想利用电影歌曲来吸引一般市民——店员、青年职员，组织救亡歌咏队或救亡合唱团等等，并与当时同基督教青年会有联系的刘良模同志合作，一起进行抗日宣传工作；还企图象打进电影公司一样打进法国商人办的百代唱片公司。田汉和百代公司的业务负责人任光（是一个留学法国的爱国音乐工作者，后在皖南事变中牺牲）很熟。在上海唱片行业里，这个公司占有首要地位，我们可否争取任光，使他在百代公司为我们录制进步歌曲的唱片？田汉让我向秋白同志请示了这件事。秋白同志完全同意，甚至高兴地说：“这是一个好机会。”正是通过任光，我们才把聂耳、冼星海、田汉、孙师毅等人作曲作词的进步歌曲录制成了百代公司的唱片，使《渔光曲》、《毕业歌》、《义勇军进行曲》、《大刀进行曲》等歌曲唱遍了全国。这些唱片，在当时的抗日救亡运动中，成了最有效的、最能鼓舞群众抗日情绪的宣传工具。一九三五年的时候，江苏省委、“文委”都遭到破坏，中央红军正进行长征，上海的党组织与中央也暂时中断了联系，但在上海的抗日救亡运动却如火如荼地展开，多亏了有秋白同志的一度领导，才改变了王明路线时期的那一套关门主义作风，广泛地打入资产阶级和敌人的阵地，扩大了我们的影响，推进了我们的工作。这一点在我的印象中是永远不会忘记的。

秋白同志在上海的时间不长，据我的记忆，他是一九三一年秋冬之间到上海，一九三三年深秋离开上海到苏区去的。他在上海，对文化工作，特别是对我们这些人的教育，起了很大的作用，因为他的经验非常丰富。正如他自己所表白的那样，对他来说，做文化工作比干政治更适合些。他的神态，远远望去，很象郁达夫，潇洒而文雅。他高兴起来可以谈上半天，主要谈文艺工作方面的事情，对文学创作的一些意见。我从来没有听到他谈在莫斯科的情况，在武汉的情况，以及离开党中央领导地位而到上海的事情。他有一个特点，据他自己说，是一种嗜好，就是喜欢散步。有一次傍晚，我在南京路一个中等的百货商店的橱窗前碰到他，我把他拉开并对他说：“这不是很危险吗？”

他笑了笑，说这是一种嗜好。他又说："我在国外也是一有空闲就一边散步一边看橱窗。因为从橱窗的陈列中可以看到一个国家的生产水平和艺术水平。"也就在这一次，我问他是否可以到我家里去坐坐，因为我家离南京路很近。他同意，就一起到了我的家。以后他有了空，往往来我家里聊天；我不在，他就留个条子，总是用拉丁化拼音字写的。秋白同志离开上海，是在临时中央迁到苏区半年之后。据说临时中央撤离上海时曾作决定，今后上海（实际上是东南一带）的文化工作改由江苏省委领导。当时江苏省委宣传部部长是冯雪峰同志，冯雪峰离开后改由李少石同志担任。李少石和"文委"联系不久就被捕了。这之后，担任江苏省委宣传部长的就是创造社的成员、后来在皖南事变中牺牲了的朱镜我同志。

六

"左联"存在的时间不长，从一九三〇年三月成立到一九三六年解散，只有六年时间。这六年是白色恐怖最严重的时期，也是左翼文化队伍在上海以及"左联"所属的各地分盟（当时有北平、广州、武汉分盟以及东京"支部"）迅速发展的时期。"左联"成立时的发起人不过五十人左右，而后来，按照现在一个单位根据有关的历史资料和健在的"左联"成员回忆所作的统计名单，"左联"成员将近有一百五十多人（这个名单，我看还不完全，有些地方分盟和东京"支部"的成员以及一些不很知名的成员尚未包括在内）。"左联"从它成立那天开始，就和国民党反动派以及文化、文艺方面的各种反动势力做了坚决的斗争，同时不断地清除自己队伍中的叛变分子、变质分子。由于国内外形势的改变（主要是日本帝国主义的入侵）和瞿秋白同志在上海那一段的领导，"左联"在短时间内不仅组织上取得了很大发展，思想上也有很大的前进。特别是一九三五年江苏省委被破坏，"文委"大部分成员如阳翰笙、田汉、杜国庠、许涤新等同志被捕以后，"左联"并没有被击败，组织并没有涣散，仍然紧密地团结着，进行顽强的斗争。到了一九三五年下半年，也就是日本帝国主义侵入华北，和国民党反动派签订"何梅协定"之后，"文委"所领导的文化运动已经越过了文化、文艺的范围而成为一个广泛的群众团结抗日的爱国运动。从一九三二年、一九三三年开始，田汉同志把电影、音乐、文学几方面的同志结合在一起，形成了一支很大的救亡歌咏队伍。这支队伍和过去以知识分子为主要成员的文艺团体有所不同，是一批包括大量工人、店员、职员、学生在内的群众团体。这就给一九三六、一九三七年开始的抗战准备了一支非常有力的、人数以万计的救亡文艺队伍。抗战开始后，"剧联"、"社联"以自己的盟员为核心，组织了十个救亡演剧队、三个战地服务队，在上海组织了救济难民、慰劳伤兵活动的团体。这些团体远远超出了文艺界的范围，甚至由帝国主义势力支配的海关、邮局这样的机构，也组成了海关长征团，或者加入其他救亡团体到后方去宣传抗日。照"四人帮"的说法，"左联"是先执行王明的"左"倾机会主义路线后执行王明右倾机会主义路线的组织，那么，怎么会造成这么大的力量呢？怎样解释在那样严重的白色恐怖环境下，能够不断壮大，到后来形成一支浩浩荡荡的文艺队伍，并培养了大量干部呢？

世界上任何事物都有一个初生、成长、壮大、衰老的过程。一九二八年创造社、太阳社提出"普罗文学"这个口号的时候，就是中国无产阶级革命文学的初生。没有一个学步的儿童不摔跤，没有一个初次参加社会活动的青年不出差错。一九二七——一九三六年，所谓"左翼十年"时期，正是中国无产阶级革命和中国无产阶级文学开始学步的阶段，初次学习与敌人战斗的阶段。在这阶段，完全不犯错误、不出差错，那是不可能的。我们的确犯了很多错误，我们从外国抄来了很多不适合中国情况的工作方法、工作作风，这是无可置疑的。但是如果没有这十年的学步，没有这十年中经受的挫折和错误——当然，也有不大不小的成功——那么，我想就不可能在抗日战争中形成这么雄壮有力的革命文艺队伍，也不可能有全国解放时刻集合国统区、解放区的文艺工作者团结起来，紧密合作而形成的新的文艺队伍。

我们考虑问题，研究历史，评价功过，应该切切实实地用历史唯物主义方法。我最近重新翻了一下"左联"成立初期出版的杂志，其中的文章，特别是论争性的文章，不仅是对敌人的，也有错误地对待朋友的。现在看来，不论从观点来说，还是从方法、技巧来说，都等于三四岁的小孩子学走路，歪歪斜斜，时常摔倒，甚至有时碰得头破血流。能不能避免这种阶段一跃而成为英勇的战士呢？我看，不可能的，那只是一种空想。事隔半个世纪，再来回顾“左联”成立的前后，我觉得，既要很好总结正反两方面的经验，也要实事求是地肯定成绩。这个成绩，主要是指无产阶级革命的大方向。这样才能增加我们的勇气，相信我们的前途一定会比过去童年时期更好。

这篇文章主要是记述和回忆“左联”成立前后的经过和个人的感想，因此对于整个“左联”的功过以及一九三二年以后的情况，都只是带过几笔而没有详细叙述。“左联”的一大批人，连我在内，当时大都是三十岁左右（当然也有象鲁迅、郑伯奇、杜国庠这样比较年长的）。在今天这个纪念的日子里，回过头去看看自己走过来的足迹，看看工作中可以避免而终于没有避免的错误和缺点，再看看当前文艺界的情况，是令人感到高兴的。今天三四十岁左右的文艺工作者，尽管他们经历了“史无前例”的十年浩劫，但他们大多数的思想觉悟、政策水平以及创作水平，和我们当时相比，显然高得多。在这半个世纪里，既有欢乐的时候，也有苦痛的日子。今后只要我们能有一个安定团结的环境，有批评和自我批评精神，能接受过去惨痛的教训，正确地对待文艺与政治相互关系的问题、党如何领导文艺的问题以及工作方法、态度的问题等等，我坚信，在八十年代中，我们的文学艺术一定能大步地向前迈进，而且我也坚信，有五千年优秀文化传统的祖国，也一定会产生新的鲁迅、新的郭沫若、新的茅盾。这是我的期望，也是我的信念。

1980年1月

（原载《文学评论》1980年第2期，收入本书时，作者做了个别修改）

从事左翼电影工作的一些回忆

夏　衍

“一种强烈的时代思潮，一个划时代的政治运动，都会引导或者驱使一批青年人走上新的道路。而当他们走上新路的时候，也可能由于某种偶然的因素——也就是某种外因对他们潜在的内因的作用，使他们决定各种不同的工作。”——这是我在《忆阿英同志》一文中说过的一段话。因为阿英（钱杏邨）同志是使我此后半个世纪从事文化工作，特别是戏剧、电影工作的重要因素。当我对三十年代的电影活动作一些回顾时，我还是想引用这段话作为文章的开头。

一

一九二七年，我从日本回国。秋天，我被编入中国共产党上海闸北区第三街道支部；住在杨树浦附近的工人区，搞工人运动。这个党小组的组长是钱杏邨同志，组员有孟超、戴平万。洪灵菲、童长荣后来也参加进来。一九二九年，党中央决定革命文艺工作者联合起来，组织“左翼作家联盟”。组织上把我从街道支部调出来参加筹备工作，我感到很奇怪。因为我虽喜爱文学与哲学，学生时期也曾办过同人刊物，写过小文章，但我从中学到大学都是学工的。留日期间，也曾向《语丝》、《创造周刊》投过稿，但到这时为止，我还是个未写过文艺作品的非文艺工作者。钱杏邨同志对我说，这是他和洪灵菲提出来的；考虑到我认识各方面的人，如鲁迅、郭沫若、郑伯奇、冯乃超、李初梨等，又没有参加一九二八年那场革命文学论战，所以认为我参与这项工作是很合适的。这样，我就以非作家身份参加了“左联”，成为我一生从事文艺工作的起点。

现在，一般报刊上讲到新文艺工作者参加电影活动，都说是由郑伯奇、阿英和我三个人开始的。实际上，我们三个人并不是最早，最早搞电影的是田汉，其次是洪深。

为什么这样讲呢？因为一九二四年田汉在搞南国社时，他就拍过一个电影，叫《到民间去》。那年暑假，我从日本回到上海去看他，一见面，还没来得及讲话，他就一把拉住我，让我坐在一张藤椅上，说：“别动，要拍电影。”于是我就成了送上门的临时演员。这大概就是我第一次上银幕。这部影片写知识分子应该到民间去，后来没有拍完，底片也遗失了。但它是中国新文艺工作者搞的第一个电影。我曾问田汉要过剧本。他说没有，只有提纲之类的东西。演员唐槐秋等，都是南国社的。

第二个搞电影的新文艺工作者是洪深。洪深是留美学生，到美国最早学的是化工，学了几年，忽然对戏剧产生兴趣，改学话剧，是美国著名导演贝克的得意门生。回国后，一面在复旦大学教书，任戏剧系主任；一面因与明星电影公司的老板张石川认识，便被张石川请到明星公司当编剧顾问。

洪深是个很有意思的人。可以专门给他写个传记小说。他正直，有爱国心，敢于仗义执言。所以抗战时，能与汪精卫面对面地斗。一九三〇年，美国辱华影片《不怕死》（罗克主演）在上海放映。映出中间，洪深站起来抗议，大闹大光明电影院。老板把他抓到巡捕房。他开始一句话不讲，直到英国人出来，他才用一口流利的英语讲：这个片子是对中国人的侮辱，中国人民决不能容忍；你们今天抓我，明天还会有人反对。英国人也没办法，知道他是大学教授，就把他放了出来。洪深一九二九年进明星公司当编剧，先后共编导过六部影片。他是第一个主张并且写出电影剧本的人。

二

我开始搞电影，学习写电影剧本，也是钱杏邨同志把我“拉”进去的。这是一九三二年的事了。

在这之前，中国电影已有二十多年的历史。当时拍电影是新鲜事，很能赚钱。影片内容不外三种：一是《火烧红莲寺》之类的武侠片；二是明星公司的《孤儿救祖记》和联华公司的《天伦》等伦理片；再就是所谓的言情片。

二十年代末，上海已有二十几个电影公司，其中较大的公司有三个："明星"、"联华"和"天一"。

"明星"的老板有三人：张石川、周剑云、郑正秋。郑正秋是著名的文明戏演员。周剑云是剧评家，常在报刊上写些文明戏的剧评。张石川是后台老板，跟文明戏也有些关系。现在一提文明戏，好象很落后，跟鸯鸳蝴蝶派一样。其实作为话剧运动之前身的文明戏，在当时还是多少有点进步性的戏剧力量，它用这种艺术形式反封建，反对女人裹小脚，反对讨小老婆、买卖妓女等。文明戏的演员中还有因反对清朝政府而被杀害的。

郑正秋是个有正义感和爱国心的人，也懂得戏。开始，郑正秋、周剑云等人搞电影并不是为了玩票，也不单是为了赚钱。应该说，他们当时主要出于对现状的不满。可是办电影需要资本，于是就不得不和投机商人、买办官僚资本结下了姻缘。后来就走上了投机赚钱的道路。

天一影片公司则完全是为了赚钱的公司。老板邵醉翁，就是现在东南亚一带的邵氏公司最早的老板。他娶了个小老婆陈玉梅，是公司的主要演员，等于家庭公司。

郑正秋、周剑云、张石川、邵醉翁等是当时电影界的所谓老派，这是从文明戏发展到电影的一条线。他们在早期电影事业中占了很重要的地位，在相当长的时间里起支配作用。直到一九三〇年后，联华影片公司成立，一批受到五四运动影响的新知识分子登上影坛，"联华"的新派才成为电影界的一支进步力量。

"联华"的老板罗明佑是基督教徒，官僚资本家。他不是进步的，但多少有一点西方资产阶级民主思想，因此他用的导演多是受过五四运动影响的新知识分子，如孙瑜（他在美国学过电影，现在是资格最老的导演）、卜万苍、朱石麟等。主要演员有林楚楚、李旦旦，以及郑君里、金焰等。林楚楚的丈夫黎民伟，也比较进步。由于这些导演、演员大都是受过资产阶级教育的资产阶级、小资产阶级知识分子，因此，三个公司相比，“联华”比较正派。“明星”就不同，演员中还有抽鸦片的，赌博的，他们的化妆间，当时我们都不敢进去。

电影界情况的转变，大约是在一九三二年。这一年爆发了“一二八”战争，即淞沪战争。日军在淞沪战争中，烧杀掳掠，无所不为，激起人们极大的义愤。“一二八”后，上海的民心起了很大变化，人民群众纷纷要求抗日。可以说，假如没有“一二八”后人民日趋高涨的抗日情绪，我们就不可能很快打进这些电影公司去。所以，进步电影的开始是跟当时的时代潮流分不开的。

一九二七年我在上海地下党领导下搞工人运动，那时白色恐怖很厉害，只要稍微有一点不注意，让别人看出你是共产党，是搞工人运动的，不仅警察要追捕，连住的房东也要去告密。当时，有些“左”派“左”得很厉害，戴着大红领带，留长发，房东一看样子不对，就要报告。而“一二八”后，上海老百姓的情绪变了，假如知道你是干革命的，不仅不会去告密，反而还会想尽办法保护你。这点我是感受最深的。抗日爱国的民族革命战争将民族感情点燃了。在这种形势下，再搞《火烧红莲寺》那样的电影，就没人要看了。老百姓需要看有抗日爱国内容的影片。面对这个现实，电影公司老板不得不认真考虑何去何从，因为电影最大众化。如果影片没有观众，公司就要赔本，甚至要倒闭的。

明星公司首先注意到了这个问题，并提到议事日程上来。这时，洪深已在“明星”做顾问。当老板开始考虑改变制片方针时，洪深就提出，要找一些进步作家写剧本。过去，关于这个问题，总是说：因为“明星”老板周剑云与阿英是同乡，周就找了阿英，请进步作家写剧本。实际上，最早提出来的是洪深，之后，周剑云才找了阿英。在阿英建议下，由他、郑伯奇和我三人先给明星公司写剧本。

当时，我曾将这个问题提到党的会议上来讨论。记得会议是由瞿秋白同志主持的。开始有的人不同意，原因是当时电影界太复杂，而我们过去又没有从事电影工作的经验。秋白同志最初也很犹豫，后来终于下了决心，同意我们去参加，并指示两点：一、不要与电影界腐化势力同流合污；二、在目前不可能由我们自己拍片的情况下，在条件许可时，在资本家拍的影片中加进一点进步的和爱国的内容。他再三叮嘱我们要谨慎。最后讲了一句意味深长，使我永远不能忘记的话："你们是第一批打进电影界去的共产党员，因此要特别当心。"就这样，我们在党的指示下，小心谨慎地开始了夺取电影阵地的工作。之后，又在党的领导下，成立了阿英、尘无、我、石凌鹤、司徒慧敏五人组成的党的电影小组。

三

进入电影界后，我们在十分困难的情况下，主要进行了四项工作：一、抓编剧部门，自己写剧本和帮助导演修改剧本，把几个电影公司的主要导演的剧本创作抓过来；二、抓影评工作，到一九三三年初，上海几个主要报纸的电影副刊已完全掌握在进步影评家手中了；三、输送新人，把文学、话剧、音乐、美术界的进步分子介绍到电影公司去，扩大进步力量；四、大力介绍苏联电影，翻译、介绍苏联电影剧本及理论著作。一九三三年先后出版了普多夫金的《电影导演论》、《电影脚本论》和影片《生路》台本。与此同时，鲁迅先生曾翻译了一篇日本岩崎昶的《电影论》。

秋白同志曾嘱咐我们，进电影公司后，要先交朋友，认识些人，不要暴露出"红"的颜色来。我们进去的第一件事，就是要站住脚。首先和老板、导演搞好关系。为了不暴露身份，进入"明星"，我们每人都改了假名。阿英改名张凤吾（他弟弟小张，后来就叫钱筱璋），郑伯奇改名席耐芳。席耐是英文"电影"的译音，芳是英文"爱好者"的意思。我叫黄子布。名义是编剧顾问，每月有五十元车马费。"明星"每星期开一次编辑会，讨论剧本。参加人除三个老板之外，还有洪深，我们三个顾问及主要导演程步高、李萍倩。记得当时有个姓王的秘书，这人思想反动。为了应付这些局面，我们要以普通人的身份和他们相处，不象有些"左"派那样，满口都是"革命"词句。开过几次会，他们并不觉得可怕，也愿意讲些心里话，因为我们之间毕竟有个共同点，就是对国民党的统治不满，要求抗日。这中间也有个问题，就是要和他们搞好关系，就不能完全违背他们的生活规律。我一辈子不会跳舞，但为了工作需要，也得和导演一起进跳舞场，不跳舞就在旁边坐着。我还陪洪深去看跑马跑狗，一方面也算体验生活，了解上海社会一些情况；同时也增添了些保护色，因为特务总不会到那里去抓人吧！

刚进“明星”，我们感到很奇怪，拍电影没有剧本，只有故事梗概，跟说明书一样简单。导演手里拿着幕表，也只有“相见”、“别离”几个字，一边讲，一边拍。我们第一步工作就是帮助导演搞剧本，办法是让他们先讲故事，我们改，待他们同意后，再写一个比现在的剧本简单得多的文学剧本。这样，导演拍起来就快，比较顺当。我们三个人分工是：我帮程步高，阿英帮李萍倩，郑伯奇帮徐欣夫。我们和导演之间逐渐变成了好朋友，当然，他们也要依靠我们。后来，有声片兴起，没有剧本无法拍片，于是就开始写供导演拍摄用的剧本。我和程步高合作的第一个影片是《狂流》。他已有一个故事，在这基础上，我给他分场、加工。这部影片在上海中央大戏院和上海大戏院首次公映后，受到观众的欢迎，而且赚了一点钱。导演和公司尝到了甜头，觉得每月花五十元车马费请这几个进步作家写戏很值得。由于电影公司要赚钱，资本家要名要利，我们采取的方针就是让他们最少有点利，还给他一点名，有些地方甚至还可以迁就一些。这些情况现在当然是无法想象的，但当初却是我们借以打进电影公司，在一些影片塞进一点进步内容的条件。

为了站住脚，我们还必须得掌握业务技巧，这就有一个学习问题。我们经常是通过看电影来学习电影表现手法。坐在电影院里，拿着小本、秒表、手电筒。先看一个镜头是远景、近景还是特写，然后分析这个镜头为什么这样用，为什么能感人。一个镜头或一段戏完后，用秒表算算几秒钟或几分钟，然后算算一共多少尺长，这样一个镜头一个镜头地加以研究，逐渐掌握了电影编剧技巧。为了进一步钻研，我还学过剪接，后来应云卫拍《桃李劫》时，我就帮他搞过剪接。我还跟过程步高两部片子。他拍摄时，我每天都去看，看我所写的分镜头剧本，他是怎么拍的，一点点记下来。经过这样的学习和努力，使我渐渐从外行变成内行，与导演们有了业务方面的共同语言，取得了有关电影艺术创作的发言权。

四

我任“明星”编剧顾问后，编写的第一部作品是《狂流》，用的化名是丁一之。程步高导演，董克毅摄影。主要演员有胡蝶、龚稼农、夏佩珍等。一九三三年二、三月拍成。

《狂流》以“九一八”事变长江流域十六省惨遭空前大水灾的真实事件为背景，贯串了傅庄首富傅柏仁女儿秀娟与青年教师刘铁生的爱情故事。但我们在《狂流》中开始尝试反映农村的阶级斗争。它揭露了地主的罪恶，描写了农民的反抗。这样的内容，在当时可能还有点新意。

程步高在导演这部影片时，严肃认真。为了真实地表现水灾的场面，他将自己在一九三一年拍摄的长江水灾的新闻片的画面剪辑进去，妥切得当。上海《晨报》的《每日电影》副刊，专门为《狂流》的上映发了特辑。左翼电影评论工作者还对程步高导演上的得失做了细致的分析，鼓励他在导演《狂流》的基础上更前进一步。

这之后，我又以蔡叔声化名，将茅盾的《春蚕》改编为电影剧本，仍由程步高导演，摄影是王士珍。《春蚕》是茅盾在三十年代创作的小说。我将它改编成电影，也算是一次尝试。

因为我是浙江人，对小说中描写的风土人情，比较熟悉。在改编中，首先力求忠实于原著。影片字幕，尽可能采用原小说中的对话。同时为了适应电影的需要，也增加了些情节和材料。影片的开头，还增添了一个引子，用一组画面和动画设计，来形象地交待出当时的时代背景。程步高导演这部影片，手法朴实。为了拍摄育蚕一场戏，他特地从浙江农村请了育蚕老农作顾问，还在摄影场搭了个养蚕房。扮演老通宝的肖英，演得朴素自然。为了表演老通宝熬夜的一场戏，他真的几夜没睡觉。

一九三四年，我用丁谦平化名写了《脂粉市场》。张石川导演，董克毅摄影，胡蝶主演。胡蝶当时是最红的女明星，公司老板敢于派最好的电影明星来拍我们搞的剧本，等于把本钱的大注押在我们身上，这表明对我们已经不存在什么戒备了。

《脂粉市场》写百货公司化妆品部一个漂亮的女店员，常常受到一些花花公子的纠缠和侮辱，她为了摆脱这种环境，毅然离开了公司。至于出路何在呢？影片没有正面回答。试映后，导演张石川却说结尾不行，他不懂得易卜生的问题剧，认为那样处理等于影片没完。于是就加了一段，写这个女店员跑出去后，别人帮助她，她又自己开了店。这个强加的尾巴曲解了影片的原意，只能给人造成一种幻想。因此后来我曾在《晨报》的《每日电影》副刊上，发表了声明，指出最后一场戏不是我写的，而是老板加的。经过这次斗争，以后他们就不敢再随意改我们的戏了。

在"明星"，我们搞的时间不长，中间也有斗争。不止是《脂粉市场》，阿英拍的《盐潮》（根据楼适夷同志小说《盐场》改编）也有过斗争。后来，我们有些沉不住气了，因为工作顺手了，老板也听我们的话了，以为"左"一点也可以。所以象《上海二十四小时》这样的作品也写了。现在看来这部影片不算左，但在那时就"左"了。沈西苓要拍《女性的呐喊》，我就把自己准备写《包身工》时搜集的材料都给了他。今天回想起来，感到那时太性急了。结果片子拍出来后，不仅被国民党电影检查当局大量删剪，破坏了影片原来的完整性，而且最重要的是由此暴露了我们的政治面貌，从而带来了以后更加尖锐、复杂的斗争。

五

中国进步电影的历史，每一页都记载着和国民党反动派的激烈斗争。《女性的呐喊》的拍摄，引起国民党当局的注意，他们采取种种措施，对进步电影运动进行摧残和破坏。其中一个重要手段，就是通过电影检查委员会对影片横加删剪。

当时，有两个检查委员会。租界工部局是外国人搞的，条件比较宽，规定只有两条：一是凶杀的不能写；一是有伤风化的不能写。其它的不管。与工部局比较，国民党的电影检查委员会要严得多。《上海二十四小时》完成后，国民党电影检查机关认为问题严重，反复审查十多次，剪掉许多镜头画面，直到一九三四年十二月才准予放映。映出的影片，已经是面目全非了。同时，他们还在经济上拒绝对进步影片公司贷款，以此来窒息我们。当然，这些都没有吓倒进步的电影工作者。我曾在一篇文章中用“在泥泞中作战，在荆棘里潜行”这两句话来形容当时的处境。

当时，国民党在上海负责文化工作的叫潘公展。此人是CC派，文化特务头目。他发现明星公司有共产党员活动，就向周剑云提出要派一个人来当编剧。实际上，就是监视、控制我们的活动。派来的这个人叫姚苏凤，是潘公展办的《晨报》电影副刊的编辑。在这之前，我们一些影评工作者常在《晨报》上发表文章，我的那篇《普多夫金电影导演论》就是在这个副刊上连载的。但姚苏凤究竟是什么人呢？我们心中还无数。周剑云说，此人他管得住，不会反对我们。这话使我们有了点底。因为在当时只有两条路，一条是我们全体辞职不干，既干脆又省事，但结果等于把地盘全部让给国民党；另一条就是让他们进来一个人，我们还继续活动，并根据情况，做做这个人的工作。出于这种考虑，我们选择了第二条路。

姚苏凤来后，第一次编辑会议，大家都有些拘束，因为他毕竟是国民党派来的人。会后，姚苏凤单独找我，说他虽是潘公展派来的，但可以用人格保证，决不会反对我们，也不会反对我们的剧本。为了表示诚意，他还提出他掌握的《晨报》电影副刊，可以交给我们去编。后来，我们确实派电影小组成员之一的王尘无去编了一个时期。利用这一角天地，我们刊登了一些苏联电影的情况，并发表了不少影评。如果不了解这个历史真相，看到国民党办的报纸上竟介绍苏联的东西，一定会感到非常奇怪的。

姚苏凤进来后，先搞编剧，后来想当导演，他编导了一部影片《青春线》，不太成功。但他逐渐靠近了我们，把我们当成他的朋友。抗战期间，他没离开上海。胜利后，我回上海，姚苏凤来找我，见面第一句话就是：“我没有辜负老朋友，没有做汉奸。”由于姚苏凤曾有这样的表现，解放后我还把他介绍到《新民报》当编辑，工作一直不错，直到去世。这说明，人是可以争取的，也是可以改变的。当时，我们还不懂得统一战线是党的三大法宝之一，但在那样的环境中，也多少知道一些该怎么做争取人、团结人的工作。回顾一下我国革命的整个历史过程，统一战线政策确实起了重要的作用。

从一九三四年开始，蒋介石发动了第五次反革命军事围剿，与此同时，也加紧了文化围剿。潘公展命令明星公司必须把我们三人赶走，否则银行就停止对公司的贷款。在这种高压下，公司老板只好宣布免去我们三人的编剧职务。但在编剧方面，他们又离不开我们。于是想出一个办法：公开贴出布告，表示我们三人从此不在“明星”任职，但每月车马费照送。从那以后，工作还是照样干，只是会议转到别的地方去开，有时到旅馆，还有一次花了钱租船，在上海的游览区“丽沃丽它”边划船边谈剧本。在这样困难的状况下，我们坚持斗争，一直到抗战开始。

六

艺华公司是一九三三年进步电影运动开辟的另一个阵地。主要是田汉和阳翰笙同志搞的。“艺华”的老板叫严春堂，是个鸦片商，家里很有钱，搞影片公司纯粹是为了好玩。他手下有两个徒弟，一个叫彭飞，一个叫查瑞龙，都是有名的大力士，同时与田汉有来往。严春堂出钱拍片，是为了让彭飞等人成为电影明星。因为田汉与彭飞的关系，严春堂就把田汉、阳翰笙请去了。看起来，这与我们进明星公司有相似之处，似乎都有点偶然性。其实，事情往往是在偶然中包含着必然的因素。当时，我们要扩大左翼电影运动阵地，需要有外界条件。而这些人要赚钱，也不得不顺应一下历史潮流。

这样，一方面在明星公司我们打下了基础。另一方面在艺华公司，我们又介绍了一些人进去，如郑君里等。后来舒绣文、卜万苍等人也先后加入这家公司，成为左翼电影运动的又一支生力军。

田汉是一个具有高度革命精神的爱国主义者，是一个英勇的革命家，又是个很有特点的人。有件事可以看出他的特点：严春堂的徒弟查瑞龙，会练气功，田汉曾专门为这个大力士写剧本。这对于一般自命清高的知识分子来说，是很难想象也很难做到的。为这件事，严春堂还请我们吃了饭。那次，周扬同志也去了。鸦片商请共产党员吃饭，是件很滑稽的事，但这是那个时代的事，有它的时代特点。吃饭时，我还跟严春堂开了玩笑，严春堂的堂字原来是木字底的“棠”。我说你是以“土”起家的，鸦片不是叫土嘛！你应该把“棠”改成土字底的“堂”字。后来他真的改了。

在当时复杂的情况下，我们的一切工作必须十分得体、恰当，稍过一点，就会适得其反。现在回想起来，在对待艺华公司上，也有些缺点，就是有点“左”。一来就讲话啊，辩论啊，宣传啊……之后，就发生了一九三三年十一月十二日上午，蓝衣社特务捣毁艺华影片公司的事件。当然，反动派就是反动派，即使工作做得合适，一旦被发现，他们也会下手的。这股风也涉及到明星公司，我们被迫离开了那里。应该说，艺华公司被捣毁，我们损失是较大的。这之后，“艺华”变成一个反共的公司，专门拍《化身姑娘》之类的影片。一九三五年二月，田汉、阳翰笙被国民党反动派逮捕，本来已很动摇的严春堂父子，受到进一步的威胁利诱，完全投入了国民党反动派的怀抱。

早在一九三三年，左翼电影运动高涨的时候，国民党御用文人刘呐鸥、黄嘉谟之流，就发表了一系列攻击左翼电影、鼓吹“软性电影”的反动文章。艺华公司被捣毁后，他们在主子的指使下，更猖狂地宣扬“软性电影”，恶毒攻击左翼电影运动。为此我们组织了影评队伍，王尘无、石凌鹤、于伶、柯灵，以及原来不是左翼的张常人、冒舒湮等都参加了，开展了对“软性电影”分子的斗争。从一九三四年六月，在许多电影副刊上正式展开与“软性电影”的论战。我在这过程中，曾写过几篇文章。六月十三日，我以罗浮的笔名发表了《软性的硬论》，揭露“软性电影”理论中的种种矛盾和他们的谎言。之后，针对“软性电影”分子对电影老板的威胁和利诱，又接连写了《玻璃屋中的投石者》和《白障了的生意眼》，以比较确凿的统计数字，说明真正受群众欢迎的是进步影片，而不是“软性电影”。一九三四年六月二十一日，我用罗浮笔名又在上海《大晚报》发表题为《告诉你吧！所谓软性电影的正体》的文章，着重从理论上揭露了“软性电影”的反动阶级实质。这场论争，左翼电影工作者取得了胜利。但从一九三五年下半年开始，严春堂父子陆续接纳了黄嘉谟、黄天始、刘呐鸥等“软性电影”分子进入“艺华”。而不愿与他们为伍的进步电影工作者史东山、应云卫、魏鹤龄等相继退出“艺华”。从此“艺华”便成了“软性电影”分子的巢穴了。

七

一九三三年，党的临时中央和瞿秋白同志相继离开上海转入中央苏区，上海文化工作改由中共江苏省委领导。一九三五年，第五次反围剿失败，开始了二万五千里长征。由于这是一次大的战略转移，上海党组织同中央失去了联系。同时，江苏省委被破坏。领导左联、剧联、社联及其他文艺工作的阳翰笙、田汉、杜国庠、许涤新等同志同时被捕。我们处境相当困难。但是，在这种情况下，我们自己还是组织了一个公司，这就是一九三四年的春天，在党的电影小组直接领导下成立的电通影片公司。

电通公司是由司徒慧敏和他的几个朋友出面搞的。司徒慧敏原来是搞录音的，美国华侨。他有三个朋友：司徒逸民、龚毓珂、马建德，人都不错，是民族资本家。他们最初经营了一家电影器材制造公司，它具备进行制作的经济和技术条件，但缺乏影片创作人才。这样，党的电影小组，通过司徒慧敏争取了司徒逸民等人的合作，把电通器材公司改为制片公司。

改组后的电通公司，由田汉和我还有孙师毅负责创作，司徒慧敏担任摄影场的主任。同时，我们吸收了一些进步的电影、戏剧工作者，如袁牧之、陈波儿、许幸之、应云卫、沈西苓等。但那时，其中不少人还是外行，拍的影片也有些“左”；再加上新公司刚建立，老板资本也不多，因此营业不太好。电通公司不仅有些导演是外行，制片主任也不懂业务。所以，这个公司仅仅一年多一点时间，到一九三五年底就结束了。

当然，电通公司也拍了几部较好的影片。如袁牧之编剧、应云卫导演的《桃李劫》；田汉编剧、许幸之导演的《风云儿女》（田汉被捕后，我接着写了摄制台本）。《风云儿女》是当时相当出名的一部影片。一九三五年，还拍了《自由神》。由我编剧、司徒慧敏导演。

同年，我还为“电通”写过一个《压岁钱》，因“电通”结束，没能拍成影片。一九三六年，我将剧本再次修改，提供给改组后的明星公司拍摄，由张石川导演、董克毅摄影。为了避免反动派的阻挠与迫害，编剧用了洪深的名义。影片通过一块压岁钱的流转，表现了三十年代形形色色的都市社会生活。同是一块钱，有钱人挥霍如土；而穷人得到它却欣喜若狂。一九三五年，国民党反动政府在美英帝国主义财团支持下，发布了一道“金融改革令”，宣布“白银国有”，实行“法币”政策。规定伪中央银行、中国银行等发行的钞票为“法币”，无耻地掠夺了中国人民一大笔财富。影片以外国轮船载走了大量银元结束，就是对这种罪恶的暴露。

一九三五年秋冬以后，由于上海救亡运动的兴起，周扬、钱亦石、章汉夫等同志和我组织了新的“文委”。“电通”的一些创作人员也在“文委”领导下，一部分转入明星公司，一部分转入新华、联华公司。在以后的时间里，同时还在戏剧、新闻阵地上开展了斗争。

八

一九三五年到一九三六年，在中国历史上是风云变幻的一年。一方面，我们党的组织如江苏省委全部被破坏；另一方面，中国工农红军正在进行二万五千里长征。当时我们虽然与党中央失去了联系，但上海仍有我们的活动。比如，文艺界大概有一百多党员；马纯古等同志领导的总工会保存了相当的力量；青年团的骨干也没有受到损失。另外，搞情报和从事秘密活动的还有一些人。所以，过去常讲的根据地党的力量当时损失百分之九十，白区损失百分之百，这话不十分准确。上海党当时大体上还是保存下来了。

这一年，整个国内外形势发生了很大变化。第三国际的远东情报局被破坏；华北事变发生；北京发生了震撼中外的“一二九”学生运动。在这样的形势下，民主人士沈钧儒、邹韬奋、章乃器、沙千里、史良出面组织了“救国会”。“救国会”将各界群众都组织起来了。话剧、歌咏运动迅速兴起。那时，到处可以听到《义勇军进行曲》、《毕业歌》、《大刀进行曲》的歌声；《松花江上》这首歌，上海人人都会唱，群众一边唱，一边流泪。这时几乎形成了全国性的救亡歌咏运动，规模很大，深入人心，对鼓舞全民族的抗日斗志起了很大作用。在这个运动中，出现了冼星海、聂耳这样的革命音乐家，还有吕骥、孙师毅等。特别不应忘记的是田汉。由聂耳作曲、田汉作词的歌曲，在音乐史上写下了光辉的篇章。这时，电影出现了短时间的中断。

一九三七年七月，周总理到南京，在庐山跟蒋介石谈判，并在上海设立了十八集团军办事处。共产党公开了，第二次国共合作开始。同年，郭沫若同志从日本回到上海，领导了上海文化界救亡协会，文化界抗日民族统一战线形成。从一九二九年第一次国共合作破裂到一九三七年第二次国共合作建立，这一时期上海的左翼文化运动，被人们习惯地称为左翼十年。

回忆往事，感慨颇多。从我们在党的领导下，打入电影界，到因工作需要暂时离开，在短暂的几年中，有经验，也有教训。今天，这些都已经成为遥远的过去了。其中不少共同战斗的同志，如田汉、阿英、郑伯奇等也已经成为故人了。然而，我还是希望人们不要忘记他们，也期望当年工作中的得失成败，能对今天起一点借鉴作用。这就是我写下这点滴回忆的目的。

（原载《电影文化》1980年第1、2辑）

记者生涯的回忆（一）*

——记《救亡日报》

夏　衍

一、在　上　海

从抗日战争开始到全国解放，我由于偶然的机缘，当了十二年新闻记者。最初是在上海、广州、桂林的《救亡日报》；皖南事变后，到香港和邹韬奋、范长江等同志一起创办《华商报》；太平洋战争发生，香港沦陷，我到重庆进了《新华日报》。抗战胜利后，回上海恢复了《救亡日报》（改名《建国日报》），出了十二天，被国民党封闭；接着我去新加坡，参加了胡愈之同志主持的《南侨日报》，在那里干了七、八个月，又重返香港参加了《华商报》的工作。这十二年的记者生涯，说来是十分坎坷的，其中《救亡日报》被国民党禁止出版，前后两次；因为所在地被日本帝国主义侵占而发生的停刊事件也是两次。但是，尽管环境艰难，国民党的文网很密，我觉得这十二年是我毕生最难忘的十二年，甚至可以说是我工作最愉快的十二年。在此，先谈一点《救亡日报》的情况。

《救亡日报》是上海文化界救亡协会（以下简称“上海文救”）

---

* 本文第一、二部分原标题为《白头记者话当年》；原小标题为一、上海创刊，二、广州十月；第三部分原标题为《记者生涯的回忆——记〈救亡日报〉在桂林》。收录时经作者改为现标题，并作了文字的修改。题号（一）为编者所加。

的机关报，每天出四开一张。这张报最初是打算由“上海文救”单独办的。但是在筹备期间，发生了——也可以说终于实现了——中国共产党和中国国民党的第二次合作，再加上这时候郭沫若同志从日本回到了上海，“文救”也成为有国民党人士参加的统一战线的团体，因此这张报也就有国民党人士参加了。这一件事，现在只有很少人知道了。在郭沫若回到上海之前，就是在一九三七年九月，国民党中央社正式宣布国共合作的消息之前，国民党上海市党部虽然不敢对声势浩大的“上海文救”公开迫害，但不仅采取敌对态度，而且还一再派特务捣乱，最明显的例子，就是当“上海文救”在南市开会欢迎郭沫若归国的时候，上海市国民党负责文化工作的潘公展还召集了一些流氓特务来捣乱。但不久周恩来同志在庐山和蒋介石谈定了国共合作的具体方案，继而在上海又成立了第十八集团军驻沪办事处，形势才发生了变化。国民党方面，最初是以潘公展为首，反对“上海文救”出机关报的，这时候迫于形势才改为挤进“上海文救”，要对这张报纸插上一手。记得在八月中旬的一个下午，十八集团军驻上海办事处主任潘汉年约我到郭沫若的寓所去谈话，去了之后才知道，郭、潘两人已经约好到浦东大楼（“上海文救”所在地）和潘公展谈判合作办《救亡日报》的事情。这时候我才知道周恩来同志决定要我协助郭沫若办这一张文化界抗日统一战线性质的报纸。我们三人到了浦东大楼潘公展的办公室，寒暄了一阵之后，潘公展主动提出说，现在沫若先生回来了，那么这张报纸就请郭先生当社长。表面看来他似乎很慷慨，事实上这是理所当然，众望所归的事，也就是“上海文救”主要负责人和群众所公推的，潘公展自己也知道无法抗拒，因此乐得表示一下慷慨。他接着说，既然是国共合作来办，那么应该有两位总编辑，两位编辑主任，经费由双方负责。郭沫若表示同意，并立即根据我党的决定，提出我方由夏衍任总编辑。潘公展看来已经有了准备，说他想请暨南大学教授樊仲云任总编辑，接着他又提了要由汪馥泉任编辑部主任，由周寒梅任经理，此外还派了一个叫张镛的当总务干事。当时郭沫若和潘汉年对其他人事没有预先商定，因此说，我方的编辑主任、副经理以及其他工作人员都由社长来决定。至于经费，因为国民党方面估计这张报纸办不长，所以平常装得气派很大的潘公展，这时候吞吞吐吐地讲，他们先出五百元办起来再说。接着潘汉年表示，那么我们也出五百元。这就是国共合作办《救亡日报》的第一次会谈。由于第二次国共合作刚开始，包括潘公展之流在内的一些国民党官吏，还摸不透蒋介石对于国共合作的真正意图，所以当天尽管相互戒备，但是潘公展的态度显然有了点变化。他在不久之前还派上海滑稽戏演员刘春山等一批流氓破坏欢迎郭沫若的大会，他本人对郭沫若连招呼都不打的，可是这一次却似乎很客气了。最后他还说：就这样谈定了，以后如有经济、发行等困难，我们再谈；报社的事情，例如要哪些人当记者，哪些人管发行，都请郭先生决定，没有太大的事情，我就不参加讨论了。这样除国民党派定的樊仲云等人之外，其余的记者以及工作人员，绝大部分都由郭沫若和我安排决定。这样，我们就决定由林林同志担任我方的编辑主任，主要对付汪馥泉，专业记者只有周钢鸣和彭启一。其他则由“上海文救”的成员自动供稿。初办时，每天到社办公的，除上述几个人之外，还有叶文津、姚潜修、郁风等。特别要提出的是，钱杏邨同志以“文救”宣传委员的身份，也几乎每天来社参加工作。我们同意潘公展推荐的樊仲云、汪馥泉、周寒梅等人，有一些具体情况：樊仲云我过去认识，他不是办报的人，也不是有经验的反共分子；至于汪馥泉，那是我中学同学，五四运动时，他也参加过《浙江新潮》，他还在国共第一次分裂以后，在上海帮陈望道先生办过大江书铺，也替中间的一些杂志写过文章，这个人可以说没有什么坚定的政治见解。因此，潘公展派这些人来参加《救亡日报》的工作，他也明白自己这边在版面和文字方面处于劣势，他最多通过亲信周寒梅从经济上、发行上来扼杀我们，使我们无法在上海生存下去。大家知道，当时上海有十多家大报，几十张小报，在这种情况下，出一张既无广告，又无小市民喜欢的猎奇新闻的报纸，存在下去是很不容易的。因此，我们的做法是：一方面要与潘公展合作，利用他的名义争取公开合法；一方面控制编辑大权，不让他们插手。事实上，在这个时期，潘公展除了用周寒梅在发行、印刷方面捣乱之外，在编辑、言论方面没有起多大作用。

这份报纸在一九三七年八月二十四日创刊。当时全社不过十来个人，相约一律不拿薪水，写稿不取稿费，甚至于到报社办公的交通费也由自己负担。我们的依靠，是当时参加“上海文救”的绝大部分进步文化工作者。所有当时在上海的知名进步人士，首先是宋庆龄、何香凝、邹韬奋、胡愈之、郑振铎等，此外，还有文学界、戏剧界、社会科学界、电影界的各方面人士，都替我们写稿，甚至自愿替我们奔走采访消息，有的还替我们跟报贩打交道，劝说他们帮助这份在上海很难打开局面的正派报纸。

当时正是沪战最激烈的时刻，在前线的几个国民党将领都是郭沫若在武汉北伐时期的同事，蒋介石的嫡系陈诚首先来访问郭社长，表示支持《救亡日报》，并订了上百份《救亡日报》到前线去散发，同时还似乎很诚恳地请郭社长替他组织三个战地服务团，到前线去担任宣传慰劳和救济难民的工作。当时经组织上同意，郭沫若同志答应了他的要求，组织了以杜国庠等三人为团长的战地服务团，每团二、三十人，成员完全由郭沫若决定。有一个团本来由我担任团长，但后来沪战告急，郭沫若征得周恩来同志的同意，决定在上海沦陷后把《救亡日报》搬到广州去出版，继续由我负责，因此让左洪涛代替我担任了团长。在这个时期，田汉同志也从南京到了上海，他是一个坐不住的人，一到上海，就几乎每天带着他所熟悉的人慰问伤兵，救济难民，还同郭沫若和我不止一次地到张发奎、罗卓英的司令部去劳军。他是一位酒豪，又是才思敏捷的诗人，一到这些司令部，酒罢纵谈之余，当场挥毫赋诗，来慰劳前线将士。回到上海，他还到大陆商场《救亡日报》的编辑部来写慰问文章，写当天的报道。有一次国民党空军来轰炸停泊在黄浦江对面的日本“出云舰”，正值田汉在大陆商场我们编辑部，目击此举，他立即提笔写了一篇关于日本海军，特别是关于“出云舰”的详尽报道，得到了读者的很大好评。

国民党派到《救亡日报》的樊仲云几乎是挂名而不负责任的，只在出版后几天，每晚八九点钟到大陆商场的编辑部来走一走，就算完成了他的任务。很显然，他对抗战没有信心。汪馥泉倒是每天来办公，他要求供应他来回的路费，要求给他点香烟和茶叶等等，我们都依从了他。至于周寒梅，那是个进行破坏的幕后人物。他每天早晨到报社一次，向报贩收报费，然后对我说，今天销了多少份，卖了多少钱，这样办下去，一千块钱肯定会很快赔完等等，借此来对我们进行威胁。

但是我们并不气馁，只是在出版了一个星期以后，因为周寒梅的破坏，负责排字、印刷、出版的工厂老板要求增加印刷费，因此，停刊了七天，另找了印刷所，继续出版。当时上海已经很危急了，日本军队包围了市区，直迫南市，我们的记者进出都很困难。这时候出于意料之外，也可以说是出于意料之中吧，两党筹措的一千元已经告罄。我们没有再向潘公展要钱，而报纸仍然出版下去，这就使周寒梅对报纸失去了控制权，他要想继续担任向报贩收钱、向印刷所交钱的职务，就非得向潘公展要钱不可，而这是他办不到的。一九三七年九十月，尽管被上海的外文报纸说成是国共合作的“蜜月时期”，但是这种合作，从一开始就充满着矛盾。除了前面讲过的经济问题以外，由于报头是郭沫若同志写的，下面又写明“上海文化界救亡协会机关报，社长郭沫若，总编辑夏衍”，因此出版之后，不到两天，樊仲云就通过汪馥泉问我，是否应按“协议”在总编辑名字后面，再加上樊仲云的名字，这遭到了我们的拒绝。因为实际上他并没有担任工作。而且，汪馥泉也不敢公开把这件事情向郭社长提出，因此我们置之不理，他也没有办法。从此以后，樊仲云再也不到《救亡日报》来了。

在上海，《救亡日报》形式上和一般小报相同，但内容上不登中央社和外国通讯社消息，而是专靠特写、评论、实际采访以及文艺作品为内容的报纸，要在上海这个地方站住脚，困难确实很多。上海报贩是一个相当厉害的组织，它不卖你的报，它不替你发报，你就无法把报纸送到读者手里。最初，那个报贩头子对我们《救亡日报》是毫无兴趣的。我和汪馥泉第一次同他（他的名字我记不清了）谈判，那人简直不相信这张报纸能出到一个星期；关于销数，他说能销到五百份已经很费劲了。但是，出乎报贩头子的意料，这张报纸一出版，由于坚持团结抗日的旗帜和方向，有精辟的战局分析和实际的战地采访，不讲假话，把真实的战况报告给人民群众，而且把日本占领上海后可能发生的祸乱告诉大家，希望人民群众有一定的精神准备，因此，《救亡日报》尽管处境困难，每天仍能销到一千份以上，最多的时候能销到三千五百多份。《救亡日报》是在上海激战之际开办的，因此，“上海文救”的主要负责人，特别是郭沫若同志，天天忙得不可开交。那时，每天到报社办公的人，只有钱杏邨、林林、我以及两个固定的记者。当然，来我们这里义务帮忙的人，还有很多。偶然有事要办，而人手不足，打个电话给“上海文救”，他们就会派人来帮忙。这个时期，汪馥泉每天还来办公，也写点文章，没有甚么反共的表演。到了上海沦陷的前夕，我们作了一些必要的准备，主要是商量哪些人到广州去，以及到那样一个我们大半都感到人地生疏、语言不通的地方去办报，应该做些什么准备。我们还定了谁去广州，谁留上海。当报纸要转移到广州出版的决定一传开，几乎全报社的人都要求跟着一起去广州，但是《救亡日报》缺乏经费，到广州能不能办得起来，还没有确实的把握，所以只定了我、林林、周钢鸣、叶文津、彭启一等五六个人去广州。有几位本来不算报社固定工作人员，而只是常来帮忙的人，象郁风、姚潜修等，也愿意跟我们到广州；当然还有些广东籍的文艺工作者，更乐意到广州继续为《救亡日报》帮忙。

不管怎样，《救亡日报》名义上还是国共合作的报纸，决定迁到广州，事先还得听听国民党方面的意见。我又去找了潘公展，把《救亡日报》的情况，以及我们准备在上海沦陷后，迁到广州去出版的事告诉了他，他带着很感意外的表情问：“到广州，怎么办？上海文化界救亡协会的报纸，到广州去出版？”我说：“是的。因为上海快沦陷了，但是我们团结抗日的目的没有达到，我们的抗日宣传工作还要继续，我们认为广州是个比较适当的地方——一是交通方便，接近香港；二是可以联系东南亚的华侨。”他听了没有发表意见，只说：“好吧，既然你们这样决定，那就这样办吧！”我说：“今后的经费呢？”他说：“现在上海市政府，连日常经费都发不出，我不能说出一个具体的办法。你们既然决定去广州，那就先办起来再说。有事情可以跟我联系。我可以要樊仲云、汪馥泉和你们一起到广州去。”这是我们跟潘公展的最后一次交涉。

上海在十一月二十一日沦陷，第二天全上海的所有中文报纸，包括《申报》、《大公报》以及各种大报小报，全被停刊。继续出版的，只有洋人办的外文报纸。市民既看不到报纸，又听不到广播，完全得不到任何新闻。汉奸、特务乘机造谣，恐吓群众，并且大肆宣扬国民党即将投降的消息。这时候《救亡日报》从大陆商场搬到一位朋友家里的小灶披间，暂时安顿下来，同时还在浦东大楼的“上海文救”宣传部，开了一次小会。参加者有郭沫若、钱杏邨和我，此外还有胡愈之、张志让、郑振铎、萨空了，其他的人我记不起来了。总的方针是稳住阵脚，除《救亡日报》迁穗，和已经离开上海的十二个救亡演出队、三个战地服务团之外，还得保留一支力量，准备在后来被叫做“孤岛”的上海继续宣传抗日。钱杏邨、孙冶方、梅益、于伶、姜椿芳等同志担任了这一艰巨而危险的任务。

大约在十二月初，梅益和姜椿芳来和我商量，上海的老百姓急迫希望有一张中文报纸，以便知道一点战争情况，甚至出一张油印小报或者传单都可以。他们打听到，按照租界的工部局决定，所有中文报纸只有西方人或日本人担任经理的，才可以登记、出版。我们想到有位朋友，叫赵邦鑅，认识一个上海潦倒的英国人。这个英国人也算是一个知识分子吧，过去做生意失败，现在失业，生活穷困。我们决定请赵邦鑅介绍，以三百元一个月的薪水为条件，用那个英国人的名义向工部局登记，出版一张报纸，名为《译报》。当时国民党的中央社已经被禁止在上海发新闻稿了，而英国路透社、法国哈瓦斯社、苏联塔斯社都还在继续发稿，因此我们就决定出一张以选译外国通讯社消息为主的报纸。这个计划居然成功，得到工部局批准。我们付出了一个月三百元的薪水给这个英国人，以他的名义作为经理，又与被禁止发行的《大公报》广告部主任，一位姓丁的朋友商量，由他给我们去拉一点广告。自从上海中文报纸停止出版以后，广告商没有生意可做，所以姓丁的朋友也很积极。《大公报》的工人们在报纸停刊后失了业，也很愿意帮我们出这一张报纸，于是我们借了《大公报》的印刷厂。这样，《译报》就在十二月开张。它的内容是上海附近的战事消息，和全国抗日的战局，都是从外国通讯社翻译过来的，每一条注明出处。同时上海还有两张英文报，一张俄文报，一张法文报，我们也从它们的战争报道里摘录一些在《译报》发表。《译报》是当时上海唯一的中文报纸，因此一出版，不仅销路好，而且广告商要登广告的也很多。但是，大约出版了不到一个月，就被工部局查封了（到一九三八年又重新复刊）。《译报》的实际负责人是梅益同志。我在上海沦陷初期，也每天到报社去帮他们翻译一些日文和英文消息。

这时，郭沫若同志已经离开上海到了广州。经过他的努力，得到了当时在广东掌握军事实权的国民党将领余汉谋的支持，捐款毫洋二千元，作为《救亡日报》在广州复刊的经费。我接到郭沫若发来的电报后，立即乘船经香港赴广州。《救亡日报》广州版便于一九三八年一月一日复刊。

二、在 广 州

上海沦陷后，大批文化工作者和救亡青年都撤退到武汉和广州。而广州则又是一个对外——特别是对东南亚华侨宣传团结抗战的重要中心。为了争取《救亡日报》早日在广州出版，我们先派了一个由林林、姚潜修、叶文津、郁风、于立群同志组成的先遣队到香港。这五个人中，只有叶文津是广东人，他在香港有亲戚，因此，他是这个先遣队的主要联络人员。据郭沫若同志在《洪波曲》中所述，他于十一月二十七日离沪经港赴穗。我已记忆不起林林他们赴港的确切日期，但郭老到香港后第二天就遇到林林等人，因此他们动身的日期该在上海沦陷后不久。我大概是在十二月初到达香港。据我回忆，我们是在十二月十日左右离港去广州的。

当时正在国共第二次合作初期，两党关系还比较融洽。特别是由于粤系军阀和蒋介石之间还有一些矛盾，因此郭老抵广州后，就由一位前十九路军的团长给介绍，拜访了余汉谋。余对《救亡日报》在广州复刊表示欢迎，并捐助了毫洋二千元作为开办费用，（郭老在《洪波曲》中说：余汉谋答应每月捐助毫洋一千元，似有记误之处。因为假如每月捐助毫洋一千元，我们不至于在开办二三个月后就感到经费拮据了。）同时，通过郭老的关系在长寿路（现名曙光路）找到了报社的办公地址。并经一位橡胶厂主陈辅国的帮助，在官禄路（现名观绿路）找到了一处宿舍，这样《救亡日报》就在一九三八年一月一日在广州复刊，不久，郭老就和于立群同赴武汉。《洪波曲》中所说，在车站送行时，我曾对于立群说：“到了那边，不要和别人‘拍拖’呀！”这是事实。因为上海抗战初期，于曾和我谈过要到延安去学习，我同意了她的意见。后来情况改变，我察觉到郭老需要有她这样一位助手，就又同意了她留在武汉。

《救亡日报》当时没有印刷所，是委托一家当地报纸代印的；也没有发行机构，就委托《新华日报》驻穗发行所代办。工作人员除了上面提到的几位之外，周钢鸣、彭启一和国民党方面派来的汪馥泉、张镛也相继到了广州。潘公展派的另一位总编辑樊仲云则到了香港之后就在那里观望，也不和我们联系，后来就参加了香港的国民党党报工作，一直没有到广州来。一九三九年后，他就偷偷回到了上海，参加了汪伪组织。由于人地生疏，语言不通（当时在广州，对于“下江佬”是看不顺眼的），我们又争取了一些广东籍的同志参加了报社的工作，其中有华嘉、陈紫秋、蔡冷枫、谢加因等同志。欧阳山、草明、司马文森、黄新波等同志也当了我们的义务记者。我们还是照上海的办法，工作人员一律不支薪水，写文章不付稿费，每月只发五元的生活费（有人记得是三元）。和上海不同的是，对外地来的人由报社提供宿舍，大家在一起吃大锅饭。后来还有不少流亡到广州的人参加了报社的工作，如高灏、高汾等。值得一提的是，我们还在马路上“拣”到了一个十来岁的名叫阿华的孤儿，作为报社的勤务员，他一直跟着报社到了桂林。

这里要补述一下，在经过香港时，廖承志同志曾转给我们一份周恩来同志发来的电报，指示两点：《救亡日报》必须争取公开合法，因此，一、社内的党组织不和当地党组织（广东省委系统）发生联系，也不吸收新党员。有事由我和十八集团军驻广州办事处主任云广英单线联系，有难于解决的问题，则可去港向廖承志同志请示；二、抗战后有不少在欧洲和美国的党员、爱国人士将回国参加工作，他们经过广州时，指定我以《救亡日报》总编辑的身份和他们联系，有证明文件或我熟悉的，可根据他们的希望介绍到大后方或解放区；没有证明文件和我不熟悉的，则要他们去香港与廖承志同志联系。因为当时国共两党关系较好，因此广东省委书记张文彬曾派了蒲特（饶彰枫）同志以作家身份和《救亡日报》经常联系。

当时在广州有不少有名望的教授、文化工作者，现在记得起来的就有尚仲裔、钟敬文、石辟澜、姜君宸、左恭、孙大光、梁威林、左洪涛等同志。因此，文化界经常有集会讨论问题的机会。这些同志也经常给《救亡日报》撰写评论和文艺作品。现在回想起来，由于我缺乏办报的经验，这时《救亡日报》的版面还是和上海时期一样，没有什么改进。新闻性很弱，而以长篇的文章、文艺作品为主。这个问题，直到报社撤到桂林以后才有所察觉、改进。

《救亡日报》在广州时期，有值得一记的几件大事。一是一九三八年四月，廖承志、潘汉年以中共代表身份从香港到了广州。广州文化界，包括一些国民党人士在内，曾开过一个盛大的欢迎会。廖承志同志发表了对时局的讲话，对当地的进步文化运动起了很大的推动作用。二是同年四月下旬，我和叶文津一起到武汉向郭社长请示今后办报方针，我和郭老一起去见了周恩来同志。他对我们的工作作了很具体的指示。离开时，总理说，你到了武汉，得去看一看王明。于是，我在第二天到了王明的寓所，这是我第一次，也是最后一次见到王明。很奇怪的是，他非常客气地象接待一位民主人士一样地接待了我，并给我看了许多他在莫斯科时期的照片。我向他请示《救亡日报》的工作，他说：一切按郭沫若同志的意见办，我没有什么意见。这也许可以说是一次礼节性的拜访吧。我在武汉住了一个礼拜，记得“五一节”那天，苏联援助我们的空军和日本空军在武汉上空发生了一场激烈的空战。我和一位《新华日报》的记者一起去看空战时炸毁的街道，看到有一位外国记者拿着手提摄影机在拍电影。经人介绍才知道他就是世界知名的“飞行的荷兰人”伊文思。从此之后他就成了我的朋友。他当时用的那架摄影机，后来送给了八路军驻武汉办事处。也就是由徐肖冰同志带回延安，组成延安电影团的第一架摄影机。三、同年五月的广州大轰炸。在这之前，广州可以说是“承平世界”。说来也很奇怪，日本空军来侦察时，广州市面上照样人来人往，若无其事，根本没有防空设备，因此，五月间的那次大轰炸损失就特别严重，市民被炸死者数千人。我当时正在官禄路宿舍写文章，附近落下一颗炸弹，竟使写字台上面的电灯泡撞到墙上而爆破。接着我们全社动员，去采访轰炸后的惨景。遍地都是被烧焦了的尸体，这是我毕生看到的最惨的情景。我曾给《新华日报》写过一篇报道：《广州在轰炸中》。由于这次轰炸，汪馥泉仓皇逃往香港，不久后，张镛也因贪污问题被揭发，而离开《救亡日报》。从此之后，这份报纸就没有一个国民党方面的人了。

在当时广州有大小报纸十多份，而《救亡日报》又是知识分子看的报纸，因此销路不广，二千元毫洋几个月后就赔蚀殆尽。这时，广东省长吴铁城的秘书黄祖耀（黄苗子，是三十年代在上海和我相识的一位漫画家）给我出了一个主意，他说："广州白报纸价格很高，因为这些纸从香港进口时要付一笔关税。你不妨用郭沫若代表的名义去见一次吴铁城，请求《救亡日报》所用纸张进口时予以免税，数量可以多报一些。然后把多余的纸张在市场上出售，就可以得到足够的经费。"我照计而行，果然得到了吴铁城的同意，这样我们就用出售多余白纸的办法，维持了报社的经济。

经过大轰炸，广州老百姓深受家破人亡之惨，大量地向香港澳门撤走（当时从广州到港澳不需要任何手续和签证）。我记得有几家地方报纸也相继停刊。但是我们这张穷报，全体工作人员还是同心同德，坚持到底。十月初，日本帝国主义开始进攻广东，由于没有认真的准备，日寇登岸后就长驱直入，没有遇到太大的抵抗。这些情况老百姓是都已知道的了，而可笑的是，国民党党政机关还在十月十日"国庆节"那天晚上组织群众举行了一次祝捷火炬游行。我们报社还接到通知要求都去参加。我们的确派了一些记者去，但回来后，大家在编辑室相对无言。因为，在当时的情况下，既不能说战局危急的真话，也不能不报道火炬祝捷游行这一事实。从这以后，党政机关就开始在晚间悄悄撤退。不必说那些国民党官吏的家眷，早在日寇登陆之后就撤退到香港。大约在十月十五日左右，我们曾约了一些文化界的朋友商量，经过讨论，决定凡是有合法身份与职业，可以随同余汉谋司令部和省政府撤离者，都可以先撤到韶关一带。这样，郁风、司马文森、黄新波等同志就参加了动员委员会，在沦陷前几天离开了广州。

提到了一九三八年十月二十一日"广州沦陷"，可能现在四五十岁的人记忆都很淡薄了。可是，这对于亲身经历过这场浩劫的人却是一个难以忘却的日子。《救亡日报》在许多报纸相继停刊，连长堤一带的报贩都已很难找到的时候，还是坚持每天出版。我们动员了全体工作人员亲自上街卖报，直到二十一日日寇逼近广州东区时，我们散发了当天的报纸，一行十二人徒步离开了报社。当时的情景可以说是悲怆的，也可以说是悲壮的。关于这一天的情况，很感谢李以庄同志给找到了一篇我所写的文章：《广州最后之日》，但是我读了之后，连这篇文章是哪一天所写，发表在什么刊物上，我自己也记忆不起来了。为了让今天的青年知道广州过去有过这么一场悲剧，就把这篇短文附在后面，作为《在广州》的结尾。

广州最后之日

十月十九日上午，我打给在汉口的郭社长的电报上还写着：“社友一部暂撤梧州，此间尚安，报决维持至最后一瞬。”

但是，就在这一天下午，在我托一个朋友带到香港去的一封信上，我却只能这样写了：

“看模样，广州的失陷已经是时间的问题了。当局好象早已决心放弃这个南中国仅有的富庶的城市了。警察无秩序地在驱逐市民，在仓皇地逃避了的市民后面，他们就从容地收拾了他们剩下的东西！对于战事，任何机关都守口如瓶地不发表一点消息，而一切公用机关，邮政、电报、银行，都已经自动地停止工作了。整个广州象被抛弃了的婴孩似的，再也没有人出来过问。保卫大广州的口号也悄悄地从那些忙着搬家眷的人们嘴里咽下去了。我贪馋地想多看一眼这使我留恋了十个月的城市。”

这天晚上，广州文抗会发起的鲁迅先生逝世纪念会还照常开会，还到了近百的青年。我心里想，一个礼拜乃至十天，总还可以支持吧，看了改了版的十月二十日的报纸大样，带着夸示的心情再校读一遍特派战地记者草明和胡危舟的战地通讯，回宿舍去睡了。自从日寇南犯以来，特派记者到前线去的只有《救亡日报》一家，草明、胡危舟和欧阳山三位从前线带回的文稿，也是在广州报纸上发表的最初的战地通信。

象患了急病又无人过问的病人一样，二十日清晨广州的形势又急变了，报纸的印刷、发送都发生了问题，同业《国华报》、《越华报》、《环球报》都先后宣告停刊了。我们开了一次留粤社友和工作人员紧急会议，决定了另觅印刷所继续出版，并且立刻动员将这一天无法邮递和发行的报纸无代价地分送给了西濠口黄沙车站一带的“难民”。

十点半，《中山日报》的唐遂九兄打电话给我，说情势紧急，敌人已经过增城了，我想弄清楚这消息是否可靠，打电话去问省府的黄祖耀，但是打了一个小时也打不通。接着，《申报》的陈赓雅兄从香港来，说要上前线去看一看，我们还设法使他能够顺便乘蒲风、许介诸位当晚上要到增城去的车子。广州的谣言一向来实在太厉害了，所以对于增城失守的消息，谁也不敢也不愿相信。

写了二十一日的社论，我直率地表示了对一切愿意留守在广州的市民的愿望，我说："假使当局认为广州需要守、可以守的话，那就应该给愿意留在广州，愿意参加保卫广州工作的人们与市民以一定的办法，至少，也该使他们能够工作，换句话说，就是政府当局要维持广州的秩序；假使说广州已经不能守、不必守，那么也应该明白表示，使几十万市民能够及早离开，能够及早毁弃一切可以资敌的财物！"哪知道这意见也没有和读者见面的机会了。

正午，一切消息隔绝，闷慌了，我到战区民众动员会去打听一下，遇见了钟天心先生，谌小岑先生，他们还很镇定地在布置办公室的桌椅，姜君宸兄伏在桌上写一个计划草案，门口，成群的青年在探问参加服务队的手续，谁也没有一点惊惶的样子，我安了心，将增城失守的消息去问钟天心先生，他坚决地说：这是不会有的事情。

再到财厅前去走了一转，关门休业的商店比前两天多了，但是照常营业的也还不少，我买了一些日用必需的东西。这，也就是广州街头最后的散步了。

回到报馆，猝然的遇到了前天已离开广州的《新华日报》分馆的张尔华兄，衣服上血迹犹新，脚跛了，他们的船在途中遇到轰炸，许多人受了伤，他的太太伤最重，满身是血，已经抬放在报馆营业部的那狭窄的走廊上了。接着，一下午尽是不吉利的消息，某某地方丢了，某某人失踪了，敌人离广州已经只有几十里……等等，中央社早已不发稿了，广州的晚报，一律停刊了，电讯断绝了，要发稿的时候，除开欧阳山兄的战地报告外，什么战事消息也没有，打电话问，什么地方都没有人接。没有消息，出什么报呢？再召集编辑部会议，决定了在二十一日之后，暂行停版。黯然地写了一篇《忍着眼泪和广州的市民暂别》，我们是不能用捏造的消息来欺骗读者和敷衍自己的，我们的休刊只为了“无法获得正确的消息”！我们备函将暂时休刊的经过，报告了一年来热心地帮助我们的五位本报的顾问。但是送信的人回来说，大部分的机关，都已经迁走了。

我们作了必要的撤退准备，毁弃了可供敌人参考的一切通讯地址和文件，收拾了必要带走的东西，并且决定把二十一日的报纸分发之后，于下午四时，西撤三水。

大样还没有送来，一切准备都完成了。对于《救亡日报》，万一广州沦陷之后，敌人总不致于轻轻放过吧？我们利用空闲，在墙上遍写了对敌的宣传标语，编辑室正对面的墙上，林林用红黑两种墨水从容地写了一种套色的标语，我在整理残稿的时候，发现了一张大轰炸时的一群孩尸的照片，就把它贴在墙上，旁边用日文写着：“这是日本空军的战绩！你们也是有妻子父母的人，看了这照片有什么感想？为着人道，打倒使中日两国人民陷于不幸的日本法西斯军阀！”膳室墙上，又写了一条：“即使你们占了武汉，占了广州，我们的抗战还是不会终止的，你们打算打十年二十年的仗吗？”

一点钟看了大样，好象了了一桩心事似的回到宿舍，闭上眼睛就睡了。

记不清什么时候，邻室有人在讲话：

“再听，再听……”这是彭启一的声音。

“没有，去睡吧。”林林回答。

启一似乎有点不服气似地回到自己房里去了，但是不一刻，他又喊了！

“听，这不是炮声！林林！”

远雷似的炮声，大家听到了，有风的时候，还夹杂着煮豆似的机关枪声音，这时候，我们才真正相信敌人已经近广州了。

我们决定了做紧急撤退的准备，启一到报馆去唤醒其他的社友。但是，不到三分钟，邝礼来说，印刷所的工友接到工会的临时紧急通知，一律编队出发了。他们还想把二十一日已经组版的报纸印出，把版子拆下抬回了报馆，但是还有什么方法可以印呢？

接着，是广州听到已经几个月不曾有过的夜间警报，警报未完，机声已经在头上了，满街是汽车的声音，远远的火车的吼声，炮声，铁甲车碾地的那种可怕的声音，……全市漆黑，没有月亮，也没有星光。全社十二个人，只拿了些日用必需的东西，广州天气还很热，秋冬用的衣服被完全抛弃了，拿了些报馆重要的文件稿，不辨路径，决定了向西出发。这是广州夜间从来不曾有过的黑暗。要再看一眼我们居留十个月的广州市容，也不能够了。

上午四时左右到了黄沙，伸手不见五指，一直到前面的哨兵大声喝叫为止，才发觉了我们已经闯进了正在撤退的一团机械化部队的中间，凭着向我们这一群盘问的哨兵的手电，我们才隐约地看见了四周全是装甲车、坦克、大炮。

除了在六二三路附近遭遇过一队伤兵之外，路上并不曾遇到逃难的百姓，可怜他们都在梦中吧，想一想他们明天将遭受的悲惨，这是如何难堪的事啊。

前面是白茫茫的水，不渡过白鹅潭，还是没有法子可以到达石围塘的。但是一只渡船也没有，蔡冷枫声嘶力竭地喊着，谁也没有回答。一小时之后，好容易有一条船靠岸，立刻被一个军官模样的汉子用武力劫去了，我们避开了他们，边走边叫，终于以平时十倍的价钱，雇到了一条小船，十二个人分两批，于五时左右渡过了河。

在石围塘车站遇到《锋社》的朋友们，他们早一天出发，在车站上已经等了一昼夜了，六点，最后的一批火车撤退，我们侥幸地挤上了车，但是开了不多一会，警报又响了，大家下了车，决定步行到三水去。天亮了，从老百姓的炊烟地，东望广州，还没有什么变异，但是不多一刻，震耳的轰响连接地从背后传过来了。

这一天傍晚抵达三水，敌人的兽蹄也在这一天的下午踏进了大广州的东郊。

（载《救亡日报·十日文萃》1938年第4期）

三、在　桂　林

一九三八年十月广州沦陷，我们《救亡日报》同人在战火纷飞中离开广州，经肇庆、柳州，于十一月七日晚到达桂林。当晚，我和林林同志就到桂北路二〇六号八路军驻桂林办事处，找到了李克农同志。当时，《救亡日报》的社长郭沫若同志已由武汉撤退到长沙，广西政治情况又很复杂，因此，《救亡日报》复刊后的方针政策，以及筹备复刊必需的人力物力，都要尽快向郭社长和当时也在长沙的周恩来同志请示。于是，当即决定，由我第二天只身赴长沙。《救亡日报》同人（除由广州撤退到桂林的十二个人之外，已在广西探亲的周钢鸣也参加了）的住宿生活，一切由办事处用郭社长名义，通过在桂林的进步人士，妥善安排。根据克农同志的意见，为了争取“合法”，让“桂系”当局安心，要我在动身去长沙之前，先由刘仲容同志陪我去拜访广西文化教育界元老李任仁先生，然后再由李任仁先生和我一起，对当时的广西省省长黄旭初作“礼节性”的拜访。和黄旭初，我们只谈了十来分钟，而李任仁先生则把我约到他家里，详细介绍了李、白、黄之间，和“桂系”同蒋介石之间的十分微妙的关系。其中我记得清楚的一点是：他问我郭老对“太子”派（孙科、梁寒操）的看法和态度，然后说，孙科想在广西插手，话讲得很漂亮，实际上他和CC关系很密切，因此李、白对他采取了“敬远”的态度，将来你们在桂林办报，我看他们也会对你们采取同样的态度的。这是我和任仁先生的第一次见面，但是谈得非常诚恳坦率。

我在十一月八日晚坐火车赴长沙，路上从南向北开的列车拥挤，不时停车，直到十日下午才到长沙。一下车，我很快地感到长沙的治安已经十分混乱，特别奇怪的一点，就是大街上有许多店家都已经在临街的门前筑起围墙，或者用木板把门钉住，这种情况，在广州陷落之前我们也曾见过，所以很自然地感到国民党当局并没有“保卫”这个重要城市的决心。十一日上午，好容易找到了郭社长和周恩来同志，他们对我的到来似乎既感宽慰又有点惊奇。恩来同志办公室里挤满了人，认识的、不认识的、穿军装的、西装笔挺的，各色人等都有。恩来同志和我握了握手，说：“对不起，等我十五分钟。”我就和人丛中唯一的熟朋友孙师毅同志走出办公室，在走廊上相互谈了从武汉、广州撤退的遭际。等了十五分钟，半小时，一小时，师毅建议一起去吃饭了，恩来同志才匆匆出来，就站在走廊上说："我已经接到克农发来的电报，你们从广州出来的情况，大体也知道了，报纸决定在桂林复刊，很好，但是现在情况紧急，具体怎么办，现在还没有想好，沫若也很忙，你先休息一下，明天下午四、五点钟，到'三厅'再谈。"于是，师毅慷慨地要请我去吃湖南菜。可是一到大街，幻想就破灭了，大大小小的馆子都关了门。师毅还是不死心，说到"八角亭"去看看，结果还是接受了我的意见，买了几个大饼充饥。第二天，一九三八年十一月十二日，这就是抗战史上有名的"长沙大火"的日子，我按时到水风井三厅，恩来同志正忙着"紧急疏散"，来不及谈《救亡日报》的事了，他对我说："你这次来得不巧，没有时间详谈，但也可以说来得正好，现在要交给你两个任务，一是给你一辆汽车，由你和孙师毅、马彦祥护送于立群、池田幸子去桂林。把她们俩安顿好之后，可以先和克农商量，自筹经费，尽快恢复《救亡日报》；第二，现在战事紧张，第三厅不能再和散在各地的抗战演剧队联系，所以在这个过渡时期之内，各演剧队暂时由你和他们联系。因为《救亡日报》是一个公开合法的单位，如有不能解决的问题，可由八路军驻桂林办事处处理。"这样，我们就在暮色苍茫中离开长沙。当我们的那辆"老爷汽车"到达下摄司的时候，长沙就发生了大火。我们一行六人，于立群和池田幸子都是孕妇，一条崎岖不平的公路上挤满达官贵人和军官家属"逃难"的大小车辆，真可以说"步履艰难"。我们在衡阳和冷水滩各休息了一日，记不起是十一月二十日或二十一日到达桂林。这时，由于克农同志的协助，和林林等同志的努力，《救亡日报》同人已经找到了一处临时安顿的地方。但是，"人地生疏"而又赤手空拳的十几个人，要在物价飞涨的情况下办起一张报来，经费就成了一个首要的问题。八路军办事处不可能供给我们经费，即使有钱，办事处"津贴《救亡日报》"这句话一传出去，这张以文化界统一战线为标志的报纸也就会被反动派叫成伪装的党报。出路在哪儿？我和李克农同志商量了两天，决定"自力更生"，不向国民党和桂系伸手（那时据李任仁先生和杨东莼同志说，只要以郭沫若名义向李宗仁提出申请，一定数目的津贴是可能获得的）。我托克农同志给正在长沙处理善后工作的恩来同志打了个电报，提出复刊的具体工作由林林、周钢鸣同志积极筹备，我则立刻经广州湾赴香港，通过廖承志同志筹募经费。恩来同志同意我们的意见，并告诉我们有必要时可以赴新加坡去向陈嘉庚先生求援。这样，我就不等郭沫若同志预定的十二月四日赶回桂林，就在十二月三日搭乘由张云乔同志亲自驾驶的汽车南行。五日到广州湾（今湛江市），乘上一条不足两千吨的货轮，慢吞吞在海上飘着，好容易到十二月十二日才到了香港。这次到香港的筹款任务，出乎意外的顺利。原来恩来同志已经电告廖承志同志，要他尽力协助，所以他就很快地决定从海外华侨捐赠的抗战经费中，拨给了一千五百元港币。也正在这个时候，郭老派阳翰笙、程步高同志到香港购买交通工具和国内缺乏的文化用品，从他们口中得知，恩来同志途经桂林去新四军时，曾和郭老见过李宗仁、白崇禧，谈到了《救亡日报》即将在桂林复刊，并希望得到他们的协助。据说，桂方表示“欢迎”，而且答应了补助二百元作为开办费用。这件事对我说来是一个最好的消息，一是桂系表示“欢迎”，我们就和《广西日报》、《扫荡报》等有了同样公开合法的地位；二是我离开桂林之后，每天报上看到国内物价飞涨的消息，就一直在担心着桂林《救亡日报》同人的生活，有了这两笔捐款，复刊的可能就具备了，我就通过廖承志打电报给李克农转告林林，不要等我回来，最好能在一九三九年一月一日复刊。这次旅程很短，据我当时写的一篇文章（《长途》）记载：我于十二月十二日到香港，又于一月十二日回到桂林，时间正好是一个月。

我回到桂林的那一天，正好是《救亡日报》桂林版出版的第三天，对这件事，在郭老写的《洪波曲》中似有误记。《洪波曲》中说，《救亡日报》在桂林于一月一日复刊，个别的同志在回忆中则说是一月三日，但去年经华嘉同志亲自到桂林八路军办事处纪念馆去查了旧报，才证实正确的复刊日期是一月十日。延期出版的原因，是十二月二十四日敌机滥炸桂林市区，《救亡日报》暂时借住的房屋被炸，加上接洽印刷所等等关系，只得延迟了十天。

《救亡日报》为什么能在桂林出版？这还得追述一下我党和桂系的关系。李宗仁、白崇禧和蒋介石之间有矛盾，这是“众所周知”的，但这中间不能忘记周恩来同志在武汉时期对李、白二人做了耐心、细致的工作。一般人认为桂系只是李、白、黄（旭初）三个人为首的军阀集团，这看法是不对的。在李、白、黄之上，还有李济深，与李、白齐名的，还有黄绍竑，他们在桂系都有相当大的影响，和蒋介石也有根深蒂固的矛盾。因此，一九三八年在武汉时期，恩来同志就对白崇禧进行了诚挚而又坦率的"统战"工作。例如，毛主席的《论持久战》出版后，恩来同志亲自将这本书送给白崇禧。叶剑英同志也向白详尽地解释了这一著作在整个抗日战争中的战略意义。白崇禧是一个自作聪明，以"小诸葛"自居的人，所以他曾商得李宗仁的同意，将这本书印发给桂系师长级干部阅读，然后又提出了"积小胜为大胜，以空间换时间"的口号，报请蒋介石批准，遍发全军，作为"对日作战纲领"。讲到这里，还得追记一下不久前去世的刘仲容同志。他是留俄学生，早在一九三六年西安事变前夕，正是两广事变结束之后不久，仲容同志就奉恩来同志之命，从延安秘密来到南宁，通过他的留苏同学王公度（曾与托派有关，后来成了李、白的智囊）的关系，会见了李宗仁，传达了中共中央团结抗日的方针和我党愿意和桂系真诚团结的意愿。据仲容同志后来对我说，当他第一次同李宗仁见面，提出这个问题时，李简直不敢相信，只是由于当时时局动荡，因此李宗仁一方面对他"以礼相待"，但同时又表示现在还谈不到这一类"十分敏感"的问题。可是不久之后西安事变爆发，蒋介石同意了合作抗日，李宗仁才把刘仲容视为上宾。当时，刘仲容和刘士衡都同我们在两广的地下党有联系。抗战开始后，二刘都任桂林行营主任白崇禧的"参议"。我从广州撤退到桂林，李克农同志安排李任仁先生陪我去见黄旭初，也是由刘仲容同志带我去见李任老的。由于以上的这种关系，加上桂系和蒋介石之间存在的历史性隔阂，以及李、白对蒋介石蚕食广西这块地盘的戒心，因此，在抗战初期，和其他蒋管区比较起来，广西不论在政治上、文化上，特别是对待爱国的知识分子和"救亡青年"，态度都是比较开明。由于桂系对当时政局保持这种"八面玲珑"，以抗日、民主为号召的态度，所以《救亡日报》在桂林复刊的筹备工作尽管十分艰苦，总的说来还是比较顺利的，我们在桂西路太平路十二号找到了一所办公的地方，后来又在桂西路二十六号租借了一间很小的“营业部”。工作人员除了从广州撤退来的十二个人外，逐渐吸收了不少内地流亡到西南来的文化界人士和“救亡青年”，当时在一起工作的，我记得起来的有周钢鸣（他从创办时就是采访主任）、谢加因、华嘉、冯晖、乔章棣、萧聪、王仿子、薛传谋、高静、水声宏……等等。看这个名单就可以知道，没有一个懂得和能够管印刷、发行、以及经济开支的经理，于是经我向李克农同志呼吁之后，他介绍翁从六（毅夫）同志来当经理。说也奇怪，当克农同志把翁从六介绍给我的时候，我们两个都禁不住惊喜交集，原来我们是一九三一年在白色恐怖最严重的时候，出版“左联”外围刊物《文艺新闻》的同事。翁从六是一个精明干练而又和蔼可亲的人。在社内除我之外，他比较年长，所以从此之后，报社除编辑工作之外，一切经济、对外交涉，以至全体同人的衣食住行……一切都由他管理，而且办得深得人心，使全社人员在一律吃大锅饭、不拿薪水、稿费的情况下，团结一致、毫无怨言地一直坚持到报社被封闭为止。

周恩来同志要我办《救亡日报》的时候，就决定了我的工作重点是宣传和统战，因此，当报纸复刊之后，我就得分出一部分（也许可以说大部分）时间去做统战工作。当时的桂林，在大后方被叫做“文化城”。由于那时的桂系在政治上还算比较开明，所以蒋介石的CC、复兴社，孙科的“太子派”，宋美龄的“夫人派”……当然还有坚持与中共合作的进步组织，都要在这个地方建立据点，于是有人说，当时的桂林（乃至广西）是一个“群雄割据”的局面。白崇禧是行营主任，但是他下面也不可能是清一色的桂系，例如行营政治部主任就是孙科系统一个颇有野心和善于权术的梁寒操。在文化方面，有两个不由桂系控制的机构，一是中央社广西分社，社长陈纯粹；二是新闻检查所，所长是一个姓周的前西北联大教授，绍兴人，自称和鲁迅先生是“近亲”。这两个机构及其负责人，都是CC系人物，对《救亡日报》当然负有严密监视的任务。在报纸方面，当时除桂系的《广西日报》、“中立”的《大公报》之外，还有一张国民党军委会直属的以反共著名的《扫荡报》。早在《救亡日报》复刊之前，我就对黄旭初坦率地表明了态度：即我们赞赏和拥护广西当局的团结抗日、进步的立场，对广西内部政务，保持善意态度，也希望广西当局对《救亡日报》予以支持。因此，直到皖南事件之后我离开广西，我们同《广西日报》之间一直维持了友好的关系。中央社广西分社的社长陈纯粹，在我看来是一个谨慎而又懦弱的人。我回桂林后向他作礼节性访问的时候，他首先说：我对郭先生很尊重，我保证对你们和对《广西》、《大公》、《扫荡》一视同仁。所以我们和他也相处得很好。至于新闻检查所的那位周所长，情况就不同了，我认为他是一个典型的两面派。他一方面对我表示十分友好，认同乡，叫我“乡长”，有时候在我们送审稿中作了一些删改之后，第二天甚至还要到我们报社来“解释”，说什么下面的检查员删改了，盖了印子，我不好坚持……等等。关于这位先生，我还想起一件有趣的事。有一天（大概是一九三九年夏）他特意约我“饮茶”。他说，桂林过去有一个浙江同乡会，有一座三进深的会馆，后来被别的机关占用了，他去看了一下，觉得房子修一下还可以用，可以安排七八户人家。接着他又用“悲天悯人”的口吻说：现在浙江人流亡到这里来的很多（似乎他还举了宋云彬、张梓生等人的名字），大家挤在江东的草棚里，为什么我们不可以把这个会馆收回来，供同乡们居住呢？接着，他对我说：“你老兄带头，我们联名写一个报告给省政府，要求发回这个会馆。”当时的桂林的确房荒严重，太平路十二号《救亡日报》的小会客室里，就常常有不速之客来睡地铺，他的那个主意不是不可以考虑。但是他向我（我在桂林的政治面貌，已是尽人皆知的了）提出这个问题，又要我带头签名申请，就使我感到意外。于是就回答他说：“你的主意我赞成，但一定要由你带头，因为你是现职官员……”他谦辞了一番，表示这件事一定要办。可是从这以后，直到我离开桂林，不止一次遇到他，他却再也不提这件事了。对《扫荡报》，即使在各报记者聚会的时候，我们也总是要我们的记者保持警惕。因为，那时候一位《广西日报》的记者告诉过高灏、高汾，说《扫荡报》的一个女记者是军统特务，专门想从《救亡日报》探听在桂林的共产党人的情况。但是完全出乎意料之外，有一次在行营举行的“纪念周”之后，《扫荡报》的总编辑钟期森，竟约我单独谈话，而且单刀直入地说：“您不要把我和重庆的《扫荡报》联系起来，在桂林，我们两家的处境是一样的，都是‘寄人篱下’，加上现在是抗日时期，我不会在版面上发表不利于团结的言论的。”这件事开始我感到惊奇，但再一想，他的话不一定全是假话。事后，他的确也一直对我们保持了“友好”的关系。在抗战时期，从敌对阵营中意外地伸出友谊的手来这样的事情是经常有的。至于《大公报》，当时的主持人王文彬先生，是一位爱国民主人士，他对我们诚恳坦率，有时候还告诉我们一些重庆的所谓“内幕”消息。这些事实说明，在抗日战争时期，国民党和它下面的各种派系，都不是铁板一块，都可以分化争取和我们合作（即使是一段时期之内）。现在不少人写回忆录或文艺作品，对国民党人、各军阀派系都一律写成“反动派”、“顽固分子”，我认为是不符合历史真象的。

在国民党掀起第一次反共高潮之前，一般说来把桂林叫做“文化城”，看来是可以当之无愧的，除了当时李、白、黄的态度比较开明之外，还有一个原因是广西在我们到来之前，在文化、新闻、出版、文艺等方面，进步力量都已经有了相当可观的基础，其中最突出的，是以广西文化界元老李任仁先生为主任的一个颇有声势的“广西建设研究会”，这个组织表面上是一个学术研究团体，会长是李宗仁、副会长是白崇禧、黄旭初，常务主任李任仁是白崇禧的老师，委员中包括了李四光、李达、胡愈之、欧阳予倩、杨东莼、张志让、姜君宸、千家驹、范长江等知名人士（《救亡日报》迁桂之后，我也接到了一份“聘书”，请我当了委员）。这个组织只出一份叫《广西建设》的杂志，不搞什么抛头露面的政治活动，但它实际不仅是桂系对外炫耀进步的一块金字招牌和各方政治势力联系的纽带，而且是李、白、黄的一个最有力的智囊集体。这个组织看起来“名士如林”，而实际主持大计的是李任仁、陈劭先、陈此生等等，这些人在国民党看来都是不折不扣的李、白“嫡系”，只要蒋桂不正式撕破脸，CC也好，军统也好，要对这些人下毒手是不可能的。因此在一定的范围之内，李、白集团通过这个机构支持了当时从外省迁来的进步组织和个人；必要时，也可以通过这个机构，和中共及其外围保持联系。当然，桂系在当时采取这种态度，也还有它“自卫”——也就是巩固和壮大地方势力的作用。最明显的例子，就是李宗仁以“礼贤下士”的姿态，聘请知名教育家杨东莼（中共秘密党员）当了广西建设干部学校的教务长，双方还订了“君子协定”：这个学校的教育方针、用人行事，一律都由教务长决定。这样，在我党的支持下（为了加强这个学校，八路军驻桂林办事处还从《救亡日报》调去了周钢鸣、司马文森、蔡冷枫等同志到“干校”去任教），这个被叫做大后方“抗大”的广西干校，就在这一段时期里为桂系——也为各民主党派培养了许多骨干。

一九三九年之后，蒋介石的反共本性又逐渐显露，在所谓“大后方”的革命知识分子相继受到迫害，纷纷撤到桂林。于是，这个本来只有十来万人口的地方，真正成了人才荟萃的所在，除了八路军驻桂林办事处、《新华日报》发行所和《救亡日报》之外，胡愈之、范长江、陈依菲（同生）等同志又办起了“国际新闻社”、“中国青年记者协会”，还有刘季平等同志办的“生活教育社”。杂志（副刊）、专业文艺团体，也如雨后春笋：文学方面，有司马文森主编的《文艺生活》，聂绀弩、孟超、秦似、宋云彬等主编的《野草》，《广西日报》辟了一个文艺增刊《漓水》，由艾青主编。据我回忆，到一九四〇年，在桂林的文化界人士，除前面提到过的之外，文学方面的有茅盾、田汉、洪深、周立波、杨朔、胡风，美术方面有丰子恺、叶浅予、关山月，舞蹈方面有吴晓邦、戴爱莲、盛婕……音乐方面有张曙（他到桂林较早，在一九三八年十二月的敌机轰炸中牺牲）、贺绿汀、林路等同志。由于我们坚决执行了周恩来同志的指示，尽可能保持了《救亡日报》的公开合法地位，所以太平路十二号这个地方，很自然地成了各地进步文艺工作者的通讯联络、碰头和临时“落脚”的地方。当时，有人说我们这家报社实行的是“原始共产主义”。外地来人没地方住，就在“客厅”里睡地板，碰上吃饭的时间，一起吃大锅饭。当然，这些文艺工作者给《救亡日报》写文章，有时帮我们跑腿，也一律不给报酬。这种情况一直维持到一九四一年春这家报纸被封，大家不仅没有矛盾，而且在事隔近四十年的今天回忆起来，大家也觉得这一段时期的工作和心情都十分痛快。

现在，让我回头来再谈谈这张从上海辗转流徙到桂林的报纸。老实说，《救亡日报》从开办的那一天起，所有的工作人员都是“杂牌军”，或者叫“散兵游勇”，从郭老起，到编辑、记者……都是摇笔杆子的书生，没有一个人当过记者（当然，其中也有些人如阿英、凌鹤、王尘无等和报馆有过联系，如办个副刊，在副刊上写点杂文之类），更不用说和印刷所、报贩打交道，以及管理收支账目之类的事了。在上海时期，这一类事完全交给了国民党派来的周寒梅，在广州这些事主要也还由张镛管，直到张镛私自卖白报纸事件发觉后，才勉勉强强地把发行权收回。可是到了现在，《救亡日报》已经完全和国民党反动派划清了界线，局势暂时稳定，加上我们要以一张四开小型报纸和《广西》、《大公》、《扫荡》以及由湖南发行到桂林来的以中间面貌出现的大型《力报》相竞争（实际上争取一个站得住脚的地位），那么，整顿和改革版面，加强发行管理工作，就成了迫在眉睫的问题了。在经济方面，郭老离桂之前，国民党政府军委会政治部曾同意“每月”津贴二百元，但是实际上，除在一九三八年十二月领到了二百元之外，以后就用“拖”和“赖”的方法，不再支付了。我在香港筹来了一千五百元。郭沫若同志和三厅同人为了支持我们，在重庆上演了一出话剧——我在广州写的《一年间》，也给我们筹集了一点经费（这时，我已经把财权全部交给了翁从六同志，所以我说不出这笔钱的具体数目）。但是，当时报纸是委托三户印刷厂代印，花费不少，报纸初创，销路不到二千，因此到了这一年夏季，就不得不用“征求长期订户”等办法来周转了。要报纸有销路，有特色，“以小胜大”，我不止一次向胡愈之、范长江等同志请教。研究的结果，总的意见，就是一定要改变在上海、广州出版时的那种既不象杂志，又不象报纸的形式——那时主要的毛病是“书生办报”，不懂得办报的“基本规律”，具体的表现是：登长文章，发空议论，“有啥登啥”，靠“名人”的文章撑场面。除了第四版《文化岗位》是文艺副刊之外、一、二、三版内容混乱，有时一篇文章占了第一版，把当天的国内外重要新闻（当时正值第二次世界大战爆发前夕）都挤到二三版甚至无法刊出。我们为了改革版面，社内开了几次不拘形式的民主会，大家出主意，对外还虚心地听取所有有办报经验的同行（如《大公报》的王文彬——乃至《扫荡报》的钟期森）的意见，同时，还采取了一种社内外“每日评报”的制度，就是每天一早报纸印出来之后，先由我校看一遍，从版面安排，到新闻内容、形式，以及误植、衍文，一一用红笔批点，或者提出我个人看法，征求大家意见。我把这件事当作早餐前第一项工作。批改后，把这份报纸贴在通道墙上，让每个社员都有“评报”

的权利。据我回忆，大概到一九四〇年五六月间，这份小报的编辑发行、管理方面都有了一定改进。我们打破陈规，把当天国内外大事（主要是国民党中央社通发的新闻）简编成几百字到一千字；然后规定，每天一定要有一篇不超过一千二百字的“社论”，社论内容，从国际大事、抗战形势，一直到社会风气、人民生活，这份工作基本上由我负担。（我生病的时候廖沫沙代写，沫沙同志是在长沙出版的《抗战日报》被封后到桂林参加《救亡日报》的。）其他，二版主要登国内政情，广西和桂林的社会消息，四版除固定的《文化岗位》之外，有时也出音乐、戏剧、美术方面的专刊。此外，我们还利用上海文化界救亡协会的老关系，分别约请在桂林和外省、香港的文化界知名人士写文章。这种稿件都有针对性，也都是由报社根据时间变化，特约有专长卓见的作者写的，而且，为了引人注意，每篇文章的题目上面都加上一个“本报特稿”的标志。同时，由于当时国内外时局多变，有些中央社、塔斯社发的新闻稿中有些事件、人物、地名一般读者不了解，于是我们就办了一个看起来似乎很有气派、而其实只由两三个青年人（我记得最早负责这一工作的是于逢和易巩同志）主持的资料室，一有问题，第二天报上就可以看到简明介绍的“本报资料室特稿”。除此之外，我们还对报纸的文风作了一些改革，力求做到通俗易懂，反对教条八股，并革除了新闻报道中常用的一些对读者不负责任的语汇，如“云”、“云云”之类。这些，都是通过“每日评报”的形式来进行的。当然，由于《救亡日报》在桂林只办了两年，所以要真正做到文风改革，是困难的。还有，不久前胡愈之同志问我：“你是不是在桂林‘造’了两个新字？一个是‘垮’，一个是‘搞’。”我承认，这是我根据实际需要而试用的。不久，这两个《康熙字典》上没有的字，就被人接受了。由于我们逐步进行了改革，特别是得到进步文化界人士的支持，《救亡日报》从两千份增加到三千份、五千份，销路扩大到湖南、江西、广东、四川乃至香港和南洋一带。

在这里应该一提的是：一九三九年冬，一方面是第二次世界大战爆发，另一方面是国民党反动派发动了抗战开始之后的第一次反共高潮，特别是汪精卫公开叛国，打算建立傀儡政府。于是，在上海，这个被叫做“孤岛”的上海，我们的工作更显得困难和复杂。为了加强上海地下工作，李克农同志通知我，要调翁从六、彭启一两位同志到上海去工作（记得从“国际新闻社”也调走了两位同志），同时，介绍《新华日报》负责发行经理工作的张尔华（敏思）同志接替《救亡日报》的经理。很巧的是翁从六和张尔华都是宁波人，而且同样的精明干练，这样，我们这支“杂牌军”经过辛苦经营，终于开始正规化了。对我自己来说，也在这时候开始，真心实意地爱上了新闻事业。第一，直到现在，我还觉得搞文化工作不如搞新闻痛快，不论是大的国际大事，或者小的社会现象，人民群众有意见，要讲话，要抗议，我们当天晚上十一点钟以前写好社论，第二天清早就可以和读者见面，这是一个政治上、写作上、编报技术上的最好的锻炼自己的机会；其次，在当时，办报是和恩来同志交付给我的统战工作分不开的。而我这个人，在三十年代虽则也曾做过一些统战工作，但当时接触的人还都是上层知识分子、救亡青年。当时潘汉年要我和“九流三教”的人打交道，我还感到非常委屈，一位负责特科工作的同志还批评过我“戴了白手套休想搞革命”。但是到了桂林，担起了《救亡日报》这个担子之后，我的思想才开始发生了变化，我不仅被迫着不能不和中央社社长、新闻检查所所长、《扫荡报》总编辑打交道，而且还得做一些现在想来还是颇有兴趣的工作。举一个例，当时孙科、邵力子等在重庆办了一个“中苏文化协会”，这个组织实际上由左派人士负责（如王昆仑、张西曼、郁文哉、蒋燕等同志），做了一些介绍苏联的工作。因此，不少人提出，桂林也得成立一个“中苏文协”分会，对此，“孙科派”的行营政治部主任梁寒操一开始就认为分会会长非他莫属。因为一则他还拿着“孙科派”的“亲苏”的招牌，二则他当时已经和 CC 派拉上了关系，在第一次反共高潮中表现很坏，于是，为了不让梁寒操掌握这个机构，我们几个人（当时，胡愈之、范长江、张志让、姜君宸、杨东莼和我，经常每星期以聚餐为名，商谈一次）决定了一个对策，就是由我去找李宗仁的夫人郭德洁，请她出面担任“中苏文协”广西分会会长。郭德洁一口答允，同时，对于我们打算办俄文训练组、翻译和出版苏联书籍等等计划，她都表示同意。她还主动对我说：“会址、经费等等由我负责，文化界我没有熟人，先请你和劭先、此生先生商量再作决定，至于实际办事的人，那就由你和劭先、此生先生去安排了。”这样梁寒操就失去了一个他起初认为唾手可得的“会长”职位。对这类事，在过去，我是绝对不肯干、也是绝对不会干的。

在此期间，我还想起一件事来。就是越南的胡志明同志（当时叫阮爱国），被国民党软禁在桂林，由一个越南出生的中国特务陪（盯）着他，和他一起的只有一个年纪二十岁左右的越南姑娘。有时特务盯得不紧的时候，他常常派这位姑娘来看我，主要是打听一下解放战争的消息，和借些我们从八路军办事处拿来的《新华日报》和塔斯社新闻。大约是一九四〇年的一个夏天的晚上，胡志明同志独自来到太平路我的住处，见了我就说：“今天晚上‘侍候’我的那位先生（指中国特务）赴宴去了，所以我来看看你，并给你们写了篇稿子。”文章不长，但我记得他以非常乐观的态度，分析了东南亚民族革命的形势和前景。我们初次见面，但谈得非常坦率，主要是对蒋介石的反共政策表示了深刻的仇恨。他写的那篇文章，我故意请他再写了一个信封，装进一篇不用的稿子，投邮寄给我亲收，然后再把文章发表。这样做的目的，就是万一国民党派人来追查，我可以凭这个盖有邮局印章的信封来对付。这件事经过了近二十年，一九五七年我率文化部代表团到河内去签订年度文化交流计划，到达河内的第二天傍晚，忽然得到通知，说要我晚上九时单独到主席府“喝茶”。我准时去了，胡志明同志在他办公室兼卧室的房间里接见了我。他是国家主席，我是一个普通代表团团长，所以尽管天气酷热，我还是匆忙刮了胡子，穿得整整齐齐去拜见。可是一进他的办公室，他却穿着中国式的短衫，赤脚穿着拖鞋，和我热烈拥抱。茶几上放着一盘水果，服务员开了两瓶汽水。我讲了几句礼节性的话之后，他立刻打断了我公式化的寒暄，开门见山地说，谈谈桂林的事吧，“我一直记得，我那篇文章你给了我五块钱稿费，五块钱，当时是很派用场的。”说罢，又紧握着我的手大笑起来，并把一张亲笔签名的照片送给了我——在这篇记事中我提起这件事，并非为了表示《救亡日报》有这样一件光荣的往事，而是想起今天的中越关系，真是不胜感叹而已。（附记：很巧，写到这里，我收到了黄文欢同志亲笔题名送给我的一本《黄文欢汉文诗抄》。）

到一九三九年底，《救亡日报》发行数接近了八千大关，这在当时可以说是一个奇迹。同年，爱国侨领陈嘉庚访问延安后来到桂林，参观了《救亡日报》，由于林林同志是闽南人，用家乡话向他介绍情况，使他特别感到亲切。当他知道我们白手起家，大家吃大锅饭，不拿薪水的时候，非常高兴，并一再问我们经济上还有什么困难。很明白，他表示愿意帮忙我们。但是，也许那时倒是真的“穷过渡”吧，我们说，有七八千份销路，有一批支持我们的长期订户，有时候我们还得到桂林戏剧界的帮助，给我们“义演”筹款，所以我们可以支撑下去。事实上，在那一段时期，我们经济上确实没有困难。我们想尽办法节流开源，例如把每天销剩的报纸积累起来，订成每月一册的“合订本”；把登在《救亡日报》、《新华日报》和香港《星岛日报》（当时的总编辑是金仲华同志）上的知名作家文章选辑出来，发刊了一种综合性的《十日文萃》，都有相当数量的销路。于是，在“站定”之后，我们就想到了“发展”的问题。继翁从六同志之后担任经理的张尔华同志，是一位理财能手，他向我提出了一个很重要问题，就是《救亡日报》要发展，必须有一个自己的印刷厂。如前所述，我们的报纸，是委托冯玉祥将军主办的“三户图书印刷所”代排代印的。在当时来说，“时间”是办报的关键问题，托人代印，常常会发生矛盾。加上，这家印刷厂的铅字（特别是五号字）都已经老掉牙，残缺不全，印在黄褐色的土报纸上更使读者难以辨认；而号称“文化城”的桂林，却还没有一副完整的可以铸字的铜模。于是我们就决定，由我再去一次香港，筹款买一副新的五号字铜模，然后自己办一个小规模的印刷厂。因为，有了铜模，不仅自己可以铸字，而且可以接受同业或其他印刷厂的铸字任务，从中获得利润。我于一九三九年十二月下旬，经广州湾（今湛江市）乘船赴香港。坐的当然是三等舱，而不幸的是正碰上“圣诞节”前夕，这条客船上载运到香港去的主要是家禽和猪牛，因此，在船上受难闻的臭气熏了整整两日两夜。这次到香港时间也很短，但同时达到了两个目的，其一是得到何香凝先生和廖承志同志的支持，筹款买了一副崭新的五号字铜模；其二是向当时在港的文化界友人（特别是国际问题专家金仲华、乔冠华等）约定了一批关于欧州战事的“本报特稿”。这样，我们自铸了一副铅字，在漓江南岸的白面山找了一块荒地，搭了几间茅屋，招募了十来个流浪在桂林的印刷工人，吸收了几个救亡青年作为排字工的学徒。于是，从一九三七年八月开办以来，我们第一次有了自己的印刷厂。

为了适应当时社会环境，我们有意把报社、出版社（《文萃》和合订本的发行所）和印刷所这个整体分成三个部门，出版社叫“南方出版社”，由萧聪同志任经理；印刷所则定名“建国印刷厂”，由张尔华任经理。同时为了避免轰炸，把夜班编辑部附设在印刷厂，由廖沫沙、林林同志分值夜班，校看清样。白面山是一个很荒凉的地方，离城较远，步行要花四五十分钟时间。有时我在太平路写好社论，觉得要和沫沙同志商量，就得步行到白面山去定稿。这条路上几乎没有人烟，还得经过一块坟地。我不止一次在路上踢到一块既不象石块又不象树根的东西，擦亮火柴一看，原来是一个骷髅。当时我正好四十岁，胆大包天，根本不把野鬼放在眼里。

从一九四〇年春到同年十月，可以说是桂林这个“文化城”最繁盛的时节，但是也是在这个表面看来似乎很平静的时期，一股暗流也正在一次又一次的冲击。由于昆仑山之战的失利，蒋桂之间的矛盾激化起来。蒋介石撤销了以白崇禧为主任的桂林行营，广西的军权划归驻在柳州的第四战区司令长官张发奎指挥，同时，依旧是又打又拉，把白崇禧调到重庆去当了副总参谋长，并任命了李济深为军委驻桂林办事处主任。只是由于李济深继续采取团结抗日的态度，张发奎和郭老在北伐时期就是“老友”，所以桂林文化界的情况，还没有受到太大的影响（记得那时李克农同志还要我以“《救亡日报》郭沫若、夏衍”的名义，向张发奎发了一个贺电）。

可是到十月间，我就知道，散在西南各省的抗战演剧队有被迫解散或集体入党（国民党）的消息，他们推吕复同志为代表，到桂林来和我们研究对策。当时李克农同志告诉我，第二次反共高潮就要到来，必须“放弃和平观念”，作好应急准备。正如他所预料的一样，一九四一年一月下旬，“皖南事变”终于爆发了，我于一月二十二日，得到李克农同志的通知，知道了“事变”的简要消息，并要我立即告知《救亡日报》全体党员，作好应变准备。不久，预料中的事终于到来了。那一天中午，我接到那位向来对我很客气的新闻检查所周所长的电话，依旧用非常委婉的口气说："本来想到贵社来面谈，怕别人碰到不便，所以请您原谅。今天发的中央社通讯稿，务请全文照登。"他用一种似乎很为难的口吻说："这是中央党部的命令，全国报刊一律照办，我知道你们为难，但兄弟实在没有办法。"我立即给克农同志打电话，说："方才我的老乡周老板送来一份很重的礼物，我们打算不收，你看怎样？"李只回答了一个"好"，然后补充了一句，"但得十分细心，能做得不伤情面最好。"所谓"礼物"，指的就是中央社统发的诬蔑新四军"叛变"的文稿。怎样才能做到"不伤情面"呢？我们经过仔细研究，决定把中央社发来的电稿全文付排，并把它放在头版头条地位，然后和往常一样，不动声色地连同其他稿件一起"送审"，得到审查所在清样上盖上"审讫"的红色图章之后，在晚上打纸型时，再将这篇电稿抽掉，换上了别的消息，事情办得很周密，连社内也有许多人不知道。但是第二天出版后一定会发生问题，这是大家预料到的。果然，第二天清晨在桂林所有报摊和零售店都看不到《救亡日报》，原来国民党发现我们拒登这条消息后，就下令扣压了当天的全部报纸，而且"新检所"还用书面正式给了我们一个严重警告。这一天，除了太平路十二号附近有几个鬼鬼祟祟的人来往徘徊之外，没有什么动静。晚饭前后，我还在客厅里看编辑部的几位青年打乒乓，忽然，一个穿着棉大衣、把帽子压得很低的人走进来，在暗淡的灯光下还来不及认清是谁，他讲话了："好悠闲啊，看打球。"听声音就知道这是李克农同志。我和他进了我的卧室，他告诉我，南方局来了急电，说国民党中统就要在桂林下手，要我尽快离开桂林，到香港去建立一个对外宣传据点。

这一通知，倒真的使我怔住了！《救亡日报》在桂林办了两年，有了发行所、印刷厂，连编辑部在内，总共已经是一个有四十人左右的"小据点"了，我走，其他的人怎么办？报纸还能否出下去？这都是立刻就得决定的问题。克农同志详细地把重庆来电的内容告诉了我，他说："分几步走，第一步是你先走，留下的事由林林、张尔华负责，只要国民党一天不来封门，我们就继续出版。"但是，八路军驻桂林办事处看来也是保不住了，所以整个进步文化界人士，都得作好妥善的安排，他已经向南方局请示，建议凡有公开职业，可以得到广西方面保护者（如广西干校的教职员），都照旧坚持岗位，一些名气较大的文艺界人士，色彩不太明显者，也可以暂时留在桂林，《救亡日报》的骨干（印刷厂工人、南方出版社职员除外）等到报社被封后一律撤往香港。克农同志还说："这些事，都可以由我处理，明天，你得去找黄旭初，坦率地告诉他《救亡日报》和你们目前的处境，并向他表示，为了'好来好去'，希望得到他的帮助，订一张去香港的飞机票。"我说，假如他避而不见，怎么办？李说："这可以放心，我已和李任仁先生谈妥，他已经和黄旭初通过电话，我此刻来报社，还是任老用他的汽车送我来的。"

第二天一早，我去省政府看黄旭初，见面后寒暄了几句之后，我们之间进行了一段很有趣的对谈。

我说："《救亡日报》在桂林出版，已经满两年了，按照郭沫若社长和我与黄省长的约定，这张报纸同广西省政府，同广西建设研究会，乃至同《广西日报》之间，关系一直很好……"

黄答："唔，关系倒是……倒是……"

"但是，黄省长知道，目前局势起了变化，我再留在桂林，恐怕对李先生、黄先生都可能引起很难处理的麻烦……"

"这……局面嘛，倒是……"

"因此，根据'好来好去'的原则，今天来向黄省长辞行，我打算几天之内，离开桂林……"

"几天之内？这个……"

"对，希望早走，为此，请黄省长给我代订一张去香港的机票……"

"这个，（他一只手按了一下办公桌上的电铃）倒是……"（一个副官进来了），他说："给夏先生订一张到香港的飞机票，明天或者后天……"

我站起来告辞，这时候他才说了一句有内容的话："时局是会好转的，那时候，欢迎你再来。"由于他除了最后一句之外，都用"倒是"、"倒是"……来敷衍，所以以后提到这位黄省长，我便开玩笑地把他叫作"倒是"先生。

当天下午，刘仲容亲自给我打来电话，要我拿钱到欧亚航空公司桂林办事处去取机票。动身的日期我已经记不起了，但可以肯定，那一天正是农历除夕。我们匆忙地召开了社务会议，把已经调到广西干校的周钢鸣、司马文森等同志请来了。除了说明一下当前的形势和我们的对策之外，主要讨论的是，哪些人可以留下，哪些人在报纸停刊后必须撤退的问题。好象有人写回忆文章，说八路军驻桂林办事处拨了一笔经费，把《救亡日报》同人疏散到香港，这是不真实的。因为当天的会议上就作出决定，把已经初具规模的建国印刷厂的器材相机出让，用这笔钱作为疏散的经费。也有回忆录说，是陈劭先先生派汽车送我去机场的，这也出自讹传。在这里要提一下当时在桂林以工商界人士身份（汽车修理厂、三中烟草公司）为党工作的张云乔同志，他的工厂是我们党秘密地安置在桂林、由周恩来同志直接掌握的联络点，云乔同志亲自驾汽车送我上飞机。八路军驻桂林办事处被撤销之后，为了克农同志及其家属的安全撤退，他也尽了很大的力量。

我走之后，林林、张尔华同志一直坚持到报社正式被封闭为止，他们在十分困难的情况下进行了大量善后工作。为了筹集一笔经费让大部分同人撤退到香港，由张尔华同志主持，把由他一手经营起来的建国印刷厂出售，当时，正在反共高潮的最猛烈时期，把印刷厂出让给冯玉祥先生办的三户印刷厂，也会引起麻烦。所以尔华同志决定，形式上把印刷厂出让给张云乔同志，正式办了出售手续，然后，再由张云乔转售给广西干校的屠天侠同志。三月初，办完了善后工作之后，《救亡日报》同人分两批撤退到香港。其中有廖沫沙、林林、张尔华、胡敏、陈紫秋、邹任洪、华嘉、高灏、高汾、张秀、何迅明、林汝琏、林仰峥、陈秉佳、高静等同志。

我是旧历除夕的傍晚离开桂林的，后来我写过一篇《别桂林》的随笔，开头有下记的一段文字：“阴历除夕，我离开了呆了两年的桂林，那一天不仅寒冷，而且阴森，北风怒扫着在两广一带萌芽得很早的春草，这突然袭来的寒气，也夺去了正在准备迎春者的轻快和欢欣。到飞机场的时候，彤云四合，暗到和黄昏一样，难道真正要下雪了吗？”这几句话，是我到达香港之后不久写下的。因此，其中描述的情景，应该是真实无误的。

《救亡日报》桂林版于一九三九年一月十日复刊，到一九四一年二月二十八日正式被禁止出版，一共出版了两年一个月十八天。“国际新闻社”的范长江同志，在我走后不久也被迫离开了桂林。接着，邹韬奋同志由于蒋政府下令封闭了大后方所有的“生活书店”，愤然从重庆到了桂林，得到李任潮先生的协助，也安全飞抵香港。尽管白崇禧在皖南事变中当了“炮手”，但从整个形势看来，蒋桂之间的矛盾并没有消除。由于这种原因，留在桂林的进步文化界人士并没有受到迫害。《救亡日报》被封后清理后事、疏散人员，也没有受到太多的阻难。三月中旬，林林、张尔华等二十余人也平安撤退到了香港。

桂林这个地方我只耽了两年，但我对它的感情却特别深切。这种感情，在我前面提到过的《别桂林》一文中，有一段离别这个城市时的叙述：“当时心情的黯澹是可以想见的。在桂林有着尊敬的战友和先辈，有着无数诚朴的热血青年，更有着两年多来筚路蓝缕、好容易才奠定了基础的一个小小的文化堡垒——我们有了一张可以勉竭驽钝，为国家民族尽一点力量的日报，一个规模很小的印刷所，一个通讯社，一个出版部，两种有近万读者的期刊，和一个预期能在今春开工的造纸厂，……而这一切，都在一只无形的黑手的威胁下，在应该是‘友人’的敌视下，俨然宣告，这一切文化力量，再也不准为国家民族服务了。”我们从广州到桂林的时候，只有赤手空拳的十二个人，而在两年后被迫停刊的时候，却有了一支近五十人的“队伍”，报纸、出版社、通讯社、期刊、印刷厂……都是靠坚持抗战、团结进步的读者、爱国华侨和无酬地为我们撰稿的文化界人士的心血凝集起来的，在回忆这一段经历的时候，我永远不能忘记在极度困难中支持过我们的朋友和同志，而这些朋友和同志中，有不少人，如杨东莼、田汉、司马文森、孟超……都已经在林彪、江青反革命集团的迫害下，永远离开了我们。对我个人来说，在桂林的两年，是我作为一个新闻记者的入门时期。从这时开始，我才觉得新闻记者的笔，是一种最锐利的为人民服务的武器。

（原载《新闻研究资料》1980年5月第3辑及1981年
7月6、7、9、10、11、12日《羊城晚报》）

记者生涯的回忆（二）*

——记香港《华商报》

夏　衍

皖南事变之后，我于一九四一年二月初（农历除夕那一天）离开桂林赴香港，搭的是欧亚航空公司的只有二十个座位的小飞机，傍晚起飞，到香港已经是午夜了。在启德机场降落的时候，是一片“送旧迎新”的爆竹之声。香港依旧是那样的繁华、热闹、嘈杂，从我这个内地出来的人看来，这儿似乎还是一个世外桃源。在尖沙咀买了份当天的晚报，尽管中日之间、英法德意之间正在进行着激烈的战争，而这里的报纸版面上还是感觉不到战争的气息。

在国际新闻社住了一夜，第二天就去找廖承志同志。从他的谈话中，知道了周恩来同志要我到香港，不单是为了“避难”，主要是为了要在香港建立一个对“南洋”（今天叫东南亚）和西方各国的华侨和进步人士的宣传据点。他一提，问题就明白了。因为皖南事变之后，国民党不仅加强了新闻检查和“邮检”，还查封了各地的生活书店，这样，香港同胞和广大华侨，就看不到《新华日报》、《救亡日报》和一切进步刊物了。而重庆的国民党和南京的汪伪集团，配合德意日三国同盟，通过他们各自的新闻传播系统，正在大肆制造“汪蒋合流”、反苏反共的舆论。因此，运用香港这个地方，建立一个对外宣传据点，让香港同胞和散处世界各地的千百万华侨和外国进步人士，能有机会

* 本文题号（二）为编者所加。

知道中国共产党的方针政策，揭露帝国主义玩弄的“东方慕尼黑”阴谋，就成了我们当前最迫切的任务。廖承志同志还告诉我，为了反击国民党顽固派发动的第二次反共高潮，从重庆、桂林，将有一大批文化、新闻界人士撤退到香港，所以必须尽快出一份统一战线性质的报纸和一些文化、文艺刊物。

香港是我旧游之地。数九寒天，这里还是繁花似锦。许多老朋友（金仲华、胡仲持、乔冠华、张明养等）对我说，你紧张了几年，也该松散一下了。可是我这个人好象命中注定了没有清闲的福气。我到香港后不久，范长江同志跟着来了。他告诉我，韬奋先生已经到了桂林，正由李任潮（济深）先生给他安排来港的机票，因为他是“参政员”，又是秘密离开重庆的，所以很可能会遭到国民党特务的暗算。这样一来，办报的筹备工作就得提前开始了。据我记忆，韬奋是二月十日或十二日平安到达香港的。他是一位十分讲究工作效率的人，同时对于蒋介石查封了各地的生活书店这件事非常愤慨，所以，在廖承志同志为他举行的欢迎便宴上，他说，当然最好是办报，但是为了尽快给国民党顽固派以反击，他已经决定先把《大众生活》复刊。因为生活书店在香港有分店，还有几位追随他多年的战友，所以办周刊可能比较容易。可是，事情并不这样简单。在香港办报或出期刊，都得先向港英当局注册，而向英国当局申请注册，一定要有一个在香港有声望的“法人”出面，同时还要先付港币两千元的“按金”。对此，廖承志说，申请办报的“法人”已经商定了，这个人是他的表兄、香港华比银行华人买办邓文田，具体事务则由邓的弟弟邓文钊负责，可以说注册问题已经解决。而《大众生活》周刊的复刊，则遇到了先得找一位出面申请注册的“法人”的问题。

第二天，廖承志同志约了邹韬奋等七八个人开会，讨论办报的具体工作。参加的人是：邹韬奋、金仲华、范长江、乔冠华、羊枣（杨潮）、张明养、胡仲持和我。开会的地点是邓文钊安排的，在哪一条街，我已经记忆不起了。第一个讨论的问题，是这张报纸的名称。大家知道，香港是个很奇特的地方，既是远东唯一的自由港，在当时，又是英美法荷的、德意日的、蒋记国民党的和汪记国民党的情报活动中心。我们要在这个地方办一张主张团结抗日和反对德意日法西斯的统一战线性质的报纸，必然会遭遇到各种各样的阻挠。当时，在香港办报办刊物，也和蒋管区一样，稿件在发排前是要审查的。因此，为了尽可能让报纸能够公开发行，能够邮寄到南洋各地，廖承志同志想出了《华商报》这么一个报名，理由之一是申请注册的“法人”邓文田是商人；其次是用这个名称，工商界和一般市民看了也不会感到害怕。至于办报方针，则是大家一致的，就是对内要求团结、民主、进步，反对分裂、独裁、倒退；对外是反对英美对日妥协，揭批绥靖政策和“东方慕尼黑”阴谋。这样的会连续开了几次。到三月下旬，我们接到了中央的一个指示，即《打退第二次反共高潮后的时局》。于是对办报方针又作了一次认真的讨论。因为皖南事变的斗争“迫使蒋介石重新考虑他自己的地位和态度”，所以我们也相应地考虑了斗争的“有理、有利、有节”的问题。在香港办报，不注意“有理、有利、有节”这个方针是不行的。我们经常讲，后来还把自己办的印刷厂定名为“有利印务公司”，但也常常因为时局的变化，而忘记了这个“节”字。最近我翻看了一些当时的旧报，我自己写的文章中，也不止一次掌握不好“有节”这个分寸。

大概在三月底，桂林《救亡日报》同人由林林、张尔华（敏思）同志带队，平安地到达香港。我们又开了一系列的会，总结经验，妥善地安排了善后工作。一部分同志参加了《华商报》，一部分人回乡隐蔽。张敏思、林林和杜埃一起到菲律宾去参加侨报工作。从三月到五月，大批文化、文艺工作者从重庆、桂林撤退到香港，知名人士有茅盾、胡绳、张友渔、韩幽桐、宋之的、戈宝权、胡风、章泯、萧红、胡考等，同时于伶等人也从上海撤退到香港。大批文化人的撤离蒋管区，在国内外都引起了强烈的反响。

《华商报》的筹备工作进行得很顺利，于一九四一年四月八日正式出版。当时，组成了一个社务委员会，实际上也就是编委会，每星期开会一次，讨论的主要是时局问题。据我记忆，对版面之类的问题议论得很少，经理部则全由邓文钊负责，黎芳任经理，张惠通任营业主任。经济方面的事，我们这些人根本不管。反正是“书生办报”，颇有一点“八仙过海”的味道。分配给我的任务是每月写几篇社论或时事述评之类的文章，并主持一个通俗性的文艺副刊。这样，和办《救亡日报》比较起来，我肩上的责任就轻得多了。

在《华商报》，韬奋也写过不少文章，开社委会的时候，他也积极参加。但是他的工作重点还在于《大众生活》。为了要找一位“港绅”或者所谓“太平绅士”来作这份周刊的“督印人”，他花了不少气力。可是，真是“踏破铁鞋无觅处，得来全不费工夫”，这样一位“港绅”，居然于无意中得之。关于这件事，茅盾在一篇回忆文章中说：

> 当时的香港充斥着各式各样的特务——蒋记的、汪记的等等，他们要破坏韬奋的活动，自不待言。香港政府自然也不会欢迎韬奋这样一个人来办刊物，不过，既然标榜着“言论自由”，就不好公然不许，而只能在刊物登记的条件上做文章。照那条例，刊物的负责者是发行人，而发行人则须是“港绅”，韬奋当然不能自任发行人去申请登记，而必须另找一位港绅来“合作”，……所谓“有志者事竟成”罢，韬奋终于找到一位发行人了。原来有一位曹先生（他父亲是所谓“港绅”），早已登记好了要办一个周刊。但因找不到一个合适的主编，故而那刊物还没问世。这位曹先生年纪还轻，读过韬奋的著作及其所编的刊物，可以说是对于韬奋的道德文章有相当认识、对于韬奋怀着敬佩之心的人。经过第三者的介绍，事情就成功了。

这位曹先生叫曹克安，登记的周刊仍叫《大众生活》。应韬奋之约，我参加了编委会，除韬奋任主编外，编委有千家驹、茅盾、金仲华、乔木（乔冠华）、胡绳、夏衍共七人。《大众生活》和《华商报》紧密合作，在宣传战线上起了很大的作用。回想起来，在当时当地，《大众生活》的影响可能比《华商报》还大。一是《华商报》初创，而韬奋和《大众生活》在香港和东南亚早已有相当大的影响，因为早在一九三五年，韬奋和胡愈之等就在香港办过《生活》半月刊；其次是《华商报》除了在政治上廖承志等同志经常有原则性的指示外，说得好一点是集体领导，事实上是编委们“各显神通”。而《大众生活》则有韬奋这样一位“主编”，而这位主编又的确抓得很紧。这个刊物雷打不动地每周开一次编委会，讨论时事之外，还要决定下一期的主要内容，并在这个范围内每个编委担任一篇以上的文稿。韬奋的特点是用他的精神和品德来团结作者和读者，同时又以科学的管理方法来编辑和经营这份刊物。他不止一次说过，他办刊物的经验是亲自抓“一头一尾”。“头”是社论，“尾”是答读者来信（也就是“信箱”和“简复”）。社论绝大部分是经过编委讨论题目后由他亲自执笔的。而他花精力最多的，则是答读者来信。有一次私下谈话，他对我说：“我们这些知识分子或多或少是脱离群众的，在香港这个特殊的地方，要接近群众也不容易。所以我只能从读者来信中摸到一点群众的脉搏。”

《大众生活》是一九四一年五月十七日在香港复刊的，比《华商报》晚了四十天。由于韬奋抓得紧，每次编委会上都“派”任务，分派给我写的主要是“周末笔谈”和散文、随笔，用的是夏衍和另一个笔名任晦。现在回想起来，这个时期我在《大众生活》写的文章可能不比在《华商报》上写的少。这一年秋，当《大众生活》登完了茅盾的《腐蚀》之后，因为编委中除茅盾外只有我一个是搞文艺的，于是韬奋就硬要我写一篇连载小说。在我的感觉中，总觉得韬奋要我做的事，是难以推拒的。“打鸭子上架”，于是我写了一生中唯一的中篇小说《春寒》，是一篇很不成熟的作品。

到一九四一年六月，也就是希特勒进攻苏联前夕，在香港这个小岛上建立起一个宣传基地的任务，基本上完成了。除了《华商报》和《大众生活》之外，茅盾主编的《笔谈》、《文艺阵地》，郁风主编的《耕耘》，张明养主编的《世界知识》，张铁生主编的《青年知识》，马国亮主编的《大地画报》等，都相继出版。由于丁聪、叶浅予、特伟、胡考都到了香港，所以辛辣的漫画不仅经常在进步报刊上发表，而且还打进了《星岛日报》之类的中间偏右的报纸。

《华商报》和《大众生活》先后出版，正值盟军在巴尔干战败，希特勒准备进攻苏联的前夕。同时，在远东战场，日本为了准备发动太平洋战争，力图制造汪蒋合作，全力谋求结束“中国事变”。因此一报一刊的编委会，势所必然地成了讨论国内和国际问题的场所。当时在香港有一张“汪记”日报，不断地向重庆伸出诱降的触角，为此在五月底，韬奋和范长江、金仲华、沈志远、于毅夫、韩幽桐、沈兹九等，联名发表宣言：《我们对国事的态度和主张》，严正指出只有团结、进步、民主，才能坚持抗战，适应瞬息万变的国际形势。时间已经过去了四十多年，在我记忆中，一九四一年可以说是国际形势变化最剧烈的一年，“四海翻腾云水怒，五洲震荡风雷激”这两句诗，用在这时候是最适当了。六月下旬，希特勒突然进攻苏联。到九月底，德军进逼莫斯科郊区，苏联党政机关东撤。于是，莫斯科会不会失陷？希特勒法西斯军队会不会蹈一八一二年的拿破仑的覆辙？就成了《华商报》编委会议论的中心。这个编委会中有不少国际问题专家，我记得有几次会从下午一直开到深夜，乔冠华和羊枣争论得面红耳赤，其实争论双方并没有实质性的矛盾，一个说莫斯科一定能守住；另一个则说希特勒即使侵占了莫斯科，冬天即将到来，他一定也会被“严寒”这个强敌所挫败。在那个时期，我不仅给《华商报》、《大众生活》写文章，也还在《笔谈》、《文艺阵地》上撰稿。

希特勒的“闪电战”失败，苏德战争出现了胶着状态之后，日美关系就成了大家关注的中心。十月底，东条英机在“翼赞会”发表演讲，说“日美谈判假如不能得到妥协，那么日本就要实践三国同盟的义务”，而日本要求美国妥协的条件，又有一条是迫使美国同意日本的解决中国问题的方案（内容实质是蒋汪合流，成立中日联合反共政府）。这样，罗斯福会不会对日本妥协？日军会不会南下？也成了《华商报》编委会上和我们日常谈话的焦点。当时我和乔冠华同住在九龙弥敦道山林道“雄鸡饭店”楼上，为了日美谈判问题，杨刚、胡绳、于伶等同志常常到我们住处来议论。我记得很清楚，十二月一日那天晚上，乔冠华为《大众生活》写了一篇《谈日美谈判》的评论，其中谈到：“日本纵使不能接受（美方提出的条件），日美谈判也不会因此寿终正寝，日本更不会马上就发动战争。”对这一意见，我们之间有过争论，只是由于当时罗斯福的态度比较坚决，日本海陆军之间也还有矛盾，所以我们也认为日本还不敢轻易发动战争。这篇文章发表在十二月六日的《大众生活》新三十号上，可是就在发表后第三天，八日清晨，我还没有起床，突然有人猛烈地敲门，我起身开门，进来的爱泼斯坦大声地说：“War（战争）！”原来日本不仅偷袭了珍珠港，而且战火已经波及到了香港。

我们匆忙地赶到香港，当天上午，廖承志就召集了紧急会议，工委和文化、新闻界的朋友都参加了。这次会议上讨论的已经不是日本会不会南进的问题，而是香港能不能守住，和在港的大批民主人士如何应变的问题了。大家分析了形势，认为港英当局可能会抵抗一阵，但是要在这个小岛上长期作战，显然是不可能的。于是，讨论的重点就集中在如何疏散的问题。廖承志同志当机立断，决定派人和东江纵队联系，要曾生同志尽快派一支别动队到九龙来协助疏散工作，因为从九龙翻过一座山，就是东江纵队的游击基地。日本飞机已经在九龙投弹，香港可以听到枪炮声，看来港英当局对这场突如其来的战争也没有认真的准备，所以当天就决定《华商报》和《大众生活》暂时“休刊”。这样，《华商报》于十二月十日停刊，《大众生活》则在十二月六日的新三十号之后就不再出版，连韬奋写好了的《暂别读者》也未能发表。我从这天早晨离开九龙之后，就一直留在香港，不久，渡轮就停止了。又是一次“倾家荡产”，我在香港置备起来的衣物、书籍，连替换的衣服，也完全丢了。

在炮火声中，还有一个小小的插曲，大约是十二月十二或十三日，一位澳大利亚籍的英国记者贝特兰（他在一九三七年十月，曾在延安访问过毛主席，见《毛泽东选集》第二卷《和英国记者贝特兰的谈话》）向廖承志同志提出，说香港当局想和中国共产党在香港的负责人会晤，讨论协同保卫港九的问题。这样，下一天，廖承志、乔冠华和我，同香港总督杨慕琦的代表辅政司（忘其名）以及居间人贝特兰在香港大酒店三楼进行了会谈。我方表示，我东江纵队可以协同驻港英军和加拿大军队保卫港九，但是英方得供应必要的武器弹药（当时提的不过是轻武器），这位辅政司似乎很诚恳地表示立即向港督报告，尽可能满足我方要求，可是从此之后，就如“泥牛入海”，没有下文。事情是很清楚的，英国人有他们自己的想法。他们知道，港九这块弹丸之地是保不住的，让日本占了，英美联军打败日本之后，日本还得把香港交还给英国。而一旦中共部队进入港九，那么战争结束之后，问题就复杂了。在这一点上，他们的阶级立场是鲜明而坚定的。十八日（？）下午，在日机猛烈轰炸之后不久，廖承志同志在哥罗斯它大酒店楼下大厅，分批分组地会见民主党派负责人和文化界人士。这时，东江纵队的先遣队已经到达九龙，因此这一天就把撤退方案和途径征求了大家的意见，决定了撤退时的小分队负责人、行前联系地点、以及港九沦陷后的应注意事项，并分发了隐蔽和撤离时必需的经费。幸亏布置得及时，考虑得周到，同时也亏得东江纵队的一个抢救文化人的突击队及时赶到，和工委取得了联系，所以在一九四一年十二月二十五日，正好是“圣诞节”这一天，港督手持白旗向日军投降之后不久，所有和党有联系的民主人士和文化工作者（除诗人林庚白中流弹牺牲外）都陆续安全地撤离了香港。绝大部分人——廖承志、柳亚子、韬奋、茅盾、胡绳、于伶……都是先到东江游击区，然后再经韶关分批回到桂林和重庆；韬奋和范长江则先后经江西、浙江、上海转到新四军根据地；我和蔡楚生、司徒慧敏、金山、金仲华、郁风、谢和赓、王莹……则是坐小艇经澳门、台山、柳州回到了桂林。对这一段往事，我在一九四二年写过一篇《走险记》，就不在这里赘述了。

以上所记是前期《华商报》的概况，当时是一张对开晚报，时间也只出版了八个月。抗战胜利后，毛主席到重庆和国民党进行谈判之后不久，一九四五年九月，南方局和周恩来同志派徐迈进和我回上海，分别筹备复刊《新华日报》和《救亡日报》，但是由于国民党的种种阻挠，《新华日报》的复刊一直未能实现，《救亡日报》改名《建国日报》，于十月十日复刊，只出版了十五天，也就遭到了国民党上海市党部的查禁。于是，党中央、南方局就决定派章汉夫、胡绳、乔冠华、龚澎、林默涵、廖沫沙、邵荃麟等同志到香港，会同广东区党委派出的饶彰风、杜埃、杨奇等同志，重新建立新的宣传据点。《华商报》于十月间开始筹备，一九四六年一月四日改为日报复刊，董事长和督印人是邓文钊，总经理是萨空了，经理是陈东，总编辑是刘思慕，副总编辑是邵宗汉、廖沫沙、杜埃。当时我在上海，没有参与筹备工作，对《华商报》只做了一件事，就是一九四六年四五月间，在“法币”猛跌之际，恩来同志要我把一笔现款通过我熟悉的通易信托银行（黄定慧女士）尽快汇寄给章汉夫同志。同年七月，我到南京梅园新村，恩来同志同意我在谈判破裂后一起去延安。可是九月间，恩来同志临时决定，要我去新加坡了解在战争中流散在东南亚一带的文化工作者的情况，向陈嘉庚等爱国侨领转达党中央对他们的关怀，并向他们通报国共谈判破裂后我党的方针政策。我于十月间从上海飞到香港，为了办去新加坡的“入境证”，在香港耽搁了四个多月。这时，在香港除了《华商报》之外，还办了一张小型的《正报》（它的前身是东江纵队的机关报《前进报》），由方方同志直接负责。章汉夫、胡绳同志负责的《群众》，乔冠华、龚澎同志负责的英文半月刊《今日中国》，都已陆续出版。同时，还创办了有利印务公司和新民主出版社。据我记忆，这时期的《华商报》比五年前更正规化了，除高天、赵元浩、黄新波、吕剑、华嘉、杨奇、司徒坚等同志负责日常工作外，还有一个阵容很整齐的社论委员会，它的成员是章汉夫、许涤新、陈此生、乔冠华、刘思慕、廖沫沙、饶彰风、张铁生等。我路经香港时，也参加了社论委员会，并在华嘉主编的副刊上写一些杂文随笔。大家知道，香港是一个藏龙卧虎的地方，战后的政治情况也十分复杂，“惨胜”之后，中国成了“五强”之一，内战也还没有全面展开，所以《华商报》复刊初期，港英当局的态度也还比较“友好”，（二次世界大战之后，港英当局取消新闻检查制度，因此从这以后，报刊上就没有开“天窗”的事了。）但是，《华商报》是“中共喉舌”，已经是众所周知的事了，因此在香港这个地方，它的销数一直是徘徊在一万份左右，经济上有不少困难。当我在一九四七年三月十四日动身去新加坡的前夕，章汉夫、饶彰风又交给我一个任务，要我在南洋展开一个“为香港进步文化事业筹款”运动。我在三月二十日（我军撤出延安的下一天）抵星洲，到同年八月下旬被“礼送出境”，这近半年的时间内，通过胡愈之同志主持的《南侨日报》，给《华商报》和其他进步报刊募集了三万多元（叻币）经费。由于抗战时期国内有不少社团到南洋向侨领们募捐，有少数人没有把捐款用途向陈嘉庚先生报告，侨领们很有意见，所以我离开香港时和章汉夫同志商定，这次筹款一定要通过群众路线，并且把筹得的经费数目逐日在《南侨日报》和《华商报》上公布。筹款不向侨领们伸手，靠的是集腋成裘，因此，这笔在半年内筹集的三万几千块钱，都是一元、五毛乃至三分、五分的小数目累积起来的。有时我和陆浮到《南侨日报》经理部去接受捐款，当我收到几个或者十几个侨胞——有橡胶工人、司机、小学教员以至清洁工人联合“捐献”的五元、十元捐款，和读到他们写的“向香港文化界致敬”之类的函件的时候，真的会禁不住掉下眼泪。去年冬，我收到过暨南大学新闻系给我的来信，要我写一点在华南和新加坡从事新闻工作的回忆文章。我倒觉得不论搞新闻史也好，写华侨史也好，这种处于华侨底层的劳动群众的崇高的爱国主义精神，节衣缩食地为革命事业献出几个“斗零”的义举，是永远不该忘记的。直到今天，事隔三十多年，我还能回忆得起，当时他们交出捐款信件，又急于想从我们口中知道一点国内解放战争情况的面影。这些侨胞实在太可爱，太可敬了！

我参加后期《华商报》，是从一九四七年九月到一九四九年四月底这一段时间。当时，党要我做的是统战工作，只是捎带着给《华商报》和《群众》写一点文章。近年来有人写回忆文章，说这段时期我分管文艺工作，并主编《华商报》的副刊，这样说，按实际情况是不完全准确的。当时分管文艺工作的是邵荃麟和冯乃超。《华商报》副刊《热风》主编是华嘉。到一九四七年我从新加坡回到香港，华嘉一定要我替《热风》出主意，写文章，这样我就分出一点时间，到编辑部参加一点工作。讲到出主意，记得起来的只有两件事，一件是我怂恿郭沫若同志写一篇抗战时期的回忆录，在《热风》上连载，发表后轰动一时，这就是后来整理成书的《洪波曲》；其次是当司马文森的连载小说《阻街的人》登完之后，为连载《虾球传》续篇《白云珠海》，一九四八年二月我写了几句话作为“预告”，并刊登了谷柳给我的一封信，因此很多人认为我是《热风》的主编。谷柳的短简如下：

> 夏先生：送上《白云珠海》稿，请指正。今天的珠江在啜泣，从理念上去解释珠江苦难是比较不太费力的，但我现在准备做的却是记录她的生活和抒写她的情态，这件事就不容易了。我一定尽力做去。谢谢《热风》给我刊登的机会。

由于我几乎每晚到编辑部去，经常看到读者来信，加上那个时候正是南京小王朝摇摇欲坠的时候，可笑可怒可骂的事情实在太多了，于是新闻记者的“职业病”复发，在《热风》和后来改名为《茶亭》

上写了不少短文和补白。我现在只看到一部分《热风》和《茶亭》的复印本。其中能够认明是我用各种笔名写的三五百字的短文和“答读者”之类的东西就很不少。淮海战役前后，不仅大批民主党派人士从重庆、桂林、上海等地集中到香港（他们在香港召开各党派的代表大会，然后陆续去解放区参加新政治协商会议），还有不少爱国反蒋的青年人也被逼到了香港。当时的《华商报》实在已经是够“左”的了，而《热风》和《茶亭》，又必须是一个通俗的、力求为香港当地居民接受的副刊。可是编辑部接到了不少读者来信，有人批评我们“态度不够鲜明”，“多用曲笔”；也有人说我们“文风太俗”，“不象一个革命文化人办的副刊”。对此，我向韬奋学习，也写了一些“读者与编者”之类的补白。举一两个例子：当时胡希明（三流）同志是这个副刊的台柱，他用“打油诗”、“新乐府”、“心照不宣”的形式写了不少绝妙的文章，可是也有人不以为然，于是我写了一个简复：

××先生：你对本刊的爱护，十分感激。本报是人民的报纸，自然各版都是服务于人民的。凡是人民的希望，人民的愤慨，人民的控诉……一定发表，甚至仅仅做到消极的暴露，只要没有毒，不低级、不猥亵，也都欢迎。说到表现形式，小说、短剧、诗歌、报告、杂文、通讯、特写、打油诗、填词、唱本、说书、讲古、漫画、木刻，以及不属于上述的“怪乐府”、“歪诗”，也都可以。不过我们有一点希望，就是文字尽量通俗，不拘一格，方言乃至文言，均无不可。

又如不止一次有读者批评我们的副刊上的文章太俗，乃至“俗不可耐”，我也作了“简答”：

××先生：雅与俗是相对的说法，本来这中间很难有一定的界限。譬如（一篇文章）甲看了，觉得太俗，“俗不可耐”，而乙看了觉得也还有趣。编者取稿尽可能以大多数读者的需要和趣味为标准，尽可能不让《茶亭》里有毒害的东西，至于爱吃不爱吃，那只好让广大读者去“自由选择”了。……从前《热风》编者说过：编辑象一个大杂院里的厨房，要开出来的每样菜全院子的人都爱吃，是一件很难的事情。这一点，只有请多原谅，包涵一下了。

上了年纪的人可能还回忆得起，一九四八年八月，国民党政府发布了发行“金圆券”的命令和“收兑民间所有黄金、白银、银币、外汇及外国货币”的条例，还派蒋经国到上海组织以“管制物价，打倒贪污”为口号的“戡乱建国大队”，一方面竭泽而渔，搜刮了总值达两亿美元以上的黄金外汇，同时还演出了一场“查封扬子公司”（宋子文系的银团）和“捉放杜维屏”（杜月笙的儿子）的滑稽戏，引起了蒋管区广大群众的极大愤慨。因此，我们除了在《华商报》、《群众》上发表了大量社论、述评、专论之外，还几乎每天在《茶亭》上写杂文。当时胡希明同志写了一首打油诗，不仅传遍港九，而且很快地传到了广州、上海。这首诗的题目是《闻道》，诗云：“闻道金圆券，无端要救穷，依然公仔纸，难换半分铜。骗子翻新样，湿柴认旧踪，这真天晓得，垂死摆乌龙。”

斗零、公仔、湿柴、瓜直、摆乌龙等等，都是广东人口头常用语，我们这些外江人在香港办报，为了“入境从俗”，争取更多的读者，是化了不少功夫才学到的。

从这一年八月下旬起，《热风》改名为《茶亭》，我用“亭长”的笔名写了一篇开场白《请大家来歇脚》，因此，连圈内人也认为这以后的《华商报》的副刊由我主编了，其实我依旧是个随传随到或不传自到的撰稿者，编辑工作先后是由陆浮、吕剑、华嘉等负责。当时写“今日谈”的人不少，廖沫沙、杜埃、秦牧、楼栖、胡希明都经常写稿，用的笔名也随时更换。有人问我：“你用过多少笔名？”我自己也记不清楚，好在我们这些人都没有“敝帚自珍”的习性，那些“即兴杂文”，也都是在乱哄哄的编辑室或者会客室里写的，有的甚至是在从九龙到香港的渡轮上写的，一个笔名可以几个人合用，更谈不上版权和稿费的问题。也幸亏这样，“文化大革命”中的专案组也不能从这些副刊中找到什么“罪行”和“把柄”。顺便提一下，因为在《茶亭》副刊上我用过“亭长”的笔名，而在广东，“王老吉凉茶”是很有名的，因此，我又用“汪老吉”这个笔名，在《群众》上写了不少政论、杂文。《群众》是党的理论刊物，长文章多，销路打不开，也有不少读者批评它“太高深”，“内容单纯，不够多样，不够活泼”，于是章汉夫就开辟了一个《茶亭杂话》的专栏，要我每期写几篇介乎杂文、政论之间的随笔，我从《群众》三十一期起，用“汪老吉”和“任晦之”两个笔名，每期写两三千字，一直写到一九四八年底，一共大约写了十多万字。我忙于和各民主党派的联络工作，这之后《华商报》的《茶亭》主要撰稿人是胡希明同志，他当时还主持办一张《周末报》，但是用“三流”笔名的文章，《茶亭》上几乎每天都有。

从一九四八年下半年开始，留在蒋管区的各民主党派人士就陆续撤退到香港，民革、民进、民促、九三学社、致公党……都在香港开过代表大会，并在《华商报》上发表了对时局的宣言，这时候东北已经解放，所以我们就租雇外国轮船，来往于东北解放区和香港之间，从解放区把大豆、农副产品运到香港，出售后购买了医药器材、轻工用品（如纸张等）运回东北，同时，民主党派领袖们就搭乘这些挂外国旗的货轮赴解放区。据我回忆，从一九四八年秋到一九四九年三月，何香凝、李济深、沈钧儒、马叙伦、郭沫若、邓初民以及大批文化、文艺界人士都是经过这一途径，先到大连、烟台然后转到解放区的。一九四九年一月北平和平解放后，我们也正是通过这一途径，首先看到了解放区的报纸，于是我们就把解放后北平的政治情况、人民生活等方面的消息改编为“本报北平专稿”，在《华商报》上发表。这时，正是一个“天翻地覆慨而慷”的时刻，不单港澳，连东南亚以至欧美各国的华裔、华侨，都渴望知道新北平和解放区的消息，所以从一九四九年一月起，《华商报》的销路从七八千份激增到一两万份以上。这种“本报北平专稿”或“本报记者北平电”之类的通讯，大部分是我自作主张地编写的。这时章汉夫同志已调到天津去担任外事工作，方方、林平都已经回到东江，我接替了章汉夫同志的香港工委的工作，编委会同人也觉得这样做可以扩大影响。直到三月间我接到范长江同志从北平来信，说这种搞法是资产阶级的办报手法，我才停止了编写这种“特稿”。

一九四九年四月，人民解放军横渡长江。南京解放之后，港英当局对我们的态度也发生了一些变化（就在十二月，香港警察还搜查了许涤新的住宅），我们乘胜前进，在四月二十六日中午，以新华社香港分社名义，在香港大酒店二楼举行了盛大的庆祝酒会，在港中外各界名流、工商界巨子以及文化、新闻、艺术界百多人参加了酒会，热烈异常。四月二十七日下午，香港文化、新闻、文艺界人士六百多人又在金陵酒家举行了大规模的集团聚餐，还表演了庆祝胜利的文艺节目。

四月下旬，中央调潘汉年、许涤新同志和我三人回北平，准备接管上海。我们于四月二十八日离香港，五月四日到塘沽，我在香港的工作改由乔冠华同志接替。同年十月十四日广州解放，翌日，《华商报》发表社论，宣告完成了历史使命，与香港同胞告别。这样，后期《华商报》一共发行了三年九个月。

1981年12月，北京

（原载1982年4月11、12、13、15日《羊城晚报》）

《母亲》在中国的命运

——纪念革命大文豪高尔基七十八岁诞辰

夏 衍

五年之前，我在桂林的时候，苏联《国际文学》的编辑梯航诺夫先生曾经写信给我，要我写一篇《怎样翻译了〈母亲〉》的文章，当时很忙，同时也觉得没有什么可写，就搁下了。今年是高尔基逝世十周年纪念，再度接到《时代》杂志的要求，还是同样的一个题目。

实在说，经过了近二十年的年月，当时的情景已经很模糊了，今天还能想得起的，只是翻译过程中这篇伟大的作品所给我的感动。当母亲发觉了自已心爱的儿子参加了危险的秘密组织当时的恐惧与忧煎，偷偷地听到一些“真理的言语”的喜悦，两次探狱的那些激动的感情，终于勇敢地喊出了“真理是血的海也不能消灭的”这一句口号而拾起了那面红旗的悲剧的场面，都是今天回想起来还是记忆鲜明的事情。

讲到翻译这部作品动机，应该回溯到一九二五年的秋天，那时候我以一个工科大学生的身份，在日本九州著名的八幡制铁厂实习，在隆隆的发电机旁边，我耽读了契诃夫、托尔斯泰和屠格涅夫的作品。一个暑假之后，我对于那些软弱、懒散，而又充满了哀愁的人物，渐渐地感到厌倦了，当时我开始知道了一些苏联大革命中的英勇出奇的英雄，于是我很想追觅一些介在这两个时代之间的俄罗斯人民的典型与性格，我找到了高尔基，读了《夜店》，读了《太阳儿》，终于读完《母亲》而深深地感动了。一年半之后我被逐归国，在简单的行囊中我把村田的日译本《母亲》带回来了。

一九二七年大革命失败，大部分朋友从实际斗争“退却”到上海，新文化在这时候再度开花，钱杏邨兄怂恿我翻译一点世界名著，因为深深的爱，我便不自量力地从事于这本《母亲》的翻译了，我用的两种日本译本，间或参考英译。当时蒋光慈兄住在我楼下，译完了每一章之后，他再仔细地给我从原文校对了一遍。

《母亲》在中国出版之后所受的欢迎，是出乎我们意料之外的。在大江书铺出版的上下分册的本子，一年之内就印了两版，这两版题名《母亲》，译者“沈端先”。但是不久之后，外埠的邮寄被禁止了，书店的发行人很聪明，说禁止的理由是封面上画了鲜红的血迹，当时“红色”是招忌的，他们改印了一次淡绿色封面的三版，但是命运也似乎并不比红色封面的良好。一九三一年，这本书列入了禁书目录，通令全国禁止发行，听说也曾有许多学生因为看这本禁书而遭遇了不幸。此后绝版了三年，北方曾经有一种偷印的翻版，热心的读者曾把那种粗杂的翻印本带来给我，认为这是侵害著作权而要我追诉。可是一则当时我根本就没有追诉别人的自由；二则觉得让这廉价的本子流传一下也好，就置之不问了。一九三五年再度改名出版，书名改成了一个《母》字，译者改成了“孙光瑞”，这本书才能侥幸地再在几个大都市里面发行。当时禁止发行的方法很奇妙，除出禁止指令的某些著作之外，又常常将某个作者的作品不分性质地完全禁绝，以往三年的发禁，据说译者“沈端先”这个名字也是“不无关系”的。

抗战前后，我换了现用的这个笔名，但是那本《母》上依旧沿用着“孙光瑞”这个译者的名字，我不想改正它，让它这样也可以作为一个被污损被作践的纪念吧。

这本书在抗战中又印过两版，在桂林，在重庆我都在书坊中看见，有个时候卖到一千元以上的高价，但是据书坊中人说，这书的销路一直是良好的。我私自庆幸这样一种不足为训的重译本能够多少的把这本名著的影响和感动带给了中国的知识分子，但是每一次看到这本书的时候我也会反射地感到惶恐，我不知道在过去十五年间，有多少青年单单为了爱读这本书而遭遇到了比沙皇更残暴的反动分子的迫害。抗战胜利之后的这本书的运命如何？我今天还不能想象，但是有一句话我可以傲言，要从这十五年间的中国青年人心里除掉这本书的影响，却已经是绝对不可能了。好的书会永远活在人民的心中，《母亲》就是这样的一本书，它鼓舞了我们中国人，它已经成为禁不绝分不开的中国人民血肉中心灵中的构成部分了。

1946年3月27日

（原载《时代》1946年第6卷第12期）

谈自己

夏衍

记得鲁迅先生在《题未定草》里面讲起过被人挤稿之苦，他说：

文章而至于要做，其苦可知，……情同绑票，令我为难，但同时又想到这也许还是自己错，我曾经发表过，我的文章，不是涌出，乃是挤出来的。他们大约正抓住了这弱点，在用挤出法；而且我遇见编辑先生们时，也间或觉得他们有想挤之状，令人寒心。先前如果说："我的文章，是挤也挤不出来的"，那恐怕要安全得多了，我佩服陀思妥也夫斯基的少谈自己，以及有些文豪们的专讲别人。

从这篇文章里学了乖，我就抱定了"少谈自己"之旨，我向来滥写文章，文不值钱，来挤者本已很少，所以我的少谈自己，除出防挤之外，还有着我"自己"特有的原因。也许是幼年僻处乡间，不懂社交的缘故。我从小就怕"示众"，小的时候偶尔穿了一件新衣，买了一双新鞋，也唯恐被大家注意，就尽可能的避开在人多的地方走动。年纪大了，也只想做一个不为别人注意的常人，夹在人丛里面。我不注意人，人不注意我，就觉得心安理得，畅适无比。从这种习性出发，在人多口杂的地方，我就尽可能的少作惹人注目的行为，不发引人注意的议论，积习既久，遂成癖性。因为自己只想一生平凡地做一点应做的事情，所以也并不觉得这是非革除不可的弱点。

和我熟悉一点的人，都知道我有一个小小的信条：那就是宴会不猜拳，开会不讲演。不猜拳的原因，是由于自己不会喝酒，别人耳热酒酣的时候，自己总是静静地旁观，于是发觉了猜拳当事者们筋突面红，声嘶力竭的表情，实在并不好看；而不讲演的原因，除出不曾学过“讲演术”，而又没有即席措词的才能之外，主要的还是害怕那百十双一时集注在自己身上的眼睛。这是个人的性癖，本“少谈自己”之旨，就没有在口头和文字上发表之必要，哪知不把这些习性使人周知，也有它弊害的一面。

几个月来，为这性癖，就受累不浅。

比如说，一个相识的或者不相识的朋友发来一个帖子，要你某月某日去参加一个集会，只要没有更重要的事情，作为一个新闻记者或者一个作者，理应去听听或看看，可是一出席，便有被“指定”讲话的危险，除出自己怕示众的原因之外，有时候这个会的性质不很知道，根本无从讲起，有时候可讲的话已被主席和先讲者说得一干二净，随声附和，消耗别人时间，不如不说为妙，于是只能起立道谢，表示“没有什么意见”。可是，现在世事很复杂，人事很机微，在这复杂机微的人世中打圈子的人，神经又常会过分敏锐，于是“不表示意见”常常会比“不出席”更加不妙，“某次会上某人不肯讲话”，这个“肯”字一用上去，就可以解释做某人“不赞成”这个会乃至“反对”这个会的意思了。

改又改不好，逃又逃不掉，于是而我只能期待于年久月深，大家知道我的性癖，又哪儿知道年未久月未深，不讲话之外，不看戏又成了问题。

我喜欢看戏，而且是不择好坏，电影、话剧之外，旧剧也常常去看。但是，根据上述的性癖，对于话剧“预演”或者“招待参观，请予指教”之类，却还是常常谨谢不敏，理由还不很明白吗？看完了戏之后，照例要团团坐下，在主席指名之下，一个个地起来“讲几句”！“吃豆腐”吧，我还不愿意自欺欺人，单单找几处缺点来“应景”而又不替他们想一个补救之法吧，那么上演之前非但对事无益，而反足以徒使别人困扰，那么即席替他们想个补救的办法不好吗？老实说，我没有这种时间和才能。

跟着话剧、歌剧的发达，预演和“检讨会”之类也就多起来了，对于这种会，我还是尽可能少去，这心情，正和鲁迅先生所说“情同绑票，令我为难”完全一样。我于是采用了十年前在上海的环境下看电影的方法，迟去早返，悄悄看完就走。在热闹场中挂了红条子挤来挤去，有意使观众觉得你是一个特殊人物，我固然没有这种粗壮的神经，但是在众人环视之下被主办人请着让着地坐到特定的席位里去，似乎也有点迹近“海派”。我希望自由地、不必提心吊胆地观赏，我也希望高兴就看，厌倦就走。被让到特别的席位里坐定了之后，戏未完而先走，那不是更加失礼，更加容易引起误会？——一直看到底吧，不幸的是在时间感觉不很敏锐的中国，我在对于时间方面非争几分几秒不可的新闻工作上还有着一个站位。

不加说明，这种心情当然别人是不会知道的，于是灾难就到来了。为了不在特定的招待时间和特定的座席里看朋友们主持的戏，立刻就发生了毫无必要的猜测。一个朋友留条给我说“昨今两日未见来观，惶虑之情，与时俱增”，而另一个朋友却在背后猜测，说“是不是与主办这演出的某先生有些意见？”，“惶虑”何来？意见何自？这在我当然是“如坠五里雾中”，无从捉摸的了。

从这种琐事想起，我就觉得我们这一时代的人实在是从自己想得太多，替别人想得太少，换言之，就是不够客观，不够民主；我想，以自己的习惯为唯一的习惯，以自己的性癖为唯一的性癖，以自己的看法，为人人皆然的看法，这是一件很值得“惶虑”的事情，从这种态度出发，主观的好意，在受之者往往是一种不自由的拘束和苛责，为什么不能大目观之，让他自由地来看，自由地不来看，自由地发表意见，自由地不发表意见呢？在中国乡间来了一个衣装稍稍不同一点的人就要论足评头，追随不放，而在伦敦则不论你黄人黑人，不论你穿十八世纪的古装或者霍莱坞的时装，谁也不来对你给以特殊的一瞥，这大概是——尽管是资产阶级的民主，总也是有了几世纪民主思想之积蓄的缘故吧。

希望成英雄的人，把自己从人群里超显出来也许有一种快感，可是愿望做常人的人，把自己表曝出来却只是一种苦痛，写谈自己的文章并不愉快，我只希望这文章可以有些微免疫的作用。

（原载《野草》1941年1月第1卷第5期）

《小市民》后记*

夏 衍

一九三五年夏，我在上海不能继续活动的时候，隐蔽了大约六七个月的时间。把日常习惯了的工作骤然的放下来，人往往会反而觉得疲劳，我在一个白俄办的小公寓里“休息”了几个月，写下了我最初的独幕剧《都会的一角》。这一年冬，用“徐佩韦”的笔名发表在《文学》上。第二年春，星期小剧场决定了上演这个剧本，而第一次上演，就遭到了意外的麻烦，为了最后两句教科书上常用的“东北是我们的”这句话，突然的遭到了工部局的禁演。我当时自己没有去看戏的福分，但是去看了的朋友来说，演员和观众，都是始而哑然若失，继而愤极而涕。那成问题的两句话的用意只是在唤起人们的注意，沦陷了多年的东北四省仍旧是中国的领土，而这话在当时也有被禁上演的资格了，——我叙述这往事的原因，是在请大家想想，当时，蒋汪当政的“敦睦邦交”时代，是怎样黑暗的一个时世！可是结果，还是我们胜利了，这禁演的消息在上海引起了相当的激动，在新闻上登出来，都说被禁的原因是由于剧中有“东北是我们的”那一句，因之，“东北是我们的”这一句话反而成了人们嘴上的无法禁说的口号，而使我那应该是被人忘却的拙作增加了意外的“光荣”。

同在这年冬，写了另一个喜剧《中秋月》。这一直到第二年才以

---

* 本文收录时经作者对史实作了订正。文中第三句：“隐蔽了大约六、七个月的时间”，原文是：“我到了阔别的东京”。当时是为了迷惑敌人，事实上作者并未离开上海。此外，作者还作了一些文字上的修改。

“徐至”的名字发表在《妇女生活》上。也就是在这个时间，我开始写《赛金花》和准备写《秋瑾传》。

《重逢》（《上海屋檐下》）作于一九三七年春，这依旧是在这个剧本中所写的黄梅天一般的忧郁时代，形式也依旧是喜剧。喜剧，本来大都是产生于忧郁时代的。一九三六年我曾译过果戈里的《两个伊凡的吵架》，那里面的一句作者的话：“我们的俄罗斯是如何的忧郁啊”——不知为了什么缘故，这句话老是留在我的心头。

黄梅天之后来了一阵大雷雨，抗战开始了。我离开了住了十年之久的上海，一九三八年这一年一直没有写文艺作品，到广州沦陷之前的一个月内我才写了《赎罪》和《一年间》。前者是“搭题”戏，后者是“急就篇”，粗杂是可以想象的。

一九三九年夏，为了探宁儿的病，我从桂林回到上海，那正是“汪先生”到上海的时候，他们那时候的工作中心是集中火力，打击抗日反汪的言论，我在那短短的一星期中看了各式各样的人，五月回香港，就在那里一晚上写了《娼妇》。

将这些看了一遍，全是写“小市民”的东西，就把这集子叫做《小市民》吧，对于“小市民”，我曾经在一个机会写过：

> 在抗战中，这些小人物都还活着，而且在一个不很短的时期之内，他们都还要照着他们自己的方式活下去，一种压榨到快要失去弹性的古老的意识，已经在他们心里抬起头来，这就是他们的民族感情，但是从他们祖先时代就束缚了他们的生活样式，思想方法，是如何的难以摆脱啊，我不想凭藉自己的主观和过切的愿望去强要他们的生活，我把他们放在一个可能改变，必须改变，但是一定要从苦难的现实生活里才能改变的环境里面。我想残酷的压抑他们，鞭挞他们，甚至于碰伤他们，而使他们转弯抹角地经过各种样式的路，而达到他们必须达到的境地。抗战中需要新的英雄，需要奇峰突起，需要进步得一日千里的人物。但是我想，这样的人物还不可能是大多数，进步迂缓而又偏偏具有成见的人，我想也还是应该争取的对象，而且是可以争取的。单单责骂和嘲笑是不中用的。这里需要同情，而我终于怜悯了他们。

这意见，到今天还不曾改变，所以有机会，“小市民”戏还要写下去（最近执笔中的《愁城记》，就是这一型）。

从一九三五年到今天，是五年了，而我留下的，是那么贫弱而可怜！集起来，作为这些忧郁的日子的纪念吧！

1940年4月，桂林

（原载《小市民》，1940年7月新知书店初版）

历史与讽喻*

——给演出者的一封私信

夏 衍

××兄：

信收到了，我那贫拙的习作在您的导演之下有一个上演的机会，这在我当然是一件非常愉快的事了，感谢您对于这作品的诚挚的批判，更想借这个机会粗率地回答您所提出的几个疑问。

第一，您说这作品最大的缺点是在不曾正面的说明庚子事变的历史的意义，不曾充分地剖析义和团发生的原由，单描画了几个事变中的人物的容貌，而使历史的事件退处到背景的地位，所以，您以为"既经接触到这个伟大的悲剧的时代，就该抛开赛金花个人的故事，而正面的去描写这一个时代。"

在答复这一个问题之前，我得简单地说明这部习作的作意。去年深秋，我在一个小公寓里面困处了几个月之久，但在那种急迫惶遽的时候，可也点缀了不少喜剧性的材料，这使我惊异地发现了李伯元三十年前在《官场现形记》中所描写的人物，依旧还活生生的俨然存在我们的前面；我将这种印象讲给居停的房主人听，他就很兴奋地和我讲述了三十七年之前他所经历过的庚子战后的情景。对于这种毫不思索地可以唤起的"联想"，自不免有了很多的感慨，于是我就想以揭露汉奸丑态，唤起大众注意，"国境以内的国防"为主题，将那些在

* 本文收录时作者作了史实上的订正，第三自然段第四句"我在一个小公寓里面"，原文为"我在一个北国的危城里面"，当时是为了迷惑敌人，而实际上作者并未离开上海。此外，作者还作了一些文字上的修改。

这危城里面活跃着的人们的面目，假托在庚子事变前后的人物里面，而写作一个讽喻性质的剧本。

因为最初的着想如此，只想对于那些愿为奴隶和顺民的人们加以讽嘲和诅咒，所以在性质上说，这习作只是以反汉奸为中心的奴隶文学的一种。高踞庙堂之上，对同胞昂首怒目，对敌人屈膝蛇行的人物，从李鸿章、孙家鼐一直到求为一个洋大人的听差而不可得的魏邦贤止，固然同样的是作者要讽嘲的奴隶，就是以肉体博取敌人的欢心而苟延性命于乱世的女主人公，我也只当她是这些奴隶里面的一个。我想描画一幅以庚子事变为后景的奴才群像，从赛金花到魏邦贤，都想安置在被写的焦点之内。我一点也不想将女主人公写成一个“民族英雄”，而只想将她写成一个当时乃至现在中国习见的包藏着一切女性所通有的弱点的平凡的女性。我尽可能的真实地描写她的性格，希望写成她只是因为偶然的机缘而在这悲剧的时代里面串演了一个角色。不过，我不想掩饰对于这女主人公的同情，我同情她，因为在当时形形色色的奴隶里面，将她和那些能在庙堂上讲话的人们比较起来，她多少的还保留着一点人性！

为着要使读者能够在历史的人物里面发见现今活跃着的人们的姿态，也可以说是为着要完成讽喻（allegory）的作用，我于是避开烦琐的自然主义的复写，而强调了可以唤起联想的，可以与今日的时事最有共同感的事象。但是，构成历史的各种动因，是复杂而错综的，我们不能将历史的诸种动因固定化和一样化起来，我们该从历史的流动过程里去把握历史事象的发展。讲庚子事变，它在历史上的意义是中日战争之后的各帝国主义侵略中国的加紧，清朝威势的失坠，外国资本和以宣教士为先锋的帝国主义势力的侵入腹地，政治腐败，教民凭借洋人势力，勾结官厅，压迫民众，于是在满清暴政下面重压着的农民大众，从民族的仇恨，激起了“反清灭洋”的反抗，可是，这种运动只是一种原始的农民暴动，迷信神权，没有明确的政治思想，所以在它形成了一种群众力量之后，就被封建统治者所利用，换上了“扶清灭洋”的旗帜，而变成了替几个清室贵族争夺领导权的工具。结果，因为他没有明确的政治主张，没有组织，不懂策略，所以在国内引起了民众的反抗，在国外给了帝国主义者以排外的口实，而终于遭致了惨痛的失败。在这整个历史事实里面，帝国主义侵略中国的加紧，满清政府的愚昧无能，和在这种环境之下产生出来的凌虐同胞和谄媚外人的“风气”，很和我们目下生存着的现状有许多共同的地方，但是当时帝国主义的性质，各帝国主义相互间的关系，中国当时在国际上的地位，政治经济状况，人民文化程度，民众组织力量……显然的已经和目前情势不一样了。现在，这作品的主要目的是在讽喻，而讽喻史剧的性质上就需要着能使读者（观众）不费思索地可从历史里面抽出教训来的“联想”。我希望读者能够从八国联军联想到飞扬跋扈、无恶不作的“友邦”，从李鸿章等等联想到为着保持自己的权位和博得“友邦”的宠眷，而不恤以同胞的鲜血作为进见之礼的那些人物，但是，我却绝不希望读者从原始的农民暴动联想到目前的民族自卫运动，更不希望读者从那无组织的乌合之众的失败，联想到救亡自卫的前途。

对于这个问题如何处理，我在写作过程里面惶惑了许久。道路，是决定了的，第一，从作者的观点，分出更多的篇幅来分析庚子事变的成因，叙述他的经过，肯定他的动机和批判他的错误；第二，那就是简单地说明了义和拳的成因之后，就集中力量来强调事变里面和目前情势有共同感的几个因子，而意识的地避开了对于目前救亡运动没有推动作用的那些事象。您对于我的希望是前者，而我终于走了后者的道路。原因，只是为了假使走前者的路，那不仅方法要从讽喻史剧改为正规的历史剧，就是题名也非把《赛金花》改为《一九〇〇年在北京》不可，因为，这已经完全是别一个性质不同的戏了；假使依旧维持原有的plot不变，那么全般的处理事变也许会形成伤害作品的“多余”，不强调某一些动因而只概念的处理全般，那就会使读者联想到作者所不希望他们联想的方向。我不抛开赛金花个人的故事，而只画了一幅面目不很凸出的庚子为背景的奴才群像，原因就在这么一点。承朋友们帮助，替我陆续地搜集了许多关于义和团的史料，我未来还想再写一个正面的处理事变的剧本，可是为了上述的原委，使我觉得既然同样的“写失败的历史”，那是在明快地激动观众之点，无疑的刘永福台南抗敌的历史，要比庚子的题材好得多了。上次和您讲起的《明末遗恨》的计划，我想将李闯王写成《自由万岁》中的villa一般性格的农民暴动的首领，将吴三桂写作宁愿送给敌人，不愿让给家奴的民贼，但是同样的为着要避开有不良效果的联想，我不愿象普通小说戏剧一样地将最大量的同情，寄托在一个无能的崇祯帝的身上。

第二，是夸张了的讽刺是否损害作品真实性的问题。在这一点，我的态度已经说明在上述的作意里面，我为着要对那些在危城中活跃的人们投掷最难堪的憎恶，自不能不抓取他们的特征而加以夸张的描写，我要剥去他们堂皇冠冕的欺瞒大众的外衣，而在观众面前暴露他们“非国民”的丑态。对于真实性的问题，当我计划这作品的时候，曾在东京出版的一本杂志上读过一篇江森盛弥氏的论讽刺文学的文章，他以为决定讽刺文字之艺术价值的客观的真实性，应该有三个主要的条件，就是第一，讽刺不应局限于私人的怨恨，而一定要有一定阶级之舆论的拥护；第二，讽刺不单单突出部分的弱点，而一定要深入对象的本质；第三，讽刺的支持者应该是在历史的新的登场者的舆论。我同意这种见解，而素朴地引出一个结论，就是：只要立脚在和现实矛盾的发展相对应的一个现实的根据上面，那么即使在方法上取了夸张，空想，拟态，乃至浪漫架空的手法，在效果上依旧可以对观众给以真实的感动。在海涅的许多政治的抒情诗里面，他常常用他独特的浪漫主义的手法，将读者引进架空的世界里面，可是在批判现实和对丑恶投掷憎恶之点，依旧能使读者感到《德国冬天的故事》中的真实性的。至于习作《赛金花》里面的讽刺是否超过破坏真实的程度，那是只能在上演的反应里面来判断了。

第三，是关于演出的方法，对于这一点，假使您能同意我上述的处理历史的态度，那么我希望能够不拘泥于自然主义的写实方法，而创造出一种适应于讽喻史剧的新的形态。强调和我们有共同感的事象，而省略不必要的描写，明白而又沉痛，这是我所期待的效果，为着这种目的，不妨采取单纯化的“表征的”舞台装置，而将更多的注意集中在音响和照明方面。

仓卒中写了这些，当然还有欲言未尽的地方，希望您能给我更深入的批判。

4月30日

（原载《文学界》1936年6月创刊号）

《赛金花》余谈

夏 衍

编者先生：

你出的题目太难了，本来就不敢写，今天看了高尔基的《论戏曲的创作方法》，使我更加不敢写了，那论文里面有下记的一段：

> 残念的是在我们周围，下面所说一般的事情差不多已经成了习惯。就是，写了一两篇戏曲的年青人，就将自己看作“此道的专家”，很快的在报纸上写文章，演讲，讲述自己的创作方法之类，有时候甚至还要写什么《戏曲理论》。……

高尔基很谦逊地说，“我自己不仅写过两篇、五篇，大致曾经写过二十篇拙劣的剧本”，但是他还并不以一个戏剧作家而是以一个“一般文学者和剧场观客的立场”，对年轻的作家讲话。那么，很明白，编者先生，象我这样只写了一篇拙劣的戏剧的人，对于您的“征文”，还能写些什么？

至于您所说的“作者对于女主人公的态度”，那是我在别一个机会已经犯过一次“不逊”了：“对同胞昂首怒目，对敌人屈膝蛇行的人物，从李鸿章、孙家鼐一直到求为一个洋大人的听差而不可得的魏邦贤止，固然同样的是作者要讽嘲的奴隶，就是以肉体博取敌人的欢心而苟延性命于乱世的女主人公，我也只当她是这些奴隶里面的一个。我想描画一幅以庚子事变为后景的奴隶群像，从赛金花到魏邦贤，都想安置在被写的焦点之内。我一点也不想将女主人公写成一个‘民族英雄’，而只想将她写成一个当时乃至现在中国习见的包藏着一切女性所通有的弱点的平凡的女性。我尽可能的真实地描写她的性格，希望写成她只是因为偶然的机缘而在这悲剧的时代里面串演了一个角色。不过，我不想掩饰对于这女主人公的同情，我同情她，因为在当时形形色色的奴隶里面，将她和那些能在庙堂上讲话的人们比较起来，她多少的还保留着一点人性！”

的确，这剧本的女主人公历来就被人描写做一个不值得同情的人物，一切赛金花的传记作者，都将她写成一个逾越常轨的淫娃荡妇，和“一泓祸水”，这差不多已经是“定论”了。但是，到现在为止，我还相信我同情她的理由的正当。过去批评她的根据，不外是下列的三点：第一，责备她不替洪状元守寡，“主人”死后有了“不检”的行为；第二，责备她不该奇装异服，在京畿招摇过市；第三，责备她不该“夜事夷寝”，“秽乱宫禁”，伤害了华国的尊严。其实，第一第二两点，都是封建士大夫见解，到现在已经不值一笑；第三点她虽则有可咎的理由，可是在和她同一时代同一事件里面不去责备读书明理、执掌国柄的人物，而一味的要求一个市井妓女去维持民族的尊严，也不能不说是一桩可笑的举动。当时名小说家吴研人的《赛金花传》和樊樊山的《前后彩云曲》里面，的确是“颇有贬辞”，可是对于这种不合理的“贬辞”，难道我们也有“祖述”的必要吗？

也许可以说，赛金花不是一个寻常女子，不仅在妓女里面，就是在清士大夫中间，也很少有她一般的见识，这决不是“誉辞”，从下面的一二片段的记载中，也可以看到。例如：詹垲著的《花史》里面，讲到庚子事变的时候，他说：

文忠（李鸿章）与诸大臣惶迫无能为计，有谓傅（玉莲，即赛金花）能办此者，乃召至，许以厚酬，被以华服遣之，……瓦帅欣然曰：“诺”。即日宫禁肃清。文忠喜，酬金，不受，以所被华服饰赠之，亦弗受。无何，车驾回都。……

同时，有清一代名小说家李伯元在他的《南亭笔记》中，也有下述的一段：

苏（按指苏元春）下刑部狱，狱卒迺以杖毙沈荩（革命党人）之处居之，苏见地上血迹斑烂，大为骇异，询知其故，因以银三百两贿狱卒，使迁焉。其后狱卒以待苏元春之法待赛金花，金花毅然曰："沈老爷我是认得的，为什么要怕他？"狱卒无如何也。夫赛金花一贱妓也，而其胆气竟高出久历戎行之大将，奇哉！

这一段事实在铁屑所编《中国大运动家沈荩》中也是一样：

狱卒牵苏元春入，元春不忍睹，请以三百金别易一室。狱卒又牵南妓赛金花入，赛同时因案被逮放也。赛叹曰："沈公，英雄也。"遂自掬其碎肉，拌以灰土，埋之窗下。

再按刘半农所编《赛金花本事》"所述佥同"，（虽则将沈荩误作沈进），可知这并不是捏造的事实。那么，和那"久历戎行"的大将，中法战争中丧师辱国的苏元春比较一下，赛金花对于当时还是地下党的革命党有了如何的观感，单在这一小事里面也可以概见的了。

赛金花不是一个平常女子，所以我就借用了她的生平，来讽刺一下当时的庙堂人物，说同情，就在这么一点。

大热天，一时想不起要讲的话了。收到这封信，您也许要失望的，因为您所征得的并不是有意义的文，而只是没意思的信了。

匆匆即祝

编安

（原载《女子月刊》1936年9月第4卷第9期）

《秋瑾》再版代序

夏　衍

将“三八”这个日子当作妇女的节日，在中国也已经二十年了。二十年，是一个不短的路程。风雨晴晦，影响着纪念这个节日的规模，一年盛大，一年消沉，也许下一年又因为特种的机会而“隆重”，但对于这种形式上的兴衰，我没有感慨，我也并不感到寂寞和悲哀。

从一个出类拔萃的先觉秋瑾创办了主张男女平等的《女学报》，也已经四十历寒暑了。四十年间，日月盈昃，妇女杂志有过了不少的绝续与兴衰，一个时期象雨后的春笋，一个时期又如秋残的落叶，但，对于这种往往为外在原因所约制的杂志发行数字之高低，我也并不觉得这就真真表征了妇运工作的兴衰。

三十年，四十年，为着中国民族的自由解放，为着中国妇女的平等独立，流血，奋斗；奋斗，流血，秋瑾的墓木已拱，为女权而呼号的书籍和刊物也已经汗牛充栋了。可是，在四十年代的今日，在抗战中的中国，“生男如狼，犹恐其尪，生女如鼠，犹恐其虎”，乃至“女子无才便是德”之类的观念，还遍存在中国人的心中。“女子真真的地位是在家中”的理论，依旧为最高学府的大教授们所倡导，而仅有的妇女刊物，还不能不分出大部分的篇幅来讨论“男女是否应该平等”，“女子是否应该走出厨房”，这不是真真值得寂寞，真真值得悲苦的事么？

“五四”产生了若干中国的诺拉。小鸟冲出了樊笼，体味了什么叫做自由和平等，但，当她们同时也体味了风雨的力量之后，若干“勇敢”的诺拉又用眼泪来忏悔了“年青时代的莽撞”，而重新回到“和平”的樊笼里去了。“五卅”与一九二七，跟历史上的新登场者一起，我们也有了刘和珍型的英雄，有了轰轰烈烈的女斗士，有了女兵，有了无数个无名的踏着荆棘的道路来争取解放的女性。但是，疾风一过，劲草几何？才十五年的岁月呢，昔年头角峥嵘的女斗士，今天已经是母仪足式的夫人太太，已经是母以子贤，妻以夫贵的命妇，甚至于已经是抄经念佛，谋幸福于来世的“信女”了。当女权和男女平等被当作少数人的敲门砖的时候，“妇运”窒息了，而真真的妇运，真真的新的女性，却在并不辩论着什么平等等类的名词的人群中诞生了！这儿没有英雄，这儿没有辉煌的演说与理论，她们要，她们做，她们把自己当作一个人，于是，她们成为新中国的一个成员，成为顶天立地的一个人了。

过去，把太多的时间化费在岩石上的耕耘。一方面也可以说，把太多的时间化费在温室花卉的培植了。不炸毁压在地层上的岩石，作物是不能生根在土里的。把种子播在温室里，得到的收获也不过是用以炫人的一两枝奇花异卉罢了。我们珍重我们民族所产生的俊杰与英雄，这都是民族的光荣和瑰宝，但我们也还觉得假如全民族的文化能够提高这么一分一寸，却是更比一二人的光荣更值得珍重的事情。

路，很远。但不停脚，不就意味着一步步的前进么？山，是一个不可移的象征。但是，当愚公将成功瞩望于他的子子孙孙的时候，不可移的意义不就在这一瞬间消失了么？人类永远拒绝死亡，不合理的一切必然要在永生的人类社会中消失。

（原载《边鼓集》，1944年10月美学出版社出版）

秋瑾不朽

夏　衍

今年农历十月十一日，是秋瑾烈士的一百岁冥诞。今天，在祖国现代化的新长征中缅怀和悼念这位伟大人物，我以为仍有其意义。作为一个秋瑾烈士的崇敬者，作为剧本《秋瑾传》的作者，使我想起了童年和少年时期的一些往事，并借此机会讲一点我写《秋瑾传》的经过。

秋瑾烈士殉国的时候，我还在蒙馆念书，这一悲壮的消息传到杭州，也曾在我和同学们童稚的心灵中引起了震动。辛亥革命之后，我读过一本手抄本的秋瑾烈士的诗文集。一九一八年我在中学念书，我的一位敬爱的国文老师谢迺绩先生（他是绍兴人）给我们讲解了“秋风秋雨愁煞人”的诗，并讲述了秋瑾殉国的故事。当时，他用严肃的口气对我们说：“秋瑾的死，不单是为了女界的自由，也是为了全中国人民的自由。”这一年，已经是五四运动的前夕，所以谢先生的这一句话特别使我不能忘却。《秋瑾传》第一次发表时原名《自由魂》，可能是受了这句话的影响。

我是杭州乡下人，所以我讲话时带有明显的绍兴乡音（可能外省人不了解，杭州城外三五里的地方，一般人都是讲绍兴话的）。由于这种缘故，《秋瑾传》一九三七年首次在上海公演，有一位剧评家说我写这出戏是为了“表扬乡里英杰”。其实，这是一种误会。我打算写《秋瑾传》，开始于一九三三年——也就是我翻译的德国杰出的马克思主义者倍倍尔写的《妇女与社会主义》这本书出版的时候。这是一本最早、也是最忠实地用马克思主义理论研究妇女问题的巨著。倍倍尔一再强调，世界上古往今来的一切变革、革命，凡是得到广大妇女拥护的，就一定是进步的、正义的、革命的；凡是受到广大妇女反对的，就一定是反动的、非正义的、反革命的（我的书籍在“文革”中已荡然无存，因此引用的话只能凭日益衰退的记忆了）。倍倍尔的话很自然地使我想起了秋瑾，使我想起了秋瑾参加的民主主义革命。从那时起，我自己——并请阿英同志帮助我——搜集有关秋瑾的著作、文献、史料。而直接激励我拿起笔来写秋瑾的，则是当时我亲自看到的不少为了祖国独立和人类解放而甘心抛头颅流鲜血的革命新女性。举一个例，就是一九三一年在上海慷慨就义的“左联”五烈士之一的冯铿。

在白色恐怖笼罩下的上海，要搜集一点真实的史料是困难的。我看到过秋瑾和孙中山、黄兴交往的资料，也读过她和陈天华唱和的诗词，但连她早期受过梁启超的改良主义思想影响都不知道。秋瑾是革命派而不是改良派，这一点我在剧本中是用她和吴芝瑛之间感情上的真挚和思想上的分歧来表达的。对吴芝瑛，我没有用过分的贬词，从历史唯物主义来看，在当时颇享盛名的士大夫阶层中，能有这样一位仗义从善的女诗人，也已经是难能可贵了。至于秋瑾和徐锡麟的关系，那是所有有关秋瑾的史料中，几乎没有例外地作为重点来叙述和描写的。谁也不能否认她和徐锡麟的革命友情，但是，我认为辛亥革命之后出版的那些笔记、弹词、小说所描写的，大都是想当然的揣测和过分夸大了的“不实之词”。我摒弃了这些资料，因为在当时，甚至到现在，也看不到确凿可信的证据。

秋瑾的殉难，按常理看，是可以避免的。因为徐锡麟牺牲后，她还有五六天时间可以离开绍兴或者转移到浙西的山区，可是她却为了布置各地义军的隐蔽或安全转移而巍然不动。对于这一行动，在剧本中我借用王金发之口对她作了一点微词。对于这一点，郭沫若、田汉同志都不同意我的这种处理。郭老说：明知可以不死而依然从容就义，这才是真实的“鉴湖女侠”。郭、田两位都是以浪漫主义创作方法为主的作家，可是在这一点上，他们都比我更好地理解到任何一个人都不可能避免时代条件限制这一历史唯物主义原理。

秋瑾是为民主革命而第一个被杀头的革命女性，但是时代进入了二十世纪，知名的和不知名的女革命家，早已经不止秋瑾一个了。浙江有秋竞雄，广东有何香凝，她们之间有许多相同之点，如她们都坚决背叛了自己的阶级，她们都是诗人、画家，她们都是出生入死的革命实干家。不同的是秋瑾嫁了一个无赖的纨袴子弟，而何香凝则得到了廖仲恺这样一位志同道合的革命伴侣。我禁不住凝思猜测，假如一九〇七年秋瑾不死，那么，以她的那种钢铁一般的、对改良主义不妥协的精神，她也一定会走上同何香凝一样的道路的。

历史剧不同于历史，在不失历史真实的前提下，《秋瑾传》中有一些虚构的细节。我想力所能及地写出真实可信的人物，我没有贬低吴芝瑛，甚至也没有贬低王廷钧，这个剧本发表之后不久，一位上海颇有名气的大律师告诉我，说秋瑾的女儿正在准备起诉，控告我“侮辱”她的父亲。我听了只能报之以苦笑。可能她不曾看到过她的母亲写给哥哥秋誉章的信件，其中说：“子芳之人，行为禽兽之不若，人之无良，莫此为甚！”好在我当时是地下党，行踪无定，即使法院受理了，要传询我这个被告人也是不容易的。

在《秋瑾传》的最后，我是用一句带有象征性的话来结束的：“天快要亮了。”现在想想，实在太天真了。辛亥革命成功，天没有亮；袁世凯和北洋军阀被打倒，天没有亮；直到打倒了日本侵略者和国民党反动派，中国大地才东方发白，但依然是雨雨风风，阴晴不定。中国人民的苦难，是如何的深重呵！秋瑾诞生一百年，整整一个世纪了，可是，六十年前提出的口号“科学与民主”，今天才正式地“开步走”。这一百年的道路，是何等的崎岖艰险呵！但是，秋瑾的血不会白流，一百年来无数仁人志士——从秋瑾到刘胡兰、江竹筠、张志新——的血不会白流，她们的血一定会治好灾难深重的中国人民的内伤和外伤，使祖国在秋瑾诞生一百二十周年的时候，真正达到她毕生向往的“一洗腥膻祖国尘”的目的，成为一个现代化的社会主义强国。

（原载1979年12月5日《人民日报》）

《上海屋檐下》自序

夏　衍

在校完了自己写的东西，而拿起笔来写一点“自序”之类的时候，往常总感觉到一点轻微的喜意，但是现在，我只是一种“感慨无量”的心情。

开始写这剧本，是在今年的初春，但是三月间生了一场大病，四月初为着我们的成长而苦难了一生的母亲死了。这时期，又正是我们中国历史上所遭遇的一个最严重的时代，微力的我，也被情势逼着，处身在一个忙迫倥偬的环境里面，写下了“第一幕”这三个字之后，几个月来，简直没有连续地写作三小时的时间，而流光如水，正月间和“业余实验剧团”预约了交稿的时期早已经过了。当陈鲤庭、赵慧深两位不惮烦地向我索稿的时候，几次三番地想请求他们把已经排印在上演节目单上的我的剧目抽掉，但是在他们那种热心的鼓励督促之下，终于每天三百字五百字地写下去了。

写这个戏是在闷人的黄梅时节，写这个戏是在一种霉天一般的透不过气来的环境里面；因为这是一个预定了要在租界的卡尔登戏院上演的剧本，客观上先受了一重严格的限制。而自己，对于年来剧作界风靡着的所谓“情节戏”、“服装戏”，又深深地怀抱着不服和反感，加上《赛金花》而后，我在写作上有了一种痛切的反省，我要改变那种“戏作”的态度，而更沉潜地学习更写实的方法。到现在我可以很坦率地说，也许这很对不住督促和期待着我的“业实”的朋友，我写作的时候，完全地不顾虑到这剧本的商业上的成功，不管好坏，我自私地只希望它能够成为我写作方法一步前进的一个基点；才能和环境限制我只写了这样一个剧本，但是我这一点希望到此刻还没有改过。

剧本在六月底脱稿，没有充分和朋友们讨论和修改的时间，匆促地就被“业实剧团”拿去付油印了。他们派定了近于奢侈的演员人选，赵丹先生的匡复，赵慧深先生的彩玉，陶金先生的志成，王为一先生的赵振宇，章曼苹先生的赵师母，叶露茜先生的施小宝，再把演出的责任托付了擅长这一类戏剧演出的史东山先生，这近乎完璧的人选鼓动我对于剧本上演的兴致。我们在八月一日读剧本，三日开始排戏，预定八月十五日上演，可是，在八月十三日这一天，全面抗战的炮声响了！

这个戏的不能上演，在我感到的决不是失望，而只是兴奋和欢喜。抗战的喜炮应该送葬掉一切旧的感情，旧的故事，旧的剧本，而催生出许多更兴奋、更激动、更有助于我们民族解放的作品。我毫不留恋地把它忘掉，也不希望今后再有剧团上演这个剧本。我在戏中所写的那种忧郁的天气，忧郁的感情，狭隘的感情摩擦，人事纠纷，早该被抗敌救亡的洪流冲洗净了。只要时间容许，我今后一定要从这种写实的基点出发，再写一些视野大一点的剧本。

单行本预定八月中旬出版，可是今日看完校样，已经是十月过半了。在抗战开始之后，排好了铅字在架子上搁了六十多天，卢芳兄还是要将这剧本出版，那么就让这些发了霉的铅字印在纸上和读者相见吧。

谢谢热心地替我作了一个足以使剧本沾光的主题歌（《勇敢的小娃娃》）的施谊兄，和督促我写成这个剧本的“业实”的朋友。

10月18日炮声中

（原载《上海屋檐下》，1937年11月戏剧时代出版社出版）

《上海屋檐下》后记

夏 衍

此剧作于一九三七年春，这是我写的第四个剧本。

这是我写的第四个剧本，但也可以说这是我写的第一个剧本。因为，在这个剧本中，我开始了现实主义创作方法的摸索。

在这以前，我很简单地把艺术看作宣传的手段。

引起我这种写作方法和写作态度之转变的，是因为读了曹禺同志的《雷雨》和《原野》。

我很感谢陈鲤庭和赵慧深同志。没有他们的“出题作文”和“限期交卷”，这个剧本是不会写出来的。

当时在上海的“业余实验剧团”要剧本，而且想要有一个“比较能够反映现实生活”的剧本。这时候正在“西安事变”之后，我听了许多出狱同志的故事，有所感触，引起了写作的冲动，特别是当时的“业余实验剧团”拥有一批出色的演员，这些朋友们的优秀的演技深深地引诱了我。

看看这张演员名单吧，我不禁跃跃欲试了。

赵丹（匡复）、赵慧深（彩玉）、陶金（林志成）、王为一（赵振宇）、章曼苹（赵妻）、叶露茜（施小宝）、施超（小天津）。

但是，这出戏当时没有能够在上海演出。

因为，八月一日读剧本，三日开排，预定十五日上演。而八月十三日这一天，“全面抗战”的炮声在上海打响了。

为此，在上海杂志公司出版的初版本中，我写下了下面这几句话：

这个戏的不能上演，在我感到的决不是失望，而只是兴奋和欢喜。抗战的喜炮应该送葬掉一切旧的感情，旧的故事，旧的剧本，而催生出许多更兴奋、更激动、更有助于我们民族解放的作品。

当时，我很想忘掉这个剧本，忘掉这个剧本中所写的那种忧郁的天气，忧郁的情调，狭隘的感情摩擦和人事纠纷，因此，这个戏以后的命运，我一直没有关心。我重新翻阅这个剧本是在十五年之后的一九五三年冬，人民文学出版社打算出一个我的剧本选集，由于几位对这个戏有感情的朋友们的怂恿，我把这个剧本收进去了。后来，出版社编辑部给我写了一封信，说这个写儿女情的剧本在新时代没有教育意义，主张从选集中抽掉，我没有话说，就同意了。

过了几年之后，这个剧本又被中国青年艺术剧院和其它两个剧院"发掘"出来，当我知道的时候，戏已经排了两幕。我想，已经发表过的东西，已经在白纸上用黑字写下来的作品，要藏拙、要抹掉，恐怕也是不可能了。而且，让新时代的青年人知道一点旧时代的辛酸和苦难，也不是有害无益的事吧，我点了头，这个戏在北京上演了。

关于这个戏的历史背景、主题思想、作者对剧中人的看法，在演出前我曾和"青艺"的演员同志们谈过。谈话记录发表在一九五七年四月份的《剧本》月刊上，在这里不赘述了。

我要说明一点，第三幕结尾时小孩们唱的一个歌，是施谊同志作的词，"青艺"说明书上没有注出，我不敢掠美。

新版本基本上没有改，我只删掉了几句话，和在文字上作了一些润色。

谢谢关心和辛苦地演出了这个习作的朋友，我第一次在北京看了这个戏的上演，无疑的，演出给这个习作增加了光彩。

1957年5月

（原载《上海屋檐下》，1957年5月中国戏剧出版社出版）

谈《上海屋檐下》的创作*

夏　衍

这个戏是在二十年以前写的，现在印象已经很淡了。说来很奇怪，我自己写的剧本中，只是没有看到过这个戏的演出。象在上海、重庆、成都等地演出时，我都没有看到。

这是我写戏以来的第三个多幕剧，前面两个都是历史剧（《赛金花》和《秋瑾传》），《上海屋檐下》是在一九三七年写成的。时间过得真快，整整二十年了。

我写了以上几个剧本之后，自己觉得很不满意，特别是看了曹禺同志的《雷雨》和《原野》之后。我写剧本，完全是外行，目的是为了冲破国民党的文化“围剿”，在当时的那种环境下表达一点对时局的看法。写《赛金花》，是为了讽嘲国民党的“叩头外交”；写《秋瑾传》，除了鼓吹革命之外，也还有一点革命队伍中必须警惕“内奸”的意思（与此同时，我翻译了高尔基的《没用人的一生》）。当时，写作态度很不认真，许多地方兴之所至，就不免有将反面人物漫画化，和借古人之口来抒今人之情的地方。一九三七年写《上海屋檐下》，我才开始摸索社会主义现实主义的创作方法，才懂得一点创作的艰辛，才开始追求所谓“典型环境中的典型性格”。

以前写作，都有在“兴之所至”，“一挥而就”的情况下写的，但《上海屋檐下》却花了我大约整整两个多月的时间。这对我说来，

* 本文是作者于1956年11月5日对中国青年艺术剧院《上海屋檐下》全体演员的谈话记录。

是写作方面的一个转变，当然，戏还是没有写好，依旧是一张草稿或者一幅轮廓画而已。那时候年轻胆大，完全不考虑到中国舞台艺术的传统和西洋活剧的规律，为了试探，我就把一幢上海的弄堂房子搬到舞台上去了。

写这个戏的时候，写作态度比以前谨严了一些，同时，由于当时上海的情况复杂，外来压力和条件限制很多，为了争取演出和不使剧团遭到外来干涉，因此不能不把故事情节和对话写得晦暗一些，凡是不能正面写的，只能隐约地作了一些暗示，在当时上海的租界里，不仅“日本帝国主义”、“反动派”这些词儿不能直说，连“日本人”、“当局”这些话也是遭忌讳的。这些情况，对现在的青年观众来说，当然是很难想象的了。

更重要的，是在自己思想上，也还存在着许多小资产阶级的思想感情。我后来曾在《夏衍剧作选》中写过一篇代序，谈到知识分子的自我改造问题。尽管自己早已经参加了革命，受到了一些锻炼，但是由于自己头脑里还有许多旧的东西，所以要对同时代的知识分子加以批判，就常常会很不彻底，或者会不自觉地给他们以同情和原谅。这出戏中我对匡复的态度，就是一个明显的例子。中华人民共和国成立后，本来打算作一次必要修改，但是经过再三考虑，终于照原样地让它出版了。这是二十年前写的作品，它如实地反映了我的思想水平，记录了我走过来的道路，我不想掩盖这些歪歪斜斜的足迹，就把它保留下来，作为将来的借鉴了。

以下，我想简要地谈谈写这个剧本当时的政治环境和时代气氛。

一九二七年大革命失败之后，上海的政治空气很紧张，中国革命犯了几次路线性的错误，上海的地下党受到了很大的损失，在文化上也展开了“围剿”与反“围剿”的斗争。这种剧烈的斗争整整继续了近十年，一九三四、一九三五年是白色恐怖最凶残的两年，也是我们斗争最困难的两年。我们这些小资产阶级出身的知识分子，在实际斗争中缺乏经验，要革命，但是不懂得策略和战术，赤膊上阵，牺牲很大。到一九三四、一九三五年，上海的左翼文化工作遭到一次又一次的破坏，经受了惨痛的教训之后，我们才模糊地认识了急性病和脱离实际、脱离群众的错误，才引起了对当时的“左”倾路线的怀疑和不满。“西安事变”前后，由于抗日的群众运动勃兴，进步力量重新抬起头来，戏剧运动又开始活跃，急迫地需要有一点教育意义而又能在当时的环境下演出的剧本，这个戏，就是在这一段很艰难的时候写下来的。

剧本里我写了“黄梅天气”，这就表示了雷雨快要到来的意思。用天气来暗示政治气氛，这也是当时惯用的一种“曲笔”。全国人民要求联合抗日，大变动快要到了，可是在知识分子中，特别是一些在战斗中受了一些挫折的人，心理上还有不少迷惘、彷徨和消极的情绪，对此，一方面要批评这种小资产阶级的脆弱和动摇；另一方面，更重要的是要鼓励他们舐干身上的血迹，重新投入战斗。写这个戏的时候，表面上看来，抗日战争的局面似乎已经定了，但是，抗日的统一战线能否形成，还是一个很大的疑问。政局在动荡，人心在浮动，——惊喜和忧煎，纠结在人们的心底，我在剧本中写的阴晴不定，就是这种政治气候的反映。

在写作上还有这样一个问题。

有个外国戏，名字叫《巴黎屋檐下》，是出喜剧。我对喜剧有兴趣（《都会的一角》就是写的喜剧），《上海屋檐下》最初也想写成喜剧，但后来却写成悲喜剧了。抗日战争快要到来了，不应该写得太灰黯，所以这里我也用了隐喻的笔法。在剧本里借用赵振宇的话，说天是不会永远下雨的，损人的黄梅季节总是要过去的，一阵大雷大雨，晴朗的太阳终于要出来的。

我在戏里并没有写够得上叫英雄人物的角色。几个主要人物身上都有缺点，也都带有阶级的烙印，可能，葆珍、阿牛几个小孩身上的旧东西少一些，他们的希望大一些。他们历史负担少，包袱小，我只能把希望寄托在他们身上，所以我在最后的一首歌里面，写下了下面这几句话：

碰钉子，我不怕！
钉子越碰胆越大！

写这个戏的目的，除了给当时的“业余实验剧团”以一个上演剧本之外，只不过是想反映一下上海这个畸形的社会中的一群小人物，反映一下他们的喜怒哀乐，从小人物的生活中反映出一个即将来临的伟大的时代，让当时的观众听到一些将要到来的时代的脚步声音而已。

戏里的情节是完全虚构的，当然，我也不止一次听到过类似的故事。这一批人物的生活，我比较熟悉，我在这种屋檐下生活了十多年，各种各样的小人物我都看到过，象黄家楣、桂芬、施小宝等等。我觉得这些人都是善良的，在那种社会里，他们都对现状不满，都想挣脱出来，但是他们找不到正确的出路。他们是可悯而值得同情的人物。他们是被作践、被伤害了的人，只要能换一个环境，他们是能够走上正路，对社会作出贡献的。

我自己觉得，两个主要的角色没有写好。黄家楣、赵振宇、赵师母这样的人，容易写，也比较容易演，而两个男主角，由于我没有写好，所以演出中需要导演和演员同志们的加工。有人问过我，匡复是个党员还是民主人士？我看，也不必太花工夫去追究它。我们不能用今天的标准去要求过去，这样的人，在当时，可能是党员，也可能不是。反正他是个在党领导下的革命知识分子。

前面说过，这个戏的调子，反映了当时的政治气候，但也有些人物是爽朗而乐观的，我写赵振宇和黄家楣的父亲，也许可以说都是让观众破颜一笑的人物。幕启的时候正下着梅雨，但闭幕的时候已经见阳光了。闭幕要明朗一些，匡复最后的走，最好不要用悲剧的方法来处理。

这个戏，今天二、三十岁的人恐怕不一定能够理解了，他们没有这种生活感受，今年二十五、六岁的青年，那时只不过是阿牛一般的年纪。因此，结尾不要让人觉得太阴暗。尽管有风风雨雨，太阳反正总是要出来的。匡复下了决心，走了，但这不是死别和生离，要让观众相信他，相信他会心无挂碍地继续奋斗下去。

有人问：为了创造角色，可以参考哪些书？我认为假如有时间，不妨看看俄国大批评家车尔尼雪夫斯基的《何为？》（有译成《怎么办？》的），车尔尼雪夫斯基只写过一本小说，但很巧，他也处理了这样一个类似的问题。有人问：赵振宇这个人物如何处理？我说：这是一个我们生活中习见的乐天主义者，当然，他也有“安分守己”的一面，假如需要参考，也可以看看狄更斯的名著《大卫·考柏斐尔特》(《块肉余生》)，其中有这样一位角色，名叫米考巴（Micawber），这也是一个常见的典型，在外国，这种典型的人一般就叫做“Micawberist”。这是所谓乐天派，我特别欢喜这种人。有人问：对这个人是肯定呢或者否定？我只能说：我欢喜他。他既不是一个“值得模仿的人物”，但也不是一个必须批判的对象。我不太欢喜一出戏从头到尾凄凄惨惨，我写了这么一个人物，正如大师傅在菜里加了一点作料，在一出悲喜剧中偶尔让观众破颜一笑，我想只要不太庸俗，是可以而必要的。

有人问：为什么匡复的感情这样阴黯？我说：因为他是一个出身小资产阶级的知识分子。在狱中受了折磨，刚出狱，又碰上这么一个意外。他不可能没有一点彷徨和痛苦，原来还有一些比较颓丧的话，在解放后的再版本中我删掉了几句，因为，我们已经用不着再把这些当时的“愤语”告诉今天的观众了。可不可以写得更硬朗一些？我的想法是不想再勉强已经形成了的性格。演员可以在第三幕演得开朗些，但也只能按着原来的人物作一定的发展，大动是不可能了。我有这么一个经验，就是：最初是“作者写角色”，后来，当角色的性格已经形成了之后，角色就会逼着作者按照他的性格去发展，要勉强是很难的，勉强了就不真实。我认为不论是社会主义现实主义或者批判的现实主义，这一点是一样的。你们演过《家》，觉慧会出走，觉新是不会出走的；觉新走了，就不是觉新了。

有人问：对于匡复和林志成，彩玉的态度如何？我说：这正是彩玉的最痛苦的矛盾。她和匡复是志同道合的患难夫妻，和林志成的关系则是在特殊的情形下“陷入”的，当然，她爱匡复甚于爱林志成，但，到第三幕，当林志成要走的时候，她就不能不考虑了。林志成不比匡复，他没有远大的理想，因此，在这种情况下出走，他的前途是值得忧虑的，况且，一起生活了多年，对他不能不有一定的感情。她不忍他这样走，尽管明知不让走不是解决的办法，她的这种矛盾和痛苦才使匡复打定了决心，也可以说，这才使幕能够闭上。而匡复，和林志成是不同的。一方面他有更远大的理想；另一方面他受到了葆珍、阿牛这一辈人的鼓舞，所以他不得不出走。第一、是因为他要继续去革命；第二、要照顾彩玉和葆珍，他也觉得不能保证比现在的林志成更好一些，他这样做，是对的，我也想不出更好的解决办法。好在黄梅天气很快就过去了，舞台上，不是已经听见轰轰然的远雷之声了么。

写戏容易演戏难。我在这里讲容易，你们在台上要困难得多。谢谢你们的创造性的劳动。

（原载《上海屋檐下》，1963年10月中国戏剧出版社出版）

关于《一年间》

夏　衍

为着替《救亡日报》筹募基金，在桂林上演拙作《一年间》，已经有了四个月的筹备了，承文化界先进的支持，和差不多可以说是全桂林艺术界的朋友们的不眠不休的努力，终于在今天和观众在舞台上相见。启幕之前，我感到了双重的惶悚和感谢，作为一个这剧本的作者，和作为一个《救亡日报》的编者。逾分地重视这一草率的作品使我惶悚，为着要上演这一作品而耗费了朋友们的不能计算的精力和时间，又使我找不出一个适当的语汇才可以表示私衷的感谢。这感激的今天，在我的生涯中将成为永远不会遗忘的一日。

《一年间》在重庆公演之后，最使我不安的是远近友人们对于剧作的逾分的誉扬，和过于宽容的指责。这剧本写作于去年九月，未曾付印，广州就沦陷了。嗣后奔波了差近一年，正象对一个产下了就交给旁人的孩子，直到重庆上演之前，我简直不曾有过再看它一遍的机会。上演之后，从友人们的来信和报章评论中，发见了许多新的问题，这也因为人事匆匆，到今天不曾有过仔细检讨一下的时间的余裕。那么就让我利用今天，作为一个陈述作者意见和自我批判的机会吧。

写作的动机

去年八月，在“救报”周年纪念招待读者的茶会上，有一位年青的读者站起来讲话，他说：“在抗战中有钱的出钱，有力的出力，能写剧本的应该贡献出剧本”。他用“吝啬”这两个字来责难了我一年来写作上的“怠慢”。这句话真有点使我憬然！《上海屋檐下》以来，不写创作一年半了。我自觉到“工作繁忙”这四个字并不是辩解的最好借口，我答应了他，我在最短时期之内一定写一些剧本。接着九月初，中华全国戏剧界抗敌协会决定了以双十节为中国第一次戏剧节。田寿昌兄从武汉打电报来，要我转达广州戏剧界的朋友，在这一天举行一次盛大的公演。可是，当我把这意思告诉给戏剧界朋友们的时候，一个问题立刻提出来了：“你给我们写一个可以上演的剧本。”

我答应了这个要求，因为我知道在我当时的那种环境下，只有若干冒险地将负不起的责任先加在自己身上，然后才能以一种心理上的压力，逼榨出写作的时间。

“什么时间交卷？”我问。

“预算排三个礼拜，你在九月二十号以前交稿吧。”

我还记得和我约束时间的是艺协剧团的蔡碧青君。

算一算日子也正还有三个礼拜，我决定了分出每天上午的时间，第一个星期整理材料和结构，第二周的第一天开始执笔，写作的时间规定了两个星期的上午。这在我确是一次冒险，我从这天起谢绝了来客，把自己反锁在上九东路那间使我至今不能忘怀的洋铁店的三楼。九月十九日，在预算之前一天，我草率地完成了这一工作。在我贫弱的写作过程上这是一个时间最短的记录：《赛金花》两个半月，《自由魂》一个月零五天，《上海屋檐下》整整六个月，而《一年间》却只有十二个上午，从这一点，剧作的粗杂疏漏，是可以想象得到的了。今年初夏偶到了上海，许多久别了的朋友们都象遇见了自己亲人一般会到了。在一次茶话会散会之后，我和健吾、于伶两兄在傍晚的霞飞路上漫步，突然，健吾笑着说：“我提你一个漏洞，在《一年间》里。”

我倾听着他。

“究竟你离开上海一年半了，第四幕，艾珍要分娩是在晚间十二点钟之后，那时候喻志华从外面回来，接着又匆匆地出去，这事实上是不可能的，你知道上海十二点钟以后是禁止通行的了。”

结构方面的粗忽尚且如此，性格的刻划和氛围的描写上更可以想象的了。

我这样看那些人

写这剧本的时候，如上所说，正在徐州失守，敌人以全力进攻武汉，而突破了外围重镇田家镇的时候。在广州，六月轰炸之后，经过了一个暂时的安静，九月初又差不多每天都有警报和轰炸了。加上，国内若干抗战没有信心的人，还在鬼祟地准备投降，陆续地放出了各种各样的悲观和沮丧的空气。广州迩近香港，对于谣言的反应特别敏锐。所以在那时候，我想提高抗战必胜信心，抨击悲观主义，和从社会任何一角的现实事象，来描写旧时代的变质和没落，新时代的诞生和生长，应该是艺术工作者当前的主题。我从这观点出发架空地设想了一个故事，我想忠实于现实主义，我不作奇巧和偶合的追求，加上，我自己故乡沦陷，妻儿寄寓上海，“身居南国，心向江南”（这是于伶兄说我的话），所以我就在比较熟悉的一些平凡的人物和环境里面，寄托了这个主题。在抗战中，这些小人物都还活着，而且，在一个不很短的时期之内他们都还要照着他们自己的方式生活下去，一种压榨到快要失去弹性的古旧的意识，已经在他们心里抬起头来，这就是他们的民族感情。但是从他们祖先时代就束缚了他们的生活样式，思想方法，是如何的难以摆脱啊！我不想凭借自己的主观和过切的期望去强要他们的生活！我把他们放在一个可能改变，必须改变，但是一定要从苦难的现实生活里才能改变的环境里面，我想残酷地压抑他们，鞭挞他们，甚至于碰伤他们，而使他们转弯抹角地经过各种样式的路，而到达他们必须到达的境地。我写的地方是上海，是沦陷区，是一个古旧的家，所以我实在不敢违心地把瑞秋、艾珍之类的人物写成铮铮的斗士。即使是刘爱庐吧，他可以博得观众的同情，但他也不是一个英雄，我写他，只想表现地主里面的一个保有正义感的封建儒生的一面，使他站在抗战这一面，使他同情下一代的，也不是由于阶级而是由于民族的感情（我此次在香港替大地影片公司写了一个电影剧本《大地交响曲》，又重复地写了这样一个脚色，但是只因为他所处的地方是游击区，社会动荡的震幅很大，所以他的生活和意识的变革也和刘爱庐的有了很大的差分）。我很爱他，但是我也不敢对他做过大的期待，因为六十年的生活已经把他定型化了。

抗战里面需要新的英雄，需要奇峰突起，进步得一日千里的人物；但是我想，不足道的大多数，进步迂缓而又偏偏具有成见的人，也未始不是应该争取的一面。要争取他们，单单打骂和嘲笑是不中用的，这里需要同情，而我终于怜悯了他们。

今天看昨天

说到同情，就不能不接触到于明扬了，这是一个重大的失败。

抗战前后，我看见过许多个典型的人，就是平日叫嚣跳踉，大语壮言，可是一朝他自己号召别人的行动到来的时候，他却遁入天空，在云端里摇头叹气，不满现实，但是又不愿以行动去争取更好的现实的到来。嘴里喊着光明，而自己则藏匿在最阴暗的角上，这样，小有挫折，立刻就会对于昨日的主张，作全盘的否定。我憎恶这样的人，甚于最不容易进步的绣笙。我写于明扬，我想用这样一个典型来对比那徐徐地——但是着实地进步着的另外一面。但是，在写作中，我说不出什么因缘，忆旧的小恶魔玩弄了我，使我将他写成一个参加过学运的亡省的青年，更因为对他的介绍只限于"预备说明"，没有余裕充分地说明他的过去，于是先天的矛盾就存在了，憎恶他呢？还是同情？我不想意识的对他同情，但是"他的过去"使观众对他发生了怜悯，——这怜悯，正象一道护身的符，使我对于他的批判受到了绝大的阻碍，他的理论已经发展到十足的汉奸，但是我们对于他的死去终于还免不了一抹难以排遣的不忍。有人批评我说，喻志华讲给他听的都是空言，所以不足以驳倒他的理论，我想这批评是出于印象。喻志华比不上毛泽东先生，她讲不出——在舞台上也不容许她讲出"新阶段"和"持久战"中的光辉的言语（不幸我写这剧本的时候，还没有读这两本书的幸福）。而她所讲，在前进的人看来已经是空言和常谈，可是对于刘爱庐、艾珍之类还不失为通俗易懂的勉励和鼓励，我以为真实地使喻志华不能克服于明扬的，不单是理论的贫乏，而更是一种因为他的身世而早已生根在善良观众心中的怜悯！处理题材的时候一发可以牵动全局，在此我得到了一个教训，两年之后，他的理论变了汪精卫的理论，那么对于他的同情，也已经是罪恶了，我残念着社务羁绊了我，使我不能有一个充分的时间来重新考虑和纠正这一个问题。

旧的，腐朽了的，恶的，一切都要在矛盾中灭亡；新的，善的，也都会在矛盾中生长，让于明扬死去，但，使这样一个青年如此地死去在我终觉得是一件黯然的事情。

1939年9月1日

（原载《长途》，1942年12月集美书店初版）

《心 防》后 记*

夏 衍

在上海住了十年，上海对于我成为一个可爱而又可恼的地方。不论离得多少远，隔得多少久，上海的印象总是那样的强烈而鲜明，在这迢遥的山城里，我好象每天都感到上海的呼吸，她的愁伤，苦恼，她的愤恨，斗争……

今年春，上海出版的《戏剧与文学》杂志提出了一个“表现上海”的号召，那时候，我正计划着写两个以上海为舞台的剧本。我响应这个号召，把计划提前，在五月里写了《心防》。

也许是由于感情上的反拨，也许是由于计划上的分工，或者也可以说，由于一种三年来不断地在心里起伏着的对于在上海苦斗着的朋友们的感慕与忧戚，我把场面安放在斗士们的一面。三年以来，由于我们剧作者的无私与勇敢，我们已经毫不遮掩地呈现了我们自己朋辈里面的最丑恶的一面，《残雾》里的红海，《乱世男女》里的大部分的角色，我们的笔力似乎都集中在对于这一些人物的鞭笞，沉淀是泛起了，而对于沉淀以外的呢？除出公式化的中央社电讯之外，我们的创作年代记上还替他留下了一大片的虚空。中国旧戏里本来有不少文人出身的二丑，于是我想，假如拿沉淀粪朽来逗人哄笑的风气继续下去，恐怕几年之后，在那些惯于笼统地用一两个特例来概括其余的人们心中，文人和文化工作者恐怕会定型成一个奇妙而丑怪的形象。我

---

* 本文编入《此地此时集》时，题为《我这样的写了〈心防〉》。

们不辞替我们的同时代人背了十字架游行，但是我想对于在上海那种特殊环境下辛苦挣扎着的朋侪们终于是一种残忍和亵渎，我不自量力地担负起了这个填补空白的分工，我只想说："还有这样的一面，还有这样的一面！"工拙，是不想计较了，我总算在空白上"涂鸦"，留下了一点墨渍。

因为这种原故，我所写的便不能涉及到上海文化斗争的全貌，这实在是遗憾的事情。上海文化人有的在阳光下做人，有的在阴暗中做鼠，对于那些耗子的面目，我自问也还认识得清楚，过去十年中，一直到今天，也许已经可以说，一部分精力还是支付在对于这些耗子的斗争之中，这些恼人的小动物变化多端，神出鬼没，一忽儿钻进来，一忽儿逃出去，它躲藏在人们不注意的角落，用他刻毒的牙齿，破坏着人们辛苦建造起来的东西。为了中国要有进步的电影，从前我们就被软性电影论的耗子纠缠过三四个年头。去年五月在上海，冯执中之类的耗子也正在用一切无耻方法，破坏那用血汗凝聚起来的上海戏剧工作的基干。记得在广州听到刘呐鸥附逆的消息，我曾写过一篇短文：《我们要算旧账》，但是在《心防》里，对于这些耗子的描写，终于轻轻地略过了。要不是约翰·斯坦培克已经抢先用了那个《人鼠之间》（Of Mice and Men）这魅人的书名，我真想也在这个题名之下，另写一部人鼠之间的剧本。

一年来自己也觉得写得太少；办报和跑腿是原因之一，想求全是原因之二。可是，反过来想，涂鸦终于胜过了空白，也许，我涂得使人看了不快。但是只要有持久抗战之心，那就不必期待每一仗的都能打胜，只要诚意地和要写而该写的戏剧搏斗，斗败了也不失为长期战争中的一次锻炼。差幸身心都还健康，性子也还不肯苟安于怠惰，凝视一下这作品之后，我仍将以拙劣的工具，忠实地去刻画人生的严肃。

9月18日

（原载《野草》1940年9月第1卷第2期，收入本书时，作者做了个别修改）

别 桂 林*

——《愁城记》代序

夏 衍

去年阴历除夕，我离开了滞在几近三年的桂林。那一天不仅寒冷，而且阴森，北风怒扫着在两广一带萌芽得很早的春草，这突然袭来的寒气也夺去了正在准备迎春者的轻快和欢欣。到飞机场的时候，彤云四合，暗到和黄昏一样，难道真的要下雪了吗？

尽管战乱损钝了易感的心，但是离开一处住惯了的地方，总还是一件黯然的事情。战争以来，经验这样的离别在我也已经不止一次了，我别离过妻儿所在的上海，我也别离过使我至今眷念的羊城，但是第一次别离我抱着振奋与斗志，第二次别离怀着愤怒与信心，而这一次呢？我带着的是一种错综而又苦痛的心情。

前一天，我向欧阳予倩先生告别的时候，在我的《心防》剧中演过一个角色的一位十七八岁的小姐向我提出了一个天真的，可是难以置答的疑问：

"你在《心防》中不让刘浩如离开上海，那你自己为什么这样的离开了桂林？"

我黯然的回答：

"那是因为逼着刘浩如走的是正面的敌人和国贼，而现在使我非走不可的，却是我们直到今天还是诚心诚意地期待着和他合作的

* 本文最初发表时题为《一个旅人的独白》。

'友人'!"

当时心情的黯淡是可以想见的。在桂林有着尊敬的战友和先辈,有着无数诚朴而热血的青年,更有着三年来筚路蓝缕,好容易才奠定了基础的一个文化的堡垒,——我们有一张可以勉竭驽钝,为国家民族尽一点力量的日报,一个很小规模的印刷所,一个通讯社,一个出版部,两种有近万读者的期刊,和一所预期能在今春开工的纸厂……而这一切,都在一只无形的黑手的威胁下,在应该是"友人"的人们敌视下,俨然地宣告:这一切文化的力量,再也不准为国家服务了!

在削骨的寒风中,我悄悄地离开了桂林。从逐渐爬高的飞机中,我再贪馋地看了一眼已经包藏在暗云中的山城,"赴难"而来,"避难"而去,又是一个亡命者了。

这样,我以一个又经历了一次战役的"文化兵"的感觉,到了没有轰炸,没有警报,物质上是润泽,而心灵上是枯燥的地方。三年来的疲惫,突如的逆袭过来,待我舔愈了创伤,平复了疲倦,香港的雨季又到来了。世界正在战争的坩锅中鼎沸,同胞被追迫到黑暗的角落里焦伤;因与果逆置,黑与白混淆,是与非颠倒,为着爱、为着憎,我禁抑不住从心底迸发出来的呼号,可是被窒息了的地上,哪儿有我们自由的呼喊的地方?在绵绵春雨中,我在郊外痴望着一个及时地耕播着的农妇,我感到冲击,我又陷于无底的忧伤,我已经是一个失却了土地的农民,尽管生平习惯于勤谨,可是现在,已经是欲耕耘而无地了!

"因为我要,所以我能!"意志驱散了我的忧伤,意志命令着我向另一条战线转进,三年半的记者生活迫使我懈怠于剧作,现在应该是复归到这一战线的时候了。

颠沛三年,我只写下了三个剧本:在广州写了《一年间》,在桂林写了《心防》和《愁城记》。这三个戏的主题各有不同,而题材差不多全取于上海——一般人口中的孤岛,和友人们笔下的"愁城"。为什么我执拗地表现着上海?一是为了我比较熟悉,二是为了三年以来对于在上海这特殊环境之下坚毅苦斗的战友,无法禁抑我对他们战绩与运命表示衷心的感叹和忧煎。《心防》和《愁城记》,同是在去年春末执笔的,本来的计划是后者在前,前者在后,但是,以去年三月末日来的那一幕丑剧为中心，上海新闻戏剧界友人们的壮烈战斗激动了我，在北欧战事最剧烈的两周间，我草率的写完了《心防》，而《愁城记》，则为着要使之在愁城里上演，临时执笔的时候在构思和布局上又费了绝大的周章。中途搁置者二月，垂成复废者再三；是年七月，世局如棋，惊涛骇浪，法兰西帝国的迅速崩溃，与贝当、赖伐尔之流的空前无耻的出卖，对于在人类史上曾经有过伏尔泰，有过左拉，有过公社战士们的有光荣的民族的运命，给与了我以无边的愤怒与无底的悲怆。我得自承不能涵养，我忿然的写了《资产阶级无祖国！》和《起来！法兰西的人民》这两篇短论。事出意外，这两篇文章对于我主持着的那张小小的报纸招来了绝大的非难，和贝当之流有着血缘亲谊的徒辈，对我们开始了卑怯的罗织与攻讦，恐吓，禁压，和封锁，必要的抗辩和处置化费了我这以后的三个月的时间。三国同盟成立，滇缅公路重开，国际上再换了一个局面，我喘了口气，再把《愁城记》的底稿翻开，时候已是仲冬，上海剧艺社已经把这难产中的剧本作为预告，而发表在他们的印刷品上了！

在多雨的冬天，我又匆忙的赶完了这剧本的初稿，时间不许我推敲，保留了上演前的修改，脱稿的下一天，就把这营养不良而又早产了的胎儿寄到上海去了！

现在，我到了海蓝山紫，窗明几净的香港。第一个愿念，我想趁这时机，写下蓄意经年的另一个六幕剧——《中国的黎明》。这本来是《上海屋檐下》之后就准备着笔的了，“八一三”的暴风把我卷进了兴奋的旋涡，“十·二一”广州沦陷失散了我苦心搜集了的文献和札记，在桂林偶然找到了一些记述甲午战史的小说和笔记，重新又唤起了写作的冲动；而这一次仓促的离开，又丢掉了这些在个人看来是心血，在别人看来是草芥的东西，想写而应该写的，总还是写下来吧，明知微力不一定能战胜这艰巨，我把这工作排上了在香港最初的日程。而正在这时候，上海友人来告，《愁城记》在剧艺社的安排，已经决定了要在五月中旬上演了。

在复杂而又还是不安的心情下，我又把《愁城记》加笔了一下（我得自白，这只是加笔而已），我懊丧于写作当时之轻率，骨格和性格都已经决定了的剧作，要改作是如何困难的一件事啊！第一，我只若干的纠改了一个事实上是骨干的人物（李彦云）的刻划，在嘲讽和机智的反面，我给了他以表白真情与沉痛的机会，只有这样，才能使他的印象不流于冷酷和轻浮；其次，我堵塞了一个容易使主人公从独善走向侥幸的缺口，在上海那种情况，在何晋芳之类的摆布下，一对善良洁白而又不懂得机诈的小儿女，是决无侥幸成功，获得遗产的可能性的。

相煦相濡，在个人是美德，这是无疑问的，可是，在涸辙中，于人于己，究有些什么好处？我相信，有的人可以用力量来使涸辙变成江湖，而这些方才感觉到自己是处身于涸辙的懦弱者，煦濡之后的运命，不是可以想象的吗？于是“不若”和“不得不”相忘于激荡的江湖，也许是这些善良的小儿女们的必然的归结了，我又遐想到上海，也许在这情境下，从涸辙到江湖，并不是困难的事吧。

正象读者无法究诘这些小儿女们今后的行踪和运命，作者也不能更多地关注这一类习作的运命了。这算是从《上海屋檐下》以来的一个小小的终结。除出预想着上海的舞台以外的困难，而终于曲曲折折地突破了这一难关之外，我如实自供，我没有任何的喜悦与欢欣。

夜尚未央，路还辽远，但值得自慰的是我们也正还年轻。没法避开崎岖，我们就不辞一再的挫败，不能跨过黑夜，我们为什么会怕在黑暗中捱磨，尽管风雨如晦，尽管甚至于听不到鸡鸣，可是地球在转，地球在转！有谁比企图阻挠这回转的人更可怜？有谁比清楚地知道这些人之可怜的更值得自傲！

1941年5月10日

（原载《愁城记》，1941年5月剧场艺术社初版）

忆江南

夏　衍

此夜曲中闻折柳，何人不起故园情？

——李白

这已经是差近两年前的事了。

从香港回来，途次柳州，有了一天的耽搁。有意摆脱了同难的朋友，独自地想到江边去摭拾一些回忆。在广州沦陷的战乱中，我也曾凄皇地到过这个地方。这一夜月黑无星，灯光黄淡。渡浮桥，中途索然思返，路远天长，陡然感到凄苦。这几年来象孩子似的想把瓦石搭起一座宝塔，不是一次又一次的在他人的一蹴之下就粉碎了么？夜静无声，更象是独行旷野，至桥堍，风传来了一阵琐碎的男女絮语的声音：

“你想也想不到的，嫂嫂他们过的是怎样的生活。”

我愕然耸耳，因为这正是百分之百地保存了杭州上城人语调的乡音。暗淡中看不清面目，估想起来不过是一个十五六岁的少女吧，同行的少年怕冷似的竖起了衣领，垂头不答。两个人都沉浸在凄哀的乡愁中，那是从他们怨诉一般的声调和拖着淡影的脚步也可以看得到的。我禁不住想起了故园，想起了无数在故园过着“想也想不到的”生活的人像。就从这一对小儿女讲吧，生长在富庶的江南，乡土赋予了他谨慎保守到“怕出远门”的习性，要不是残酷的战争，要不是日本法西斯给他们的“想也想不到”的生活，要不是他们还幸福地保有着想要挣脱这种生活的年青人的稚气和勇气，恐怕一生中再也不会飘泊到这江南人心目中认为蛮荒瘴毒的地方来吧？可是现在，这样的小儿女们已经不再是独特的例子了。我从这一句平凡的，可是凄寂的言语后面听到了一种平凡人的悲壮，展开在我回想中的故乡也已经不再是含垢垂泪的西子湖边的桃柳，而只是驰骋在莫干天目之间的被迫着用原始的武装来反抗强暴的游击战士了。叙述这些人的故事，今天不已经象神话一般的流传在故乡来人的口碑中么？

这一年夏，敌人攻陷了金华。苟安的幻想在凶残的三光政策下面粉碎，金和铅在战火中判别了他们的坚实与脆弱了。眼看得见的是几乎无可挽救的土堤般的溃决，眼看不见的却象是遇到阻力而更显出了它威力的春潮。要不是浙西人民武装和游击队伍一再的出击与阻挠，这一年夏季的法西斯洪水也许会冲得更远一点吧。我明白了浙西人所谓“浙西人的柔弱”这个概念只能正确地适用于上层知识分子，于是而我也居然常常以王八妹之类的草泽英雄作为我们故乡的夸耀了。

《水乡吟》四幕，是在这样心情下所写。但我为了不想再在沙上建塔，所以我有意的把真真想写的推到观众看不见的幕后，而使之成为无可诘究的后景与效果。惯于用教条来呵斥的批评家们也许会指出我的怯弱，但这剧本在“中国万岁剧团”所遭遇的“想也想不到”的歧视与冷遇，不就是一个我的最好的辩解么？这本书没有写序，我只在卷首抄了两句陶渊明的诗句：

刑天舞干戚，猛志固常在。

读者会觉得太晦暗么？那么我说：这正是此时此地不得不然的风习。

1942年

（原载《边鼓集》，1944年10月美学出版社初版）

老鼠·虱子和历史

——《法西斯细菌》代跋之一

夏　衍

从香港回到桂林，我打算写一个以港战为题材的喜剧。在三周的战乱生活中，的确也积蓄了不少使人哄笑和苦笑的材料，但，从漩涡里跑出来，站在远一点的地方一望，又觉得这都反而是悲剧的材料了。

在桂林，很巧地遇到了阔别十年的T，他从北平协和医院逃出来，打算到大后方去从事医疗工作，——他是一个医生。

到了重庆，由友人Y的介绍，认识了W，一直到被“接收”为止，他在香港玛丽医院工作，——他也是一个医生。

从北平，从上海，从香港，也许可以从更多更多的地方，许多善良的、真纯地相信着医术之超然性的医师们，都被日本法西斯强盗从科学之宫驱逐到战乱的现实中来了。他们被迫着离开实验室，离开显微镜，而把他们的视线移向到一个满目疮痍的世界。——我想，这一类悲剧，该不止限于医学界吧，正象过去有过为艺术而艺术的艺术家一样，自然科学界同样的也会有许多为科学而科学的科学家的。

听了T和W的叙述，一个意念在我心里萌长起来，利用夏天在北温泉的空暇，我开始读了一些医书。最后，现代细菌学泰斗而同时又是一个出色的诗人的Zinsser教授的名著《老鼠·虱子和历史》（Rats，Lice and History）将我魅惑住了，我贪馋地读完了这本书，又到各处图书馆去找到了一些他发表在前年《大西洋》杂志上的那篇有名的自传：《比诗还要真实》（More Truth Than Poetry），我决定了把一个善良的细菌学者作为我们悲剧里的英雄，同时，把我的企图集注在《老鼠·虱子和历史》这本书上的结语：

“伤寒还没有死，也许，它还要续存几个世纪，只要人类的愚蠢和野蛮能给它有活动的机会。”

野蛮和愚蠢是什么？有常识的读者可以想到：贫穷，牢狱和战争。——这一切，都和法西斯主义有着不可分的关联。对于传染病，现代医学是有法子可以预防和治疗，——最少也可以阻止其发展了，可是法西斯的侵略战争，恰恰阻止了医学技术的活动，而助长了疫病的传染，在第一次世界大战中，Zinsser早已证明了战争、虱子与疫病之间的关系了，西班牙战争之后勃发在佛朗哥集中营里的伤寒和其他的疫病，这也是谁都知道的事了，我不忍想象希特勒铁蹄下的黑暗欧洲的卫生状况，我更不忍想象日寇蹂躏下的沦陷区里的同胞生活！

可是，这还是“随伴”着战争而来的灾害呢，法西斯还不是在大量的制造和散布霍乱、伤寒、黑死病的细菌弹吗？死于自发的和人为的疫病之外，“战争”本身不还每天每天的杀伤着千万年青有为的人之子、人之夫、人之父吗？我禁不住借了一个剧中人的口，讲出了我自己要讲的话来：

“伤寒和其他的疫病，每年不过死伤几万乃至几十万人罢了，可是法西斯细菌在去年一年内，不已经在苏联杀伤了千万人吗？

“法西斯主义不消灭，世界上一切卫生、预防、医疗的科学，都只有徒托空言，科学只有在民主自由的土地上，才能生根滋长。”

对于医事科学我是十足的外行，所写的在专家眼中也许幼稚可笑。但，我确信着我所做的结论：“法西斯与科学不两立”。我希望这拙劣的习作，对真诚地献身予以人类幸福为目的的医学学徒们，能够提供一些人生路途上的参考。

1942年10月17上演之日

（原载《法西斯细菌》，1946年1月开明书店初版）

胭脂·油画与习作

——《法西斯细菌》代跋之二

夏　衍

去年秋，《愁城记》在重庆上演（那时候，我远在香港），M兄看见了这出戏，觉得导演演员都十分成功而卖座相当凄惨的时候，在他给我的信中引了“早知不入时人眼，多买胭脂画牡丹”之句。他，似乎是在代我愤慨。其实，引用这两句诗，已经是一种出于友情的对作者的宽容与宠纵了。从这两句诗的字面，不已经确定了作者“能够”画牡丹这一前提了么?

但在我，坦白地说，愿不愿画之前，还随附着一个能不能画和能不能画好的问题。一个想要从事于绘画的人，我想，各种形象，各种色彩，都应当尝试一下的，尽管怎样选择题材，怎样运用色彩，怎样表达作意，都可以一任作者的主观和偏好，但是，在画布上有自信地调彩作画之前，能够使之象一朵花，象一瓣叶，象一个人的肢体，也自有它基本上的必要吧。年青的画家们在画室里兀兀孜孜，画石膏，画裸体，画苹果，难道他们终极的目的是在成为一个石膏、裸体、苹果的画家吗?名画家们手本上的一勾一抹，一些造意的素描，也许依旧可以供后人的参考与随喜，但很明白，这些都只是一个画家非跨过不可的“作品以前”的东西而已。

在今天的中国从事于新的艺术，我老觉得是一件幸而不幸的事情。一方面说是寂寞。但另一方面却也在每个人前面展开着许多诱人取巧的捷径。多买胭脂，将色彩的堆积当作牡丹，这是捷径之一。一方面因为没有鸟而满足地将蝙蝠当作飞禽，他方面将分不出枝叶色彩与线条的凑合叫做“作品”而沾沾自喜，不也是习见的现象吗？——这种现象常使我憬然。自己，还正在一个在画室里用面包屑擦木炭纸的阶段呢，当然，有时候从画室里出来，看看世界，偶有所喜，偶有所感，不觉也在画本上勾描几笔，这一是为了练习，二是为了保存一些容易被时光冲淡的形象。这些“作品以前”的étude，充其量，也只能逗熟朋友们的一笑而已，不幸得很，这些étude不仅被当作“作品”，而且还被当作了商品！出身限制了主观，经历限制了生活，技术限制了形象，“凄惨”不是题中应有之义了吗？

几年来，由于朋友们和观众的宠纵，有所喜和有所感的，常常使我放胆涂抹，凭着一个知识人的良心，我相信所喜所感的还不会离开自己所该担负的责任太远。但，我诚实自供，我还没有把握将我所喜所感者如愿地传给我的读者与观众，天真的批评家们将我所勾抹的评为“素描”，评为“淡彩”，那我将惶恐地回答，因为我十余年来的摸索才找到了做人和治学的门径，因之那些étude并不是“作品”。

《法西斯细菌》上演中，D告诉我从偶然的机会，在旧货市场中买到了些油画颜料，他说：“在绝对没有油画材料和工具的时候，当然要用别的东西，但是我觉得，各种工具的表现中，还是要画油画才好，这也不一定是学院派吧”，作为一个以绘画为终身事业的人，我想这要求是合理而自然的，谁能把一个不能master油画的人叫做画家？我在此更痛切地感到有从速毕业于素描阶段之必要了，人物不能凸出，性格不能鲜明，结构不够坚实，表现不够强烈，这都不是可以用什么“风格”之类的美名来辩解的。要画油画，我还得从基本学起。《法西斯细菌》中不是写下了这样的话吗？“我的身体还不算坏”，“我还有一大段的时间”，我侥幸着还有一份不肯服输的健康和斗志。

从戏院回来，已经是上午两点半了，鸡在啼，山城的夜雾还是那样的浓重。拥挤在戏院门口的观众，反映在几千双眼睛里的他们的感情起伏，那样地为着一个“习作”而流汗的演员和工作者们的声音笑貌，和表现在舞台上的我所描画的那些浮光掠影般的人物的形象，混淆混扰地在我的心中。责任是如何的重大，而力量又是如何的渺小！

1942年10月28日上演中

（原载《法西斯细菌》，1946年1月开明书店初版）

公式·符咒与“批评”

——《法西斯细菌》代跋之三

夏 衍

《老鼠·虱子和历史》，《胭脂·油画与习作》，——这两篇短文本来是写了作为拙作《法西斯细菌》单行本的“后记”用的。应需要，前者曾发表于桂林《大公报·文艺》，后者曾发表于《野草》，这都已经是去年秋间的事了。现在遭遇阻障，单行本出版无期，不能不变更性质，而成为“无书之跋”了，趁机会，我想添写几句，作为后记的后记。

这本戏上演前上演后，我有幸听到了许多相识或不相识的朋友们的意见，除在此次成都公演中改正了一些缺点之外，我得再在这儿对朋友们表示友情的感谢。但，我更有荣幸，也一再的拜受了所谓“批评家”的“批评”，我懂得作为一个作者应有的仪礼，所以即使是不能拜嘉的“批评”，我也保持了沉默。可是，中国也真是一个奇怪的地方，出于常情思忖之外，不仅一方的沉默可以产生奇怪的揣测，而且，被判为“某些不正确的见解”和“难免失败”也可能在流言中被认为定案。我从不讳言失败，这本戏的技术上的失败也早在意料之中，但，对于企图用教条和八股来代替批评的“某些不正确的见解”，尽管我手头还没有一部名词大全和术语观止，我还不想避忌论争。

说实话，我的理解程度（不，应该说是语文程度）实在读不懂黄芜茵先生的“批评”，环诵再三，我才好容易从一大堆术语中间找出了一些比较容易了解的责难。责难之一，说我没有“彻底击破”“一般寡头统治阶层所发明和倡导的”“科学至上主义”“的虚伪理论的背景”，说我“企图从另一路径来接近它”，我给主人公（科学至上主义者）“不断地布置下不幸的遭际”，而“最后使他转变”，于是而他（“批评家”）发问了：“重要的问题是作者所布置下的种种不幸的遭际是不是有着必然性和普遍性呢？”他（“批评家”）的回答当然是否定的了，他说，中国科学至上主义者如俞实夫其人者所遭际的并不是“典型环境”，看，他说：“显而易见，假使这个科学至上主义者底工作地点不在东京，上海，或香港，而是战争尚未直接（？——引用者，下同）波及的地方，随便说四川（？）或是美国，他就无法接受作者给他所布置下的许多遭遇”。又是一个“显而易见”，“即使在那几个都市里工作，也未必（！）一定（！）会碰到（！）那些变故，那么，时至今日，他不是仍然是屹立未动的科学至上主义者吗？”这高贵的“典型环境”论，真有点使我惘然。假如说，在法西斯主义开始荼毒直到“九一八”，“一二八”，“七七”，“八一三”，大家都能承认中国人——中国知识分子乃至“科学至上主义者”们并没有受过种族歧视，并没有受过工作干扰，并没有受过生活压迫，乃至并没有受过战争的“直接波及”，并没有受过我所“布置”的一切不幸遭际，那么我将坦白承认，我所布置的一切都只是“偶然事件”，否则，假如我们同时代人每个都曾受过这一切不幸，那么我就想诉诸于读者的判断，我和我的“批评者”之间总有一方的论断是抹杀事实的胡言。举一个例，假如说，四川——遭遇到那样残酷轰炸，遭遇到那样严重的战争威胁，遭遇到那样不可补救的文物的毁坏，书籍仪器的饥荒，生活条件的困顿，而依旧可以公言这是一个战争尚未直接波及的地方，而科学家们依旧可以丝毫不受“环境”干扰地“屹立不动”，——假如有良知的知识人对于这一切可以承认，那么我只有低首认罪，俯首无言。再假如说，假如回答是这位“批评家”的相反的一面，每个中国的知识分子和科学工作者（不管是“至上”论者或不“至上”论者）——不论在上海，在北平，在香港，在四川，乃至在天涯海角，即使或多或少，或轻或重，都遭遇到乃至可能遭遇到这一切不幸，那么我坚持我的看法，“显而易见”，俞实夫所遭遇的正是有必然性和普遍性的一个中国科学工作者的环境。

责难之二，又是一个奇妙的名词，说我犯了“理论错误”而已“被清算过的”“前线主义”。这“错误理论”被清算于何时？在什么地方由何人所清算，浅见的笔者还不知道。但假如说，要科学工作者走出所谓纯科学的象牙之塔，看一看现实的世界，更“本质地”（这是我们批评家爱用的一个术语）看一看使伤寒病菌不能单用科学家的研究来绝灭的原因，于是而得到结论，要科学家在战争的“实际工作中来研究”（俞实夫语）……这一切都是“前线主义”，都非“清算”不可，那么我今天依旧要站在千万人前面傲言，我所主张着的正是这样的“前线主义”。我们高贵的批评家是以美国作为一个“战争尚未直接波及”的例子的，那么，我也“随便”举几个美国的“实际的”例子吧。例一：五个月前，《法西斯细菌》重庆演出之后，我有幸遇见了万里扁舟、干犯险阻、回祖国来参加抗战医疗工作的 Hans Zinsser 先生的私淑弟子刘秉扬博士，他告诉我，在美国不仅专攻细菌学的中国人如他自己，战争开始以来，Zinsser 研究室的全体工作者，已经把他们的全心全力倾注于战争。美国参战以后，这些科学家们“没有直接遭受战争的波及”，但也都已经离开研究室，跑到盟国的“前线”去了。我不相信这些人都已经放弃了研究，我更不相信他们离开了研究室而美国的细菌学研究就会陷于停顿，我更更不相信这些“前线主义”者都需要“清算”。其实，我不妨先推荐我们的“批评家”先读一读 Zinsser 先生的名著《老鼠·虱子和历史》，和更详细地记述了伤寒，特别是斑疹伤寒研究过程的他的自传《比诗还要真实》（在《大西洋杂志》上连载时题为：R · S——As I Remember Him）。实在说，斑疹伤寒的研究本来就是开始于“前线”的战场上的。例二：最近为了协助中国抗战医疗工作，美国罗氏基金委员会的代表福克脑先生到了重庆，从他谈话之间使我们听到了一段使人感奋的事实，美国医学界为着表示盟国之谊，恐怕苏联在那样剧烈的抗战中荒废了医学研究工作，曾经电请苏联派遣一些医师和医学研究员到美国去研究，一切费用全由美方负担。但出于意外，他们得到的是一个否定的答复，苏联医学界回答他们说，衷心感谢盟邦的关切与友谊，但是苏联还在抗战之中，全国医学工作者都已经把全部精力集注到“前线”去了，所以在战争获得胜利之前，苏联甚至没有法子派出一个到外国去“研究”

的人员。——这，又是如何彻底的“前线主义”者啊！其实，这样的例，是“随便”可以举得出的，威尔基新著《天下一家》中，西蒙诺夫回答威尔基说苏联不能派遣萧斯塔科维奇到美国去的话，不也表示了苏联艺术工作者正全是十足的“前线主义者”吗？假如说，这样的将全民技术人员的全能全力毫无保留地支付于求国家民族之生存的抗战是“前线主义”，是“理论错误”“的泥沼”，那么，我没有话说，我们大可不必再说抗战，更不必欲歌颂从辽远的加拿大到中国“前线”来的白求恩大夫们了。

后记的后记已经“尾大不掉”，应该是打住的了，可是，利用这一个机会，我还想表白一下我对于这“论争”无可言喻的寂寞和悲凉。我们要有“批评”，这呼声已经很久了，而接触到实际从一种教条到另一种教条，从一种专制到另一种专制，不仅万水千山，望不见彼岸，在没有科学与民主的基础，而惯于以文字为游戏和泄愤的所在，有时候我想这期待简直有类于沙上建塔般的事了。十几年来法西斯毒焰传遍了大半个世界，千千万万人——千千万万我们的同胞骨肉遭受着屠戮和奴役，颠连无告的苦楚，反法西斯主义已经成了全世界有良知的知识分子无可旁贷的天职，可是看，平时用尽了一切术语教条作种种进步状的“批评家”，此时此地，连祖国反法西斯战争的“客观需要”也可轻轻的加以否认而傲然以艺术至上主义者的姿态而出现了。用高贵的“艺术”观点来看，那么我的习作本来就不值我们“批评家”的一盼，可是在今天，在这窒息时代，在我们高贵的“批评家”们对自己民族的死敌法西斯主义及其拟似形态未曾遗以一矢的今天，我还自傲着曾用一切可能的力量来和恶势力斗争，我在这被人忽视的领域里最初提出了“科学与法西斯不两立”的口号，我也自傲着居然象小草一般的钻过重叠的石块，在若干观众前面暴露了法西斯强盗的残虐与暴戾。作为一个中国人，我对人类敌人的法西斯主义投掷了最大限度的出自衷心的憎恨与愤怒，尽管我的拙作只博得了“批评家”的蔑视和冷笑，但我相信，在另一方面即使微弱到不足挂齿，我总还在观众和读者的心头勾起了他们同时代人所遭际的悲苦与欢欣。

今天是墨索里尼恶棍塌台的日子，听着号外的呼声，我将在这儿搁笔。我仿佛看到，人类的前面已经是曙光了，假如，用全世界人民生命和热血来换得的这一个胜利之中，我仿佛也曾参加了一滴眼泪，一份惊骇呼喊的真情，那我将感到满足。法西斯应该死灭，人应该清醒，老调子应该休息了吧。

1943年7月24日，重庆

（原载《边鼓集》，1944年10月美学出版社初版）

关于《法西斯细菌》

夏　衍

《法西斯细菌》这个剧本写在十二年之前的一九四二年，我只看过重庆的演出，桂林和上海的演出都没有看。因此对我自己来说，对这个剧本的印象也已经不鲜明了。中国青年艺术剧院现在要演这个戏，而且标上了“五四以来中国优秀剧目之一”这几个字，对我来说，着实有点惶恐。

去年人民文学出版社要出一个我的剧本选，许多朋友都主张把这个剧本选进去。我迟疑了一阵之后终于同意了，因为在我的那些习作中，这个剧本的“演出”——只是在“演出”上——比较的受到观众的欢迎，演出的次数也比较多些。至于剧本本身，我一直感到不满意，一直认为并不是一个好剧本，更谈不上什么“优秀”了。这决不是讲客气话，对于这个剧本的思想上、创作方法上的缺点，我在“选集”的代序中有过一段自我批评。在技术上，我在早期出版的单行本（开明版）的后记《胭脂·油画与习作》中，也已经把我自己对这个剧本的看法交代过了，拿绘画来作比喻，我“还是在画室里用面包屑擦木炭纸的阶段”，所以这一时期的剧本，充其量也只不过是成为“作品”之前的“习作”而已。

那么，这个剧本在今天看来是不是还有一点点意义呢？我想，假如还有一点的话，恐怕就在于这个戏的主题——反对为科学而科学，为技术而技术，反对科学脱离政治，反对科学家不关心政治这一点了。这种思想过去有，今天还有，最近及将来似乎也还不会很快的绝灭。

我自己学的是电机工程，我也有很多科学技术界、医药卫生界的朋友，在这些人中间，绝大多数是善良而“好心”的人。他们热爱自己的专业，具有“科学的良心”。他们想通过自己的业务来为国家服务，为人民做好事。但是，由于在旧社会长期脱离政治，不了解什么叫做政治，不懂得“你不管政治，政治还是要来管你”的道理，同时，中国的科学家又还有一点所谓知识分子的洁癖，分不清楚现象与本质，把政治看成很脏的事情，对现实政治戴起白手套来，觉得还是关起门来研究干净一些，而这样的人，实际上都成了被统治阶级玩弄、利用，和作为点缀装饰的工具。原子科学家的研究成果被利用来大量杀人，细菌家的研究成果被利用来制造细菌弹，这些“好心肠”的科学家成了人类的罪人，不是太冤屈了么？在抗日战争时期，解放战争时期，我接触过很多这样的人，也亲自看到过他们被逼着而不能不走的各种不同的路子。正如列宁所说：“工程师承认共产主义思想所经历的途径，并不象以前那些在秘密条件下工作的宣传员和著作家所经历的一样，而是经过他在自己那一门科学方面所达到的实际成果，例如农艺家是循着自己的途径来承认共产主义思想的等等。”他们有他们自己的路，我们所能做的，只是经过艺术，从旁吆喝一声而已。

我同情这种人的遭际，可是我不同意这些人的看法和做法，我们团结过他们，我们也批评过他们。我说过，对这些人，我们的鞭挞是常常带着眼泪的。

在这个戏里，俞实夫是主，其余的是副，赵安涛和秦正谊，所起的只是烘托与比较的作用。赵是自命懂得政治的，但他不知道接近人民，他把自己的位子放在人民之上，他想抓到一个地位，一种权力，来施展抱负，可以说天真，也可以说愚蠢，最愚蠢的是他不懂得处身在阶级社会，不懂得政治的力量从哪里产生出来，自命聪明，东碰西抓，为善不足，为恶又还有一点点顾忌，结果是烂额焦头，百无一是。对这样的人，鞭挞应当严一点，我太温情了。至于秦正谊，那是等而下之，是帮闲，是知识分子中的丑角，我用漫画笔法勾抹了他，只是限于能力，不能把他写得更可鄙而已。

至于其他的角色，我不想多说了，有的是为了烘托，有的是为了作剧结构上、叙述上的必要，也有的甚至于只是一碗菜里的几片木耳和香菜，一服药里的一点调色料、糖衣，乃至水分、填充剂。甚至，也有一些人物、过场、对话完全是可有可无，可以适当地裁减。例如香港酒店那一场的几个商人，当时这样的人很多，兴之所至，不免顺笔写了一点，今天看来，对广大观众来说，也许觉得完全是另外一个世界的人和事了。

我同意洪深同志的说法，这是一个喜剧，我欢喜用这种形式。但是我不同意有些朋友的说法，拿这样的习作来和契诃夫的喜剧比拟。这是对我的过高估价，也许是对我的鼓励。但是，用粗糙的习作来比超群的杰作，我觉得是僭越而不当的。有些朋友说我受契诃夫的影响很大，我自己说，我热爱契诃夫的作品，但不一定受到很大的影响。契诃夫看人看事是那样的冷静，我是很主观，很不冷静——我的心是很不平静的，这，也许是我三十年来一直卷进在政治斗争中的缘故。假如一定要问，我在外国作品中受到过什么人的影响，那么我说，狄更司和高尔基对我的影响要多一点，大一些。

整个抗日战争时期，我的主要工作是办报。那些剧本都是利用业余时间写的，我也一直认为我的写剧本是业余性质，写的时候，又大都是即兴式的，这就是我曾经说过的“偶有所喜，偶有所感，就不免在画本上勾描几笔”的性质。戏的主题，我欢喜“单打一”，即一个戏谈一个问题，一服药治一种病。我不大相信真有一种“能治百病”的膏丹。我也不大赞成一个厨司在烹调之前就预先计算好这只菜里有多少维生素甲、维生素乙，或者多少卡罗里。替人家作菜，一定要照顾到营养，营养价值自然是愈高愈好，但同时，我们也不能忽略了人家的口味和胃纳。就是，有时得加一点调味料，加几茎香菜。这些东西有没有营养和医疗价值，我没有研究过，更说不出它们的化学成分，所以假如有人问我，这一些偶尔露面的角色，这些随口讲到的台词，对主题起什么作用？他们的“自传”如何写法？那我就完全答不上来。这一切，自然只有听导演同志来作适当的安排和取舍了。

我把演出时的处理和安排完全交给导演同志，只要戏的主题能够表达出来，要删要改，哪些地方要重一点，哪些地方要轻一点，洪老和逸生同志可以放手加工。我再说一遍，拿这个剧本来作为“五四”以来中国剧目演出的第一炮，我有点惶恐。十二年，仅仅十二年，时代变得太快了，社会风气变得太快了，有一些朋友，对今天演出这样一个剧本的意义，也许会发生疑问的吧。

1954年8月

（原载《新观察》1954年15期）

改编《复活》后记

夏 衍

一九四二年从香港的战乱中归来，我在嘉陵江边的北温泉度了一个静谧的长夏。尽管世乱时艰，忧思沸郁，但是能够俯瞰着嘉陵的清流，啸傲耽读，自己觉得已经是难能幸福的事了。我利用北泉图书馆的藏书，读了一些古今贤哲的传记，可是当我读完了罗曼·罗兰的《托翁传》的时候，我又被引起了再精读一些托翁作品的意欲了。在这书荒时代，我好容易得到了一部郭译的《战争与和平》，耿译的《复活》，残缺强半的孟译的《克果采长曲》，以及日本中央公论社出版的《大托尔斯泰全集》第十一卷的《戏曲集》而已。

再一次我在托翁的彩笔前面低头，再一次我在托翁的雄文前面顶礼，更重要的是再一次使我在托翁诚实的生活态度前面肃然起敬了。

我打算不问有否上演可能的重译一些托翁的未曾介绍过的剧本，但，这计划不久就被另一个小小的野心所打断了。

为了使旅舍的斗室免得过于落寞，我在壁上挂了一幅帕斯特尔纳克所绘的《复活》的插画，我常常凝视着它，白衣的卡丘莎象是祭坛前面的牺羊，我也说不出被帕氏笔下所描绘的那双卡丘莎的茫然若失的眼睛所勾起的是怜悯呢还是苦痛！这一年有三个剧团在北碚“过夏”，我有了和阔别多年的友人们放谈的机会，于是《复活》常常成为我们谈话的主题，如何表现卡丘莎的苦痛，常常成为我们演员朋友们争论的中心。《复活》是不知多少次被改编成戏剧和电影的，我在银幕上看过德丽奥和安娜·史丹的卡丘莎，我也从书本和舞台来看过法国巴大叶和田寿昌兄所改编的剧本，因此，当鲤庭和君莉一再怂恿我再来一次改编的时候，压服了我不自量的冲动的依然是忸怩和惶恐。改编本来是不讨好的工作，加上我的对象又是山一般崇高，海一般浩瀚，大自然一般丰饶与壮美的托尔斯泰！君莉、鲤庭两兄热心地给我找来了巴大叶的陈绵译本，寿昌兄的改编本，以及一些可供参考的书籍与画片，可是人事匆匆，山城挂上了雾幕，戏剧季一开始，我就象带着一个“宿题”的学生似的回到重庆来了。

我几乎是无为地度过了一个冬天。朋友们说今年的戏剧季不够热闹，但是首次到首都来的人已经充分满足于剧目的丰富和演技的精进了。当然，各人有各人的黄金色的理想，因之从这些理想和现实的冲突之中就可以产生各自的不满，我常常觉得在今天这种现况之下，从事艺术的追求很象一颗企图从瓦砾中萌长的弱草，生根的不是沃土，瓦砾是那样地无情，可是执策而临的人们却又是那样的对瓦砾宽容，对弱草苛厉！滋兰于蒉菉之中，在沙漠和废墟上点缀一些绿彩，使枯渴的人群已经隐约的感到在地下还有一些盎然的生气，那不仅可以宽恕，而且值得哀悯了吧？我同情在我们周围的那些贫穷、病弱、遭人白眼，可是依旧九死无悔地坚守着戏剧岗位的朋友们的际遇，我相信也只有从他们无言的谛执之中，才能懂得他们的心情，才能体会出他们的欲求与苦恼。我不想在这短文里面絮絮于对于上记几位朋友们的“负债”，我要说的只是我无法拒否他们用无言的凝视来代替催促的要求；在朋友们忙碌于准备一九四三年春季剧目的时候，我又明知会失败而冒了一次大险。

我得感谢巴大叶和寿昌兄的两个已经是非常成功了的剧本，我借用了他们的许多场面，不自白也许会被人指斥为剽窃，老实说，我不忍割爱他们。迫使我冒险的理由第一是为了适应于目前的上演条件，这儿所说的“上演条件”自然不局限于舞台；我不想絮述这些，时代已经使读者变成了敏感。第二，那当然是在这条件之下的微弱到不足道的使我冒险的冲动了，我不想把它写成一个哀婉的“恋爱故事”，但也得宽恕我没有把托翁那样执拗地攻击的司法制度和寿昌兄那样多彩地描画了的土地问题放在这改编本的主位。我只写了一些出身不同、教养不同、性格不同，但是基本上却同具着一颗善良的心的人物，被放置在一个特定的环境里面，他们如何蹉跌，如何创伤，如何爱憎，如何悔恨，乃至如何到达了一个可能到达的结果。读托尔斯泰常常使我苦痛，在这次冒险过程中不知有几次使我掷笔欷歔！出身于一个贵族家庭，我觉得在托翁也已经是一个绝大的精神上的负担，“学习使你们自己和人民血肉相关”（Learn to make yourselves akin to people），该更不是一蹴即达的事了，何况，用托翁自己的话来说：

“我还想加上，学习使你们自己成为人民所不可缺的部分。但，这种同情不该单用你们的头脑（用头脑来同情是容易的），而应该用你们对人民的爱，用你们的心！”

对多难的人民生活没有“长太息以掩涕”的真情，那恐怕连对于托翁那种用全生精力来搏斗的努力，我们也只能“用头脑”来“理解”，来“解释”，来掩卷三叹了吧。英国杰出的女作家 Virginia Wolfe 曾经不止一次地在她的论文里引用过上记托翁的名言，可不是最近有人确切地批评她说，她过于洗练的感觉，终于限制了她停止于“懂得应该”，而实际上不能 Akin to people 吗？使压损（strain）了的物体恢复原状，使为着适应“社会”这座奇怪的机器而变形变性了的曾经叫做“人”的动物回复到平直、朴质，具有正常感觉的 Human being，是如何困难的事啊。——在“复活”这两个字前面，我真的感到森严的恐惧了。

冒险是失败了，但在失败之后，我竟象仿佛摸到了真理的边缘。假如能够因为导演和演员朋友们的努力，让我的观众们或多或少的能从涅赫留道夫的苦恼之中感到一点人生的严肃，那么这已经是我这次冒险的收获了。

1943年4月，记于渝市

（原载1943年4月28日《新华日报》）

《戏剧春秋》后记

夏 衍

今年九月七日，是云卫兄四十初度的日子。当日朋友们在各报副刊写了些回忆与杂感之类的纪念文章。其中我在《新民报》上写的文章说及：假如要以一个人的经历来传记中国新兴戏剧运动的历史，那么应云卫正是一个最适当的人选。朋友们对这提议发生了很大的兴趣。中午，之的找我说："抗战以来我们表扬过新闻界，歌颂过教育界，因为他们在抗战的宣传教育上都尽了常人所不曾想象和估计的力量。但，我们戏剧界呢？我们不想怨尤别人没有提到我们的工作，但是，当我们自己觉得走完了一段艰苦的路程之后，我们也该回过头来看一眼这二十几年来的足迹。我们就来写一个戏吧，戏名就叫《戏剧春秋》……"他又说："方才和于伶谈了，他也非常兴奋，我们三个之外，还有什么人呢？中国艺术剧社上了《杏花春雨江南》之后，就没有戏了，《云彩霞》不能通过，那么几个人赶一赶，这题材是容易引起每一个人的写作兴趣的。"

立刻，我们就想起了白尘。要是他在，四个人一凑就成功了。可是他远在成都，时间的限制是不容许两地有信札往返磋商的余裕的。接着就找到了于伶，下午一同出席了在"中青"举行的云卫四十诞辰座谈会，我们听了浅哉先生和孑农兄的怀旧谈，想写这个戏的兴趣更浓厚了。这时候于伶和之的帮忙着"中剧"的行政工作，我也正在计划另一个剧本。但这要写的冲动是不容许放过的。"在没有时间中分出时间来"，这是我们的口号。最初是鼎坐杂谈，追忆一些二十年来的琐事，几次之后，我们三个要写戏的人终于被“被写的”那些人物和故事所俘虏了。这一切，那些可笑的，可悲的，可愤怒的，可骄矜的一切，不都是我们亲身经历过的事吗？一个多礼拜，我们三个沉浸在回忆的悲欢哀乐之中。领导我们的，跟我们一起工作过来的，还支撑着的，已经倒下了的，那些伙伴们的面影，那些殉道者的謦欬，一个个的浮现在眼前。从文明新戏、爱美剧、话剧、到新兴演剧运动，这是一条不平凡的路呀！在外，他们遭受到的是无比的冷淡，是无穷的蔑视，是被看作“戏子”，是被当作海派的代表，社会贱视他们，朋友漠视他们，各种各样的势力阻压他们；在内，穷困鞭责他们，人事苛扰他们，理解和技术限制他们……一群被认为不足道的人在旷野中长行，谁能不感到凄苦？是的，凄苦和寂寞咬嚼着我们的心。我们是知道即使在今天，在一切所谓“文化人”、“艺术家”、“社会教育工作者”这许许多多的美名下面，也还是掩饰不住蔑视的眼光与口吻的！我们要申诉！我们的目的不是为了要使社会认识，为什么二十几年来，会有这么许多善良的男男女女，一定要拣择这一条荆棘的路途？为什么会有这许多人，九死无悔地守住这一个岗位？我们的目的非常卑微，卑微到只想使我们的先行者，在寂寞中感到一丝温暖，使同行者在困顿中回想一下过去的艰辛。在第四幕之尾，一个我们的伙伴在后台独语：“拍手，是的，你们知道的只有拍手，可是，有谁知道：这欢笑后面，包藏着多少人的血汗，多少人的眼泪！一批人来，一批人去，一批人暂时被人当作宠儿，明星，一批人又渐渐地从人们记忆里面消去，云霓是死了，是的，她是会被人忘记的，可是，这些被忘记了的，渺不足道的人，他们的尸骸，筑起了一条道路，不踏过这些人的尸骸，中国新剧运动是不能达到他的目的地的。”是的，我们要感谢这些人，不辜负这些人，我们是打算追随这些人们的。

戏，开始于“五四”之后，结束于“八一三”抗战之前。最初，我们是打算献给一个人的，但，结果，是迫使我们不能不改变计划而成为献给一群人了。我们虚构了一个故事，而在这虚构的故事中间，容纳了我们的心声和泪影。朋友们，要索隐某一个人，考证某一件事，这努力会是白费的，甲中有乙，乙中有丙，这一群人中间，我们是计划着包容了我们大家的成功，失败，光荣，耻辱，长处，和缺点的。

从开始到脱稿，我们花费了月余的时间。日子很短，杂务尤多，但是在我们自己，却感觉到在所谓“集体创作”中，这是较和谐，较认真，也是比较的合作得满意的一次。执笔是分头的，但故事结构，人物性格，情节发展，却完全出于合议和共同的创造，我们在写完之后感到若干的兴奋与欢喜，这心情不在于写成了这么一个剧本，而在于我们这三个还有一种不避忌任何讥评，而终于还能在短期中突击出一点东西来的稚气。稚气，是的，没有一份稚气，也许谁都会在那些困难和讥笑前面沮丧，却步的。

1943年秋

（原载《戏剧春秋》，1944年10月美学出版社初版）

记《离离草》

夏衍

五月初开始写这个剧本，今天校改完毕，已经是深冬了，窗外吹着风雪，据说这是重庆罕有的严寒。我没有在北方度过冬天，但很奇妙，一想到北方原野上的积雪，挂在茅檐下的冰柱，炕床，炉火，和紧围在煤油灯下谈话的人们的时候，倒反而感觉到一种异样的温暖，这些印象，大概是从书本子里得来的吧，但我却明白感到，好象心理上的暖和已经胜过了生理上的冷感。

我生长在江南，在北方所耽的时间和全生涯比较起来，几乎是渺不足道，但是出于常情之外，我永远永远地怀念着那一片渺无边际的在风雪中受难的地方。我攀登过金刚山的高峰，凭吊过牡丹江的战迹，在泰山之巅看过日出，在八达岭上听过驼铃，我也曾象一个哑行者似的呆坐过异国情调的哈尔滨的酒馆。我不能忘掉这些地方，但更使我一想起就发生亲切之感的却是那些数不清的生长在这块土地上的苦难深重的人像。那是二十年前的事了，在一个暑假期内，我曾经在朝鲜、满洲作过一次无目的的旅行，在京城的一条不知名的街上，我看见过一队日本宪兵，为了夸示他们的威武而纵马践踏了整个的菜市。在奉天车站，我目睹过一个日本路警任何一点借口都没有地把一个苦力推下火车急驶中的轨道，而在这种场合，一方面说，我在周围群众脸上看到的可以说是一种没有表情的悲伤，一种没有言语的反抗；而在另一方面，在长期的威压之下，我也看到了为着维持最低最苦的生存，人们也就不知不觉地学会了一种应顺一切压迫和作践的习性。在奉天车站附近的一家小旅馆里，一天清晨我听到了一种奇妙的叫卖声音：

"Nappa 喔，白菜，Kiuri 喔，黄瓜！"

Nappa 和 Kiuri 是白菜黄瓜的日本语发音，在中国地方，在二十年前，做小贩的农民也已经不能不为着生活而学会几句日本话了。在最初的刹那，我想，在那些不敢相信自己是主人而只求做一个和平奴隶的人，不敢相信自己可以决定自己的运命而将眼前的苦难认为命中注定的人，被祖国的官僚军阀遗忘在关外，除出租税劳役之外，永远不会记起他们之存在的那千千万万的蝼蚁般的"曾经为人的动物"，国家民族之类的概念，也许在他们心中脑里该早已经全不存在了吧。可是，这想法在另一些遭遇中完全地被否定了。那时候我是一个日本工科大学的学生，在旅行中我穿的日本学生制服，在朝鲜，在满洲，为了言语不通，我通常用的也只能是日本语，在全旅行中，由于这种服装语言的缘故，我和我们同胞兄弟以及亲如骨肉的近邻民族之间，造成了一道不可逾越的高墙，在日常生活中也不止一次地酿成了异常险恶的充满了敌意的空气。在从釜山到平壤的火车中，一位同座的朝鲜女学生峻烈地拒绝了我对她的谈话，我从她表情中明白地感到：在她眼中，我几乎是一个虎狼一般可怕、毛虫一般可憎的对象。我惭愧当时的钝感，我还以为她的冷若冰霜只是由于少女应有的羞怯。可是，这样的敌意继续了一昼夜之后，当她在我手提箱的名刺上发现了我是一个中国人的时候，她的态度突变了。她告诉我平壤的宿屋，可以找到中国人的地方，还在有意无意之间流露了她对这个远隔了的邻居的向往。她，我记得非常明白，还不过是十五六岁的年纪吧，在她开始懂得世界的时候，那一幕"日韩合并"的血腥悲剧也该早已经是历史上的事件了吧。但，从她那不经意的一憎一喜之间，何等深刻地表露了一个和平民族对侵略者的仇恨！这样的琐事，在今天似乎再没有絮述之必要了，在我们国土的沿江沿海，不也已经有千千万万的妇孺老弱，在无言的敌对中等待着复仇的时候么？血总比水浓厚一点，法西斯侵略者的一切欺骗，一切怀柔，不是连对一个天真的女孩子都完全失败了么？我想起了无数个敢怒而不敢言的表情，我仿佛听到了千万个被作践者的无声的哭泣，"难道已经忘记我们了么？关里的人呀，已经十多年了，'九一八'那一年出世的孩子已经进了中学，已经会讲流畅的日本话了！”

从严格的观点上说，“九一八”正是第二次世界大战的开始。可是，十三年以来，从日本法西斯起，里里外外，有多少人不愿意将这惊天动地的武装侵略定义的法西斯性的战争，而只愿轻轻地将它叫做“满洲事变”？在汪精卫秉政，执行着所谓“不扩大方针”、“睦邻政策”的时候，在关外是血海尸山，在关内是遗民泪尽，一年年的过去，在今天，我们之中也许已经有人淡忘了争取到“七七”这一天的经过是如何的九曲三回、千山万水了吧！但，作为一个和东北这块土地、这些人民有过爱情的人，将永远不会忘记：即使在战争的日子中，也曾有人一再而三，企图以东北三千万人民的身家性命作为少数人苟安和平的代价。我控诉这些人，我不止一次曾在我的剧作中“勉强地”插入了‘九一八’和“东北”这些“非艺术”的使人不愉快的字眼，我懂得感情是一匹难以御制的野马，所以听到东北的口音和提到那些曾经旅行的地名就象被一根鞭子抽打着一个久未愈合的伤口，——这，在我只能说是一件“没有办法”的事情。

在一个偶然的机会中读到了一些日本人所写的报告和笔记，被束缚的大地在悲叹，在哀诉，在哭泣，被割开了的伤口在排脓，在流血。但，尽管是出于敌人的笔下，这一切关于“满洲”的报告不也表示了这块苦难深重的地方正在生长着新肌与新血么？血在灌溉新芽，他们沉默的战斗以心传心地在激励着整个的民族。我相信，每个有血性的中国人，谁也不会忘记将我们引导到全民抗战的这“最初投掷的一石”和“一粒死了的麦子”的。

人民，是不朽的，人民，是善于抉择的，也只有人民的武装抵抗，是才能使侵略者的军队瘫痪的。白居易说，“野火烧不尽”，那么从那些敌人笔下所记录的材料，不是也已经够使我们远隔的人感到盎然的春意了么？

1944年冬12月记

（原载《离离草》，1946年5月山东新华书店出版）

《芳草天涯》前记*

夏　衍

“你没有写过以恋爱为主题的戏”。朋友们这样对我提议。我承认这个事实，但我不承认这事实出于故意。

现在我打算写了，但我写的恐怕不是甜蜜而是辛酸。

正常的人没有一个能够逃得过恋爱的摆布，但在现时，我们得到的往往是苦酒而不是糖浆。

托尔斯泰说：“人类也曾经历过地震，瘟疫，疾病的恐怖，也曾经历过各种灵魂上的苦闷，可是在过去，现在，未来，无论什么时候，他最苦痛的悲剧，恐怕要算是——床笫间的悲剧了。”我同意他的话，但我不象他一般的绝望和悲观。我在他的文字中抹掉“未来”这两个字，因为我相信人类是在进步，人与人的关系是会改变的。

我望着天痴想：要是普天下的每一对男女能够把消费乃至浪费在这一件事情上的精力节约到最小限度，恋爱和家庭变成工作的正号而不再是负号，那世界也许不会停留在今日这个阶段了吧。

我是从这个意义上同意托翁的话，而把“现今的”恋爱定义为人类生活中最苦痛的悲剧的。

我谴责自己，我谴责同时代的知识分子，但是，亲爱的读者，在叙述人生的这些愚蠢和悲愁时，我是带着眼泪的。

1945年春

（原载《芳草天涯》，1945年12月美学出版社第3版）

---

* 本文收录时由作者增加了第四自然段最后一句：“人与人的关系是会改变的。”并作了个别文字上的修改。

《考验》后记

夏衍

从一九四四年到一九五三年，我已经整整九年没有写剧本了。尽管这些年来一天也不曾偷闲，一直在各种不同的岗位上工作，可是每次参加戏剧界集会，或者听到戏剧界朋友抱怨没有“新戏”可演的时候，总有一种内疚和自责的心情。不想写么？不，我还常常有创作的冲动；没有时间写么？也不，过去我写的那些剧本，没有一个不是利用业余的时间写下来的；那么，真的如某些先生们所说，我的创造欲求被“理论的刀子”和“棍子”“吓哑”了么？恰恰相反，正因为这九年来自己在思想上有了一些提高，从过去的失败和错误中懂得了一个小资产阶级出身的知识分子必须要首先解决“一个站在什么立场和为什么人写”的问题，才能写出对人民群众、对社会主义事业有益的作品的原故。在一九五三年出版的我的剧作选中，我写过一篇代序，里面说：

要使我们的文艺真正能够为工人阶级、为人民群众服务，首先就必须“解决”我们“自己的问题”，这，就是毛泽东同志所说的“把口头上的马克思主义变成为实际生活里的马克思主义”的问题，这就是文艺工作者联系实际，深入生活，改造自己的问题。

这几句话是我自己长期摸索之后所得到的体会，这几句话，也说明了我自己对于过去那些作品的看法。

解放了后，我一直在党委和行政机关工作，我有了在实际工作中学习和锻炼的机会，开始明确和逐步解决了多年以来早该解决而迄未解决的问题。总路线学习和工作实践再一次唤起了我创作的冲动，我在一九五三年初夏写下了这个剧本的初稿。翌年三月，学习了“四中全会”文件，进一步明确了这个剧本的主题，作了一次修改，作为一个“未定稿”打印出来，征询了少数同志的意见，这样，再经过一次改作，就由几位同志热心的怂恿，在一九五四年八月号的《人民文学》上发表了。我明知这是一个很不成熟的、或者应该说是有许多缺点的作品，可是我还是鼓起勇气来发表了它。我清醒地认识到，同志们怂恿我发表是为了对一个九年不写剧本的人的鼓励和鞭策；而对我自己来说，则只是想借此来表示我的一个执拗的信念：这就是文艺应该为政治服务，应该适应当前人民生活中的重大事件。我以为，只要在这个问题上能够起一点点——即使是十分微弱的积极作用，那么，尽管不能“达到高度的艺术”，尽管可能被嘲骂为“政治语言”和“公式概念”，也就“非所计”了。

值得感谢的是发表之后我就陆续收到了数以百计的读者来信，有鼓励，有批评，有很详细的分析，也有替我设想得非常周到的建设性的修改意见。我感到幸福，因为，这是我从事写作以来从来不曾得到过的、真正来自群众的激励和批评。

根据中国作家协会创作委员会的讨论、上海人民艺术剧院的演出实践和上面所说的读者们的意见，我又对方克和丁纬这两个人物的描写作了若干的修改，但是，限于认识和生活，限于时间和能力，这只是极其浮浅的修补，而不可能作较大和较深的重塑了。

感谢所有关心这个剧本的朋友们的指教和帮助，单行本出版之后，还希望能得到更多、更严正的批评。

1955年1月

（原载《考验》，1955年4月人民文学出版社出版，
收入本书时，作者做了个别修改）

《夏衍选集》代序

夏　衍

从一九三四年到一九四四年，我写了十一个多幕剧。在这里选了的五个，是上演次数较多，而比较为观众所喜爱的。

写这些剧本的时期正在抗日战争前后，所以十一个剧本中，除出两个历史剧和一个外国名著的改编之外，内容全和抗日战争有关，剧中人物，则由于自己生活圈子的狭窄，写的几乎全是小资产阶级。

一九四一年我还写过一部长篇小说《春寒》，出版之后有位读者给我写信，提出了为什么我的作品着重地写知识分子而没有写劳动群众的批评。这封信还谈到许多我们同时代的小说作者的生活态度和写作态度，当时我写了下面这样一封复信。

> 你读了许多新文艺作品而疑问到为什么具备了进步世界观的新文艺作者也会那样深挚地对旧社会的事物和典型性格“钟情”？这理由，在理论上是不难回答的。高尔基在《论社会主义的现实主义》里面说过：
>
> “受两种历史力量——小市民阶层的过去和社会主义的将来——吸引以后，人们显然犹豫着：情感的因素倾向于过去，理智的因素倾向于未来。他们大声地嚷了许久，然而我不感觉到他们会安心地相信：一条非常固定的道路已经断然地、坚决地被选定了，虽然这条道路是历史充分地指示出来的。”
>
> 为什么知识分子会普遍地发生这种情绪的与理智的根源的分

裂？一九四四年十月延安《解放日报》社论《此次文教大会的意义何在》里面一针见血地解答了这个问题。

“我们所继承的遗产太痛苦了。人民对于新文化的要求毕竟还不如对新政治、新经济那样热心。他们对旧文化也没有对旧政治、旧经济那样的仇恨。相反地，还留得有千丝万缕的联系，而我们的经验也还不足。因此，这不但是一场艰难的，而简直说得上是一场微妙的战争”。

由于现在的中国知识分子大部分出身于背负着“太痛苦了的遗产”的小资产阶级，所以尽管在理智上接受了新世界观，可是他们的“灵魂深处”，却依然还保存着一个难攻不落的“小资产阶级知识分子的王国”。因此，对于一个向旧政治、旧经济进攻的政治斗争，他们可以带着满怀的仇恨去作不屈的斗争，可是一接触到文化和艺术的问题，——当斗争的对象转移到资产阶级的文化艺术的时候，那么不仅他们的斗志会缓和下来，而且甚至会对理智上早已否定了的事象和人物开始同情和眷恋。你说我“鞭挞这些知识分子的时候常常带着眼泪”，我除出同意你的说法之外，觉得需要补充的是：由于小资产阶级是革命的同盟军的原故，由于在今后的残酷斗争中，他们可以也必须和革命主力长期合作的原故，所以，假如我们能够站在人民大众的立场，那么对他们鞭挞的时候还“带着眼泪”，和他们斗争的时候不忘记团结，也许还是必要而应该的；在这种场合，真真的错误所在我以为只在于当作者批评和鞭挞这些旧事象、旧人物和旧性格的时候，由于作者不能坚定地站在人民大众的立场，由于这些作者本身对一切旧时代的残余还保留着千丝万缕的联系，所以就往往会“情不自禁”地怜惜乃至欣赏了这些弱点！我们只要反省一下就可以察觉：当我们的笔尖接触到小有产者纤细、优美、温情、洗练、诡谲、高傲，乃至避忌实际斗争的所谓“洁癖”、“孤独”的时候，我们不是不仅一点也不带着憎恶和反感，而且还毫不掩饰地抱着同情、赞叹和欣赏的态度么？对于这一点，在上面引用的那篇高尔基的论文中，也说得非常明白：

“青年作家们还没有足够的强大力量来鼓舞读者憎恨过去。因此，他们不但不使读者离开过去，而且——在我看来——不断地使读者留恋过去，在读者的记忆中巩固、确定和保存过去。

“要很好地说明和了解过去那些恶毒的、磨难人的卑鄙龌龊的事情，就必须发展自己从现在的成就的高处、从未来的伟大目标的高处注视过去的才能。这种高度的观点一定会、而且将会激发起那种骄傲的、喜悦的热情，这种热情会使我国文学具有新的风格，会帮助它创立新的形式，创立我们所必须的新思潮——社会主义现实主义，这，不用说，只有靠社会主义经验的事实才能够创立起来。”

毛泽东同志《在延安文艺座谈会上的讲话》中，说得更加明白透彻，更加具体：

“有许多同志比较地注重研究小资产阶级知识分子，分析他们的心理，着重地去表现他们，原谅并辩护他们的缺点，而不是引导他们和自己一道去接近工农兵群众，去参加工农兵群众的实际斗争，去表现工农兵群众，去教育工农兵群众。有许多同志，因为他们自己是从小资产阶级出身，自己是知识分子，于是就只在知识分子的队伍中找朋友，把自己的注意力放在研究和描写知识分子上面。这种研究和描写如果是站在无产阶级立场上的，那是应该的。但他们并不是，或者不完全是。他们是站在小资产阶级立场，他们是把自己的作品当作小资产阶级的自我表现来创作的，我们在相当多的文学艺术作品中看见这种东西。他们在许多时候，对于小资产阶级出身的知识分子寄予满腔的同情，连他们的缺点也给以同情甚至鼓吹。对于工农兵群众，则缺乏接近，缺乏了解，缺乏研究，缺乏知心朋友，不善于描写他们；倘若描写，也是衣服是劳动人民，面孔却是小资产阶级知识分子。他们在某些方面也爱工农兵，也爱工农兵出身的干部，但有些时候不爱，有些地方不爱，不爱他们的感情，不爱他们的姿态，不爱他们的萌芽状态的文艺（墙报、壁画、民歌、民间故事等）。他们有时也爱这些东西，那是为着猎奇，为着装饰自己的作品，甚至是为着追求其中落后的东西而爱的。有时就公开地鄙弃他们，而偏爱小资产阶级知识分子的乃至资产阶级的东西。这些同志的立足点还是在小资产阶级知识分子方面，或者换句文雅的话说，他们的灵魂深处还是一个小资产阶级知识分子的王国”。

由于此，假如一个小资产阶级出身的知识分子、文艺作家不能把自己的立场坚决完全干脆地转移到“方生”的工农兵方面，而还要保留一部分乃至大部分停留在“未死”的小资产阶级知识分子方面，理论上口头上不能和实际上、行动上合一，该爱不能真爱，该恨不能真恨，该鞭挞不能尽情地鞭挞，该歌颂不能尽情地歌颂，那么很自然的写出来的作品就不可能有强烈的力量，去“唤起读者对过去的憎恶”了。

假如这个问题得到了解决，假如我们认识了这依旧是一个站在什么立场和为什么人写的问题，那么接着你所提出的另一个问题“知识分子出身的年轻人应写些什么”也就容易解决了。我想，这不单是题材的问题，而依旧是作者的立场和态度的问题。我们可以写太阳，我们也可以写乌云，我们可以写“方生”的春天，我们也可以写“未死”的寒冷，我们可以写新，我们也可以写旧。问题的症结，在于即使写同一个事象同一种人物，常常要因为写作者的立场之不同而在读者之中唤起不同的印象效果。高尔基曾经慨叹过人民力量迅速发展的过程在文学上反映得非常的微弱，他说：“这个微弱的主要原因，在我看来，乃是由于这件事实：文学的注意力主要地放置在正在死亡的东西上，而没有放置在已经开始生长和活动的东西上”的原故。他用一个“对于自己的医术没有信心的年轻医生”来比喻了这样的作家，他说：“也许，并不是为着安慰那快死的人，而是为着解决他自己个人的问题，他向着没有希望的病人说，病人惯于生活的那些条件依然存在：古旧的偏僻的地区还是完整的，那可以使人悠然生活的古老时代也还没有完全消失。一般讲来，许许多多的‘消极现象’还存在着，它们甚至比那些具有相反性质的现象还占优势，并且在走向新的生活的人们的道路上堆积着种种不同的障碍。”

这些旧事象还存在着是不是真实呢？高尔基回答说：“当然这是真理，而且对于一切丑恶的存在的指出，都是对于真理的服务，”问题只在于这个医生站在什么立场，对于自己的医术有没有信心，能不能坚决地诊断这个病人的“没有希望”，和对于这些“未死”的东西有没有好感和爱惜的地方。假如“他自己个人的问题”“解决”了，一方面认定了这个“未死”的必死，“未死”只不过是“暂时起作用”的现象，对它再没有任何的眷恋；另一方面认定了“方生”的必生必长，现在的“萌芽状态”正是明天迅速长成的起点，它才是“永远起作用”的东西，而对它充满了爱和热望，那么，当他的笔尖接触到新的和旧的“方生”和“未死”的时候，他的好恶，他的爱憎，哪一方面应该催生，哪一方面应该送葬，不也就随带着可以决定了么？

真的，文艺工作者的事业是困难而又复杂的事业。我们要正确地诊断出这个“未死”而必死者的病症，指出他的传染性而唤起一般人的警惕、提防，而更重要的是在于无保留地参加“方生”的一面，全心全力地去同情他们，歌颂他们，肯定他们。毫无疑问，当我们要描写新生力量的时候，必然地会接触到腐朽的一面；在此，我们就“必须学习观察，在旧的腐败物冒烟的余烬中，未来的火花是在怎样的爆发起来，怎样的越烧越旺。”（高尔基:《论现实》。）我们可以完全相信，在任何以进步的文艺工作者自诩的人，在口头上、在理论上，是决不会肯定“未死”而否定“方生”的，问题是在于我们太过于被动地遵从着客观主义的传统，没有鲜明的立场，不能狠心地斩断对于旧社会旧事物的“千丝万缕的联系”，“在描写陈旧的真理当中没有指出新的真理，没有指出在崩溃的古老事件的混乱中人的内心已经产生的那种新的东西”。更没有用最大的力量去指出这种新的东西已经存在，已经长成，而且，也只有这种新的东西才能起永远的作用和不可战胜而已。

你的信给了我很大的鼓舞，使我有机会重新把自己作品的病源检查了一遍，并请你致意参加这一讨论的朋友，我感谢他们的指教和关切。（见我的《蜗楼随笔》。）

以上所说，我想完全可以适用于这儿所选的几个剧本，所以转录于此，作为这本书的代序。

要使我们的文艺真正能够为工人阶级、为人民群众服务，首先就必须“解决”我们“自己的问题”，这，就是毛泽东同志所说的“把口头上的马克思主义变成为实际生活里的马克思主义”的问题，这就是文艺工作者联系实际，深入生活，改造自己的问题。这条路，是漫漫而修长的，让我们上下求索，继续前进，让我们更好地学习、更好地生活，明确而彻底地解决这一个必须解决的问题吧。

1959年5月

（原载《夏衍选集》，1959年9月人民文学出版社出版）

《两个伊凡的吵架》小记*

夏 衍

××兄：

得手书，知沪上友人有意把《两个伊凡的吵架》印成单行本，我同意你已经代我同意了的话：让年轻的演剧同志们手头多这样一小册剧本不是无益的。

是真的，要不是你来信提起，我可已经把这个译本忘记了。与上次回上海时，你谈起健吾兄在旧书铺中买的《铳火》，和你代我收集的《乱婚裁判》等等一样，完全记不起来了。

讲到这个剧本的翻译经过，我记起的，是那时对"情节戏"、"服装戏"的小小的反感。先"戏译"了伊马鹈平把果戈理的小说改编的单纯朴素、风趣盎然、神韵逼肖的《两个伊凡的吵架》，后来又"戏作"了《上海屋檐下》。

从你简短而深长的孤岛演剧通信中，觉得我那时所谓对"情节戏"、"服装戏"的小小反感，不幸非但未能不存在，而且有"于今为烈"之感。

抗战三年来，悲壮热烈、惊天地泣鬼神的现实而又似神话的题材，真是写不尽写的。可是我们有希望有成就的年轻剧作家，还"偏爱"着走"出奇"的路，写虚构的"曲折的情节，巧合的人生"，他们甚至复制着"乱伦"之类的故事，我想说这实在是"太浪费"了。这与

* 原标题为《〈两个伊凡的吵架〉小言》，收入本书时由作者改"小言"为"小记"。

“金玉其外”的“服装戏”同样是“不足为训”的。

由于这个原因，我更同意你已经代我同意了这个小剧本的出版：让年轻的演剧同志们手头多这样一本小书，不是无益的。

12月1日于桂林

（原载《两个伊凡的吵架》，1940年4月上海《旦社》版）

《夜店》回忆

夏衍

柯灵、师陀二兄改编的《夜店》即将由若干剧团演出，在剧运低迷的今天，这不能不说是一个喜讯。中国新剧运动已经有了三十年的历史，而三十年来居然不曾有人上演过这一出世界名剧，现在，这一缺陷终于由柯灵、师陀二兄的名改作和佐临兄的名导演而填补了。

说起来这出戏也着实和我有过一些因缘。一九三〇年我曾翻译过它，当时直译《下层》，和高尔基其他两个剧本《太阳儿》、《敌人》合成高尔基戏曲集，由西谛兄介绍在商务印书馆出版，排校将竣，“一二八”战事爆发，这书的原稿遭了火葬，就一直没有和读者见面的机会。此后，左明兄几次想演这个剧本，和我商谈过多次，也曾代他奔走计划——接洽上演关系和筹钱，可是在当时，上演这么一出外国的冷门戏终于是一个冒险，所以到“八一三”战争爆发还没有成功。

现在抗战胜利，这名剧经过了完璧的改作，已经有了在上海和观众见面的机会，我相信，除出广大的戏剧爱好者之外，去年病逝汉中的左明兄有知，也将引为慰事的吧。

（原载《周报》1945年11月第11期）

关于《女儿经》的作者

夏　衍

季华同志：

四月二十九日新华社报道，中国电影资料馆整理出了一批“五四”以来的旧影片，其中所记《女儿经》一段，须作必要的补正。

报道说，这部影片是我的作品，而其实，这是包括我在内的许多人的集体创作。经过情况，简述如下：

一九三三年底，艺华影片公司被国民党特务捣毁后，白色恐怖更形严重，明星公司也遭受到了反动派更进一步的迫害。形势已经很险恶了，受“左翼”文艺工作者支持的明星公司的编剧委员会还在苦撑，在一次编剧会议上，郑正秋先生建议拍摄一部集锦片，来一个“明星”大会串，让明星公司所有的著名演员都在一部影片里出现，也可以让每个导演负责导演一段。这个建议立即得到了大家的赞同，因为当时明星公司已经和“左翼”合作，除出原来的编、导、演之外，各方面都吸收了一批新人，所以在一部影片中把所有导演、演员展览一番，不仅可以缓冲一下当时紧张的形势，在影片的营业上有把握，就是在公司的宣传效果上，也会有很大的好处的。

由于那个时期明星公司的女演员阵容很强，除出了当时最卖座的“女明星”胡蝶、徐来、宣景琳、夏佩珍、高倩苹、严月娴、朱秋痕之外，新人艾霞、胡萍也加入了明星，所以很自然地想到了每一段都由一个著名的女演员来担任主角的办法。接着，既然由女演员为主，洪深同志就拟定了《女儿经》这个剧名。

设想定了之后，公司就决定要我写剧本，我建议为了在一部片子中显示各种题材、风格，所以整部影片可以由明星公司所有的编导来分工合作，——即每一个编剧写一个短故事，然后由我汇总，把它们连接起来，加头加尾，结构成为一个贯穿一气的剧本。这个建议被接受了，写剧本片段的有郑正秋、钱杏邨（阿英）、洪深、郑伯奇、沈西苓，我只不过是做了一些编辑工作，把各个短故事串联起来而已。

故事开头是某一个女子中学举行毕业典礼，这班同窗数载的姑娘们就要分离了，于是有一些平时要好的小姐妹在分手的时候约定，若干年后，再聚会一次。影片用倒叙的形式开始，每一个人讲一段自己毕业后的经历，……我们就利用这种方式，描写了社会百态，写出了当时女青年们的苦闷。摄制完成的影片，——特别是结尾的那一段，由于国民党电影审查机关的压迫，以及其他种种原因，和剧作的原来意图是有些出入的。

这部影片的导演有郑正秋、程步高、李萍倩、沈西苓、陈铿然、吴村、姚苏凤等，一头一尾则由老板张石川自己动手；好象赵丹同志也在一个片段里担任了一个角色。

往事如烟，忽忽已经三十年了，洪深、西苓……都已经去世了，要是洪深同志还在，他一定可以回忆得更清楚一些的。

1962年5月14日

（原载1962年6月16日《羊城晚报》）

杂谈改编

夏　衍

前年我从上海到北京，接受了北京电影制片厂的嘱托，把鲁迅先生的名作《祝福》改编为电影剧本。这部影片于去年十月间摄成，我所改编的那个所谓电影剧本的草稿也被《中国电影》编辑部拿去发表了。这之后，我接到过许多读者来信，谈到名著改编的问题，而《祝福》这个本子，也在《中国电影》上引起了讨论。这是一个很有兴味的问题，我想借本刊的篇幅，谈谈我个人的看法和体会。

改编不是创作，但改编也得付出创造性的劳动。有人把改编看得很容易，认为原作已经有了很好的主题，很好的情节、性格和结构，所以改编只不过用电影的手法把它改写一道而已；但也有人把改编看得很艰难，认为改编首先就要受到原作的约束，不能象创作那样的自由，特别是改编在文艺上已有定评的“名著”，许多人认为这是一件“吃力不讨好”的工作。就在不多几天之前，有一位朋友颇有感慨地和我说：“我从来没有看过一部从名著改编的电影而能够得到阅读原作那样的享受和感动。”的确，这是一个很复杂的问题。我想，这除不同的艺术样式必然的会有不同的表现方法之外，主要的还存在着一个改编者对原著的看法（包括世界观和创作方法）和改编者的工力的问题。托尔斯泰自己没有改编过《安娜·卡列尼娜》，鲁迅先生自己没有改编过《阿Q正传》，那么我想，要求看到改编后的戏剧或者电影而依然能够得到阅读原作当时那样的享受和感动，本来就是一件很难能的事了。

回想起来，除出《祝福》之外，我还做过两次改编的工作。那是一九三三年把茅盾先生的短篇小说《春蚕》改编为电影剧本，和一九四三年把托尔斯泰的《复活》改编为话剧。这三次改编，应该说都是失败之作。有人说改编名著是“吃力不讨好”的工作，我虽则没有“讨好”的念头，但是“吃力”却是亲身体会到了，在改编《复活》之后，我曾经在“后记”上写过，这简直是一场“搏斗”。我写一个舞台剧从来没有超过四个礼拜，而改编《复活》，却整整的花了我两个多月的时间。

《复活》和《春蚕》、《祝福》是两种不同的类型。前者是从长篇小说改编为只能在舞台上演出三小时的话剧，而后者是从短篇小说改编为要在银幕上放映一点半钟的电影。在此，时间和长度首先就要求你对原著作一定的增损。哪里应该增添，哪里可以删减，这是一个十分困难的问题，——特别是对于已有定评的经典著作。我想，把托尔斯泰的小说改编为戏剧或者电影，要一点不删节，一点不伤害原著，似乎是很困难的。我看过舞台上和银幕上的《安娜·卡列尼娜》，作为一个普通的观众，我对于被迫地割爱了的东西也觉得十分可惜，可是回过头来作为一个改编者，却就认为这是无可奈何的事了。去年，意大利制片家狄罗兰斯得到三位有名的编剧家（Mario Comerini，Ennio De Concini，Evo Perilli）的合作，改编了托尔斯泰的《战争与和平》，尽管拍成之后的这部影片的长度达一万八千七百呎，放映时间达三小时二十八分，看起来这三位编剧家也还是大刀阔斧地删节了托翁原著中许多重要的描写和场景的。举例来说，原作主要人物二十三人，电影中只剩了十七人，原著中描写战争的场面有十次，在电影中也只剩了三次；再例如原著中娜泰莎与彼尔会晤的场面，托翁写了二百五十多页，而在电影中却只用一个镜头轻轻地带过去了。

我改编的《复活》最近又在上海上演，巴金同志在北京的时候我特别请他去再看一次，请他提些修改的意见，他看了之后给我的来信中说：“第一幕卡丘莎和聂赫留道夫发生关系的一段不是托尔斯泰式的，比原作简单得多，第二幕卡丘莎追车回来，感情变化也不及原作复杂。不过既是改编，也不必完全保留托尔斯泰的东西。”这批评是对的，对于这两场戏（当然还有其他的地方），我在改编过程中的确也曾颇费周章，可是除上演时间和演出条件之外，主要受限制的还是改编者的理解和工力。这就使观众不能得到象阅读原作当时一样的享受和感动了。

从《战争与和平》的改编使我联想到《红楼梦》和《水浒传》。对于这两部书，我想，要把这样浩瀚的篇幅和这样错综复杂的情节包括到一个节目中去，客观上似乎是不可能的。对此，我们的前辈已经摸索到了一个可行的方案，这就是以人物或者情节为中心，化整为零，改编为可以独立、而又是互相联系贯串的“本戏”，或者自成段落的电影。如京剧中的《武十回》、《宋十回》以及《红楼二尤》等等。至于《儒林外史》和《聊斋志异》，那么原作本身就是自成段落的故事和小品的综合，改编这两部名著，就属于从短篇改编的范畴了。

要把六十五万言的《战争与和平》缩编为三小时半的电影固然困难，反过来说，要把万把字甚至几千字的短篇小说改编为戏剧、电影也就很不容易。前者是满桌珍馐，任你选用，后者则是要你从拔萃、提炼和结晶了的、为量不多的精华中间，去体会作品的精神实质，同时还因为要把它从一种艺术样式改写成为另一种艺术样式，所以就必须要在不伤害原作的主题思想和原有风格的原则之下，通过更多的动作、形象——有时还不得不加以扩大、稀释和填补，来使它成为主要通过形象和诉诸视觉、听觉的形式。割爱固然“吃力不讨好”，要在大师名匠们的原作之外再增添一点东西，就更难免有“狗尾续貂”和“佛头著粪”的危险了。

有的同志问，是不是小说、戏曲都有可能改编为电影，或者问得更具体些，说哪一种作品比较地适宜于改编？我想，一般说来，不论是小说、戏剧、传记文学、叙事诗歌，凡是故事性（或者说戏剧性）较强，人物性格比较鲜明，头绪不太繁复的，就比较容易改编。反之，困难就比较多些。《天方夜谭》的故事，莎士比亚的剧本，莫泊桑的短篇小说，都是改编得很频繁的，契诃夫的小说、戏剧，有的容易改编，有的就比较困难。至于我们中国的古典作品，除小说外，如《长恨歌》、《孔雀东南飞》、《琵琶行》等等，都是比较适合于改编的。

是不是也有一些原作完全不可能改编？这就很难说。据我看，象《约翰·克里斯朵夫》那样的小说，要用戏剧或者电影的形式来表现，几乎是不可能的。此外也还有一个例子，譬如歌德的名著《少年维特之烦恼》，除出“从这部小说得到启示”而完全改作之外，要照原作改编，我看肯定的是不可能的。

从改编不可避免地要有所增删，很自然地就会联想到容许增删的程度、范围，——也就是改编本与原作的距离的问题。对此，我以为应该按原作的性质而有所不同。假如要改编的原著是经典著作，如托尔斯泰、高尔基、鲁迅这些巨匠大师们的著作，那么我想，改编者无论如何总得力求忠实于原著，即使是细节的增删、改作，也不该越出以至损伤原作的主题思想和他们的独特风格，但，假如要改编的原作是神话、民间传说和所谓“稗官野史”，那么我想，改编者在这方面就可以有更大的增删和改作的自由。譬如王魁负桂英的故事，起源于宋人夏噩和元人柳贯的《王魁传》，他们都把王魁写作负心人的典型，可是最近我们在北京看了川剧《焚香记》，却以团圆作结，把悲剧改成了喜剧，不仅人物性格，连主要的故事情节也修改了，这一方面当然反映了《焚香记》作者王玉峰的立场和思想，我个人就不赞成这种翻案文章，但是单从改编这个问题来看，对神话、传说的改编，改编者可以有较大的自由，却是大家公认的事了。这一类例子是很多的，试看从唐人李朝威的《柳毅传》，经过元人尚仲贤的杂剧《洞庭湖柳毅传书》，一直到最近经常上演的京剧、评剧，这中间的改动不是都很大么？

以上是关于改编的一些偶感，以下我想回到本题，谈谈联系到改编《祝福》的几个问题。

《祝福》是鲁迅先生的名著，已经是举世皆知的经典著作，这部影片要在纪念鲁迅先生逝世二十周年的日子上映，所以我接受这一改编工作就把它看作是一件严肃的政治任务。在改编工作中我力求做到的是：一、忠实于原著的主题思想，二、力求保存原作的谨严、朴质、外冷峻而内炽热的风格，三、由于原作小说的读者主要是知识分子而电影观众却是更广泛的劳动群众，因此，除严格遵守上述原则之外，为了使没有读过原作、以及对鲁迅先生的作品及作品中所写的时代背景、地理环境、人情风俗等等缺乏理解的观众易于接受，还得做一些通俗化的工作。这对我来说无疑的是一件近乎冒险的力不胜任的工作。

这是一件很艰巨的工作，但是另一方面，对我来说也还有一些有利的条件，其一是我是浙江人，绍兴的情况比较熟悉，一闭上眼就可以想起小说中所描写的风光人物，其二是我童年亲身经历过辛亥革命前后的那个动荡的时代，对时代气氛不太生疏，其三是《祝福》曾经几次改编为戏曲、电影，其中成功的和失败的地方，都可以供我参考。这样，我就大胆地把这任务接过来了。

改编工作一开始，首先碰到的一个难题是鲁迅先生是否要在影片中出现？经过反复考虑，觉得鲁迅先生用“我……回到我的故乡鲁镇”这种第一人称的叙述法开始，是适合于小说之开展的一种方法，而小说中所写的也并不是百分之百的真人真事，因此，鲁迅先生在影片里出场，反而会在真人真事与文艺作品的虚构之间造成混乱，所以就大胆地把这种叙述方法改过来了。可是这样一来，又遇到另一个问题，这就是原著中祥林嫂冲着鲁迅先生问“一个人死了之后究竟有没有灵魂”这一个惊心动魄的场面，也不能不割爱了。经过权衡之后，我保留了祥林嫂的这个疑问或者希望，而把它改为绝望中的自问式的独白。

除此之外，改编时变动得较大，也就引起了一些不同意见的，计有三处。这就是第一，祥林嫂捐了门槛之后依旧受到鲁家的歧视，再度被打发出来，在这之后改编本加了一场戏，就是祥林嫂疯狂似地奔到土地庙去砍掉了用她血汗钱捐献了的门槛；第二，祥林嫂被“抢亲”之后，从反抗到和贺老六和解的那一场描写，原作是在祥林嫂和柳妈的谈话中带到的，理由是“你不知道他力气多么大”，我把它改写为由于祥林嫂从笨拙而善良的贺老六对她的态度中，感到了同是被压迫、被作践者之间的同情；第三个问题较小，就是原作从贺老六之死到阿毛的被狼衔走，中间还有一段时间，在改编本中，我把这两件事紧接地写在一起了。

对于第一个问题，我得说明一点，这一细节的增加并非是出于我的创意。早在解放前摄制的、由袁雪芬同志主演的《祥林嫂》电影中，已经有了这一个场面，后来经常在舞台上演出的越剧、评剧，也都把这个场面保留了下来。对我自己来说，每次看到这一个场面的时候，都只是感到激动，而并没有觉得突兀或者背离了祥林嫂的性格，越剧影片《祥林嫂》在改编中有许多不妥当的地方，但是对这一场戏我却本“择其善者而从之”之旨，舍不得割弃。反对这一细节描写者的论点，主要是说这样一来会“违背人物性格的发展规律”，所以他们的结论是：这样做是“为了加强政治因素（？），却倒反而减少了现实主义因素”。我不能同意这种意见。我不仅不同意所谓“政治因素”和“现实主义因素”相对立的说法，而且认为祥林嫂砍掉门槛并没有“违背人物性格的发展规律”。表面上看，祥林嫂是安分的、懦弱的、相信神鬼的，但决不能因为有这种情况而就断定一个懦怯的灵魂就永远不会发生反抗的意念和行动。事实上，我倒认为鲁迅先生笔下的祥林嫂是一个反抗性颇为鲜明的人物。卫老婆子要出卖她，她用逃走来反抗，用“抢亲”的办法来强制她，她顽强的抗拒使一般人都觉得“异乎寻常”和“出格”。出格到什么程度，原作有一段精彩的描写：

> 太太，我们见得多了：回头人出嫁，哭喊的也有，说要寻死觅活的也有，抬到男家闹得拜不成天地的也有，连花烛都砸了的也有。祥林嫂可是异乎寻常，他们说她一路只是嚎，骂，抬到贺家坳，喉咙已经全哑了。拉出轿来，两个男人和她的小叔子使劲的擒住她也还拜不成天地。他们一不小心，一松手，阿呀，阿弥陀佛，她就一头撞在香案角上，……直到七手八脚的将她和男人反关在新房里，还是骂，阿呀呀，这真是……（重点是引者加的）。❶

这决不是做作，这决不是为了对付“人言”的表演，这反抗是有决心的，这是决绝的、拼死的行动，这也就是深深地埋藏在“弱者”灵魂深处的反抗的性格。祥林嫂有决心用死来反抗现实的吃人社会的迫害，就是这个祥林嫂，难道永远会是神权下面的不抵抗的奴隶么？

反对这一场戏的另一个理由，说祥林嫂既然砍了门槛，既然对封建统治的无限权威——神，表示了决裂，那么为什么在故事结尾的时候还会怀疑到究竟有没有灵魂。这种说法，我认为也不免把人的思想感情的变化起伏看得太简单了。要和千百年来的因袭决裂，要和世代相传、深入人心的观念决裂，决不是一次反抗或者一个回合的决斗就

❶ 见《祝福》，《鲁迅全集》第2卷，人民文学出版社1956年版，第14页。

可以彻底解决的问题。特别是砍门槛这一举动，按情理也只能是祥林嫂处身在失望、痛苦之极而爆发出来的一种感情上的激动，而感性的突发行动并不等于理性上的彻底认识，这种情况在我们日常生活中常常会碰到，这道理也应该是不难理解的。我特别注意到鲁迅先生原作中的一段话：

> 但在此刻，怎样回答她好呢？我在极短期的踌躇中，想，这里的人照例相信鬼，然而她，却疑惑了，——或者不如说希望：希望其有，又希望其无……（重点是引者加的）。[1]

这是一个人在现实社会失掉了一切希望以后的、对于不可知的未来的一点点希望。而我想，这里的疑惑和希望，都不是消极的，而相反的是积极的，决不是屈服的，而相反的是反抗的，这种心理，看过戏曲《情探》中的“阳告”、“阴告”和“宋十回”中的“活捉”的人，都可以理解的。

第二个问题，我作了一些改作的理由很简单，就是让祥林嫂一生中也经历和体会到一点点穷人与穷人之间的同情与理解，并在这之后的一段短短的时间内真有一点“交了好运”的感觉，借此来反衬出紧接在后面的突如其来的悲剧。当然，这之外我也还有另一个想法，就是我认为用“力气大”来解决问题不仅银幕上不好表现，容易流于庸俗，同时也可能会伤害到贺老六这个朴质而又善良的猎户的性格。这是我个人的主观想法，这样处理是否妥当，这之外还有什么更恰当的方法，我很希望听到朋友们的意见。

第三个问题，我写的初稿是按照原作的程序，贺老六之死和阿毛的被狼衔去之间还有一段时间，可是，当初稿写完之后，替导演着想，我觉得这一个“时间过程”比较的难于处理。当然，单从技术上看，处理这个时间过程有各种办法，一般来说用几个短短的镜头来表示就可以了，可是，在两个悲剧高潮的顶点中间不论加什么情景，在这个具体情节中，我总觉得会使节奏松弛，而削弱应有的悲剧效果的。

---

[1] 见《祝福》，《鲁迅全集》第2卷，人民文学出版社1956年版，第7页。

最后，还有一个所谓电影剧本写作的文学性的问题，对此，我完全同意有些同志的意见，作为供阅读的“电影文学剧本”的创作，剧本的文学描写的确是“过分简单”了。但是在此我也得说明，我历来所写的所谓电影剧本，都只是供导演写分镜头台本时“使用”的提纲和概略，而并没有把它看作可供读者“阅读”的“文学剧本”。应该承认，我做这份工作最关心的只是如何使它成为电影剧本的“实际效果”，而很少考虑到作为电影文学剧本的艺术加工。加上，这个本子是利用业余时间在短期内“赶”出来的，加上，原著的艺术性很强，所以我更不考虑到细节的文学描写了。由于此，我没有拒绝《中国电影》编辑部的要求，终于把这样一个“只供导演用”的本子作为“电影文学剧本”而在杂志上发表，我还是太轻率了。

谢谢朋友们对这个改编本的关切和批评，这对于我都是鞭挞和鼓励。

后　记

在读者给我的信中，还提到以下这几个问题：

一、改编本中应不应该加上改编者的“旁白”？

我在改编中用“画外音”的方法，加了两段“旁白”，就是开端，加上了“这是很久很久以前的事了，大概在辛亥革命前后……”，结尾加上了：“……值得庆幸的是，这样的时代已经一去不复返了。”这样做的用意有二，其一是从前面说过的通俗化的意图出发，使未曾读过原作的观众容易理解，其二是为了使生活在今天这样一个幸福时代的观众不要因为看了这部影片而感到过分的沉重，就是说，不必为古人流泪。对于后一点，直到今天，我还没有改变原来的想法。我总觉得今天的青年人应该了解过去的那个悲痛的时代，但只应该为了这个时代的一去不复返而感到庆幸，而不必再为这些过去了的人物的遭际而感到沉重和悲哀。

二、有人问为什么不改编《阿Q正传》？

率直地说，最少是我，还没有改编《阿Q正传》的工力和勇气。这件工作，我觉得十分不易。鲁迅先生在日看了两个改编的话剧剧本之后，曾亲自和我说过，《阿Q正传》不宜于改编剧本。我的体会，也认为要在舞台或者银幕上表现阿Q的真实性格而不流于庸俗和“滑稽”，是十分不容易的。

三、还有几位读者问：鲁迅先生的作品中还有哪几篇可以改编为电影？

我个人看法，除出《故事新编》之外，短篇小说《伤逝》不妨一试。

1957年12月23日

（原载《中国电影》1958年第1期）

谈《林家铺子》的改编

夏　衍

由茅盾同志的名作——短篇小说改编的电影《林家铺子》，已快摄制完成了。《电影创作》编者打算把原作和改编的电影剧本同时发表，并一再要我写一点"改编者言"。写这个改编本已经是快一年以前的事了，我只能凭回忆写一点个人的看法和想法。

从我学习写作的时候开始，我就是茅盾同志作品的爱读者，其中，我特别喜欢他的短篇小说。一九三三年我曾经把他的《春蚕》改编为电影剧本，接着就打算改编《林家铺子》，后来因为听说已经有一家电影公司把它列入摄制计划，就搁置了。这篇小说的故事性很强，结构很严谨，人物性格很鲜明突出，是一个适合于改编电影的题材，所以二十年后，当北京电影制片厂又把这个改编任务交给我的时候，我就很高兴地接受了。

我看过"北影"的一九五八年影片"选题计划"，这部影片是列在"五四名著介绍"这一项目下的。把"五四"以来的优秀作品重新出版或者改编成别的艺术形式，这是一件有意义的工作，一方面可以使我们的文艺园地更加丰富多姿，百花竞放，另一方面更可以使我们年轻一代的人通过文艺形式，体会到一些已经过去了的，那个苦难时代的中国人民的生活、斗争和历史。我接受这个改编任务的时候正值整风时期，我曾在民主党派和工商业者的鸣放中听到和看到过许多工商界人士的思想动态，我想，针对着这种思想斗争，把《林家铺子》作为一面镜子，让今天正在改造中的工商业者回忆一下过去的那种

"自己不能掌握自己的命运"的时代，也许是有益处的。为此，我最初的改编方案，是打算用"倒叙"的方法来开始的，这就是影片开始的时候是一个工商业者鸣放辩论会的场景。这时候，《林家铺子》里的学徒寿生，已经是一个四十岁左右的公私合营商店的私方经理，林明秀也许已经是一个中年的机关工作干部了。我打算让寿生在辩论会上讲话，让他用今昔对比的方法来追叙三十年前的工商业家的苦难时代，从此再转到原著小说中所描写的最初一章的情景。这样做可以使主题明确一些，可以从今天的角度来分析昨天，但是，这样做也有它的困难和值得研究的地方。这不仅戴上一顶帽子和拖上一个尾巴，结构上、情调上都显得不很和谐，而且寿生、明秀出走以后究竟走哪一条路，我们也不能凭主观臆测来给他们做出结论。终于我想，好的作品自有它不受时代影响的教育意义，加上今天观众的思想水平已经有了很大的提高，完全可以相信不必改编者出来讲话，观众也一定能从原作得出应有的结论。这样，我只在开头的时候加上了一段"旁白"，其他情节、人物、情节冲突等等，都力求忠实于原著来编写了。

当然，我们也不能不考虑到今天的观众不一定都能够清楚地了解过去的生活这一事实，加上，我们也不能不考虑到原作者发表这篇小说当时的历史环境。其一，一九三二年前后文网周密，任何一个作者要在公开的杂志上发表作品都不能象今天一样的畅所欲言；其次，在当时，为了要组织起"抗日救国"的全民统一战线，对民族资产阶级——特别是受到压迫较重的中小工商业者，主要的还是要引导他们走上反帝反封建的斗争，而不能把锋芒集中到民族内部的阶级矛盾。我们亲身经历过那个时代，我们都能够了解到当时的环境，可是，当这部作品改编成电影而在今天放映的时候，观众就完全有理由要求我们对《林家铺子》里的人物作出应有的阶级分析了。对此，我在征得了茅盾同志的同意之后，对林老板这个人物的性格作了一些必要的补充。我把林老板这一类人物处理为：一方面是被压迫者、被剥削者，另一方面又是一个还可以压迫人的剥削者。压迫他的是帝国主义、官僚买办资本、大商人、大小军阀、国民党官僚、土豪劣绅，但是他还有可以压迫和剥削的更弱小的对象，这就是农民、小商小贩，以及孤寡无依的朱三太、张寡妇等等。他对豺狼是绵羊，但是他对绵羊则是野狗。“大鱼吃小鱼，小鱼吃虾米”，是当时的社会现实。我想，不把林老板写成一个十足的老好人，不让今天的观众对林老板有太多的同情，应该说是完全有必要的。对林老板这个人物的处理，我曾给出色地扮演这个角色的谢添同志写过一封信（信附于后——编者），意见就是上述的这一点，这里不重复了。

除出林老板之外，我对林明秀这个人物也作了一点补充，这就是让她还有一点点的爱国主义。在当时，反对日本帝国主义的侵略是全国人民的共同要求，林明秀是一个年轻学生，因此，她被卷进这个时代风暴，跟着同学们喊喊口号、写写标语，也还是有可能的。

此外，我还割爱了一个原作中的细节描写，这就是林太太有长期胃病，所以她经常有“打呃”这一个“习惯动作”。理由，也许是我的过虑，我觉得这一习惯动作在小说里可以更鲜明地突出人物形象，再在电影里，这可能会对观众引起喜剧效果，而抵消了某些规定情景的悲剧气氛。

这个本子是在匆忙中改编的，一定会有许多缺点。我很感谢导演水华同志和全体摄制组同志的努力，这才能填补和改正了许多电影剧本中的弱点和缺点。

1959年2月15日

（原载《电影论文集》，1963年12月中国电影出版社出版）

给谢添同志的一封信

夏　衍

谢添同志：

来信收到，对于林老板这个人物的处理，我同意水华同志的想法。这一类小商人一方面是被压迫者、被剥削者（他们头上压着帝国主义、官僚资本主义、大商人、军阀、地方士绅等等大大小小的石头），但同时他们自己也是压迫者、剥削者，他们也还可以压迫、剥削比他更弱小的人（如更小的商贩、农民、店员、孤儿寡妇，如朱三太、张寡妇等）。但一般说来，在当时的情况下，林老板受到的压力的分量比较大一些，他可以压迫人的分量要小一些，也就是说，帝国主义和封建势力仍然是这一类人的最大压力。为此，这一类人在某个时期、某种范围、某种程度内，还有一点点微弱的反抗性。当然，这种人本身是剥削阶级，所以从他的出身成分、职业，必然的具有一种成为惯性的"大鱼吃小鱼"、"见上怕、见下欺"的性格，这种人容易"安分守己"、"怕事"，但一有机会，还是惯于做坏事的，如欺诈、投机倒把、损人利己等等。

在表演上，问题就在于掌握分寸。既不能把林老板表演为十足的反派，也不能让观众完全同情他。他对豺狼是绵羊，但对兔子则是野狗。我看，他可能是一个旧社会中的所谓"规矩人"（不嫖不赌，做事巴结），但他对弱者，则是不客气、不规矩的，你可以在他对朱三太、张寡妇的态度中，流露出一点他的狡猾性、残忍性（损人利己），但也不要太露了，也就是说，在这些地方，要加强内心活动，通过内心来表达一下，使观众感觉到就行，而不需要外表上的过火的表演。——以上只供你参考而已。

今天和茅盾同志看了一本试片。应该说，我们都满意。但是有一点请注意一下，这是一个苦难的年月，破产的小市镇。所以道具、服装，要防止富丽。茅盾同志说，小茶馆里的茶碗陈列得太整齐了，桔子糖果也太丰富、太划一了一些。已拍好了的可能很难改了，对今后的场面，要注意时代气氛、政治脉搏和细节真实。此点也供参考。

水华同志处不另写信了，请他一阅。祝你们工作顺利。

此致

敬礼

1958年4月16日

（原载《电影论文集》，1963年12月中国电影出版社出版）

《包身工》余话

夏 衍

在我写《包身工》的时候，曾经替我搜集了许多资料，和给了我许多便利的冯先生，托人带信给我，说有事情和我商量。我接到这信就连忙赶去，这样，我们就在她住的一间小小的过街楼上见面了。

叫她冯先生，就好象她已经上了年纪，其实她还是一个刚满二十岁的女孩子。本来她是沪西某大学的学生，因为经济关系，把学业丢了，现在日间在一家私立小学教书，晚间还在青年会办的工人补习夜校里担任功课。短小的身材，有一双善良的、微微上斜的眼睛，在别的娇生惯养的小姐们还拿看电影和写情书当做日常功课的年纪，她已经是一个坚定的、拿自己的劳力养活自己的职业战线上的斗士了。她将仅有的一把椅子让给了来客，自己拘谨地坐在床上，眼睛盯住了斜射在窗上的秋阳。

和她并坐着的还有一个补习夜校的学生，在东洋纱厂做工的杏弟。她也是包身工那篇文字的最努力的协力者的一个。她有工人阶级共有的率直和单纯，但是差不多不能使我相信，在她这种率直和单纯的背后，还潜藏着一种常人不能企及的应付临时事态的才干。她带着我和她十五岁的妹妹，怀着一点危惧的心情，去“视察”福临路东洋纱厂工房的时候，我们事先并不曾约好相互间的关系，但是一跨进她所熟识的那家带工头的后门，她就象早已准备好了一般地指着她嫡亲的妹妹对那老板娘讲了：

“这是我的同乡，在二厂里做。（回头指着我说）这是她的‘爷叔'[1]，在水电公司办事的……"

她很坦然，她的妹妹也没有觉得意外的表情，倒反是被派作"爷叔"的我却掩饰不住有些窘态了。

"独自租房子不方便，她'爷叔'的意思想在这一带找一个'搭饭'的地方。"她继续说，回头对我望了一眼，表示着我也得对那老板娘敷衍几句。她那种镇定，敏捷，周密，使我相信这完全是由于实际生活和工作的必要所锻炼出来的可宝贵的才干。但是现在，面对面地坐在一间狭窄的房间里面，她的那种丰富的创造能力，却又毫无形迹地溶消到最普通最平凡的率直和单纯的个性里面去了。

"轮着夜班？"我说。

她带笑地点了点头，拆开了方才捏在手里的一个报纸的包卷。

"上次你托我问的，只有十一份，许多人不肯讲。"

冯先生在旁边带笑地替她补充：

"她还垫了本呢，有许多是用'粢米饭'[2]请了客才讲的。"

我想起了这是四个月前为着要知道更多的关于"包身工"的身世境遇而托她搜集的资料。当时在杂谈中随便地对她提出的希望，率直地说，到了四个月之后的今天，我早已经不再期待这请托的回答，而差不多已经是一件淡忘的事了，可是在她，还能在劳动、学习、工作的余暇，耐心地替我搜集了这些可贵的资料。望着写在水渍了的拍纸簿上的那些小学生的考卷一般工整的小楷，我骤然觉得好象做了一件什么对不住朋友的歹事一般地难受起来。

我一张张地翻看下去：

陈××，粗纱间，十七岁，泰州，（已做）一年三个月，（父亲）当兵，（包身钱）不知，（作主）叔叔。

明××，粗纱间，十六岁，泰州，（已做）八个月，（父亲）种田，（包身钱）十元，（作主）父母，——此人流火（脚气）很厉害。

---

[1] "爷叔"：就是叔叔。

[2] 粢米饭：糯米饭。

蔡××子，筒子间，十七岁，镇江，（已做）两年，（父亲）不知，从小做童养媳，（包身钱）不知，（作主）公公。

陈××，粗纱间，十五岁，扬州，（已做）一年半，（父亲）种田，已死，（包身钱）听说二十元，付十元领人，（作主）母亲。

杨×××，钢丝车间，十八岁，泰州，（已做）一年十个月，（父亲）种田，木匠，（包身钱）无，（作主）父亲。

李×××，清花间，十八岁，江北，（已做）一年多，（此人被拐来沪，其余同被拐者均已卖入妓院，她因貌丑卖绝与带工老板，身价不知。）

陈×××，粗纱间，十六岁，镇江，（已做）一年，（父亲）已死，（包身钱）不知，（作主）跟人逃荒来沪。

…………

我叹了口气说：“和我们预想的差不多完全一样。”

杏弟将上半身靠近一点，指着最后的两行说：

“还有两个绍兴帮，待遇比江北帮好一点。这两份是：

寿××，粗纱间，十八岁，新昌，（已做）一年六个月，（父亲）在杭州做工，（包身钱）五十元，父亲作主。

李××，粗纱间，十七岁，盛元（嵊县之误），（已做）两年，（父亲）种田，（包身钱）每年付十五元，五年期满。”

在包身工那篇简单的报告里面，我只叙述了泰州（江北）帮的住“公司房子”的一种，实际上包身工因为出身地域，包头大小，和服务厂家的不同，还有各种的分别，从大体讲，上海的包身工有江北帮和绍兴帮两大系统。绍兴帮人数不多，很少有集中式的组织，待遇也不及江北帮的残酷。这一帮包身工的出身大多数是新昌，嵊县，间或也有萧山，上虞的成分。在包身形式上和上面这个例子一样，除出和江北帮一样地“一次包绝”之外，还有包做几年，每年付洋若干的方法，不过据我调查，能够有李××一般待遇的，还是很少，最普通的是“领人”当时付洋念元，一定要做满三年，“工作巴结”，才能在年底酌量的“找付”十块钱左右的“节赏”。不过绍兴帮因为人数不多，最大的包工头也只带这么三五十个工人，所以管理和待遇上也还保留着一点“家族制”，或者说是“徒弟制度”的残余。她们每天两饭一粥，中饭也象“外头工人”一样地自己带进厂去。当然，除出这一点尽少的——但是足够使江北帮羡慕的“恩惠”之外其他一切的压迫和虐使，是完全没有两样的了。

我感谢了她的帮助，将这些纸片收拾起来，随便地问：

“这次虹口的事情，在你们厂里有什么反响吗？”

杏弟和冯先生差不多同时地摇了摇头。杏弟抢着说：

“这样的事，包身工是不会知道的，外头工人知道了，有哪个敢在里面讲？今年纱厂生意好，日夜地赶工还来不及，厂里定了‘新花样’，叫做‘车间比赛’，车间和车间都有工作比赛，生活做得快，可以有奖赏。”

“奖赏什么？加工钱？”

“哪有这样好！生活巴结的车间给一张‘名誉奖状’，一个钱也不值。”说着禁不住苦笑了。

“在补习班，为了报上登的这件事，倒引起了很大的关心。”冯先生递给我一张团得很皱了的小报，继续着说：“大家都想知道，包身工这种制度，究竟是不是犯法？这消息看到了吗？”

四条有力的要求着回答的视线，集注在我的身上。

那是十月二十五日的《立报》，内容是一个读者寄给编者的一段报告：

××先生：

这里有一件事情，我想定是新闻记者所不会记录的，因为这事情既不有关风化，其主角儿又不薄具姿色，也许就只等于人们任意扑灭的一只小虫，能引起谁的注意呢？然而，事情是极其平凡，却也是极其惨痛。今天早晨没有事体，走进某法院去旁听，头一起案子问过以后，第二次提上来的是一个乡村打扮的姑娘，听了捕房律师报告，知道她以前是杨树浦一家纱厂的女工。被她包饭（即包身）的老板告了，说她五月八日离开杨树浦的时候，偷了他一副金耳环，两件衣服，在捕房调查时并没有得着什么证据，但因他将她告了，终于是由包打听在曹家渡将她捉来受罪。

在推事数问数答的当中，知道她跑的原因是五月里眼睛被打肿了，厂方要她请假，包饭的老板娘却不答应。打是经常有的，每月作的钱交给老板，作得少了挨打；病了说是懒惰，也要挨打；而这次打却是因为老板要同她轧姘头，她不愿意。当她满口操着泰州话急遽而哽咽地苦诉着的时候，并出示两踝腐烂过的伤痕的遗迹。

全个法庭的人们目光都注射在老板的身上，推事也转过脸来问他，她是否就是他的“包身工”，他却嗫嚅地加以否认，可是他承认吃住都在他家里，作了的钱也承认归他。

他还异想天开，请了律师向她提起附带民诉，因为捕房律师在最后陈述的时候，已说到证据薄弱，那律师似不好意思说到赔偿的话，只是说：“她走了之后她父母问老板要人，纵然判决无罪，也要请对她的身体加以处分。”

判决是无罪，并且即行开释。先生：就只这样，她已受到这人世的欺负太够了。许多有着权势的人合起来欺负她一个，这是世界吗？上海是不知有几千几万这样的包身工。更不知是暗地里排演了多少人世的惨剧。然而，人们却只注意着桃腮上的微笑，却不曾——也不愿去看挂在那些活尸眼角上的泪珠，更少有人想到二十四层的高楼底下还有四十八层的地狱。（下略）

白水

“这是你们厂里面的人吗？”我问杏弟。

她摇了摇头。冯先生说：“她们化了几天工夫也找不出这个人的所在，有人说是同兴的，但是去问了也没有人知道，可是这样的人多着呢！……我在上夜课的时候将这件事件告诉了她们，很多人对于律师的请求法庭‘处分她的身体’这一点发生了疑问，……”她用手指指出了报纸上的那一句话，声音渐渐地兴奋起来，“从今年起，报上说，不是买卖丫头也算是犯罪了吗？那么包身工……”

“这样的事情，实际上多得很，包身工生病或者被打坏了的时候，东洋人常常不准她们工作，没有工做，又不敢回去，能想法子逃走还算'大本事'呢。"杏弟补充着说。

我知道了她们约我来商量的来意了，于是我问：

"这问题我可以去请教熟识的律师，可是，即使这是'犯法'的事，世界上成为'公开之秘密'的犯罪不是多得很吗？"

"不！"杏弟很快地说，"要是真的是犯法，那我们可以一传十，十传百地告诉每一个包身工，她们要性命，吃不起苦的时候自会到巡捕房里去告的！"

"那不是跟报上编者先生所说的话一样吗？即使'法庭判她无罪，当庭开释，恢复了她的自由，可是进一步想，她的前途不是只有黑暗没有光明么？'"

"那总比现在好啊，即使在街上讨饭，……她们饿着肚子或者害着病赶生活的时候，真的在羡慕讨饭的呢！"

冯先生提醒她一般地说，多少带着一些讲堂里授课的姿势：

"可是你跟她们说话要当心，要是带工老板知道了这是你教给她们的聪明，恐怕……"

"我不怕，顶多杨树浦不做，到沪西去做也可以。"说着，她也禁不住笑了，在她，好象沪西是另一个天地了。

这种毫不计及自己利害的精神，深切地使我感到了惭愧。谁说世界上没有同情？真真的人和人的阶级感情就存在在这种连自己的衣食也照顾不到的人们的心里！

第二天下午，我在一间小小的办公室里和一位以道义和刚直著名的郑律师谈话。

我将"包身工"的情形概略地告诉了他，他词色间觉得有点惊奇。

"真有这样的事吗？"

"岂止有，多着呢，上海就有几千几万！"

"我们一点也不知道。"他感叹地说，"假使她们的工作情形和生活状况和你所说的一样，那明白地是构成犯罪的！"

从桌上取过一本袖珍的六法全书，指着其中的一条说：

"除出包身制度根本不合法之外，这样的待遇工人，就构成'妨害自由罪'的。瞧，刑法第二十六章第二百九十六条：

‘使人为奴隶或使人居于类似奴隶之不自由地位者，处一年以上七年以下有期徒刑。’

“照你所报告的那种工房里的‘包身工’生活，简直是‘奴隶’生活，即使退一步讲，总也可以说是‘类似奴隶之不自由地位’吧。很明白，带工老板这样的奴役工人渔利是一种非法行为。”

“方才说包身制不合法，那么带工头到乡下去和包身工父母乃至家长们订立的包身契约可以‘自由废弃’吗？”我问。

“当然，这是无效的契约，民法总则第四章对于‘法律行为’的规定，明白地说：法律行为有背于善良风俗者无效；这儿所说的善良风俗，包括的范围很广，凡是人对人的凌虐酷使，都可以解释做‘有背于善良风俗’，所以这种契约本身就没有法律根据，加上，带工头到乡下去，用欺诈性质的方法缔结契约，这一点也可以构成刑事上的犯罪，刑法第三十二章诈欺背信及重利罪项下第三百四十四条：

‘乘人急迫轻率或无经验，贷以金钱或其他物品，而取得与原本显不相当之重利者，处一年以下有期徒刑，拘役或科或并科一千元以下罚金。’

‘第三百四十四条，以犯前条之罪为常业者，处五年以下有期徒刑，得并科三千元以下罚金。’”

带工老板的重利，不能不说是“与原本显不相当”，加以他们以这种犯罪为常业，简直以两罪三罪并发的犯罪。

我可以诚实地告白，我有生以来第一次听到了所谓法律的“功用”！可是这制定得很冠冕堂皇的法律，果真能够有效地保护那千万无告的奴隶吗？我不能不进一步地追问了：

“那么，这种不合法的契约当然可以随意废弃的了？”

“不，那要当事人自己主张，民法总则第四章第七十四条规定了对于这种‘依当时情形显失公平’的契约，‘法院得因利害关系人之声请，撤销其法律行为，或减轻其给付。’这就是说：利害关系人不声请，法院是不管的。”

“既然这是一种‘有背于善良风俗’的社会现象，一种‘乘人危急轻率或者无经验’而用欺诈手段订结的契约，是一种‘使人居于类似奴隶之不自由地位的’犯罪，那么有维持社会秩序和保护人民之责的‘当局’和‘司法检事’，不是应该很快地检举这种不正和犯罪吗？——要那些在恶势力支配下的无知识无经验的可怜虫自己起来‘声请’，那不是实质上纵容犯罪吗？”

他沉吟了许久，慢慢地说：

“照理是这样的事，社会局应该出来讲话的。”

“这样的事不违背工厂法吗？”我提出了另一个问题。

“工厂法主要的对象是劳资的纠纷，所以对于这种‘包身制度’还是要用普通刑法来处理的，不过，假使男女工人年纪在十四岁到十六岁之间，那么照工厂法童工这项目之下，对于纱厂这种工作似乎是禁止的。”他又取出了一本很厚的书。“‘童工只准从事轻便工作’，‘有尘埃粉末或有毒气体散布场所之工作’是列入禁例的。”

方才感到的对于法律的天真的想法，象轻烟一样地消失了。天哪，到任便什么工厂里去看一看，照现行的法律讲，犯罪和不合法的事实不是太多了吗？英商纱厂里有六岁以下的童工，才出世的婴儿象物件一样地丢放在“有尘埃粉末和有毒气体散布”的机器身边，有人意识到这是犯罪的事吗？这是光天化日之下，警探保护着的工厂里俨存着的事实！——我知道，这一定是适合现社会善良风俗的事了。

在沪西白里南路，有鼎足而立的三个工厂，一个是中国人开的×新纱厂，一个是白俄开的×远板厂，另一个是日本人经营的丰田纺织会社。那儿不是租界，可是厂里有些什么事的时候，中国“当局”也许敢于处理×新，敢于干涉×远，而绝不敢碰一碰丰田。在中国人经营的纱厂，包身工制度已经渐渐的不“时行”了，可是，以吃人肉为常业的带工老板还集中在法律以外的东洋纱厂。在那“法律之外”的日商招牌之下，别说慢性的剥削，就是用凶器杀伤几个中国“奴隶”，有治安之责的人照例是不敢闻问的！我将这事实告诉了郑先生，他也只能报我以苦笑。

“在所谓‘友邦’的掩护之下，问题自然又作别论了，工厂检查制度，不是就遇到了很大的阻碍吗，问题，还是在紧紧地束缚着我们的整个的不平等条约！”

这结论是对的。我将从郑先生这儿得到的“法律根据”和那痛心的“别论”写信去告诉了冯先生和杏弟，她们那弱小的、可是不知道艰险的努力在死水一般的社会里能激起怎样的波纹，我还不曾知道。不过，我相信，这死水里面的生物还活着，她们应该动——而且是已经在动了。

1936年11月16日

（原载《包身工》，1978年11月人民文学出版社初版）

回忆与感想

夏　衍

一九二七年，我的组织关系在上海闸北区第三街道支部。那时，我做过一个很短时期的工会工作，认识了一些在纱厂工作的朋友。后来工作调动，就离开了。一九二九年年底，我住在沪东塘山路业广里，因为这是工人区，所以有几位做工人运动的同志还常常到我家里来“落脚”——把一套蓝布工人服放在我家里，他们穿了长衫或者西装到我这里来，换上工人装束到工厂去，工作完了之后再到我这里来换回原来的衣服。从这些同志的谈话中，我知道了“包身工”制度，和这些年轻女孩子们的非人的生活。一年多以后，上海艺术剧社被解散，我们组织了流动演剧队到工厂区去演出，为了找关系，我又和一个过去认识的、在基督教青年会办的工人夜校里担任教员的同志接上了关系（她就是我后来在《“包身工”余话》里写的那位冯先生）。她告诉了我许多关于包身工的事情。“一二八”战争后，沈西苓同志要写一个以上海女工为题材的电影剧本，我就把包身工的材料告诉了他。这就是后来由明星公司拍成的《女性的呐喊》。这是第一部写包身工的文艺作品，但是一方面由于我们对这方面的体会不深，生活不够熟悉，同时由于当时的环境限制，拍成之后又遭到了电影审查官的一再删剪，这部影片的成绩并不很好。但是，由于要写这部电影，我们又重新搜集了一些包身工的材料，了解得多了一些，包身工的悲惨生活更使我们这批知识分子感到“灵魂的震动”。我也看过不少描写女工生活的文艺作品，在日本的时候，我也看到过在资本主义世界里一致认为生活水平最低、劳动条件最坏的日本的纺织女工的生活，可是，拿日本女工来和包身工一比，那就是天堂和地狱了。这时候我才知道，在二十世纪的外国资本家在半殖民地中国经营的工厂里，原来还公然地保存着奴隶制度。我感到愤怒，我觉得非把这个人间地狱揭发出来不可，于是我决心写一篇小说，开始进一步的了解包身工的生活，但是后来因为工作忙，就搁下了。直到一九三五年，上海党组织遭到了又一次很大的破坏，我们文化方面的几个主要负责人都被捕了，组织上要我暂时隐蔽起来，我就利用这个机会，开始了有关包身工的材料的搜集。

经过“沪东公社”（进步分子利用基督教青年会的机构，在杨树浦办的一个以工人夜校为中心的服务组织）的同志们的介绍，我认识了一位在日本内外棉纱厂做工的青年团员杏弟。和她谈了几次之后，觉得真的要了解包身工的生活，单凭搜集材料是不行的，非得实地视察不可。我找到了一位在日本纱厂当职员的中学时代的同学，到包身工工作的车间去视察了几次，对她们的劳动条件有了一些了解，可是要懂得“带工头”对包身工的管理制度，她们的生活情况，那是非得亲自到包身工们住宿的工房去调查不可的。对现在的年轻工人来说，那种情况恐怕是已经很难于理解也很难于相信的了，在当时，包身工住的工房，实际上是一所管理得十分严密的监狱。包身工的工房，是由日本警察、巡捕、带工头手下的流氓紧紧地封锁着的，他们为了防止这群“奴隶劳工”和外界接触，任何“外头人”是不能走进这个禁区的。在《包身工》里我说过，这些“包身工”是“罐装了的劳动力”，资本家把她们密封起来，不让她们和外面的空气接触，这些话一点也没有夸张。为了突破这种封锁，我得到杏弟的帮助，混进去过两次，但是在这之后，就被带工头雇用的“下手”们盯住了。对于这种观察特别困难的，是包身工们一清早就进厂做工，晚上才回工房，所以要看到她们上班下班的生活，非在清早和晚间不可。当时我住在麦特赫斯德路（现泰兴路），离开杨树浦很远，这样，为了要在早上五点钟以前赶到杨树浦，就得半夜三点多钟起身，走十几里路，才能看到她们上班的情景。这样，我从四月初到六月，足足做了两个多月的“夜工”，才比较详细地观察到了一些她们的日常生活。由于她们受着三重四重的压迫，遭受过无数的磨难，所以这些小姑娘们是不敢轻易和人讲话的，不仅象我们这样的人，即使同厂做工的“外头工人”，要和她们讲话也是很困难的。杏弟是一个热心人，她为了帮助我了解情况，曾经几次赶上早班，混在她们队伍里面，打算向她们探听一些内部的情况，可是，当包身工们看了一下她的服装，打量了一下她的身分之后，很快地就“警惕”了，有的人根本不吭声，有的人甚至将她看成了“包打听”，用憎恶的眼光看她一眼。由此可见，在那种情况下，要真真听到她们心里想说的话，要了解她们心底的苦痛，是很不容易的。

关于她们的生活情况，根据当时我能够调查到的，都已经写在那篇报告里了。这是一篇“报告文学”，不是一篇小说，所以我写的时候力求真实，一点也没有虚构和夸张。她们的劳动强度，她们的劳动和生活条件，当时的工资制度，我都尽可能的作了实事求是的调查，因此，在今天的工人同志们看来似乎是不能相信的一切，在当时却是铁一般的事实。

现在回想起来，当时使我特别印象深刻的，是帝国主义、封建势力和流氓特务这一切恶势力的紧密结合。为了压迫和榨取这成千上万的孤苦无告的包身工，日本帝国主义者、工部局、带工头、老板、帮口头子、国民党特务、以至当地的地痞流氓，完全结成一条统一战线。在这个地方，既没有所谓国家主权、政府法律，更谈不上生活保障和人身自由。解放之后，在镇反运动的一次诉苦大会上，我听到过一个老年的纱厂女工说：“你们说，我们给资本家做牛马，其实呀，连牛马也不如，我们是苍蝇、蚊子一样的虫豸。东洋人老板和带工头打死一个工人，好象在地上踏死一个蚂蚁一样，一点也不算稀奇。”这是实话，一点也不假的。

解放之后，我去看过上海的曹阳新村、控江新村，我也曾陪外宾去看过工人医院。看到这些，不知别人是什么感觉，我却总会很自然地联系起包身工的生活。包身工的形象，想起来就会使软心肠的人流眼泪。什么面黄肌瘦、骨瘦如柴这些话，都是不能形容她们的真实情况的，没有病的包身工是很少的，最多的是肺病、脚气病、皮肤病。有些包身工的两只脚已经肿得象碗口一样粗了，还是成天成夜的站在机器旁边工作。去年冬天我在北京参观了一处女工宿舍，看到她们床边有书籍、报刊、雪花膏、香水等，我替她们感到了幸福。最初我混在包身工群中观察的时候，最使我受不了的是那种难闻的臭气。那时正是上海的五月黄梅天季节，包身工们是成年累月不可能洗澡、洗头和换衣服的，请你们设想一下，这是一种什么滋味！

我写那篇《包身工》是在一九三五年（发表是在一九三六年春），离开现在已经二十四年了，这样计算一下，对现在的青年工人来说，大概这些都已经是“历史上的陈迹”了。在那个悲惨的时代，今天的青年人还没有出世。那么，我想，回头来知道一点过去的事情，就会更深刻地感到作为一个毛泽东时代的工人的幸福。人吃人的社会，已经一去不复返了，工人给资本家当牛马，当虫豸的时代已经一去不复返了，可是我们得记住：要赶走帝国主义，要推翻这个人吃人的社会制度，我们的先人曾付出了无数的生命、血汗和眼泪。幸福，不是无代价可以得来的。为了今天的幸福，为了更幸福的将来，爱党、爱社会主义、为社会主义——共产主义的新中国而贡献出自己的力量，应该是我们青年一代的责任。

1959年

（原载《包身工》，1978年11月人民文学出版社初版）

《边鼓集》后记

夏　衍

这是我的第六本杂文集子。但是《从春到秋》、《转形期》两本一九四〇年在桂林夭折，不及和读者见面，《桂林论集》在香港排好付印的时候战争爆发，尸骨无存，因此，这就变成能够勉强出版的第三本了。——我用勉强这两个字，因为这本集子的篇幅本来还要多出三分之一以上，原来打算定名《屋上盆栽集》的，后来因为某种连自己也不明白的原因，剪贴好了的原稿"卧病"三月，最后是自己动手术，割掉三分之一，剩下与国家大事无关的部分，而这部分恰好都是谈到剧运的文章，于是就把名字改成《边鼓集》了。

边鼓，是站在旁边敲敲边鼓的意思。大家知道目前的戏剧运动是在紧张、散乱、而又使人焦虑的状态之下，替当事人着着急，打打气，有时候代人捏一把汗，出出外行主意，或者指出一些当事人忙迫中不及看到的现象……这就是在写这些文章当时的心情和目的。白尘兄《习剧随笔》的出版鼓励了我印行这个集子。船在险滩中不上不下的时候，不背纤不掌舵的乘客有时也难免惊骇呼号一下的，即使明知这呼号不一定对，也不一定有什么好处。

当然，我也不想讳言写了这些文章之后的寂寞。譬如《论正规化》这一篇发表之后，骏祥兄就从成都写信来代我寂寞过的，他说："我不知道有没有十个二十个人在想这些问题。"有没有人想到这些问题我不知道，但是这样一个问题提出之后引不起一点波纹却是事实。有人说，"形势比人还强"，那么好吧，也许在将来，形势会逼着我们去思考的。

1944年9月，重庆

（原载《边鼓集》，1944年10月美学出版社初版）

《劫余随笔》前记

夏　衍

自从以写文章作为我的主要的工作和职业以来，数到今年已经整整二十年了。近十年，写得特别多，抗战的八年中，没有一天停过笔，在《救亡日报》的四年间，除剧本外，平均一天总得写一千五百字以上，就形式说，除诗之外，什么东西都写，但说实话，什么也没有写好。文章写多了，常常自己也觉得腻，但回头看一看，自己觉得可安慰的是一直没有生病，一直没有偷懒，也一直没有沾上洁癖而已。

平生最怕被人称作什么什么家，我只想做一个用笔杆为人群服务的记者。写东西尽可能不署名，必须安上一个名字的时候也常常随意用一个笔名，用久了被人认识，就随意再换一个，好在这年头只有笔名不须要化钱。不署名或者不署真名，倒并不是怕负责任或者害怕，老实说过去这二十年可怕的年月中，怕用我这个名字的常常是报纸杂志的编者而不是我自己。由于这种原故，这二十年中，除出印了若干本翻译和十二三本剧本和小说之外，只印过两本杂文：《此时此地集》和《长途》，那还都出于出版者的怂恿。我相信，印出来的部分，数量上最多不过我所写的五分之一。因为作为一个新闻记者，我写得最多的是政论，杂文，新闻记事，和用“司马牛”这个笔名写的“三言两语”，和“蚯蚓眼”之类作为“补白”用的东西。写这些东西根本就没有保留的意思，所以写下印在报上或杂志上之后，就随着时间的经过而很快地忘掉了。

当然，在这些日常写下来的东西里，也偶有一些在当时或事后还可以使我们的敌人受到一点伤害，因此曾经有两次也曾想把它搜集起来出版的愿望，一次是一九四〇年在桂林，《救亡日报》出版部的朋友曾替我排印过两本政论集子：《转形期》和《从春到秋》，但校完打好纸版，却因审查不通过而流产，香港有朋友愿意帮我印行，可是把纸版寄出之后，就莫名其妙地“失踪”，现在，自然连内容是些什么也不很记得起了。另一次是在重庆，也是由于一个出版社的要求，自己编了一本杂文集子，因为我在《一个旅人的独白》里曾经自喻为一个失去了土地的农夫，当时我的报纸已经被封，我没有耕播的地方而又不甘怠惰，于是我想起了一幅北欧画家的油画：一个穷人在都市里的屋顶上浇灌盆花的情景，所以我将它取名为《屋上盆栽集》。不能在大地上耕种而只能在屋顶上栽一两棵草花，这是我在重庆四年间的心境，可是，不愿人世间有一点绿色的文化警察，竟连这一点可怜的“自慰”也不肯容许，最初是不准通过，后来经过出版者的交涉，请客，讲情，发下来的用“红铅笔”砍伐过的本子不仅已被删去了三分之一，而还禁止我用“屋上盆栽”这个名字，看内容，象被重庆耗子啃过的破絮，不论怎样委曲也已经补缀不起来了，我一气，索性不出版了。

我回叙这些，只想使不曾到过蒋管区的人们知道，这就是“抗日统一战线”时期我们这批人的遭遇。

一九四五年惨胜后回上海，我又整整不停笔的写了一年，当然依旧一点也不留下些什么。真的一点不留下吗？那也未必。举例说，我在《救亡日报》后身的《建国日报》上写过一个标题《两种》的小方框：其一，“战后的上海人最怕两种人，一种天上飞下来的，一种地下钻出来的”，其二，“上海人要房子只须两种条子，一种是金条，一种是封条。”而这个小方框，很快就传遍了上海，不是到今天也还有人提起它么？只要不单单为了稿费而写，只要写下来的多多少少能代表一点人民的意见，我相信即使不是长篇大论，即使是两语三言，同样的还是会给反动统治者以一点伤害——最少也会给他们以一点不痛快吧，我凭着这一点自信，就不论到什么地方，不论在什么时候，就要凭着这傻劲一直写，写，还要写下去的。

一九四七年上半年在新加坡，下半年在香港，这一年，写的并不比去年多，但写下来而手边可以搜集得起来的，就是这集子里的几篇而已，承朋友们替我剪辑起来，又幸亏香港还有可以让我印出来的方便，就这样让它印出来了。

人活着就应该劳动，人劳动就不该单为自己。使我觉得惶恐的，只是一直思想搞不通，包袱除不掉，以致尽管想做得多一点，做得好一点，而做出来的却只是如此微弱无力而已。

1947年除夕

（原载《劫余随笔》，1948年3月海洋书屋初版，
收入本书时，作者做了个别修改）

《蜗楼随笔》后记

夏　衍

这里搜集的是一九四八年在香港所写的文章，大半都是应杂志报纸编者的要求而写，这一年可以说是一个最重大的年头，但这一年我主要的时间几乎完全消费于琐碎的"事务工作"。过去若干年来勉强做到每天有一两小时读书和思索的时间，这一年连这习惯也打破了，几次想好好的调整一下自己的生活，让我能切实地读一点书，反省一下过去，缺点和弱点，但这希望都没有实现，生活象"车轮上的洋老鼠"，整天的跑着。结果呢，依旧在原来的位置，表面上的动，成了实质上的停滞。

因此，在这里的几篇文章都是勉强由编者先生们逼出来的，过后看看觉得很没有意思。一则由于答应了给人间书屋一部稿子无法交卷，二则由于洪遒、华嘉二兄已经把这几篇稿子剪辑起来，所以只能让这毫无分量的集子出版了。

（原载《蜗楼随笔》，1949年5月人间书屋出版）

《杂文与政论》后记

夏 衍

抗日战争时期，我写过五六本杂文集子，在桂林和重庆编集的，几乎全被禁止出版，连原稿也丢失了，在香港出过两本，现在也已经很难看到了。杂文与政论，我的确写了不少，但是自己很不珍惜，上面所说的那些集子，也都是报社和出版社的同志代我编集的，现在，连集子的名字也记不起来了。

解放以来，这一类文章写得少了，但也没有完全搁笔。去冬，北京出版社要我编一个集子，凑集起来，也只是薄薄的一本。我自问并不懒散，也还经常有“不能已于言”的冲动，写得少，朋友们替我解释，说是忙的缘故，其实，这一类文章不是长篇大论，过去也都是在业余时间写的，写少了，不外是旁人不来逼，和自己不逼自己的缘故。

现在搜集在这本集子里的文章，事实上都是逼出来的。报社和刊物出了题目叫我写，限期截稿，逼着写了，有时候内心激动，觉得非写不可，也就写出来了。由于这样，这本集子里的文章都是“急就章”。文章的好坏、工绌，表现着作者思想性和艺术性的高低，在此，可以自慰的是这些文章没有伪饰，出自真情。

1959年1月，北京

（原载《杂文与政论》，1959年3月北京出版社第1版）

《夏衍杂文随笔集》后记

夏　衍

开始写文章向报刊去投稿，记得大概是我十六岁那一年。中学生写的“作文”，被录用的机会当然是很少的。有一次一篇短文被上海《时报》的副刊录用了，得到的稿酬是“有正书局书券二角”，就是凭这张券，可以到有正书局去买两毛钱的书。五四运动之后，我参加了《浙江新潮》社，除在这个刊物上写过一些文章之外，还写了一些杂文、随感投到北京的《新青年》、上海《民国日报》的副刊《觉悟》和《时事新报》的副刊《学灯》，但是现在能回忆起来的，只有《新青年》作为“读者来信”登出了一篇，好象还在《觉悟》上发表过几篇，可是连题目也记不起了。

一九二〇年到日本，先是为了考官费，后来是功课忙，有一段时间没有动笔，后来读了郁达夫、陶晶孙的短篇，忽动写小说之念，一口气写了五篇，陆续寄给上海创造社办的刊物，结果是除出一篇之外，有的批上“不用”两个字，有的连这两个字也没有，一篇篇地退回来了。这件事打消了我写小说的念头。此后十二三年中一直从事翻译，一以练笔，二以糊口。一九三〇年加入了“左联”，“左联”机关刊物要我写文章，也只写了一些《欧洲文艺动态》、《高尔基新作简介》之类的东西，在“一二八”抗战时期写过一两篇类似报告文学的速写。一九三二年到明星影片公司，五十年代出的《中国电影发展史》里说我写过几个电影剧本。其实，这些所谓“剧本”，都是电影公司老板和导演提出一个故事，在编辑会议上讨论，然后写成梗概，再由这部影片的导演和我商量，替他出点点子，增改一些情节，然后由我给他们写出一个类似电影文学剧本的草稿。因此，那些影片里面虽然有我的想法、设计，乃至台词等等在内，但实质上说，这些都不能算是我的“创作”。我专心地写杂文、随笔，是在一九三三年，搞影评运动的时候开始的，但写的数量也不多。

一九三五年，一连串的党组织遭到破坏的事件，迫使我在一家小公寓里隐蔽了半年多。在这一段时间里，我是名符其实地足不出户，也不能和外面通消息，于是，只能看些旧书、笔记……作为消遣，日子久了，忽然又发生了利用这个机会写点东西的念头。我在这个时期内写了两个多幕剧和初步整理了《包身工》的材料。一九三五年到一九三六年，是一个时局变化最激烈的时期，当我重新和文艺界接触的时候，主要的工作已经不是文艺运动，而是救亡运动了。从这个时候开始，我就用各种化名在许多报刊上写鼓吹团结抗战的文章。这些都只能说是政论，或者时评，数目虽然相当多，但没有一篇是自己觉得满意的。一九三七年抗日战争开始了，我奉命办《救亡日报》，从此当了十二年的新闻记者。这段时期也写过几个剧本，但多半是在办报和统战工作的业余时间搞的“自留地”。在这十二年内，按写的东西的种类来排，最多的是社论、每周时事述评，这一类文章占了我毕生写作的最大部分；其次是偶有所感而写的杂文、散文、随笔；再其次才是话剧（这一段时间没有写过电影剧本）。在桂林办《救亡日报》时期，我每天写一篇一千字左右的社论（除因病有几次由廖沫沙同志代笔外），有时还得写一些新闻报导和补白。最近粗粗估计了一下，在这十二年中，我大概写过四五百万字，就形式说，除诗之外，什么东西都写，但说实话，什么也没有写好。文章写多了，常常自己也觉得腻，但回头看一看，自己觉得可安慰的一是在吃大锅饭和不拿稿费的情况下，一直没有偷懒；二是写下来的东西里也有一些在当时或事后还可以使敌人受到一点伤害。我平生最怕被人叫作什么什么家，只想做一个诚实的新闻记者，写这些文字根本就没有保留的意思，印在报上或杂志上之后，随着时间的推移也就很快地忘掉了。在抗日战争中和抗战胜利后，几位好心的朋友曾给我编印了五本杂文、随笔集子，这就是：《此时此地集》、《长途》、《边鼓集》、《劫余随笔》、

《蜗楼随笔》。解放以后，我担任了行政工作，写作的时间就少了。但每天写一点东西的习惯一旦养成了之后，要戒掉也是很困难的。因此，《新民晚报》在上海复刊的时候，我还应赵超构同志之约，化名给他每天写几百字的短文，大约持续了半年以上。此后，就是写应景文章和在文艺界集会上讲话的文稿。尽管这样，我在这一时期写的杂文也引起过两次不小的波澜。一次是一九五六年写的《废名论存疑》，另一次是一九六二年写的《从点戏谈起》，这些事现在想来都很滑稽。但是，就拿《从点戏谈起》这篇不满一千字的文章来说吧，当时就有人说，这是讽刺某某人，批评某某人，或者是某某人授意写的。从这件事看，我以为某些神经衰弱的人拿起镜子来照一照自己，可能都会有一点阿Q的影子吧。

这次应三联书店之约，重新编印了一部我的杂文随笔选。这本书是我所写的杂文随笔之类的文章的选集，包括前面说过的五本小册子和解放后出版的《杂文与政论》的大部分作品。从时间上说，这里收集的是抗战前后直到现在的文章。时过境迁，有些文章已经失去了它的作用，还有不少是过年过节应报刊编者要求而写的应景文章，这些东西都删去了。大凡我自己还有一点印象的文章，都收进去了。这样编集，内容必然很杂，除了战争时期的随笔、杂感之外，数量较多的是我自己写的剧本的序文、后记和有关戏剧运动的文章。由于整个集子大体上是按照几本小册子的出版顺序和文章发表的年代编排的，所以体例上显得不很统一，特别显眼的是《长途》、《走险记》、《广州在轰炸中》这些介于新闻报导和速写之间的文章，很难排在适当的地位。其中也有一些“遵命文学”，《论〈十五贯〉的改编》就是周恩来同志看了《十五贯》之后指定要我在两天之内赶写出来供座谈会讨论的。在这种情况下写的文章，当然在行家看来是浅陋的。

收在这本集子里的文章，除明显的误植和为了欺蒙审查官而有意用的曲笔之外，我都没有改动。时间差不多过了半个世纪，世界起了很大的变化，自己在颠沛中也获得了一些长进，但墨写的字是刀也砍不掉的。我以为还是一仍其旧为好。这样做也另有一层意思，就是留下这些记录，让现在的读者知道抗日战争时期我们这些人在蒋管区的遭遇。

从抗战开始，我一天不写东西的日子几乎是没有的，但这里有个很大的例外，那就是从一九六四年到一九七八年五月之间的十五年，我完全搁了笔，理由就不必在这里细说了。

由于我年来视力衰退，此书的收集、编排、校勘等工作，得到了范用、魏绍昌、常君实、黄会林等同志的帮助，对此表示衷心的感谢。

特别要感谢的是我的老战友廖沫沙同志，带病给我写了那篇认真的、但也使我感到惭愧的序言。

1979年12月17日

（原载《夏衍杂文随笔集》，1980年三联书店出版）

生平年表与著译系年

夏衍生平年表（初稿）

（1900—　　）

会林　绍武

1900年　　出生

10月30日（农历庚子年九月初八）生于浙江省杭县庆春门（太平门）外严家弄。

本名沈乃熙，字端轩。排行第八，上有四姐一兄，另一姐一兄早殁。

祖籍河南开封，南宋时移居临安。父沈学诗，字雅言，不第秀才，家居，业余学中医。母亲徐氏，主持家务，酷爱戏剧，故自幼经常随母观剧。

本年，发生义和团反帝爱国运动。“八国联军”侵犯北京。

1903年　　3岁

是年冬，父因中风去世，卒年四十八岁。家庭“穷困到靠典质和借贷度日”。（见《走过来的道路》，载《收获》1958年第3期）

1906年　　6岁

入私塾读书。

1907年　　7岁

7月，秋瑾就义于绍兴轩亭口。那时，“还在蒙馆念书，这一悲壮的消息传到杭州，也曾在我和同学们童稚的心灵中引起了震动”（见

《秋瑾不朽》，载1979年12月5日《人民日报》）。

1908年　　8岁

得姑母援助，入杭州正蒙小学。

10月，光绪卒，溥仪接位，年号宣统。

1911年　　11岁

与母、四姐住德清县舅父徐士骏家。

10月10日辛亥革命成功，首先剪掉辫子。

1912年　　12岁

寄居舅父家，进德清县立高小。

1914年　　14岁

高小毕业，名列第二。回到杭州，因贫困无钱进中学，曾在染坊店当学徒约半年。

这一个时期，因为“从小吃过苦，亲身经历过农村破产的悲剧，也饱受过有钱人的欺侮和奚落，因此，对旧社会制度的不满和反抗，可以说在少年时代就在心里扎下了根子。”（见《走过来的道路》）

上年，“二月革命”失败。10月袁世凯就任大总统。

1915年　　15岁

母校德清县高小以“品学兼优”，保送入杭州甲种工业学校染色科，成绩优良。“看到‘弱肉强食’的世界，油然而发生了富国强兵的爱国主义思想。”（见《走过来的道路》）

日本帝国主义提出灭亡中国的二十一条。袁世凯称帝。

9月，陈独秀等创办《青年》杂志。

1919年　　19岁

5月，北京发生五四运动。

在甲种工业学校读书，“十月革命的炮声使我震动了一下”（见

《走过来的道路》），作为“甲工”学生代表，参加五四运动；并参加发起浙江第一个宣传社会主义的刊物《双十》（二期后改名为《浙江新潮》），担任编辑工作。该刊三期后被查禁。

1920年　20岁

甲种工业学校毕业。“想到法国去勤工俭学没有成功，又因为毕业考试‘名列第一’的原故”，经校长许炳堃推荐，“由学校以公费保送到日本去‘深造’”。（见《走过来的道路》）

上海、北京、湖南、湖北等地及留法学生纷纷成立共产主义小组。

1921年　21岁

春，考入日本福冈户烟町的明治专门学校电机科。学习之余，利用学校图书馆，阅读哲学、文学书籍，如R. L. 史梯文生、狄更斯、屠格涅夫、托尔斯泰等人的作品。

7月，伟大的中国共产党成立。

文学研究会、创造社成立。

1923年　23岁

当时，正值日本左翼运动全盛时期，读了列宁的《共产主义运动中的“左派”幼稚病》。通过日本进步学生，认识了松本治一郎，支援“水平社”活动。

参加日本进步学生的“社会科学研究会”，读了《社会主义从空想到科学的发展》、《共产党宣言》等经典著作，“开始对科学的社会主义有了进一步的认识。”（见《走过来的道路》）

赴博多，访问郭沫若。

京汉铁路工人大罢工，“二七惨案”发生。

7月，暑假回国。

9月，东京大地震，参加中国救援日本地震活动。

1924年　24岁

1月，以国民党第一次全国代表大会为标志，开始了第一次国共合作，中国革命进入了新的高潮。

暑假，经朝鲜及我国东北回国度假。

10月，孙中山先生应段祺瑞邀请，离粤北上，途经日本门司。和数名中国留学生代表往见，经孙中山指定由李烈钧介绍加入中国国民党。

11月17日，《语丝》周刊创刊。

1925年　　25岁

由明治专门学校毕业，为继续取得“官费”，入九州帝国大学工学部冶金学科。

在九州著名的八幡制铁厂实习。

9月，赴东京，任国民党中央海外部直属驻日总支部常务委员、组织部长，在日本各地宣传革命，发展组织。

开始与日共接触，认识渡边政之辅。

孙中山逝世。

广东国民政府成立。

1926年　　26岁

在东京从事留学生和华侨的组织工作。

北京发生震惊全国的“三一八惨案”。

1927年　　27岁

4月，蒋介石叛变革命。东京的国民党西山会议派砸烂了左派的国民党驻日总支部。

5月，被迫回国，抵上海。寄居于中学同学蔡叔厚经营的“绍敦电机公司”，结识杨贤江、张秋人、李求实等。

6月，经“明专”同学郑汉先、庞大恩介绍，参加中国共产党，编入中共闸北区第三街道支部。组长钱杏邨（阿英），小组成员有孟超、戴平万等。主要从事工人运动，发行党的秘密刊物，搞集会，散传单，写标语等，直到1929年冬。后与陈望道、李初梨、冯乃超等办中华艺术大学。

8月1日，周恩来同志领导南昌起义。

同年，由同乡吴觉农介绍到开明书店译书。译本间久雄著《欧洲近代文艺思潮论》、倍倍尔著《妇女与社会主义》等书。

1928年 28岁

在上海，从事工人运动及翻译工作。

本年，经夏丏尊、方光焘介绍，到立达学园、劳动大学等校任教。

经郑伯奇介绍，认识鲁迅。

12月30日，"中国著作家协会"成立，会员九十余人，被选为九个执行委员之一。

1929年 29岁

10月，经党组织决定，参加筹组"中国左翼作家联盟"。筹备小组成员共十二人：鲁迅、郑伯奇、冯乃超、钱杏邨、阳翰笙、沈端先、蒋光慈、洪灵菲、冯雪峰、柔石、戴平万、彭康。

10月下旬，由潘汉年发起，与郑伯奇、冯乃超、陶晶孙及方从日本归国的叶沉（沈西苓）、许幸之等组织上海艺术剧社。首次提出了"普罗列塔利亚戏剧"这个无产阶级戏剧口号，并开始排练首次公演的三个剧目：德国米尔顿的《炭坑夫》（由沈端先导演），美国辛克莱的《梁上君子》（由侯鲁史导演），法国罗曼·罗兰的《爱与死的角逐》（由叶沉导演）。

同年，翻译高尔基巨著《母亲》，把第一部社会主义现实主义伟大作品首次介绍给中国人民，由陈望道主持的大江书铺出版；后被禁，改由开明书店出版，易名为《母》，署孙瑞光译，封面由红色换蓝色；后又改署孙光瑞译，不久又被禁。

12月，红四军召开古田会议。

1930年 30岁

1月6日，上海艺术剧社在宁波同乡会礼堂举行连续三天的首次公演。外国进步记者史沫特莱、尾崎秀实、山上正义等在上海外文报刊上作了介绍。上海话剧界知名人士田汉、洪深、应云卫、朱穰丞等到场观看。演出结束后开始筹备第二次公演。

2月，在党的领导下，与鲁迅、田汉、郁达夫、郑伯奇等五十二人发起成立中国自由运动大同盟。

3月2日，“中国左翼作家联盟”于中华艺术大学成立。被选为常务委员（常委共七人，其他为鲁迅、田汉、钱杏邨、洪灵菲、冯乃超、郑伯奇），分工负责对外宣传。

3月15日，与叶沉、冯乃超等共同编辑的左翼戏剧刊物《艺术》创刊，随即遭国民党反动政府查禁。《艺术》月刊上对有声电影的出现进行了讨论，以沈端先名撰文，认为有声电影“在一定时间之内”一定可以代替无声电影。

4月，艺术剧社第二次公演，担任舞台监督。剧目为独幕剧《阿珍》（冯乃超作）及据德国雷马克原作改编的《西线无战事》。4月28日晚，上海工部局查封艺术剧社社址，同时抄查中华艺术大学。不久，南国剧社在中央大戏院演出《卡门》，因内容“过激”，被勒令停演。到秋季，南国剧社亦被查封。

6月，与叶沉、冯乃超等编辑《沙仑》，仅出一期又遭禁。

《卡门》公演后一次戏剧界座谈会上，决定上海七个主要进步剧团（艺术、南国、辛酉、复旦、戏剧协社、摩登、大夏）联合起来，组织“上海剧团联合会”，共同推进“新兴话剧运动”。经种种周折，于8月1日组成“中国左翼剧团联盟”，与田汉、洪深、朱穰丞、应云卫等共同负责，为主要领导人之一。

夏，与蔡淑馨结婚。

6月至9月，中国共产党内发生李立三“左倾”路线。

1931年　　31岁

1月，由于艺术剧社、南国剧社先后被查封，“左翼剧团联盟”改组为个人参加的“中国左翼戏剧家联盟”（简称“剧联”）。

1月，党中央召开六届四中全会，王明“左倾”机会主义路线泛滥。

2月7日，“左联”五烈士柔石、胡也频、殷夫、李伟森、冯铿等遇难。

与田汉等组织“大道剧社”，开展学生、工人演剧运动。

参与“左联”的外围刊物《文艺新闻》编辑工作。

瞿秋白到上海，负责领导文化工作。

9月18日，日寇制造“九一八”事变。

1932年　　32岁

参加“一二八”淞沪战争的救护工作。

经党组织同意，应明星影片公司的邀请，与钱杏邨、郑伯奇担任编剧顾问。明星公司以黄子布（夏衍）、席耐芳（郑伯奇）、张凤吾（阿英）、郑正秋、洪深等人组成编剧委员会，负责电影剧本、电影故事、分场和分镜头剧本的创作、改编与修改工作。编写了中国最早的电影文学剧本《狂流》（默片）。

同年秋，成立党的电影小组，任组长，成员钱杏邨、石凌鹤、王尘无、司徒慧敏，电影小组开展剧本创作、影片评论、输送新人，并介绍苏联电影等项工作。翻译苏联普多夫金的《电影导演论》。

从5月起，电影小组陆续在上海主要报刊开辟电影副刊阵地，如《申报》本埠增刊的《电影专刊》，《晨报》的《每日电影》，《民报》的《电影与戏剧》，《时报》的《电影时报》，《中华日报》的《电影新地》等。

6月18日，在电影小组组织下，蔡叔声（夏衍）、郑平子（郑伯奇）、张凤吾（阿英）、洪深、沈西苓、尘无等十五人联名在《晨报》的《每日电影》副刊上发表《我们的陈诉，今后的批判》的声明，提出了电影批评工作的方针和任务。

12月，国民党政府在全国人民压力下，被迫与苏联复交。与鲁迅、茅盾、胡愈之、周扬、田汉、洪深、郑伯奇、钱杏邨、沈西苓、沙汀等五十余人联名致电苏联人民委员会表示热烈祝贺。

1933年　　33岁

2月，苏联有声电影《生路》在上海公映，以黄子布笔名与洪深、沈西苓等在《晨报·每日电影》副刊发表评论和介绍。

2月9日，中国电影文化协会正式成立，被选为执行委员。

3月5日，以丁一之笔名编剧的《狂流》摄制完成，由程步高导演。在中央大戏院、上海大戏院公映。

同时，以蔡叔声笔名改编茅盾的著名短篇小说《春蚕》为电影剧本，由程步高导演，这是中国新文艺作品搬上银幕的第一次尝试。

6月，为配合苏联影片《生路》的上映，以丁谦平笔名译《生路》文学剧本，连载于《明星月报》，为我国翻译的第一个苏联电影剧本。

6月18日，杨杏佛被刺。

上海文化界举行反法西斯大会。

沈西苓编导第一部以女工生活为题材的影片《女性的呐喊》，为之提供关于包身工的素材，并帮助对剧本进行修改补充，于本年摄制完成并上映。

同年，编写暴露都市中贫富悬殊阶级对立的影片《上海二十四小时》，由沈西苓导演。

同年，以丁谦平笔名编写反映店员生活的影片《脂粉市场》，由张石川导演。在通过电影检查时，公司屈从反动派压力，修改影片结尾，歪曲原作思想。为此，以丁谦平、蔡叔声笔名在《晨报·每日电影》副刊上发表郑重声明。

9月，与田汉、阳翰笙等参加艺华影片公司，继续电影剧本编制。

9月30日，参加由宋庆龄主持的世界反对帝国主义战争委员会在上海秘密召开的远东会议，与法国著名作家古久列缔交。

10月，反动政府发出查禁普罗文艺的密令。

11月12日，艺华影片公司被法西斯特务组织蓝衣社捣毁。13日，国民党上海市党部组织"上海电影界铲共同志会"，发出警告信，声称："对于田汉（陈瑜）、沈端先（即蔡叔声、丁谦平）……所导演、所编剧、所主演之各项鼓吹阶级斗争、贫富对立的反动电影一律不予放映，否则必以暴力手段对付……"

冬，瞿秋白、冯雪峰离沪赴中央苏区。

是年，希特勒执政，纳粹德国侵犯世界。

1934年　　34岁

1月，反动当局为配合第五次反革命军事"围剿"，组织"中国青年铲共大同盟"散发"铲除电影赤化宣言"，对左翼电影工作者及进步影片进行恫吓、迫害，声称：田汉、沈端先、钱杏邨、沈西苓、楼建南、许幸之等“赤色作家或共产党徒”，已被他们“呈请政府通缉”，“各公司对彼等所编剧本，绝对不得采用”。

为明星公司编写了以抗日为题材的电影剧本《同仇》。由程步高导演，于4月下旬在上海首次公映。

6月，左翼影评工作者对“软性电影”论展开斗争。13日，以罗浮的笔名发表文章《软性的硬论》；21日，又以同一笔名在《大晚报》撰文:《告诉你吧——所谓软性电影的正体！》。以后又接连写了《玻璃屋中的投石者》、《白障了的“生意眼”》等文进行论辩、批判。

7月，赴日本，晤尾崎秀实。

由郑正秋、洪深、阿英、郑伯奇、沈西苓等人各写一段故事，由夏衍汇总，完成电影剧本《女儿经》，由李萍倩、吴村、程步高、陈铿然、郑正秋、姚苏风、沈西苓、张石川等分别导演，于10月上映。

10月，在反动当局迫害下，被迫退出明星公司。电影小组领导的编委会在11月正式宣布撤销。

同月，转移到联华影片公司，担任特约编剧，代编电影剧本《春到人间》。

同月，党中央决定红军北上抗日，开始二万五千里长征。

冬，与司徒慧敏、孙师毅等组成电通影片公司。袁牧之、应云卫、许幸之、陈波儿、王莹、蔡若虹、聂耳等参加。

于伶、张庚、章泯等组织“业余剧人实验剧社”（简称“业实”），为之改编爱尔兰剧作家西恩·奥凯西的四幕剧《朱诺和孔雀》为《醉生梦死》，由李琳（孙维世）主演，在上海演出。

是年介绍聂耳入党。

1935年 35岁

1月，红军长征到达遵义，在著名的遵义会议上，结束了王明“左”倾机会主义路线在党内的统治，确立了毛泽东同志的领导地位。

2月，中共江苏省委及上海文委被敌人破坏，文委成员阳翰笙、田汉、杜国庠被捕，被迫离家避难。不久，共产国际远东情报局亦遭破坏，由于叛徒出卖，受到敌人追捕，避居在上海一家俄国人开的小公寓中，直到当年冬季。

为“业实”演出需要，创作独幕剧《都会的一角》、《中秋月》。《都会的一角》由“业实”演出时，曾因其中一句有关抗日的台词，遭上海工部局捣乱，后被禁演。

避难期间搜集材料，创作第一部讽喻剧《赛金花》，是“在那种政治环境下表达一点自己对政治的看法”（见《历史与讽喻》，载《文学界》创刊号，1936年6月出版）。写完后，请人带到北平，再邮寄上海《文学》杂志投稿。

3月，瞿秋白在福建长汀被捕，6月牺牲。

为田汉所作《风云儿女》写电影文学剧本，由许幸之导演，于5月公映。

8月1日，中共中央发表《为抗日救国告全体同胞书》（即“八一”宣言）。

8月，为电通公司所作的影片《自由神》拍成，由司徒慧敏导演。

12月9日，北平掀起“一二九”爱国学生运动。25日，中共中央在陕北瓦窑堡召开政治局会议，通过《关于目前政治形势与党的任务决议》。27日，毛泽东同志作《论反对日本帝国主义的策略》报告。

与周扬、胡乔木、章汉夫等筹备恢复“文委”。

年底，电通影片公司宣告结束。

1936年　　36岁

年初，修改1935年编制的电影剧本《压岁钱》，供改组后的明星影片公司拍摄。由张石川导演。为避反动当局注意，编剧用洪深的名义。

2月，“左联”解散，筹组中国文艺家协会，通过新文委提出“国防文学”口号。

4月，与洪深、沙汀等创办《光明》半月刊。

4月，《文学》杂志6卷4期刊出《赛金花》，从此以夏衍的笔名出现于文坛（“夏衍”二字，取自父字“雅言”之谐音）。

6月，写成报告文学《包身工》，发表于《光明》杂志创刊号。

同月，《文学界》创刊号刊载为《赛金花》而写的文章《历史与讽喻》。同期刊有《赛金花》座谈会记录，座谈会有张庚、章泯、尤兢、周钢鸣等十余人参加，由凌鹤主持。

10月19日，中国文化革命的主将，伟大的文学家、思想家和革命家鲁迅在上海病逝。

11月，四十年代剧社于上海首演《赛金花》，由尤兢、史东山、洪深、凌鹤、孙师毅、应云卫、司徒慧敏、欧阳予倩等组成导演团，执行导演洪深。

12月，写成歌颂中国第一位为革命献出头颅的女杰秋瑾的历史剧《自由魂》（后改名《秋瑾传》），载于本月出版的《光明》2卷1期。同时，由生活书店出版单行本。.

12月，《赛金花》在南京上演，旋被国民党反动政府禁演，代之以《自由魂》。

12月12日，发生震动世界的西安事变。

筹组上海文化界救亡协会。

1937年　　37岁

初春，应“业实”之约写作三幕剧《上海屋檐下》。此剧的写作“开始了现实主义创作方法的摸索”（见《〈上海屋檐下〉后记》）。

2月26日，因话剧《阿比西尼亚的母亲》于上海大戏院演出，被意大利水兵捣毁，与周扬、欧阳予倩、袁牧之、蔡楚生、尤兢、冼星海等一百二十一人联名发表《反对意国水兵暴行宣言》。

4月初，母亲病逝，终年八十岁。奔丧杭州。

4月，协助沈西苓、尤兢、凌鹤等集体创作国防戏剧《撤退赵家庄》。

4月，因影片《十字街头》中的东北三省地图及《思故乡》歌曲等被工部局剪掉，与尤兢、阿英等在座谈会上提出抗议。

6月27日，参加茅盾、周扬、巴金、立波、任白戈、郑振铎等一百四十余人联名发表的《反对日本〈新地〉辱华片宣言》，在广大民众声讨下，《新地》停止放映。

6月底，《上海屋檐下》脱稿。11月由戏剧时代出版社出版。

7月7日，芦沟桥事变，中日战争全面爆发。

7月28日，上海文化界救亡协会成立，当选为理事。

7月29日，郭沫若自日本回国。

8月4日，上海电影编剧导演人协会成立，当选为常务理事。

“业实”筹备上演《上海屋檐下》，演员为赵丹、赵慧深、陶金、王为一、章曼苹、叶露茜等，导演史东山，预定于8月15日上演，但因“八一三”上海抗战的炮声，使演出中辍。

协助于伶等组织“抗敌演剧队”。

8月24日，与郭沫若等创办上海文化界救亡协会机关报《救亡日报》，任总编辑。周恩来同志指示：以宣传和统战为工作重点。

同时，参加以上海剧作者协会扩大组织的中国剧作者协会。与章泯等集体创作抗战话剧《保卫芦沟桥》，并参加有于伶等人的演出委员会。

协助郭沫若组织“战地服务队”。

10月12日，上海沦陷，《救亡日报》被查封。与梅益、姜椿芳等出版《译报》。

12月，接郭沫若电，由沪经香港到广州，筹备复刊《救亡日报》。

1938年　　38岁

元旦，《救亡日报》在广州复刊，仍任总编辑。

1月29日，中华全国电影界抗敌协会成立，当选为理事。

3月，中华全国文艺界抗敌协会在武汉成立。

4月下旬，送日本反战作家鹿地亘、池田幸子夫妇至汉口，并向周恩来同志汇报工作。一周后返广州，继续主持报社工作至10月。

5月，《自由中国》1卷2号发表《抗战以来文艺的展望》，辑录了与郭沫若、老舍、郁达夫等在座谈会上的发言。

9月，由郭沫若任厅长的军委会政治部第三厅领导下的中国电影制片公司加强编导委员会，被聘请为特约编导委员。

9月初，中华全国戏剧界抗敌协会决定以双十节为中国第一次戏剧节，接田汉自武汉来电，要求广州届时举行盛大公演。为此应约于9月20日写成四幕剧《一年间》。

应蔡楚生之约，写电影剧本《白云故乡》提纲，由司徒慧敏导演。1940年1月正式上映。

10月21日，广州沦陷。《救亡日报》出至最后一日。在敌炮声中率最后一批同人步行逃难离广州。途经肇庆、柳州，跋涉十余日，于11月7日晚到达桂林。

11月10日，到长沙，向周恩来同志请示《救亡日报》在桂林复刊事，适遇长沙大火。周恩来同志交付任务：护送鹿地亘夫人及于立群去桂林，并指示与各抗敌演剧队联系。

11月下旬抵桂林。

12月3日，因《救亡日报》经费无着，经广州湾赴香港筹款，12日到达。经廖承志拨与华侨捐赠抗战经费，并得何香凝先生大力协助，得款数千元。29日动身经越南回桂林。于1939年1月12日抵桂林。

1939年　　39岁

1月10日，《救亡日报》在桂林复刊，仍任总编辑，主持社务并撰写文稿。并做统战工作。

第二次世界大战爆发。

1940年　　40岁

为响应上海《戏剧与文学》杂志提出的“表现上海”的号召，于5月30日完成四幕话剧《心防》。

7月，与秦似、孟超、聂绀弩、宋云彬等创办刊物《野草》。

7月，法国受德寇入侵而迅速崩溃，法国政府投降，为此写《资产阶级无祖国！》和《起来，法兰西的人民！》二文。

9月，为《救亡日报》募集基金，经四个月筹备，《一年间》在桂林上演，此前为同一目的在重庆上演。

参加胡愈之、范长江等组织的“国新社”及范长江、陈同生等组织的“中国青年记者协会”。

12月5日，完成四幕话剧《愁城记》。次年5月由上海剧艺社在沪公演。

1941年　　41岁

1月，国民党反动派制造震惊世界的皖南事变，并在全国发动第二次反共高潮。因《救亡日报》拒绝刊登国民党中央社诬蔑新四军的消息，当日报纸被全部没收。周恩来同志急电命立即转移香港，建立对外宣传据点。

旧历除夕，深夜处理完报社有关事务，次日离桂林，晚抵香港。

2月，任中共香港工委成员。

3月1日，《救亡日报》在桂林被查封。

4月，在廖承志领导下，与邹韬奋、范长江、杨潮、乔冠华等在港创办《华商报》，任编委，分管文艺副刊。并以《华商报》为联络点，与爱国民主人士广泛联系，从事党的统战工作。

进步电影工作者以《华商报》为主要阵地，对香港电影的现状与问题进行认真分析、讨论。为此撰写了有关文章。

11月17日，重庆《新华日报》载《救亡日报》留港同人夏衍等为郭沫若50诞辰暨创作生活25周年而发的电贺词。

写长篇小说《春寒》，连载于邹韬奋主编的《生活》杂志。

12月8日，太平洋战争爆发。25日港英当局投降，香港沦陷。在港进步文化人在廖承志等同志安排下，大部经东江游击区回内地。

1942年　　42岁

1月末，化名黄坤，与金仲华、蔡楚生、司徒慧敏等由香港乘渔船经澳门，又经上水、下水、台山、都斛、柳州，于2月5日到达桂林。受到田汉、洪深等极热烈的欢迎。

到桂林时，恰遇《愁城记》由艺术馆上演于金城大戏院，欧阳予倩导演。

与田汉、洪深合作话剧《再会吧，香港》，在桂林演出当晚被查禁。后改名《风雨归舟》仍在桂林上演。

接周恩来同志电，4月9日飞重庆。

任中共南方局重庆办事处文化组副组长（组长徐冰），负责文化界统一战线工作；并任《新华日报》特约评论员。

6月，写成四幕剧《水乡吟》。

7月，与于伶、司徒慧敏、金山、宋之的等创办“中国艺术剧社”。

8月，完成五幕六场话剧《法西斯细菌》。

10月17日，《法西斯细菌》由中国艺术剧社在重庆上演，耿震、白杨主演。

本年，在《新华日报》副刊及其他报刊上撰写评论、杂文等文章。

1943年 43岁

春，在陈鲤庭、白杨怂恿下，改编托尔斯泰名著《复活》为五幕六场话剧。由中国艺术剧社为中苏文化协会筹款公演，白杨、耿震主演。演出时苏驻华大使莅场观剧。

夏，夫人携子女自上海抵重庆。

9—10月，与于伶、宋之的合作五幕七场话剧《戏剧春秋》，以纪念应云卫"四十初度"。此剧上演场次多，后由重庆未林出版社出版。

1944年 44岁

继续《新华日报》评论工作及党的统一战线工作。

5月，开始写作四幕话剧《离离草》，12月校改完毕。

9月，辑1942—1944年间写的29篇关于戏剧的短论、散文、杂感而成《边鼓集》，由美学出版社出版。

《法西斯细菌》以《第七号风球》代名，由重庆文聿出版社及重庆上海印书馆分别出版。

与宋之的、于伶合作多幕话剧《草木皆兵》。

1945年 45岁

春，创作四幕活剧《芳草天涯》，9月在重庆上演。

4月，任《新华日报》代总编辑。

8月14日，日寇正式宣布无条件投降。

8月15日，中国人民抗日战争胜利。

8月28日，毛泽东同志赴重庆谈判。至机场欢迎毛泽东同志，按周恩来同志指示，为《新华日报》写当日报导。

9月下旬，奉周恩来同志命赴上海，重建《救亡日报》，出版时改名《建国日报》，于10月10日复刊，至10月24日被国民党当局查封。

与徐迈进、梅益等筹备《新华日报》沪版。

与姚溱、金仲华等出版《消息》三日刊。

在唐弢、柯灵联合主编的刊物《周报》及《文摘》上连续发表文章，反对国民党政府发动内战。

1946年　　46岁

6月，至南京梅园新村中共代表团工作。

8月，周恩来同志派赴新加坡，了解战时在南洋一带的文化界人士情况，宣传国内形势、党的政策，调解各方面的关系，加强党的统战工作。

10月，抵香港，作去新加坡的准备。

为《野草》在港复刊撰文，连续发表《复刊私语》等多篇文章。

1947年　　47岁

3月20日，延安被蒋军攻占的第二天，化名抵新加坡。见胡愈之等，撰写《南侨日报》社论：《延安失守后的形势》。向著名爱国侨界领袖陈嘉庚转达周恩来同志的问候并介绍国内情况。

由陈嘉庚任命为《南侨日报》主笔，为报纸撰写社论、专稿。

4月27日，在《南侨日报》副刊《星期俱乐部》上撰文《八年的苦白吃了吗？——致东山及诸友》，对影片《八千里路云和月》的上映表示祝贺。

在新加坡为香港《华商报》等进步报刊募捐、筹款，得四万余叻币汇港。

8月，被新加坡当局“礼送出境”，返回香港。

1948年　　48岁

担任中共华南分局委员，香港工委委员（后任书记），负责统战工作。

任《华商报》编委，编副刊《茶亭》。以汪老吉的笔名每天写一短评、杂感。

在周恩来同志领导下，争取各党派的爱国人士赴解放区参加“新政协”。从1948年至1949年5月，有各党派负责人二百余人经香港赴东北、华北解放区。

与文艺界其他朋友联名写信给蔡楚生及《一江春水向东流》的全体创作人员，赞扬他们获得的重大成功。

参加中华全国文艺协会香港分会，在新闻战线开展进步文艺运动。

在《华商报》与六友人合作“七人影评”，展开电影批评和理论斗争。

在《华商报》发表黄谷柳的长篇小说《虾球传》及刊登进步文化人作品、文章。

1949年　　49岁

1月31日，北平和平解放。

4月21日，解放大军胜利渡过长江。23日，南京解放。

4月，接中央电示，乘船回北平，准备接管上海文教工作。29日与潘汉年、许涤新等由港北上，5月4日到塘沽。

5月5日抵北平，接受毛主席、周副主席指示后，14日由津浦路南行，经济南、徐州，于5月24日抵丹阳第三野战军总部。同行者有许涤新及盛丕华、胡厥文等。

5月27日随陈毅司令员进驻上海，任上海军事管制委员会文教管制委员会副主任，接管上海市的文化工作。

后任中共上海市委常委、市委宣传部长、上海市文化局长、华东军政委员会委员、华东局宣传部副部长及上海中苏友好协会副会长等职。

7月，全国第一次文代会，因接管工作繁忙，未能参加。

7月25日，中华全国电影艺术工作者协会在北平成立，当选为委员。

9月，至北平参加第一次全国政治协商会议。

10月1日，参加开国大典。

10月，陪同苏联作家法捷耶夫为首的苏联文艺科学工作者代表团访沪。

被任命为外交部亚洲司司长。

1950年　　50岁

写反特影片《人民的巨掌》电影剧本提纲。

以各种笔名为《新民晚报》撰文，为期约一年。

7月24日，上海文代会开幕，推选六十人主席团，任总主席，作《更紧密地团结，更勇敢地创造》报告。大会29日闭幕，正式成立上海市文联，被选为主席，巴金、冯雪峰等为副主席。

1951年　　51岁

因兼职过忙，请求免去市委宣传部长及文化局长职务。

4月底，随林伯渠为团长、沈钧儒为副团长的中苏友好代表团赴苏联，任秘书长，参加五一节庆祝活动。

6月，以沈钧儒为团长、夏衍为副团长的中德友好代表团赴东德。

7月，由德回国，适逢开展对电影《武训传》的批判，作检查。

兼任上海市委外事委员会副主任。

1953年　　53岁

初夏，写五幕六场话剧《考验》初稿。

9月23日，赴京出席中国文学艺术工作者第二次代表大会，至10月6日闭幕。被选为中国文学艺术界联合会理事。

10月4日，中国作家协会正式成立，被选为理事。

10月19日，在上海文艺界举行的纪念鲁迅先生逝世十七周年座谈会上发表讲话。

11月6日，华东作家协会成立大会。陈毅同志作目前形势与过渡时期总路线、总任务报告。7日，结合华东的创作情况，向大会传达全国作协代表大会的精神，9日，大会闭幕，被选为华东作协主席。

1954年　　54岁

3月，以丁西林为团长、夏衍为副团长的中印友好代表团访问印度。

8月底，华东地区举行话剧观摩演出大会，《明朗的天》、《考验》等作为优秀剧目演出。

9月25日，华东区戏曲观摩演出大会在上海举行。参加汇演剧种36个，剧目158个。闭幕时，作《为提高和发展新时代的戏曲艺术而奋斗》的总结报告。

10月5日，在北京出席中国文联第二届全国委员会第二次会议，对一年来文艺创作及批评工作进行讨论，在会上做了发言。

11月，被任命为国务院文化部副部长。

随谭震林同志到浙江视察，探视故居。

1955年　　55岁

3月，以华东代表身份赴京参加党的全国代表会议，批判高饶反党集团。

4月11日，参加文化部、中国文联、全国剧协联合举行的梅兰芳、周信芳舞台生活五十周年纪念会，并讲话。

6月，瞿秋白殉难二十周年，迁墓八宝山安葬。在《文艺报》发表纪念文章。

7月，到文化部任职，分管电影与外事工作。

1956年　　56岁

3月15日，全国青年文学创作者会议开幕。在会上作了《知识就是力量》的报告。

3月，文化部向全国文艺团体推荐昆曲优秀剧目《十五贯》，周恩来同志指出这个戏是“百花齐放，推陈出新”的榜样。5月17日，在《人民日报》发表评介文章《论〈十五贯〉的改编》。

4月28日，《人民日报》报道，由夏衍改编的鲁迅著名小说《祝福》将摄成电影。

10月19日，为纪念鲁迅逝世二十周年，《祝福》在全国开始放映。

1957年　　57岁

1月，与田汉、欧阳予倩、阳翰笙等联名向话剧界发出举办话剧运动五十年纪念及整理话剧运动史资料、出版“话剧史料集”的建议。

9月，去越南签订中越文化协定。

1958年　　58岁

年初，将茅盾著名短篇小说《林家铺子》改编为电影剧本。

3月13日，著名京剧艺术家程砚秋逝世。撰写悼文《一个最有才能的党员艺术家去世了》。

由春季开始，在北京电影学院为导演班讲授关于电影编剧的课程，历时半年。讲稿经改写、补充后，陆续在《中国电影》杂志发表。

11月，撰文悼念飞机失事遇难的著名学者郑振铎同志：《郑振铎同志的一生》。

从9月下旬到12月，赴天津、济南、合肥、上海、杭州、南京、广州、南昌、南宁、云南等地，视察电影工作。

1959年 59岁

3月26日，《文艺报》第八期《五四运动四十周年纪念专号》“文学革命与文学传统笔谈”栏内刊载与其他五位同志的发言。

4月，据陶承《我的一家》改编的电影文学剧本《革命家庭》，在《中国电影》本月号刊载。

8月，赴德意志民主共和国访问。

9月，与司徒慧敏、张骏祥、秦怡等组成中国电影代表团参加莫斯科的苏联电影节。

秋冬，因在检查献礼影片落实情况的电影制片厂厂长会议上提出“题材要广阔一些”的意见，“反右倾”运动中受到批判。

1960年 60岁

7月22日，全国第三次文艺工作者代表大会开幕。周恩来、朱德、宋庆龄、邓小平等党与国家领导人出席大会。8月14日闭幕。当选为全国文联副主席。

8月，以中捷友好协会会长身份，赴捷参加捷克斯洛伐克全国运动大会。

12月，参加以郭沫若为团长的中古友好代表团，经瑞士赴古巴访问。

冬，1959年“反右倾”时受到的错误批判得到甄别平反。

12月29日，在影协讲话，传达周恩来总理要求提高艺术质量的指示。

1961年　　61岁

6月26日，在《文艺报》第六、七期“题材问题”专栏发表题为《题材·主题》的发言。

12月，参加七千人大会。

1962年　　62岁

2月12日，亚非作家会议在开罗举行。任中国作家代表团副团长，出席会议，16日结束。

由埃及回国，在广州参加全国话剧、歌剧创作座谈会筹备会议，并在3月3日开幕时听取了周恩来同志、陈毅同志的报告后，翌日随周恩来总理回京。

5月起，与吴晗、廖沫沙、孟超、唐弢为《人民日报》副刊杂文专栏“长短录”撰文九篇，署名黄似。

5月23日，撰文纪念《在延安文艺座谈会上的讲话》发表二十周年。

9月21日，著名戏剧家欧阳予倩病逝。24日，在首都各界公祭会上致悼词。

1963年　　63岁

5月22日，《大众电影》举办第二届“百花奖”揭晓，召开授奖大会，周恩来总理、陈毅副总理出席。以文化部副部长身份在会上发言。

上海市委主要负责人提出“写十三年”谬论，反对“三十年代”文艺，为林彪委托江青炮制《部队文艺工作座谈会纪要》准备条件。

12月12日，毛主席发表关于文学艺术的第一个批示。

刘少奇同志召集在京文艺工作者开会，讨论文艺界整风问题。

1964年　　64岁

年初，文化部、全国文联开始整风，批判电影《早春二月》、《舞台姐妹》等。

6月27日，毛主席作关于文学艺术的第二个批示。

1965年 65岁

年初，由国务院正式免去文化部副部长职务。

心脏病发，养病。

秋，任对外文委亚非拉文化研究所研究员。

1966年 66岁

2月，去山西介休参加“四清”运动。

4月，见报载林彪委托江青炮制的《纪要》，自动返京“投案”。

6月，集中于社会主义学院办强制性的讲习班。

8月，讲习班取消，被关在文化部内。

8月18日以后遭到“游斗”。

12月4日深夜，被红卫兵带走，此后直至1975年，被“监护”八年零七个月。

1975年 75岁

7月12日，专案组通知“宽大处理”，出狱。

8月26日，专案组作结论：政治历史无问题。

1976年 76岁

1月，周恩来总理与世长辞。参加遗体告别。

7月6日，朱德委员长病逝。

9月9日，毛泽东主席病逝。

10月6日，打倒“四人帮”，举国欢腾。

1977年 77岁

冬，任中日友协、对外友协副会长，对外友协党组副书记。

1978年 78岁

2月，第五届全国人民代表大会在北京开幕。参加中国人民政治协商会议第五届全国委员会，被选为常务委员。

5月，参加中国文联第三届全委会第三次扩大会议，作题为《生活、知识、技巧》的发言。

6月，为纪念钱杏邨同志，为《阿英剧作选》写代序：《忆阿英同志》。

8月18日，《人民戏剧》第8期刊载在全国戏剧创作座谈会上的发言《从广州会议谈起》。

12月，中国共产党十一届三中全会在北京举行。

冬，赴广州，参加广东省文联成立大会。

1979年　　79岁

1月30日，参加中国影协的春节茶话会，并发言。

2月13日，在文化部电影局召开的故事片厂厂长会议上讲话:《反映人民群众迫切关心的问题》。

3月3日，参加科教电影事业规划会议并讲了话。

3月，因十二指肠溃疡住院治疗。

4月，写纪念五四运动六十周年的文章《“五四”杂忆》。

5月，为田汉同志得到昭雪平反，撰写文章《悼念田汉同志》。

5月，为纪念上海解放三十周年，写《从心底里怀念我们的好市长——纪念上海解放三十周年》一文。

6月7日，在老作家、艺术家与电影学院编剧进修班应届毕业生会见会上作了《多读书，勤练笔》的讲话。

7月23日，应北京市文联约请，向北京市业余作者讲话，题为《解放思想，勤学苦练》。

8月4日，为指导青年业余作者，写《给一位青年作者的信》。

9月，在文化部文学艺术研究院电影研究室召开的建国三十年电影创作经验座谈会上讲话。

9月，在文化部电影局召开的庆祝建国三十周年献礼影片导演座谈会上讲话。

9月，为纪念秋瑾烈士诞辰一百周年，撰写《秋瑾不朽》。

10月30日，出席中国文学艺术工作者第四次代表大会，被选入大会主席团。

11月4日，出席中国电影工作者协会第二次会员代表大会，并就电影战线解放思想、总结经验、团结一致向前看的问题作了讲话。10日，当选为中国电影家协会主席。

11月10日，出席中国戏剧家协会第三次代表大会，被选为中国戏剧家协会理事。

11月16日，在全国第四次文代会上再次当选为全国文联副主席。同日下午，在大会闭幕式上致闭幕词。

1980年　　80岁

1月，中国作家协会主席团会议决定设立“作家权益保障委员会”，任主任委员。

2月，参加剧本创作座谈会，并讲话。

2月，参加中国电影家协会春节茶话会。

3月，参加纪念“左联”成立五十周年大会，撰写《左联杂忆》等回忆文章。

7月，去上海治疗眼病。

9月，参加对外友协、中国电影家协会为荷兰著名导演尤里斯·伊文思从影五十周年举行的报告会。

9月，率领中日友好代表团赴日本访问。

1980年11月

夏衍著译系年

（1919—1981年）

陈　坚

1919年

评杭州的四家日报

载《双十》1919年10月创刊号，署名宰白。

印刷物也要管理的么

载《浙江新潮》1919年11月第1号，署名宰白。

你没有看见么

载《浙江新潮》1919年11月第1号，署名宰白。

1920年

泰兴染坊的调查

载《浙江甲种工业学校校友会年刊》1920年7月，署名沈乃熙。

染色理论（日，武荣之进著）

载《浙江甲种工业学校校友会年刊》1920年7月，沈乃熙、毛文麟译。

1921年

晚上的火车（日，金子洋文著）

1921年4月7日译。载《地狱》，1928年7月15日上海春野书店初版，署名端先。

1922年

地狱（日，金子洋文著）

1922年7月28日译。载《地狱》，1928年7月15日上海春野书店初版，署名端先。

1923年

船上

载《创造日汇刊》1923年合订本，署名沈宰白。

残樱

载《平民》1923年第143期，署名宰白。

被杀了的火鸡（日，金子洋文著）
1923年4月30日译。载《地狱》，1928年7月15日上海春野书店初版，署名端先。

1926年

从日本来的消息（通信）
载《洪水》1926年6月第2卷第19期，署名沈宰白。

关于“狂言”及其他
载《语丝》1926年10月第102期，署名沈宰白。

从死老鼠说到日本的路政
载《语丝》1926年12月6日第112期，署名沈宰白。

1927年

田中内阁与立宪民政党——既成政党没落期的狂奔（通讯）
载《东方杂志》1927年6月第24卷第11期，署名宰白。

芥川龙之介的绝笔（日，芥川龙之介著）
载《一般》1927年9月第3卷第1期，署名沈宰白译。

诗与散文的境界（日，木村毅著）
载《一般》1927年11月第3卷第3期，署名沈宰白译。

妇人与性欲（德，倍倍尔著）
载《新女性》1927年11月第2卷第11号，署名端先译。

妇人与社会主义（即《妇女与社会主义》，德，倍倍尔著）
1927年12月开明书店出版，署名沈端先译。

1928年

富美子的脚（日，谷崎润一郎著）
载《小说月报》1928年3月第11卷3期，署名沈端先译。

日本第一次普选的战绩
载《贡献》1928年3月第2卷第2期，署名沈端先。

说翻译之难
载《一般》1928年4月第4卷第4期，署名沈端先。

地狱（日，金子洋文小说集）
1928年7月15日上海春野书店出版，署名沈端先译。

女（日，金子洋文著）
载《地狱》，1928年7月15日上海春野书店初版，署名端先译。

梦（日，金子洋文著）
载《地狱》，1928年7月15日上海春野书店初版，署名端先译。

欧洲近代文艺思潮论（日，本间久雄著）
1928年8月开明书店出版，署名沈端先译。

恋爱之路（包括两个中篇《三代的恋爱》，《姐妹》，俄，柯伦泰夫人著）
1928年10月作新书店出版，署名沈端先译。

茶话数则
载《大江月刊》1928年11月3日第11月号，署名沈端先。

齿轮（日，芥川龙之介著）
载《东方杂志》1928年11月第25卷第21、22期，署名沈端先译。

零碎感想
载《大江月刊》1928年12月23日第12月号，署名沈端先。

1929年

关于金子洋文（介绍）
载《海风周报》1929年1月第5期，署名沈端先。

我们的文艺（介绍）
载《海风周报》1929年3月第9、10、11、12期，署名若沁。

露莎的短简（通信）
载《海风周报》1929年3月第13期，署名若沁译。

抛弃（日，平林泰子著）
载《新流月报》1929年3月创刊号，署名沈端先译。

在施医室里（日，平林泰子著）
载《新流月报》1929年4月第2期，署名沈端先译。

北美印象记（日，厨川白村著）
1929年4月上海金屋书店出版，署名沈端先译。

油印机的奇迹（日，林房雄著）
载《新流月报》1929年5月第3期，署名沈端先译。

新妇人（俄，柯伦泰著）
载《新女性》1929年6月新6号，署名沈端先译。

恋爱与新道德（俄，柯伦泰著）
1929年6月北新书局出版，署名沈端先、汪馥泉译。

牺牲（日，藤森成吉著）
1929年7月北新书局出版，署名沈端先译。

初春的风（新写实派小说集）
1929年9月大江书铺出版，署名沈端先译。

母亲（第一部，苏，高尔基著）
1929年10月大江书铺出版，署名沈端先译。

高尔基的时代（国内外文坛消息）
载《新文艺》1929年11月15日第1卷第3号，署名沈端先。

新兴文学论（苏，柯根著）
1929年11月南强书局出版，署名沈端先译。

戏剧研究（日，菊池宽著）
1929年11月上海良友图书公司出版，署名沈宰白译。

橇（日，黑岛传治著）
载《新流月报》1929年12月第4期，署名沈端先译。

金融资本的一断面（日，桥木英吉著）
载《现代小说》1929年12月第3卷第3期，署名沈端先译。

别离（日，叶山嘉树著）
载《现代小说》汇刊 1929年12月第2卷，署名沈端先译。

莫斯科印象记（苏，高尔基著）
载《新流月报》1929年12月第4期，署名沈端先译。

什么是“报告文学”
载《文学百题》，1935年7月生活书店出版，署名沈端先。

1930年

俄罗斯文学观[1]（德，罗莎·卢森堡著）
载《拓荒者》1930年1月第1卷第1期，署名沈端先译。

叶永榛的《小小十年》
载《拓荒者》1930年1月第1卷第1期，署名沈端先。

小林多喜二的《蟹工船》
载《拓荒者》1930年1月第1卷第1期，署名若沁。

死的列车（俄，N. V. N-V. 著）
载《拓荒者》1930年1月第1卷第1期，署名沈端先译。

特别快车（日，藤森成吉著）
载《现代小说》1930年1月第3卷第4期，署名沈端先译。

伊里几的艺术观（苏，列裘耐夫著）
载《拓荒者》1930年2月第1卷第2期，署名沈端先译。

小林多喜二的《一九二八年三月十五日》
载《拓荒者》1930年2月第1卷第2期，

[1] 该书中仅存题目，原文被抽去。

署名沈端先。

乱婚裁判（苏，台米陀伊基著）
1930年2月上海水沫书店出版，署名沈端先译。

沉醉的太阳（苏，革拉特珂夫著）
载《萌芽月刊》1930年2月第1卷第2、3期，署名沈端先译。

文学运动的几个重要问题
载《拓荒者》1930年3月第1卷第3期，署名沈端先。

革命的三月
载《拓荒者》1930年3月第1卷第3期，署名若沁。

一九二九年的日本文坛
载《大众文艺》1930年3月第2卷第3期，署名沈端先。

革命十二年间的苏俄文学（日，茂森唯士著）
载《大众文艺》1930年3月第2卷第3期，署名沈端先译。

Sound Picture的时代（有声电影的前途）
载《艺术月刊》1930年3月第1卷第1期，署名沈端先译。

艺术剧社第一次座谈会速记
载《艺术月刊》1930年10月第1卷第1期，署名沈端先等。

所谓大众化的问题
载《大众文艺》1930年3月第2卷第3期，署名沈端先。

《恋爱之路》、《华茜丽沙》及其他——所谓“苏联的性文学”问题
载《文艺讲座》第1册，1930年4月上海神州国光社出版，署名沈端先。

败北（日，芥川龙之介等著）
1930年4月上海神州国光社出版，署名沈端先译。

到集团艺术的路
载《拓荒者》1930年4月第1卷第4、5期合刊，署名沈端先。

《艺术论》、《艺术与社会生活》——蒲列哈诺夫与艺术
载《文艺讲座》1930年4月第1册，署名沈端先。

我希望于大众文艺的
载《大众文艺》1930年5月第2卷第4期，署名沈端先等26人。

奸细（即《没用人的一生》，苏，高尔基著）
1930年5月北新书局出版，署名沈端先译。

关于游艺会的几个实际的指示
载《沙仑》1930年6月第1卷第1期，署名沈端先译。

看了《哥萨克》的印象
载《沙仑》1930年6月第1卷第1期，署名沈端先。

我的文艺生活
载《大众文艺》1930年6月第2卷第5、6期，署名沈端先。

日本关于艺术价值的论战
1930年6月光华书局出版，署名沈端先。

戈理基文录
1930年8月光华书局出版，署名雪峰、柔石、鲁迅、沈端先译。

伟大十年间文学（《新兴文学论》续编，苏，柯根著）
1930年9月南强书局出版，署名沈端先译。

母亲（第二部　苏，高尔基著）
1930年11月大江书铺出版，署名沈端先译。

俘虏（日，金子洋文著）
载《现代文学》1930年创刊号，署名沈端先译。

1931年

战后（上卷　法，雷马克著）
1931年3月开明书店出版，署名沈端先译。

战后（下卷　法，雷马克著）
1931年8月开明书店出版，署名沈端先译。

1932年

报告文学论（日，川口浩著）
载《北斗》1932年1月第2卷第1期，署名沈端先译。

电影导演论（苏，普多夫金著）
1932年1月28日起连载《晨报·每日电影》，署名黄子布译。

参加工作之自己权判与自由
载《文艺新闻》1932年5月2日第53号，署名沈端先等。

我们的陈诉，今后的批判
载1932年6月18日上海《晨报·每日电影》，署名蔡叔声、张凤吾等。

创作月评
载《北斗》1932年7月第2卷第3、4期，署名沈端先。

两个不能遗忘的印象
载《文学月报》1932年7月第1卷第2期，署名沈端先。

高尔基传

1932年9月上海良友图书公司出版，署名沈端先。

《火山情血》评

载1932年9月16日《晨报·每日电影》，署名黄子布、席耐芳。

九一八战后的日本文坛

载《文学月报》1932年9月第1卷第3期，署名沈端先。

高尔基年谱

载《文学月报》1932年10月第1卷第4期，署名沈端先。

在第聂泊洛水电厂（苏，倍拉·乌列希著）

载《文学月报》1932年12月第1卷第5、6期，署名沈端先译。

中国作家为中苏复交致苏联电

载《文学月报》1932年12月第1卷第5、6期，署名鲁迅、周扬、沈端先等。

1933年

上海（电影剧本）

载《舞台与银幕》1933年第1期，署名蔡叔声。

戏剧与电影交流

载《舞台与银幕》1933年第1期，署名蔡叔声。

《生路》述评

载 1933年2月16日《晨报·每日电影》，署名黄子布。

《重逢》详评

载1933年2月26日《晨报·每日电影》，署名黄子布。

狂流（电影剧本）

载《电影脚本论》单行本，1933年12月初刊，署名丁一之。

读了诸家的批评之后

载1933年3月8日《晨报·每日电影》，署名丁谦平。

从莫斯科到上海（苏，高尔基著）

载《东方杂志》1933年4月第30卷第8期，署名沈端先译。

时间的“特写”（苏，普多夫金著）

载《明星月报》1933年5月创刊号，署名黄子布译。

关于《脂粉市场》之结尾

载1933年5月15日《晨报·每日电影》，署名丁谦平、蔡叔声。

《铁骑红泪》评

载1933年6月15日《晨报·每日电影》，署名蔡叔声。

《女性》评

载1933年6月23日《晨报·每日电影》，署名蔡叔声。

生路（摄制台本，苏，尼古拉爱克著）

载《明星》1933年6—9月第1卷第2—4期，署名丁谦平译。

春蚕（摄制台本，茅盾原著）

载《明星》1933年9—10月第1卷第5、6期，署名蔡叔声。

屠格涅夫

载《现代》1933年10月第3卷第6期，署名沈端先。

看了《小玩艺》致孙瑜先生

载1933年10月10日《申报·电影专刊》，署名蔡叔声。

上海廿四小时（电影剧本）

载《五四以来电影剧本选集（上卷）》，署名丁一之。

平林泰子集

1933年现代书局出版，署名沈端先译。

1934年

"循环"及其他

载《现代演剧》1934年2月创刊号，署名韦彧。

同仇（电影剧本）

1933年4月明星影片公司拍摄，署名黄子布。（剧本未发表）

脂粉市场（电影剧本）

1934年5月明星影片公司拍摄，署名丁谦平。（剧本未发表）

软性的硬论

载1934年6月13日《晨报·每日电影》，署名罗浮。

告诉你吧——所谓软性电影的正体

载1934年6月21日《大晚报》，署名罗浮。

玻璃屋中的投石者

载1934年6月29日《晨报·每日电影》，署名罗浮。

白障了的"生意眼"

载1934年7月3日《晨报·每日电影》，署名罗浮。

美国电影艺术的动向

载《世界知识》1934年9月第1卷第1期，署名韦彧。

外国话与本国话（法，巴比塞著）

载《社会月报》1934年10月第1卷第5期，署名沈端先译。

金维多论
载《电影评论》1934年第1期，署名黄子布。

“自由万岁”
载1934年10月14日《大晚报》，署名韦彧。

辣的材料与甜的烹调——《惨红惨绿》的原作影片
载1934年10月21日《大晚报》，署名韦彧。

苏联电影十七年（上）
载1934年11月11日《大晚报》，署名韦彧。

苏联电影十七年（下）
载1934年11月15日《大晚报》，署名韦彧。

电影批评的机能——电影批评夜谈之一
载1934年11月18日《大晚报》，署名韦彧。

电影批评的机能——电影批评夜谈之二
载1934年11月25日，署名韦彧。

1935年

风云儿女（电影剧本）
1935年5月电通影片公司拍摄，根据田汉提纲改编。（剧本未发表）

都会的一角（独幕剧）
载《文学》1935年12月第5卷第6号，署名徐佩韦。

有岛武郎集
1935年中华书局出版，署名沈端先译。

旅东杂记（通讯）
载《世界知识》1935年12月第3卷第7期，署名韦彧。

1936年

泡
载《文学》1936年2月第6卷第2号，署名夏衍。

赛金花（七场话剧）
载《文学》1936年4月第6卷第4号，生活书店1936年初版，署名夏衍。

包身工
载《光明》1936年6月创刊号，署名夏衍。

历史与讽喻——给演出者的一封私信
载《文学界》1936年6月创刊号，署名夏衍。

黑夜行尸（又名《黑夜》）
载《光明》1936年7月第1卷第4期，署名夏衍。

《赛金花》余谈

载《女子月刊》1936年9月第4卷第9期，署名夏衍。

到自然去

载《电影·戏剧》1936年10月创刊号，署名书彧。

鲁迅与电影

载《电影·戏剧》1936年11月第2期，署名韦彧。

剧作者言

载1936年11月24日《大晚报》，署名夏衍。

在大的悲哀里

载《光明》1936年11月25日第1卷第10号；1937年《鲁迅先生纪念集》，署名夏衍。

《包身工》余话

载《妇女生活》1936年12月第3卷第6期，署名夏衍。

自由魂（即《秋瑾传》，三幕四场话剧）

载《光明》1936年12月第2卷第1号；1937年11月生活书店出版，署名夏衍。

压岁钱（电影剧本）

1936年底明星电影公司拍摄。（剧本未发表）

1937年

新婚（日，平林泰子著）

1937年1月文光书店出版，署名沈端先译。

从冬到春的戏剧

载《舞台与银幕》1937年3月第1卷第1期，署名韦春亩。

《十字街头》座谈记录

载1937年4月16日《大晚报》，署名韦彧。

中日战争与国际❶

1937年5月抗战出版社出版，署名夏衍编辑。

俘虏的供词❷

1937年5月大时代出版社出版，署名夏衍编。

库里琴如此说

载《戏剧时代》1937年5月创刊号，署名韦春亩。

对于春季联合公演的一些杂感

载《光明》1937年5月第2卷第12号，署名韦春亩。

---

❶❷　经作者确定是书局自行用剪刀浆糊编集出版图利的。

你能忍受这耻辱么
载《国民周报》1937年7月23日第1卷第12期，署名夏衍。

移动演剧座谈会
载《光明》1937年7月第3卷第3期，署名夏衍等。

保卫芦沟桥（话剧）
1937年8月时代出版社出版，阿英等著，夏衍整理。

“七二八”的那一天（电播剧）
载《新学识》1937年8月第2卷第1期，署名夏衍。

历史剧的语言问题
载《语文》1937年8月第2卷第2期，署名夏衍、张庚等。

艺术与人生——车尔尼雪夫斯基论艺术与现实的关系
载《希望》1937年8月创刊号，署名夏衍。

“始信人间有铁军”——张向华将军会见记（特写）
载1937年10月6日《救亡日报》，署名夏衍。

咱们要反攻（独幕剧）
载1937年10月10日《救亡日报》，署名夏衍。

哀悼之辞
载1937年10月14日《救亡日报》，署名夏衍。

保卫大上海，上海市民要有大的自信！
载1937年10月27日《救亡日报》，与田汉合署。

战斗日志表的一页
载《文学》1937年10月第9卷第4号，署名夏衍。

士无斗志的日本——整理俘获品所得到的一个结论
载1937年11月3日《救亡日报》，署名夏衍。

失去了太阳的都市——上海
载1937年11月13日《救亡日报》，署名夏衍。

日兵的信札
载《国闻周报》1937年11月第14卷第44期，署名夏衍。

上海屋檐下（三幕话剧）
1937年11月戏剧时代出版社出版，署名夏衍。

日本的悲剧（包括《日本在过阴天》等六篇文章）
1937年上海大时代出版社出版，署名夏衍。

中秋月（又名《相似》，独幕剧）
载《妇女生活》1937年第1卷第6期，署名徐至。

1938年

上海还在战斗
载1938年1月6日广州《救亡日报》，署名夏衍。

不愁没有工作
载《文摘》战时旬刊1938年1月8日第8号，署名夏衍。

华南文化界团结起来
载《大路》1938年1月第1卷第9期，署名夏衍。

推荐《王老五》
载1938年2月6日广州《救亡日报》，署名夏衍。

这岗位要大家来补填——悼钱亦石先生
载1938年2月7日广州《救亡日报》，署名夏衍。

现实的正义——“日本文化在牢狱中”（日，鹿地亘著）
载1938年2月8日广州《救亡日报》，署名夏衍译。

反对“不求甚解”
载1938年2月9日广州《救亡日报》，署名夏衍。

关于刊物
载1938年2月17日广州《救亡日报》，署名夏衍。

先讲几句
载1938年2月17日广州《救亡日报》，署名夏衍。

勇敢的广东兵（报告）
载1938年2月24日广州《救亡日报》，署名夏衍。

让我们向新的飞将军欢呼！
载1938年2月27日广州《救亡日报》，署名夏衍。

如何才能强化统一战线
载广州《新战线》1938年3月第9期，署名夏衍。

血写的故事（散文、报告集）
1938年3月黎明书局出版，署名夏衍。

我要算旧帐（为《血溅宝山城》献映而作）
载1938年3月27日广州《救亡日报》，署名夏衍。

可胜和必胜之道
载《狂潮》1938年3月第3期，署名夏衍。

大家干（一）
载《民族之路》1938年3月第2卷第1期，署名夏衍。

包身工（内包括《黑夜》、《泡》、《包身工》等六篇）❶
1933年4月广州《离骚》出版社出版，署名夏衍。

我们是民族的新芽——致“艺协”的小朋友们
载1938年4月4日广州《救亡日报》，署名夏衍。

我怀念着前方和后方的友人
载1938年4月25日广州《救亡日报》，署名夏衍。

粤汉途中（手简之一）
载1938年5月2日广州《救亡日报》，署名夏衍。

粤汉途中（手简之二）
载1938年5月5日广州《救亡日报》，署名夏衍。

抗战以来文艺的展望
载《自由中国》1938年5月第2期；《抗战文艺》第1卷第4期，署名郭沫若、夏衍等。

不单是为了“慈善”
载1938年5月17日广州《救亡日报》，署名夏衍。

给周作人的一封公开信
载《抗战文艺》1938年5月第1卷第4期，署名茅盾、夏衍等。

活用“死钱”
载1938年5月27日广州《救亡日报》，署名衍。

论近卫内阁的改造
载1938年5月29日广州《救亡日报》，署名夏衍。

关于宣传
载1938年6月2日广州《救亡日报》，署名夏衍。

对全世界人士的一个急迫的呼吁
载1938年6月4日广州《救亡日报》，署名夏衍。

把这旷史上的惨剧记录下来
载1938年6月10日广州《救亡日报》，署名夏衍。

广州在轰炸中
载1938年6月12日重庆《新华日报》，署名夏衍。

❶ 经作者确定，此书系书商自行编集出版图利的“盗版书”。

在轰炸中生活

载《新新新闻》1938年6月《每日增刊》创刊号，署名夏衍。

有钱出钱，有力出力，从肃清贪污做起

载1938年7月15日广州《救亡日报》，署名衍。

使人哭泣

载《华美》1938年7月第1卷第14期，署名夏衍。

反对轰炸，需要切实的制裁！

载1938年7月23日广州《救亡日报》，署名夏衍。

“死而不已”的一个适例（忆聂耳）

载1938年7月26日重庆《新华日报》，署名夏衍。

关于电影的偶感

载1938年7月26日广州《救亡日报》，署名夏衍。

追忆与自励

载1938年8月1日广州《救亡日报》，署名夏衍。

现阶段文艺的展望

载《文艺》1938年8月第1卷第4期，署名夏衍。

赎罪（独幕剧）

载《文艺阵地》1938年9月第1卷第11期，署名夏衍。

未死的兵（日，石川达三著）

1938年广州南方出版社出版，署名夏衍译。

敌阵中的日记

1938年广州《离骚》出版社出版，署名夏衍、田汉译。

1939年

一年间（四幕话剧）

1939年1月生活书店出版，署名夏衍。

桂林怎样抵抗轰炸

载1939年2月3日重庆《新华日报》，署名夏衍。

过去一年间的戏剧战线

载《戏剧杂志》1939年2月第2卷第2期，署名夏衍。

论当前的文化工作

载《杂志》1939年4月第4卷第2期，署名夏衍。

论“此时此地”的剧运——复于伶

载《剧场艺术》1939年5月第7期，署名夏衍。

娼妇（独幕剧）

载《星岛周报》1939年5月第1、2期，署名夏衍。

粤北之行

载《战地知识》1939年6月第1卷第1期，署名夏衍。

论剧本荒的救济

载1939年6月17日《中国艺坛画报》，署名夏衍。

从切实的工作做起

载1939年10月2日桂林《救亡日报》，署名夏衍。

侮辱与施与

载1939年10月3日桂林《救亡日报》，署名丰。

惶悚与感谢

载1939年10月6日桂林《救亡日报》，署名夏衍。

忆鲁迅先生

载1939年10月19日桂林《救亡日报》，署名夏衍。

需要消化

载1939年10月20日桂林《救亡日报》，署名夏衍。

救报屹立着——寄友人

载1939年10月21日广州《救亡日报》，署名夏衍。

国贼汪精卫的穷途一策

载《国民公论》1939年12月第2卷第12期，署名夏衍。

请看日寇掠夺安南野心——暴露日本军阀的重大罪恶（日，圻见圣策著）

载1939年12月28日重庆《新华日报》，署名夏衍译。

白云故乡（电影剧本）

1939年大地出版社出版，署名夏衍。

1940年

乐水

载《中学生战时半月刊》1940年1月第15期，署名夏衍。

事态真相并不如表面所示

载1940年桂林《救亡日报》，署名丰。

当心文化毒药

载1940年1月23日桂林《救亡日报》，署名丰。

哀王开疆

载1940年2月19日桂林《救亡日报》，署名丰。

感谢德莱塞

载1940年2月27日桂林《救亡日报》，

署名宁。

欧战东移与中国
载1940年3月10、11日桂林《救亡日报》，署名夏衍。

谈杀汪连锁——暗杀解决不了问题
载1940年3月12日桂林《救亡日报》，署名丰。

要表示我们民族的意志
载1940年4月6日重庆《新华日报》，署名夏衍。

三月桂林的戏剧节
载1940年4月16日《大美晚报》，署名夏衍。

两个伊凡的吵架（剧本，俄，果戈里著）
1940年4月上海旦社出版，署名夏衍译。

三兄弟（剧本，日，鹿地亘著）
1940年7月上海戏剧书店出版，署名夏衍译。

资产阶级无祖国
载1940年7月桂林《救亡日报》，署名夏衍。

小市民（收入《重逢》、《中秋月》、《都会的一角》、《赎罪》、《娼妇》）
1940年7月新知书店出版，署名夏衍。

起来，法兰西的人民
载1940年7月桂林《救亡日报》，署名夏衍。

旧家的火葬
载《野草》1940年8月创刊号，署名夏衍。

自力与他力
载《中学生战时半月刊》1940年8月第29期，署名衍。

作剧偶谈——一九四〇年夏在广西省立艺术馆讲话
载《阳光》，1943年桂林集美书店出版。

关于学习的一二偶感
载《中学生战时半月刊》1940年9月第30期，署名夏衍。

《心防》后记
载《野草》1940年9月第1卷第2号，署名夏衍。

剧本的创作
载《青年戏剧》1940年9月第1卷第1期，署名夏衍。

戏剧抗战三年间——祝三届戏剧节并答苏联友人
载《戏剧春秋》1940年11月创刊号，署名夏衍。

上演税问题

载《戏剧春秋》1940年11月创刊号，署名子布。

关于《国家至上》、《包得行》的演出

载《戏剧春秋》1940年11月创刊号，署名夏衍。

一个比喻

载《文艺》1940年10月第1期，署名夏衍。

自然科学界的两条战线——杀人的与活人的

载1940年12月17日重庆《新华日报》，署名夏衍。

1941年

冬夜（独幕剧）

载《戏剧春秋》1941年1月第1卷第3期，署名夏衍。

谈自己

载《野草》1941年1月第5期，署名夏衍。

愁城记（四幕话剧）

载《小剧场》1941年3月第6期，署名夏衍；1941年5月剧场艺术社初版。

悼念西苓

载1941年4月5日上海《神州日报》副刊《神皋杂俎》，署名夏衍。

人与奴的界限

载香港《大众文粹》1941年6月第1辑，署名任晦。

人权运动

载《大众文粹》1941年6月第1辑，署名任晦。

出走与回都

载《大众文粹》1941年6月第1辑，署名任晦。

陪都空气

载《大众文粹》1941年6月第2辑，署名任晦。

新“唯武器论”

载《大众文粹》1941年7月第3辑，署名任晦。

人性的号召

载《大众文粹》1941年7月第4辑，署名夏衍。

如此“瞩望”

载《大众生活》1941年9月27日第20号，署名任晦。

苏德战争鳞爪（美，嘉特威著）

载1941年9月28日重庆《新华日报》，署名夏衍译。

乳母与教师——关于俄罗斯文学
载《时代文学》1941年9月第4卷第79期，署名夏衍。

论前线归来的作家（美，嘉特威著）
载1941年10月6日重庆《新华日报》，署名夏衍译。

为郭沫若50诞辰暨创作生活25周年电贺词
载1941年11月17日重庆《新华日报》，署名夏衍及留港同人。

不高明的复药
载《大众生活》1941年10月18日第23号，署名任晦。

此时此地集（杂文集）
1941年桂林文献出版社出版，署名夏衍。

心防（四幕话剧）
1941年新知书店出版，署名夏衍。

春寒（长篇小说）
《大众生活》1941年10月4日—12月6日连载，署名夏衍。1949年广州人间书屋出版。

更热诚的呼吁
载《大众生活》1941年新3号，署名夏衍。

被激情烧灼的日子
载《大众生活》1941年新8号，署名夏衍。

1942年

香港沦陷前后
载1942年2月11、12日重庆《新华日报》，署名夏衍。

走险记
载《野草》1942年3月第3卷第6期，署名夏衍。

新形势与新艺术（座谈）
载《文艺生活》1942年4月第2卷第6期，署名夏衍等。

我不能平静——六二二致苏联友人
载1942年6月22日重庆《新华日报》，署名夏衍。

真实的关心
载《学习生活》1942年7月第3卷第2期，署名夏衍。

下江人语
载《文风》1942年7月第1卷第3期，署名夏衍。

默念——“九·一八”十一周年纪念
载1942年9月18日重庆《新华日报》，署名余伯约。

治病不是可耻的事情

载1942年9月24日重庆《新华日报》，署名姜添。

从杜鹃想起隋那

载1942年9月25日重庆《新华日报》，署名余伯约。

望穿了西方的地平线

载1942年10月3日重庆《新华日报》，署名伯约。

这习惯不坏

载1942年10月5日重庆《新华日报》，署名姜添。

科学与民主不可分

载1942年10月7日重庆《新华日报》，署名姜添。

欧洲的地下火

载1942年10月12日重庆《新华日报》，署名姜添。

老鼠·虱子和历史——《法西斯细菌》后记

载1942年10月18日桂林《大公报》副刊，署名夏衍。

从"游走"到"大嚼"

载1942年10月24日重庆《新华日报》，署名伯约。

水乡吟（四幕话剧）

1942年10月桂林群益出版社出版，载《戏剧月报》1943年第1、2期，署名夏衍。

纯

载1942年11月6日重庆《新华日报》，署名姜添。

光从北方来

载1942年11月7日重庆《新华日报》，署名余伯约。

硬蛋

载1942年11月13日重庆《新华日报》，署名姜添。

从停电说起

载1942年11月16日重庆《新华日报》，署名姜添。

造梦和破梦——关于电影《大独裁者》

载1942年11月23日重庆《新华日报》，署名姜添。

"异"

载1942年11月30日重庆《新华日报》，署名姜添。

战争与民主

载1942年12月1日重庆《新华日报》，署名余伯约。

周末漫谈

载1942年12月12日重庆《新华日报》，署名司马牛。

法西斯细菌（又名《第七号风球》，五幕六场话剧）

载《文艺生活》1942年12月第3卷第3期，1944年9月重庆文聿出版社出版，署名夏衍。

对自己的估价

载1942年12月20日重庆《新华日报》，署名姜添。

宿草颂

载《野草》1942年12月第5卷第1期，署名夏衍。

胭脂·油画与习作

载《野草》1942年12月第5卷第1期，署名夏衍。

长途（杂文集）

1942年12月桂林集美书店出版，署名夏衍。

周末漫谈

载1942年12月26日重庆《新华日报》，署名司马牛。

风雨同舟（又名《再会吧，香港》，四幕话剧）

1942年桂林集美书店初版，署名夏衍、洪深、田汉合作。

1943年

更艰巨的战斗——迎1943年元旦

载1943年1月1日《新蜀报·元旦增刊》，署名夏衍。

新年琐语

载1943年1月3日重庆《新华日报》，署名司马牛。

沈衡山先生七十寿辰

载1943年1月3日重庆《新华日报》，署名夏衍等。

兴奋之后

载1943年1月7日重庆《新华日报》，署名姜添。

新约与新人

载1943年1月13日重庆《新华日报》，署名姜添。

我们信任人民的力量

载1943年1月17日重庆《新华日报》，署名伯约。

画梦（新年杂谈）

载《学习生活》1943年1月第4卷第1期，署名夏衍。

笨法子

载《戏剧月报》1943年1月第1卷第1

期，署名夏衍。

尊重这第一章第一页
载1943年2月6日重庆《新华日报》，署名姜添。

英国的事象
载1943年2月13日重庆《新华日报》，署名姜添。

乌拉，不可击败的红军
载1943年2月23日重庆《新华日报》，署名姜添。

公道与良心——响应戏剧作者联谊会宣言
载《戏剧月报》1943年3月第3期，署名韦彧。

被艳美的另一面
载《戏剧月报》1943年3月第3期，署名夏衍。

中国戏剧中的小丑
载《文风杂志》1943年4月创刊号，署名夏衍。

我冒了一次大险
载《中苏文化》1943年4月第13卷第7、8期，署名夏衍。

历史·历史剧·闹剧
载《群众》1943年4月第8卷第6、7期合刊，署名余伯约。

改编《复活》后记
载1943年4月28日重庆《新华日报》，署名夏衍。

复活（六幕七场话剧　托尔斯泰原著）
1943年重庆美学出版社出版，署名夏衍改编。

奇迹的形成——纪念“六二二”二周年
载1943年6月22日重庆《新华日报》，署名余伯约。

“之子于归”及其他
载1943年7月12日重庆《新华日报》，署名春亩。

祝福人类抬头的日子
载1943年7月14日重庆《新华日报》，署名伯约。

公式·符咒与“批评”——《法西斯细菌》代跋
载1943年7月24日重庆《新华日报》，署名夏衍。

文学与广告
载1943年7月27日重庆《新华日报》，署名姜添。

新生的祝福——应云卫先生四十之庆
载1943年9月7日《新蜀报》，署名

韦彧。

过去的好日子
载1943年9月20日重庆《新华日报》，署名姜添。

漫谈
载1943年10月14日重庆《新华日报》，署名司马牛。

一木一石的精神
载1943年10月17日重庆《新华日报》，署名夏衍。

戏剧春秋（五幕七场话剧）
1943年10月重庆未林出版社出版，署名夏衍、宋之的、于伶编剧。

我用感谢代替欢呼
载1943年11月7日重庆《新华日报》，署名姜添。

论正规化——现阶段剧运答客问
载《戏剧时代》1943年11月创刊号，署名夏衍。

补白
载1943年11月14日重庆《新华日报》，署名司马牛。

日曜漫笔
载1943年11月21日重庆《新华日报》，署名司马牛。

漫笔
载1943年4月26日重庆《新华日报》，署名司马牛。

1944年

人·演员·剧团
载《天下文章》1944年1月第2卷第1期，署名夏衍。

不只于祝颂
载《戏剧时代》1944年2月创刊号，署名夏衍。

我们在困难中行进
载1944年2月15日重庆《新华日报》，署名夏衍。

草木皆兵（四幕话剧）
1944年4月23日重庆新知书店、1944年未林出版社出版，署名夏衍、于伶、宋之的编剧。

前进吧！时间
载1944年6月3日重庆《新华日报》，署名余伯约。

震撼世界二周间
载1944年6月17日重庆《新华日报》，署名余伯约。

人民战争颂
载1944年6月22日重庆《新华日报》，署名夏衍。

青年教育与思想问题（特辑）
载1944年6月25日重庆《新华日报》，署名郭沫若、茅盾、夏衍等。

向法西斯的巢穴进军
载1944年7月2日重庆《新华日报》，署名余伯约。

第二战场一个月
载1944年7月6日重庆《新华日报》，署名余伯约。

向着自由民主的方向
载1944年7月16日重庆《新华日报》，署名余伯约。

维斯杜拉河的声音
载1944年7月29日重庆《新华日报》，署名余伯约。

黎明之前的设计
载1944年8月13日重庆《新华日报》，署名余伯约。

解放了巴黎之后
载1944年8月27日重庆《新华日报》，署名余伯约。

偶感
载1944年8月29日重庆《新华日报》，署名司马牛。

如何做大众的牛——谈文艺问题“札记”之一
载《群众》1944年9月第9卷第18期，署名余伯约。

论“戏德”
载《天下文章》1944年9月创刊号，署名夏衍。

杂感
载1944年9月10日重庆《新华日报》，署名司马牛。

在胜利的激动中
载1944年9月11日重庆《新华日报》，署名余伯约。

偶记
载1944年9月16日重庆《新华日报》，署名司马牛。

漫谈
载1944年9月23日重庆《新华日报》，署名司马牛。

糊裱及其它
载1944年9月24日重庆《新华日报》，署名姜添。

靠
载1944年9月30日重庆《新华日报》，署名姜添。

漫谈

载1944年9月30日重庆《新华日报》，署名司马牛。

漫谈

载1944年10月7日重庆《新华日报》，署名司马牛。

漫谈

载1944年10月14日重庆《新华日报》，署名司马牛。

译此存照集（富人心理，穷人心理）

载1944年10月28日重庆《新华日报》，署名余伯约。

边鼓集（杂文集）

1944年10月重庆美学出版社出版，署名夏衍。

离离草（四幕话剧）

1944年12月辽东建国书社出版，署名夏衍。

新与旧，明与暗

载《剧本》1944年第2期，《天下文章》2号，署名夏衍。

为中国剧坛祝福——祝洪深先生五十生辰

载1944年12月31日重庆《新华日报》，署名韦彧。

1945年

记《离离草》

载《艺文志》1945年1月创刊号，署名夏衍。

戏剧节的独白

载《文联》第1卷第2期，1945年2月15日重庆《新华日报》，署名司马牛。

戏剧到农民大众中去——戏剧节答一个朋友的信

载1945年2月15日重庆《新华日报》，署名姜添。

杂感

载1945年2月16日重庆《新华日报》，署名司马牛。

杂感

载1945年2月18日重庆《新华日报》，署名司马牛。

杂感

载1945年2月20日重庆《新华日报》，署名司马牛。

杂感

载1945年2月24日重庆《新华日报》，署名司马牛。

一笑不能置之

载1945年2月27日重庆《新华日报》，署名姜添。

杂感二则

载1945年2月28日重庆《新华日报》，署名司马牛。

花生，缺少的字

载1945年3月3日重庆《新华日报》，署名司马牛。

杂感

载1945年3月4日重庆《新华日报》，署名司马牛。

杂感

载1945年3月7日重庆《新华日报》，署名司马牛。

翻译的妙用

载1945年3月9日重庆《新华日报》，署名司马牛。

再纠正一则翻译

载1945年3月15日重庆《新华日报》，署名司马牛。

悼振黄

载1945年4月1日重庆《新华日报》，署名夏衍。

市闻小识

载1945年4月9日重庆《新华日报》，署名司马牛。

当心“政治地雷”

载1945年4月21日重庆《新华日报》，署名司马牛。

杂感

载1945年5月2日重庆《新华日报》，署名司马牛。

杂感

载1945年5月6日重庆《新华日报》，署名司马牛。

杂感

载1945年5月10日重庆《新华日报》，署名司马牛。

杂感

载1945年5月14日重庆《新华日报》，署名司马牛。

杂感

载1945年5月24日重庆《新华日报》，署名司马牛。

笔的方向

载《文哨》1945年5月第1卷第1期，署名夏衍。

杂感

载1945年6月12日重庆《新华日报》，署名司马牛。

杂感

载1945年7月2日重庆《新华日报》，署名司马牛。

杂感

载1945年7月5日重庆《新华日报》，署名司马牛。

杂感

载1945年7月10日重庆《新华日报》，署名司马牛。

杂感

载1945年7月12日重庆《新华日报》，署名司马牛。

杂感

载1945年7月13日重庆《新华日报》，署名司马牛。

杂感

载1945年7月16日重庆《新华日报》，署名司马牛。

杂感

载1945年7月20日重庆《新华日报》，署名司马牛。

杂感

载1945年7月29日重庆《新华日报》，署名司马牛。

杂感

载1945年8月1日重庆《新华日报》，署名司马牛。

杂感

载1945年8月5日重庆《新华日报》，署名司马牛。

幸福的设计（苏，爱伦堡著）

载1945年8月8日重庆《新华日报》，署名余伯约译。

杂感

载1945年9月8日重庆《新华日报》，署名司马牛。

杂感

载1945年9月16日重庆《新华日报》，署名司马牛。

九一八杂记

载《中学生杂志》1945年9月第91期，署名夏衍。

芳草天涯（四幕话剧）

1945年10月重庆美学出版社出版，署名夏衍。

漫画二题

载1945年10月11日上海《建国日报》，署名东风。

四季发财

载1945年10月12日上海《建国日报》，署名契尔。

两种……

载1945年10月14日上海《建国日报》，署名巴客。

禅机

载1945年10月21日上海《建国日报》，署名契。

双十所感

载《周报》1945年10月第6期，署名夏衍。

时代前进的步伐

载《民主》1945年10月13日创刊号，署名余伯约。

《芳草天涯》前记

载《文萃》1945年11月第1卷第7期，署名夏衍。

《夜店》回忆

载《周报》1945年11月第11期，署名夏衍。

1946年

蚯蚓眼

载《世界晨报》，从1946年1月10日起至7月10日止，署名东风。

梦与现实

载《新文化》1946年1月第1卷第6期，署名夏衍。

我们要新闻自由

载《周报》1946年1月第20期，署名黎纬北。

长夜行

载《新文学》1946年1月第1卷第2期，署名夏衍。《新华文摘》1946年5月第10期，署名夏衍。

哭杨潮

载1946年2月3日重庆《新华日报》，署名夏衍。《文艺生活》1946年3月第2期，署名夏衍。

日本民主阵线的胎动

载《周报》1946年2月第21、22期合刊，署名余伯约。载1946年2月3日重庆《新华日报》，署名余伯约。

乐观尚早论

载《新文化》1946年2月第1卷第9期，署名黎纬北。

论中苏关系

载《周报》1946年2月第25期，署名夏衍。

再论中苏关系

载《周报》1946年3月第27、28期合刊，署名夏衍。

当心铤而走险的阴谋

载《新文化》1946年3月第1卷第10期，署名黎纬北。

偶感

载《人民世纪》1946年3月第2期，署名夏衍。

答客问

载《文萃》1946年3月第1卷第21期，署名黎纬北。

《母亲》在中国的命运

载《时代》1946年3月第6卷第12期，署名夏衍。

历史剧所感

载《文章》1946年3月第2期，署名夏衍。

中国还没有春天

载《文萃》1946年4月第26期，署名黎纬北。

对于当前国际危机的看法——国际现势座谈记录

载《世界知识》1946年4月第13卷第7期，署名夏衍等。

为了罗斯福的理想

载《时代》1946年4月13日第6卷第14期，署名余伯约。

这是美国人民的声誉

载《周报》1946年4月第34期，署名黎纬北。

爱憎好恶之间

载《时代》1946年4月20日第6卷第15期，署名余伯约。

击退逆流的信心

载《时代》1946年4月27日第6卷第16期，署名余伯约。

劳动人民应有的警惕

载《时代》1946年5月4日第6卷第17期，署名余伯约。

“五四”琐感

载《人民世纪》1946年5月第10期，署名夏衍。

归来琐记

载《文艺生活》1946年5月复刊第5号，署名夏衍。

送鹿地荣归

载《清明》1946年5月创刊号，署名夏衍。

仲夏夜的噩梦

载《周报》1946年5月第37期，署名黎纬北。

时局依然严重
载《周报》1946年5月第39期，署名黎纬北。

胜利一定属于人民
载《时代》1946年5月11日第6卷第18期，署名余伯约。

一个主题，多种花样
载《时代》1946年5月18日第6卷第19期，署名余伯约。

论美国的所谓外交攻势
载《时代》1946年5月25日第6卷第20期，署名余伯约。

威胁利诱之间
载《时代》1946年6月1日第6卷第21期，署名余伯约。

局势严重的十日间
载《时代》1946年6月8日第6卷第22期，署名余伯约。

怎样的艺术品顶好
载《时代》1946年6月15日第6卷第23期，署名余伯约。

法西斯在这里
载《时代》1946年6月22日第6卷第24期，署名余伯约。

让法西斯匪徒看看力量
载《时代》1946年6月29日第6卷第25期，署名余伯约。

原子弹示威之后
载《时代》1946年7月1日第6卷第26期，署名余伯约。

时局在拖拖打打之间
载《周报》1946年7月第44期，署名黎纬北。

战时战后文艺检讨座谈会
载《上海文化》1946年7月第6期，署名夏衍等。

拖下去怎么办
载《周报》1946年7月第47期，署名黎纬北。

科学与政治
载《清明》1946年7月第3期，署名夏衍。

美国的悲剧
载《清明》1946年7月第3期，署名韦彧。

寄期待于日本人民
载《文艺春秋》1946年7月第3卷第1期，署名夏衍等。

谁纵容了法西斯
载《时代》1946年7月20日第6卷第28期，署名余伯约。

美国为什么要培植内战

载《时代》1946年7月27日第6卷第29期，署名余伯约。

两次巴黎和会之间

载《时代》1946年8月3日第6卷第30期，署名余伯约。

苏联为和平而斗争

载《时代》1946年8月10日第6卷第31期，署名余伯约。

被损害了的纪念日

载《时代》1946年8月17日第6卷第32期，署名余伯约。

有驻军的地方就有战争

载《时代》1946年8月24日第6卷第33期，署名余伯约。

美国对日政策

载《世界知识》1946年9月第14卷第5期，署名黎纬北。

垂钓之道

载1946年9月20日香港《华商报》，署名姜添。

本末之辨

载1946年9月21日香港《华商报》，署名姜添。

“国体明征”

载1946年9月23日香港《华商报》，署名姜添。

论骗术

载1946年9月26日香港《华商报》，署名姜添。

论战局

载《青年知识》1946年新11期，署名余伯约。

一个历史的错误扩大了

载《文章》1946年第1卷第4期，署名余伯约。

中华民族一定胜利的

载《文萃》1946年10月第51期，署名夏衍。

原子弹战争会爆发么

载《自由世界》1946年第2卷第8期，署名黎纬北。

复刊私语

载《野草》1946年10月复刊号，署名夏衍。

杨潮译《我的爸爸》前记

载1946年10月8日香港《华商报》，署名夏衍。

童年回忆
载1946年10月12日香港《华商报》，署名姜添。

胜利以后的各地剧运
载《学习文丛》1946年10月第2期，署名夏衍。

1947年

一年来的文化
载1947年1月1日香港《华商报》，署名夏衍。《群众》1947年1月第14卷第1期，署名夏衍。

超负荷论
载《野草》1947年1月复刊第3号，署名夏衍。

书愤
载1947年1月9日香港《华商报》，署名夏衍。

八年的苦白吃了么——致东山及诸友
载1947年4月27日新加坡《南侨日报》，署名夏衍。

剧作上的几个问题
载《青年知识》1947年10月第26期，署名夏衍。

蚪眼小集
载《自由丛刊》1947年10月、11月第7、9期，署名司马牛。

鲁迅论新闻记者（鲁迅逝世十一周年纪念）
载《文艺生活》1947年10月新17期，署名夏衍。

改造与转变
载《野草》1947年10月复刊第5号，署名夏衍。

做厨子不易
载1947年11月14日香港《华商报·热风》，署名编者。

爽快跪下来吧
载1947年11月17日香港《华商报》，署名姜添。

冬眠了的上海文化
载1947年11月21日香港《华商报·热风》，署名姜添。

“牛”的教训
载1947年11月24日香港《华商报》，署名姜添。

祝福，朱总司令
载1947年11月30日香港《华商报·热风》，署名杨琪。

寒流中的上海
载1947年12月16日香港《华商报·热风》，署名姜添。

岁暮致读者

载1947年12月31日香港《华商报·热风》，署名编者。

从《樱桃园》想起

载《野草》1947年12月复刊第6号，署名夏衍。

美国布置着更大的欺骗

载香港《群众》1947年创刊号，署名余伯约。

1948年

坐电车跑野马

载《野草》1948年1月复刊第7号，署名夏衍。

必要的准备

载《自由丛刊》1948年1月第15辑，署名夏衍。

悼宋千金

载《文艺生活》1948年1月第18期，署名夏衍。

两种作风

载1948年1月4日香港《华商报·热风》，署名东风。

王芸生的愤语

载1948年1月9日香港《华商报·热风》，署名东风。

第四种人

载1948年1月10日香港《华商报·热风》，署名东风。

美国电影与鬼

载1948年1月12日香港《华商报·热风》，署名洁可。

港九不致收回论

载1948年1月13日香港《华商报·热风》，署名洁可。

造谣者自毙矣

载1948年1月14日香港《华商报·热风》，署名洁可。

破绽与奇闻

载1948年1月19日香港《华商报·热风》，署名洁可。

放火烧身

载1948年1月22日香港《华商报·热风》，署名东风。

徐继庄案

载1948年1月25日香港《华商报·热风》，署名洁可。

可怜的两张文牌

载1948年1月27日香港《华商报·热风》，署名东风。

管夫人在南京唱“老天爷”
载1948年1月27日香港《华商报·热风》，署名振。

人民的预感
载1948年1月28日香港《华商报·热风》，署名东风。

“自由主义者”自供
载1948年1月29日香港《华商报·热风》，署名洁可。

关于批评检讨
载1948年1日30日香港《华商报·热风》，署名编者。

张君劢的狼狈
载1948年2月1日香港《华商报·热风》，署名洁可。

如此美国文明
载1948年2月3日香港《华商报·热风》，署名东风。

中国事，类如此
载1948年2月4日香港《华商报·热风》，署名洁可。

声援上海“一·二九”学生民主斗争
载1948年2月4日香港《华商报》，署名夏衍、孟超等。

谁最蠢
载1948年2月5日香港《华商报·热风》，署名东风。

鼠年谈年
载1948年2月12日香港《华商报·热风》，署名东风。

聪明人讲傻话
载1948年2月17日香港《华商报·热风》，署名洁可。

“起用宿将”
载1948年2月20日香港《华商报·热风》，署名洁可。

发疯与做梦
载1948年2月29日香港《华商报·热风》，署名洁可。

啊，这一百年
载《野草》1948年2月复刊第8号，署名夏衍。

春天的设计
载《正报》1948年2月第76、77期，署名夏衍。

新年笔谈
载《正报》1948年2月第76、77期，署名夏衍、以群等。

美国的“新闻自由”

载1948年3月1日香港《华商报·热风》，署名东风。

战争那一年结束的?

载1948年3月3日香港《华商报·热风》，署名洁可。

强者啊，你的名子叫做女人

载1948年3月7日香港《华商报·热风》，署名朱蕙。

假牙与硬果

载1948年3月14日香港《华商报·热风》，署名东风。

碰上了“黑日”

载1948年3月17日香港《华商报·热风》，署名王穆。

干吼是没有用的——论杜鲁门挑战演说得到的效果

载1948年3月21日香港《华商报》，署名夏衍。

“官匪”

载1948年3月22日香港《华商报·热风》，署名洁可。

马华文艺试论

载《文艺生活》1948年3月总38期，署名夏衍。

劫余随笔（杂文集）

1948年3月香港海洋书屋出版，署名夏衍。

为了下一代

载 1948 年4月4日香港《华商报·热风》，署名东风。

化妆师的技穷

载1948年4月5日香港《华商报·热风》，署名洁可。

“家伙们”醒了没有?

载1948年4月6日香港《华商报·热风》，署名东风。

论“上洋当”

载1948年4月19日香港《华商报·热风》，署名东劲。

今《桃花扇》

载1948年4月24日香港《华商报·热风》，署名洁可。

推荐《丹娘》

载1948年4月24日香港《华商报·热风》，署名夏衍。

“异想天开”?

载1948年4月25日香港《华商报·热风》，署名某甲。

疯狂

载1948年4月26日香港《华商报·热风》，署名某甲。

史坦倍克与史密斯

载《野草》1948年4月复刊第9号，署名夏衍。

祝五一节

载1948年5月1日香港《华商报·热风》，署名俞蔚。

想起了一些“五四”人物

载1948年5月4日香港《华商报·热风》，署名夏衍。

“国大”盖棺

载1948年5月7日香港《华商报·热风》，署名陈楠。

胡说一例

载1948年5月12日香港《华商报·热风》，署名史复。

拆穿了的“真象”

载1948年5月19日香港《华商报·热风》，署名洁可。

耸人听闻的标题

载1948年5月20日香港《华商报·热风》，署名某甲。

曹聚仁的真心话

载1948年5月25日香港《华商报·热风》，署名余伯约。

宁国府的气数

载1948年5月26日香港《华商报·热风》，署名洁可。

奇文共赏

载1948年5月29日香港《华商报·热风》，署名魏勃。

《一千个美国人》

载1948年5月29日香港《华商报》，署名黄馥。

读文协入选的两个独幕剧

载《文艺生活》1948年5月总39号，署名夏衍。

谈做文章

载《正报》1948年5月总87期，署名夏衍。

偶谈《侵略》这个剧本

载《正报》1948年5月总90期，署名夏衍。

“五四”廿九周年

载《大众文艺丛刊》1948年5月第2辑，署名夏衍。

白俄见习

载1948年6月3日香港《华商报·热风》，署名黄侃。

也谈知识分子

载1948年6月17日香港《华商报·热风》，署名廉庐。

“收买灵魂”的失败

载1948年6月25日香港《华商报·热风》，署名魏勃。

拆字及其他

载1948年6月27日香港《华商报·热风》，署名丁依。

中国电影复员以来座谈讲话

载1948年6月27日香港《电影论坛》，署名夏衍。

三句话就可以垮台

载1948年6月28日香港《华商报·热风》，署名冯策。

“法”与“无法”

载1948年6月30日香港《华商报·热风》，署名应之群。

光和热是怎样发出来的

载《群众》1948年6月第2卷第23期，署名夏衍。

论“三四年的时间”

载《野草文丛》1948年8月第11集，署名夏衍。

写文章的群众观点

载《正报》1948年8月总100期，署名夏衍。

请大家来歇脚

载1948年8月25日香港《华商报·茶亭》，署名亭长。

为了人民向黑暗搏斗

载1948年9月1日香港《华商报·茶亭》，署名张雨。

为虎作伥

载1948年9月12日香港《华商报·茶亭》，署名闻苍。

“打虎英雄”

载1948年9月14日香港《华商报·茶亭》，署名东方未明。

长春丸

载1948年9月15日香港《华商报·茶亭》，署名无端。

中秋前夜杂话

载1948年9月16日香港《华商报·茶亭》，署名张雨。

农民老李（美，史特朗著）
载《小说月刊》1948年9月第1卷第3期，署名夏衍译。

写“方生”重于写“未死”——答石牌HF先生
载《文艺生活》1948年9月总41期，署名夏衍。

回答两个问题
载《青年生活丛刊》1948年第1辑，署名黎纬北。

茶亭杂话
载《群众》1948年第1、2、11期，署名汪老吉。

三绝——推荐《万家灯火》
载1948年10月1日香港《华商报》，署名梓甫。

评《此恨绵绵》
载1948年11月7日香港《华商报》，署名梓甫。

论“肚子问题”
载《野草新集》1948年11月，署名夏衍。

蜗楼随笔（杂文集）
《群众》1948年6月28—11月25日第2卷第24期至34期，41、43、44、46期连载，署名任晦之。

1949年

为《文萃》事件控告蒋党特务凶徒
载1949年3月17日香港《华商报》，署名夏衍等。

论建国时期的艰难
载1949年4月10日香港《华商报》，署名夏衍。

谨防恶鬼的眼泪
载1949年4月10日香港《华商报》，署名伯约。

三种人的下场——蜗楼杂记（一）
载1949年4月24日香港《华商报》，署名任晦之。

对黄色书籍音乐电影问题的谈话
载1949年7月3日《大公报》（沪版），署名夏衍。

在新演员会师会上讲话
载1949年7月13日《大公报》（沪版），署名夏衍。

追念与告慰
载1949年8月9日《解放日报》，署名夏衍。

怎样突破困难——在上海影剧演员座谈会上的报告总结
载《影剧天地》1949年8月第1期，署名夏衍。

论知识分子《真自由书》

载1949年9月17日《亦报》

有步骤有计划（灯下闲话）

载1949年9月26日《新民报·晚刊》，署名黄洁。❶

1950年

面包与鸦片之分

载1950年3月1日《解放日报》，署名夏衍。

在影院座谈会上的谈话

载1950年4月10日《文汇报》，署名夏衍。

我怎样写《法西斯细菌》

载1950年5月6日《文汇报》，署名夏衍。

新上海的阵痛

载1950年5月26日《人民日报》，1950年6月《新华日报》，署名余伯约。

推荐《斯大林格勒血战》

载《大众电影》1950年7月第1卷第3期，署名夏衍。

❶《新民报·晚刊》“灯下闲话”一栏从1949年8月1日至1959年6月30日，其中绝大多数为夏衍化名所作。

更紧密的团结，更勇敢的战斗

载1950年7月26日《解放日报》，署名夏衍。1950年7月27日《文汇报》，署名夏衍。

在上海电影制片厂摄制组大会上的讲话

载《上影通讯》1950年第4期，署名夏衍。

推荐《中国人民的胜利》

载《大众电影》1950年10月第1卷第8期，署名夏衍。

上海文教工作概况与今后的工作任务

载1950年10月19日《文汇报》，署名夏衍。

鼓舞起爱国主义的热情，描画出新中国人民的形象——在文联创作委员会的发言

载《文艺新地》1950年创刊号，署名夏衍。

1951年

在上海电影制片厂除夕庆祝大会上讲话

载《上影通讯》1951年2月第15期，署名夏衍。

从《武训传》的批判检讨我在上海文化艺术界的工作

载1951年8月26日《人民日报》，署名夏衍。

纪念鲁迅　学习鲁迅
载1951年10月19日《文汇报》，署名夏衍。

在上海市第二届第三次各界人民代表会议上的发言
载1951年12月14日《文汇报》，署名夏衍。

1952年
在上海市文化界纪念世界四大文化名人大会上的报告
载1952年5月5日《解放日报》，署名夏衍。

纠正错误，改进领导，坚决贯彻毛主席文艺方针
载1952年5月21日《解放日报》，署名夏衍。

1953年
伟大的斯大林同志永垂不朽
载《文艺月报》1953年第3期，署名夏衍。

整顿文艺团体，加强创作领导
载《文艺月报》1953年第4期，署名夏衍。

高尔基城的回忆
载《文艺月报》1953年第4期，署名夏衍。

马克思列宁主义的伟大胜利——纪念卡尔·马克思诞生一百卅五周年
载《文艺月报》1953年第5期，署名夏衍。

华东文学艺术工作的一般情况——在全国文学艺术工作者第二次代表大会上的发言
载《文艺月报》1953年第11期，署名夏衍。

夏衍剧作选（包括《代序》、《秋瑾传》、《心防》、《法西斯细菌》）
1953年人民文学出版社出版。

1954年
南印度之行
载1954年3月12日《文汇报》，署名夏衍。

谈小品文
载1954年5月16日《人民日报》，署名夏衍。

“知识”分子
载《文艺月报》1954年第5期，署名姜添。

也谈“知识”
载《文艺月报》1954年第5期，署名恽海。

关于《法西斯细菌》
载《新观察》1954年第15期，署名夏衍。

《不！我们要活下去》观感
载1954年8月11日《人民日报》，署名夏衍。

追念韬奋
载《文艺月报》1954年第8期，署名韦彧。

在欢乐的日子里
载《文艺报》1954年第19期，署名夏衍。

考验（五幕话剧）
载《人民文学》1954年第8期，署名夏衍。1955年4月人民文学出版社初版。

为提高和发展新时代的戏曲艺术而奋斗——华东区戏曲观摩演出大会的总结发言
载《文艺报》1954年第23、24合期，署名夏衍。

1955年

在梅兰芳、周信芳舞台生涯五十周年纪念会上的讲话
载《戏剧报》1955年第5期，署名夏衍。

在戏曲编剧讲习会结业式上的讲话
载《戏剧报》1955年第9期，署名夏衍。

大家来照照这面镜子
载《新观察》1955年第12期，署名夏衍。

对敌人仁慈就是对人民残忍
载《人民文学》1955年第7期，署名夏衍。

永生的海燕
载1955年7月18日《人民日报》，署名夏衍。

祝"印度共和国电影周"
载1955年10月17日《人民日报》，署名夏衍。

追念瞿秋白
载《文艺报》1955年第12期，署名夏衍。

向黄河祝福
载《文艺报》1955年第15期，署名夏衍。

从广岛到日内瓦
载《文艺报》1955年第16期，署名夏衍。

文艺工作与汉语规范化
载1955年12月14日《人民日报》，署名夏衍。

打破常规，走上新路
载《文艺报》1955年第24期，署名夏衍。

1956 年

全面规划，发挥潜力，克服右倾保守思想，争取提前一年完成第一个五年计划的放映任务
载《电影放映资料》1956年第1期，署名夏衍。

谈电影文学创作问题——1956年4月在四川省文联座谈会上的讲话
载四川文联编《创作通讯》1956年第5期，署名夏衍。

为“新片展览周”讲几句话
载《大众电影》1956年第5期，署名夏衍。

知识就是力量
载《文艺报》1956年第9期，署名夏衍。

论《十五贯》的改编
载1956年5月17日《人民日报》，署名夏衍。

日本电影周所感
载1956年6月24日《人民日报》，署名夏衍。

“废名论”存疑
载1956年8月10日《人民日报》，署名任晦。

祝福（电影剧本　鲁迅原著）
载《中国电影》1956年10月创刊号，署名夏衍改编。

1957 年

一个联想——关于电影的杂感之一
载1957年1月11日《人民日报》，署名子布。

又一个联想——关于电影的杂感之二
载1957年1月13日《人民日报》，署名子布。

“关心”与干涉——关于电影的杂感之三
载1957年1月14日《人民日报》，署名子布。

谈《上海屋檐下》的创作
载《剧本》1957年第4期，署名夏衍。

加强团结，改进电影工作
载1957年4月26日《人民日报》，署名夏衍。

举办话剧运动五十年纪念及搜集话剧运动史资料出版话剧史资料的建议
载《戏剧报》1957年第7期，署名田汉、夏衍等。

戏曲音乐座谈会上的结束语
载《人民音乐》1957年第7期，署名夏衍。

算帐
载1957年6月17日《人民日报》，署名任晦。

想起了韬奋
载1957年6月24日《人民日报》，署名任晦。

在“埃及电影周”开幕式上的讲话
载1957年9月29日《人民日报》，署名夏衍。

谈中国电影的历史
载《大众电影》1957年第19期，署名夏衍。

中国电影的历史和党的领导
载1957年11月16日《人民日报》，署名夏衍。

中国话剧运动的历史和党的领导
载《戏剧报》1957年第20期，署名夏衍。

1958年

我们站在灿烂的阳光里——迎新辞
载1958年1月1日《人民日报》，署名夏衍。

难忘的一九三〇年——艺术剧社与剧联成立前后
载1958年1月5日《文汇报》，署名夏衍。《中国话剧运动五十年史料集》第1辑。

从《女篮五号》想起的一些问题
载1958年1月13日《人民日报》，署名任晦。

听《槐荫记》后所想到的——夏衍同志给中央实验歌剧院副院长卢肃的一封信
载1958年1月19日《北京日报》。

杂谈改编
载《中国电影》1958年第1期，署名夏衍。

东风，吹得更猛烈些
载《人民文学》1958年第2期，署名任晦。

一个最有才能的党员艺术家去世了
载1958年3月13日《人民日报》，署名夏衍。

写在“新片展览周”前面
载1958年3月22日《人民日报》，署名夏衍。

业精于勤，劳者多能
载1958年3月27日《光明日报》，署名夏衍。

我的规划
载1958年3月27日《光明日报》，署名夏衍。

真正的无产阶级的斗士——纪念高尔基诞生九十周年

载1958年3月28日《光明日报》，署名夏衍。

啼笑之间（反浪费小喜剧）

载《人民文学》1958年第4期，署名任晦。

多快好省大跃进

载《中国电影》1958年第4期，署名夏衍。

高尔基的伟大之处

载《文艺报》1958年第5期，署名任晦。

名利这一关

载1958年4月3日《文汇报》，署名夏衍。

苍松傲菊，劲竹孤桐——祝保罗·罗伯逊六十华诞

载1958年4月9日《人民日报》，署名夏衍。

怎样写电影剧本——在北京电影制片厂电影创作讲座上的讲话

载《电影创作》1958年创刊号，署名夏衍。

向第三个红色月亮欢呼

载1958年5月17日《人民日报》，署名任晦。

向郭老学习——祝《棠棣之花》的演出

载1958年5月26日《北京日报》，署名夏衍。

推荐《浮草日记》

载《中国电影》1958年第5期，署名夏衍。

走过来的道路

载《收获》1958年第3期，署名夏衍。

关汉卿不朽

载1958年6月20日《文汇报》，署名夏衍。

读《关汉卿》杂谈历史剧

载《剧本》1958年第6期，署名夏衍。《读书》1958年第10期，署名夏衍。

从《母亲》谈作品的政治标准和艺术标准

载《母亲》，1958年外国古典文学名著丛书本《序》，署名夏衍。

和电影技术人员谈天

载《文艺报》1958年第17期，署名夏衍。

古今中外之间

载《新观察》1958年第13期，署名夏衍。

纸老虎在研究“投降学”

载《红旗》1958年第7期，署名夏衍。

和平的最强音
载1958年8月7日《人民日报》，署名任晦。

我们的电影事业必须政治挂帅——在电影工作规划会上的讲话
载1958年9月15日《文汇报》，署名夏衍。

写电影剧本的几个问题
载《中国电影》1958年第9—12期，署名夏衍。1959年中国电影出版社出版。

欢乐与感激
载1958年11月7日《人民日报》，署名任晦。

答《剧本》月刊记者问
载《剧本》1958年第11期，署名夏衍。

龙凤呈祥
载1958年11月10日《人民日报》，署名黄复。

郑振铎同志的一生
载1958年11月16日《光明日报》，署名夏衍。

当前文化艺术工作的诸问题——在省文艺创作座谈会上的讲话
载1958年11月29日《江西日报》，署名夏衍。

学习韬奋同志联系人民对群众负责的精神
载《韬奋的道路》，1958年三联书店出版，署名夏衍。

1959年

新年首捷
载1959年1月4日《人民日报》，署名夏衍。

杂文与政论
1959年3月北京出版社出版，署名夏衍。

林家铺子（电影剧本　茅盾原著）
载《电影剧本》1959年3月号，署名夏衍改编。

革命家庭（电影剧本　陶承原著）
载《中国电影》1959年第4期；1959年中国电影出版社出版，署名夏衍。

在文学创作工作座谈会上的发言
载中国作家协会编《作家通讯》1959年第4期，署名夏衍。

从《包身工》引起的回忆
载1959年4月3日《人民日报》，署名夏衍。《中国工人》1959年第6期，署名夏衍。

做到老，学到老，演到老，练到老
载《戏剧报》1959年第5期，署名夏衍。

戏剧座谈会讨论话剧发展
载《戏剧报》1959年第5期，署名夏衍。

关于继承传统
载《文艺报》1959年第8期，署名夏衍。

为少年儿童创造更多更好的作品
载1959年5月31日《光明日报》，署名夏衍。

当"五四"浪潮冲到浙江的时候
载《光辉的五四》，1959年5月中国青年出版社出版，署名夏衍。

《风暴》座谈会
载《电影艺术》1959年第6期，署名夏衍。

关于《伊索》
载1959年7月2日《北京日报》，署名夏衍。

花木瓜果之类
载《新观察》1959年第13期，署名夏衍。

夏衍选集（收入《秋瑾传》、《上海屋檐下》、《心防》、《法西斯细菌》、《复活》）
1959年9月人民文学出版社出版。

电影艺术的丰收
载《文艺报》1959年第18期，署名夏衍。

戏剧艺术的青春
载《戏剧报》1959年第18期，署名夏衍。

向电影艺术的高峰迈进
载1959年9月25日《人民日报》，署名夏衍。

戏剧艺术的大跃进大丰收
载《剧本》1959年第10期，署名夏衍。

张乐平画《三毛流浪记》选集序
载《三毛流浪记》，1959年上海少年儿童出版社出版，署名夏衍。

1960年

为电影事业的继续大跃进而奋斗
载1960年2月2日《人民日报》，署名夏衍。

漫谈改编——在全军电影创作座谈会上的讲话
载《电影创作》1960年第2期，署名夏衍。

大力加强电影发行放映工作——在全国电影发行放映工作会议上的讲话
载1960年3月9日《文汇报》，署名夏衍。

好风格，好影片——贺影片《为了六十一个阶级兄弟》
载1960年4月2日《中国青年报》，署名夏衍。1960年4月3日《文汇报》，署名夏衍。

愿中捷两国人民的友谊万古长青
载1960年5月9日《人民日报》，署名夏衍。

美术电影前途无限——祝贺“六一”美术电影展览
载1960年6月3日《北京日报》，署名夏衍。

为了新闻记录片的大跃进——在全国新闻记录电影工作会议上的讲话
载《电影艺术》1960年7月号，署名夏衍。

电影工作者齐来围剿瘟神
载《电影艺术》1960年7月号，署名夏衍。

对青年演员们的期望
载1960年7月19日《光明日报》，署名夏衍。

喜看舞台艺术片《杨门女将》
载1960年9月4日《北京晚报》，署名夏衍。

聂耳、冼星海不朽
载1960年10月29日《人民日报》，署名夏衍。

永生在中国人民的心中——在首都聂耳、冼星海纪念音乐会上的讲话
载《人民音乐》1960年12月号，署名夏衍。

京剧《秋瑾传》代序——给改编者的一封信
1960年北京出版社出版，署名夏衍。

1961年

提高电影质量的几个问题
载《电影艺术》1961年4月号，署名夏衍。

《香罗帕》是一出好喜剧
载《剧本》1961年第4期，署名夏衍。

题材、主题
载1961年4月3日《人民日报》，署名夏衍。

蓖麻赞
载1961年4月3日《人民日报》，署名夏衍。

把我国电影艺术提高到一个更新的水平
载《红旗》1961年第19期，署名夏衍。

艺术性与技巧
载1961年10月4日《文汇报》，署名夏衍。

电影论文集

1961年中国电影出版社出版，署名夏衍。

1962年

感激——《电影论文集》代序

载《电影艺术》1962年3月号，署名夏衍。

关于副刊的一些想法

载《新闻业务》1962年第4期，署名夏衍。

从点戏说起

载1962年5月7日《人民日报》，署名黄似。

草木鱼虫之类

载1962年5月11日《人民日报》，署名黄似。

也谈戏剧语言

载1962年5月16日《人民日报》，署名黄似。

难忘的日子

载1962年5月23日《人民日报》，署名黄似。

文章是写给别人看的

载1962年5月28日《人民日报》，署名黄似。

"教子篇"补

载1962年6月8日《人民日报》，署名黄似。

力与巧

载1962年6月15日《人民日报》，署名黄似。

关于《女儿经》的作者

载1962年6月16日《羊城晚报》，署名夏衍。

生活、题材、创作——和几位剧作家的谈话

载《剧本》1962年第6期，署名夏衍。

以革命的名义想想过去——介绍记录片《光辉的历程》

载1962年7月1日《大公报》，署名夏衍。

1963年

同记者编辑漫谈修养问题

载《新闻业务》1963年第2期，署名夏衍。

祝贺和期望——在庆祝我国人民的新闻电影事业创立廿五周年和中央新闻记录电影制片厂建厂十周年纪念会上的讲话

载《电影艺术》1963年4月号，署名夏衍。

报告文学的几个要求

载《新闻业务》1963年第5、6期合刊，署名夏衍。

在第二届“百花奖”授奖大会上的讲话

载《大众电影》1963年第5、6期，署名夏衍。

对改编问题答客问——在改编训练班的讲话

载《电影创作》1963年第6期，署名夏衍。

文艺与体育的姻缘——《礼物》代序

载1963年6月27日《新体育》第6期，署名夏衍。

给本刊的一封信

载《新闻业务》1963年第8期，署名夏衍。

1964年

再接再励，乘胜前进——在文化部举行1963年优秀新闻记录片和优秀摄影师授奖大会上的讲话

载《电影艺术》1964年1月号，署名夏衍。

《南方来信》读后

载《文艺报》1964年第6期，署名夏衍。

1978年

新春答客问——答《人民电影》编者的提问

载《人民电影》1978年第2、3期，署名夏衍。

巨星永放光芒——纪念周恩来同志诞辰八十周年

载1978年3月2日《人民日报》，署名夏衍。

周总理对演剧队的关怀——关于演剧队的一些史实

载《人民戏剧》1978年第3期，署名夏衍。

关于改编的若干问题

载《人民电影》1978年第4期，署名夏衍。

生活、知识、技巧——在中国文联全委会扩大会上的发言

载1978年6月17日《光明日报》，署名夏衍。

关于《李自成》的一封信

载1978年6月23日《文汇报》，署名夏衍。

忆阿英同志

载《战地丛刊》1978年第2期，署名夏衍。

从广州会议谈起——在全国戏剧创作座谈会上的发言
载《人民戏剧》1978年第8期，署名夏衍。

杂谈思想解放
载《人民文学》1978年第11期，署名夏衍。

悼念应云卫同志
载1978年11月19日《文汇报》，署名夏衍。

1979年

一定要提高电影艺术的质量
载《电影创作》1979年第1期，署名夏衍。

前事不忘，后事之师——祝《电影艺术》复刊并从中国电影的过去展望未来
载《电影艺术》1979年第1期，署名夏衍。

在电影界春节茶话会上的讲话
载《电影艺术参考资料》1979年第3期，署名夏衍。

从《忠臣藏》想起黄遵宪
载《世界知识》1979年第4期，署名夏衍。

烈火中永生（电影剧本　根据罗广斌、杨益言《红岩》改编）
1979年4月中国电影出版社出版，署名夏衍。

从心底里怀念我们的好市长——纪念上海解放三十周年
载1979年5月27日《解放日报》，署名夏衍。

忆谷柳——重印《虾球传》代序
载《新文学史料》1979年5月第3辑，署名夏衍。

悼念田汉同志
载《收获》1979年第4期，署名夏衍。

培养电影创作干部是当务之急
载《电影通讯》1979年第4期，署名夏衍。

多读书，勤练笔——与青年电影剧作者的谈话
载《电影艺术》1979年第4期，署名夏衍。

文艺上也要搞点法律
载《文艺报》1979年第8期，署名夏衍。

解放思想，勤学苦练
载《北京文艺》1979年第9期，署名夏衍。

“五四”杂忆
载《文艺论丛》1979年9月第8期，署名夏衍。

关于《柳暗花明》剧本的通信

载《电影创作》1979年第9期，署名夏衍。

祝愿与期望

载《大众电影》1979年第10期，署名夏衍。

给一位青年作者的信

载1979年11月5日《人民日报》，署名夏衍。《电影新作》1979年第5期，署名夏衍。

中国文学艺术工作者第四次代表大会闭幕词

载1979年11月17日《人民日报》，署名夏衍。

关于电影的几个问题

载《红旗》1979年第12期，署名夏衍。

我的期望——在中国剧协第三次会员代表大会上的讲话

载《人民戏剧》1979年第12期，署名夏衍。

秋瑾不朽

载1979年12月5日《人民日报》，署名夏衍。

历史的回顾——在文学艺术研究院的讲话

载《文艺研究》1979年第4期，署名夏衍。

1980年

在中国电影工作者协会第二次代表大会上的讲话

载《电影艺术》1980年第1期，署名夏衍。

谈文化遗产的重要性

载1980年1月《古籍整理出版情况简报》。

一些早该忘却而未能忘却的往事

载《文学评论》1980年第1期，署名夏衍。

从事左翼电影工作的一些回忆

载《电影文化》1980年第1、2期，署名夏衍。

在电影导演会议上的讲话

载《电影艺术》1980年第2期，署名夏衍。

“左联”成立前后

载《文学评论》1980年第2期，署名夏衍。

左联杂忆

载1980年3月1日《人民日报》，署名夏衍。

故乡之忆

载1980年6月22日《浙江日报》，署名夏衍。

记者生涯的回忆——记《救亡日报》
载《新闻研究资料》1980年5月第3辑，署名夏衍。

夏衍近作
1980年8月四川人民出版社出版。

夏衍杂文随笔集
1980年8月生活、读书、新知三联书店出版。

也谈“深入生活”
载《上海文学》1980年9月号，署名夏衍。

解放思想，改革体制
载《文艺报》1980年第10期，署名夏衍。

关于左翼“剧联”的几个特点
载《戏剧艺术论丛》1980年10月第3辑，署名夏衍。

《文坛繁星谱》序
载《文坛繁星谱》，1980年8月中国社会科学出版社出版。

重读《创新独白》——悼念翟白音同志逝世一周年
载《电影新作》1980年第6期，署名夏衍。

劫后影谈
1980年12月中国电影出版社出版，署名夏衍。

1981年

《中国现代戏剧电影艺术家传》序
载《大地》1981年第1期，署名夏衍。

希望有独特风格的好影片
载1981年1月14日《人民日报》，署名夏衍。

关于“往事”的一点说明
载《文学评论》1981年第1期，署名夏衍。

以影评为武器，提高电影艺术质量——在影评学会成立会上的讲话
载《电影艺术》1981年第3期，署名夏衍。

为提高影片质量而奋斗
载《文艺报》1981年第6期，署名夏衍。

应该重视电视这一传播工具
载1981年4月15日《人民日报》，署名夏衍。

赞颂我们“老大姐”
载《花城》1981年第4期，署名夏衍。

关于文艺创作的几次谈话
载《戏文》1981年6月创刊号。

记者生涯的回忆——记《救亡日报》在桂林

1981年7月6日至12日《羊城晚报》连载，署名夏衍。

从五百九十八枚金牌想到电影的质量问题

载1981年7月22日《人民日报》，署名王一诚。

补遗和更正

载1981年8月4日《羊城晚报》，署名夏衍。

怀念杨贤江同志

载1981年8月13日《人民日报》，署名夏衍。

剧本创作座谈会上的讲话

载《剧本创作座谈会文集》，1981年四川人民出版社出版，署名夏衍。

夏衍笔名一览

编　者

宰　白	沈宰白	若　沁	沈端先	端　先
孙光瑞	黄子布	蔡叔声	丁一之	丁叔之
韦　彧	丁谦平（集体）	沈　宁	罗　浮	徐佩韦
佩　韦	徐　至	恽　海	冯　由	容光焕
朱　蕙	夏　衍	衍	韦春亩	春　亩
余伯约	伯　约	余　约	司马牛（集体）	姜　添
丰	黎纬北	秦炳蓍	任晦之	任　晦
东　风	洁　可	林西洛	杨　琪	振
王　穆	东　劲	某　甲	俞　蔚	陈　楠
史　复	魏　勃	黄　侃	廉　庐	应之群
丁　依	冯　策	闻　苍	东方未明	无　端
张　雨	汪老吉	黄　似	黄　馥	黄　复
梓　甫	宁	黄　洁	王一诚	一　芹
突　如	契　尔	巴　客	契	亭　长

生平与创作的评论

记夏衍

徐　明

用戏剧的夸张的笔法来写今日上海戏剧界的现状，是空虚，浮华，奢侈，幼稚，无聊……。别说土著的“丑人多作怪”——学时髦，卖情节，出噱头……。镀过金的，还不是卖情节，出噱头……。不通是他们的特产，没有主张，是他们的标帜。今天东，明天西。管他妈的主子是谁？演出第一，风头至上！说是情况热烈，毋宁说是金钱的虚掷……！好吧，我说得似乎太过份！可是，请恕我，这是在我想起了从前一群严肃的戏剧工作者之后的一点愤慨的话。

想起一群严肃的戏剧工作者，我忘不了夏衍。

八九年前，夏衍不知为上海的戏剧界流过多少血汗。

戏剧的从浪漫主义转变到现实主义，夏衍的功绩是不能埋没的。

他不但是一个作家，而且还是一个艰苦卓绝的工作者。

为了戏剧的倾向，他用他的锋利的笔。

为了戏剧的发展，他用他的腿和嘴。

我们但知道“四十年代剧社”的主持者是金山和王莹，有谁知道实际负责者是他——夏衍。

是的，他的工作一向躲在名利的背后。他曾经为了挽回中国电影界的颓势，跟另外一些文艺作家在《晨报》副刊《每日电影》上介绍过许多电影理论。他更为使中国电影有着实际上的进步，还身受着电影界封建势力的排挤，参加了剧本的编写工作，代表明星影片公司转换期的作品如《狂流》、《春蚕》就是他跟另外一些文艺作家们的集体创作，此外，他还写过许多电影剧本，除了把编剧名义送给别人之作，那时候他的笔名多半用黄子布。

夏衍最早所用的名字是沈端先。他留学日本，初期的作品都是从日译本上转译过来的理论。这一点，也是他后日奠定不可动摇的雄姿的基础。他所译的全是些时代尖端上的东西，这些东西逐渐溶化成为他的思想，应用在他的工作上。

虽然他的原籍在西子湖边，可是他却把大多的光阴化在上海，并不回到近在咫尺的故乡去。

上海是他的第二故乡，他对于上海的熟悉，几乎是超过了杭州。因之，反映在他的作品上的，也很多以上海为背景。（如《愁城记》、《一年间》等。）

更因为他长时间的住在工人区——虹口塘山路的一条里弄中，才产生了划时代的报告文学——《包身工》。（记得，夏衍这笔名还是从《包身工》这篇文章用起的。）

我不知道在什么时候在什么地方开始认识了他。

他时常穿着一套藏青哔叽西装，戴着一副黑边的眼镜，个子儿相当瘦小，说话声音很低，态度十分诚恳……，戏剧界许多朋友常逼着他放下笔来奔走，我总担忧他的削薄的身子有一天会被拖倒；事实上，他却从来是很健康的。

戏剧界一直都是一些血气方刚的人们工作着的。因为血气方刚，私下里总不免时常要闹一点意气。夏衍的理智的排难解纷，常常使面红耳赤改为一团和气。

我跟他最末一次的会面，是在一家报馆里。那时候，他是那张报纸的编辑，他一面看稿，发稿，写稿，一面还要接见许多去看他的朋友。从编辑部里出来，他还得干着戏剧方面的工作。

所以，夏衍是个创作家，理论家，同时又是一个实践家。

他的作品的特点是自然，朴素，真实，简洁，含蓄，有人情味，有启发人们向上的力量，不矫揉，不造作，不故弄玄虚，不卖弄噱头，不依赖剧情……是现实主义底的。

他的作品象一篇清淡隽永的散文，象一首清丽绝俗的诗歌。

静静的启幕，淡淡的闭幕，只有在他的作品中才可以见到。

新的艺术品是向着“典型环境中的典型人物”这一峰尖上推进着的。《上海屋檐下》中的闷郁的“典型环境”的空气，有几个人能写得出。《一年间》里多色多样的“典型人物”又岂是容易雕塑得出来的。

想不到现在，夏衍的工作方法与创作方法全被上海的一群戏剧工作者所“扬弃”了。

看到上海戏剧界的空虚，浮华，奢侈，幼稚，无聊……，我总禁不住要想起夏衍。

离别七八年了，他那跑惯柏油马路的脚，该在崎岖的泥地上奔走着啦！

他那瘦削的身子一定还象以前那样健壮。

作于10月10日

（原载《小说月报》1943年10月第37期）

作家和战士

——记夏衍同志

吴祖光

为了《上海屋檐下》在北京和其他各地的上演，《剧本》月刊的编辑同志要我写一些关于剧作家夏衍同志的事情。夏衍同志是我们可尊敬的前辈作家，三十年来他用他的一支生花妙笔为我们写下了多少光辉的令人难以忘记的作品。而作为一个他的忠实的读者，一个“仰之弥高”的学生，我和他相识已经是一九四二年的夏天。我记得那时在重庆的北温泉，我拿我的一个不成样子的习作剧本向他求教而和他“得接清芬”的。这就足以说明我不是适合向比我更年青的读者介绍作家夏衍的人，有很多年长一些的作家比我更熟悉夏衍同志。我在这里所能写的不过是我和他比较接近的一些时候所看到他的丰富多彩的生活中的一些细微末节罢了。

夏衍同志今年已经五十八岁了，从他的年龄和他的作为作家的工龄来说，他当然是属于今天老年一辈的作家。他的年纪大过阳翰笙、老舍、熊佛西等，我们称之为“老”的同志；但是夏衍同志由于他一贯地精明干练，他对文艺界的无论年青或是年老的同行的关怀照顾，更其显然易见的他的一头乌黑的头发；至少在我看来，这十多年来从外形上没有看出他有多少变化，从来也没有感觉到夏衍同志是个“老头子”。他是许多年高德劭的长者中的年青人，几乎可以说是永远年青的。

夏衍同志在做学生的时代是学科学的。他曾在日本学习电机工程，但是后来在文学写作上展露了他的天才；在我们的近代文学史上是有很多这样的先例的。譬如鲁迅先生、郭沫若先生就都是从科学家转变成作家的。我想正是由于这样，这些我们尊敬的作家都有着属于社会科学以及自然科学方面的渊博的学识，他们钻研学问和写作的方面就非常广泛。夏衍同志不仅写剧本，他的许多著名的译作，尤其是高尔基的名著《母亲》，早在一九三〇年便教育了无数的中国青年走上革命的道路。他的一篇著名的报告文学作品，揭露了剥削阶级的残酷本质的《包身工》，在一九三六年的上海以至全国的工人阶级中所激起的革命作用是尽人皆知的。这之前，他还翻译了德国著名革命家倍倍尔的名著《妇女与社会主义》。而夏衍同志更主要的一个方面他是一个优秀的报纸编辑、政论家、小品文作家。他主编过许多革命的、民主的、反统治阶级的报纸和杂志。如：《救亡日报》、《建国日报》、《新华日报》、《华商报》……他撰写社论，用许多不同的化名写了无数匕首式的杂文、随笔，为我们的人民革命事业起了推动的作用。我听他不止一次说过，也实际不止一次看到过，每天有若干时间的写作是他生活中从来不可更改的规律。他说这种习惯早经养成，一天不写便象是缺少了什么似的感觉难过。但是解放后的这些年来，夏衍同志一迳负责文化部门的某些领导工作；常年地"薄书鞅掌"，经常地奔走于机场、车站送往迎来，看来他是难于保持这种优良的习惯的了；尽管他还是偶尔发表一些文章，甚至还奇迹般地写过象《考验》这样的多幕剧。

解放以前的很长一段时间，夏衍同志在国民党的白区工作；除了作为一个作家，报纸、杂志编辑以外，还负责地下党的工作，经常都是紧张忙碌着的；这样他就必须善于支配他的时间。在这一点上，我的印象觉得他的时间几乎是以一分钟一秒钟作为单位来计算的。他和同志们的约会都是非常准确地按时赴约；要言不烦，说完就走。无论是在抗战时期的重庆，解放前夕的上海……人们想到夏衍，就会想到他是这样紧张，但是潇洒；忙碌，但是轻松；在无论多么困难的境况里，夏衍同志总是从容不迫的。

一九四六年夏天，我在上海和丁聪同志合编一个杂志《清明》，在我们地处闹市而又非常隐蔽的小小的编辑部里，夏衍同志是常来常往的客人；时常在我们正在工作的时候，夏衍同志匆匆推门进来了；他低声说："不打搅你们，我要睡十分钟。"他坐在我的书桌对面，伏在桌上，把头埋在两只臂弯里，一下就睡着了。到了十分钟，那真是比闹钟还要准确，他就起来了；略微整整衣裳，就推门出去。这样的事情不只一次。这时候我和丁聪同志总是情不自禁地推开窗子，从我们的三层楼俯看楼下人如潮涌的街道；夏衍同志精神抖擞，衣裳整洁，脚步轻健地卷入人流转过街口便消失不见了。有时候他站在马路当中的公共汽车站等汽车，他总是站在最合适最巧妙的一个角度；等候上车的人很多，但是他常常是头一个人非常敏捷地就上了车……在这个繁忙的大都市，白色恐怖布下陷阱吃人的地方，夏衍同志一天要作许多许多事情；他不仅要伏在案头写作，而且要不分昼夜地在街头奔走。

他曾经教给我挤公共汽车的方法。他告诉我在公共汽车到站的时候，首先要站好一个最恰当的地位，这就是车门朝前进方向的后端挨着门框的地方；因为下车的人大都向着前进的方向下去，这个地位恰好是一个真空地带；你可以不遇到任何阻力，甚至在下车的人还没有下完便上了车了。而相反你假如站在车门的前进方向，正和下车的人迎面相遇，尽管你站在头一个，也会把你撞到最后一层去。夏衍同志在当时的生活中必须要找到许多这样的"窍门"来节省他宝贵的时间。这一个"先进"的上车法当然也给了我不少方便，但是现在我是用不上了。这一套方法由于社会的前进而成为过时的东西用不上了，但它留给我的记忆却是磨不掉的。

在国民党反动派统治区工作的夏衍同志经常要躲避和应付特务、走狗的纠缠，在上海的一段时期，他的住所都不能公开；从外面回家，假如是坐电车或公共汽车，一般都要坐过几站才下车；注意有没有跟踪的人才溜回家去。他有这样的本事：当发现了身后有人钉梢的时候，只消经过几条热闹的街道，晃过几个十字路口，就把跟踪的人甩掉了。

从一九三四年到一九五四年夏衍同志为我们写过十二个剧本：《上海屋檐下》、《赛金花》、《秋瑾传》、《愁城记》、《心防》、《法西斯细菌》、《一年间》、《离离草》、《芳草天涯》、《考验》等。

这些剧本中的人物绝大多数都是知识分子。夏衍同志熟悉他们，深知他们的好处和弱点，了解他们的苦痛和希望；他针对知识分子的软弱鞭挞他们，却含着同情的眼泪。他习惯用最为简练的笔触，不肯浪费一字一句，却包涵了最丰富最深刻的思绪。读夏衍同志的剧本如同咀嚼橄榄，有无穷的回味。不止一个导演和演员对我说过，在他们接到夏衍同志的剧本，要通过舞台形象来表现它的时候，简短的对话里所涵有的内容是很难挖掘干净的。夏衍同志常常自谦地说他的剧本写得"冷"，缺少一般观众喜欢的"紧张"和"热闹"；然而"桃李不言，下自成蹊"，就凭我看到的接受了夏衍同志的剧本的演出任务的任何一个导演和演员，他们脸上显出的喜悦和幸福的光芒是不会不被人觉察到的。

读到夏衍同志的作品，无论是剧本、散文，或是政治小品；都会让人想到俄国的著名作家契诃夫。那种简练和隽永，在风格上很多近似的地方。即是在人的外形上，契诃夫扶着手杖，衔着烟斗，静静地观察世态的神情，和夏衍同志亦有近似之处。古人说："文如其人"，唐朝司空表圣著《诗品二十四则》，夏衍同志的文章应列在"冲淡"、"洗炼"、"含蓄"、"飘逸"之间。所谓"犹之惠风，苒苒在衣"，"不著一字，尽得风流"，都可以用来形容夏衍的风格。

还应当提到的夏衍同志还是一个多产的电影剧本作家。谁都知道不久以前上演获得好评的《祝福》是夏衍根据鲁迅先生的同名小说改编的剧本。但是在这以前的二十多年之间，夏衍同志在上海曾经用各种不同的笔名写过不少的电影剧本，关于这方面的材料我不大清楚，所以就不写了。

夏衍同志日常的生活里充满着趣味。他的兴趣相当宽广，从很年轻的时候起他就是一个集邮家，在任何艰苦的环境里他都没有停止对邮票的收集。他的几大册邮票是他的心爱的珍宝，经过了多少劫难还保存在身边。几十年来他几乎把他的全部劳动所得都买了邮票。据一个有同样癖好的集邮家告诉我，夏衍同志在邮票的收藏方面已经有国际的名声。遗憾的是象我这样的他的许多朋友大都对邮票的知识一点也没有，完全不能分享他那种怡然自得的乐趣。近些年来由于他的家庭中的主要成员：夫人，女儿和儿子都对他的集邮表示冷淡，他把兴趣转向字画方面，尤其是齐白石先生的画，在这几年里，夏衍同志亦够得上收藏家的资格了。

去年十月，夏衍同志因为工作繁重，疲劳过度，生了一场大病；住在医院里很久才好，直到现在还不能算是完全恢复健康。由于这件事，我总感觉让夏衍同志这样的作家来作中央文化部副部长是一个损失。尽管他和别的部长一样也能作一个好部长。他对文艺工作者的关怀，尤其是许多年轻人提到夏部长便是那样亲热，愿意把最知心的话向部长倾诉……但是我想：夏衍同志假如还是一个职业作家，无疑地他的独特风格的深刻的清新隽永的剧本、散文、政论都会给我们的文化园地充实内容，增加光彩。假如让更广大的群众来挑选，要夏衍作一个部长还是作家；我想我们还是更需要他的作品，投他作家的票的。

已经不记得是什么时候的事情了，夏衍同志——我们更亲昵地叫他老夏，在风雪的夜晚，燃着炽热的炭火的炉边；又在满天繁星、清风徐来的六月天的草地上；我们听到过他讲的许多和敌人作斗争的往事：他曾经怎样从香港夜晚日寇兵舰包围圈的海上潜渡到东江游击地带；他怎样在新加坡的僻巷里受到暴徒的袭击；他怎样在湘桂撤退的途中因为去推抛锚的汽车而跌倒在泥塘里……这位作家，党的工作者，社会活动家，人民革命战线上的勇敢的战士，我们不仅要读到他的新的剧本、小品文；而且还要读到他辛勤半生的回忆录。它会教育年青的一代怎样生活，怎样战斗。

（原载《剧本》1957年4月号）

革命的作家和战士——夏衍同志

吴祖光

在刚刚结束不久的“中国文学艺术工作者第四次代表大会”上，人们都看见了这半个多世纪以来大家都非常尊敬的前辈作家夏衍同志。经过一场血肉横飞的弥天浩劫之后重新见到他老人家，大家都会感到十分高兴！但是高兴当中又难免黯然神伤，当看见夏衍同志手扶拐杖拖着艰难的步履，甚至有时还须要旁人搀着才好行走的时候。

“文化大革命”开始的那一年，本单位的“革命同志”把我隔离起来，三天一批，五天一斗，其余的时间除去强迫劳动，就是写“检查”、交代“问题”，接受外调和写外调材料等等……一切事情只要想开了都没什么了不起，把劳动当作身体锻炼，把挨骂当作听狼嚎犬吠，很快就都能适应起来。但是对于某一些“革命同志”年纪青青这么趾高气扬不可一世，总觉得难以理解。有一次一位经常“提审”我、叱责我的年青人十分疲倦地对着我打了一个呵欠，说：“我们干革命这么辛苦！你倒好，逍遥自在，写个材料都不认真，敷衍了事！你要干什么？”另一次，一个来外调的“革命造反派”伸手打了我一拳，说：“你是反革命！我，革命派。”

这位“革命派”乃是来外调夏衍同志的。在那一段时期，报纸上批夏衍，数不清的外调都是调夏衍，不得不使我强烈地惦念着夏衍同志。可以想象他将会受到什么样的待遇，接着就想到他多年的胃溃疡，还有十分严重的皮肤炎症和他那瘦弱的身躯……我是一个被隔离、连家属都不能见到的人，不可能知道丝毫关于夏衍同志的情况，我只徒然地想着他现在什么地方？他怎么样了？……直到九年以后，即是一九七五年的夏天，我才知道，就在我一直不安地想念着他的时候，他正被关在黑牢里，被这些“革命造反派”打成右腿骨折；连医院都没有送，任其自行愈合，至今右腿比左腿短了一寸半，成为残废。年青人对一个同反动派出生入死战斗半生，又为广大的人民群众创造了巨大的精神财富的可尊敬的前辈干的竟是这样的“革命”！作了“四人帮”、尤其是江青的鹰犬，被反革命当枪使！还有比这更悲惨、更痛心、更可耻的事情吗？

从一九六六年开始，到一九七五年上半年，夏衍同志整整被监禁了九年。直至沈旦华同志来通知我说：“爸爸已经接回家来。”我看到他虽然更加瘦弱疲倦，但却依然谈笑自若，神智清明，不失当年的敏锐时才放下心来。我一句也没有问过他这九年当中受苦受难的景况，我完全理解他的心情，把这一段惨绝人寰的遭遇看作是二十世纪人类的耻辱。后来夏衍同志曾经对我说过，有许许多多外国朋友询问他经受九年监禁虐待的情况，他一概不予置答。我认为这是由于一个中国人的自尊心——不用说他还是一名真正的共产党员——不允许他讲述这样的耻辱和黑暗，在这个噩梦终于结束了的时候，我们只能向前看。

除去右腿残废之外，夏衍同志的眼睛几乎接近失明的程度。几步之外便看不清楚，只能依靠听觉来识别亲人和朋友，写一个便条都十分吃力。这九年折磨的后果，实在教人看了心疼。在我又一次去看望夏衍同志时，我写了一首诗送给他，那是在一九七五年的七月间：

损目折肢事可伤，
曾经百战斗魔王；
龄同世纪功如寿，
谤溢江河罪满墙；
九载黑牢哀永夜，
一月秦城见日光；
冲寒松柏添新翠，
赢来欢喜过重阳。

要做一点注解的是“龄同世纪”，夏衍同志是世纪同龄人，一九七五年他是七十五岁，而八〇年就八十岁了。结句的“重阳”是他的生日，一九八〇年的重阳节是他诞生的八十周年。

一九七五年的夏天是小平同志主持工作的时期，政治局面稍有转机，但是“四人帮”的魔影仍是幢幢可怖！人们惊魂未定，随时仍有大难临头的感觉。夏衍同志看完我的诗便把它撕掉，说：“不要给别人看见了。”直到一九七八年底，《诗刊》发表这首诗的时候，还不敢让我标明是写给谁的，而只说是给“一位遭受‘四人帮’迫害的老文艺战士”云云。事实证明，真理的复苏在我们的社会里还是多末费劲呵！

除了这个黑暗的十年迫害，夏衍同志在整整半个世纪当中，无论在文学、戏剧、电影，以至新闻、政论的领域里都是举足轻重的人物，当之无愧于一个真正的革命家的称号，和他打交道的是武装到牙齿的国民党反动派和践踏我们祖国达八年之久的残暴的日本军阀占领军。面对强敌，他英勇顽强而又灵活机智。在一九三六年蒋介石大肆逮捕地下党、危机四伏的上海，夏衍同志是极少数逃脱追捕安然转移者之一。从而使后来由于西安事变，蒋介石被迫接受联共抗日的条件，形成又一次的国共合作之后，当时奉命捕捉夏衍同志的国民党特工头子只是由于他的猎获对象的居然漏网，出于钦佩的动机而要求与夏衍同志见面引以为荣。

我开始进入写作生涯是一九三七年，但我拜见夏衍同志时已是一九四二年了。我们中国人的传统，在评价一个作家学者的时候，常以道德、文章并论，而“道德”是列于“文章”之前。将近四十年的交往中，夏衍同志的文章为世人有目共睹，他的水平、影响和成就都不是任何诋毁所能贬低或伤害得了的，这用不着由我再作任何的赞美。这里为世人所不尽知的是夏衍同志作为一个革命家、一个为人尊敬的表率的光芒。我们的文艺界，尤其是戏剧、电影界，由于职业的特征，从来就是个矛盾重重的是非之地。而在我的亲身经历中，在难以避免的大小矛盾产生的时候，夏公常常是片言解纷；甚至于高层人物发生了难以解决的家庭纠纷时他也是最好的排除困难者。能够做到这一点，是夏衍同志的品行高尚，生活严肃，正直，诚恳；不仅处事公平，而且关心人，待人亲切，主持正义，才能得到人们的高度信任和尊敬。

再要提到的是夏衍同志的工作态度、工作方法和工作效率。四十年代的大部分时间，在重庆，在上海，在香港，我都有幸与夏衍同志在一起，他的工作效率是惊人的，他编报纸，写社论，写杂文；承包每天都要写一篇或几篇文章的专栏，写话剧剧本，领导左翼的文艺运动。除去上面提过的为集体和个人排难解纷，还要应付反动派的纠缠和迫害。在国统区工作，对付反动当局要软硬兼施；照当时的习惯说法叫做“打太极拳”，夏衍同志是对反动派打太极拳的能手。编报纸写文章，具有文学家的感情，哲学家的渊博，科学家的条理和政治家的胸怀，命题为文，见景生情；嬉笑怒骂，皆成文章；组织绵密，说理谨严；信手拈来，都成妙谛……应该说，他在各方面的成就都是第一流的。这方面，夏衍同志特别体现了他独特的科学求实的精神，他从不浪费精力与时间；从事极为繁重的工作，做出大量的成果而永远表现为精力充沛，头脑清醒，这都是很少人能够做到的。这是一个职业革命家从长期的生活实践当中艰苦奋斗才能达到的境界。

一九四七年内战再起，由于国民党反动派的加紧迫害，大批文化界人士从上海向香港转移。一九四八年夏衍同志在主编香港的党报《华商报》，在香港却也不是安全的。有一次夏衍同志匆匆来到我家，告诉我，由于连贯同志遭到港英当局的搜查，他已经不能回到自己的住处。第二天我到九龙山林道夏衍同志的住处和其它几处先作了一番观察，他才离开我家。但这种情况比起他在上海国统区工作时，每天回家乘坐公共汽车，经常要多乘几站才下车，然后绕几个弯才回家去，以避开特务的钉梢要好得多了。

这使我联想到在全国解放以后发生在夏衍同志身上的一件轶事。一九五一年，夏衍同志在上海担任华东宣传部和上海文化局的领导工作，但多次来北京开会，也曾多次到我家来小坐。每次来时，身边总跟着一位带枪的警卫员老苗，老苗是一个身材高大的北方人，是一个很朴实忠厚的同志。首长带警卫员当是组织规定的保卫制度，无可非议；但是显然夏衍同志对此是不习惯的——我也看不习惯——因此他说笑话自嘲为“男起解”。在这以后不久，夏衍同志又一次来我家时，我们惊讶他为什么这一天显得特别轻松愉快？原来他是一个人来的。“老苗怎么今天没有跟着？”

“过马路的时候，我趁着人乱，把‘尾巴’给甩掉了。”我们都笑起来，夏衍同志笑得象一个刚离开严师管束的孩子。把忠实的警卫员譬做“尾巴”之被甩掉也许不太合适，但是据常理推测，在旧社会的龙潭虎穴中尚且从容来去的地下党的英雄，到了革命胜利以后的解放了的自由国土里反而需要一个带枪的人随侍在侧寸步不离地“保卫”着，岂不是很难理解的吗？

自然也有这样的：当年叱咤风云，纵横南北，孤胆作战，无役不与；而现在没有侍从、警卫便觉不够排场，不够威风，离了汽车便寸步难行的同志。显然那天夏衍同志是连汽车也没有坐的。这件事不“揭发”便罢，揭发了也许他会受到自由主义、无组织无纪律的批评？但这件事对我说来印象深刻，我觉得这是夏衍同志具有民主作风和对新社会的秩序安定，在政治上信心十足的表现。

另一方面，在今天说来，又是夏衍同志反对特权的表现。什么是特权？就是和群众生活待遇的悬殊。群众是革命的基础，是革命胜利的保证；革命领袖和群众说来是水乳交融，患难与共，利害一致的。脱离群众，高居于群众之上，是真正的革命家不会允许的。

一九五七年同样在《剧本》月刊上我写过关于夏衍同志的一篇文章，题为《作家和战士》。其中我写到过上面的这件事，但是被编辑同志删去了。为什么删去？大概是怕夏衍同志担上个自由主义的名声吧？在这里我绝对不是向保卫制度提出挑战，而是本着“言者无罪”的原则，提一下自己不一定正确的看法，并且愿意接受批评。

夏衍同志并不具备一副十分健康的身体，但是他顶住了“四人帮，”的残酷非人的虐待。经受了最沉重的考验，又回到了我们中间。这是文艺界，尤其是戏剧界和电影界的幸福。即使在八十高龄、损目折肢，又加上他所负担的沉重的对外文化交流的本职工作之外，我也见到他还在如何地热情地全力以赴地对年轻一代剧本作者给以辅导和帮助；并且听到这些年轻作者在讲述这些感人事迹时流下的激动泪水。在四次文代会的闭幕词中，他说：“过了十月，我已经是八十岁的人了，这次代表大会，可能是我所能参加的最后一次会议……”这句话听起来使人心酸，但我们相信这绝不是他参加的最后一次会议。

这一篇闭幕词条理清晰，说理透彻，逻辑性强，充满着革命者的激情，力透纸背，精彩不减当年。更由于他破除了三十年来“往往把‘百家争鸣’实际上只归结为无产阶级和资产阶级两家争鸣”的迷信，旗帜鲜明地提出“实践证明，这两家之外的封建主义这一家，却一直在顽固地妨碍着我国社会的前进”。更明确地“反对一切形式的封建主义，如家长制、特殊化、一言堂、裙带风、官僚主义等等”，说出了大家的心里话，使群情振奋，使我们亲切地听到了为实现四个现代化的英明正确的今天的党中央的声音。

尽管对夏衍同志有三十八年追随之雅，而由于我自己的幼稚，只能是“仰之弥高”，难以体会到他的深度和广度；只能凭我肤浅的理解来说一说他是一个什么样的革命者和自命为“革命派”的根本不同之处，以及如何永远是我学习的楷模。这一个夜晚的时间连自己的这点仰慕之情也难说尽，只衷心地祝八十高龄的夏衍同志健康和长寿。

1979年除夕凌晨5时

（原载《剧本》1980年第1期）

凌云健笔意纵横

——《夏衍杂文随笔集》代序

廖沫沙

> 这是一次人类从来没有经历过的最伟大的、进步的变革，是一个需要巨人而且产生了巨人——在思维能力、热情和性格方面，在多才多艺和学识渊博方面的巨人的时代。
>
> ——恩格斯：《自然辩证法·导言》

一

我把夏衍同志的著作和译作的目录，仔细地、反复地翻看了几遍，不能不使我惊服夏衍同志在写作上的勤劳和高产、丰产；同时也使我联想到前面所引述的恩格斯评论欧洲文艺复兴时代的那段话。这两者在我的脑子中翻腾出一个想法：中国历史上真正称得起“从来没有经历过的最伟大的、进步的变革”，应该是中国共产党所领导的人民民主革命，而这个革命的起点，是二十世纪的二十年代。这样一个时代是最需要巨人的，也确实在各个方面、各种领域产生了一大批巨人。

摆在我面前的这份厚达三十多页稿纸的夏衍同志著作和译作目录（据本书编者说，他所提供的这份目录，并没有包括夏衍同志的全部著作），显示出，无论是从他写作的数量庞大来说，或者从他写作形式的多样性和思想内容的广泛丰富方面来说，都足以为我在前面引述的恩格斯的那段话作注释，作例证。

二

在这里，我想简略地谈谈我对于夏衍同志的认识过程。

我是一九二七年的夏天从湖南逃亡到上海的。那时的革命形势，正是第一次大革命在全国各地接连失败，从第一次大革命转向第二次大革命。一九二四——二七年的大革命虽然失败，但紧接这个失败，革命的飓风在两条战线上同时勃兴：一条是广大农村展开了武装斗争和土地革命，一条是以上海为中心的文化革命运动蓬勃而起。

我到上海时不过二十来岁，是个土气未除的青年，又到了这样十里洋场，简直是眼花缭乱。但是当我稍一镇定，就发现北伐战争时期的大革命不但余风未息，而且酝酿着更大的风暴。我最初亲目所见的，是我的老师田汉同志向左倾，他所领导的南国剧社、他所编辑的《南国月刊》等等，一天天在倾向左翼运动；同时在上海的其他革命戏剧团体、革命文学刊物、社会科学刊物和马列著作的翻译本，也都如雨后春笋似的蜂拥而起。我至今还记得，我那时经常出入的是南国剧社、戏剧协社、艺术剧社等等演出的剧场，阅读的也就是这类革命文学刊物和社会科学著作、马列书的翻译本。我就是那时候初闻沈端先——这位戏剧导演兼外国文学作品翻译家之名的。

但是在二十年代，我对夏衍同志还只闻其名，未见其人，见到他本人时大约是一九三二年；而那时他化名为黄子布。我只是在田汉师的住处遇见他若干次；同时见到的还有阳翰笙和杜国庠（当时化名林伯修）这两位闻名已久的前辈，他们都是社会科学家和文学家。

那时的夏衍同志，在我的心目中只是一位革命的戏剧工作者、电影工作者和翻译家，我既没有看过他创作的话剧和电影剧本，也没有看到他所写的文艺理论和其它散文作品。总之，我当时还没有把他视为作家。

三十年代的中期，我离开了上海，只从报纸上看到过话剧《赛金花》在上海演出的消息，作者的笔名是夏衍。我直到一九三八年在湖南办报纸，才从田汉师的口中知道，夏衍就是沈端先、黄子布。至此我才发觉，夏衍同志不但是一般的戏剧电影工作者，而且是创作家；在此以前，他就已经创作了大量的话剧和电影剧本，不过我没有拜读的机会罢了。这就使我大吃一惊：我真是孤陋寡闻到极点。

到四十年代之初，我参加桂林《救亡日报》社的工作，报纸的总编辑就是夏衍同志。在报社的编辑工作中，我亲眼目睹和亲手发出的社论、短评以至一些新闻报道，都是夏衍同志的手笔。这又使我大吃一惊：原来夏衍同志不但是文艺作家和翻译家，而且还是一位很有才能的报刊编者、记者和政论文章的撰稿人。以后我到香港《华商报》工作，又发现他除开为《华商报》写时事评论和副刊文章以外，又写了长篇连载小说《春寒》。这也出乎我的意外：夏衍同志的写作能力简直是无限的，他什么文章都能写，真可谓多才多艺。

三

第三次，也就是最近这一次使我大为吃惊的，是为了给夏衍同志即将出版的《杂文随笔集》作序言，翻看本书编者所提供的目录和有关材料，倾听了编者谈他收集夏衍同志所写的杂文、随笔的情况。当我看完这个目录，随意翻看一下编者送来夏衍著的五本曾经出版过的杂文、随笔集子和其它报纸杂志刊物所载的材料，看到这些材料之丰富多彩，不由我不倾服：夏衍同志实在是中国文坛上罕见的作家之一。

第一是夏衍同志写作的勤劳和写作数量的惊人巨大。据本书的编者说，单是他现在已经收集到手的杂文和随笔，约计是一百五十多万字（本书仅选编约三分之一），还有许多知道题目或大体内容，却查不到刊载的报纸刊物和发表的年月，无法找到原文，这一类文章估计有五六百万字。这还只是夏衍同志所写的杂文、随笔、政论文章和小品文。至于他所写的戏剧、电影剧本、报告文学（如《包身工》）、小说、翻译的外国文学作品和文艺理论等等，更是无法计算它们的字数；约略推算，恐怕要达到几千万字之多。据本书编者说，他听夏衍同志谈过，从一九三六年参加救亡运动到一九四八年全国解放的前夕，整整十二年之间，几乎是手不停笔，每天至少写一两千字的文章。单凭写作上的这种勤劳和数量的如此巨大，我们在现代中国文坛上能找到的有几人？在世界文坛上又能找到多少？

第二是夏衍同志在写作方面的广泛。我这里所说的“广泛”两字的含义，不仅包括着写作形式的多种多样，而且包含着内容的丰富多彩。在写作的形式上，除开诗词韵文以外，可以说其它的写作形式，他全都“涉猎”到了，而且每一种写作形式，他都有达到上乘的精品。例如，除开他自己直接创作的话剧和电影剧本都各有独到的成功之处以外，他把鲁迅的小说《祝福》和茅盾的小说《林家铺子》，分别改编为电影剧本，依我看来，这两部影片都达到原作的思想性和艺术性的同等高度，成为把小说改编为电影剧本的典范。至于他所写的散文、杂文和随笔小品中的佳作，已有不少收集在这本书中，我就不用在这里举例了。

谈到夏衍同志写作内容的丰富多彩，除去他写的话剧、电影剧本等作品以外，只就他的杂文和随笔来说，也可谓各种内容无所不包，古今中外的政治、思想、理论、文化、艺术、科学、人物、社会生活、时事评论、旅游札记，真正是无所不有，无所不谈，丰富多彩，文情并茂。这里值得特别提出的，是夏衍同志所写的自然科学小品，使人们一读之后，便觉意趣盎然、生机无限。我国文坛上的巨人如鲁迅、郭沫若和其他不少人是学自然科学出身的，在他们的作品中也往往反映出一些自然科学的知识，但是象夏衍同志这样集中地描画与介绍自然界事物的生长变化，或者以自然科学知识来论人论事，入情入理而又引人入胜，在我国文坛上却还是罕见之作。

第三是夏衍同志的杂文随笔（当然也包括他的其它文学作品），无论所写的是政治、思想、文化、艺术、人物、社会生活和自然科学知识，都反映着时代的精神面貌和紧扣着革命斗争的需要。这个特点，凡是经历过二十年代至四十年代而又是在敌人统治区生活和斗争的人，读到这些杂文随笔，都会有突出的感觉，就象被这些文字重新引回到那些战斗的年代去了一样；至于五十年代以后，即夏衍同志在解放以后所写的杂文随笔，也同样保持了这种特色。这就是说，他在这半个多世纪的写作生活中，自始至终没有脱离过火热的革命斗争，没有脱离过社会生活的实际。他在一九五九年出版的《夏衍选集》的《代序》中，曾经为自己的写作树立过一个前进的目标：

要使我们的文艺真正能够为工人阶级、为人民群众服务，首先就必须“解决”我们“自己的问题”，这，就是毛泽东同志所说的“把口头上的马克思主义变成为实际生活里的马克思主义”的问题，这就是文艺工作者联系实际，深入生活，改造自己的问题。这条路，是漫漫而修长的，让我们上下求索，继续前进，让我们更好地学习、更好地生活，明确而彻底地解决这一个必须解决的问题吧。

这虽然是夏衍同志在一九五九年才为自己提出来的前进目标，但是我认为，他在几十年来的写作实践中，却早已在实际上奔向这个目标了。

四

古人有言：“六经皆史”。所谓“六经”，自然已经把《诗经》这种文学作品认为一“经”包括在内。但是，我看了从二十年代前后兴起的杂文随笔这类文字——从鲁迅直到夏衍同志的杂文，我忽然发生了一个奇想：“六经皆史”的“六经”，现在应该改为“七经”，即“杂文经”或“杂文随笔经”，这一“经”也应当包括在“史”的范畴内。因为这类文字也正是在思想上反映了历史面貌的一个方面，是真真实实的历史资料，写文学史的固然不能缺少这方面的史料，写文化史或思想史以至写历代通史的，也同样不可以缺少这方面的史料。

当然，杂文随笔这类文章，既是时代思潮的反映，就自然少不了有一个过去、现在和未来的历史发展过程。“我们是马克思主义的历史主义者”，“我们应当尊重历史的辩证法”（毛泽东同志语）。我们既不应当站在过去来否定现在和未来，只颂古而非今；也不应当只站在现在来否定过去的一切，抹煞或者切断历史发展进程的延续性。这样做，就是否定历史辩证法的客观规律。

但是从六十年代的下半叶起，我们中国的大地上忽然卷起那么一股歪风邪气，把三十年代以来的一切革命文学艺术作品，也包括杂文和随笔，表面上除鲁迅的作品以外，一概横扫而尽，称之为“黑线文艺”；把二十年代至三十年代成长起来的革命作家，包括夏衍同志在内，称之为“黑线人物”，加以摧残迫害。

现在，历史终究按照辩证法的发展规律，从第一个否定转向否定之否定来了：本来是红色而被涂抹成黑色的，现在又从被涂成黑色的一方转回到一片通红的一方来了。这在辩证法中叫“对立面的互相转化”。这真象前人所说：“天理昭彰，分毫不爽。”

这就使我联想到诗翁杜甫在评价文学发展规律时所作的《戏为六绝句》的第二首：

> 杨王卢骆当时体，轻薄为文哂未休。
> 尔曹身与名俱灭，不废江河万古流。

五

夏衍同志今年已年届八十了。他虽然经历了十年以上急风暴雨的摧折，身残而体弱，但是当我上医院去同他见面倾谈的时候，我发现他那精神抖擞、侃侃而谈的神态，依然不减于往昔。这就使我长期以来的心情爽然如释重负。我一面听他谈话，一面心里在默祷：但愿这位文坛老将，正象前引恩格斯所称赞的“在思维能力、热情和性格方面，在多才多艺和学识渊博方面”，都足以当之无愧的夏衍同志，能健康长寿；同时我也背诵着前引杜甫的起句：“庾信文章老更成，凌云健笔意纵横。”我盼望他完全恢复健康，重新象十几年前一样，挥动着他那凌云的健笔，在我国的文坛上继续纵横驰骋。

1980年1月

（原载1980年6月4日《人民日报》）

回忆片断

金　山

《戏剧艺术论丛》的编者约我写一些有关夏衍同志的回忆。我和夏衍同志认识四十六年了。我曾在他的领导下进行革命斗争，在他的影响下逐渐提高文艺修养，我们之间建立起了革命的友谊，特别是他和周扬、阳翰笙、田汉同志一同遭受林彪、“四人帮”、康生等的残酷迫害，使我对他加深了革命的情谊。有关他的回忆可以写的相当多，限于篇幅和时间，下面我只写几个片断。

好象是昨天发生的事情一样——

一九六五年四月，我正在颐和园养病，接到维世远自松辽盆地寄来的家信。信中写道：“……来吧，来吧！你到这儿来养病，你到了这儿，病就会逐渐好转的。”接着，大庆石油管理局副局长王云午同志从大庆来到北京，他受维世同志嘱托，约我去大庆。我很受感动，决心奔向长白山下。那时期，江青、林彪、康生等一伙早已暗中勾结，并且掀起了一股颠倒是非的妖风，风声鹤唳，草木皆兵。我即将离京，想起了夏衍。我和他相识几十年，并且受益非浅，要说他是一个反党的坏人，无论如何我也不能相信。现在不知道他生活得怎样，说不定他生病了……去看他一下，道个别吧。就这样，我在离京的前一天到了他家。

只见一位清瘦的老人，孤独但却平静地坐在一间不大的空屋里。书架上琳琅满目的书不见了，墙上的一些名人字画不见了，书桌上的两架电话也没有了，几乎连一张报纸也看不到，更甭说文件什么的，总而言之，屋内空空如也，只有一位还在顽强地呼吸着的老人，使我有空谷孤松之感。我一阵心酸，沉默了一下，问他："身体怎样？"他说："还可以。"我告诉他，我明天就要到大庆去了。他表示意外的样子，少顷，他问："你身体行吗？"我也说："还可以。"他说："要注意。"我说："没问题。"于是又沉默了下来。我说："你身体差，行动不方便，有什么事我可以代你做点儿的？"他想了想，让我去找廖承志同志反映一下他所考虑的工作问题。就在那样的时刻，他想的还是要为党工作。我说："我一定去。"我握着他的手，久久地不忍放下。这是一九六五年四月下旬的事情，从此，一别十多年，恍如隔世。我于一九六七年十二月无辜地被"四人帮"关进监牢，历时七年零五个月。一九七五年四月正当邓小平同志负责国务院工作时，我被释放出狱。出狱后，听到许多令人悲痛欲绝的消息。而夏衍同志虽然在"文化大革命"中倍受折磨，还被打断了一条腿，但却神话般地活下来了。我想，能活下来就是胜利，因为这是革命的需要呀！

我于一九三二年"一二八"之后，读过沈端先翻译的书籍。不久，又读了沈端先翻译的高尔基的名著《母亲》。我一读再读，受到极大震动。世界文学作品中第一个无产阶级先锋战士的形象深深地印在我的心中，我感到应当向巴维尔·弗拉索夫学习。当时，我虽然已经参加了党，但是并没有真正领会到什么是无产阶级革命，更不懂得在中国怎样进行无产阶级的革命。《母亲》给我的影响实在很大，它好比是我的启蒙老师。正因如此，我对于译者沈端先心向往之，很想认识他。

有一段时间，我在"剧联"工作，被派到工厂搞工人剧运，当时叫"蓝衣剧团"，也有叫做"蓝衫剧运"的。我曾在铁路机厂等地组织过这些活动。后来又被调到"中国左翼文化总同盟"（简称"文总"），从事有关"剧联"方面的工作。

有一天，"文总"的组织委员许涤新同志匆匆赶来通知我，要我下午几点钟到霞飞路一家白俄咖啡馆去参加"文总"的会。我准时到达，许涤新已经在座，和他坐在一起的，还有一位我从来没有见过面的人，他就是沈端先同志。接着欧阳山同志来了，阿英同志来得稍晚。那时沈端先同志化名黄子布，领导左翼电影和其它各"联"的工作。他是一位三十开外的白面书生，穿一套很整洁的西服，头发也梳得整齐，戴着玳瑁眼镜，坐在那里很严肃地看着一份英文报纸，很象一个大学教授的样子。一个白俄少女服务员走了过来，黄子布稍稍转头，对她用英文说了一句："五杯咖啡。"少顷，五杯咖啡端来了。这是我第一次参加夏衍同志代表党的"文委"领导"文总"举行的会议。他一边看着手中的英文报，好象是在认真读报的样子，其实他正在对我们做政治形势的报告。随后，许涤新、阿英、欧阳山以及我，各自做了有关工作的汇报，然后又都轻声做了一些议论。最后，夏衍做了简要的结论，大家先后离去。这就是我第一次见到夏衍同志的情形。当时我心里对他很敬佩，但是还有一点事不明白，为什么他穿得那么考究（其实谈不上什么考究，只是给人一种整洁之感而已）。后来我才明白，这种整洁、庄重的仪态，正是当时当地的政治上的一种保护色。

从一九三三年到一九三五年的上半年，上海的白色恐怖特别严重，华界和租界上特务横行，有不少人被捕，有的人经不起考验就叛变，我们地下工作者的处境都很危险。而那时候国民党特务分子在上海要追捕的主要对象之一是夏衍。他们想尽了各种办法要逮捕他，可是始终没有得逞。他在敌人"设陷"、"搜捕"、"追捕"的严重情况下，坚守岗位，指挥若定，一面和敌特周旋，一面开展工作。他的革命警惕性是非常之高的。在这一点上，我讲一个具体的例子。

有一次，许涤新同志来通知我，要我第二天到金门饭店开会。我接到通知以后就考虑怎么个去法。因为座落在英租界的金门饭店不象过去我们常去的法租界白俄小咖啡馆，金门饭店是阔佬们进出的高级大饭店。我想我必须打扮得"帅"一些，有点"派头"才不会引起特务们的注意。可是我一身破西装，怎么办呢？灵机一动，我就从电影公司搞了一身拍电影用的考究的西式猎装，手里还拿着一条漆皮的马鞭子，大模大样、神气十足地走进了金门饭店。我站在雅座的门口向里面扫视，发现夏衍和许涤新等同志已经坐在一个角落里。我刚想走进去，不料夏衍同志突然站了起来，头也不回地往外走，并且理也不理我，好象素不相识的样子。紧接着阿英等同志也先后离座而去，都好象不认识我。当时我以为我们的集会已经被敌人发现，所以转移阵地。我就装着没有找见人的样子，转身走出大门，向左右一望，夏衍同志等连影子也没有了，真是神速呀！许涤新正好付了账，走出大门，从我身边经过，头也不转，只是轻声地连说两句："散会！散会！"事后许涤新同志告诉我，那次夏衍同志老远看见我的那副打扮，怕引起敌特分子注目，所以当机立断，决定马上散会。我听了深受教育。

一九三五年春，"文委"书记阳翰笙、委员田汉等同志被捕，"文总"和各"联"的活动一度处于瘫痪状态。敌人认为已经把我们彻底搞垮，彻底搞光了。其实不然。那时继任"文委"书记的周扬和委员夏衍等领导同志一面隐蔽，一面坚持工作，坚持斗争。

一九三六年"西安事变"之前，国民党政府推行的"攘外必先安内"的反动政策，达到了疯狂的程度，对内镇压要求抗日的人民，屠杀中国共产党员，对外向日本帝国主义屈膝投降，变本加厉地订立卖国条约。他们的磕头外交政策，遭到全国人民的反对。夏衍同志创作的话剧《赛金花》，就是批判国民党政府的磕头外交政策的。夏衍这个名字是和《赛金花》同时问世的。

这个戏在上海公演，受到观众热烈欢迎，于是南京的戏院托人到上海邀请我们到南京公演。我们就带了夏衍写的《赛金花》和《秋瑾传》两个剧目到了南京，在南京的国民大戏院公演。头一天演出，剧场座无虚席，观众反应强烈。第二天继续演出，仍然是满座。当演到清朝的一个官吏向八国联军的总司令瓦德西奴颜婢膝，甚至捣蒜般地叩头时，观众对台上晚清政府崇洋媚外的行径发出了嘲笑声。就在这时，池座中发出了一声嘶哑的尖叫，紧接着剧场四角和中间地带差不多同时发出了呼应的叫嚣声。与此同时，各种乱七八糟的东西，其中包括好几个痰盂往台上扔了过来。在这样的情况下，戏就演不下去了，只好暂时闭幕。一闭幕，台下的叫声就更大了，我在舞台面幕的后面向台下张望，原来台下的观众分成了两派，一派是占全场百分之九十九的多数派，另一派是少数派，少数派中为首的就是在池座中首先"发难"，发出尖叫声的国民党中央委员、赫赫有名的国民党 CC 文化特务头子之一——张道藩。广大观众怒斥张道藩："滚出去！我们要看戏！"张道藩的尖叫声顿时被淹没在群众的怒吼声中。不仅如此，有几个群众拥到剧场正中，架起张道藩就往外拖。张道藩语无伦次地乱叫着，人们听不清他叫些什么，因为观众老是在喊"滚出去，我们要看戏"。观众为什么要继续看戏呢？因为这个戏里清朝官吏奴颜婢膝地向洋大人叩头的那一段，正是国民党政府当时执行磕头外交政策的鲜明写照，引起了观众的共鸣。观众一边骂张道藩，一边把已经处于半昏迷状态的张道藩拖到剧场门口的过道上。剧场老板知道是张道藩，赶紧端了一把椅子让他坐下，他坐在椅子上，口中喃喃不止。张道藩被群众拖出去以后，台上面幕拉开，继续演戏，张道藩的打手们也不敢继续再闹了。但是，这个戏第二天就被禁演。《赛金花》就这样在南京只演了两场就被国民党政府明令禁演了。此后，南京、上海的报纸上纷纷描绘《赛金花》在南京被禁演的情况，称之为"痰盂事件"。

林彪、"四人帮"、康生不顾事实，欺骗群众，制造不合逻辑的舆论。他们胡说夏衍写《赛金花》是为国民党反动派效劳，是国民党反动派所欢迎的。我们实事求是地回顾这一段历史，就能很容易地证实，林彪、"四人帮"、康生一伙所讲的不是真话，而是假话。这件事，对作者夏衍同志来讲，是件冤案。"四人帮"被打倒以后，许多同志不止一次地向我提出，希望我就《赛金花》的演出这件事写一点文章，我一直没有机会，也没有时间，现在就借这个机会向青年和中年的读者简单地讲一下当时的实际情况。

一九三七年"七七"事变后，夏衍同志开始以半公开的身份活动于上海文化界。那时，虽然"文总"和各"联"已经解散，而实际上夏衍同志仍然代表着党的组织，领导上海文艺界做了大量的工作。七月下旬建立了上海文化界救亡协会。八月初，上海话剧电影界举行联合公演，演出《保卫芦沟桥》，呼吁全国人民团结一致抵抗日本帝国主义的侵略。观众反应强烈，抗日情绪高涨。这个戏一直演到八月十三日，日本侵略军从杭州湾登陆，才停止演出。上海也成了抗日的战场。全上海的人民沸腾起来了。上海话剧界在党的领导下，也跳出了舞台的小框框，冲进了战云弥漫、战火纷飞的现实斗争里去了。

八月十四日清晨，洪深先生找我商量，成立一个战时移动演剧队，到各地作宣传抗日的演出。洪先生具体建议由他当队长，由我当副队长；他负责对外，建立社会关系，筹措生活经费，我负责挑选剧团的演员和其他工作人员，并负责剧团的业务和行政工作。他要求人数不要多，还要和参加的人订立"君子协定"，三个月一期，三个月后，如果大家愿意继续合作，再商量。他问我有什么意见。我正在思考，他又补充一句："这个事体我已经同子布（即夏衍）谈过了。"这就促使我立即表示，让我想得更具体些，明天回答他。

我马上去找夏衍同志。这时他已经公开出来活动了。卡尔登戏院已经变成了上海文化界救亡协会的临时会址。就是这天上午，夏衍同志和我在卡尔登作了半天的谈话。谈话的主要情况和内容是，我先把洪深先生找我的情况向他汇报请示。他告诉我，洪先生已经找过他了，并且，正是他向洪先生建议找我当助手，由我帮助洪先生做些具体工作。他向我作了有关抗战形势的分析，还提醒我人选在政治质量上尽可能好一些，行动要快，建队越早越好。最重要的一件事是我问夏衍同志，我们出发以后怎样同组织联系。夏衍同志告诉我，三个月后如果我们到了武汉，我们的公开办事处可能已经成立。那时可以主动去联系，联系上了以后，一切工作就比较好办了。我临时拟了一个十四人的名单向他请示，他表示同意。这十四个人的名单我现在记得除洪深先生和我之外，有冼星海、王莹、田方、眭知微（现改名陆向仓）、冯白鲁、于立群（后来她随郭沫若同志另有工作，所以没有参加）、田烈、贺路、金子兼、邹雷、欧阳红缨等。[1]事后我用最快的进度先后找了冼星海、田方、陆向仓、冯白鲁等十几个同志。我们一共只花了三四天功夫就把队伍建立起来了。队名是"上海文化界救亡协会战时移动演剧第二队"（后改名"上海救亡演剧第二队"，简称"二队"），直属于上海救亡协会。上海救亡协会一共组织了十个救亡演剧队，先后离开上海到各战区做了许多工作。我们成立队的时候，郭沫若同志已经从日本回国，到了上海，郭老亲笔为我们写了队旗。一九三七年八月二十日清晨，"二队"在洪深先生的带领下出发了。

大约是一九三七年十一月，"二队"经历了陇海铁路沿线各大站进行救亡演剧之后，到达了汉口。那时八路军驻汉口办事处已经成立。我就到办事处报到，周恩来副主席亲自接见了我，这是我第一次见到敬爱的周恩来副主席。周副主席对我作了重要指示，后来还派我参加八路军驻汉口办事处文艺小组的工作，这个小组由吴奚如同志担任组

[1] 后来"二队"到了武汉，沈剡、熊塞声、颜一烟、柯岗、秦小竹等同志陆续参加了我们的队。

长，组员有我和陈波儿、锡金等同志。我和波儿同志分工负责戏剧、电影方面的工作……从此，直到一九四九年全国解放，我就一直幸福地在周副主席的领导和指导下做了一些统战工作，受到了许多教育。有关这方面情况，我在一篇有待完成的怀念周副主席的文章《往事》中，有所记述。

一九四一年十二月八日，太平洋战争爆发。不久，日本军占领了香港。当时夏衍同志正在香港，他是中共华南分局的委员，是我党在香港《华商报》的主要负责人，党在香港的文艺工作由他负责领导。日本军队占领香港后，搜索夏衍不得，在电影院中放幻灯片，要夏衍、蔡楚生、司徒慧敏和金山等出来与他们合作。当时我们是分散隐蔽的。一九四二年一月，我在香港跑马地见到廖承志同志，他指示我跟夏衍同志转移到内地去。后来司徒慧敏同志事前未通知我行期。我是托和我一同去过南洋的一位队员金子兼同志设法在香港仔租到了两条小渔船。船身小，吃水浅，坐这样的小船出海到澳门，并且是偷渡，非常危险。但是没有别的办法，只能冒险了。当时以夏衍同志为首，有司徒慧敏、蔡楚生、金仲华、王莹、郁风等同志，还有国民党桂系的几位左派朋友。我们这一行十几人，分乘两条小船，于黄昏时分从香港仔出发。我和夏衍、司徒慧敏、蔡楚生、王莹、郁风等同志在一条船上。事先，夏衍同志通知我们都起个假名字，以备必要时应付日本兵。他还要大家化化装，并要求大家不带或少带行李。他特别叮咛，女同志要衣着朴素，装束自然。并告诉我们，如果碰上了日本兵，千万不要露出一丝紧张的样子。他自己除了一把雨伞外什么也没带。他留着两撇胡子，手持一把雨伞，身穿一件刚过膝的长衫，一下子从一个文质彬彬、书生气很重的党的地下工作者，变成了一个港澳地带的小商贩，他的名字叫“黄坤”。临上船前他检查了大家的行李和装束，发现有的女同志脸上抹了锅底灰，他要求她们不要搞得太厉害，女同志们擦掉了一些，但还是没有擦干净。天快黑时，我们看见不远的右前方岸上有日本兵在巡逻。我们在茫茫的海面上无处躲避，只好硬着头皮往前划。越划越近了，岸上的日本兵吼叫起来，要我们靠岸检查。两条小渔船靠了岸，日本兵在岸上用目光遍扫我们。我们大家都默不作声。日本兵用日语问了几句话，尽管小船上有好几个人能讲日语，但都没有作声，日本兵又吼叫了起来，当时的情况很紧张，如果不用日语回答，就可能引起日本兵的怀疑，搞不好把全船的人都扣留起来，甚至枪杀。如果用日语回答，又有被抓去当翻译的危险——这样的事情已经发生过多次。这时我看见我们之中最不适宜出面的夏衍同志不慌不忙地走到日本兵面前，从从容容地讲了几句日本话，日本兵态度比较缓和了。随后日本兵又扫视了大家一下，把目光停留在坐在船尾的王莹同志的脸上，日本兵走了过去，用手指在王莹脸上抹了一下，然后看自己手上的锅底灰。这时，夏衍同志不等日本兵发作，就在旁边很自然地用日语讲了一句话，日本兵笑了起来，然后日本兵一边用枪捅我们极为简单的行李，一边和夏衍同志说话，夏衍同志从容地和他交谈了几句，日本兵就放行了。船刚要走，日本兵又问话，夏衍同志又作了回答。船渐渐离岸，慢慢地又驶到海中。等船身远离岸上的日本兵之后，我们问夏衍同志是怎么一回事，他说他讲我们是一些做生意的和逃难的人。在日本兵抹下女同志脸上的锅底灰时，夏衍同志用日语说了一声"女人们害怕"，所以引得日本兵发笑了。日本兵又问夏衍是什么人，他说他是做小生意的。我们的船将要离岸时，日本兵又问夏衍还回来不回来，夏衍故意说还要回来。

夏衍同志的沉着，从容，使两船人化险为夷。日本军国主义者在香港搜索我党在香港文化界的领导人夏衍，踏破铁鞋无觅处，他们万没有料到，由于他们有眼不识泰山，夏衍竟在他们眼面前驾起一叶舴艋舟，离开了香港；并且以自己的从容不迫，化险为夷，掩护了船上好几位党的文艺工作者，其中有今天的文化部副部长司徒慧敏、解放后曾任上海市副市长的著名学者金仲华和著名电影导演蔡楚生等同志。今天我想起这件事情觉得很有意思。作为一个导演，如果从表演艺术的角度来衡量，夏衍同志当时的表演，可以说是我见到过的最佳男演员了。

船行入大海，但离澳门还远，天上挂着一轮明月，时而乌云遮着月光。我们都屏声静气，船桨悄悄地、无声地落入水中。我们希望夜越黑越好，但是月亮却常常露出脸来，银色的月光，洒满在海面上，这对我们很不利，假如日本人发现了偷渡的船只，是会开枪的。幸好没有被发现。好容易快到澳门了，小船又进了水，船小人多，海浪无情，又出现了新的情况，浪花不时地涌入船舱。夏衍同志带领大家齐心合力，把水舀出去。我们每人的工具只有漱口杯，所以要求每个人加快速度不停地舀。终于到了澳门。

从澳门又乘船经上水、下水等地到台山登陆。在途中曾遇到土匪，由司徒慧敏同志出面和土匪打交道，司徒以他的机智聪明帮助大家又渡过了一关。

在船上，夏衍同志态度很潇洒，时时讲些笑话。有一次，我坐在船头缝衣服，画家郁风同志将我的样子画在蔡楚生同志的枕头套子上，夏衍同志看后笑着用上海话说："人穷志短，金山缝穷。"郁风马上把这几个字题在她的画上，我们都哈哈大笑起来。

到台山登陆后，要步行一百多里路才能到达有公共汽车的地方，这一百多里路没有任何交通工具。蔡楚生表示他是工人出身，这一百多里路不在话下，但却为平日生长在大城市中、看来身体瘦弱的夏衍担心。一百多里路走下来之后，我们十几个人拉成了一条差不多二十华里的长线，有的同志累得狼狈不堪，而出乎大家意料之外的是夏衍同志走在大家的前面，而且走得飞快。当时我想夏衍原来是平素有锻炼的呀！我知道他的锻炼不是清晨打打太极拳、练练气功，而是作为党的地下工作负责同志之一，他身居要位，从不养尊处优，终日为党的事业奔波劳累，养成了他吃苦耐劳的体质。

到了柳州以后，夏衍同志要我先去重庆向周恩来副主席汇报我在南洋的工作情况，他自己则到桂林去了。我们在柳州分手后，一九四三年在重庆又见了面。现在因为编辑部截稿限期已到，关于夏衍同志在重庆的工作与斗争，就留待今后再向读者汇报吧。

一九八〇年七月二十三日于北京

（原载《戏剧艺术论丛》1980年10月第3辑）

夏　衍

梁梦迴

一九五七年一月，中国话剧界的前辈田汉、欧阳予倩、夏衍、阳翰笙等发表了“举行话剧运动五十周年纪念，整理话剧运动资料，出版话剧史料集的提案”。自从一九〇七年欧阳予倩等在东京创立春柳社以来，中国话剧运动恰恰到了五十周年。为这个纪念活动在北京演出了田汉的《名优之死》（一九二九年作）和欧阳予倩的《潘金莲》（一九二六年作），五十年来的中国话剧运动史料也由于有关同人的努力而出版了两辑。

夏衍本名沈端先，本年五十九岁，浙江杭州人，留学日本，一九二五年毕业于福冈县的明治专门学校。他学的是电工学。

夏衍开始和戏剧发生关系是一九二九年在上海，他和郑伯奇、许幸之等从日本回国的朋友们，组织艺术剧社的时候。这个剧团只演出过两次，不到一年就被解散了。可是这个剧团，在初期的中国左翼戏剧运动中，却占有重要位置；而且由于发行机关刊，开办讲习会等而培养了许多如赵丹、顾而已等现在中国的第一流演员。

艺术剧社的演出活动，可以说是与当时日本的左翼戏剧运动有不可分的关系。上述剧团的中坚人物几乎都是留日学生，沈西苓（已故）及许幸之是曾经在筑地小剧场学习过的。二次公演时除冯乃超的《阿珍》（一幕）之外，都是翻译剧，这些翻译剧又都是当时在日本演出过的。所以翻译也大约是由日文重译的。艺术剧社一九三〇年一月最初公演的三个剧本，是米尔顿的《炭坑夫》、辛克莱的《梁上君子》，还有罗曼罗兰的《爱与死的角逐》。当时驻上海的《朝日新闻》记者尾崎秀实，在当地的日文报纸上还介绍了这次演出。还有，领导话剧界的田汉、洪深都来观看演出，和艺术剧社保持着友好的关系。

这次公演由夏衍担任《炭坑夫》的导演，日本左翼戏剧运动时代经常演出的《炭坑夫》和《梁上君子》，在这次演出比较成功，而《爱与死的角逐》，因为是法国历史剧，而且戏剧的内容包含着深奥的哲理，既难于理解，又在演出时没有突出原著的主题，使观众不能很好的理解。象这样地多半是翻译剧，当然有着不得已的苦衷。从观众的理解、影响看来，翻译剧总是不及创作剧的，但是，当时适于上演的创作剧非常之少，加以检查制度很严密，势必不得不用翻译剧。

艺术剧社的第二次公演，是一九三〇年四月，这次演出是冯乃超的创作剧《阿珍》和雷马克的《西线无战事》。后者是用山村知义的改编本，担任导演的沈西苓曾经是山村知义的学生。夏衍担任舞台监督。这次公演是在上海北四川路横浜桥的上海演艺馆——一个日本人经营的纯日本式剧场举行的。这儿观众席是草垫子的座位，但是舞台条件很好，既有回转舞台而照明设备又完备，因此三幕十一场的戏能够很好的转换场面，演出很成功。

还有在演剧之前，开映欧洲战事的电影，使观众沉浸在戏剧气氛之中，用字幕作说明补充故事情节等等，在当时是非常新鲜的手法。夏衍又兼管照明，发挥了电工学的本领，利用一些在现在已是最基本的照明技术，如聚光灯、溶明、溶暗等的剧场设备，表演的非常好，博得人们的喝采。

（陈秋帆节译）

（原载《新剧》1959年12月77号）

夏衍剧作论

周钢鸣

最近较有更多的时间，使我能将夏衍的几个剧本，重读一遍。读过之后，深感作者所表现的人物时时出现在我的眼前；而夏衍在剧作上的谨严和写实，正可以代表我们当前剧作创作方法上一个正确的方向，将自己读后感写出来，作为在戏剧写作的研究上一个参考。夏衍先生正当年富力强，在戏剧的写作上还可预期他有更多贡献，若说现在去写夏衍论，则未免过早；所以这篇东西，只就已发表了的几个剧作主论。这里，我不是一个一个剧本的细微末节地去研究，而是在这些剧作中，作一个概略的分析，因此，这篇东西也不是剧作技术的研究，而主要的是想从这些剧作中找出剧作者表现现实主义的创作精神。作了这些说明，就此带住吧。

向现实主义的道路前进

一个现实主义的作家，他的创作精神，主要有两个特征：一方面是忠实于反映现实，——正在进行着的历史事变和历史的远景。另一方面是面向着不合理的现实战斗，在矛盾的现实中来展开它艺术的主题。夏衍的戏剧创作活动，是朝着这个方向前进的；首先我们看到，在他的戏剧主题上，和人物性格的表现上，处处都表现出一个“合理”的地步，表现出社会，人情的关系的合理和自然。不粉饰，不臆造，不夸张，而这些人物，如在《一年间》中的刘爱庐，刘绣笙，《上海屋檐下》的林志成，黄家楣，赵振宇，赵妻；《心防》里的刘浩如，沈一沧……等等，这些人是比真实的存在更真实，真实到平凡的地步，而这些人物的存在和被表现出来的性格，是非常合理地在现社会上存在着。这种合理的存在而被合理地适当地表现出来，正是现实主义的真实性。而夏衍所表现的人物的真实性是素朴地，平凡地存在着，很少看到剧作者在这些人物的身上附与加工的成分，——这一方面是由于作者表现手法的刻画的完整与细致，但另一方面所表现的人物是具有真实地存在的地步。因此作者的现实主义的精神，正是一个“合理”的现实主义，而作者所追求的艺术形象亦是要求达到现实主义地“合理”的地步。这是作者在创作方法上的一个重要特点。虽然在他初期的一两个剧本如《赛金花》、《自由魂》中的某些人物，为了增加对于历史的嘲讽，而赋予了若干夸张的成分；但这些夸张亦是历史的症结，而赋予在某些人物身上具现，因此这种夸张也就显得合理的存在了。但作者并不停留在这些作弄的夸张的趣味上面，这些趣味虽然是幽默的，但不能阻碍作者，作者是向更坚实的合理的现实主义前进了。

另一方面呢，作者的戏剧艺术的主题，是在不合理的现实中展开的。从《赛金花》、《自由魂》、《上海屋檐下》、《都会的一角》到《心防》、《愁城记》止，戏剧的主题是深刻地反映着这不合理的现实；《赛金花》、《自由魂》里现出当时满清专制的昏庸腐败，丧权辱国，倒退落后，残酷黑暗的不合理的历史现实。在《上海屋檐下》、《都会的一角》表现在世界不景气的萧条浪潮中，和民族的屈辱的暗云下，许多人呻吟在上海这半封建半殖民地化的都市屋檐下，被不合理的现实生活重压得透不过气来。在《心防》里虽然透出战斗的胜利光辉，而黑暗与光明的对比，逆流与老鼠的猖獗，正是进步与倒退的对比，忠与奸的对立；《愁城记》里也表现出囤积居奇的发国难财者的不合理的现实。而作者站在这不合理的现实中，向我们提示了不“合理”的前途，而揭发了不合理的黑暗，要我们去严防“老鼠”，鼓励我们去战胜不合理的现实。这些，在这些剧作中，给予了鲜明的对比。这对比不是作者在向观众说教，而是透过舞台的真实形象而具现于我们的眼前；而我们在这些剧作中所看到的，这些生活在这不合理的现实中的人物性格，是我们在当前社会中可以常常地碰得到的。这正是剧作者面向不合理的现实的现实主义的创作精神。

夏衍正是从这两个创作的基本精神出发，而“忠实地去刻划人生的严肃”，从这两个特征，我们更进一步地去了解——

他的现实主义的表现手法

现实主义的反映现实，是通过典型的人物来具现的；但由于作家所处的社会地位不同，因此他对社会和社会阶层生活的接触，也是从不同的角度去接触它，理解它，以至于从不同的生活角度来反映它；于是表现在作品上，形成了现实主义不同的表现手法。有些现实主义的作家采取了英勇的行动——战争和历史事变的伟大斗争场面，来表现伟大事变中的英雄性格和反映历史的现实。另一种现实主义的作家，则概括每一社会阶层的生活习尚，透过这一阶层的人物，在他们的生活的葛藤的侧面中，来表现这一阶层的典型和历史变动的现实。这两种现实主义的表现手法，在戏剧史上我们是可以找到很多例证的：如古代希腊的悲剧，以至莎士比亚，席勒，易卜生，罗曼罗兰……都是属于第一种现实主义表现手法的范畴。而从莫里哀，果哥尔，契诃夫，高尔基，以至现代许多欧美的剧作家，都是属于第二种现实主义表现手法的范畴。而这两种现实主义的表现手法中，前一种多是悲剧的类型。而后一种，则近于喜剧的类型。但这里也有例外。契诃夫的戏剧的现实主义的表现手法，正是这两种手法的综合，这里，呈现在他的剧作中，是喜剧的表现手法和悲剧的主题的揉合，构成他的戏剧——在阴暗的现实中，充盈轻松的幽默，和淡淡的哀愁；这正是所谓“含泪的微笑”。

夏衍的剧作，正是和契诃夫这种的戏剧表现方法相接近的，在夏衍的剧作中可以看到他受契诃夫的影响很深。因此，我们在他的剧作中，很清楚地看到他的表现手法，是喜剧式的，用幽默和嘲讽来表现某一社会层的生活典型，如在《赛金花》一剧里嘲讽满清当时办理洋务的外交官：

官：（叩头如捣蒜）奴才是在天津洋务总局办事的。

通：他是，……是办外交的。

哈：（好奇地）外交官？唔，会干些什么？

官：（迟疑，又惶惑）会……会……奴才只会叩头，跟洋大人叩头，（作叩头状）……

这是多么辛辣的嘲讽，当你看到这种昏庸的无气节的奴才，被表现在眼前的时候，你会不能抑止地大笑，但在这笑声里面，你会被这民族屈辱的历史而激怒起来，为这民族的悲剧感奋着。这种嘲讽是无情的，作者对这种奴才是厌恶的。在《心防》里的倪邦贤，也是这种人物，但倪邦贤这人物的表现，是十分真实，虽然有些夸张，一点也不过火，而至不象人，相反地，在倪邦贤这人物，赋予了下流的"海派"小丑以活的性格。在其他的几个剧作里，如《上海屋檐下》的赵振宇，赵妻，《都会的一角》里的邻居，《一年间》里的刘绣笙，作者也同样采用喜剧的手法来表现他们，将他们那种生活的错觉描绘出来，而令人发出欢欣的笑；但这不是无情的嘲讽，而是幽默的写实。作者虽然开这些人物的玩笑，而却是深深地热爱着他们的，为他们被这不合理的现实的重压，而付了深厚的同情。

作者对于这种现实主义的表现手法的运用，是非常洗炼的，从一个很小的角度，来反映当前严重的现实。同时作者很巧妙地选取了他所表现的人物的生活的特征，和这大时代的风暴联系起来。使你看到，虽然是几个人物生活的遭际，而这些生活的遭际中正激流着时代的暗潮。但作者不是正面地去表现这些历史的突然事变，和巨大的战争场面，也不在暴风雨的斗争中去展开人物的性格，而在日常的生活细节中，在斗争的背面的"和平"生活关系中，来展示人物的自发的自自然然的行动，从这些生活的特点来素描，刻划人物。这种不正面去表现斗争和事变的手法的运用，看来是避重就轻和取巧，但这里所取的巧，正是非常不容易做到的洗炼的地步；相反的，有很多正面去表现斗争的作品，固然是把人物变成了"英雄"，但多是公式的作品；夏衍的剧作我们很少看到这种公式，这里主要是他的人物富有生活的特征，性格的特征。然而他的缺点，也正是缺少那沉重的，强烈的，粗线条式的斗争的行动，因此很多人总觉得他缺少一种强有力的刺激的力，不能令人倾腹大笑，也不能令人嚎啕地痛哭，而只是轻松的幽默，和淡淡的哀愁而已，这正是作者喜剧的表现手法，和悲剧的主题的揉合，这正是作者在面向着不合理的现实中，虽然是面向着战斗，面向着光明，但作者还缺少一种溶解在群众中的战斗底力，群众所要求的战斗底力。原因是可以用作者所处的社会生活来说明它；而作者正是用他作为进步的现实主义的知识分子作家，充满着正义感，对于历史事变的关心，顽强的战斗精神，来参与面向现实的战斗，因而他也是从这个社会的角度来表现他所熟悉的人物——进步的市民生活。但作者是不会僵化在他这个原有的社会地位和社会角度之内的，他是在发展着的。在《心防》里我们已看到这种溶解在群众和战斗中的力，已在成长着，这正是作者向现实主义更坚实的道路前进了一步，这就是作者自己的现实主义的道路。我们更希望作者向这个方向努力！

一个平凡的悲剧作家

前面已经分析过，他的现实主义表现手法，是喜剧的表现手法，和悲剧主题的揉合；而在这种揉合中，相互地彼此的成分是冲淡了，因此成为轻松的幽默和淡淡的哀愁；不过严格地说起来，夏衍还是一个悲剧的作家。

古希腊的悲剧，是英雄与神的斗争；封建时代的悲剧，是奴隶与奴隶主的斗争；在资本主义上升的时代的悲剧，是个性与传统的斗争；在资本主义独占的时代的悲剧，是被剥削者与剥削者的斗争；这些斗争，是悲剧的现实。在半封建半殖民地的中国，正是反帝反封建的民族革命的斗争，这是中国的悲剧的现实。但这种悲剧是新的悲剧，不是旧的悲剧。旧的悲剧是消极的，是宿命论的命运的悲剧，失掉了自主的性格；新的悲剧是战斗的，自觉自主的，他看到自己的战斗的道路，而积极地向不合理的现实冲突搏斗。这是中国新悲剧的性格。但正因为中国是个半封建半殖民地的国家，在这双重的压迫下，中国的民众，一部分是自觉自主地向现实战斗着，但多数，却被蒙昧着而失掉了自觉自主的性格，这不仅是大多数落后的农民，即都市的小市民，也被这残酷的现实的重压和蒙昧，再加上生活的重担，因而失掉了他自觉自主的性格，而成了庸碌卑琐的人物了。这些人物是被现实生活压碎了，——虽然他们也有他们的梦想与憧憬，他们的生活是悲剧的生活；作者很熟识这些人物，了解这些人物，他看到这些人物的生活的阴暗面，他很同情他们，这反映在作者的戏剧上是悲剧的现实。这是生活的悲剧，平凡的悲剧，失掉了在生活中自主的人的悲剧。因此在《都会的一角》、《上海屋檐下》，甚至《一年间》、《愁城记》，我们都听到这种小市民的叹息，这是吃不饱，饿不死的悲剧。作者很体念这些人物，但也尽可能地给这些人们以最大的热情和鼓励。在《赛金花》里，我们也看到作者的过分同情赛金花，而将这个"庚子赔款"的民族历史悲剧，却写成了个人的悲剧了。虽然也有不少的"噱头"，破坏了他的悲剧的严肃性。因此作者不是一个英雄的战争的悲剧作家，而是不合理的现实生活矛盾重压下，平凡的悲剧作家。

这种生活的阴暗和忧郁，笼罩着他的剧作中的所有人物，如《赛金花》一剧，固然是这个人物的一部分生活的写实，但这曾经"握过飞特丽皇后的手"的公使夫人，驻过仪鸾殿，跟联军德帅瓦德西办过"外交"，帮过"老佛爷"访人情，"西太后沾了（她）的光"的赛二爷，结果，她那沦落烟花的出身，也终于决定了她那悲凉的身世，为维持道统尊严的孙尚书之流所撵走，结果沦落在悲剧的生涯中。而《都会的一角》的失业青年和舞女，《相似》里的女性，《上海屋檐下》的林志成，匡复，杨彩玉，黄家楣，桂芬，施小宝，李陵碑，正是一伙悲剧人物的猬集。《一年间》里的于明扬，《愁城记》里的青年夫妇林孟平和赵婉贞，这些人都是有着自己的理想与热望，但他们的理想很快就被残酷的现实击碎了。作者虽然给这些人物的苦难生活，以抒情诗的气氛，然而纵使在这些抒情诗的氛围中，那生活的阴影，时代的暗潮，不能防堵地时时冲进他们那最小的圈子里来，鞭挞着他们，威胁着他们，他们在挣扎着，发出怨怼与叹息。这种悲剧，尤其是《上海屋檐下》这个剧本，是平凡的悲剧底典型，它深深地激动了我们。这是阴暗的梅雨时代知识分子的悲剧，他对于我们这时代的知识青年是异常亲切的。

过渡期的典型

在作者所表现的人物方面，可以看到两种类型，一种是在生活的重压下面，失去了自主自觉的性格的人物，和盲然于现实的乐天主义者；有些虽然他（她）们也看到了自己生活的阴暗面，但是缺少战斗的勇气，结果这种人被生活压碎了，被时代的浪潮的冲击而成了渣滓。如《上海屋檐下》里的黄家楣、桂芬、杨彩玉、林志成，《都会的一角》里的失业青年、舞女，《一年间》里的于明扬，《心防》里的施小玲，《愁城记》里的林孟平和赵婉贞年青夫妻，和赛金花；都是属于这一种消极的，失掉了生活自主，和得过且过的，在这急剧的时代变革中，他们成了没有光，没有热，没有力的过渡期的典型。

另一种，同样是在时代浪潮的冲击下，被不合理的现实所鞭挞着的人物，他们看清了自己生活苦闷的原因，看到现实黑暗的本质，也看到了新时代的光明，意识地认清在中国的社会变革中，自己的命运只有和被压迫的大众的战斗合流起来，才有自己的前途；同时在大众的战斗合流中，了解到自己在中国的民族解放运动中自己所负担的先锋作用；在这样自觉的过程中他们自主地更积极的和大众的战斗合流起来，成为民族解放运动中的战斗员。

这种自觉自主的类型，如《自由魂》里的秋瑾，《上海屋檐下》里的匡复，《心防》里的刘浩如，《愁城记》里的李彦云，都是具有着强烈的社会感和革命的战斗精神的自主的性格。而在这些人物性格上都有共通的特点，他们是从旧的社会中生长出来的，还有着很多旧的习气，如秋瑾的个人英雄主义；如匡复从黑暗的监狱里出来，看到自己的爱人——妻子，已经和自己的好朋友同居了，自己的孩子也长大了，一切的关系都在改变了，生疏了，自己颇感到孤独和迟暮，他有些受不住这新的浪潮所冲击而有些动摇颓然起来，直到他从他的妻子和女儿的家里离开的时候，虽然是再开始重新走上战斗的路，但还是带着一颗不能释然的心情而忍痛离开的。这种心情，正是所谓人之常情，非常富于人性的，也正是许多知识分子的感情。《心防》里的刘浩如，也是偏激的，这偏激固然是对于“老鼠”之流不妥协的战斗性，但这种性格也是从旧生活带来的。而这些人物第二个共通点大都是中年人。而这些人物，虽然具有顽强的战斗性格，但他们都带着一种重负，在苦斗着，喘息着，缺少乐观的气质。而这些人物身上的苦斗和重压，也传达到每个观众的身上，而使我们深深地警惕着。

但这自觉自主的性格，在作者写来，并没有把他们表现成殉道者和清教徒；但也没有把他们刻划成与我们一般人所不同的“英雄”，因为一般所表现的英雄性格，是在这些英雄身上给与向人说教的权利，和英勇的超人的行动，而作者的人物，却缺少这样的性格。就是秋瑾这个人物，虽然是一个新时代的进步女性，但作者给我们表现出来的秋瑾，也并不是如上面所说的那种英雄性格。《心防》里的刘浩如，的确是英雄的战斗着，但他的事业并不是“英雄”的事业，而他的事业，正是平凡的事业，是我辈的平凡事业，因此刘浩如的英雄战斗，正是平凡的英雄，而在战斗着的人们，自己也决不会意识着自己是英雄，也不是为了做“英雄”而去战斗的。总括起来，夏衍所表现这类自觉自主的人物性格，正是积极的，具有着顽强的战斗性的过渡期的典型。

作者对于他所表现的人物，是非常深地爱着他们，作者更深切地了解他们，特别是了解他同时代的人物——中年人，老年人，对于小孩子，作者更有些偏爱，在他几个剧作中，如《自由魂》、《上海屋檐下》、《都会的一角》、《一年间》、《心防》、《愁城记》，都有小孩的角色，而对于少年男女的爱护，更赋予很大的热望，而作者将对于新时代的热望，多寄与在这些纯洁的富有热血的后一代的少年们身上。而这些少年们都具有颇多共通的性格，如《一年间》中的阿涛，《心防》中的咪咪，《都会的一角》中的舞女弟弟，《上海屋檐下》中的葆珍，这些少年们，正想从老年人那一代的生活怀抱里挣扎出来，对老年人的生活表示了怀疑，对于自己有着新的期望和自信，在自己的天真与社会的影响中成长了起来。

但作者对于青年——特别是这时代在救亡工作中成长起来的青年——二十岁上下的青年的了解是不够的，《一年间》的俞志华，作者把她表现为悲观失败主义中清醒的人物。但这个人物的性格表现是不具体的，虽然是在《一年间》达到了戏剧主题作用，但在人物的表现上——与作者对于人物的生活素描表现手法上，却失去了全剧格调上的艺术性的统一。因此俞志华这个人物的生活的形象性是不够明显的，失去了这个女性的所具有的个性了。正因作者对于青年生活的理解不够深切，因此作者所表现的人物都是中年人物，这些人正是背负着生活的重负，缺少乐观的健康的气质。这也是决定作者的戏剧是悲剧的性格。因此不能表现出新生的健康的青年活生生的典型。

其次在作者所表现的这些人物，——积极的典型或是消极的典型人物，对于他所写的社会气质，还是不够强烈的，这一方面是由于现实的限制；不能不更明显的表现出来，因此作者所反映的多是进步的市民层，所谓小市民的生活的典型。但是表现市民生活不是迎合市民生活，因为迎合式地反映市民生活，会走到庸俗的现实主义；而作者对于小市民的生活是批判，对于他们由旧社会的生活习尚常形成的生活错觉，给以讽刺和幽默，同时，作者将小市民生活给以洗炼，去掉庸俗的一面，把握住他最本质的一面，因此表现手法上虽然是生活的素描，却是将这些最富于生活特征的日常生活现象组织起来，给以具现，这是作者对于人物的处理方法。

历史事变而不是历史剧

在作者的戏剧题材中，是最富于反映历史事变的，但这不是历史剧。历史剧不但是要反映出历史时代的特征，历史的事实，而更要反映出历史的本质。至于历史事变，在反映历史的事件时，只要把握住那一时代的特征，概括出那一时代的典型而给以具体的分析来反映，就不必顾之于历史的事实。在作者的这几部剧作中，都是极富于这种反映历史事变的意味。《赛金花》这一剧作固然是反映了一部分历史的事实，但作者并没有正面去反映历史，因此在这个剧本里，看不到这在封建专制下，在原始性的农民反抗的义和团运动中，帝国主义共同来掠夺殖民地的历史本质，和当时的这矛盾的发展。因而《赛金花》这剧本，只是以赛金花为中心，借着历史事变的伟景，来刻划当时满清专制的昏庸，——特别是那时代割地赔款的外交的失败，用这个题材，来嘲讽历史，和警惕现实，使我们重新去体味一次历史的教训。因此这剧作，不是历史剧，而是历史事变的反映，和对于历史发展的警惕，所以这剧作是历史发展的必然中个人的偶然的悲剧。

在《自由魂》这个剧本里，作者也是用了同样的手法，来表现与赛金花同时代的一个进步女性。作者仍是以秋瑾这个人物做中心，来反映那个时代的斗争，批判那时代的个人英雄主义，同时也是对于革命的气节的砥砺，使我们从这里去接受革命的血的教训。而作者在这里也是表现出这一事件，而不是那时代的历史。

在《上海屋檐下》、《都会的一角》，正是反映我们民族苦难和世界不景气的现实。在《一年间》里，《心防》里，这里反映着民族战争的伟大事件，《一年间》正反映抗战第一期的现实；《心防》则是反映汉奸汪精卫叛国降敌的逆流时代。作者从这些伟大历史事变中来把握主题，透过并不大的场面，来表现这大时代。来警惕我们，来对失败主义、汉奸投降主义以无情的痛击，这种反映历史事变的手法是值得学习的。

对于家庭的爱和从家庭中发展戏剧

作者表现的戏剧场合，多是从家庭的关系中来展开进行的。如《上海屋檐下》、《一年间》、《心防》、《愁城记》，都是从家庭的纠葛中来展开戏剧的主题，《自由魂》也是从这家的关系纠葛开始。另一方面，也反映出作家对于家庭的深爱，不管是破落户，或是被恐怖所包围的“危巢”，作者是非常留恋的，家庭的温暖，使作者不能自抑地在他的剧作中，寄与了忆念和哀愁。《上海屋檐下》的家，虽然是雀笼一样，但这里也有着温暖的自己亲切的人。《心防》第三幕的家，使得刘浩如这人物内心的表现更微妙而错综地表现出一个中年人的感情，传达出感人的抒情诗的气氛。《愁城记》里的家，使不惯于勾心斗角的青年夫妇，得到一个暂时的栖身，而《一年间》的家呢？

刘爱庐慨然地说：“唔，你们年青的，记住了！这是我们的家！这次出去之后，我，大概是不能回来了，可是，你们要记得，这是我们的家，我们祖先传给我们的家！”

这几句话是非常沉痛而深感人心的，我们多少的家在敌人的摧毁下失去了啊！

作者用家庭来展开戏剧的进行是颇难的，这里会将主题限制在一定的位置上。要将社会的关系去迁适于家庭的关系，——虽然家庭的关系也是社会关系的一部分；不过在更明确地去表现现社会的矛盾和对比上，是受限制的，这会削弱了更富于社会性的主题。因此我们希望作者更深入地从社会矛盾关系中来更广阔地反映社会的现实。

此外作者对于家庭氛围的处理是非常得当贴切的，使剧中的人物和戏剧的环境很谐合地统一起来，构成了抒情的气氛，如《一年间》第二幕的开头，很适当而有诗意地将这个环境与人物安排着，构成一个初冬晚上一个家庭融融的生活气氛。而《心防》里的第三幕，刘浩如和杨爱棠之间的沉默，伴着咪咪的琴声，将刘浩如和杨爱棠二人之间的心理起伏，在无言中传达出抒情一般的亲切，深深地感动着观众们，这是一点没有夸张的布置，构成了作者特有的平凡而真实的环境，和平凡而真实的人物的统一。

我的希望

在上面对夏衍的剧作作了这研究式的分析之后，我想提出几点对于夏衍的希望：

第一，作者在表现战斗中，新与旧的成长中，常常将这希望寄在一些人物身上。如在《一年间》里，将一家人的热望寄与在刘瑞春这个人物不死的身上，同时用我空军飞到上海的战斗代替了旧团圆主义的手法，这是很好的。《心防》的重心也是集中到刘浩如这个人物身上，这样处理是很危险的，万一这些人物死了呢？这特别在小市民的生活上是有一个重大影响的，因为他们只看到个人，只看到当前的，这样处理，万一这些人死了，给他们的影响会仍旧成为悲观失败主义，会造成命运的感伤，而于明扬这人物不能得到观众的同情，亦是将他当做个人来处理和他的身世不调合的缘故。因此我觉得应将这些希望寄与在事件本身和大众的身上，因这是一个现实的问题，而不是个人命运的问题了。

第二，在《心防》里我们已看见作者更具体地把握着和自己的世界观相统一的主题。我们希望作者能沿这条路发展。今天作者的剧作中所提示于我们的历史教训是非常深广的，但我们还希望于剧作的主题，有更强烈的思想和工作的指导，从社会的矛盾，和社会生活的具体行动中，来展开性格与性格的斗争，而更健康地表现出年轻的强有力的典型来。

（原载《文艺生活》1941年11月15日第1卷第3期）

读《夏衍剧作选》

王 瑶

一

《夏衍剧作选》中包括三个多幕剧:《秋瑾传》、《心防》和《法西斯细菌》。这是作看从他所写的十一个多幕剧中选出来的,是写得比较好、为读者和观众所喜爱的三个剧本。

《秋瑾传》是历史剧,写于一九三六年冬。在这个剧本中,作者写出了中国民主革命的先驱者秋瑾的英雄形象、她的反对帝国主义侵略和反对满清政府的爱国精神,以及最后由于武装暴动失败而慷慨就义的英雄气概。秋瑾牺牲于一九〇七年,正是中国民主革命斗争非常尖锐、满清政府摇摇欲坠的时候;这事件在当时曾引起社会上广大的同情与公愤,推动了革命运动的进展。单从当时出版的纪念秋瑾的宣传文字(例如《鉴湖女侠秋瑾》、《越恨》等书),就可以看出秋瑾的革命行为在当时所引起的广大影响。就文艺作品说,在辛亥革命前后,以秋瑾殉难为题材的作品也产生得很多,例如湘灵子的《鉴湖女侠传奇》、吴梅的《轩亭秋杂剧》、静观子的《六月霜》小说等。一直到鲁迅先生在"五四"时写《药》时,还"不恤用了曲笔,在《药》的瑜儿(即夏瑜,指秋瑾)的坟上平空添上一个花环"(《〈呐喊〉自序》),来表示人民对她的怀念。秋瑾所抱的志向是"救拔同胞"与"女界自立",她所努力从事的,是推翻满清统治的革命工作。在晚清,一般的民主革命运动,都是以民族革命的形式表现的,秋瑾具有很浓厚的反帝爱国的思想，她曾说愿以罗兰夫人为榜样。这种思想在当时还没有为广大群众所了解，特别是妇女，一般地还只停留在少数的先进分子身上，象秋瑾这样的人显得极其突出，一般人都把她看作是一个“新奇、怪诞和危险”的人物，包括她的好友、知识妇女吴芝瑛（这是秋瑾殉难后为她领尸建墓、并作传记与祭文的好友，即剧中的吴兰石）。在那个民主革命运动的启蒙时代，这样的人物虽然还有她很大的历史局限性，而且难以避免地要演成历史的悲剧；但她的思想和行为代表了革命先驱者的伟大的爱国精神，这种革命精神在今天也仍能给人以鼓舞和教育。使这样的英雄形象在舞台上和观众见面，是有很大的积极意义的；特别是在作者写作的当时——中国抗日民族解放战争的前夕。

这个剧本的主要的人物和事实都是有历史根据的。一开始作者就把“序幕”安置在一九〇〇年的庚子事变的秋天，使人对剧本所表现的时代先有一个概括的了解。以下接着就写秋瑾在自己家庭里争取自由和独立的地位，要求摆脱她的官僚的丈夫到革命活动的中心日本去学习，找寻同志，“救拔同胞”。第二幕是写一九〇七年秋瑾从日本回到上海后的情形。当时革命风暴已很猛烈，秋瑾主编《中国女报》，不仅竭力号召妇女们起来为争取自由独立的地位进行斗争，而且她把这斗争与当时的民族革命斗争结合起来，企图组织武装起义，推翻满清政府。她是主张武装革命、反对温和的改良主义的。第三幕的两场是写一九〇七年六月秋瑾在绍兴大通学校训练学生，筹办武装起义和失败后的慷慨成仁的；是剧本的高潮，也是剧情进展中最悲壮的地方。这里所表现的秋瑾的性格最为鲜明，她镇定、勇敢，决不动摇，就义前的慷慨演说，写得很动人。

但这样的悲剧的产生，自然是有它的历史原因的。作者通过另外两个革命同志王金发和程毅的对话，也对秋瑾的弱点作了一些必要的批判，例如她的警惕心不高，使敌人的奸细混入了革命队伍，对敌人的残暴也缺乏足够的认识，在发现起义已经失败，应该设法撤退来保存革命实力的时候，她强调“临阵退却是革命党的耻辱！”“到死也不走！”这种勇往直前不考虑效果的做法，一方面固然表现了秋瑾的忠诚勇敢的性格，但也正如程毅所说的：“孤注一掷决不是革命党的光荣！”在最后审判的场面中，作者一方面有力地表现了秋瑾的视死如归的昂然的革命家的气概，一方面也给那群满清官吏画了一幅讽刺的谑画。

作者善于渲染时代气氛，布景的说明和对话中某些语言的运用，都对烘托剧情背景起了好的作用。在这样显明的历史背景上，他对秋瑾的性格和革命品质的描写，是相当成功的。作者具体地描写了她的豪侠的性格和她对革命的坚决勇敢的精神。特别是最后一幕的壮烈殉难，是写得很动人的。剧中的主要人物和事迹，大致都根据实际的史实。作者在剧本前面引了两段亚里斯多德和莱辛的语录，意在说明历史剧与历史不同，它可以写“可能的”事件和“将要做出些甚么来的事情”，不一定要与实际史实相合；但无疑地，实际史实还是给了作者以很大限制的。譬如为了表现秋瑾的各个不同时期的活动，就不能不在各时期中用各别的不同人物来作陪衬，因此各幕中的人物除秋瑾外，大多数都为了秋瑾而存在，前后不能连贯，这就影响了全剧的集中和别的人物性格的鲜明。例如王金发，就写得很模糊。这种出场人物多而不相连接、多数性格不能凸出的现象，显然是受了实际史实和传记性质的限制的。

二

四幕剧《心防》是写抗日战争初期上海沦陷后，留在上海的文化工作者与敌伪势力坚持斗争的情形的。“心防”的意思就是“心理上的防线”。当时上海的公共租界和法租界里共有四百五十余万人口，在那时存在着的国际帝国主义势力的错综复杂的关系中，上海的进步文化工作者巧妙地利用了各种现实中的矛盾，在租界中利用一些外商报纸、戏剧演出和补习学校等活动，组成了一支强大的文化队伍，把这四百五十万人口的抗战心理防线巩固起来，使抗战的声音仍能广泛传播，并通过上海来渗透给广大沦陷区人民，沟通了沦陷区与各抗战根据地的消息，使上海成了东南游击区的政治堡垒。在这种特殊环境下面，文化工作者没有武装和经济的支援，随时受着敌伪势力的破坏、干涉、甚至暗杀的迫害，但他们仍然坚毅地英勇地战斗着；特别是新闻事业，更是坚定广大沦陷区人民对民族解放战争信心的力量，给了敌人以很大的威胁。对于这些坚持斗争的文化战士，作者掩不住他的钦敬与激动，用《心防》这个剧本来为他们作了一首热情的颂歌。

《心防》以新闻界的骨干人物刘浩如为中心，从各个方面描写了当时进步文化界在上海进行的斗争，斗争是很艰苦、复杂的。剧情开始在一九三七年冬，正是中国的军队撤离上海后不到十天，南市的火还没有熄，很多文化工作者都准备去武汉或者去延安的时候。剧中的主角刘浩如本来也是打算走的，但当他理解到用笔来“死守一条五百万人的精神上的防线”的重要后，便决定留下来了；而且以后就以他在新闻界的实际工作，成了上海文化战线上的领导者。他们的斗争取得了胜利，因为他们的斗争反映了人民的要求，人民在支持他们。剧本最后以刘浩如被暗杀作结。刘浩如在被刺倒下后交出了已被鲜血染红了的、明天要发表的社论稿子和早就准备好了的一份遗嘱，那种为民族解放而壮烈牺牲的爱国精神，是写得非常动人的。

《心防》的主要人物的性格都相当生动。作品结构严谨，语言也是性格化的，相当精炼。洪深在他的《抗战十年来中国戏剧运动与教育》一书中，认为《心防》为夏衍的代表作，是颇有道理的。但剧中对这样一条坚强的文化战线的社会基础，似乎反映得还不很够；虽然作者也通过刘浩如说明他们所以能具有那么强大的战斗力量，“主要的还是因为全国人民坚持了抗战，千百万人民在前线、在后方和敌人拼命。”但这说明显然还是抽象了一点。即如剧中的主人公刘浩如，他是文化战线的领导者，但我们只知道他有过五年的记者经历，曾经为了闹“新闻清洁运动”失业过，有一副嫉恶如仇的性格，对待朋友很热忱，对敌伪汉奸的警惕心很高，此外对于刘浩如的政治、社会的关系，我们就只能揣测了。而就那些从事进步文化活动的人们的关系说来，似乎只能说是一些抗日爱国的抱有正义感的进步知识分子之间的自由结合的团体。在这个团体里，一部分成员是比较年轻的，在政治上尚未成熟，有的则是有一点世故的老记者，即连刘浩如自己，虽然在各方面都比较好些，但如果当作一个进步文化战线的实际领导者的形象来看，仍然是不很够的。作为这样一个进步文化战线的领导分子，他的政治态度似乎应该更明朗些。当时的实际情形也是如此，这些英勇的文化战士如果没有和当时中国的进步政治力量结合起来，受他们的领导，他们是很难有所作为的。而作者所以没有明确地写到这一点，当然也可能是由于当时所处的实际情况，不可能这样做。

抗战初期的剧作虽然产生得很多，但一般都存在着概念化的倾向，当时的批评界曾对所谓“抗战八股”有过很多的批评；《心防》在当时是一个较好的作品，上演的次数也很多。

三

《法西斯细菌》写于香港战事（一九四一年）以后，它借一位曾经留学日本的医学博士俞实夫的经历与转变，表现“法西斯与科学不两立”。日寇占领香港以后，以港变作题材的戏剧作品曾产生过好多，例如《祖国在呼唤》、《自由港》等。自从抗战以后，香港成为一些逃难的“寓公”与走私商人的乐园；另一方面，因为香港是当时“抗战中国和她千百万海外华侨联系的锁钥与桥梁”，而国民党统治区对进步文化人士采取了日益加紧的压制和迫害，因此他们留在香港坚持工作。作者夏衍自己就是因为在桂林受到迫害，才跑到香港的。这一切就使得香港成为一个非常复杂的地方，许多走私商人和逃难“寓公”们在那里进行种种政治上、买卖上的活动。香港战事突然发生时，这些人的生活发生了巨大的变化，产生了许多可笑的故事，被作家们用来作为讽刺喜剧的材料。本剧中钱琴仙这个人物和与她很接近的一些人的商业活动，大概就是作者最早想要表现的。但作者不愿单纯地展览这些可笑的故事，他看得要深一点，他觉得这些“哄笑和苦笑的材料”，“都反而是悲剧的材料了”。（开明版《法西斯细菌》跋：《老鼠·虱子和历史》）因此，虽然他也写了“港战”，但与其它的以港战为题材的剧本不同，他选择了一个更大的和更重要的主题：“法西斯与科学不两立”。“港变”不只拆散了那些冒险家的乐园，也摧毁了自以为超政治的科学家的“象牙之塔”。这个剧本不只企图揭露法西斯主义制造战争，而且还进一步揭露法西斯主义者正在利用人类的科学发明，大量地制造细菌弹，散布种种可怕的传染病菌，使得剧中的那位超政治的科学家终于认识到：“人类最大的传染病——法西斯细菌不消灭，要把中国造成一个现代化的国家，不可能；就是要关上门，做一些对人类有贡献的研究，也会时时受到阻碍和破坏。”这剧本按照生活逻辑开展了剧情，通过生动的人物形象和带有性格特征的语言，对于这位抱有单纯技术观点的学者俞实夫的批判，是有说服力的。特别是关于法西斯是人民的敌人、是人类一切进步事物的死敌这个思想，在当时是很能鼓舞人们去作反法西斯斗争的。

这个剧本的情节，在时间上前后共经过了十年，地点则经过了东京、上海、香港、桂林等四个充满不同生活色彩的都市，登场的主要人物不足十人。这个剧本的特点，是它的每一幕戏都密切结合当时国内外的政治形势的发展，把剧情放在巨大的历史背景上面，剧中人物的性格则随着政治形势的发展而变化着。所以，整个剧本的结构看起来是比较紧凑、连贯的。

剧中人物的描写，一般也都相当真实、生动。很多人都说“素描”和“淡彩”是夏衍剧作风格的特点，在写《法西斯细菌》时，他自己说应该“从速毕业于素描阶段”了，他要学着画油画（开明版《法西斯细菌》跋：《胭脂·油画与习作》）。的确，在他的剧作中，《法西斯细菌》的戏剧色彩是比较浓厚的，在人物性格的刻划上作者所下的工夫也更大些。象俞实夫这样的以为科学可以超政治的知识分子，在旧社会中本来是很多的，而剧本通过活生生的事实，来表现了“法西斯与科学不两立”的主题，是有说服力的。最后俞实夫从香港回到桂林，决定到贵阳的红十字医院中去工作，而且认为这就是“一件扑灭法西斯细菌的实际工作”，是人生的“再出发”；这个要求在他的思想发展上说来，当然是前进了一步，他愿意暂时放弃实验室中的研究工作；但就当时的实际情况说来，就中国人民的反法西斯的抗战事业说来，这要求显然是有点过低了。这种要求的过低，还明显地表现在剧本对于另一知识分子赵安涛的批判不够深刻、并且对他的错误给予过多的同情上面。作者写这个剧本，已经是一九四二年的夏天，正是皖南事变后国民党反动统治在大后方积极镇压人民的时候；桂林或贵阳，都不是什么坚持抗战的中心，因此作者把剧中的主人公引到那里去，似乎说那里是有光明的，这就不能不使人感到不能理解。这情形作者自己也是知道的。当然，这种情况的产生主要还是因为受到了当时反动的出版审查和演出审查的限制，而剧本是应该也必须要争取和读者及观众见面的。但一个作品在比较深刻地写出了一些现实的矛盾以后，而最后指出的竟是一条不大行得通的路，那也是不免要削弱作品的思想内容和教育力量的。

但是，在这个剧本中，用生活的实际感受来说明法西斯主义的毒害，这个企图仍是较好地达到了的。这个剧本是作者所写的一些剧本中上演次数最多的一个。

四

在夏衍所写的十一个多幕剧中，选取以上所述的三个是比较适当的。其中《秋瑾传》和《心防》写的都是正面的人物形象，也比较成功地写出了为民族解放而英勇献身的革命者的品质，这对读者是有教育意义和鼓舞作用的。《法西斯细菌》的主题有更普遍和更重要的意义，而且在艺术成就上也是比较高的，它是可以代表作者的创作特色的。

在本书的“代序”中，作者写道：

> 假如一个小资产阶级出身的知识分子、文艺作家不能把自己的立场坚决完全干脆地转移到“方生”的工农兵方面，而还要保留一部分乃至大部分停留在“未死”的小资产阶级知识分子方面，理论上、口头上不能和实际上、行动上合一，该爱不能真爱，该恨不能真恨，该鞭挞不能尽情地鞭挞，该歌颂不能尽情地歌颂，那么很自然的写出来的作品就不可能有强烈的力量，去“唤起读者对过去的憎恶”了。

这篇“代序”是作者对自己创作的自我检查，从这个检查可以看出作者对自己的要求是严格的。对于夏衍的作品的公正估价，我以为必须要与他创作时的具体情况联系起来看。夏衍的作品，都写于抗战前和抗战期间的国民党统治区，那时一般的作家都没有机会获得和群众密切结合的社会条件；加之戏剧创作又有它的特殊情况。由于话剧是近代才在中国兴起的一种艺术形式，而且长期地只能在大都市上演，剧作者为了使剧本获得演出的机会和对它的一定的观众进行可以接受的教育，就不能不多少顾及到观众的实际情形和接受能力。因此仅就题材说，绝大多数的剧本写的也都是都市生活，大半是以市民、知识分子或上层统治者为主角的；以工农兵为题材的作品就比较少。这些作品虽然都存在有缺点，但其中的主要精神仍是引导人们向前看、引导人走向进步与革命的；在当时也都起了教育人民的作用，而我们今天的戏剧创作，也曾经是这样地发展过来的。就作者说，他在未进行剧本创作以前，已经有过相当长的参加左翼戏剧运动的经历；从创作的开始起，他就是密切结合当时的政治斗争，努力使他的作品为革命服务的。这些剧作的内容大致都和中国的抗日民族战争有关，从各种不同的方面来反映了中国人民的抗日运动，而且都经过了舞台的考验，在多次上演中也得到了观众的爱好。在创作中他从不追求奇巧的舞台情节，不迎合观众的不正当的趣味，而用一种朴素平易的风格来反映生活中的真实，描绘人物的内在精神世界；并引导他们走向革命的道路。内容充满了爱国的热情，观察问题也比较深刻。因此这些作品不只主题明确和富于现实性，在戏剧艺术上也是有相当成就的。从这种意义讲，他的这些作品是我们新文学史中戏剧创作的重要收获，我们在肯定和整理“五四”传统剧目的时候，当然是会想到这些作品的。而就本书中所选的三个剧本说来，那就不只仍可供人学习，在今天也还是能给人以鼓舞和教育的。当然，这也并不是说，这三个剧本中就完全没有对于一种过于纤细的感情的温情态度了，或者说无论歌颂或鞭挞都已经有了足够的强烈力量了。但我们至少可以说，这些作品是反映了当时的社会矛盾和斗争，并在艺术表现上达到了一定的成功的。我们今天读这些作品，仍能受到一种爱国热情的感染，就充分地说明了它的价值和意义。

（原载《文艺报》1954年5月号）

左联时期的戏剧（节录）

陈瘦竹

四　夏衍的剧作

正当民族危机日益严重，中国人迫切要求抗日救国的一九三六年，党提出国防文学和国防戏剧的口号，夏衍就开始创作历史剧，他的《赛金花》和《秋瑾传》在当时被公认为优秀的国防戏剧作品。关于当时文艺的主要任务，周扬曾经提出这样的意见："国防文学由于民族危机和民众反帝运动而被推到了第一等重要的地位。文学者应当描写民族解放斗争的事件和人物，努力于创造民族英雄和卖国者的正负典型。在现代中国历史上展开着的，正是这两类人的生死的决斗的壮烈的光景。"❶夏衍就以《赛金花》中的反面人物和《秋瑾传》中的正面典型，给当时的读者和观众以深刻的思想教育。

《赛金花》（发表于《文学》杂志第六卷第四期）以一九〇〇年义和团运动为背景，通过赛金花的各种遭遇，来反映八国联军对中国的侵略，并揭露满清政府出卖祖国，投降敌人的罪恶，以讽刺当时国民党反动派的黑暗统治。赛金花原是前驻德大使洪文卿的妾，名富彩云，洪死后她就出来组织戏班。她在德国时曾和八国联军统帅瓦德西相识，李鸿章就通过她向瓦德西求和。等到联军撤退之后，满清官吏反而驱逐她出北京。赛金花虽是剧中主角，但她的遭遇并没有重要意

❶ 周扬：《典型和个性》，《文学》第6卷第4期。

义，这篇剧本的思想力量，在于对腐败的满清政权的鞭笞。帝国主义者在中国肆无忌惮，在和议时提出许多无理要求，而李鸿章却认为“问题并不在于千万里的土地，更不在于千百兆的金钱，现在要争的只是老佛爷一人的体面！”他终于以西太后不向克林德夫人赔罪为条件，签订了丧权辱国的条约。当时同盟会和各地人民正在掀起反帝运动，而李鸿章却施行血腥的镇压。因此瓦德西也有这样的表示，“中国人不一定好讲话，中国官倒是太好讲话啦！”

《赛金花》的现实性和战斗性是很强的。一九三七年二月，上海四十年代剧社到国民党反动派首都南京来演出《赛金花》和《秋瑾传》时，《赛金花》的演出曾被捣乱和禁止。我们由此可以看到，这篇国防戏剧已经击中敌人的要害了。

《赛金花》是夏衍的第一篇剧作，它还存在一些缺点。首先，他对于义和团的积极作用认识不足，有些地方没有摆脱过去统治阶级对义和团的诬蔑和歪曲。义和团是落后的中国社会的产物，没有提出进步的革命口号，但是它的反抗运动，却给正在瓜分中国的帝国主义者一个沉重的打击。其次，赛金花这个人物，在历史上并无进步作用。她没有参加反帝斗争，她以自己的姿色去换来的“恩惠”，只对满清政权有利，对于中国广大人民是没有什么好处的。

继《赛金花》之后，夏衍于一九三六年冬作《秋瑾传》。他以革命女英雄秋瑾的光荣事迹为题材，突出的表现了她的反帝反封建的革命精神和杀身成仁舍生取义的英雄气概。作者通过各种尖锐的矛盾冲突来刻划这个英雄形象，所以她的性格比较鲜明真实。一九〇〇年义和团起义之后，满清政府投降帝国主义，加紧压迫中国人民。土豪劣绅依靠教会势力，任意欺压农民；知县非但不出来主持正义，反将那前来喊冤的农民逮捕法办。正在这个紧要关头，刚从北京回到故乡的秋瑾前来质问知县，将那无辜的农民保释出来。她并且向在路旁围观的许多农民，宣传发愤图强，反对“洋人”的爱国思想（序幕）。但是她的丈夫王廷钧是一个顽固、专制的小京官，反对她议论国家大事和主张男女平权，而她看到清朝一贯投降外国人大批屠杀革命党，坚决要到日本留学，努力挽救祖国。结果夫妇两人发生冲突，最后她断然带着孩子离开北京（第一幕）。一九〇七年初她从日本回到上海，创办《中国女报》宣传妇女解放，后来由徐锡麟介绍，决定和王金发一起到绍兴大通学校去。她临行时对女友说："他们等着我呐，打一个惊天动地的雷，放一把惊天动地的火，使整个的中国都改变！"（第二幕）她到绍兴后，努力革命工作，准备定期起义，但因内部有奸细，而且只凭血性不讲战略，终究不免失败。她以"你可以砍我的头，不能变我的志"这样的豪言壮语来回答绍兴知府的威胁利诱。她并且充满信心的说，"我的头不会白断，我的血不会白流，全中国的同志一定会继续我的遗志，中国妇女的自由平等，中国民众的解放独立，一定会实现的！"她对敌人表示极端的仇恨和鄙视，然后从容就义（第三幕）。

秋瑾的失败，当然不无主观方面的原因。夏衍通过另一革命党人程毅指出，不计成败死拼不是办法。当情势危急大家劝她暂时撤退以保存革命力量时，她却宁愿殉难，程毅就对她说："自杀表示你放弃了对满清政府的敌对，表示你承认了自己的失败！"但是她那忠于革命，勇于牺牲的高贵品质，在夏衍的笔下却放射出耀眼的光辉。同时，程毅在受刑时临难不惧坚强不屈的精神，也使我们深受感动。作者在剧中还无情的揭露了满清官吏、土豪劣绅以及革命叛徒的罪恶，并通过秋瑾，对照出了她的女友如吴兰石等的软弱无能。

夏衍在这时作《秋瑾传》，其用意是很深刻的。这虽是一篇历史剧，但是他的矛头，显然对准着当时国民党反动派和日本侵略者以及一些汉奸走狗。此外，他还以秋瑾这个女英雄来教育当时的广大妇女。他后来在抗战期间曾这样说："从一个出类拔萃的先觉秋瑾，创办了主张男女平等的《女学报》，也已经四十历寒暑了。……三十年、四十年，为着中国民族的自由解放，为着中国妇女的平等、独立，流血、奋斗，奋斗、流血，秋瑾的墓木已拱，为女权而呼号的书籍刊物也已经汗牛充栋了。"但是妇女始终没有全部觉醒过来，甚至"才十五年的岁月呢，昔年头角峥嵘的女斗士，今天已经是母仪足式的夫人太太，已经是母以子贵、妻以夫贵的命妇，甚至于已经是抄经念佛、谋幸福于来世的'信女'了。"❶中国妇女过去带着各种枷锁，受着许多束

❶ 夏衍：《〈秋瑾传〉再版代序》，《边鼓集》第113页。

缚。出现秋瑾这样的英雄实在难能可贵。因此这篇剧本对于妇女的鼓舞作用，不用说是很巨大的。《秋瑾传》比《赛金花》，不仅在思想上而且在艺术上都有发展。《秋瑾传》更为洗练，更为单纯，我们从这里可以看到夏衍的简洁明净淳朴素淡的艺术风格的萌芽。他只选择秋瑾生平事迹中的几个重要片断，很自然地展开各种矛盾冲突。人物的对话很简练，不用长篇大论，戏剧动作眉清目楚，条理明晰。他的文思，又很细密，例如第一幕和第二幕之间相隔三年，作者用吴兰石和秋瑾打赌比输赢这一细节作为联系，同时就将秋瑾留日三年来的变化很清楚的表现出来了。当然这是夏衍初期的作品，除秋瑾外其他剧中人的性格还不够鲜明，而秋瑾的精神世界也不够丰富，情节稍嫌单薄，这尚待他进一步的发展。

在抗日战争前夕（一九三七年四、五月间），夏衍开始以现实生活为题材，作三幕剧《上海屋檐下》。他在这篇剧本中，描写“一个郁闷得使人不舒服的黄梅时节”住在上海“弄堂房子”里五户人家的灰色生活。他后来谈到它的创作意图时，这样说道：“反映上海这个畸形社会中的一群小人物，反映他们的喜怒哀乐，从小人物的生活反映了这个大的时代，让当时的观众听到些将要到来的时代的脚步声音。”❶

住在这弄堂房子的客堂间的是二房东林志成，在厂里当职员，整天受资本家的气。他的妻子杨彩玉原是他的好朋友匡复的妻子，十年前匡复因从事革命而被捕入狱，七年前他就和她同居，并带着她的女儿葆珍住在一起。灶披间里住着小学教师赵振宇，生活很苦，可是他觉得“比上不足比下有余”，是个乐天派，颇有幽默感。而他的妻子却是牢骚满腹庸俗小气的女人，因此夫妻之间常常因为家务琐事和孩子问题发生并不严重的争吵。亭子楼上的住户黄家楣，他本来是农家子弟，父亲卖田地用血汗培养他上大学，曾经做过洋行职员，不幸失业而又患肺病，依靠典当妻子的“出客”衣服来接待从乡下赶来探望他们的父亲。船员的妻子施小宝住在前楼，这个所谓“廉价的摩登少妇”，因为丈夫在海船上不回家，就成为流氓小天津的情妇，但是经

❶ 夏衍：《谈〈上海屋檐下〉的创作》，《剧本》1957年第4期。

常受这个流氓的欺压，有苦没处诉。住在阁楼上的是个贩报老头儿，他的儿子曾经参加“一二八”抗日战争，可是早已阵亡，因他想念儿子弄得有些神经失常，幻想儿子有一天会当上司令，嘴里老唱着“李陵碑”，所以大家就叫他李陵碑。

夏衍描写这五户人家从早到晚一天的平凡生活。正在黄梅时节，不断地下着雨，偶然出现一缕阳光，接着又是一阵暴雨。所有的人都很善良，但是命运却都很悲惨。这一群小人物的生活，都象那天气一样沉闷阴暗，几乎发着霉味。他们生活在半封建半殖民地的黑暗社会里，国民党反动派的统治和帝国主义者的侵略，逼得大家喘不过气来。我们从这幅灰色的画图中，不仅很分明地看到而且敏锐地感到那可诅咒的社会制度的压力。夏衍所表现的这种黄梅天气和生活气氛，正是很真实地反映了当时的政治气候。但在抗战前夕，由于党的领导，中国人民的反帝运动日渐高涨，太阳不久就要冲破黑暗，雨后必定会有晴天。因此，我们从夏衍所描绘的这幅灰色图画中，在葆珍这些孩子身上看到了一些亮光。孩子们高唱着《勇敢的小娃娃》的主题歌，而赵振宇终于含意深长地说，“愁什么，尽下，总有一天会晴的！”尽管夏衍处在极其恶劣的政治气候之下没有言论自由，既不能当面打击敌人，又不便直接显示光明，但是他运用了曲笔，已将革命前途指出来了。

在这一群人的平凡的生活中，曾经因为匡复的突然出现引起了一点波澜。他经过十年的监狱生活，终于恢复自由，来到林志成家里，找他的杨彩玉和葆珍。林志成向老朋友承认了自己的错误，杨彩玉要求他再给她幸福。他突然受到感情上的打击，当时颇有一些感伤颓废情绪，但后来看到已被厂里革职的林志成打算出走，而且听到葆珍教孩子们所唱的《勇敢的小娃娃》的歌，终于悄然出走，重新去做革命工作，并留下字条劝他们“勇敢地活下去”。

作者通过这三个人的纠纷及其内心痛苦，进一步揭露了这黑暗社会的罪恶。匡复直接受到反动政权的迫害，忍受十年监狱生活之后，发现妻女已经离散，内心当然有说不出的痛苦。但是林志成和杨彩玉本身并没有过错，他们的结合主要是当时社会条件所促成。匡复入狱后始终没有消息，林志成为要保护走投无路的杨彩玉和葆珍，就和她们生活在一起。等到匡复归来，林志成的悔恨，杨彩玉的羞愧和希望，都能引起我们的同情。作者运用这一情节，通过人物的难以言喻的内心痛苦和无可医治的灵魂创伤，深刻的表现了黑暗统治所给予人们的精神上的损害。但在另一方面，由于作者过分强调这种感伤主义，就不能更充分的突出匡复这个革命者的正面形象。作者虽然以匡复重新走上革命道路来解决这一纠纷，但是我们觉得匡复的某些感伤情绪以及林志成和杨彩玉因他而引起的悔恨和羞愧的痛苦心情，并没有彻底解决。在这家庭纠纷面前，匡复没有积极地来寻找解决的办法，因而对于自己的朋友和妻子不能在思想上给以应有的启发。夏衍描写这样一种三角关系，而且采用这样一种办法来解决，便于表现感伤主义，而不能充分突出正面形象。这种无可奈何的感伤主义，虽然具有暴露现实和批判现实的作用，但到底是比较软弱的情绪。作者后来谈到这篇剧本时，在说明由于当时白色恐怖因而“有许多话不能在舞台上讲”之后，又谈到“在自己，也还存在着许多小资产阶级思想感情”。[1]这种最后被“勇敢的小娃娃”的乐观雄健的歌声所掩盖的感伤主义情调，可以说就是作者当时的某种小资产阶级思想感情的表现。

然而，当我们从全面来考察时，我们看到作者是从正确的立场和观点出发，对于上海底层的小人物的各种不幸遭遇寄以深刻的同情，对于国民党反动派的迫害革命青年和虐待抗日士兵家属、以及资本家的欺压职工和流氓的侮辱妇女，表示极端的憎恶。此外，他还对于未来的光明怀着热烈的希望。这就使得这篇剧作成为时代的真实反映，而且具有一定的战斗精神了。

夏衍在他的第一篇以现实生活为题材的作品中，表现了他善于从平凡的日常的生活现象来阐明深刻的主题思想，以及创造气氛和情调来突出人物的精神状态的才能。他从生活出发来写戏，不是从戏出发来写生活。他在《上海屋檐下》初版自序中说过这样的话：“而自己，对于年来剧作界风靡着的所谓‘情节戏’‘服装戏’又深深地怀抱着不服和反感，加上《赛金花》而后，我在写作上有了一种痛切的反省，

[1] 夏衍：《谈〈上海屋檐下〉的创作》，《剧本》1957年第4期。

我要改变那种‘戏作’的态度，而更沉潜地学习更写实的方法。”[1]二十年后他又谈到，在写最初两篇历史剧后，他才“认识到戏要感染人，要使演员和导演能有所发挥，必须写人物、性格、环境……只让人物在舞台上说几句激昂慷慨的话是不能感人的。写《上海屋檐下》我才注意及此。”[2]我们认为，作者的这些自白都是真实的。

《上海屋檐下》的现实主义，比以前两篇历史剧更加成熟了。夏衍在这篇剧作中发展了过去剧作中的条理明晰，单纯简练的特色，他在同时表现五户人家的生活时能有条不紊，杂而不乱。同时他又特别注意性格描写和环境描写，因此生活气息更加浓厚，人物更加生动。他将五户人家统一在共同的自然环境和政治环境中，描写他们的各有特征而又互相联系的一天生活，他并不故意制造戏剧性的情节，而象一个散文家或特写家一样，选择平凡而有特征性的生活细节，以表现同一命运而各有性格的人物。他的这种现实主义风格，颇似契诃夫的剧作，平凡而深远，素淡而隽永。他心上怀着强烈的爱憎，可是并不轻易激动，始终用冷静的眼光沉着的观察着体会着这种黑暗生活，象一个素描画家一样，不着色的不夸张的描画这种生活。

用一枝笔写五户人家，这不大容易。夏衍善于将不同的人和事交织穿插起来，很自然的构成有形或无形的联系。除李陵碑比较孤独以外，赵振宇是和每一家都有联系的人物，赵妻和桂芬比较接近，施小宝和其余三家也有不同性质的某些来往。我们从第二幕开头，可以看到作者根据生活本身而建立的无形的联系。匡复和杨彩玉别后初次相见，正谈着她和林志成同居的事，谈到无话可说时，作者描写黄家楣和桂芬这一对恩爱夫妻因为贫困留不住父亲而互相埋怨，接着匡复就问杨彩玉“那么——你们现在的生活……”，两人便从林志成在厂里受欺压的事谈起，作者就借此进一步显示了匡复和杨彩玉的内心世界。

在作者所写的这一群小人物中，赵振宇的性格最鲜明生动。他热心看报，注意国家大事，不满现状，可是乐天而有生趣。这个幽默形象，引起观众善意的笑。他不失赤子之心，因而对未来能够怀着希望。

---

[1] 夏衍：《上海屋檐下》，上海杂志公司1937年11月出版。

[2] 夏衍：《谈〈上海屋檐下〉的创作》，《剧本》1957年第4期。

阿牛向母亲请教算术题，既幽默而又带着讽刺。夏衍将悲剧和喜剧结合在一起，就使《上海屋檐下》中的那种生活气氛更加浓厚了。

（原载《左联时期无产阶级革命文学》，
1960年3月江苏人民出版社第1版）

《赛金花》座谈会

主持者：剧作者协会

出席者：凌鹤　章泯　张庚　尤兢　陈明中　旅冈　徐步
　　　　龚川琦　陈楚云　贺孟斧　周钢鸣

记录者：周钢鸣

日　期：一九三六年四月十六日下午。

开始讨论：

周：在本月发表的《赛金花》这个剧本，想大家都看过了。这个剧本我们认为是在建立"国防戏剧"被提出后，第一次收获到一个很成功的作品。为了使得"国防戏剧"的剧作更健全坚实地成长，我们对《赛金花》这一剧作，应给以严格的和较高的评价。想来这对于作者和读者都有很大的意义。大家已经看过，请发表意见。

贺：我还没有看过。

陈（楚云）：我现在正在看，想听大家的意见。

张：那么让我先来发表点意见吧！在我看了这个剧本之后，曾在《大晚报·星期文坛》上，写过一篇批评，我现在把那批评的意见重说一下：第一，我觉得作者还没有把主题弄清楚，似乎是以赛金花个人作主题，又象是以庚子事件作主题。照现在看，作者是把戏的主题放在赛金花身上，背景是庚子事件，但令人看起来却成了两个主题。因为在作者处理这题材时就遇到一种困难，还是从严正的历史家的地位来挥动一枝史笔呢？或是站在讽刺家的立场来加以笑骂呢？结果作者取了后者。取了后者就必然从另一方面去发展，历史事件就非退到配景的地位不可。因此赛金花这人物出现了。现在这剧本成了赛金花的一段故事，然而不，作者绝不甘心它落到一个女人感伤的历史中去，于是有时候庚子的历史事件又突出在浮雕的背景之前来，因为这个原故，第七场没有庚子事件的背景，就多少给人一种不联贯的感觉，但仔细追寻，只能说，在庚子事件这条线索上不相属，而在赛金花故事上却是一个必然的发展。所以看上去又象完整，又象多余。第二，在人物方面写得最成功的是赛金花，其次是李鸿章，其他的太简单图式化，因为许多人物不是从事件来表现他的性格，而只用对话的形式说出，这是不能把人物凸现出来的。第三，作者的写作方法是 Sketch 的，没有更深刻地发掘出他们数千年来阶级传统的灵魂，内面的生活。在整个的剧的发展上是没有系统，不集中，不够力量。这为了作者要多多的取得讽刺的意义。固然在这剧作的讽刺本身上很成功，但整个戏剧行动上的散漫，还是因讽刺过分，分散了力量之故。

凌：读完了这个剧本很高兴，（一）作者很细心地，能在琐碎的材料中整理出这样的题材，是很成功的。八国联军的事件跟我们还不十分生疏，作者能在这一事件中映出外交上出卖民族国家的卑污，叩头外交的丑态，都暴露出来了。我很替作者担心，把这过去的历史写出来，怕与读者现实生活不相联，觉得花这样的精力来写现实更有意义。（二）历史剧我觉得是第二重要的。（三）作者想把拳乱作主题，整个剧的结构是在历史事件中。赛金花在偶然的机会中成了一个爱国报国的人物，以至她后来的冷落情形，这对于读者是很感动的。以八国联军为穿插，出了这样伟大人物；但这剧的罗曼蒂克的气味很重的。若是作者从正面来写历史剧，我想给读者的感动力更大。（四）在创作方法上写人物的性格有些很成功的。但多是从反面的去讽刺这些人物，不是从正面写的，所以觉得太漫画化了。我们现在可以举一个例子，象最近开演的却派也夫这个电影里的人物，写那个白军的将军很威武的；同时在苏联其它的电影里也常看到写敌人时很漫画化，这些都不妨碍的，譬如在却派也夫里的强调敌人，同时也就加强了在却派也夫击退敌人时的英勇，更有力量。这样的写法人物更见真实。所以我觉得为了对否定的人物全般地否定时，是应该写得更真实些。漫画

化的手法是可以用，但不能太夸大，那样就不会真实了。（五）里面的人物有些写得失了身份，譬如象保定府的那个布政司廷雍和那个按察使樊，摆香案，跪在离城三十里地投降的事，都不象是官了，还有那个在天津洋务总局办外交的，哈德曼问他："外交官？唔，会干些什么？"官："（迟疑、又惶恐）会……会，……奴才只会叩头，跟洋大人叩头！"这些讽刺痛快是痛快极了，但是有失人物的身份，太夸大了。（六）特别好的是孙家鼐这个人物的性格很成功，李鸿章这个人也写得很真实。赛金花这个人物当然是写得最成功的，不过里面赛金花说的那几句话："皇家的恩典，是轮不到我这样的人的，我！……但愿能做一个太平时代的百姓！"这我觉得作者太看得起她了。赛原本是一个很庸俗平常的妓女，在那时不过很偶然地造成了她这个人物，她未必有这种超越的思想。（七）作者表现外国人是很概念的，是一般中国人所理解的外国人，不象外国人的味儿。（八）作者原想用人物来表现这八国联军伟大的历史事件，结果反被人物的牵累，变成历史作背景烘托人物了。（九）全剧里面我觉得第五场以前都好，第五场以后的戏，结构就松了，不及前几场好。最好是第一场，把那个时代的官场的雾围气绘影绘声地表现出来了，觉得非常贴切。第二场的拜把也写得很好，把那时候朝廷大臣，在兵临城下的时候还在作乐，讽刺暴露得无遗。（十）在第七场里的那个魏邦贤的名字有改一下的必要，不然会令人连想到赛金花以后的丈夫魏某上去。除此之外，这个剧本令我非常地高兴。

章：首先我要说的是作者的创作态度是一个新的成就，因为遇到这种历史剧的题材。若是作者幼稚一点的，就会走上从前郭沫若他们那种用着旧形式来表现新内容的——旧瓶装新酒的方法。其次更庸俗一点的就会从罗曼蒂克的事件去发展。现在作者把这两种方法都摆脱了，而采取一种批判的态度来整理这历史题材是很成功的。关于人物方面，在这剧作里表现的也很朴实的。譬如赛金花她"愿做一个太平时代的百姓"，这种要求也是很朴实的，赛金花生在当时也不见得浪漫，她当过公使夫人，见过很多世面，懂得很多人情世故，我觉得她那种要求不过分，都是很朴实的。

凌：关于赛金花这个人物，在同情她时，我承认是可以这样写的，但她本身仍是一个庸俗的妓女，她的要求一定要合她的身份。

章：我觉得作者对于她的同情并不是过分的，不过对于戏剧形式我倒有一种偏见，第一我总觉得舞台应比电影经济。对于《怒吼吧中国》以及《赛金花》我都觉得不能满足舞台的条件。《赛金花》想采用电影手法，不是绝对不可以，但必须要适合于舞台，更有效果，更经济，方可以采用。象《怒吼吧中国》、《赛金花》所采用的，还是不适合于目前的中国舞台条件。这也许是我的偏见，舞台要求绝对要经济，象这样一场一场地处理是不经济的。在舞台一个最精彩的剧，应当用三五幕就可以表现出来。所以这种处理手法用在电影上是不见偷懒，但用在舞台上就现出偷懒来了。第二以《赛金花》这样的剧作处理不经济，就会影响到演出的普遍化。我们非常希望好的剧本产生，所以好剧本产生时，不能普遍的演出，这是一个很大的损失。

凌：从目前的剧运上作想，正如章泯所说的一样。不过我们看作者对《赛金花》的取材是很困难的。大凡后一代的人写前一代的历史，在处理上是多麻烦的。

尤：刚才听了张、凌两位的意见，我有些不同意。象凌鹤所说的把人物漫画化，是不够力量的；和强调赛金花。我想若是更强调赛金花时，那末作者所要表现的更要简略了，会减少对现实反映的力量。我觉得作者的讽刺是恰到好处的。譬如他暴露当时的投降外交，以目前汉奸的投降卖国的事实来对比，就可以看出作者并不夸张。象保定府的那种官，摆香案跪在城门口投降，这种事情是有根据的。记得从前崂山的一位布政司，有一次香港英国舰队的一只兵舰来了，那位布政司就跪在海边上去迎接，请军舰的舰长上岸，一直跪了几天，后来军舰上的外国人用望远镜来望，看见海边上有一个很矮的人，一直立在那里几天都不走，那位舰长很奇怪，当时就问翻译，翻译告诉他那是中国的官在那里跪接舰长上岸。那个舰长听了觉得很可笑，但是限于上峰的军令，不许登岸，就复信去请那位布政司到兵舰上来，请他吃点东西。当时那位布政司还要求舰长在向满清政府发出的感谢信上，一定要把他这种跪迎候的接待情形附加上去，替他说是布政司某某招待尤为周到等等。后来这个文件呈了上去，经抚台看了，觉得这位布政司太无耻，把他撤职了。把撤职的文件一道呈给藩台，那藩台大加申斥，说那位布政司的接待周到，会办理洋务，非但不撤他的职，倒把那位抚台的职撤掉了，起用那布政司来代抚台这职位。由此我们就可想而知，当时的满清官吏的办洋务是怎么一回事，那种叩头外交是并非过分的。所以我觉得作者所讽刺的人物并不夸张，而且特别使人高兴。张庚说讽刺把力量分散了，其实不然，譬如在当时兵荒马乱的时候，要人们不去办理国家大事，却专门来对付女人，当时在兵临城下时还在拜把，开宴会，惊动满朝的文武大员，在唱后庭花，和现在的许多情形，象在玄武湖开游湖大会，大捧电影明星有什么两样。这种情形对照起来，难道是讽刺得过分吗？不过不够的地方我觉得还有两点：（一）是义和拳的排外运动，但这种排外运动是建立在反帝的基础上。当时这种反帝运动的姿态，反帝民众的情绪，是带着一种封建迷信的色彩，一种原始的民族主义运动，这一点作者没有把这一运动的意义，充分表现出来。（二）作者在表现八国联军，当时各帝国主义的内部矛盾也不够，虽然在第五场上李、瓦外交谈判时有些提示，但是还不够。

张：我有几句声明，刚才尤兢没有充分了解我的意见。我的意见是：在这种题材里，不一定要以赛金花故事发展下去，而应当是以历史中心事件来发展，从历史事件中来发展人物，而现在却是用历史来烘托出人物赛金花个人了。

凌：这点我是同意的。

张：还有关于讽刺，我并不是反对，不过讽刺一定要有条件，讽刺的意味要与整个主题有关，有线索，要跟着主题同时发展，象第二场崇文门失火时，立豫甫说的“可叹满朝大红大紫的官员里面竟没有一个懂得大势的官儿……”，和金荣爵当时吓得两腿发软站不起来，这些都是讽刺得非常好而且深刻的。所以，讽刺若是把它过分地夸张了，是会成文明戏，礼拜六派。同时讽刺时应以作品里的人物来讽刺，不应当由作者自己出面来讽刺。这就是说是在作品里造成讽刺的条件，和值得讽刺的对象。

凌：关于义和拳的事件写得太模糊，第三场抢妇女时的两个义和拳的话是强盗的话。虽然当时的义和拳里面不一定就是个个反帝的，也有趁火打劫的，不过作者对义和拳始终没有给以分析。第二，作者没有从正面把这原始性的拳乱表现出来。

尤：是的，作为这主要的历史事件的拳乱，我们没有看见几个代表这一方面的人物，却只看见几个混蛋。

凌：不过在一些人物的嘴里，是不容易把这事件说出来的，因此作者很困难。

张：作者似乎想用义和拳的无知，来烘托当时为政者的无知，象在第二场里金荣爵这些人物。我想这个剧本要演出时，可用外国四教士们被赶出来的时候，说出当时义和拳的反帝性较好一点。

凌：但这也是有限度的，最好在第三场的两个义和拳中，可以用一个说出来。

张：用一两个人说出，这是很不好的，这是说教的口吻，很概念化的。

尤：孙家鼐这个人物我觉得表现很成功，他对赛金花那种顽固的态度始终是不变的，在第五场李鸿章利用赛金花办外交时，他仍是顽固地反对她，同时更现出李鸿章的老奸巨猾。

张：还有一点我对凌鹤是不同意，他以为第五场戏坏，其实第五场李鸿章跟瓦德西的外交谈判是很可以做戏的。

徐：（一）我很同意张庚的意见，就是作者没有把主题弄清楚，剧的发展，到后来似乎把前面的重心忘掉了，到了第七场更加跟前面联不起气，走向另一个主题去了。（二）在表现那时洋人对中国的观念，是很真实的。洋人的观念都以为中国人是野蛮的，愚蠢的，譬如看小脚画辫子这些事情。

凌：现在我们要谈到赛金花这人的真实性了。我说赛金花本来就是一个俗人。她完全是被动的，很偶然的，也是很成功的人物。她不是什么了不起的爱国救国人物。譬如她同外国军队采办粮食这些事，不过在那个时代的确是找不出一个可同情的人物。她还比较可以同情一点。所以作者在第七场是为她而写的。同情是可以的，不过太夸大了一点。同时也要认清楚造成赛金花这人物完全是客观的原因。

尤：既然对于赛金花可以同情，在五年后也不会忘记前面的，所以第七场戏的结束是可以的。

陈（明中）：这剧本太情感化了，同时对赛金花我们是要批判的，不要盲目地给以同情。我觉得最感动人的是第七场，最坏也是第七场，因为它感人太深了。在暴露满清官场的腐败是成功的，但表现民众反帝的情绪是没有看见，这是很大的缺点。末了，对于作者每场的标题，觉得是诗意和感伤的：象第七场的标题“可是他们给她的报酬呢？”象这样的标题完全是集中在赛金花个人身上的。我想我们应当想到“这一历史事变给予我们中国的大众是什么呢？”

章：从戏剧的本质上讲，不论悲剧和喜剧，都需要情调的统一。在戏剧的本质上来看，有悲剧，喜剧，悲喜剧；若是把它写成悲喜剧平行地发展时则很容易失败，有伤情调底统一的。悲喜剧里也有轻重之分的。悲的成分多，可成为悲剧，一件艺术作品是要情调统一才可以获得效果。《赛金花》这剧本的致命伤也在这里，就是在它的情调不统一。若是把当时的官场的情形发展下去，是可以成为一个完整底喜剧的。若是把赛金花悲剧底地发展，则是着重在个人悲剧的结果。现在是作者把它悲喜剧平行地发展了，这是在剧的情调上是不统一的，若是把它喜剧底地发展，会比赛金花悲剧底地发展更有效果。

尤：关于悲喜剧不能平行发展，这是对的，但我以为笑里仍不能妨碍悲剧的成分，而这悲剧是整个民族的悲剧。

章：你那样看是从片断看的，而不是从整个剧看。这剧的调子是不统一的，最后一场是最悲剧的。

凌：关于最后这一场，我觉得赛金花在这里是可同情的，给以这完全的同情是值不得的。

周：大家发表意见很多了，我也来发表一点意见。（一）我觉得这剧本的主要点是在暴露满清当时官场的腐败昏庸，暴露外交的卖国误国。这是很成功的。而且作者是做到了。（二）在表现当时反帝方面的民众情绪是不够的，从这里我们看到作者对于下层生活的隔膜，这当然有作者的苦衷，搜集这种材料是很困难的。（三）我觉得这剧本最失败的地方，是作者没有把当时各帝国主义屠杀中国大众的残酷情形表现出来，这是忘掉了国防历史剧作的主要意义。我以为写历史剧最主要的意义有几点，第一要把这一历史运动的主要轮廓勾清楚，同时加以分析。第二要把新兴的运动代表人物加以强调，塑成那一运动中的典型。第三把对于新运动站在相反的地位上的人物，加以暴露讽刺和否定。第四要充分地把外来势力的政治性，残酷性，给以无情的表现。但现在我们来看《赛金花》，作者只做了一部分。所以我认为把这作品列在“国防戏剧”的代表作上，还不够积极煽动性的。尤其是作者在选取了这一伟大的八国联军入津事件作题材。这一题材的本身就充满了各帝国主义屠杀殖民地中国的火药味，和中国大众血肉的惨酷图画，而作者把这忽略了。而这些残酷的实景，却给赛金花个人轻松的罗曼蒂克成分，和个人感伤的悲剧掩盖了，所以我觉得作者选了这样的题材，应当着力在正面去写历史，把当时义和拳和一般反帝的农民大众原始性的运动姿态反映出来，把各帝国主义联军在天津、北京屠　杀中国大众的残酷狰狞面目表现出来，光是暴露当时的外交误国卖国，还不够发挥国防戏剧的力量。

凌：各国联军屠杀的情形。有一点点提到，如赛金花所说联军的杀人，但是很不够。

周：因此在这一剧本里的暴露还不够深刻，我们只看见李鸿章他们在办外交，而不能更明快地看到他们是在办卖国外交，在出卖中国大众，所以一方面在暴露官场的丑恶，卖国外交的奴性；一方面还得暴露帝国主义的残酷。如果把这两者有机地结合表现出来，是可以相对地加强剧的效果，则暴露卖国外交的讽刺性更大。象现在××帝国主义不断地侵略，民众抗敌救国情绪的高涨，而汉奸卖国贼更进一步的压迫救国运动，和更进一步的出卖；这三件事正有机地展开在我们前面，使我们更清楚地看出汉奸卖国贼的丑态。

凌：好了，现在我们可以做一个结论，这个剧本是讽刺清末的官场的腐败丑恶。但帝国主义的对半殖民地的压迫表现得不够，看不见民众反帝的原始反抗情绪和对于义和团的分析不够，表现模糊，对赛金花则给予过多的同情，是值不得的，最后就是整个剧的调子不统一，减少了它艺术上的完整性。除此以外，我们毫不否认的，这剧作是在中国提出建立“国防戏剧”口号后，第一次收获到的伟大的剧作，我们十分希望努力剧运的舞台人，把它演出介绍给中国千万的观众。

（原载《文学界》1936年6月第1卷第1期）

《赛金花》剧本的写实性

周煦良

最近四十年代剧社在南京公演《赛金花》时发生了观众滋扰的一件小小不幸（见二月二十五日《大晚报》）。差幸的是事件发生于公演的最后一晚，对该剧社及上演的剧院都不致有多大经济损失。但对剧员精神方面的打击就会更大些。不过从事艺术或任何运动的都应当有种不怕受人误会的勇气，这些打击事后最好能忘怀，至少不能让它影响到自己的工作。关于观众捣乱的动机有的说是事前预谋，有的说是一时情感，这恐怕是永久打不清楚的官司，就如剧中第四幕描写命妇小脚以及前清外交官向德军官叩头的一层是否有辱国体恐怕也是永久打不清楚的官司一样。我这两年教英文，去年教到一篇外国人描写北平旧式戏园的文章时，就有个学生当堂抗议，说这是侮辱中国的文字，不应当拿来教人。《赛金花》剧本若然也是外国人写的，侮辱国体的罪案，不用说，早就会成为定论了；无论你怎样解释，说剧中过火的表演目的完全在讽刺，观众恐怕还是不能谅解——便是在革命情绪高涨的时代，恐怕也还是不能谅解。《赛金花》剧本的作者不是外国人，它遭遇的恶运就不是起于观众那种“非我种类，其心必异”的疑虑心理；然而除此以外，要找寻别的心理原因，却不是一件容易的事。

《赛金花》在上海公演时我也去看过，在第五幕李鸿章反驳程壁一段话时：

民气？你打算靠民气吗！民气这两个字，孙逸仙在南方宣传得还不够吗？郑弼臣在惠州造反，那是民气！史坚如炸德寿，那也是民气！南方的革命党攻击皇上，主张改变国体，那也是民气！哼！照你说，万事都顺民气，咱们还能在庙堂上讲话吗？

我就听见台下报以嗤嗤之声。然而这却是台上最好的一个演员在演剧本中最好的一段的最好的表演。这些话没有一点歪曲，句句都是那时代那样政治制度下李鸿章人物所会讲出来的话，最后一句话在李鸿章是一个意义，在听众可以有另外一个意义，是很漂亮的讽刺。金山先生演这段也一点不加上例外渲染，只是以十足的固执十足的自信情绪演出。台下报以嗤嗤之声的看客似乎比南京的滋扰观众理智一点，他反对的一点人家不大看得到，他好象觉得李鸿章的话说的太有尊严了，很容易使人相信他的话就是真理，所以他抗议，而南京的观众却反对第四幕的中国外交官描写的太没有尊严。写得太尊严是“长他人志气，灭自己威风”，写得太没有尊严，也是“长他人志气，灭自己威风”。真难乎其为写戏的人了。

剧本的导演及演员应是剧本的最好的解释者，剧本上演后观众的反应不一致，也许可以是导演的错误。但是四十年代剧社的《赛金花》演的并不坏，甚至于可以说是非常忠实于原著，而另一方面剧本本身的内容不大容易为观众接受倒的确是事实。表面上它是一个通俗的剧本，在内容上它却很无情地暴露了一般观众所不能立刻接受的事实；它不但不肯把事实稍为涂上一点悦目的色彩，并且把事实削成一根根刻毒的刺，它决不肯使帝国主义者吃点眼前亏，以迎合观众，它决不使李鸿章丢掉身份，成为一个老丑，连赛金花身上它也不肯多渲染一点普通戏剧中女主角的正面德性。这种无情的写实只有很具艺术忍耐性的人能受得了，普通的观众，文学年龄在十六岁以下者，都看不了这种戏。

不过观众的好恶虽不能成为艺术的标准，单单事实的忠实暴露也不成其为艺术：《赛金花》剧本在艺术上的贫弱是无法讳言的事；它没有一点现代话剧的形式，无论从那一方面看去——分幕，故事，故事的进展——它都很象文明戏。我并不打算替现代剧辩护，说它是戏剧的唯一形式。现代话剧仍是太偏于说故事，或者说，太偏于故事的摄影性的外貌，而摄影性的故事，便是说的最好，在完成艺术的目的上也还可以是浪费。《赛金花》剧本的毛病不在它不象现代剧而在它连现代剧说故事的经济都没有讲究。舞台究竟不是银幕，不能把故事的任何方面都搬给观众耳目，舞台至多只能给故事几个剖面，从这几个剖面上指点出全体，所以最要紧照那致命的地方斩一刀。《赛金花》的前五幕全都是不经济的场面，没有一幕真正有什么戏。这其中，第三幕第五幕虽然不经济，但还不致影响到故事全体。第一幕同第二幕在不经济之外还形成了一个妨碍中心情节发展的小故事——这也可以说是不经济的最坏的结果。看了这两幕很会使人看了以为全剧的中心就在赛金花同孙家鼐斗智上面，其实第一幕的用处全在解释为什么赛金花会留在北京。第二幕则是结束第一幕，我说这是一个小故事，因为它本身就有个中心趣味，但它在《赛金花》剧本情节上是一道暗流，或者说 underplot，而主要的情节或情节的明流应是赛金花与中德条约。作者如果愿意的活，我也可以说赛金花与中德条约是故事的暗流，而赛金花与孙家鼐是故事的明流。随便怎样都没关系，因为老实说，剧本就没有给它们分出什么明暗来。

赛金花同中德条约的一段经过也是个很有趣味的故事，但比起她同孙家鼐的争斗来是趣味较浅的人生活动，所以如果赛孙间的争斗成为主要的情节，这一段故事就会变得黯然无色，除非这样：使赛金花的屈身于瓦德西以及帮助李鸿章都成为她用来达到留居北京目的的外交手段。一点点潜在意识的揭露就可以使整个故事换色，虽历史性的人物也阻挡不了写剧者给这些人物的内心情形下点自由注解。在另一方面，把赛金花与中德条约的经过写成主要的情节却可以使戏剧更复杂点，并且更富于通俗的趣味。通俗观众所冀盼的生动和紧张。说一句泛话，赛孙斗智的情节宜于写小说或入电影，而中德条约的情节则更宜于上舞台；一个能手的能力就在知道在何种限制下选择何种材料以制造他的艺术皮相：琐碎的事件拘束不了他所要表现的，太广泛的或太容易办的材料，太现成的事实，他有时反倒不屑于动手。在皮相和真象间。或者少麻烦些说。在艺术皮相和艺术真象间，艺术家要开拓他的万里河山。普通由科学家甚至于哲学家献上的一片领土，他并不放在眼内。一粒粟在佛可以放出佛的大千世界。在野心的艺术家看来也应当放出他的大千世界。一幕人生戏剧写得好可以放出整个的人生，《赛金花》的第五幕第六幕的中德条约经过如果写得好。就很可能把其余几幕都吸收进去，由一枝变成一树。照现在的样子，它不惟不成树。连这一枝也没处找着落。

我们试再详细检视一下这两幕的剧情。并从这上面看怎样可以把它润色一下。第五幕够不上戏。一个人物写得好不算戏。至多他一个人是戏。正如一个演员演得好而别人演不好，全剧就只剩看他一个人的戏一样。不过这一幕做一出戏的开场第一幕倒很好，赛金花不出场正是剧中主要人物的最好渲染；所以唯一的修改只是把交涉写得更曲折更紧张一点就行，可就是这一点也不容易随便写得好。第六幕赛金花有很多的戏可做，但是作者却写得使赛金花全无用武之地。李鸿章只要太后跟皇上的部分减轻就什么条件都答应，而瓦德西也是条件最要紧，赔罪是小事，除非克林德夫人的意志固执到连瓦德西也没法劝解，李鸿章瓦德西之间的交涉就应没有一点困难。但克林德夫人并不固执，俄罗斯大熊一动，他立刻顺从瓦德西的话，为“国家的利益”而让步，而且默认她丈夫的血并没有白流；在这时，即使赛金花没有同她说起牌坊，她也会无条件的让步；所以牌坊之议在这里只凑了一个趣，于事件的发展并无影响。克林德夫人既然不是母牛，赛金花的任务就只成为传话，因为瓦德西很可能并没有知道李鸿章的意思，而李鸿章又不便公然说出。在这情形下，赛金花是很好的外交暗线，而交涉中心的移动就应当从李鸿章到赛金花到瓦德西到克林德夫人；李鸿章同赛金花之间只有点表面的困难，赛金花也可以把话直接告诉瓦德西；只有瓦德西也许笨到要骗一下克林德夫人，甚至于要邀同赛金花帮助他行骗。可是有骗局总有点可看，第六幕的毛病是连骗局都没有，李鸿章的意思赛金花当着瓦德西、克林德夫人一齐都说了出来。

我没有看过《赛金花本事》，不知道这些是否事实；我也不要求把这些事实，如果真是事实的话，加以任意的歪曲，以蒙蔽观众对于帝国主义的认识，或把赛金花写得能干一点，以完成通俗的女英雄典型。连把赛金花写得聪明一点来讽刺当时朝中的昏庸老朽，使她从李鸿章要她做的事上看出她的任务只在传话，于是意识地把李鸿章所认为困难的事很容易地办到，我甚至也不坚持。事实若然不能动一根毫毛，事实的毫毛顶好一根不要动，不过这样一来，这些人便都只是走动的影子，在这样一座人生舞台上没有人的戏。

摄影的事实本不是事实，科学的事实也不是最后的事实，就算是，就算艺术是要伺候科学颜色才能获得一点存在，那么让艺术伺候不了时滚她的蛋，让文学也随着滚蛋，让我们说戏剧也如现在一般暴露文学一样只是一种科学教育，或者说，科学事实政治知识的宣传，只讨论教育的方法和宣传的技巧；就算如此，有一件事还是不能不顾及——教育的方法必须能循循善诱，宣传技巧也必须能使人看得下听得进。只有对某一门科学有过训练的人能看得下这门科学最枯燥的巨著，普通的大众只能先看看教科书，而且教科书必须写得使他们感到兴趣。一出戏和一本教科书不同的地方是它更加注重从观众的兴趣下手。如果观众的兴趣抓不住，那么它比起通俗演讲，通俗就事论事的文字，甚至于标语来，都是更没有把握的工具。普通的工具写不好至多是索然寡味到人拉起脚一走或者把书一扔，特别注重趣味的工具弄不好，如《赛金花》剧本的命运告诉我们的，却可以有许多意料不到的反结果——情绪的暴动。从趣味方面去医大众的病就如玩火，比从理智方面下手难得多，开方子的必须是个能把药料分量配合得极准的名医。这配合的技巧的最高点也就是艺术的技巧。

也许有人要这样说，趣味药方配合的难易要看治什么病；太太小姐们伤风咳嗽的药方个个医生都能开，芸芸众生麻疯病的药方恐怕世上群医都要束手。《赛金花》剧本所针对的虽不能怎样难治或值得用艺术手段去治的病，却也不是《逍遥津》、《明末遗恨》一类戏所治的轻症，它要使观众从趣味中见出反趣味，从美中见出丑恶；它要讽刺，而讽刺却不是一件容易事。这我并不否认，有这样心思，正不应当这样懒。《赛金花》剧本里面的讽刺是同打落水狗一样便当的讽刺，善讽刺的人玫瑰里一针就可以刺死人，不善讽刺的虽使中国外交官向洋大人叩头流血也还是弄巧成拙。不管剧本的用意是什么，《赛金花》艺术方面的失败只有一个方法辩护，就是添油添酱地把剧本重编一过，换一句话说，等于辩护律师替医生重新开一个药方。

（原载《文学杂志》1937年5月第1卷创刊号）

我看过《赛金花》

吴仞之

夏衍写的《赛金花》，我看过它的演出。

“四人帮”说：《赛金花》是“国防文学”的黑标本，是“为卖国投降主义效劳的大毒草”。这又是他们“钢铁”“帽子”两大公司的出品！

《赛金花》的演出，我看到的是：非常明显地在嘲弄、鄙夷、痛骂国民党官吏，特别是外交官吏，比妓女都不如！我在一次座谈会上谈到这个意见时，就得到了当年看过演出的人们齐声呼应。这说明，我所反映的，确是当年演出效果的真实。并且，这戏在南京演出时，国民党官吏看了就大怒。当它演到讽刺外交官只会“磕头”时，触到了张道藩的神经，便歇斯底里地竟将痰盂掷上台去，终于出了“官格”，以内务部长的身份发出了禁演令。演出单位为了合同关系，最后两天就改演了《秋瑾传》。这也是抹煞不掉的事实，说明了它是当年击中国民党反动派的一次投枪，抒发了当时广大观众特别是文艺界胸中的激愤之情。

最近，我又对照剧本，核实了一下，也还能闻得到它的一些辛辣味。下面指出它的一二：

“立豫甫：这都是庸臣误国，弄到兵匪不分，红顶儿大臣白昼的给乱军侮辱……”

“庸臣误国”、“兵匪不分”，在当年，谁听到都知道是骂的国民党，而且也正是大家要骂的话。正象今天在有些戏里的对白一样，谁听了也只会领会到这是在骂“四人帮”。

剧本里用了好多篇幅写“庸臣”，“听到炮声众人战栗，金荣爵腿软倒在地下……赛金花帮着扶持，可是禁不住笑了……”

“立豫甫：可叹满朝大红大紫的官员里面竟没有一个懂得大势的官儿。……”

“德晓峰：（接上去）可是幸亏咱们这儿还有个精通洋务的赛二爷！”

等等都是。

剧本里还描写了官员们的无耻，竟争着向洋人说自己是首先投降的。剧本还描写了有的官员，不懂得投降扯白旗，只知道迎敌摆香案，却被误认为义和拳，受到了通事的讪笑。

“通事：连投降的规矩都不知道，还戴什么红顶儿？”

剧本，还以大量的篇幅写了钦差大臣李鸿章乞求赛金花解决外交上的条件问题。条件的原则是什么呢？

“李鸿章：问题不在千万里的土地，更不在千百兆的金钱，现在要争的只在老佛爷一人的体面！……”

如此等等，是在作正面的描写么？是在作提倡么？是在提倡卖国投降么？这种国破家亡的结果，还有谁不说是政府、官员们造成的，而会归罪于一个妓女呢？当时的官儿（孙燮臣）都曾有过这样的话，说赛金花“……奇花异服，招摇过市，被别人当作国家将亡的妖孽者。”这在当时，可能还是有代表性的。可是，赛金花立刻就答复了：“大人真爱说笑话。好象整个儿天下的衰亡，完全是娘儿们的衣服穿坏了似的！”当然，这只能看作是，作者借赛金花之口，说了句俏皮话。但，却是有着针对性的答复。

剧本，是借着清末的误国情况（主要指出的对象是西太后、李鸿章以及其他一班庸臣），骂国民党及其官员的丧权辱国（正是在一九三五年“广田谈判”之后）。骂错了么？比错了么？它不是毒草，不就已经很清楚了么！

也有人因为江青争演过这个戏，就认为不好提出这方面的说法。因为，这么说，岂不成了江青也在争着骂国民党了么。这才是又一个“真爱说笑话”啦。妖婆争夺主角，那是她出了名的恶习性。她抢不着还妒忌人家演呢。她从来就一贯如此。怎么会说成她要骂国民党呢？有这样为她脸上贴金的人么？

看来，分清是非，也还是顾虑重重的。

有人就抬出鲁迅来，首先是听信了“四人帮”的所谓：鲁迅曾骂过“国防文学”；“《赛金花》是‘国防文学’的黑标本。”因而不能把《赛金花》放在历史的地位上，作出正确的评价。

关于两个“口号”的问题，现在已经搞清楚了。其实，早就应该清楚的。鲁迅说：“‘民族革命战争的大众文学’这名词，在本身上，比‘国防文学’这名词，意义更明确，更深刻，更有内容。‘民族革命战争的大众文学’，主要是对前进的一向称左翼的作家们提倡的，希望这些作家们努力向前进，……”同时也说：“我说‘国防文学’是我们目前文学运动的具体口号之一，为的是‘国防文学’这口号，颇通俗，已经为很多人听惯，它能扩大我们政治的和文学的影响，加之它可以解释为作家在国防旗帜下联合，为广义的爱国主义的文学的缘故。因此，它即使曾被不正确的解释，它本身含义上有缺陷，它仍应当存在，因为存在对于抗日运动有利益。”鲁迅先生是主张这两个口号并存的。（见《且介亭杂文末编》中的《答徐懋庸并关于抗日统一战线问题》篇）鲁迅几曾骂了“国防文学”呢？《赛金花》是“国防文学”的“标本”，又“黑”在哪里呢？

又有人抬出鲁迅提到过赛金花的文章来，这又是怎么回事呢？

原来，鲁迅在病中翻阅许广平所看的刊物后曾经说过这样的话：“……全是精华的刊物已经出得不少了，有些东西，后面虽然仍旧是‘美容妙法’、‘古木发光’、或者‘尼姑之秘密’，但第一面却总有一点激昂慷慨的文章。作文已经有了‘最中心之主题’，连义和拳时代和德国统帅瓦德西睡了一些时候的赛金花，也早已封为九天护国娘娘了。”于是就把鲁迅所指的“刊物”，硬认定是刊载着《赛金花》剧本的刊物；“作文”，就是《赛金花》剧本；而把鲁迅的最后一句话，说成是他对《赛金花》剧本的定评。这符合实际么？从文字上看，也是通不过的。当时，赛金花病在北京，有许多遗老和受到她好处的人，同情她，为她募捐，并写了些无聊的捧场文章。我看，鲁迅当时所指的，正是这些。当然，也可能包括对剧本或剧评之类。但是，即便如此，鲁迅这段杂文的中心思想也并不在此。因为，纵观这段杂文

（《且介亭杂文末编》中的《这也是生活……》篇的末段），它是讲了当时刊物上的两种倾向。前面提出的，把赛金花“封为九天护国娘娘”，那是对一种过右的倾向提出的。后面接着就提出了一种过左的倾向，“教人当吃西瓜时，也该想到我们土地的被割碎，象这西瓜一样。自然，这是无时无地而不爱国，无可訾议的。但……”两者是一整段。这个整段，既不是在评议赛金花（包括赛金花其人和《赛金花》剧本），也不是以批评过右倾向为主。因为，谈论赛金花这方面的只有六行，而谈论吃西瓜也要想爱国的那种过左倾向的却有二十行。并且，即便依据鲁迅提出的“左”、“右”倾向来说，那也谈不上“香”、“毒”问题。看来，抬出鲁迅，想借他的话来打人，也只是枉然。把《赛金花》说成是“为卖国投降主义效劳的大毒草”，完全是没有依据的，也是没有经过分析的。

总的说来，我看过《赛金花》的演出，我感性地看到当年演出的效果，我又理性地核对了一下它的剧本，我在实践检验的效果上肯定了它。我看到过“四人帮”给它打的棍子，我也听到过糊涂人给它的评议，我在事实的根据和分析上否定了那些。我学习了鲁迅的杂文《这也是生活……》篇，我感到：采取赛金花作题材来骂国民党的腐败，有它辛辣的一面，却也有它平庸（意思是站得不够高）的一面。但从当年政治的需要来看，我认为避免平庸却是次要的。

（原载《上海戏剧》1979年第1期）

关于《赛金花》公案的一个故实

柯　灵

编辑同志：

1936年，夏衍和熊佛西同志的两出同名话剧《赛金花》被国民党政府先后查禁时，我写过一篇杂文《“玉碎”颂》，评述此事，发表在当时上海的报纸上（只保留了剪报，报名已忘）。1956年，我曾在文字上作了技术性修改，准备收在一个文集里，但被编辑同志剔除了。鲁迅先生讽刺“国防文学”时，曾说过这样一句话：“作文已经有了‘最中心之主题’，连义和拳时代和德国统帅瓦德西睡了一些时候的赛金花，也早已封为九天护国娘娘了。”自此以后，《赛金花》在救亡运动中所起的积极影响，以及它和国民党反动派的斗争史实，似乎也全被淹没了。在“文化大革命”中，《“玉碎”颂》落入“造反派”之手，我曾因此受到批斗。最近党为我落实政策，发还运动中的材料，此文得以历劫归来。文不足观，但为了保存有关《赛金花》这段公案的一个故实，使免于在人间湮灭，或者是不无意义的吧？

此致

敬礼

柯　灵

1979. 11. 29

"玉碎"颂

我们有两个同样题名为《赛金花》的话剧。夏衍写了一个，熊佛西也写了一个。这两个剧本，先后被明令禁演了。禁演的理由，我们不知道，当然也无权顾问。听说南京的一个宴会上，有一位要人曾经阐明原因，乃是因为《赛金花》不合"宁为玉碎，不为瓦全"的精神。当时熊佛西恰巧在座，因此曾和这位要人争辩了许久；但争辩的内容，我们同样不知道。只是报上透露了这么一点：说是争到后来，熊佛西先生忽然问要人道："你看过我的剧本没有？"要人嗫嚅而言曰："看过的。"后来又加以补正："我只是大略翻了一下，没有仔细地读，所以也不能算是看过。不过这剧本很奇怪，为什么全剧三幕，描写都和四十年代（剧社）公演的《赛金花》[1]非常相象？……"他的议论还没有发完，熊佛西先生站起来，伸着四个指头说："先生，我的剧本一共有四幕，你根本就没有看过！"要人于是无言，窘状可掬云。

问题仿佛清楚些了：一出《赛金花》之所以该禁，因为作者是夏衍；另一出《赛金花》之该禁，因为它象前者。——至于是不是真有点象，那是另一回事，不必深究的。中国的禁书这么多，要人哪里有工夫读呢！

当然，赛金花这个人物，本身是不值一谈的。值得研究的是这种社会心理：为什么剧作家忽然想到了赛金花？为什么赛金花的舞台形

[1] 指夏衍所作的《赛金花》。

象引起了广大观众的共鸣？明乎此，南京的老爷们何以如此憎恶《赛金花》的道理，就可以“思过半矣”！

说《赛金花》不合“宁为玉碎，毋为瓦全”的精神，引伸起来，好象是说：当八国联军打进北京，大杀老百姓的时候，西太后带着光绪仓皇西狩，乃是为了“玉碎”；而赛金花凭着她女人的手腕，救了一些老百姓的性命，则是为了“瓦全”。但是向帝国主义者屈膝求和，终于签订了丧权辱国的《辛丑和约》的，岂不是奕劻、李鸿章辈，而并非赛金花吗？

历史无情，今日的北平也诚然不能不使人悚然，想起前朝旧事。不过听听要人的宏论，就可以知道，老爷们已经决定“宁为玉碎，毋为瓦全”；我们老百姓，尽管可以大放宽心了。好在古物早经运出，“文化”已得保存，北方的“焦土”，尽由“友邦”去作演习之场，毒化之区；而我们的壮年苦工，一任他们变为“灰青臃肿”的浮尸，在天津河里漂来漂去好了。倘有学生要游行请愿，老爷们有的是军警与水龙，还有英勇神武、素负盛名的大刀队，不费吹灰之力，就可弄得他们统体淋漓，“身上五色”，莫能当之。

草野蚁民，闻风雀跃，打油一首，以表歌颂云：

救亡宁玉碎，泱泱大国风。
焦土任易色，民命本如虫；
毒雾连城白，敌旗照眼红。
国家今复兴，不与旧时同！

1936年

（原载《新文学史料》1980年第2期）

从《秋瑾传》说到《赛金花》

柯　灵

《秋瑾传》即将出版，觉得有些感想需要倾吐，因为这本小书的命运，也关连着一些历史潮流的奔腾翻卷。

《秋瑾传》电影剧本，是根据夏衍同志的同名话剧改编的。原作写于三十年代中期，那时救亡之急，迫于燃眉，舞台上的叱咤风云，曾燃烧起观众满腔沸腾的热血。五十年代初，中国人民已经站立起来，周恩来同志和胡乔木同志不约而同，先后建议将《秋瑾传》拍成电影。不久以后，纪念秋瑾的文集由宋庆龄、郭沫若同志联袂题签，以堂皇裔丽的篇帙问世。这就表明了，秋瑾崇高的献身精神，不但彪炳于青史，在我们的社会主义革命和建设中，依然有裨于人们景行仰止，踔励前进，我接受改编电影剧本的任务，距今将三十年，俯仰之间，等闲头白，而剧本几经曲折，至今没有搬上银幕。先是在张春桥的文艺作品只许写十三年的禁令之下碰了壁，接着又经历了使八亿人蒿目增痛、裂眦怀愤的年月，林彪、“四人帮”给我罗织的种种罪名中，有一条叫作“配合蒋介石反攻大陆”，证据就是我改编了《秋瑾传》。不能不令人义愤填膺的是他们还因此而厚诬先烈。枉口白舌，编造了秋瑾叛卖革命的谰言。现在这本小书和读者见面，却已经是狂澜既挽，万象更新，我们的新长征已经在金鼓齐鸣中誓师捷进了。我不禁欢呼雀跃，为我们伟大的党、祖国和人民称庆，为自己晚年的幸运称庆。

在中国近代史中，秋瑾是妇女中为革命献出头颅的第一人。仅仅这一点，就值得大书特书。特别令人感动的是她的从容就义，完全是心驰神越、精诚凝蕴的结果。她亲历了八国联军蹂躏北京的庚子事变（一九〇〇年），丧权辱国的辛丑城下之盟（一九〇一年），从那时起，她就怀有金石般不渝的坚心，为了救民族于存亡绝续之间，把个人生死置之度外。她还以妇女先觉的豪情壮志，看到为革命流血的多是男子，当作是妇女的耻辱。她是诗人，清辞丽句中闪烁着不少卓越的思想，如“世界和平赖武装”之类，她主张办白话报，打破文字与群众之间的壁垒。她的笔端显示出惊才绝艳。她毅然与“玩偶家庭”决绝，挣断金枷玉锁，只身远走扶桑。莎士比亚说：“弱者——你的名字是女人。”她不甘自居于弱者，驰骑击剑，时作男装，表现出她惊世骇俗的叛逆精神。她领导的武装起义，发生了惊天动地的影响，猛烈地动摇了封建帝王的宝座。所有这一切，在当时的环境里，都是非常难能可贵的。秋瑾馨香的姓氏，可以载入世界巨人传而毫不逊色。轩亭口的碧血千秋，使我不由得想到天安门的“四五”运动，花山诗海、掀天人潮中的英雄群像。时代不同了，今天革命群众的政治觉悟和思想境界，与古人不可同日而语，但就其赴汤蹈火的进攻精神来说，却是一脉相承的。惭愧的是我力不从心，没有完成合乎理想的秋瑾的艺术形象。

秋瑾的弱点，在于她虽然领导了如火如荼的武装起义，却未能提出较为完整的资产阶级民主革命纲领。这个评价是公允的，却决不能用以强求于秋瑾。金求足赤，人求完人，只是使自己堕入目空一切的虚无世界，而世界仍然不失其灿烂光辉。这里联系到文艺创作中如何处理与评价历史题材的问题。长期以来有一种流行的观点，以为凡属古人，都有很大的思想局限性，不合于马克思列宁主义的标准，也就是不合于今日的要求。这正是对历史题材采取轻薄态度的根株。其实任何人都免不了局限性，包括丰碑巍巍的革命导师在内。马克思主义的崇楼杰阁，是在资本主义的基地上构造起来的，古往今来各个阶级的一切思想精华，都是它的建筑材料。“抽刀断水水更流”，历史的长河是不能割断的。在文艺创作中摈斥历史题材，无异在人民生活中拒绝吸收悠久的民族传统和历史养料，这恰好是远远地背离了马克思主义。

在左联揭橥“国防文学”的时期，作为实践这一口号的尝试，夏衍同志写过两个话剧剧本，《秋瑾传》之前，还有《赛金花》。前者反映的是历史上的积极现象，目的在于激扬蹈励；后者反映的是历史上的消极现象，目的在于借古讽今；殊途同归，都是为了配合政治需要。两个剧本的历史背景，都和庚子事变有关，这自然是因为三十年代前期的政治局面，和庚子前后的形势非常相似的原故，特别是举国鼎沸，民情激昂，而庙堂之上，泄沓嬉恬，对内专横暴戾，对外卑躬屈节这一点。夏衍同志当时自述《赛金花》的作意，是以“国境以内的国防”为主题，用以揭露汉奸的丑态，促起人民的警惕。他说“这习作只是以反汉奸为中心的奴隶文学的一种”，“从李鸿章、孙家鼐一直到求为一个洋大人的听差而不可得的魏邦贤止，固然同样是作者要讽刺的奴隶，就是以肉体博取敌人的欢心而苟延性命于乱世的女主人公，我也只当她是这些奴隶里面的一个。”“我尽可能的真实地描写她的性格，希望写成她只是因为偶然的因缘而在这悲剧的时代里面串演了一个角色。不过，我不想掩饰对于这女主人公的同情，我同情她，因为在当时形形色色的奴隶里面，将她和那些能在庙堂上谈话的人们比较起来，她多少还保留着一些人性！”（《历史与讽喻》）巩固国境以内的国防，当时无疑有迫切的现实意义。和鲁迅先生主张“将一切斗争汇合到抗日反汉奸斗争这总流里去”的精神是一致的。拿《赛金花》剧本对照一下，作者的意图和完成的形象也吻合无间。而其锋芒所向，在于坚持“攘外必先安内”，积极反共消极抗日的蒋介石反动政府，大概谁也不会对此发生误解。剧本上演的结果，即社会实践检验的结果，获得观众的共鸣。在抗日救亡的宣传中，它起过打击敌人、教育人民的作用。国民党反动派同样清楚剧作的意向，《赛金花》在南京演出，先是张道藩亲率打手在台下起哄，当剧中一个办外交的清廷大员说到“奴才只会叩头”时，连痰盂也扔到了台上。结果观众把他们轰了出去。其后是国民党政府断然下禁演令，理由是冠冕堂皇的八个大字：“宁为玉碎，毋为瓦全。”因为赛金花是婊子，伤了大人先生们的体面。实质是清末慈禧太后“宁送外人，不予家奴”的同义异词。我当时曾写过一篇杂文《“玉碎”颂》，加以抨击。“四人帮”时代还因此受到批斗。具有讽刺意味的是后来对《赛金花》众口交詈的一点，正是指责赛金花是汉奸妓女，又何其巧合乃尔！

妓女的产生和存在是社会现象，野蛮的剥削制度的派生物。随着全国的解放，在我国已经消灭了这种社会的癣疥，这是可以引以自豪的，但并不因此就有了任意轻蔑妓女卑贱地位（不是妓女制度）的权利。因为妓女是压在社会底层的苦菜花，被凌辱与被损害者，“应作哀鸿一例看”。汉奸是必须反对的，但如果以为妓女卖淫，内外有别，否则就是里通外国，那就等于要给妓女造贞洁牌坊，未免使人在严肃中生滑稽感。持这种见解的同志，至少是对妓女生涯的惨苦和旧社会的残酷的隔膜。赛金花闯进文艺领域，不自《赛金花》话剧始，樊樊山写过《彩云曲》，曾孟朴写过《孽海花》，刘半农写过《赛金花传》。《赛金花》的同名话剧，同时就出现了两出（另一出是熊佛西写的）。这不是一件偶然的事。其主要原因，就是因为赛金花卷进庚子事变的大涡流里打了一个滚。八国联军铁蹄下的故都，烧杀淫掠，如阿鼻地狱，尽人皆知。赛金花在那样的大动乱中，夤缘攀附联军统帅瓦德西，据稗乘野史，她因此给联军办过差，也抑制了一些暴行。这件事本身如果也值得特别评骘是非，那么不论如何褒贬，把中国弄到那样瓜分豆剖的地步，尸其咎者，应当是帝国主义和清王朝的统治阶级，而不能由赛金花负卖国之责，这总是无可争论的吧？到了三十年代中叶，赛金花暮年潦倒京华，呻吟于当时已成为危城的陋巷中，早已被世人淡忘如遗。在她死去前后，忽然报章喧腾，一时成为新闻人物，也正和当时的大局有关，是人民在国民党钳口结舌的高压政策下迫切要求救亡的侧面反映。而《赛金花》就是这种低气压下的产物。如果实事求是地评论《赛金花》的功过得失，怎么能撇开这样的时代背景、历史条件与历史事实？鲁迅先生曾说过这样一句话：“作文已经有了‘最中心之主题’：连义和拳时代和德国统帅瓦德西睡了一些时候的赛金花，也早已封为九天护国娘娘了。”这一语微讽，是专指，是泛指？真意所在，还可以研究。鲁迅先生论述“民族革命战争的大众文学”与“国防文学”口号时，曾以为后者通俗易懂，可以并行不悖。知人论世，他主张通观全体而反对取其一端，以偏概全。以鲁迅先生的日月之明，证以他的这些不刊之论，那么后人对《赛金花》的百口悠悠，左右夹攻，只怕未必合乎鲁迅先生的初衷，也大出于他意料之外的吧。林彪、“四人帮”视《赛金花》如寇仇，当作罪大恶极的东西加以讨伐，是项庄舞剑的故事重演，意在砍杀党所领导的左翼文艺运动，他们的别具肝肠，早已路人皆知。至于粉碎“四人帮”以后，反而将《赛金花》和江青挂起钩来，我总是有千虑一失之感。何物江青！她篡党夺权，罪浮于天，劣迹昭彰，擢发难数，《赛金花》何罪？争演《赛金花》，对江青来说，又算得了什么呢！

我这样说，并不是认为《赛金花》毫无缺点错误。现在看来，其中对义和团的描写，没有肯定其反帝斗争的功绩，却着眼于它的落后面，就不免有舍本逐末，畸重畸轻之弊。不过谈到义和团运动，我心里也有个疑团，义和团英勇无匹的战斗，代表了中国人民对帝国主义侵凌的义愤，表现了中华民族不可轻侮的气概，这个主流和本质方面是不容置疑的。但其落后迷信的色彩如此浓厚，从“扫清灭洋”到“扶清灭洋”的转变如此突兀，却又是无可讳言的事实。史家把义和团与太平天国、辛亥革命并列，称为近代史中鼎足而立的三大革命运动，是否相称？我自维浅陋，历史知识等于零，在这个问题上根本没有发言权。我只是把这个问题提出来，希望史学界的专家们有所论列。

在《秋瑾传》的改编过程中，曾得到不少历史学家的帮助，我在此表示衷心的谢意。

“四人帮”彻底打倒以后，《秋瑾传》有了重见天日的机会。这一回却是夏衍同志自己来开红灯了。因为前一个时期，他正在参与文化部处理电影剧本的工作，他表示不愿意由他来通过根据他的原作改编的作品。出版界一向有个不成文法，就是未经开拍的电影剧本，不予印行。现在这个禁例打破了。在文艺界联翩出现的许多新气象中，这也算是一种吧。现在我在《秋瑾传》搬上银幕以前，把剧本先献给读者，希望能得到读者的批评指教。

1978年11月25日于洞庭西山

（原载《战地增刊》1979年第1期）

评《自由魂》

《光明》读者会

对《自由魂》要做一次集体批评，这是由于读者会研究部的决议，但是在着手做的时候，又感到了很大的困难，我们对于文艺的理解都很薄弱，而集体批评在中国也还不曾有过很成功的前例，以我们这一群正在开始学习文学的年青人来做集体批评，也许结果会远不及一个作家的杂感，但是我们想尽管幼稚，该做的还是要做，这在我们只算是一种练习，而对作者和其他的读者，也许从这儿可以看出一些年青人对于这作品的感想；假使见解上的错误，我们当然希望有正确的指示。

本来，采取历史上的题材，来写作针对现阶段现实情形的文艺作品，是一件重大而艰繁的工作。一方面不能过分的歪曲历史事实；一方面又须处处照顾到，不使它离开现阶段的现实情形。在《自由魂》里，作者却获得了相当的成功。

这里，作者对于取材的严格，不含糊，以及对历史上认识的丰富，是值得我们钦佩。《赛金花》之后，作者显然的有了很大的进步，《自由魂》的结构以及其他方面的成就，都超过了《赛金花》。《赛金花》的创作动机，本是想借赛金花的故事来暴露官僚在国难时候的懦怯，荒淫，糊涂，和没有国家观念，因为它以一个妓女为中心，而发展全剧的故事。因此，戏剧真正的主题，反而容易被人忽略，但是《自由魂》却没有这一种缺点，使人看了之后就能了解革命者的勇敢、真挚的奋斗，同时也明确的暴露了统治者的卑鄙与懦怯。

序幕对于全剧也有着很大的帮助：第一，它使人明瞭了剧作本身的时代背景；第二，它先刻划了秋瑾的个性，说明第一幕家庭革命时的来由，使观众不会觉得突兀。同时，它还告诉我们：秋瑾不单是仁义礼智的旧书念坏的，而且她的个性本来是豪放而有点个人英雄主义；第三，它告诉了我们帝国主义的无耻的侵略方式是层出不穷的，甚至精神上的宗教，也为他们用作侵略的武器；第四，它暴露了统治者的懦怯与卑鄙，因畏惧帝国主义的势力，不敢抗拒，反将民众来作泄气和向帝国主义赔罪的对象。

秋瑾的丈夫王廷钧却表现得有一些欠缺，作者没有能强调他那种封建社会的男子作中心的专制倾向。要是他在序幕中对秋瑾施以一种封建社会中的丈夫时常对妻子压制的态度，观众一定更能同情秋瑾而憎恨封建势力；并且也可以帮助第一幕秋瑾掀起家庭革命的风浪。同时在第一幕中王廷钧的封建姿态的表现也不够，虽然他是一个个性柔懦的人，但是在表现上也很可以使他的台词再横蛮一点，词穷而又无理，这是封建社会中每个做丈夫的特征，所谓有自尊心。要是能这样，舞台上的空气也能较紧凑，家庭革命的理由更充分，一定能收到更好的效果；而且，这部剧本也可以积极地成功地负起反封建的任务。

吴兰石的环境以及过去，最好也能借别人的口里说出一点，也可以帮助剧作，使人明瞭改良主义所趋于失败的必然途径。现在在剧本中，是很少说到她的过去，所以一般人看了之后，也不会留意，更不容易体味出作者在吴兰石身上是含蓄着很大的教训意味的。

初期的民族革命不免有感情的成分，所以秋瑾在《自由魂》中以慷慨悲歌的英雄的姿态而出现，她将革命失败的责任放在自己身上，企图用“身殉”来孤注一掷，对于这种当时的时代病，作者尽了相当批判的力量，但是我们还嫌他的批判过于婉曲，使人不明白作者本意，尤其借用改良主义者吴兰石的话来批判，我们认为不足以收到批判的功效。

在第三幕第二场审问秋瑾的时候，秋瑾二次回过头来向观众演说似的说话，这做得极自然而成功。过去文明戏中也时常采用这种方式，但是大部分都是十分勉强而遭到失败，要安插这样一个情形，确是一件困难事，但是这里，作者却成功了。

剧作者对王金发的表现，可说是很大的成功。简洁，老练，扼要，一点不拖泥带水，差不多不上四十个字的对白，但是一般观众和读者已对他具有很深刻的印象。并且全部剧作中的对白，都很紧凑而又生动，这是作者不可忽视的成功。对于他的个性，也刻划得很深刻，一贯的脱俗，精明，老练，活象一个有“秀才强盗”绰号的革命家。要是看过或读过这剧本的观众或读者，一定每个人都爱他，甚至会胜过爱秋瑾。

最后，我们热切地希望，夏衍先生能给我们以更多和更好的作品。

2月2日

（原载《光明》1937年3月第2卷第7期）

《上海屋檐下》

刘西渭

夏衍先生即是沈端先先生。生在明媚的山水地带，犹如大多数江南人，他有灵活的思路由他运用。一种值得羡忌的幸运没有把他从小一脚就踢下这文学的苦海。它赐他更多的恩惠，有一个充足的时间孕育自己，经验尝够了不算，还把整理经验的方法充实他的工具。在工业染色化学系毕业，他来到日本学习电机和冶金，三种不同的科学部门，然而全是科学。他用文学培养他的心灵，所幸不曾麻醉，知道怎样尊重文学，怎样驱之受命，完成一个迫切的现实的要求。他参加若干政治的集会，加入国民党，如同十五年前任何热血沸腾的青年，把社会改进国家强盛看作神圣的职业。某些人奔往汉口的投机行动灰了他的心，他憎恨这种懦怯卑鄙的利用，忿而退出政党，退出积极的政治生涯，不曾结下私仇，把宏愿放在一个隐微然而悠久的前程，默默无闻，用读书往细里锉磨他的镜头，住在上海一个幽暗的角落，观省人世哭笑无常的起伏现象。他努力翻译。他介绍高尔基，日本左翼文学的理论和作品给那些向往苏联革命成功的同代青年。

这些理论和作品对于他的影响，虽说缺乏直接的物证，我们不难加以想象。他的兴趣是多方面的，政论，时评，妇女，电影，他全在行。他在各方面流露他的才具，也从各阶层吸取他的体验。他随时更换笔名，给自己保留一个更好的发言的时机。主笔欢迎他，他自己就应当是一个出色的主笔。我们读过他三两篇短篇小说，这里不是消极的娱乐，而是积极的揭发。他不写黑幕小说，他呈现的仅是事实。他明白戏剧的宣传效果，同时也主张作品必须具有坚固的艺术性。他不放任他的才情野马一样驰骋。他本分，他审慎，他要青年剧作者“写自己所知的事，写自己所十分了解的题材，因为只有这样，创作出来的作品才不陷于观念化，才不陷于公式主义”。他不仅重复高尔基的写作教训，他一直就在这样实行。他熟悉上海，他有聪明运用，并且不似那类趁风转舵的浮沉于上海的聪明人，他咬定牙根去干，锣鼓不响，用作品证实他的理论，或者他所奉行的理论。

一位创作家不一定需要理论，然而这是一个科学时代，一个骚乱时代，一个介乎新旧之间的交替时代，不象初民那样单纯，我们有的是自觉与角度。科学缩短了希望的距离，方便把喜悦往大也往深里伸展，然而社会的风习永远落后，人心永远是一尊富有韧性的懒神，苟安，自私，却又仿佛感到恶运将临的宙斯大帝，不顾潮流趋止，把理智活活锁在传统的岩石。我们生活在这种辛辣的挣扎之中，应着纷繁的变动，射出强弱不同的光辐。科学加速也加强了冲突，人与人的关系因而有了新奇的联系。人在社会形成一个特大与特小的地位；社会受支配是特大，人为社会的产物是特小。

我们来到这样一个文物昌明的枢纽。时间把错综的纹理呈在风平浪静的水面，美与丑在这里漂浮，道德与罪恶在这里滋生。这单纯的世界，他的表现光怪陆离，存在于每一刹那，正是我们供养的现实。

夏衍先生站在现实这边。然而这里的现实，正如一般作家所理解，仅仅限于现代。既非形而上的现实，跳出时与空的拘囿，又非十九世纪正人君子所不齿的现实，当作丑恶的另一解释，更非中世纪教徒的空灵的现实，看做观念的去路。它甚至于一手推开历史，直到十分需要的辰光才去摩挲一下。夏衍先生以及一般作家的现实，血与肉的化身，是国防文学以迄于抗战文学的英勇的“神话”。他们从苏联文学学习现实主义，去掉浪漫主义的高蹈与颓废，留下它正常的斗争精神。这里不仅是表现，更是有力的表现，有所为而为的表现。鞭策自身，出击敌人，新现实主义成为一种武器。

这种生气蓬勃的感觉，引起文坛上热烈的争论，在民国二十五年四月，鼓舞夏衍先生从事于戏剧，同时第一部作品，避免直接干涉，放下当前大敌，给自己选了一个空前的帝国主义的联军之役。据说作者动笔之前方从华北回来。他把一腔悲愤倾入纸墨。忿怒在这里化为讽刺。然而岁月既往，犹如女主角畸零的命运，《赛金花》的辉耀随之黯澹。丢开一个无知识的妓女的同情，他在《自由魂》里面表彰一个女革命家的殉国事迹。秋瑾缺少赛金花（去世不久）轰动的力量，作者对于自己创作的方向也起了反感。厌憎流行的情节戏与服装戏，懊恼自己虚掷时力于历史剧的写作，他宣告，“我要改变那种戏作的态度，而更沉潜地学习更写实的方法”，于是回到熟悉的“手触”材料，“不顾虑到这剧本的商业上的成功”，他赠给读众一部平凡然而坚固的生活实录。《上海屋檐下》成于“八一三”之前，虽说迟到十一月问世。他不再离开现代，那“悲壮热烈，惊天地泣鬼神的现实”；一年之后，我们读到他的《一年间》。

果戈理似乎给了他不少启示。而且早已埋下了根芽。一位日本作家把《两个伊凡的吵架的故事》改编成为剧本，民国二十四年二月，夏衍先生用笔名在《文学》上发表他的翻译。就在同期同页，一位先生译出一篇关于果戈理的论文，说这位现实主义的大作家对于当时流行的mèlodrame和vaudeville发生绝大的反感：“舞台和现实生活的隔离，曾使他深深地感着不满。他觉得当时戏剧和生活之间的联系是完全切断了。”果戈理把那些矫揉造作虚有其表的剧本看做哄骗小孩们的可怖的怪物。临到中国，我们其实难于指出几出算得上mèlodrame和vaudeville的制作，一般剧作者“喷散的”并非“空虚的热情”，他们的过失仅仅是技巧零碎，偏要舞弄技巧。曹禺先生的《雷雨》一直就在扩大自己同情的领域，《日出》第三幕的现实性同样感人落泪。他或许偶而犯了一些些情节戏的毛病，然而他提炼出来的现实十分真实，我们愿意原谅他过分爱好舞台的流弊。假如我们的记性没有错误，远在夏衍先生的《赛金花》上演之后，我们看到宋之的先生的《武则天》，足足在上海演了一个月。这出为人称道的历史剧，把现实用的极其武断，曾经引起若干人士的争论。我们不明白夏衍先生所谓服装戏是否也有《武则天》在内。这是可能的。不过，戏剧文学在中国尚未出师，我们正可不必斤斤较量。

我们勿庸讳言，一种恶劣的倾向直到如今还在戏剧文学方面盛行。某些人士从未纳心戏剧，从未涉足舞台，从未深尝人生，由于聪明，由于有上演税与版税的双重利润，由于直接可以博取无识的观众（假如这是一个严重的冤枉，我们不妨走进上海的共舞台，绿宝剧场，中国电影院，以至于文墨之士的上流社会，研究一下严重的程度）的赏誉，或者由于熟识大小戏剧人物，便安置姓氏，排比语言，分场列幕，每幕结尾插一意想之中的惊人之笔，把这叫做高潮，然后斟酌事实，往若干谈吐嵌入一些富有时代感与诱感性的警句，名之曰精心杰撰。他们把技巧分配在一个或者几个故事当中，以为这就是戏剧。他们可以把故事称为内容，警句看做主题。自命奉行内容主义，实际陷入一个形式主义（其实是公式主义）的泥淖。我们不用妄想从里面寻找人生，理想，一切撼动人类的优越之感。他们向不睬理内容与形式不可分离的关系，人生如何决定一切，而一切又如何渗透作者的心灵，浑然成长。正是这样一批买空卖空的剧作家，率同他们的喽罗和群众，依仗周密布置的茶酒联络，暂时攘去了浩大的声势与营业。悲剧成了情节戏，一切成了服装戏。

明白此中不堪为外人道也的把戏，夏衍先生奔向一条新路。从小学习科学，继而埋头于苏联与日本的新现实主义作品，我们从他的短篇小说，若干实地调查的报告，就可以看出他想象的本质。他是要有所厌弃于一己和别人，他是浪子回家，回到他现实的老窝。他要求剧作者“态度一定要诚恳，用功，不要空想，从许多复杂错综的现象中去创作一种人物的典型，在广泛而琐碎的题材中去寻求良好的主题。”缺乏生活经验，不妨“从书籍上，报纸上，谈话上用工夫去参考，去研究，去寻求：从有关系方面去加以极深刻的观察，去理解”，直到全部题材了然在望，然后动笔，才不至于陷入“凭空乱写”的谬误。我们立即明白他往日所以抛弃历史剧，不仅是一种理论的反感，另外具有气质与现实的两重要求。

果戈理把日常生活的现实的秘诀给他。他的理论，情感，特别是情感，却让我们想到一位和他初少因缘的大作家。我们是说自然主义大师左拉。他们全把现实当做现代看，而且，左拉虽说缺乏科学教育，科学是他创作方法的中心思想，他们对于实验的哲理全有信心。左拉曾经劝告一位青年剧作家：“我唯一想挑剔达尼勒（Louis Danyl）先生的，就是问他为什么把往日 mèlodrame 的一切沉旧的机器放在作品里面，实际他轻轻易易就可以把戏写的更单纯，更自然，因而得到一个更合理也更永远的成功。”往工人世界插入一段贵族的传奇，不唯腐朽，尤其不合逻辑。他的责任是研究工人世界的风俗与语言，用力描绘。这才算得上新，算得上胆大与成功。因为“我们奔往真理；让一个剧作家呈出真实的图画满足观众，我相信他将得到巨大的胜利。”在另一个地方，他断然道：“绘梦是妇孺的游戏，男子的责任是绘现实。”

怎样才可以把戏剧从夸张，虚妄与板滞之中救活过来？左拉坚信舞台可能的唯一再生，是把“世纪的科学与实验的精神传播到舞台上去”。他用他的剧本做例往细里诠释道：“动作含在人物的内在斗争之中，不复含在一个什么故事里面；这里是一种感觉与情感的逻辑，不再具有事的逻辑；解决变成问题一种代数的结果。于是，我一步一步尾随小说；我把戏关在同一房间，湿而且黑，好不剥夺一丝它的凹凸，它的悲运；我选了些愚蠢的废料，好在我的英雄们的强烈痛苦之下，呈出日常生活的庸俗；我不断用力把舞台挽在我的人物的平常的事务，因之他们不是在演，而是当着观众生活。”没有比这几句话似乎更能搔到夏衍先生的痒处，更能发挥《上海屋檐下》的企指。

这种现实的看法，如尼考耳（A. Nicoll）先生所指出，几乎等于重复古代西塞罗（Cicero）对于戏剧的解释：“人生的一个复本，风俗的一面镜子，真理的一种反映。”现实与模仿虽二犹一，艺术的创作难道就可以一蹴而达么？不见得容易。二十五岁的雨果老早就宣称自然的现实（réalitéselonla nature）和艺术的现实并不完全相同。他讽笑一般摄影式的现实主义。我们说的话是散文，说诗是不自然，席德（Le Cid）却用诗说话。席德是西班牙人，法国的作者却要他说法国话。脚灯布景必须废除，用真树真屋和真太阳，以至于无往而不真，不现实。结局乃是可笑。雨果以为艺术和自然各有自己的王国，却又相依为命：“自然和艺术是两件东西，缺了一个，另一个就不存在。不算艺术的理想的部分，艺术还有一个积极的属于土地的部分。”他进一步推论戏剧的镜子看法，往深里追究道：“万一这是一面平常镜子，一个平光光的面，映出来的东西仅是一个发暗而不具凹凸的形象，忠实，然而无色；我们晓得简单的反射照不出色与光来。所以戏剧必须是一面集中的镜子，不唯不有所减弱，反而聚敛增浓有色的光线，把一星星亮变成一道光，一道光变成一团火。”

现实似乎具有两类，一类是集中式，一类是自然式，因为对于现实解释不同，成为两种不同的手法。浪漫主义者群的集中往往只是过火；自然主义者群的自然往往流于琐碎，另一种过火。枝叶浓密，主干容易沦于无形。避免这种危险，夏衍先生知道节制。他或许不完全同意赫威斯（W. D. Howells）对于现实主义者的任务的说明：“在人生之中，他觉得没有东西没有意义；一切表示命运与性格；上帝所造的东西没有是卑鄙的。他不能够看着人生，宣称这件东西或者那件东西不配注意，犹如科学家不能够宣称物质世界某一事实不值得他屈尊考查。他每一神经感到事物的平等与人类的连合，他的灵魂是激越的，并非由于眩耀，影子与理想，而是由于现实，只有在这里面，真理才生存。”把现实当作现代看，承认阶级的存在，夏衍先生自然而然站在被压迫者这边。同一是人，中国人必然要反抗物质文明与帝国主义的双重剥削，然而误于艺术的宣传性，我们一般现实主义的作家难免倾向虚伪的夸张，很少如赫威斯所云，把现实主义看做材料的真实的处理。憎恨中产阶级，福楼拜不允许热情溢出正确的形容以外。一个现实主义者的胜利，正在他一丝不走呈出性格与关系，好让读者修改那必须删剔的东西。无论是集中式，无论是自然式，他的观察与表现必须同时公正。现实主义者不自私，他服役于全人类。夏衍先生明白选择与公正的重要，指摘阮群先生的抗战剧本《胜利年》，便以为“把我们的仇人比喻做一个一戳即破的纸老虎”并不适当。

现实限于现代，夏衍先生的现实主义自然不收历史剧。“历史不是循环和反复”，他读到魏如晦先生的《明末遗恨》，以为“从历史的悲剧的结束，就无法可以联想到现实的明日的光明”。然而，天晓得我们的历史剧作者群用了多少“沈旧的机器”和激昂的语汇挽救“悲剧的结束”！这种生硬的嵌砌正好表示我们对于现实和历史的观念的混淆。夏衍先生非难历史剧对于民族的贡献，因为“人类社会的历史决不会同一原因，同一经过，同一结果地反复，所以我们用历史里面的一个与当前事象吻合的事件来讽喻现实的时候，历史里面和现实不相平行的，联想便常常会损害了作者原定的企图”。用现代两个字替换这里的现实，我们立即了解他的见解。

让我们首先承认历史和现代并不属于两个绝对的世界。二者缺乏内在的差别，后者只是前者的一种变化，所变化的并非现实，乃是朝生暮死的现象。一个置身于现时，一个置身于过去，白尔唐（Louis Bertrand）先生以为“这是一个年月问题”。过去属于历史，没有过去以前，原本就是现时。我们今日的现时实际算是它的未来。浪漫主义者错把过去看做人生的另一截，白眼现代，把梦和情感放在里面呼吸。难怪司汤达把司考德的历史小说贬做儿童读物。福楼拜申明他和沙斗布芮昂的理论完全不同：“他由一个全然理想的观点出发，他梦想一些典型的殉教者。我呀，我想拿近代小说的法程应用在古代，点定一片海市蜃楼，我用力追求简单。”时间的距离是一种幻觉，艺术同样是一种幻觉。破开这交相为用的幻觉，我们发见自己站在永生的观念前面，或者，说直爽些，站在现实前面。现代与历史同样供给材料，同样含有现实，假如一出历史剧失败，因果应当含在它的本身。左拉要求作家努力于可以实验的现代材料，同时他也明白历史剧的艰难：“它是最需要研究与才分的部门”，仅仅“把抄来的句子放进去是不够的；假如放进这些句子，它们要求前后句子全有相同的调子”。雨果把复活的使命送给历史作家。

站在现实前面，并非站在一个抽象的观念前面。哥德以为诗人表现自己孕育的世界，垂青于历史里面遇见的人物，借取他们的名姓，加在创作的生命上面。这就是说，另有一个现实存在，历史只是一个幌子。诗歌或许是这样。然而，谈到戏剧，雨果告诉我们：“地方色彩不应该在戏剧的表面，要在作品的核心，流而向外，流出自己，自自然然，一视同仁，而且，好譬说，流到戏剧每一角落，如浆液之由树根上升，流到末一片树叶。戏剧应当完全印上这种时间的色彩；……换了世纪，换了空气。”在这一点上，左拉和他的前辈似乎同有此感：“历史剧是不可能的，我们要是不往里面放进正确的人物分析与环境的复活。”

现实同时含有现代与历史，我们所请求于作家的，是还它们一个比较真实的本来面目（绝对是难的），历史挑不起全付的现代，歪扭仅仅两伤。

夏衍先生的第一个长剧，正是他后来菲薄的历史剧。时代的风险掩走了他，政治的怒涛在他的心头汹涌。他对于《赛金花》怀有明显的要求："希望读者能够从八国联军联想到飞扬跋扈，无恶不作的友邦，从李鸿章等等联想到为着保持自己的权位和博得友邦的宠眷而不恤以同胞的鲜血作为进见之礼的那些人物。"为了达到这种希望，他说他采用讽喻，放下烦琐的自然主义的写照手法，强调一些与事实最有共同之感的事象。企图宏大，和熊佛西先生同时写作的《赛金花》一比，他的剧本洋溢着更多的时代空气。熊佛西先生胆怯，甚至于感伤，把阳光集中在一个可怜的弱女子身上。夏衍先生虽说同情，他的理智让他明白赛金花"多少保留着一些人性"，仍然是"形形色色的奴隶"之中的一个。他知道赛金花押解回籍之后就没有了戏，就和那充满意义的时代与充满戏剧的社会脱了辐，走入一条"人比黄花瘦"的窄巷。他的忿怒或者理智不愿他多所徘徊。

急于"讽嘲的诅咒"，他不幸没有更多的耐性调整他的孕育。打算避开"烦琐的自然主义"，他不唯没有"避开"，反而迎头相遇。一个人没有方法逃避自己。夏衍先生没有方法逃避他的气质。他所选择的"喜剧材料"，大多属于外形，流于细碎，或许是忠实的暴露，或许是无情的讥骂，并不即是"喜剧材料"。福楼拜的《候补议员》（Le Candidat）极其嘻笑怒骂之能事，因为是外形的，暴露的，完全在舞台失败。我们可以拿来诵读，然而在一个读者与一群观众之间，我们必须体会鸿沟所在。类似电影进展的《赛金花》，除去内容不同，表现方式几乎完全依照作者一年之前所译的《两个伊凡的吵架》。戏剧形式虽说出自一个日本作家，他不能忘情于现实主义的平易，简单与自然。两个小小俄国人物的性格喜剧，或者悲剧，内容和速写的形式的配合十分贴切。赛金花应当是一个出色的性格，然而庚子年代的背景是一个更大的性格，融有无数的性格。这是一出空前的大悲剧，属于全民族。作者虽说并不企图把《赛金花》写成正常的批评的历史剧，他拦阻不住四十年之后的子孙往这上面想。我们今日在它的锁枷之中挣扎，犹如我们的祖与父在里面受罪。作者有权利去选择自己钟情的表现方式，同时必须顾到（即使只为作品的胜利着想）我们的要求，特别属于一种难以满足的要求。那是一个绝望的时代，我们的感受不愿多在里面停留。速写透露聪明，然而缺少沉永。人物不算少，我们还嫌不够多，未能形成群众的骚动（作者应当利用速写形式来写骚动），我们更嫌不够深，仅仅为作者泄了忿完事。夏衍先生于盛怒之下执笔，居“八一三”之前，有谁能不盛怒吗？盛怒驱他嘲骂，盛怒驱他写作，我们感谢盛怒。

他在《赛金花》里面刻画了一群奴隶。然而他知道，这在政治感觉上仅仅启发一种消极作用，他必须选择一些积极的人物做榜样，他来到草野寻找一个可以抵消赛金花的奇迹一样的女子。机会造成了赛金花，意志凝成了秋瑾。他从一个传奇人物跳到一个历史人物。在《自由魂》里面，他先把时代背景绘出，此后不再多用笔墨，直奔人物的性格和生平；这里正同《赛金花》相反，枝叶过分稀少，材料不够说明灵魂。单纯，然而并不深致。

从《自由魂》到《上海屋檐下》，在这短暂的山泉一样喷涌的创作期间，作者起了“一种痛苦的反省”，丢下英雄人物，拾起那久已活在心头，然而搁置一旁的渺小人物。人就是这样，出奇制胜，走出范围，一次又一次冒险，忽然如有所得，觉悟真理就在身边。夏衍先生回到现代，回到他四周的小市民，不见经传的无名无姓之辈。真正的同情基于正确的了解。昼夜厮磨，他可以一直理会到他们的灵魂，充满了人世坎坷的喜怒哀乐的精神存在。愚昧，愿实，哀怨，失望，堕落，欺凌，忍受，反常，幻灭，来去交错，引人发笑，起人哀感。这是我们人人的日常生活，没有传奇，没有光彩，灰色的，或者如《上海屋檐下》，阴沉的，我们看不出这里有一点点引人入胜的感觉，特别是戏剧文学，拘于舞台物质的束缚，把紧张看做成败准衡，似乎文学不会从平常的人生产生。舞台是一座陷阱，没有几个剧作家敢于在这里向上正视人生。没有本领创造新奇，他们接受“沈旧的机器”。雨果鼓励剧作家反抗舞台的条例，宣称才智而有自尊心，其唯一的作为就是以一切方法进行攻击，多逼退它一步，人类的理性便多获一步保障。我们必须为人生开拓领域，它有权利要求不偏不倚的认识。具有同感，夏衍先生劝勉剧作者“尽量地去创造新的形式”，同时注明形式和“紧张的场面”不是一件事，和“发笑的效果”也不相干。

这是一种内在的要求，一种孕育的结果。我们没有方法去“创造”任何新奇形式，假如我们不把灵魂浸润在每一分钟每一地点交相影响的人生的大小变化。《上海屋檐下》的造诣就在它从人生里面打了一个滚出来。这是现实的，和广大的人群接近；这是道德的，指出一条道路给大家行走；不属于纯粹的悲剧，没有死亡，没有形而上的哲学，没有超群轶众的特殊人物；不属于纯粹的喜剧，虽说作者命之曰喜剧，因为人物并不完全典型，愁惨并不完全摒除；这里不是自然主义的现实，我们明白作者在介绍芸芸众生的色相之下，同时提出一些严重的社会问题，一些人与人之间的纠纷，一些人与行为之间的关系；他不讽刺，他不谩骂，他也不要人落无益的眼泪，然而他同情他们的哀乐。《日出》是这种社会型的戏剧另一代表，《上海屋檐下》是同型的又一形态。人不是独立的，他们的过失不属命运，不属自己，人的存在并非一种本质上的差误。夏衍先生曾经解释他这类"小市民"的大小剧本："我把他们放在一个可能改变，必须改变，但是一定要从苦难的现实生活里才能改变的环境里面，我想残酷地压抑他们，鞭挞他们，甚至于碰伤他们，而使他们转弯抹角地经过各种样式的路，而到达他们必须到达的境地……"他的写作对象正是一七五八年狄德罗（Diderot）第一次倡议的"人的责任"。戏剧是积极的，作者的意向决定一切。人类幸福是共同的目标，主题却随不同的人生标准而异。尼考尔先生称之为"意识文化的戏剧"，一种特殊现代产物，把人看做文化的存在。他把这种戏剧归入悲喜剧（Tragi-comedy），正如一七六七年包马晒（Beaumarchais）命之为严肃剧（Drame Seriéux），或者简单些，法文"戏剧"一字的专门意义 Drame。

《上海屋檐下》属于这类悲喜剧，或者严肃剧。《两个伊凡的吵架》是忧郁的，人世正如果戈理在剧本末尾所叹："这世界是忧郁的！"同样，《上海屋檐下》是忧郁的，作者在黄梅时节"透不过气来的环境"写成，剧本的时间正好也占了它一整天。结构的时间顺序是自然的，第一幕是早晨，第二幕是中午，第三幕是夜晚，一切发生在十二小时以内，一座寄生在租界边沿的石库门楼房里面：主要的故事是一对夫妇十年之后重逢。从表面看，作者是古典的，不以花巧取悦观众耳目。然而形式简单，并非没有变化，同时巧妙自然，我们难得看出斧凿的痕迹。唯其推陈出新，彼此骤然相迎，我们初不敢冒然以古典一词形容。限制而集中，一座立体的楼房内部却有错综的人生供给作者使用。这里住着五家人家，职业不同，生活不同，属于小资产阶级与无产阶级，正如上海通常的邻居，漠不相关，各自忙碌，奔往不同的命运和目的。有人把《上海屋檐下》的手法归入美国流行的《街头小景》（Street Scenes）型。然而真正启示作者的一种直接影响，似乎更是日本左翼作家藤森成吉的《光明与黑暗》，夏衍先生译出，附在北新书局出版的《牺牲》后面。

在《光明与黑暗》里面，第一幕与第二幕的地点同样是一座楼房的直切面，分成上下两层，收进一家娼妓的真实色相。第三幕的地点更动了，然而临尾以儿童的鼓舞的歌唱收煞，完全和《上海屋檐下》类似。我们不为作者讳言外来的影响，这不是什么耻辱，而是创作过程中一种必有的潜移默化的良善作用。问题不在形式或者内容属于谁，而在生活属于谁。假如这里的生活真实，假如形色基于它本身的需要，假如我们觉得在表现上一切是中国人的，或者缩小些，是上海人的，我们便有理由向作者道贺："你成功了。"

《上海屋檐下》的尝试是成功的；他给自己选了一个真实然而艰难的局面，必须同时把五个不同的人家呈给观众，同时必须要观众不感觉缭乱。我曾经再次体验他们的直接感受。什么东西吸住了他们。他们并不惊于形式新奇，（当然有的人是来看楼房上台，然而不久就发见）他们仅仅回到一个更真实的人生。他们看到一个生活断面，天天在演悲剧，似乎没有力量成为悲剧，如今一位作家自然而又艺术地把平凡琐碎的淤水聚成一股强烈的情感的主流。情调是单纯的，忧郁的，《上海屋檐下》的地方色彩却把色调渲染的十分斑驳。作者更有聪明让观众在沉痛之后欢笑，在欢笑之后思维。这里没有夸张，他把平凡化为真实，再把琐碎化为陪衬，然后画龙点睛，他把活人放了进去。

他们属于一群弱者。施小宝是一个沦落天涯的弃妇，四顾无依，在狂风暴雨之中憔悴；赵妻无时不在絮叨，接受贫苦，却又永远抱怨；李陵碑失去了人生实感，活在错觉的酩酊之中；黄家楣夫妇是失业型的知识分子，不曾养成意志，却养成了肺病；赵先生似乎达观了，不幸属于一种随遇而安的乐天主义，或者马虎主义。有谁不是弱者呢？林志成和朋友的妻小同居，工厂受压轧，良心受指摘，早已失却强壮的心性；杨彩玉扑在社会的门槛，情感在前夫后夫之间挣扎，事实证明她是一个寻常女子；我们看见匡复失去了革命的胸襟，责备自己不能保护的妻小。唯一不弱的弱者是黄父，虽说年老，虽说是一个乡农，虽说属于过去的一代，他有强壮的身体与灵魂；他不明白现代，却有常识与习惯去工作。他的可爱蕴在他的本性，他的过失属于既往。然而真正可爱的却是未来，给我们带来希望。天真烂漫最有力量，林葆珍把力量给了她生身的父亲。

实际黄父和林葆珍并不属于《上海屋檐下》的愁苦世界，一个从乡间来，无意拾了悲哀回去，他不在这里停留，一个是上进的儿童，根本和成人的忧患无涉。然而有了他们，那群弱者才有了颜色。作者给这群弱者安排了种种功用，调子虽说灰暗，空气虽说阴沉，他们虽说和天时一样，绝少阳光照射，对于效果的差异却各有贡献。施小宝的戏剧有它自己的高潮。黄家楣夫妇发见父亲留下的血汗钱，是他们戏剧的高潮。李陵碑的高潮已经过去，我们看到的是高潮的尾声的延长，一个绝望的化身。他的作用是加强全部的情调。这让我们想到《日出》的女主人公陈白露，和他一样，她的高潮在开幕之前已经结束；我们看到的是尾声，是气氛，是诗，是死亡。她没有改变，她仅有的力量是玩世不恭的态度，她等待——甚至厌倦于等待——的仅仅是死亡。她不再挣扎。她应当属于伊卜生的盖布勒（Hedda Gablr）型，所不同的是她的反响消极，全剧的高潮落在她的直接间接支配之外。《日出》并不因而减却它宏大的气质，这种气质仅仅《子夜》可以相提并论。《上海屋檐下》缺乏曹禺先生的作品的深度与幅员，然而它有质朴的美德，一切不求过分。夏衍先生不肯勉强李陵碑，正是他思考缜密的证明。赵家夫妇没有把戏带出去，过日子是他们的本色，做小丑是他们的当行，然而住在灶披间，依照上海出入后门的规矩，他们占到地利，自然而然形成了一个中心。这是一种不可挽救的错误，他们虽说供给我们最多的笑料，我们愿意有时候把他们搬上楼去。

他们险些抵消三个主要人物的纠纷或者戏剧。从观众的喜爱，我们明了赵家夫妇凡事参预的意外收获，作者给了他们丰盈的生命，然而临到戏剧的主要人物，他的笔致显然缺乏活泼。依照故事的发展，他们的戏剧应当最多；依照场面的处理，他们得到更多的机会发挥。匡复出了监狱，第一个思想就是见到林志成打听妻小的下落；从林志成的谈话，他发见他霸占了他的妻小；观众等待他们冲突。林志成的忏悔减轻了冲突的可能。第一幕在杨彩玉买菜回来的时候闭幕，不迟不早，正好把观众钓进第二幕，急于知道会晤的结果。晤谈的结果是零。观众担心的冲突也成了零。恍若无事，戏剧在洗尘接风之中进行。作者抛开"沈旧的机器"，用人情世故解决浪漫传奇的企待。一个弱者型的林志成，由于绝望，反而有了勇气。杨彩玉随哪一个男子走？直到第二幕闭幕，观众仅仅发见一个可能，物归原主，林志成牺牲自身，成全十年前志同道合的一对夫妇。第三幕把惊异带给观众：他们猜错了，匡复一个人来，如今一个人去，风平了，浪静了，一切仍旧原状。就在匡复认识真实情形（杨彩玉依恋林志成）的时候，他听到一种仿佛来自天下的启示：他从儿童的歌唱重新获得他将近丧失（或者牢狱生活摧毁）的勇气。这里形成全剧的高潮。

我们必须谴责作者，他缺乏语言与动作完成他情节上巧妙的布置。语言是抽象的，动作是细微的，这三个主要人物——特别是那对旧夫妇——永远感情用事地自相表白。作者不曾深入他们的灵魂，那深致而反常的灵魂，用具体的直接动作表现他们的心境。我们看不出匡复十年前曾经是一个倔强的革命者。假如监狱改变了他的性格，作者应当拿事实给我们看。我们仅仅听到他一些小家子气的反复的怨詈和感慨，他们似乎在背诵论文，或者分析情感，作者或许以为他们属于知识分子，是生活拖下来的理想者，不免多给了他们若干身份上可有的理论和名词。然而正因为和作者属于同一阶级，两相接近，他顺手就把自己的文字借给人物。于是，缺乏自己的语言，人物沦为情节的傀儡，不复属于真实的血肉，因而也就失却他们的轮廓。

黯然无色，重逢本身加强了全剧另一缺陷。五家人家的故事平行向前，而楼上楼下各自为政，在现实上或许真实，在进行上未免冒险。平行向前，主要情节如若失于荏弱，因而招致厌倦，观众容易立即调转视线，随意就楼上楼下物色一己钟情所在。从第二幕起，《上海屋檐下》时时流露这种喧宾夺主的倾向。

即使是社会问题性质的严肃剧，《上海屋檐下》蕴藉的表现，防止不了作者宣泄心头的要求。我们方才说起林葆珍，显然她是作者意之所属；一个文盲世界的天使，课余之后去做小先生；她的歌唱近似启示，奇怪的是她没有在这里提起社会革命，如一切左翼作家所应为，更没有以十年前的革命立场鼓舞匡复，最后一句乃是："大家联合起来救国家"，我相信没有一位观众会起疑问，说这是怎么回子事，剧中没有一件事往这方面发展，作者却叫他的光明人物把"国家"两个大字摆在她的观众面前？一种什么东西，神差鬼遣，在这首促成全剧高潮与认识的童歌里面，把"国家"（不是全剧提出的某种社会）做为我们努力的最高的鹄的。是什么东西，观众未尝考虑，作者未尝考虑，然而意之所至，心有所会，没有人觉得奇突，全以共鸣的心情接受下来。千百年之后，或许有人重新要问，把这看做《上海屋檐下》一个小小瑕疵。今天我们不妨先自说破，观众和作者全不错，作祟的另有一个东西，叫做时代精神，在这下面我们生活着。我们正好借用立波先生一句话，这是"九一八"以后新兴文学的特征。庚子以来的民族观念，中间因为官吏的内哄，军人的争霸，阶级的斗争，闪在纠纷的外围，终于一个当前的更大危机把它更清切地展开。我们不再计较过去，一切朝着一个新的顶尖发扬，国家至上成为我们共同的口号。《上海屋檐下》并不直接隶属于这种倾向，全剧人物仅仅李陵碑是"一二八"的牺牲者，而且站在陪衬地位。作者虽说不曾正面指出匡复为了什么下狱，我们明白他是党争之下的一个政治犯。

"八一三"绥靖了我们的疑虑，怨恨，猜忌与恚怒。我们来到了一个新时代，虽然我们久已准备它来，它来了，我们必须重新衡量一切。从前我们责难的政府，如今得到我们的信心，和人民结成牢不可破的一体。希望不复更是怨望，人人把心力用在它的美满实现。我们有了风起云涌的抗战文学。剧本和报告，由于普遍的需要，就量而言，几乎成了"八一三"以来文学上唯一富裕的收获。

《一年间》是其中最有光辉的一个剧本。在这抗战的第一年，毁了无数城市，失了无数州县，死了无数军民，伤了无限元气，在这浩大的劫运的废墟之中，我们的民族以自力更生。我们不复忧郁了，我们蔑弃现时，因为最后胜利是我们的信仰，和殉教者一样，我们相信未来。《一年间》是现实的，和《上海屋檐下》同样现实，然而就它的使命来看，我们简直可以把它归入象征剧。为了象征新生的意义，作者差遣新妇怀了足足十二个月的孕，忘记在对话之中稍稍加以说明。这里是一个空军将士的亲族，父亲携着他的新妇，带着一家大小，辗转流离，逃在上海避难。在艺术上，夏衍先生依然慎重将事，他不夸张他的情绪，一切依据人情，不求过分，不作无益的呐喊。我们很少从对话发见几句演说。它们忠实于性格，忠实于环境，同时，语语恰切，属于生活，因而也就如出肺腑，属于我们寻常然而英勇的人性。这里表现的是一种清醒的现实，敌人要是不相信我们这些老百姓怎样坚持抗战，《一年间》值得他们一读。他们会发见他们所赞美的一位忧郁气质的作家，往日努力于介绍他们的文学，经过一年的颠沛与磨炼，来到平静然而有为的现实主义。

（原载《咀华二集》，1942年1月文化生活出版社初版）

论《上海屋檐下》

——与友人书

李健吾

来信谈到《上海屋檐下》。忽然之间，它在我眼前活了起来。《上海屋檐下》是夏衍的杰作之一。他写了好几出关于上海的好戏，几乎碰到所有的角落，对我特别意味隽永的，要以《上海屋檐下》为最。所以你说这出戏最近要由中国青年艺术剧院演出，我的喜悦之情立刻就洋溢心头了。

这是一出个个角色有戏的群戏。它最能说明夏衍剧作的特征。这是一个值得后一代剧作者向它学习的一个戏。

因为第一，他的素材一向紧紧扣合生活，难得看见他有夸张失实的败笔。而上海里弄生活是他最熟悉的生活。他写出了这半殖民地大都市的面貌。上海没有一个角落他不熟悉，小市民角落尤其熟悉。《上海屋檐下》刻画的正是这些立人檐下的小市民和沾染上了严重小市民气息的知识分子。

因为第二，他使用素材，决不置身局外，罗列事实。他有用意。他在选择上下过很大的工夫。他的戏很简练，也最有明净的感觉。这种明净的感觉，不仅是手法高明的成就，也是思想坚定的收获。实际我们知道，思想往往决定手法的使用。

乍看《上海屋檐下》，读者容易得到一个断而复续的画面的印象。原因就在这是一个弄堂房子的横断面，除去阁楼之外，除去亭子间（窗户朝我们开）之外，间间房屋摆在我们面前，间间房屋的故事摆在我们面前。于是故事在形式上有时候个别进行，有时候交插进行（小天井和后门所以显得热闹，事实上也是如此）。交错感觉容易产生断而复续的印象。

很快这个印象就会不存在的。很快就会破开这些生活现象，出来一种揪心的力量，把我们吸在这些可怜人之所以为可怜的问题本身上。他们怎么会这样的？难道真是房屋的构造使他们不得不立在同一屋檐之下吗？

不！绝对不！

一位剧作者为了完成他给自己安排下来的主题任务，没有不可以利用的东西。夏衍就利用了上海里弄楼房的结构，更利用了上海黄梅时节的阴雨。连绵不断的阴雨“影响了这些住户们的心境”。

但是“低气压”仅止于此吗？

剧作者告诉我们，故事发生在一九三七年四月。有谁能忘记这一年吗？不久之后，就是“七七”事变。再不久，就爆发了中国共产党号召抗战的惊天动地的英雄事件。而事变以前，位于抗战前沿的上海，却正处在没有黄梅雨也处在低气压的时期。天气的低气压只是剧作者制造气氛的一种得心应手的手段罢了。一种远为沉重的低气压象阴雨一样，一直笼罩着戏剧，和戏剧一同进行。一种社会罪恶的低气压。而更主要的则是政治的低气压。阴雨的连绵增加烦闷。它是色彩，却不就是基本。

我希望导演能把这一点强调出来。应该在生活基础上，明朗剧作者一贯的爱国主义精神。

这些可怜人的确全有半殖民地大都市小市民的软弱性、甚至于劣根性，剧作者也都写出来了。但是他们不就完全没有可取之处。他们的苦恼是和生活上那些矛盾分不开的。比较重要的人物不去说了，看看“李陵碑”这个老报贩，就知道他的嗜酒直接和“一二八”之战有关联，不是他的儿子死在“一二八”之战使他心碎，而是白白死掉使他心碎。看看黄家楣这个洋行职员是怎样失业的？由于他倔强，不肯伺候买办和外国老板的嘴脸。性格倔强的人，在这半殖民地大都市，不是失业，就是失业之后，饥寒交迫。谁能说年迈耳聋的黄父不倔强吗？谁能说施小宝这个身份不明的上海滩头女人不倔强吗？他们都在演悲剧。而杨彩玉这个“驯良的”家庭主妇，在戏里责备前夫是“一个弱者”，忘却了自己更是一个弱者。但是，朋友，她甘心作她所不屑的弱者吗？怪她，也不好全怪她。她给我们留下复杂的感想。呜呼！这就是可恨的旧社会。

能不联想到买办阶级的政治罪恶？匡复和我们见面，这个蓬头垢面的前夫，是坐了十年牢狱、再到人世的一天。

连他这样不屈不挠的革命志士，在戏里面对着丑恶的生活，也起了颓丧的心情。年纪大的人们，饱经风霜，最易畏缩不前。但是剧作者不许他的戏沦入低调。时代也不是这样的。不多几时之后，就爆发了全面抗战！而抗战的艰巨事业是以胜利结束的。剧作者的明眼看到了未来。他是乐观的。不要让他的《愁城记》、《上海屋檐下》这类灰色标题把我们骗了。它们只是标题而已。它们并不等于主题。“小先生”的出现说明了“不爽朗的太阳”随时可以冲破云团，普照天下。孩子们的歌声唤醒中年人一时蒙尘的心境。匡复丢开沧桑之感，回到革命道路去了。私人纠纷不足重轻。个别挣扎也无济于事。林志成和杨彩玉和匡复的三人之间的恋爱悲剧，就连林志成自己也明白是反动政府和它的爪牙作成的。他不怨匡复回来。他后悔，他痛恨。仅仅恨自己，问题倒也简单了。他也不会在最后把厚望寄托在匡复身上说：“他一定也会很勇敢地为着我们这些受难的人……”他有了希望。匡复这时，对这群受难的小市民来说，成了解救他们的可能的征象。幕落时，不光是孩子们在唱，而是连大人也一同在唱：“大家联合起来救国家！救国家！”

所以看这出戏，只有今天看这出戏，它的若隐若现的地方，也就昭然若揭了。戏里没有正面写蒋介石反动政府，但是通过具体生活，处处写到了它的罪行。戏里没有正面写号召抗战的中国共产党，但是通过匡复的活动乃至小先生的存在，我们明白是谁支持这种存在。还不说匡复大有可能是一个共产主义者（因为当时不允许剧作者在剧中交代明白）。所以尽管气压低，喜剧情调是存在着的。歌声终于替代了哭声。

是好剧本，不就一定好演。对演员来说，《上海屋檐下》正是一种考验。戏不在一个房间发生，间间房间不是同时有戏，然而没有戏的时候，不但必须有戏，还要不妨害另一房间作戏。在台上维持潜台词，需要对人物的性格和生活环境下极深的工夫。

（原载1957年1月26日《人民日报》）

关于话剧《上海屋檐下》

——致观众的短笺

金　山

亲爱的青年朋友们：

承你们关心《上海屋檐下》的演出，我很感激。你们来信问我《上海屋檐下》的主题思想是什么。这好象不是一下子就能说清楚的事情。我想，当舞台上的帷幕徐徐展开时，你们就看见一幅生活的图景，这是二十年前的生活，二十年前的所谓人的生活。这些人在一个你们所不熟悉的半封建、半殖民地的社会中受尽熬煎，有的在呻吟，有的在叹息，有的在嘲讽，有的在哭泣，有的在愤怒，有的在反抗，有的却象石缝中钻出来的青绿的野草似的骄傲地伸展着。

在小资产阶级出身的知识分子身上，存有各种弱点，譬如怯懦、犹豫、徬徨、颓废、失望……正是这些东西，常常使他们摔倒在庸俗甚或毁灭的道上。但是当那些没有摔倒或摔倒又爬起来的人，踏过或爬过了那段漫长的荆棘之路，领悟了一个人的生存是为了更多人的幸福的时候，他们就开始跨进了真正的生活之门。

在任何时候都可以看到许许多多生活中的天使，他们即便置身在暗无天日的地方，仍然能够发散着青春的光芒——那就是孩子。

我在我的导演手记中写过这样的话：

> 一切压迫就是鞭策，就是推向前进的动力。
>
> 让陈旧的死亡，让生了锈的废铁回炉，世界上唯有新生的东

西最鲜艳，最富有生命力，最为诗意……剧中真正的主人翁是孩子，是孩子！

《上海屋檐下》的作者，不仅为着善良人的苦难而控诉残酷的旧社会，同时还向这些受苦的人昭示了未来的美好前程。作者的仁慈渗透在每一个善良人的身上，作者的坚毅深深栽植在新生命的血液之中。

亲爱的青年朋友们，当你们看到前一代人怎样在那个社会中挣扎的时候，难道不会为你们自己今天的幸福生活高兴吗？

现在舞台上的那段生活就要开始，我不知道舞台上的许多活动能否体现一些作品的主题思想。我热诚地希望你们把观后的感想写信告诉我们。

1957年1月

（原载1957年1月26日《人民日报》）

廿年旧梦话“重逢”

——再度看《上海屋檐下》的演出

唐　弢

夏衍同志的《上海屋檐下》作于一九三七年，第一次看到它上演，也已经是十八年前的事情了。那时候，我自己同样生活在霉天一般透不过气来的闷人的环境里，望着台上风风雨雨，剧本“后记”里引过的果戈里的话：“我们的俄罗斯是如何的忧郁啊！”就象是什么虫子啮着心一样，使我的灵魂直打颤。我觉得很难使观众同意说这是一个喜剧——虽然剧作者是这样宣告了的。通过剧本，我们极其逼真地看到当时生活在周围的那些小人物的形象，以及覆压在他们身上的沉重的命运，即使是那个乐天主义的小学教师赵振宇吧，我也清楚地看得出等待在他前途的是什么，我害怕去想它。尽管舞台上每个形象、每个细琐的情节都在昭告：生活！这就是生活！可是，隐伏在剧情背后的另一股感情的潜流却刺激着我，我真想跳上台去，拉住这些熟识的人物的耳朵大叫一声：不！这不是生活！

那么，这该是什么呢？

十八年后的今天，我又一次看了上影演员业余剧团的演出，这个一度被剧作者改名为《重逢》的《上海屋檐下》在我眼前呈现了另一种也许可以说是重逢的意义，我恍如进入了一个久已逝去的梦境，那么现实，又那么遥远。难怪和我一起看戏的青年人不能够理解，从生活到感情都显得陌生，他们没有经历过以往年代里的阴影。这种阴影给我带来复杂的感情。现在我有充分理由可以说明这是一个喜剧，我为那些不幸的人们感到一丝怅惘，为坚持活到今天的人们感到无限愉悦，如果剧中人也还活着的话，回头看一看自己的过去，他们也会说这的确是一个喜剧。

喜剧，正如剧作者所说，本来大都是写于忧郁的时代的，因为它的可笑首先是由于揭发了不合理的现象，揭发了社会内在的矛盾。然而作者必须熟悉生活，必须站得比生活更高，这才能够以慧眼看人。沉湎于从祖辈就留传下来的生活方式而又不知自拔的人，惯了，他们看不出环绕在自身周围的矛盾；而那些刚刚成长起来的后一代青年人，对于这种生活方式又太隔膜，他们只觉得这些人生活得十分古怪，可是古怪并不等于就是矛盾。《上海屋檐下》的喜剧意义正在于剧作者是那么真实地写出了这些小市民的性格，写出了这种平凡的、令人诅咒的生活。这是一座上海习见的所谓“石库门”房子，我们从舞台上看到的是一个横断面。这里一共住了五户人家，各各有一段不可告人的故事：施小宝是一个沦落风尘的弃妇，为了生活，只得和一些不三不四的男人来往，结果却被流氓逼着去卖淫，她穿得漂亮，在人前十分硬朗，背地里却瘫痪无力，用眼泪洗面，她想挣扎，四顾无援，跳不出这个恶势力的魔掌。“李陵碑”孑然一身，他的独生子在“一二八”战役里打死了，然而他不相信，认为儿子一定活在什么地方当司令，一旦回来，他就是老太爷，因此一直哼着“盼娇儿，不由人，珠泪双流……”他等，等，等……不知是什么东西在他这样有把握的希望上凿了一个小洞，使他天天酗酒。黄家楣因为辛苦地培植他到大学毕业的老父从乡下出来了，父亲满以为这个有出息、有天才的儿子在上海发了财，做了大事情，然而“天才在亭子间里面”，夫妻俩用瞒和骗，用借债、典当、强颜为笑把失业的穷困搪塞过去，老父亲耳聋心不聋，私下里发觉了这个情况，托故回去，偷偷地留下最后一点汗血钱。小学教师赵振宇安贫乐命，与世无争，他的妻子却愁穷哭苦，热中于打听别人的隐私，一天到晚嘀嘀咕咕。他们应该是不调和的一对，然而奇怪的是却又那么调和，时时有冲突的危险，终于又冲突不起来。做妻子的为着儿子算学教科书里“某甲每月薪水三百五十元”生气，临了却只能向菜贩身上讨些小便宜，算是她对这个不公平的社会的抗议。从表面上看，二房东林志成、杨彩玉夫妇过得平平稳稳，衣暖食饱，堪称小康之家，不幸他们精神上却背负着一个比任何人更痛苦的地狱，有一天地狱的盖子揭开了，志成的好友、彩玉的前夫，那个关在监牢里久无消息的匡复突然回到跟前，林志成辜负了朋友的委托，占据了朋友的妻子，禁不住良心的谴责；杨彩玉过去是一个同情革命的少女，为此抛开家庭，现在却是一个小心翼翼、随顺夫权的家庭主妇，尽管她的感情还在前夫与后夫之间挣扎，事实却证明她已经成为生活的奴隶。这一群平凡的弱者，生活在都市角落里的小人物，他们经不起风浪的袭击，而风浪却还是冲向了他们，使他们犯了罪，做了傻事。你笑他们，你有一千个一万个理由责备他们，可是却不能不承认他们灵魂的无辜。走近一点，听一听施小宝归来后的啜泣、黄家楣肺病第三期的咳嗽、“李陵碑”精神错乱中的歌唱、赵妻永无休止的唠叨，以及林志成的忏悔和杨彩玉的控诉吧，这一切可能使人厌烦，这种充满着矛盾的生活方式是可笑的。但是，喜剧的产生不仅仅来自人物本身，还有更重要的一面：他们生活着的社会。

剧作者巧妙地把这些人物拉在一起，通过严密的布局，使故事齐头并进，没有一点缭乱的感觉，最后达到了一个高潮，刚刚回来的匡复重又出走了，于是一切都恢复了原状，留下这些小人物继续在地狱中受着考验：卖淫的卖淫，酗酒的酗酒，失业的失业，唠叨的唠叨，痛苦的痛苦，这里依旧是一个黄梅天。你说这个革命者过于自私、过于残忍吗？不！一点也不！他走得对，留在这里也许会随着天气一起发霉。匡复从自己的孩子身上得到启发，他说：“我离开你们决不是消极的逃避。”这是剧作者对这些小市民的真正的同情——是全剧留下的一丝强烈的阳光，唯有它才能驱除这恼人的黄梅天。然而剧作者也没有放松这些人物本身的挣扎，我们且听一听他在“后记”里的自白：

> 从他们（指小市民——引者）祖先时代就束缚了他们的生活样式，思想方法，是如何的难以摆脱啊，我不想凭借自己的主观和过切的期望去强变他们的生活！我把他们放在一个可能改变，必须改变，但是一定要从苦难的现实生活里才能改变的环境里面，我想残酷地压抑他们，鞭挞他们，甚至于碰伤他们，而使他们转弯抹角地经过各种样式的路，而达到他们必须到达的境地，抗战里

面需要新的英雄，需要奇峰突起，需要进步得一日千里的人物，但是我想，不足道的大多数，进步迂缓而又偏偏具有成见的人，也未始不是应该争取的一面，要争取他们，单单打骂和嘲笑是不中用的，这里需要同情，而我终于怜悯了他们。

任何时代都需要新的英雄，需要奇峰突起的先进者，然而我们也不能忘记，只有当平凡的人物开始觉悟，长期以来束缚他们的生活方式起了根本变化的时候，这才是真正的社会变革。我和我们的年轻朋友不一样，我一点也不奇怪剧作者为什么竟在这些人物身上灌注了如许深广的同情和责难，以至于含着眼泪去鞭打他们。他们需要改变，能够改变，十二年后的事实已经证明了这一点。可是使我惊异的是：剧作者在鞭打他们的同时居然能够那么不动声色，剧本采取了一种不事渲染的白描的手法，看《上海屋檐下》使我联想到契诃夫，联想到中国传统画学上的双钩细勒，作者用淡墨画出了这些人物的灵魂，细致而不落痕迹，浑成而不嫌模糊，真正的感情深沉地隐藏在画面的背后，不闻呼号而自有一种袭人的力量，这是现实主义的力量。

旧梦远了，它将永远永远是一个喜剧。

（原载1957年6月2日《解放日报》）

想起了十七年前的《上海屋檐下》

江水曙

一九四〇年夏天，在上海旧法租界辣斐花园的一家小剧场里，一群进步的文艺工作者——上海剧艺社的演员们上演了夏衍的话剧《上海屋檐下》。这是这个剧本在上海的第一次演出，象一颗炸弹击破了当时沉闷的孤岛空气，轰动了当年的上海滩。

这已经是十七年前的事了。那时候抗战已进入第三个年头，位在战争前沿的上海已陷为孤岛。交通阻塞，物价飞涨，人民忍受着帝国主义残酷的蹂躏，心中充满了无限的怨恨，但又不甘心屈服。他们要叫，要喊，要说自己心里的话。但也有些人，经受不起战争的苦难，在生活重担的压榨下，颓废，失望，消沉……就在这种情况下，《上海屋檐下》演出了。

剧作家夏衍用不多的笔墨，勾划了在殖民地都市里，一群小市民层里小人物的风貌。《上海屋檐下》是戏，但又是当年上海生活的真实纪录。夏衍选择了一群生活在同一个屋檐下的几个人物：这里有被迫廉价出卖色相的女人施小宝，忍受着流氓恶徒的凌辱与欺压，经受着精神与肉体的创痛。有在"一二八"战争中失去了儿子的绰号"李陵碑"的老报贩，他整天仍做着"盼娇儿"的梦。有遭受失业、穷愁潦倒的大学生，为了生活，几乎把什么都典卖完了。还有一个月赚不到三十五块钱的小学教员，老婆经常为柴为米发牢骚，以及由于参加革命长期坐牢归来，妻子已经和朋友同居了的知识分子……这些都是生活中惨痛的一面，也是当时社会中常见的一面。剧作者以他敏锐的政治嗅觉，把这些当时常见的事交织在一起，却成为控诉旧社会有力的一枪。

由于这个戏写上海人民所熟悉的事，写出了人民对革命的渴望，所以特别受到观众的欢迎。当时，连续客满三星期，盛况是罕见的。有一个年青学生看了剧后写信给剧社说："在这个戏里，我找到了自己的影子，我曾经颓废、消沉，但是从戏里我又得到新的启示，走匡复的路，回到斗争的道路上来。"第二年，也就是一九四一年，在观众的热切的盼望下，这出戏又一次用方言来演出。这个戏的演出也曾经遭到反动派的阻挠。可是，当时负责上海剧艺社的于伶同志和其他同志，巧妙地利用了日法帝国主义之间的矛盾，假借了中法联谊会的名义，终于没有受到意外和不幸。

当时参加演出的有胡导的匡复，柏李的杨彩玉，慕容婉儿的施小宝，此外还有吴琛、徐立、戴耘、史原等。胡导和柏李的表演都极有色彩，至今很多人仍印象很深。十七年过去了，这一群戏剧工作者仍坚持在戏剧岗位上，胡导现在担任上海戏剧学院表演系教授，柏李是上影剧团的导演，吴琛是上海越剧院的导演；戴耘参加了这次上影剧团《上海屋檐下》的演出，她仍扮演十七年前扮演的角色赵妻；史原在拍电影《幸福》，扮演年青调皮的工人；徐立在北京总政文工团；慕容婉儿成了电影翻译。当今天《上海屋檐下》再次在上海演出时，我曾看到其中的几位，当他们缅怀往事时，仍很激动，怎么不呢？他们有一个共同的思想感情：十七年前《上海屋檐下》所力求预示的光明终于实现了。

（原载1957年6月2日《新闻日报》）

看《上海屋檐下》的一点体会

袁水拍

剧作家拿起一把社会的解剖刀将一幢上海的弄堂房子从屋顶、晒台一直往下切，切开了阁楼、二楼和楼下的房间。现在，观众所看见的舞台面，就是这幢房屋的纵剖面。四五家人家十几口人，拥挤在这些掀开了一边墙的房间里，笑着、哭着、吵骂着、叹息着、斗争着、希望着……屋外是下不完的黄梅雨，阳光希罕地偶然从云缝里射出来。

一幅一幅痛苦的生活的画面错综交织着，此伏彼起，纷至沓来，叫人有应接不暇的感觉，也引起了深深的同情和思索。是整整二十年前的事了，这样的苦难今天不存在了，年青的观众甚至已经不容易理解它们。但是，这是前一代人历尽艰辛生活过来的历史，即使对于今后再也不会遭遇它的人们，也是富于意义的。

对于能够自由地高呼反对帝国主义侵略这口号的青少年，当年所谓“救国有罪”的滋味，是不容易体会得到的了。然而它曾经是事实。话剧《上海屋檐下》所写的就是这样一个历史时期：中国的反动政府虽则丢掉了东北和华北，却依然媚敌卖国，镇压人民的爱国救亡运动；屠杀人民的内战虽则已经进行了十年，中国共产党领导下的人民的力量却已经壮大到快要开始扭转自己的命运的时候了。剧中的故事发生在一九三七年四月，正是西安事变发生之后不久，当时蒋介石被迫接受了联合抗日的条件，因此有了象剧本中所描写的匡复这样的革命者恢复自由的事。但是统治阶级对于联合抗日的政策是没有诚意的，反民主的阴谋决没有放弃。剧中用黄梅时节的连绵阴雨和偶然出现的阳光来象征当时的政治局势，在言论不自由的当时，这是意味深长的。

时代的浪涛激荡到社会的每一个角落，无情地袭击着一群小资产阶级知识分子和游民无产者，他们忍受着日益贫困的、失业或者半失业的生活，他们悲叹着自己的命运，处于一种半醒觉、将醒觉，或者依然昏昏沉沉过日子的状态。不管他们各人有不同的、个人的和家庭的困难和苦痛，观众却完全可以从剧本理解到：他们多数是心地善良的，说不上有什么过错；他们之所以自私、懦弱、动摇、屈服，主要是社会造成的；而这样的社会是不合理的，应该起来推翻它。

剧本的力量就在于现实主义地揭示了人们的痛苦的来源是社会制度，是剥削阶级和外国帝国主义，这里没有孤立的说教，有的是真实的人物形象。从旧社会来的人不能不对这些人物感到熟悉和亲切，无论是被作者刻画得维妙维肖的小学教员夫妇，或者只写了寥寥数笔的那个“不三不四”的女人施小宝和老报贩“李陵碑”。作者洞悉这些生活，因而能俯拾即是地驱使材料，塑造具有典型性的人物形象。

年老的小学教员赵振宇，用“比上不足比下有余”的所谓“乐天知命”的哲学，来压抑自己对生活、对社会的不满。同这个性格对照的是他的老婆赵师母，她势利小气，一钱如命，由于没有希望往阶级社会的高处爬而怨天尤人。这一对夫妇之间的争吵以及两人对孩子做算术习题的不同态度，生动地显示了他们的性格。（赵师母为算术习题而发牢骚这一情节，可说是“神来之笔”，它使观众爆发了哄笑，随即感到心头沉重，引起了思索。）丈夫自以为懂得很多，因而不很看得起这位小见薄识的老婆，可是他既无法否认那个社会的不合理，又拿不出什么道理来说服她。于是唯一的出路是自我安慰，是无可奈何地一笑置之。人们当然很难喜欢赵师母那样的人，但是一个社会主义现实主义的作家是不会简单地把她当作反面人物，写得她不堪入目的。她的心灵上的丑陋无非是社会罪恶的投影。剧本对施小宝的处理也是这样。在旧社会里，象她那样的人原是为一般人所不齿的，甚至当她受到赵师母之类的人当面侮辱的时候，也不一定会有人出来打抱不平。可是作者也以公正的同情来描写她，写她企图在恶势力面前挺立住，写她向邻居呼援，写她幻想有人来搭救她，好让她脱离流氓的掌握。（在呼援这一场中，如果演员能更深刻地表现施小宝的痛彻肺腑的心情，好象落水的人从水中伸出一只手而周围没有人来救她那样，我想戏会更有力量。饰这一人物的演员除了外形动作毕肖外，似应力求表演人物的内心生活。）可是她的微弱的挣扎，在无情的社会现实面前，只能显得象螳臂挡车似的可笑复可怜。社会所能给她的只有一条堕落到底的路！当她被流氓逼走的时候，难道不是象走向刑场一样惨吗？当她从流氓那儿回来倒在床上痛哭的时候，难道不值得一切善良的人们同声一哭吗？这些小人物真好象流氓小天津手里的一根栏杆木那样脆弱，在旧社会里正是她们处在最可怜无告的地位——然而，她们毕竟是有地方可“告”的，那就是通过剧作家的艺术创造，她们向社会发出了控诉。

失业的洋行小职员黄家楣一家的困难遭遇，在当时大城市的职员阶层中也是司空见惯的。如果说剧本对赵振宇夫妇这对人物的描写，以性格突出取胜，那末对黄家的描写可以说是以情节的感人见长。黄家楣瞒着妻子去当掉她的“出客”衣服，他们避开了父亲的面，进行这件事（准确地说，是男的也想避开女的面去进行这件事，却不幸被拆穿），但是意外地被父亲看见了，他恍然大悟地发现了儿子媳妇所一直企图掩饰的贫困处境。我们观众是看到了这个秘密被觉察的场面的，只有剧中人儿子媳妇不知道，于是儿子冤枉媳妇，他认为由于她不肯心甘情愿地保守秘密，以致在行动上不谨慎，有意无意地向父亲暴露了他们的真实景况。如果是无意的，受到埋怨也不算过分；如果是有意的，那就更不可恕。而鉴于儿子和媳妇对父和翁的亲疏程度，以及妻子对丈夫的更深的关系，妻子的有意暴露秘密，在丈夫看来，几乎是必然之事。在妻子这方面呢，对于这一类事，也是有口难辩。这是多么入情入理的、可能在生活里出现千百次的一段动人的生活经历！对于这种所谓清官也难断的家庭纠纷，剧作者似乎也不想去弄清楚它，他并不忙着去为女方辩诬，而是索性急转直下地将矛盾展开，描写妻子的克制已久的不满情绪的终于爆发。因为从艺术创造的目的这角度看来，去写清楚这些小人物之间的是非责任，比起深刻地揭示来自社会本身的原因，是无足轻重的了。在演出中，黄家楣为了避开父亲耳目，拉了妻子到大门口去吵架（可叹他们再也没有立足之地）。一方面写他们出语伤人，各不相让；另一方面又写他们一个为对方打伞，一个又为对方的病体而担心、怜惜。剧作者的深入生活的挖掘和导演的很有匠心的布置，使观众对人物情节发生了很深的感动。当戏进行到这里，以及进行到例如老报贩在睡梦中呼唤他儿子的时候，剧场里一再响起“啧啧”的感叹声。是啊，这样的生活是太痛苦了，人们已经忍无可忍，历史已经走到“临界”点了！

当然，剧本不仅仅反映了由于时代社会所造成的这一群人的苦难，指出了他们身上的阶级的烙印，也还表达了他们对生活的积极态度，对未来的希望。更不消说，剧本最后通过“小先生”的活动以及小孩和大人合唱的歌曲，更着重地表达了对未来、对下一代的希望和信心。

赵振宇固然有他的世故、消极的一面，却同时也有关心社会国家大事、相信科学、天真乐观的一面。这也许是剧作者所以爱惜这个人物的原因吧？他是个头发已经花白了的小学教师，长期和儿童接触，他喜爱他们、信任他们。在他看来，孩子们在阴雨天，偶而打打架也不妨算是一种运动，于身体有益，所以不同意赵师母去干涉他们。这也许是个真正的理由，但也可能只是他为了爱儿童而随意编出来的托词，以便挡住赵师母对儿童的过多的管制。小小一件事表现了这一类型受过旧民主主义思想熏陶的知识分子的精神面貌。在最后一场戏中，赵振宇热情专注地同孩子们一起唱那首曲折地（由于言论不自由）反映当时人民的爱国救亡运动的儿童歌曲。剧作家既然给予这个人物以较多的积极的色彩，我们也就可以理解，作者为什么要选择这样一个人，通过他的嘴来呼唤出那句暗示的、却具有强烈政治意味的重要的台词了——“总有一天会晴的！难道终年的做黄梅吗？”赵振宇远非一个革命化了的小资产阶级知识分子，但我们不能不说，他的呼声反映了当时普遍地弥漫于全国各个阶层（除了军阀、官僚大资产阶级）的对现状的深刻不满情绪和反帝反侵略的要求，也显示了民族的坚韧的性格和乐观主义精神。

在当时的政治条件下，国民党无所不用其极地压制人民言论，摧残进步艺术，要在舞台上鲜明地表现站在现实革命潮流的最前面的正面人物形象，是十分困难的甚至是不可能的；而且还应该看到历史的事实，在那些白色恐怖的年代里，党在白区的力量曾经受到了极其严重的损失。（剧本中点明了这一情况，林志成说："死的死啦，变的变啦。"）因此，今天的观众，要是对匡复这样的革命者的不够光采夺目的形象感到不满足的话，他们是应该想到历史条件所给予剧本的限制的。出狱后的匡复对于重新获得自由、能够继续干革命工作所产生的喜悦和兴奋，是抵不过他的颓丧消极的情绪的。他不止一次地说到自己"已经只是一个人生战场的败兵残卒"，"对于生活……已经失掉了自信"，"沮丧了勇气"，并且在自己过去的革命伴侣面前叹息，承认自己是"弱者"。（他所说的"这几年我看得太多，人事并不这样简单，卑鄙、奸诈、损人利己，象受伤了的野兽一样的无目的地伤害他人，这全是人做的事"等语，也是灰色的。）他对过去的妻子的一连串的问题和责难，不能采取积极态度，不能批判分析，只能含糊地，惶惑地招架着——甚至，无法招架！当观众听到这个本来应该受到他们钦佩和敬仰的战士，倾吐这些表明自己已经失掉斗争勇气的语言时，就不能不在自己心目中减弱对这样的人物的崇高估价了。

我们的确不应该向历史索取一个不是当时历史条件所能够产生的人物，可是我们又不由得想起过去时代的许多革命志士的光辉形象。当然，除了英雄人物，也还有中间人物，而匡复这样的人很可能是真实的，有一定典型性的。如果是这样，那末随之而来又是一个问题，即作者对这样的人物是怎样评价的呢？这样的期待也许不算过分：剧作者还需要站得更高一些来估量、来分析、来刻画这剧中的重要的正面人物的思想面貌。而现在看来，作家对他的宽容是多了一些，或者说把这样一个人物的位置摆得高了一些。同样，我以为这种宽容也表现在匡复对彩玉、对林志成的思想和生活态度上。甚至彩玉的一度表示厌弃自己的生活，希望重新追踪革命，同匡复结合——这样的想法也丝毫没有得到匡复所应该表示的鼓励。（我并不是说他们应该结合，这是另外一个问题。他们之不能结合，看来是更合乎具体现实生活规律的。但这样一个结果，并不排斥发展过程中的斗争。）彩玉的遭遇是值得同情的。然而总不能不说她比匡复更加失掉了锐气，她早已经在革命面前退却了。她一度感情上的死灰复燃，是缺乏坚实的思想基础的。它经不起什么考验就立即熄灭了。这里，匡复非但没有力量支持她于初，也没有力量责备她于后。而且相形之下，显得至少是和她一样的懦弱、畏缩。林志成的遭遇，同样也值得同情，他的愤世嫉俗，他的不甘心做剥削阶级的帮凶，都是好的。然而也总不能不说，他的觉悟是很有限的：他认为“长衫班”比赤贫的人们更痛苦；他的不满现状的一个原因是由于那些比他后一辈的人竟然由于拍马钻营而越过了他，爬了上去。他和彩玉一样在若干年前也曾经在思想上同匡复有过接近，但是同样也经不起现实生活的风浪的打击，失掉了朝气。匡复——剧中的一个被作者寄托着为受难的人群而斗争这样一个崇高的希望的人，却对于自己的两个志同道合的朋友的言行，没有任何不满的表示，没有什么斗争，有的只是同情和体贴的一面（虽然这也是必要的，符合真实的），有的只是自怨自艾。

我觉得三个人之间的矛盾——剧中主要的戏剧性的冲突之所以展开得不够激烈，也可能是由于上面所说的作者对人物的宽容的态度造成的。诚然，戏终了之前，匡复留下的那封信上的语言是积极的、响亮的。他声明自己的走“决不是消极的逃避”，他高呼要朋友们“勇敢地活下去”，而林志成也深受感动地表示自己已经恢复了勇气和信心：“他一定也会很勇敢地为着我们这些受难的人（而斗争）”。这些描写使剧作家所树立在观众面前的正面人物的最后形象，还是挺拔有力的。我想，只有一个对人民革命事业前途具有坚定信心的、一个马克思主义的作家，才能够在那样的时代里写出这样鼓舞人心的结尾。

矛盾的解决似乎不是在充分地展开而是在刚一透露便彼此收缩之后实现的。彩玉曾经想摆脱现状，重新同匡复结合，可是一看到林志成的出走，就回了头。林志成想牺牲自己，可是一看彩玉的依恋，就放弃了原来的计划。匡复的退出，一方面固然是积极的——退出去不是偃旗息鼓而是继续前进；同时，这个行为也表现了他的为别人着想和自我牺牲的精神；但是，我们不能不回溯前面的情节，不能不品味一下他和彩玉讨论关于自己能不能给彩玉和葆珍以幸福的一些对话。彩玉所说的幸福的含义虽则不十分明确，但分析起来，与其认为她指的是同匡复、同革命群众生死不渝地结合在一道，去为人民大众的幸福而奋斗的那种幸福，还不如说她指的只是个人和家庭生活方面狭小的意义上的幸福更为确切。如果这个揣测成立的话，那么我想说的倒不是对彩玉觉悟的不高有什么责备（彩玉这个人物形象是比较完整的），而是对匡复这样一个在反动政府的监狱中坚持斗争了近十年的革命战士，为什么对彩玉所表现的狭小的感情、短视的理想，竟然不能够坚持自己的思想原则，反而同她站到一样的思想水平上来，承认自己已经是“败兵残卒”，已经没有“资格”能够使彩玉得到幸福呢？我认为这是思想上的让步，政治上的退却，对于斗争的回避。这样，就使我们感到，在剧中不管是落后的或是进步的思想，在几个主要人物身上，似乎还没有充分揭露，还没有尽量发挥，而他们之间的冲突也还没有展开到应该展开的程度。这是艺术上的不足，但也许是思想上的原因造成的。

然而这是在二十年之后的今天，再来看剧本的苛求（现在已经是毛泽东同志《在延安文艺座谈会上的讲话》发表之后十五年，而剧本创作年代是在讲话发表之前五年），甚至很可能是不恰当的。因为，一般说来，艺术作为阶级斗争的武器在主要是敌我的尖锐矛盾中，它的锋芒无疑首先要指向帝国主义侵略者、国内阶级敌人和不合理的社会。《上海屋檐下》正是以此为主题的。在这个意义上，剧本是完成了自己的历史任务的。这个戏生动地表现了反动统治者和帝国主义侵略者压迫下的人民的痛苦和希望，通过对人物性格和活动的描写，控诉了旧社会的罪恶、反动派的罪行，反映了中国革命历史上的重要城市的地方色彩和时代的精神——极大的苦闷和压抑下爆发出希望的火花。它在过去时代发挥了战斗作用，在现在和将来也仍然有它的教育意义。这是一个富于生活气息的剧本，对人物内心世界的刻画是细致和真实的，结构谨严，笔墨精练，风格简洁，这是值得我们学习的“五四”以来话剧的优秀作品之一。（话剧《上海屋檐下》，夏衍作剧，金山导演，北京中国青年艺术剧院演出。）

1957年2月，北京

（原载《剧本》1957年第4期）

序《愁城记》

田　汉

和夏衍兄订交近二十年，在新文艺战线上我们有着不浅的关系。在电影戏剧方面我们甚至有过好几次紧密的合作：如艺华公司时代我们合作过《中国海的怒潮》，导演者没有能充分传达剧本的精神，公司的人力物力也太限制它的成就，时常引为恨事。电通公司摄制我的《风云儿女》的时候，我已经入狱，台本殆全出夏衍兄之手。前年司徒慧敏兄在《白云故乡》成功之后计划把我的舞台剧本《回春之曲》电影化，也是夏衍兄替我写成台本，改题为《祖国之恋》。可惜正要开拍而太平洋战争起，美丽的南洋变成了血腥的火海，夏衍兄给予那剧本的新生命暂时无法实现，真不仅我个人的损失！这一次，夏衍兄从沦陷后的香港脱险来桂，我们又与洪深兄合作了舞台剧本《再会吧，香港》，不幸被禁。

夏衍兄对于这样的风波却是惯经的。他自己说他写第一个剧本《都会的一角》就“出门不利”。接着《赛金花》、《秋瑾传》都曾引起许多风波，前者在南京闹的乱子影响熊佛西的《赛金花》在北平禁演，更是周知的事。这次他“大难不死”脱险归来，却不想《再会吧，香港》又遭受这样的运命。“许是我们命里该这么多灾难的吧！”他几次苦笑着说。

幸而夏衍兄的世界不专在戏剧。他与其说对于戏剧不如说对于新闻事业感更多的兴趣。在上海《救亡日报》时代他已经表现非常卓越的记者才能。他对于处理事务是那样的精神勇敢，对于观察事物是那样的敏锐深刻，善能把握要点。“八一三”的炮火中我们在上海相处的那些日子是永远值得回忆的。除在大陆商场的报社很兴奋地写作和讨论之外，我们常常冒着生命的危险同访战地。到南桥两访张向华将军都在白天，为着逃避敌机的轰炸扫射，夏衍兄自任监视哨，数十公里的路程曾经七八次下车，伏在稻田中的柳荫下。到南桥张总部我们受着优渥的款待。豪饮之后，大家都醉了。车子过江给晚风一吹我和衍兄都大吐，当时《救亡日报》上留了这么一首诗：

举酒捋螯咤战云，一时饮者尽输君，浦江五月波涛壮，始信人间有铁军。

访南翔罗总部是在其后一个昏黄的月夜，我们看够了敌机的照明弹，和敌炮的火花。从嘉定归来正是大场失守之夜，我们的车不敢开灯，只是揿着喇叭在数十万大军的夹缝中走，我们曾冒险通过小南翔公路炸后的缺口，过真茹时许多建筑物正在燃烧，过中山大桥时发现这桥已被炸去一半，我们只得从剩下的这一半桥面开过。过京沪线我们还遇着从上海开出的“最后列车”！

人因患难倍相亲，月夜江南走迅轮。回首十年哀乐满，算来犹有岁寒身。

这是那次过青埔时车上口占的。那晚月儿初出时是那么红红的，看去有筛子那么大，晶光饱满，江南风物照耀得明媚如画。若不是敌机的威胁和远远的炮声真忘了是在战时。我们在车上痛谈着在上海十年来的陈迹，批评着若干知友的得失，都不免有深深的感慨。

“我大言不惭地说，我们算是最好的一群。”

“谁能禁止我们的善愿呢？我们今后不断地互勉吧。”

其后，随着战局的推移，《救亡日报》从上海迁广州，又由广州迁桂林，夏衍兄始终其事。《救亡日报》发行广州版的时候我在长沙发行《抗战日报》做她的姊妹刊物。这报纸一时也吸引了多数朋友最善的精力，但在长沙大火以前迁入沅陵，几乎由沫沙兄独力苦撑，卒因经济力不继，挥泪停刊。沫沙便转入《救亡日报》做了夏衍兄有力的帮手。其间沫沙应友人之约回耒阳入某报，夏衍兄不得不开始极度艰辛的日月。除应付人事筹措款项之外，他每天还得写一篇社论。

那时真苦极了。每天深夜还得赶写社论。自沫沙走后两年以上都是如此。其间，德苏协定，到第二次大战爆发，苏联出兵，法国贝当政府投降，以至苏德之战，重要的国际问题层见迭出，对于动荡失常的局面得用心去把握，对于国内外论坛许多偏见得婉转的去斗争，真没有一时一刻好好的休息。但也感谢这样使我更能和这伟大的时代同呼吸，对于国际国内每一事变能比较敏锐地看到它的症结和动向而不致十分错误。

实在的，夏衍兄的这一种记者的修养，就对于剧作者的他也不是没有帮助的。不，不如说没有他对于时代的敏感和社会事象的熟习与洞察，许就写不出《一年间》、《心防》，以及《愁城记》一联优秀的现代剧。同时不管是读夏衍兄的时论或是读他的剧本都可以感到一贯的挚切的忧时之念。在光明与黑暗残酷决斗的今日，我们所要求的文化工作者是真能贡献其一切为光明而战，因而有良心的戏剧工作者也必须每时每刻与时代共休戚，不容许丝毫懈怠对于这一圣战的注意与努力。夏衍兄的态度应该是值得我们学习的。那些高谈抗战戏剧而对于国际局势的发展不关心和无知的必然将不自觉的颠落到一种可怜的偏向。

在留港的记者中××是非常好的一个，他常有一种热烈的对时局的关心。——特别在德苏战争爆发以后他对于民主阵营的运命表示着无上的焦虑，几乎每时每刻他的神经为这问题而颤动。他是个天真可交的人。

这是他批评某君的话。用这样的标准来观人结论常常是正确的。

太平洋战争爆发的那天，桂林全市飞舞着各报的号外。我和杜宣、许之乔两兄过大桥时接读了这号外，一则以喜，一则以忧：喜的是英美对日妥协的态度毕竟要清算了，这对于中国抗战不能说没有利。忧的是上海，香港，新加坡以及南洋各埠有着许多朋友，特别是香港几乎集中了我国主要的文化工作者。想到这里我们便赶忙同到军委会桂林办公厅去找李主任任潮先生。任公恰又不在，那时李太夫人仙逝，他奉命到西江李府吊丧去了。我们在张参谋那儿坐，借他的纸笔写好营救香港文化工作者的建议，留请任公向政府提出。第二天晚上我邀了予倩再度谒任公于他的桂花街私邸，任公说：

"你们的建议是对的，只要他们能出来那还有什么问题呢？就苦于香港全给敌人封锁了，消息不通。……"

原来任公的令嗣令媳也陷在香港，一时断了联络。那时重庆文协已有电报来说营救留港文化人在极力推行中，有脱险来桂者要我们设法招待，我们以责任所在，立时打电话给中央社想借他们的电台打电报给他们。中央社的朋友说："好几天以来打到香港的电报都没有回电，并且所有华电都得归华民政务司检查，打去也没有用。"我们不死心，又同到广西电报局，看墙上已经有"停收港电"的布告了。我们仍旧拟了一个一切已无问题，欢迎他们急速回国的加急电报打给夏衍兄转留港诸友。局里办事人说：

"只包打，不包到。"

"你只打去好了，这样无非尽尽我们的心。"我们说。

我们的心毕竟没有白尽，据后来长江兄说，十号上午夏衍兄就收到了我们的电报，给了大家很大的鼓励。这是很出于我们意外。

更意外的是夏衍兄等安全脱险的消息。因为自香港成为战场，我们听饱了关于他们殉国的故事。有的说：在战争激烈的时候夏衍和几位朋友驾了一只木船，冒着敌人封锁，向广州湾驶去。不幸半途给敌舰发现，开炮击沉，夏衍一行皆悲壮殉国。有的说：他们于香港陷落后扮作难民离港，上船时因同行某女士虽化装村妇，而烫过的秀发不易梳伸，敌人迫某女士上岸，夏衍情急，用日语交涉，以致暴露，同被敌人捕去，夏衍皮也给剥了。另一说，夏衍在乘船突围之际被敌人截住，认出是知识分子，迫其投降，夏衍用日语向日官兵演说反侵略反法西斯大义，"激昂慷慨，声泪俱下"，敌军官命水兵开枪，而日兵大受感动不肯动手，最后被敌军官拔剑劈落水中，"此一代艺人遂抱着一腔悲愤和爱乡国爱自由的至情长眠太平洋的鱼腹”！说最后故事的是一位非常着实的文学青年，故事来源据说得之于新从香港脱险来桂的归客。听这故事是在由象鼻山渡口乘船赴穿山汉民中学的舟中。虽则将信将疑，但在人事无常的今日，这也非绝对不可能的事。听了这青年的话，我凝望着漓江的水，仿佛看见南海碧波中故友的面影，不由得落下了几颗热泪。

“啊！他那近视的可是智慧的眼睛一定燃着愤怒的火永久不瞑吧！”

在这故事入耳后的第二天，桂林一家晚报果然用大字登着“留港作家夏衍等殉国”的消息，我们虽不尽信，但这怎能不加重我们心的负担呢？

这负担直到我们得了夏衍们安抵澳门的私人电讯才从我们心上放下来。接着从梧州，从柳州，以及重庆的喜信不断也传来了。一月三十一日晨我们请予倩兄到新中国剧社演讲之后，到午后二时顷他忽差人送来一急信，说：“长江已脱险抵桂，住环湖北路东亚旅馆三〇三号”，我正预备去找长江问夏衍们的确息。但翌日清晨郑君里弟却陪着广东小商人打扮的长江兄飘然来了。握晤之后，长江很兴奋地给我们谈起脱险的经过。事变发生他们是怎样的企图尽力于国际反法西斯战斗，与英国当局当时的态度，香港沦陷后敌寇的欺骗，“烂仔”们的骚扰，他们“各人处理各人命运，各人尊重个人历史”的誓词，由香港坐渔船出走时的仓皇，由澳门坐海盗船偷过零丁洋三灶岛时的惊险，抵达都斛重入祖国怀抱时的欢跃，说来是那样的使人神往。

“当时波澜重叠的每一步现在都成了愉快的回忆。”

我急忙问起夏衍和其他的朋友，他说：“留港文化工作者除少数人消息不明外其余大部皆已安然脱险。”我们才能确定地替旧友们祝福，虽说他也传出了林庚白兄和蒋学楷君的噩音。

二月四日新中国剧社负责人杜君，抗敌演剧队第五队队长徐桑楚来访我。说：“刚得了柳州的电话，夏衍先生们明晨可到。”五日清晨，天色还非常朦胧的时候，杜徐两兄便来敲门，我和洪镇弟急忙起来披衣洗脸，同他们出门，晨风是那样的料峭，过大桥时，水光山色还裹在一层薄雾之中。我们在桥边叫了几乘人力车赶到南站，柳州来的车已经到了。乘客纷纷朝着我们来。我们不断地从路上从车上物色我们的熟面孔，但找不着。

——莫非他们已经走了？

——不，瞧站在那儿等着的不是？

眼锐的朋友们早发见在空的月台上守着一小堆行李的一群。原来同行的张云乔兄，回南环路贸易公司要车子去了。他们在那儿等着他，留着加拉罕式的短髯的夏衍，中分的头发披到高高的颧骨上弯着背脊的司徒慧敏，戴着小呢帽，围一条花毛巾，不改洋场才子风度的蔡楚生，鬈发，蓝呢大衣，港式平底鞋的郁风。这样大难后的重逢不是容易的，我们学“老毛子”的作风来了无数无数的猛烈的拥抱，洪深兄也赶来了。他那巨人般的拥抱使夏衍从欢呼中陡然发出惨叫。原来夏衍胸袋中的自来水笔也给抱折了。两日后经医生检验的结果他左肋骨的筋肉给断了一根，算是这一“未遂”的浩劫中的小劫。

真的，夏衍们象一个失了耕地的农人似的回到他旧日的田园来了。他的陇亩间的伙伴怎能自禁其欢跃之情。一月十三日予倩继着招待夏衍一行于美丽川菜馆。夏衍原短衣蓄须作商人状，是日尽割其须，光鲜夺目。有严小姐者是他们的旅伴，能歌程砚秋且善操琴。予倩高兴起来引吭而歌，甜脆宛转不减当年。我席间写了这几句言语——

高歌一曲动华筵，老凤新声似昔年。碎玉正悲香岛远，啣杯何幸桂江边。割须不作行商状，抵足曾同海盗眠。且把犁锄收拾好，故乡犹有未耕田。

第二天我到夏衍们的寓楼，他们已经把这诗贴在淋漓满眼的壁间了。其中有蔡楚生兄画的“黄坤逃难图”最为生动有趣。原来他们在逃难中都变了姓名。如郁风改名陈毓芳，夏衍改名黄坤。某日他由下水出发逃到台山管的某地，离都斛镇尚远而日色已暮，星月暗淡。夏衍以洋伞挑楚生的藤箧和他自己的行囊，高卷其西装裤脚管，忐忑而行。这一狼狈的姿态在楚生的笔下成为动人的画面。楚生要我题咏，我又纵笔写了几句：

风云香岛恶，游子只顾返。昨过蛟龙窟，今遇铁门坎。疾趋都解镇，途远日已晚。衫如孔乙己，须如加拉罕。更如张伯伦，肩挑破洋伞。眼昏路不熟，心急脚愈懒，四海正蜩螗，一身尽肝胆。仆仆道路间，惟恐文明斩。幻作流民图，聊以寄有产。

实际上他们今日已成了“流民”了。他们穿的用的大部都系沿途征发而来。重庆剧协惟恐这些“流民”同志流离道路，特地演出了一次《大雷雨》，得款一万余元，寄来救济他们。每人约得五百元，本也不无小补，但夏衍不合参加了《再会吧，香港》的写作。该剧被禁，剧团损失惨重。他和张云乔兄把应得的救济金全部捐给剧团也作退票之用了。这不能不使这“流民”苦笑。

但艺人也常常有奇遇。当夏衍刚到桂林的时候，他的近作《愁城记》恰于此时由艺术馆上演于金城大戏院。夏衍的作品由予倩导演的很多。如《心防》一剧就是予倩的成功之作。因而有“夏编欧导”的话，道他们相得益彰。桂林观众对新艺术的爱好是异常挚切的。有一晚这南国的大城市也下着稀有的冰雹，中正大桥上铺的一片白，人在桥上走给北风吹起来站不住脚。但那晚金城戏院依然挤满了热情的观众。他们潮一般热烈的拍手温暖了艺术工作者的心。这也许正是许多艺术工作者为什么肯九死无悔地守住他们岗位的缘故罢。夏衍正是这样的人，所以他在《愁城记》原序中也这么说：

“设法避开崎岖，我们就不辞一再的挫败，不能跨过暗夜，我们为什么怕在黑暗中捱磨……”

何况崎岖中也时常有坦途，黯夜中也常常会发见引人勇气的光明呢？

夏衍原定三月十九日乘机飞重庆。我也想赴柳一行。一者演剧五队将远征昆明，我得去送送那些可爱的朋友们。二者他们也定三月二十一日上演《愁城记》，我不想放弃这一把旧友的佳作重新在心上温馨一遍的机会。但结果因人事的牵扯，他那天也没有能飞重庆，我也没有能到柳州。直到四月八日晚他到高陞戏院来找我，告诉我他大约是走定了。九日晨四时我赶到南环路，云乔揉着睡眼说：“他已经走了。”我赶到环湖东路欧亚公司，灯火辉煌中他正和许多旅客坐在那儿。等办完必要的手续，我们在杉湖边消受了半小时清新的晨风。从嫩绿的柳丝中望去杉湖还在纱般的朝雾中未曾醒透，但渔人已经划着轻便的竹筏拦着大鱼篮在那儿开始辛勤工作了。同赶到二塘机场已经是午前六时半，而朝雾未消，清露犹滴。发动机试转之后，旅客纷纷上机，但又命退下来。因为机师说还得等重庆的天气报告。那天重庆也是浓雾，真所谓“雾重庆，雨桂林”。飞机直到午前十一时才开，我们在机场边的松林里整整地等了三个钟头。因为有别的有力者要走，昨晚办公厅还有电话来请夏衍下一班机去。幸而后来某公又不去了。所以我安慰他说：

“今天你总算去定了。”

“还难说，要上了飞机才算数。因为我们随时有被挤下来的危险。”

飞机只有十五个位子，公司却勉强卖了十八张票，挤的满满的真有点象坐公共汽车。但幸而没有把夏衍挤掉。

“飞机要能变成我们日常交通工具就好了。”

“总有那么一天吧。但现在还不是我们文化人敢于普遍问津的工具。你看这里有一个文化人没有？”

他遥遥地指着那些武装剑佩鲜衣华服的旅客们对我说。

“这一趟我总算沾了《愁城记》的光。书店要发行这剧本的桂林版，给了我一千元版税，我才能买飞机票的。因为这比坐汽车时间经济都要合算些。”

有些送客的人在林子里折了许多杜鹃花。我们也动了这雅兴，但遍寻不得，我独自冒着微雨远行，折得许多山茶花来。这花有刺，我拿出小刀削掉刺和谢花，用手巾捆了一小把赠给他，供他在万里云程中的欣赏。

“谢谢你。我们重庆见。”

我们紧紧地握了手。他在离地数丈的机窗中还遥遥向我招呼。似乎我的心也跟着壮大的翼影和豪快的机声飞了。

我和夏衍兄专谈过《愁城记》。

我们由象鼻山雇划子划上了浅滩，船夫用一根粗竹竿横在船头特凿的小洞，把裤子扎到大腿上，跳下水去自己一步一步地推着走。为着帮那老船夫的忙，我撑篙，夏衍荡桨，及至赶到定桂门边我们都出汗了。舍舟登陆，沿着翠竹成荫的漓江岸边而行。夏衍告诉我《愁城记》有在桂林出版的可能，问我能不能抽工夫给写一篇序。内容涉及愁城记亦可，不涉及亦可。我想了想这样问他：

“这剧本你是想告诉我们什么呢？”

“当然，想写一个文化青年由小圈子断然跳到大圈子去。”

“这我知道。但是照你那样的写法，特别是一开始来那么一个序幕，会不会使人觉得同时在写遗产问题呢？”

“也许有这样的毛病。我自己也觉得主题还不够单纯。”

“主题的单纯性是每一个作家都在追求而颇难把握的。”

“我最初的目的是有感于现代知识青年中的确还存在着‘小圈子’倾向，又因想帮帮上海剧艺社的忙，决以孤岛上的知识青年生活为题材。又为着理解标金纱花一类投机买卖的实情，我曾特找此道专家谈过。”

“正因为这一类以电话为主要工具的投机买卖非内地半农村的市民所能理解，此剧在内地上演时恐怕不容易得到预期的效果，特别是第四幕后半的紧张性。”

“这情形是有的，内地人不大懂‘抛出’‘捏住’一类的术语。但正因为这样，本剧在上海演出时收到很好的效果。观众对标金的行市常常会在台下订正，说现在不止两千几百元了。在他们许多台词都有现实感，听到男女主人公的某些对话，他们会说：这是‘小圈子主义’。”

“因为你在写沦陷后的上海，又是为上海剧团写的，许多地方不能不顾虑环境而多所隐晦，在内地上演许要觉得有些不足。”

“这是难免的。在内地上演时处理上可以不同些。”

“彦祥导演《夜上海》的时候是把老头子的愤慨和娘姨儿子当游击队加重描写了的，我们觉得很好。但《女子公寓》在重庆上演被改成沦陷后的上海，因而许多青年女孩们为着争取南京汪派伪组织里一个小汉奸的爱而苦闷，而感伤，真是无谓。又最近看艺术馆的《这不过是春天》，也把北洋军阀时代的事改成沦陷三四年后的北平。一位青年革命工作者对日本特务机关和王逆克敏管理下的伪警厅厅长的女人大作俏皮的‘高尚其志’的谈话亦觉不甚好受。一切戏剧的对话同它的时代的和地域的环境分不开的。把外国戏改成中国戏，把前一时代的戏改成现代戏，把甲地的戏改成乙地的戏这在现今是常有的事，但改得不好常常会使原作成为不可理解的东西。似乎处理上又不可任意。”

“所以干戏剧的首先得爱戏剧。我们爱这剧本许就不忍随意割裂它，而会想尽好的法子保存它原有的香味。……”

“这是每一导演者应有的责任。——哦，你的太太呢？她还在上海吗？”我忽然想起在上海时我们过从甚密的他那贤美的夫人。

“她到香港来过一次，因为生活的艰窘，儿女的累赘，比以前老多了，头发也白了些了。”

“哼，可是你自己却一根也没有白。”我望望他的头。

“我家里没有白发的遗传。我母亲很大的年纪了，头发还是青的。”

“我们家恰恰与你相反。我母亲头发纯白了；我们兄弟都白得早。——可是你为什么不接你太太来呢？”

“因为儿女都在上海，那时她觉得还是住在那儿便当，所以又回上海去了。但后来不成了。最近来信，米不容易买，她每天只能吃两顿稀饭……”

“你怎么办呢？”

“有什么办法？现在也管不了许多了。”这样说着他的眉宇间显然地飞上了深深的忧郁，他怎能保证他自己永不会白头发呢？

但夏衍是可信的。他告诉我们该走向大圈子里去。他自己就是首先从小圈子里跳出来的人！

1942年4月于桂林

（原载《愁城记》，1942年8月文献出版社初版）

重读《心防》与《法西斯细菌》

李健吾

《心防》是夏衍同志一九四〇年五月三十日写于桂林的剧本；《法西斯细菌》是夏衍同志一九四二年夏写于重庆的剧本。两个剧本写作的年月如此相近，题材同样属于抗战，大有姊妹篇意味。亭亭卓立，超过了以前的创作，进入他自己的独特道路。前一个回忆上海沦陷为“孤岛”后的人民和恶劣环境殊死斗争的史实；后一个写一位学者在日本读书成家，后来偕亲朋逃亡到桂林的狼狈情形，宛如一幅大水墨画，将抗战中各阶层人民的苦乐一一泼在纸上。

读《心防》好象重温一场噩梦，我曾经身临其境，现在已然成为研究的史料，但是对我这个过来人，却历历在目，使我又回到了往日苦难的年月。《法西斯细菌》写的主人公是旧社会一个安分守己的书呆子，想超政治，实际办不到。主人公经过现实生活的教育，毅然放下了“黑热病”的研究，投入对“法西斯细菌”的征讨。他觉醒了，日本军国主义的罪行终于让他明白：法西斯细菌对人类的危害比黑热病大千万倍。

它们给我留下的印象比他的《上海屋檐下》更深刻，更泼辣，更亲切，有的我亲身经历了，有的我也间接体味出来了，而这种体味，千言万语也难表达。

《心防》以失业的新闻记者为中心，写出了“孤岛”轰轰烈烈的文艺界抗战活动的一个角落。在影剧界人士大部分离开上海，去内地鼓动人民抗战之际，记者刘浩如也决定弃家为国了。戏写得如此真实，如此自然，如此家常。剧作者为每一幕都做了一个特定的情况说明。第一幕，是一九三七年冬，正是影剧界化整为零，以小集体形式奔赴前线之时。第二幕，是一九三八年，留守在上海的戏剧活动展开了，汪精卫匪徒大肆活跃，人物的庐山真面目开始有些朦胧出现了。第三幕，是一九三九年五月，丁默村和日本特务的暗杀集团开始露面了。第四幕，是同年十月，汪精卫准备登台，各种妖魔鬼怪公开为祟，汉奸原形毕露，不再偷偷摸摸了，刘浩如最后饮弹捐躯。这是一个四幕剧，一幕比一幕的环境恶劣，斗争终于短刃相接。

第一幕在布局上给了我们一个反复。刘浩如就在当天要跟着大家一同出发，留在上海的家里人也在思想上做了准备。但是他这个带队的人，最后却把带队的职务让给了女活动家杨爱棠，自己决计不走了。他留下来要建立一道心的防线、精神防线。记得当时的老百姓，只要有办法，谁也不愿困守上海。其所以不走，一，抱儿带女，走不了；二，要一笔路费，筹不出；三，到内地找新社会关系，担心找不到，坑了一家老小；四，跟团体走，团体全去国统区，更感到前途渺茫。在这中间，真是苦煞人也。就是留守在上海，也明知凶多吉少，要咬牙熬过苦日子，心里只有一线希望：早打回来。当时，能象杨爱棠那样预料："今后的做法，恐怕跟以前是不一样了。"在"做"上做打算的，怕是只有地下党和与党有密切关系的人了。戏里没有一个地方说破这一点，好象没有领导关系似的，但是我们一般老百姓却确实明白这种关系当时是存在着的，只是戏在桂林写，碍于形势，不便明言罢了。

正是不便明言这一点，戏里人物活动有一种自发倾向，这也是当时上海的实情。当时上海五方杂处，各有来头，有混水摸鱼的国民党，有坚决斗争的共产党，有面目复杂的汉奸，有为每日开门七件事发愁的老百姓，而过去出头露面的大知识分子全不见声息了。因为，形势变得很快，正如第二幕，在长沙大火之后，汪精卫之流的走狗也就越发活跃了。而刘浩如这道精神防线同样也越发有针对性了。天真的施小琳成了"名演员"，在剧团搞宣传的倪邦贤变成了一个形迹可疑的风云人物，刘浩如成了众望所归的领导。倪邦贤想拉商人的关系，刘浩如点穿他说："你会利用他，他不会利用你吗？"倪邦贤说他不是

"做梦，完全是现实主义"。他歪曲了现实主义，但是透露的只是自己的丑恶心灵：现实主义成了不择手段！

戏里提到的"上海戏剧俱乐部"，或许就是指当年的"星期小剧场"。"星期小剧场"运动应在"青鸟剧社"之前，我曾经两次，有幸爬上"宁波同乡会"的大楼顶层，欣赏他们的小戏演出。

戏发展下去，出乎我们意外的，是杨爱棠在广州沦陷后又回到上海，刘浩如有了帮手，她的任务是清除"老鼠"。"老鼠"是谁，还用说吗？

它在阴沟中活动得很。它在第三幕挑拨离间刘浩如和杨爱棠的关系。它从贤妻良母型的铭芳这里入手。她是一个老实女人，一心爱着丈夫，所以"老鼠"——倪邦贤对两个同志的诽谤也就有些听进去了，何况还有新加坡请刘浩如做一家报社的主笔，一个月有三百叻币，等于一千二百多法币，能不动心吗？苦守在上海做什么？报纸已经被迫停刊了。刘浩如几次搬家。可是这个善良女人只能"怨"，而不会如"老鼠"所指望的破口大骂。好朋友家里出现了带枪的特务，她还是和杨爱棠一道帮刘浩如暂时在俱乐部新租的办公地方躲一躲。阴沟里的"老鼠"，有了日兵做靠山，更加张牙舞爪了。

临到第四幕，欧战开始了，法西斯初期战术的胜利鼓励日本军国主义冒进，也促使汪精卫加官丑戏唱得锣鼓喧天。斗争进入了短兵相接的境地。上海开展了为抗日将士募寒衣运动。剧团的存在越来越困难，而倪邦贤之流却有恃无恐，更加狰狞可怖。他在报上大作文章，诬蔑施小琳是他的逃妾，妄想用这种卑鄙手段破坏义演，搞垮剧团。在这时，走廊又出现了怪汉，朝刘浩如打了两枪，……但是敌人的这些伎俩都落了空，刘浩如虽然倒下了，但是他所建立的精神防线却牢牢在人心扎下了根。

顺便指出一个小毛病。杨爱棠对施小琳说："这次义演不仅是为了募寒衣；还是对于汉奸破坏我们的一个报复；再说，也替茅丽英报仇啊！"茅丽英是一位与募寒衣运动有关系的重要人物，然而在戏里却一直没有涉及，现在忽然冒出这个名字，对看戏的人来说，未免突兀要问了：她是谁呀？所以语言自然，并不等于介绍自然，过于具体，反而有碍一般了解。要知茅丽英的详情，还得等到于伶同志写出《七月流火》。

但是，夏衍同志到底写出了一批应运而起的战士（能不叫他们战士吗？），为我们留下了“孤岛”时期文艺界活动的热情形象。已经相隔四十年了呢，真是恍如一梦。老的老了，死的死了，今天活着还想着这场平凡而又不平凡的经历的，只能从这出《心防》来回忆了。这就是现实主义的艺术力量。

假如挑剔的话，人不免指出，这出戏的冲突来自外面，来自历史变化，并非来自人物本身。诚然，倪邦贤是这群战士之中的一个内部恶变，他在第三幕对刘浩如的妻室进了谗言，然而对这个老实人不起作用，因而也就没有构成冲突。让人感到的是，处处在应付恶势力的迫害。不能不让戏这样写，因为这是老百姓在和敌人斗争啊！谁死谁活，都是不可免的。记得当时知名文人被特务逮捕的，头一个是景宋女士，震动是很大的。后来又有了茅丽英之死，她不是文艺界的，可是她的死也提高了文艺界对敌人的警惕。恶势力确实来自外围环境。不过，就戏论戏，总觉得人物被动些，单薄了些。

话扯远了，还是来看夏衍同志给我们写的第二部杰作吧。

作者对日本人民和日本军国主义区别得非常清楚。它不囫囵吞枣，一怒而全盘抹杀。人民是无罪的，而且是反对这种残酷的法西斯行动的。这体现在静子这个人物身上。她赋有贤淑的日本妇女美德，在日本军国主义的铁蹄践踏下，跟随丈夫南北漂泊，静静地鼓舞丈夫坚持斗争下去。她的丈夫是这出戏的主人公，一个为科学而科学的书呆子。他的自得其乐的小天地本来就小，由于日本的侵略，小到不存在了，他的梦想破灭了，在辗转流离中，终于懂得了“为国家、为人类尽一点力量”。他跨出了他的极限：不再是书呆子了。但是费了多少周折啊！费了多少年月啊！他在一九三一年得到博士学位，名字见于日本报纸，而他精神上的新生却到香港沦陷后才实现。多细的笔墨啊！他已经快五十岁了。可喜的是，他终于醒过来了。

他们夫妻的使人信服的精神转变是这出现实主义戏剧的重大成就。

刘浩如这对夫妇在《心防》里就没有这一对异国夫妻写得这样有声有色。戏本身要求不同，因而也就各有千秋。

作者附带着给我们写出了周围形形色色的人物演员：阔人穷了，

穷人阔了，各有各的偶然，各有各的必然，大都演的是战火中发财致富与求生的悲喜剧。大后方的一切戏剧性变化都自自然然呈现在观众面前。每一个人的变化都有其说服力，因为都是日常听说、日常见到、日常体现的事。不是什么惊人的戏剧之笔，然而一切新奇。

两出戏全都尊重客观，正视现实，我们从这里得到许多切身体会，恍如身临其境，而一切都在控诉，控诉日本军国主义的罪行，控诉国民党的不抵抗主义，只有苦难中的人民在努力坚守阵地。作者不为戏而戏，不为戏而在文字上大耍花腔。他热爱生活，他的独具一格就在他的浓郁的生活气息，他不要一星半点的传奇笔墨。这种戏是严格的现实主义的。人们写戏总以为非有戏不可，于是单枪匹马，寻来一些戏外之“笔”，其实是画蛇添足。

现在中日之间的状况和这两出戏的背景大不一样了，友好之船往来于碧波之上，写两国人民之间世世代代亲情血谊之作也相继问世。但是象《法西斯细菌》第一幕写日本生活情景这样头头是道，非曾经留学日本者莫办。今天看到的这类戏还多在情节上挖空心思，在这方面，夏衍同志的戏剧对纠正这种作风也是一帖良剂。

1980年7月20日

（原载《戏剧艺术论丛》1980年10月第3辑）

《法西斯细菌》剧本和演出

刘念渠

上

于一九四一年十二月八日爆发了的太平洋战争曾被迅速地反映到文艺中来。从若干速写、报告、小说和戏剧中，我们诚然或多或少地看到了这一大事件的面貌，特别是以香港沦陷为中心的记录。并不苛刻地说，多数的作品有如一阵云烟，经不住时间的冲磨，终不免在我们的印象中淡化了。夏衍的《法西斯细菌》是在少数的杰作中的一本。（我私心欣幸有先读到油印本的机会！）

五幕六场的《法西斯细菌》所经的时间相当长，由一九三一年“九一八”到一九四二年春；所经的地方相当广：东京、上海、香港和桂林。它的主要场所是香港，它先用的剧名《第七号风球》带有明显的岛埠色彩。但是，作者所着重的不是香港事变中的离乱故事。他创造了科学家俞实夫这个典型人物，通过他的经历，更深入地指出了学术研究不能脱离国家民族与政治经济的变化而孤立存在和发展，更主要地揭示了法西斯细菌必须消灭。

留学日本获得医学博士学位的俞实夫是一向生活于“科学之宫”里的，他不注意“微生物之外还有一个更大更大的世界”，也不相信“一个国家政治弄不好，科学就不会发达”。“九一八”事变发生了，他要回国。回国后却在一个日本人以退还庚子赔款办的自然科学研究所继续他的研究。他知道“日本人办这研究所的目的，不一定是为了纯正的科学”，而且，“在日本人办的研究所里工作，中国人眼里看来，就未免不很妥当”，却相信自己“懂得做人的基本道理”。六年之间，他埋头于斑疹伤寒细菌研究。“八一三”炮火激动了全中国的男女老幼，尽管他以为“科学没有国界，我们从事着的是全人类的事业”，可不能否认在西班牙战争中纳粹科学家的“违反医道的行为”是“科学的叛逆”，也没法使研究所里的日籍研究员“不帮助帝国主义的侵略”。为了完成研究工作，他迁到香港。然而，没有几年，临着太平洋上的“一二八”连香港也沦陷了。他回到祖国，决心参加一个伤兵医院工作。“尽管力量小，这倒是一件工作，一件扑灭法西斯细菌的实际工作”。

俞实夫的经历，不同于丁大夫（曹禺的《蜕变》中的人物），没有机会与腐化了的旧环境斗争；不同于马门教授（沃尔夫的《马门教授》中的人物），没有成为法西斯匪徒的牺牲品。但是，他正代表了现代中国知识分子中的某一部分。

通过这一真实的又是不幸的经历，我们重温了“九一八”、“八一三”、“一二八”等血腥的日子。日本法西斯强盗的魔爪逐渐伸出，由东北被侵略而中国被进攻而演成的太平洋战争。作者并没有正面地写出他们，却让他们渗透了剧中人的生活，残酷无情地影响了并顽强积极地改变了剧中人的生活。正因为这样，反而加强了对于当前现实的认识：法西斯强盗乃是全世界爱好和平、自由、进步的人民的公敌。法西斯强盗不消灭，任何“人类全体的事业”没有平静地“从事”的可能。俞实夫的科学研究不过是一个例证。在“尾声”里，俞实夫说：

> 所谓人类最大的传染病——法西斯细菌不消灭，要把中国造成一个现代的国家，不可能；就是要关上门，做一些对人类有贡献的研究，也会时时受到阻碍和破坏。……自然科学可以征服疾病，但是人类的愚蠢和野蛮，……法西斯侵略战争，阻碍了科学的进步……

这样，夏衍遂以《法西斯细菌》完成了反法西斯的初步任务，为十年间太平洋风云变幻留下了一个忠实的记录。他不是纯客观写照的自然主义者，却是本着他自己的思想与认识，作为一个现实主义者，作为一个反法西斯的作家——反法西斯的文化工作者的姿态出现了。在一句一句的对白里，洋溢着他的爱与憎。他同情俞实夫、静子、寿珍、钱裕和赵安涛，他憎恨阻挠进步的法西斯强盗，帮助佛朗哥屠杀西班牙人民的“叛逆”和杀死钱裕的匪徒。他更导引着读者和观众共同地感染着这种爱与憎。

恰如《上海屋檐下》、《一年间》和《愁城记》那样，作者依然写着他所熟悉的人物和事件。这些人物是属于渺小的一群的。他们并没有辉煌的立德立言立功的不朽事业足传千古。只因为作者能够正确地分析他们，深入地去刻划他们，发掘他们灵魂深处的苦乐悲欢，遂使他们活生生地存在着了。在冲淡与含蓄中，他一方面传达了真实的意义，让严格的主题得到了充分的发展，一方面也细腻地表现了人的感情。如俞实夫并不是遁入科学之宫的超人，冷森森的学者。他默默地接受了赵安涛的援助，因为他的生活实在贫困；他阻止了赵安涛让静子干杯，“轻轻地在她身边坐下来”，因为他爱着自己的妻；他无条件地顺从女儿寿珍，因为他体贴到那小孩子的心情；他忘不了钱裕那对善良的眼睛，因为那个年轻人曾经影响过他。作者多方面刻划了这个有血有肉的人物，不曾让他成为作者的传声器，或者，成为一张平板的“绣像”。其他，如始终鼓励帮助俞实夫的静子，牺牲于日寇手里的钱裕，“政治上的见解不够彻底，不够前进”可“懂得做人的基本道理”的赵安涛，以及由玩积木长成懂得看报的寿珍，都是非常活跃、生动、真实而亲切的。

《法西斯细菌》向我们证明了这一点：一个现实主义的作家的评价，不被决定于他写了什么样的人物和事件，而被决定于他怎样写了某些人物和事件。透过他所写的人物和事件，那产生他们的特定环境与特定时代被明确的表现出来，同时，作者自己的思想和感情也被清楚地流露出来。怎样写的问题，在创作实践中，不仅要求作家必须熟悉他所写的人物和事件，更要求以正确的观点给以剖析。而且，必须永远排斥浮光掠影、凑热闹、即兴主义与速度竞赛。登记照相式的写作，产生不了优秀的文艺作品，也产生不了优秀的新闻报道。

下

中华剧艺社的《法西斯细菌》，这个雾季的初次演出，大体上说，获得了水准以上的成绩，表示着一种新进步的开端。

首先值得注意的是这一演出的社会意义。它使万千观众从舞台上接触了当前现实的一面：人们可能进一步地明白了法西斯主义是什么东西，侵略战争危害了全人类的自由、和平与进步，它的影响就明显地存在于人们的日常生活里。这种艺术的宣传，一方面充分发挥了它的效能，一方面具体说明了它是争取民主国家胜利的文化斗争的锐利武器。当争取战时演剧应该以反映抗战现实的剧本演出为主流之际，我们有要求多选这种剧本搬上舞台的必要。

使《法西斯细菌》这样一部优秀剧作在舞台上放出它的光芒的，我们不能不承认是演员们的努力。他们，无论戏轻戏重，无论个人造诣有着怎样的差别，由俞实夫、静子到送牛奶的、娘姨、茶房、汽车司机，以至三个小演员，都曾认真地尽其职责。我们可以说这种认真原是每一个演员所必具的态度，在过去的优秀的演出中也曾存在过；但是，想想过去的某些草率的拼凑和漠视小角色的风习，我们愿意特别重视这一点，而且希望在今后的实践中更积极地发扬它。

因为演出频仍，匆匆赶排，导演力有未逮等等原因，过去的某些演员表上，每每尽量地使用演员们的某些长处，以求事半功倍。弄得惯了，遂使演员的演技流于一般化或刻板化，即永远是他（或她）自己的那一套。譬如耿震的流水板，周峰的“慷慨陈辞”，白杨的那种有腔有调的对白，以及其他演员的若干习惯，我们在不同的戏里可以常常的遇到。这回，不仅是原剧本的人物限制住了这种倾向的继续发展，而且，在他们自己的创造中，也表现了正为着根本克服这种倾向花去不少的力量；于是，它们是多多少少地被去掉了，使我们看见了一种新鲜的，很少流露出演员自己的那一套的，恰如剧本所刻画的角色那样的人物创造。

在这同一的基准上，演员们的成就也并不一致。静子的思想、感情以及生活、语言的逐渐变迁，是被比较丰满地、圆熟地传达出来了；而俞实夫还可以更细腻地表现出一个专心研究科学的学者的天真（所谓不失赤子之心)的一面，还可以更沉着地表现出他的认识上的进步。赵安涛由学生而投身政治而弃政从商的几个重要转变，还嫌不够明显；钱裕逐渐长成一个进步的青年，以他的认识有意地去影响俞实夫，仿佛还缺少更为充沛的热情。这不仅说明了一个演员创造角色必须从人物的全般发展过程中去认识，从人物的各方面去把握，不遗失关联着人物性格的诸般细节（当然不是繁琐的细节），而且，还说明了一个演员必须更为熟练地掌握技术。

如果我们要指摘多数演员的表演还不够深入和精致，未曾达到最完美的程度，就要涉及导演问题了。说起导演与演员的关系，在重庆舞台上，就是合作。所谓合作，在实践中，不能解释为各司所事，而是在人物创造上相互启发和刺激，共同追求一个目标的。在这一点上，《法西斯细菌》的导演不免显出了贫弱。不仅是在各别角色上，某些地方可以看得出来演员们是“自由”的活动着或竟是不做什么；尤其是互相关联上，如赵安涛经商获利叫香槟的时候，如俞实夫决定去贵阳的时候，都明显地缺少较强烈有力的反应。

这么说也许不算过分苛刻：在整个戏里，导演似乎没有好好的通盘设计，只为了某些比较重要的场面要达到预定的要求，这一贯发展下来的戏被弄成若干割裂了的片断，而没有了其间的连续。就是某些场面的安排，他还在应用着一种陈旧的手法：将一切比较重要的戏放在舞台中心，预备说话的人或者由坐而立，或者移向易为观众注视的部位等等，因此，部位的变化不免成为盲目的，与剧情的发展脱了节。没有通盘设计，就无从控制全剧的节奏。除去少许特别的强调（它与自然的发展有分别），一般的失之于平泛，没有漪涟的起伏，没有“山穷水尽疑无路，柳暗花明又一村”的变化，仿佛看见一幅大观园全景，虽然万物俱备，可就少了《红楼梦》文字里所描写的引人入胜的趣味。“噱头”之类也偶一突然跳了出来。如赵安涛给秦正谊打电话，得到日军败退的消息，钱裕冲向内室，里面的钱琴仙尖声大叫，即是一例。这里，导演应该将原剧所写的给以冲淡，不必要求观众的哄堂一笑。

因为表演得相当纯熟、效果配置的相当紧凑，可能的使一般观众满意。但是，严格地说，如果没有上述的明显的缺陷，导演协同演员更仔细地从字里行间去发掘、体会、揣摩，我想，既不会让俞实夫老坐在藤椅上翻书本，不会让赵安涛几乎无从着力地说那一段感情理智冲突的叙述；也不会让金老板、密斯特叶和阿潮哥等减少衬托的作用，不会让尾声的交代反不及剧本所写的那么清晰；而且，很可能的，让这一演出有着更辉煌的效果。

布景设计为这个戏安排了几个不同的场所。序幕最有效地表现了日本风味。第三幕第二场则嫌过于简单，不足以表示这是一个已经辞去医院职务而长年在家里研究科学的人经常工作的地方。我们通常所说的提炼并不与典型环境的表现相冲突。自然主义的繁琐自不必需，而最本质的，最能代表的，造成一种特定氛围的事物则绝不可少。设计者不是不理解到这一点的，当是今日的人力物力给予了若干限制之故吧。

这次演出只是一种新进步的开端。追踪优点和克服错误正是在今后不断工作的人们应该由这个开端中记取的。

1942年10月，重庆

（原载《十三年间》，1957年2月新文艺出版社出版）

《法西斯细菌》今天演出的意义

朱端钧

故事的时间横亘一九三一年至一九四二年的十年之间，地点是东京、上海、香港和桂林，以一个医学博士和他的周围的几个人物的遭遇、转变、幻灭和坚定，来刻划出八年抗战中国知识分子的面貌，并且预言了他们将来必然的出路，《法西斯细菌》，在这一意义上，我们可以确切地引用剧中几次所提出的细菌学泰斗 Zinsser 博士的那一句话来说，那就是“比诗还要真实”！

写成八年以前的史诗，经过了时代的大翻身，我们今天重新来把它温读的时候，那无疑的会有历史的感觉的。尤其是写作环境今昔之不同，轻重着力之点因而异趣，可以令人发生无穷的感喟。但是尽管时代不同，《法西斯细菌》的智慧和光芒却依然明耀地照烁着空间，《法西斯细菌》所提出的那永远震荡着的警告：“伤寒还没有死，也许还要流传几个世纪呢，只要人类的愚蠢和野蛮，肯给它流传的机会”；“所谓人类最大的传染病——法西斯细菌不消灭，要把中国造成一个现代化的国家不可能，就是要关上门，做一些对人类有贡献的研究，也会时时受到阻碍和破坏”。这些还都是最值得我们警惕的名言，无疑地也还是目前最切合、最需要的教育！

在话剧渐渐走上复兴的道路的今天，建文剧社把《法西斯细菌》列为长期公演的第一个剧目。一方面，我们很坦白地说，固然因为戏中的人物，比较为我们所熟悉，因而也比较容易接近和掌握，而另一方面当然还是因为剧本主题的永远明确，而又切合于当前的需要。

在话剧渐渐走上复兴的道路的今天，建文剧社的成立和它的经常长期演出，希望能够相互影响到新剧本的产量，但同时为了提高和观摩，也希望古典的有益的旧剧本也能够经常有机会演出。使莎士比亚、奥斯特罗夫斯基、契诃夫等的光芒也能够经常、反复照耀在我们的舞台。

这次《法》剧的演出，我们是老老实实把它当作一个写在八年以前的作品来处理的。除了若干导演上的轻重把握之外，不敢因为时代不同，强事附会拉扯，致失原来之真。我们相信，我们的见解和处理，一定是非常不够而且会犯错误的，我们除了在排演的时候，接受了许多方面的指导和意见，作了若干改正之外，还希望在这次演出中，得到广大观众的批评和指正。

（原载1950年5月6日《文汇报》）

为什么上演《法西斯细菌》

张　庚

中国青年艺术剧院正在上演夏衍同志的《法西斯细菌》，这是一件令人高兴的事。因为这个剧本是“五四”以来话剧创作中的优秀作品之一。我早已读过这个剧本，很喜爱它，但一直没有得到机会看看它在舞台上演出的样子，心中感到遗憾。这回我终于达到了目的，看到了演出。

对于“五四”以来的好些话剧作品怀着爱好的人恐怕不只我一个吧，我想，也许原因之一是由于我们年轻时就曾经和它们亲近过，因此就发生了感情。在我们的记忆中，苦闷的、被压抑的、被威胁的生活，我们对于这些生活的反抗，和我们对美好生活的希望，有好些是和对这些剧本的记忆联系在一起的。重新来看这些戏，又引起我们对于旧生活的记忆。这些生活仿佛离我们并不太远，但它的的确确是过去了，完全成了历史了。这使我们从心里感受到一种很大的幸福：旧的黑暗的时代过去了，我们所理想的东西变成了可以看到，可以摸到，并且是我们天天生活在其中的现实。

现在我们的观众多半很年轻，也许在抗战的时候仅仅才是一个孩子呢。对于过去，他们知道得不多。他们生来就是为了在自由自在的空气里实现一个望得见的大事业的。但是，我们今天的充满着希望和广阔前途的生活到底是怎么来的呢？我们就不应当让他们知道吗？

我们也还有许多工农观众，虽然并非全都年轻，但由于“五四”以来的剧本写知识分子的较多，对于他们比较隔膜，因而感觉不到很大的兴趣。但对知识分子的认识与了解，对于作为当家作主的阶级来说也是必要的。

我们现在所谈的这个戏，写的是从一九三一年到一九四二年这么长达十年中的事。这十年，是我们为新中国的诞生而斗争的伟大的时期之一，是全国最动乱，老百姓生活得最艰苦，而斗争又很激烈的一个时期。作者在这里选择了他所最熟悉的知识分子作为对象；他塑造了三个典型：俞实夫、赵安涛、秦正谊，把他们安放在动乱的环境里，让他们在一些历史事变的关键日子出现在舞台上，描写了他们在怎样应付这些事变，如何迷失方向，又如何终于被历史带到大路上面来。直到今天，我们从演出中还能深深体会到，作者对于这些人抱着同情，在作者的笔底下，他们都是善良的。作者严正地斥责日本帝国主义，同时也巧妙地暴露了国民党统治。但同时，作者也批评了主角们的糊涂和错误（虽然还不够），也热情地鼓励他们走上正确的道路。作者告诉我们，善良的人们在那个社会中如果不认清奋斗目标就无法生存。

戏的题目诚然叫《法西斯细菌》，但我以为并不简单地是说明“科学与法西斯势不两立”，也不是单单在解决科学与政治的关系问题，而是我在前面所说的那些。

我们先从俞实夫来看吧。

在今天，我们有什么理想，想研究科学，想从事艺术，想做一切值得去做的事情，只要我们有那种才能，我们就会得到帮助，受到鼓励去做，所剩下的问题是我们自己的勇气、自己的坚持性问题。而在从前的时代却完全不同：我们想做的事情，明明是于社会有益的，却得不到鼓励，得不到条件，相反地，当你自己创造了条件时，是随时有被破坏的危险的。俞实夫的理想，他所从事的工作是好事，他所行所为应当说是善良的，但他不成功；他的品质，百折不回地忠实于自己的事业，是好品质，虽有这样的好品质，他也仍然失败了。要是在今天呢？他这些与人民有利益的研究，是会得到鼓励的，会得到他应当得到的帮助的。这就是旧时代和新时代不同的地方。这也就是知识分子、专门家为什么必须认清时代的原因。只有认清了时代，他才好决定如何去为它服务，如何去工作。

可是俞实夫自己却认不清这些，他平常根本就不关心这些，这是他碰钉子，跌跤的主要原因。如果他能够早早认识到这点，早早想到一个人的科学研究不能脱离时代的要求和社会条件孤立起来，他就会工作得更切实一些，他的事业的成就和工作就会和群众发生联系。就不会孤立无援地，变成可笑甚至有些荒谬的人物了。

他的一个朋友赵安涛，也还算是一个梗直的人，在青年时代是个有志之士，抱着改良政治的大志，但究竟怎样去改良，他自己是并不清楚的。这个人和俞实夫相反，那种顽固劲儿是缺少的。这正是他的缺点，他的确很热情，但缺少深思，不坚强，常是很冲动的，容易失望，也容易被胜利冲昏头脑，是个华而不实的人。这样的人，在旧社会也是很不容易立足的。第一个吃亏的是有热情，有他的所谓“理想”，也就是想实际做点事情，因此，他“在政治舞台上不得意”。假使他不是那种人，就是他自己所说，“我不能什么事情都说‘是、是’，我有我的看法，我有我的主张”的那种人的话，他就不会“东碰西碰，什么地方，也呆不长”了。这一点，也许我们在新社会中成长起来的青年是不容易了解的。在我们这个社会里，正反对没有意见，没有创造性，没有积极性，或者有意见不提的人，认为这种人是不好的。而在旧社会，就鼓励人消极，少说话，少工作。但不幸他恰巧生在旧社会里。更不幸的是他实际上并没有什么政治见解和坚定的意志，他是糊里糊涂地在旧社会里瞎闯的，又处在那么一个大动乱的环境里，因此，他越来越看不清道路了，他竟觉得：“这年头，钱，是一切力量的根本，没有钱，凭你有好的思想，大的计划，谁理你？我不讲漂亮话，我现在的目的就是搞钱。”但他是不是想得很清楚了呢？没有，他自己知道许多人不以他为然，甚至骂他，他自己也有些内愧，解嘲说：“也许有人说，发国难财，胡扯，我做的汽车、五金、药品，谁说抢运这些资材的进口不是帮助抗战？”他已经在开始堕落，开始腐化了，如果不是客观的现实碰碎了他的糊涂想法，他的前途，恐怕不堪设想了。

这三个朋友中间，比较最成问题的一个要数秦正谊了。他是多才多艺的，但在社会上没有得意过，要不是朋友的帮助，实在也混不下去了。到了最后，他的人生目的就缩小到仅仅为了吃饭。在社会上混了十来年，学会了看人颜色，讨人欢心。他不敢有什么更多的理想，不敢为了稍为大一点的目的而斗争，他不敢！他是一个真正的小人物，十足的弱者。在从前，我们周围充满了这样的人物。

这三个人是当时千百万知识分子中间某类知识分子的几个典型。他们是典型，因为他们有代表性。但他们所代表的不是革命的知识分子，而是比较落后的一部分。他们也有共性，那就是对于时代的无知和盲目，以及由此而来的无能和无力。在这个剧本里，把这几个人物放在这样伟大的时代背景前面，他们是显得多么渺小啊。

他们有各自的特性：固执地投身于自己所从事的事业的；能活动有热情的；多才多艺长于辞令的。不管他们的特性如何，而命运则一。他们的性格不同，恰恰做到了互相补充地说明了一个问题：知识分子，无论他有哪种好的才能和秉性，如果不能按照时代要求去工作，按照千百万群众的要求去工作，无论他怎样努力，他还是会一事无成的。

夏衍同志对待知识分子是同情的和抱着希望的，这个态度对不对呢？我想是对的。即令他所描写的对象在广大知识分子中间是属于落后的一部分。这些人物，在一九四二年前后，在大后方十分恶劣的政治和经济情况中，生活也是十分不安和彷徨的。他们那时正面临着这样的问题：跟共产党走呢还是跟国民党走？在这个非此即彼的尖锐问题面前，有许多人是苦闷的。他们因了种种原因还看不清道路，或者下不了决心，对于这些人，是需要细致些、耐心些进行说服教育的。比方对于俞实夫就是如此。但是赵安涛，已经发展至发国难财的地步，也就是堕落的地步。作者已经把他在香港大饭店中间所过的腐化无聊的生活暴露在观众前面了，但仍然只很温和地批评几句：“钱可以使人堕落”，“拐木乃伊的人，会变成木乃伊”，“别学日本的冒险”，这似乎太轻微了。高尔基也写过批评知识分子的剧本，他却对他们的落后方面加以热骂，并不因为如此就损害了他对他们的热情。我想严格的要求，尖锐的批评，并不会和耐心的教育相矛盾，相反地，一味温情，当严格的不严格，反而会失去教育效果了。这一点，应当说是一个较大的缺点。

在这个剧本里也还存在另外一些缺点。一个是对于阿发这个工人的形象写得不好（演出时已经改了，但改得不很好）。也许当时发财的汽车司机是不少的，但那的确不是站在工人阶级斗争前列的人，而工人阶级中可歌可泣的英雄在抗战的各种战线上是出现很多的。当然在这个剧本里不一定能写得到，也更不必勉强要求写到。但作者一定要写这么一个发财的司机，就有点近于蛇足了。

另一个是钱琴仙的转变太没有基础，按说，这个人是不可能转变的，至少她现在还不会；她很可能被迫地随着她丈夫“再出发”。是不是作者又是对她太温情了一点呢？

剧本里所描写的这个时代，我们现在是感觉得恍如隔世了。虽然如此，也还不过是昨天的事，离开今天也不过十多年。如果剧中年纪最大的人物不到四十岁的话，活到今天，也不过五十左右而已。我们能够相信吗，他们全是活着的，他们还生活在我们中间，假使战争的炮火没有把他们打死和折磨死的话。

我们所生活的是一个新社会，但在我们中间却活着那么多旧时代生活过来的人物。这些人经过战争和几个社会改革的大运动是有了很大的变化了。但是否都干干净净变好了，一点也不把旧时代的泥泞随着鞋底带进新时代的门槛里面来呢？也许他们不见得会坚决拒绝看报纸；我也敢相信决没有人会反对别人看报纸。但是，除了只热衷于自己那一小圈子以内的事情以外，对于窗子以外的事情漠不关心的人是有的吧。我们的周围时时刻刻在变化，新的事物天天出现，而对之感觉不多，甚至毫无感觉的人是有的吧。这样的生活态度，是不是俞实夫那种生活态度在新条件下面的新面貌呢？俞实夫那种态度无疑是资产阶级思想的一个方面，那么我们现在这些态度也仍然是属于资产阶级的东西，它的特点是总不相信搞专门业务的人必须懂得政治和关心政治。在现在来说，也许大家都能这么说，必须关心政治，但是否人人个个都感觉得真正需要它，象每天需要空气跟水一样呢？是不是真正认识了在旧社会，资产阶级“教导”我们只要钻专业，不必管“别人的”政治“闲事”，乃是一个圈套、陷阱，是使千千万万人陷入可笑可悲的生活而不自觉的阴险手段呢？是不是真正认识到现在到处在鼓励我们关心政治乃是给我们扩大了眼界，展示给我们以更广远的未来呢？现在也许还有这样的人，将自己偷偷地装进，或者不知不觉地落进一个密封的套子里，看了俞实夫所碰的这些钉子，能不能有所启发呢？

当然，我们生活中已经不存在赵安涛那种政治上无出路以致走向堕落的知识分子。但具有赵安涛那种气质：意志不坚定，遇到困难就低头、动摇、退却，有了一点微不足道的成绩又会立刻自满起来的人是有的吧？没有明确目的，东碰碰，西闯闯，一事无成的人是有的吧？说得很漂亮，做起来却是另外一回事的人也是有的吧？

象秦正谊这样的人，现在在我们生活的周围也还是存在的；应当说还不是少数个别。也许这种精神状态的表现不那么露骨了，已经用一套什么新名词的口头禅装饰起来了，但这是我们生活中庸俗空气的来源。嘻嘻哈哈，言不及义，把一些革命的道理当经念，做一天和尚撞一天钟，谁也不得罪，“该”奉承的就奉承……这些现象是以各种程度在各个角落存在的。

今天《法西斯细菌》中人物的思想和精神状态在我们的生活中并没有灭绝，不过以新的装扮出现罢了，难道我们认不出他们来？难道我们不应当指出他们来？难道我们不能从这出戏的重演中得到许多教育吗？

《法西斯细菌》也是“五四”以来在艺术上有成就的剧本之一。由于这篇文章着重在说明内容，不能很好的来谈它。但决非说这方面的成就对我们不重要。比方作者用语言塑造人物的本领，对于时代和地方色彩的渲染技巧，组织故事的经济手法，对于作者来说都是极纯熟的。作者所面临的是重大的历史事变和严重的主题，但他能从容地把它们表现出来，不去借重那些刺激观众的舞台手法。如果不是具有匠心的人是不能完成的。这方面，还很值得我们来研究学习。

上演“五四”以来的优秀剧本，无论从认识我们的历史来说，或从学习前辈的艺术成就来说，都是很重要的。当然，它不会象新的剧本那样紧密地结合当前的现实来教育观众，我们也不可能这样要求。它的作者对于现实或其中某些人物的态度也常处理得不正确或不够正确。它也很难提供一个英雄人物象我们今天所能写出的那样光辉、可敬，能够成为我们的榜样。它所提供的人物，多半是有缺点，甚至有严重缺点的。但难道从有缺点和错误的人身上我们就不能够照一照自已和周围的人们，因而受到教育吗？

1954年6月9日

（原载《戏剧报》1954年第6期）

导演《法西斯细菌》自问录记

洪 深 张逸生

一 《法西斯细菌》剧本所写的是解放以前哪些典型的知识分子?

作者以三个高级知识分子——俞实夫、赵安涛、秦正谊——为骨干，组成一篇生动的故事。俞实夫是一个诚挚、朴实、严肃对待事业的科学家；素来对政治淡漠乃至厌恶，只望钻在自己的科学研究中，求得一点成就，这样去造福国家、造福人民。然而他逃不脱法西斯侵略战争的威胁，战争摧毁了他的宁静的日子。现实教育了他，使他最后觉悟到“科学不能脱离政治”而孤立存在，而且“法西斯与科学不两立”。他觉醒了之后，决心投身于抗战洪流，参加了反法西斯的战斗队伍。赵安涛懂得一点社会科学，然而认识模糊。他投身于当时的政界，原以为凭他一己的才智就可以改良政治。他坚持有所不为。当时的黑暗自然使得他不断碰壁。他绝不甘服，转而弃政从商，又自欺欺人地想“打下经济基础”，以为有钱总可以多少实现他的某些理想。及至法西斯侵略战争打破了他的幻梦，从堕落中觉醒转来，他才明白今后“应该做些切实有用的事”。秦正谊是一个小有才能，会说会讲，好吹牛，善迎合，追求“实惠”的帮闲。他一直在混日子，专走那最容易走的道路。到了生活困难时，那平日决计想不到他会肯做的事，他居然会做。他是旧时知识分子中更为恶劣、更为不堪的。

这些人物是真实的，是典型的。在历史年代里这样的人物还是不在少数的。他们代表着当时社会的一个方面。作者艺术地概括地刻划了这些人物，以这三个旧知识分子典型人物的发展，组成了一部反映历史生活的剧作；这反映是忠实的。

二　这些知识分子为什么存在于国民党反动派统治区？

《法西斯细菌》是夏衍同志一九四二年的作品。故事开始于一九三〇年“九一八”前夕，直到写作的同一年的年初，太平洋战争爆发之后——共历十二个年头。这正是“中日两国五十年来一本血和泪的旧账”总结算时期；也是法西斯主义戕害人类、制造世界性的疯狂罪行而引起世界人民正义反抗斗争的年代。中国人民，在中国共产党的号召和领导下，正掀起民族解放的战斗怒潮，进行着艰苦的抗战。国民党反动派在人民的高昂的爱国主义激情的迫促之下，也不得不高呼抗战。然而倒行逆施的国民党反动派对抗战一直是口是心非的。而到了剧本写作年代，更已清楚地暴露了它的反人民的本质，公然破坏抗日民族统一战线；政治更腐败，统治更黑暗了。

当时国民党统治区的人民就是生活在这样一种环境之中。其中的知识分子，除了一部分经受中国共产党的教育和领导而坚持反法西斯斗争和坚持民族解放斗争的以外，很多人陷入苦闷和茫然。这些人的思想是混乱的。有人把政治看作是人世间最麻烦的事情，涉足政治无异是自寻烦恼，必然妨碍了自己的事业。有人不懂得政治的实质，不明白当时政治是怎么一回事，只从观感印象上判定政治是污秽的东西，于是不屑沾染，一意保持自己的“洁癖”。有人又以为政治活动不过是作演讲、写文章等虚浮行动，还不如埋首于学术研究更为切实有益。这些人中有着有抱负的善良的人，但由于认识错误，对于当时政治的腐败、黑暗、反动，采取了消极放任的态度；另又有人，亦曾抱着一腔热忱，以“志士”的胸怀，投身政界，希冀有所作为。然而经不住考验。几经碰壁，便牢骚失望，抛弃政治，另作他图：经商发财，不乏其人；走了甚大弯路，甚至堕落。但是他们到底不曾做汉奸，到底不曾去作反动统治者的爪牙，他们也还不是一无可取的。这些人在某一点上是相同的：他们都有一个时期，认为自己的行业可以脱离政治而孤立存在；希图过着逃避抗战、不问政治的孤立主义生活。这样的知识分子，正是当时国民党反动派所容许、所乐有的。至于那些专为自己个人打算，随波逐流的文人，就更不必说了。

这是抗日战争中一段历史时期国民党统治区现实的一个方面。剧作者怀着真挚的爱憎的感情，反映了这一现实，提出了自己的批评意见，写作了这部外表华丽而其实具有现实社会内容的《法西斯细菌》。

三　《法西斯细菌》在当时的演出曾经发挥了什么积极作用?

剧作者借着谁也逃脱不掉法西斯迫害的一段生活，揭示出法西斯的疯狂残暴、危害人民的罪行；说明“法西斯侵略战争，阻碍了科学的进步”；指出法西斯细菌是人类一切进步的最大障碍；强调“寄生在人的脑膜的表皮上面”的法西斯细菌比伤寒病菌还要凶猛，成为世界上最厉害的一种细菌。剧作者以真实的人物，具体的事件，生动的形象，激励了人们反法西斯的战斗热情。国民党反动派，为了便于他们的黑暗统治，为了便于他们进行投降帝国主义的无耻阴谋，不愿意人们有抗战热情，不愿意人们真正关心政治。《法西斯细菌》剧本中所鼓吹的事情，正是国民党反动派所不愿有的事情。另一方面，剧本中所描写的丑恶，也正是国民党反动派的统治所造成的并且昭彰在人耳目而无法抵赖的丑恶。在今天回想当年的情况，《法西斯细菌》剧本的写作和演出，就是对国民党反动统治的一个抗议。

《法西斯细菌》这个剧本是有现实意义的。剧作者的写作主旨和当时的演出效果是统一的。无疑这是一部优秀的作品。

四　《法西斯细菌》的现实意义是否已随历史的消逝而消逝?

历史已飞跃向前进展，现实有着巨大的变化，今天的时代环境已迥然不同，我们生活在自由幸福的社会里，旧的多已死亡，新的正在成长壮大——由之也就产生了新的时代的思想感情。今天《法西斯细菌》的演出所能引起的观众的反应，自然是和十二年以前演出时所引起的不尽相同。今天的演出创作，必然会遇到一些新的问题。

首先，我们要问《法西斯细菌》当时能如此给人以激发感情力量的原因。那就不仅由于作品写作技巧的高妙，而在于它的和艺术性统一的思想性。它是和人民的思想愿望相结合的；必须“反抗法西斯侵略”，生活“不能脱离政治”，这一直是人民的衷心的要求。而即使在十二年以后的今天，“法西斯细菌”对和平人民的威胁，并未因旧日的德、意、日法西斯的死亡而停止。美国法西斯匪徒正在对全世界人民进行残酷的侵略；而且已经恶毒地公然地利用科学发明来危害人类，十足的做了“科学的叛逆”。今天为维护真理和正义，为保障自由和幸福，扑灭法西斯细菌正是我们的神圣的任务。在今天，以往日的法西斯侵略暴行，来提醒大家，以加强反法西斯斗争的热情，当然是有好处的。同时，今天也还存在着这样的事实：就是，我们从旧社会过来的知识分子，虽然在中国共产党教育之下，经过了思想改造，从理智认识上懂得了“脱离政治”的不当；然而还有不少人，并没有完全摆脱“纯技术观点”和“科学至上”等思想。他们缺乏真正的政治热情；他们对于政治总还不免有“生疏感”；他们到底还缺乏积极性；尽管也还在业务上钻研努力，但是潜力就不会全部发掘出来，因之成就也决不会象我们所预期的那样高。这在我们社会主义建设进程中，不能不是一种损失。在今天，以往日的知识分子的失败教训，来警惕大家，提高大家的政治觉悟，当然也是有好处的。

此外，从《法西斯细菌》所描写的生活中，我们不会不感受到，人们生活在不合理的旧社会中的悲惨遭遇。多少有为的青年，如俞实夫那样的严肃对待科学事业的工作者，不能不自生自灭；只能靠自己单枪匹马的奋斗，丝毫得不到合理的帮助和支持。象赵安涛那样，本质还不能算是太坏的吧，原也有些抱负，原也曾一腔热情的想有所作为，但是走了弯路，乃至堕落，几乎一往而不复返。再如秦正谊那样不是完全没有才能的人，而由于环境的恶劣，得不到鼓励，得不到教养，于是随波逐流，终于沉沦到不能自拔的深渊之中。作者对于故事中的人物虽然批评得不够严峻，但差不多还都是有所否定的。这在当时写作环境中正是对于当时的不合理社会和反动统治的明白而有力的打击。而在十二年以后的今天，从剧本所写的一切，可以映照出我们今天生活的幸福。我们更会感到中国共产党所给予我们的光明和自由。尤其是知识分子们，应该更能感到新社会的可爱，应该更能奋发起来，把一切献给我们的更美好的前途，为社会主义、共产主义而奋斗。

作品所反映的历史生活，诚然是去远了。作品面对着当时政权的直接斗争的意义，也不存在了。然而由于作品所描写的历史生活足以映照出今天新的生活是如何美丽光彩，《法西斯细菌》在今天再度上演，是有一定的教育意义的。——导演、演员、舞台工作者们是怀着这样的信念，来从事演出的再创造的。

五　今天导演《法西斯细菌》是否应在处理上与从前有所不同?

历史环境既不相同，今天人们的思想感情以及他们衡量旁人的标准和尺度，自然和十二年以前，都不相同了。某些在特定历史年代里确曾是难能可贵的东西，在今天看来诚然是微不足道了。某些在特定历史年代里还不算罪大恶极的东西，在今天看来诚然是不可容忍了。《法西斯细菌》剧本所展现的都是过去了的历史生活，但其中若干人物又仿佛今天依然存在，而并不象已经过去了的历史人物，这就促使观众更要以今天的标准去要求剧中人物——更见得剧中人物每个人都是一无是处了。有些在写作年代的不自由的环境中绝对不可能明言的事情，如赵安涛的从商开始于一九四一年春天这一事实所暗示的事情——因为在一九四〇年冬新四军在皖南遭受国民党反动派的阴谋袭击，可见赵安涛的从商，多少是有愤而为，到底要和那些为了发财而发财，专意要做资本家的人还有些不同，所以后来还有希望转变——这在当时确曾影响观众对赵的看法，今天却不行了。又如钱裕说的他“跟来往的朋友谈时事问题”这句话所暗示的意义——是说钱裕到香港后的进步可能是由于中国共产党的党员不断在给他帮助，当时在重庆的较为进步的人士没有一个人听不出这句话的涵义的；就是在国民党反动派也未尝真的不懂得，只是找不出借口来命令禁止或删改而已——话句的本身是平淡的，在当时听来却教人激动，而在今天，观众习惯于作者在作品中的畅所欲言，再不去推敲一句对话的有意地不明白说出的意思了。

总之，如果此次在导演处理上仍然和在重庆第一次导演此剧时完全一样——那次是由洪深和应云卫联合导演，张逸生演秦正谊的——那么很有可能有几处情事、有几个人物不为今天的观众所接受。如果考虑今天观众的要求而大事改动剧本，那么就将丧失作品的原有精神和面貌，走上反历史主义的道路。这种矛盾是必须统一的；同时这种统一也只能是有限度的。这次演出必须一方面忠实于历史——历史年代的生活以及原作的精神和面貌。——另一方面承认今天观众——尤其是年纪较轻的观众——的思想水平，他们对剧中人物品德的要求和对其缺点的批判必然比原作者更严格。所谓导演处理的不同，就是将剧中某些情事和形象，特别予以强调；而将另一些情事和形象，尽量予以冲淡。当然这就不能不将若干细节予以改变；但决不是将剧本大加改动。凡是在写作年代的重庆不可能在舞台上出现的情事、或不可能在舞台上说出的话句，自然都不采用。而在当时历史生活中所不可能有的思想、感情、言语、举动，自然要更严格的不让它们于不经意中渗人《法西斯细菌》剧本今天的演出。——我们是试图这样做的。

在这里，可以举几个具体的例子。譬如司机阿发。他在第五幕中提了几样礼物来探视旧日的相识，俞、赵两家的人。他的这样出场是为说明他的朴实善良，这和他从前在香港沦陷时不肯让他所驾驶的汽车上的钥匙落在日寇手中那种爱国热情是一贯的。同时也要衬托出秦正谊的口里说得漂亮而为了实惠即无事不可做、无人不可帮的那种愈来愈不堪的品性。我们即尽量地把阿发处理成敦厚朴实的劳动人民，不似当年演出那样“跑单帮”、“带黄鱼”的江湖形象。——这件事原作者亦曾嘱咐我们加以注意的。但是很多观众对阿发在第五幕的被介绍为已因贩卖汽车零件而发了财，大有意见。以为阿发虽不是工人中最先进的产业工人，但他到底是一个工人，为什么在知识分子俞实夫、赵安涛等觉醒之后而在开始走上坡路的时候，阿发反而要做资本家，去走下坡路呢？这对阿发不能不是一种伤害。我们曾在某几次演出中不让阿发在第五幕出场；秦正谊所欲依附的改为是他从前在香港所最看不起的小叶。然而这样就不免是“大加更动”，就不免伤害原作的完整性了。现在我们正在另想别法，还要改回来，仍让阿发在第五幕登场，但希望不致使今天的观众起反感。又如香港小姐马珍妮，我们想到从前那样处理可能使今天的观众感到怪诞，从而伤害了钱裕的品格。因此我们这次很小心地不把她处理成为全无国家民族观念而“死也要死得漂亮”的太不懂事甚至毫无心肝的轻浮人物，而把她处理成为只具有一些香港洋化生活习气，本质并不坏的较单纯的女孩子。又如钱琴仙，她的阔小姐气仍给她保留下来，而她的捐献棉背心、参加慰劳伤员，从前处理成为“风头表现”的，这次处理成也还是出于爱国热诚——这样从她身上也反映了当时各个阶层的抗战热情，更有助于表现时代气氛。以上所举是“冲淡”的例子：对于某些当时确曾存在但在今天已成为历史陈迹而不再渲染提及仍可不损害全剧主题的一些细节，我们就决定给予冲淡减弱了。

而对于某些今天尚符合实际的部分，如与反法西斯斗争有关的场景，与批评孤立主义生活有关的场景，以及那在今天观众的认识上已觉疏远、然而不予有力交代对于主题就不免损失的一些情事，如赵安涛在当时政界不能得意的真正意义；赵安涛那时的经商不能看作在总路线时代弃政从商一样；赵安涛的爱国是真诚的，他对政治和科学的看法是正确的，他对朋友是尽心的，他始终没有做汉奸，始终没有做国民党反动派的爪牙，因此他在堕落之后还是有可能觉悟的，他也还是值得争取的。——这些场景，这些情事，我们这次决心给予特别强调。

不去大加改动剧本而只是在导演处理上分别地适当地予以“冲淡”或“强调”，这个见解我们是征得了原作者夏衍同志的同意的。在这个七万多字的剧本中，我们改动的对话不到两千字。导演处理上我们是和上次有些不同了，然而这次演出的结果还不能如我们所预期。尤其第五幕，很多观众是对它不满意的。

《法西斯细菌》的演出创作过程如此。这个创作，是在“整理‘五四’以来的戏剧遗产，继承其中一切优秀的、革命的战斗传统，有助于我们人民戏剧事业的发展与繁荣”的意义上的初次试验。正因为是初次，就不可避免地遭遇困难而无法克服，碰到问题而不能解答。我们此刻还总结不出经验！不过我们还在摸索，还在计划加工。而由于这一期的观众所给予我们的意见的帮助，并由于全体有关工作者的继续的、进一步的努力，《法西斯细菌》在不久之后的第二期演出，可能会比第一期有些改进和提高。到那时，我们将再把我们摸索所得，向读者报告；再请读者指教。

1954年6月16日

（原载《戏剧报》1954年第7期）

看《法西斯细菌》的几点体会

金　丁

距离夏衍同志写《法西斯细菌》这个剧本的时间，已经十二年了。剧中的情节发生在更远的年代，是在我国现代史上令人难忘的时期：一九三一年。

不用说，今天摆在我们读者或观众眼前的，是伟大祖国的美丽远景，我们满怀信心地在迎接未来。但是当我们被《法西斯细菌》这个剧本的情节和人物所吸引的时候，我们的面前，就又出现了日本帝国主义疯狂侵略的烽烟；这烽烟从东北弥漫到珠江的天空，扑过了南太平洋，使无数的城市夷为废墟，千百万人民遭受无辜的死亡。所以看完这个剧本或是它的演出，我们首先感到的，是日本帝国主义的暴行，重新激起我们无限的愤怒。

文学作品不是简单的历史图解，《法西斯细菌》所以是“五四”以来富有现实意义的优秀剧目之一，是因为它在一幅比较广阔的历史背景上，具体地反映了生活的真实。作者通过了俞实夫的个人命运与整个国家命运的不可分的联系，通过他的性格的成长与发展，通过专心做学问与不过问政治的矛盾，使我们认识到，在剧烈的生活斗争里，只有那些面向现实，积极地参加到人民群众的火热的斗争里去的人，他才能在自己的事业上找到前途，才能得到应有的贡献与成就。

看过这个剧本或是它的演出之后，活在我们记忆中的，主要的自然是俞实夫、赵安涛、秦正谊以及钱裕这些人物的形象。俞实夫是怎样的人呢？从剧本中看到的是他在东京作学生的时候，以为只有专心做学问，才能对国家有贡献，至于政治那只是空谈。但现实无情的讽刺，让他即使在生活的琐事方面，也都不能完全“合乎心意”。例如尽管他不愿意看报纸，怕见记者，报纸上还是登了他被日本文部省授与医学博士的消息。“九一八”事变发生了，号外满天飞，他终于也回到了上海。为了继续研究斑疹伤寒预防注射，他竟到日本人办的自然科学研究所去工作，他认为这样做并不会使自己失掉做人的基本道理。他只看到研究所“有几个著名的学者和相当完备的书籍和仪器”，但是“八一三”的风暴，使他不能不看看显微镜以外的广大世界。而这个广大世界，又正是近在他身边的平凡的日常生活：他家的张妈辞工不干了，他的女儿寿美子被邻居的孩子们打了，而更严重的是“看情形有把敌人赶出虹口的可能”，研究所将来怎样，还不知道。同时他也不能不考虑他那位日本太太的问题。最后在朋友们的怂恿和帮助之下到了香港。在香港勉强挣扎下来的“独立”研究，到底还是逃不开日本帝国主义野蛮的侵略。他在没有米，没有柴，没有水的炮火线下生活。他开始认识到钱裕所说的那种法西斯细菌，不是单靠医学可以消灭。而随着赵安涛夫妇住宅的被强占，货仓被洗劫，以及他自己的显微镜被敌人抢走，钱裕惨遭牺牲，更使他进一步地理解了钱裕所说的真理。

从香港逃往桂林的一路上，用俞实夫自己的话说：“一闭上眼睛，好象就看到阿裕的那双老是望着我的善良的眼睛，也好象是看见了那些日本兵的发了疯的嘴脸。”生活本身严厉地批判了他对待生活不应有的错误的看法和态度。他终于觉悟到“法西斯细菌不消灭，要把中国造成一个现代化的国家，不可能，就是要关上门，做一些对人类有贡献的研究，也会时时受到阻碍和破坏”。而过去赵安涛所说的“一个国家，没有弄好，科学就不能单独地存在、发展、繁荣……”现在却和他的想法完全吻合了。他“打算在实际工作里去研究”，并且“自己的年纪不算太大，等这一次反法西斯战争完了之后，他还有一大段时间”，他要从生活中“再出发”。

这就是我们在一九三一年到一九四二年间所认识的俞实夫。十年间，他辗转于东京、上海、香港和桂林，饱经生活的折磨、不幸和迫害，他兜了一个很大的弯子，却始终不能避开他所要躲避的东西——

“政治”。他终于走上他应走的道路了，一条千千万万人走着的道路，一条在那样的时代，对他这种人又必须是经过千辛万苦才能走上的道路！他面向现实了，为祖国利益、为人类，他参加到现实的斗争里去了。他的曲折的经历是多么耐人深思，又发人猛省啊！

俞实夫是一个典型人物，因为他是一定社会环境里活生生的人。他的性格，他的思想，表现了一定的时代和阶级的特征。很显然，俞实夫那种“科学至上”的糊涂想法，是同他接受了资本主义国家里的资产阶级科学家的反动观点分不开的。因为“科学脱离社会条件和政治条件可以独立存在”，只是掩护剥削阶级自私而反动的利益的伪装和幌子。在半封建半殖民地的中国社会里，象俞实夫这样的知识分子，一方面有接受这种反动观点的可能，但另一方面，由于帝国主义侵略的加紧，这种伪装和幌子又终于通过他个人的一些具体的遭遇，不能不被揭穿撕破。

看过这个剧本或是它的演出之后，我们不难体会到文学作品之为政治服务，或它在一定历史条件之下参加了革命的战斗，绝不是靠着什么抽象的理论或主观的想象，而是通过它特有的感染力量，通过鲜明的艺术形象来取得的。而艺术形象的作用，一方面对于不同的读者或观众，可能发生不同程度和不同方面的感受、体会，以至于收获，一方面对任何读者或观众又都能引起更多的想象，更多的思索。《法西斯细菌》给我们的启示和教育，也是多方面的。

这剧本最为突出的一点，我以为是它把我们带到现代史上的一些最伟大的事件里去。不错，我们从剧情上看到的只是关于某些人的友谊、爱情、家庭以及科学研究等等日常生活，可是谁能不从这些日常生活中嗅到强烈的时代气息呢？“九一八”、“八一三”，以至一九四一年十二月八日，那是亡国的危险加在每个中国人身上的时候，是日本帝国主义在国际的新形势下专力进攻中国，以准备扩大对世界冒险行动的时候，也是中国人民在中国共产党的领导之下继续进行不屈不挠、艰苦卓绝的斗争的时候。随着剧情的发展，我们不仅对日本帝国主义感到无限的愤怒，而且还深切地感到国民党的黑暗的反动统治，使人民曾经遭受到多么严重的灾难。

不成问题，俞实夫的主观的善良的愿望，例如他关心于伟大音乐家莫扎尔特之死于斑疹伤寒，以及他对赵安涛说自己要“为全世界全人类的将来”贡献出自己的努力，都是有他一定的道理的，也是我们应当加以肯定的，然而他忽视了现实生活中最主要的东西，忽视了那威胁着全人类的法西斯细菌。甚至在那样“一个狂风暴雨的时代”，在抗战处于高潮的时期，他仍然企图逃脱现实，而不能把个人的愿望、利益和人民的愿望、利益结合起来，这种错误，也就不能得到人们的任何谅解了。

但我想，我们的读者和观众又一定会对于俞实夫寄以深切的同情，因为他同当时许多人一起蒙受战争的灾害。生活就是这样的，它既有美好的东西，也有丑恶的东西。有时这两种东西同时出现在一个人的生活当中，彼此冲突，互相斗争。如俞实夫，他基本上是个肯定的人物，但在他的性格里却包含着应当否定的方面。生活不是狭隘的、片面的，如果有人觉得俞实夫不是理想的人物，我倒认为从这个人物的身上，至少看到了一种理想，那就是说，我们要做一个经得起生活考验的人和勇于纠正自己错误的人。谁能说俞实夫使我们感到敬重的，不是因为他在人生的道路上跌了许多跤，但又终于起来了呢？我们应当从俞实夫身上更多地理解到，在生活当中什么是应当肯定的以及什么应当加以否定。我们不该做什么事只是固执自己的主观愿望；我们应当更多地去关心我们周围的人，更多地关心那通到我们自己脉搏而跳动的世界。而对于我们的科学家说来，在帝国主义依然存在的时候，为保卫科学的正义性而进行的斗争，我以为是一件非常重要而又比较艰巨的任务。

比起俞实夫来，那个被姊姊称为音乐迷的青年钱裕，是单纯而有些稚气的；但从思想的成熟上说，他却超过了俞实夫。他给我们的印象是他对生活更认真，更切实。他不让自己的理想架空，他知道自己所处的是什么样的社会环境。正是钱裕这样的人，做了我们生活的前驱；他的惨死，说明了人民反对法西斯侵略的斗争意志是不可征服的。而法西斯主义也必然要灭亡的。

我自己是比较喜欢钱裕这个青年形象的。我们永远不能忘记他，我们看到俞实夫的女儿寿珍面对着桂林的远山吹起口琴的时候想念他。我们特别想念他，因为在那些黑暗的年月他同我们一起共过患难，而在今天的幸福的生活里却没有他。

也许有些读者和观众对于赵安涛这样的人物感到不容易理解吧，但作者对赵安涛性格的刻划是深刻而生动的。他比俞实夫懂得"政治决定一切"，"九一八"事变发生的时候，他首先决定提前回国，不能再安心住在东京读书。到"八一三"的时候，他虽然几年来事情不顺利，没有做出什么来，可是他仍然希望着"全面抗战一开始，国家总需要人"，所以他也"打算到内地去"。然而老赵第一是"他把世界上的事情看得太容易"，加上第二"个性太强，对什么人都不肯让步"，所以"东碰西碰，什么地方也呆不长"。他到了香港，弃"政"从商，照他自己的话说："只能说是改变了方法，不能说是改变了宗旨。"他以为他做的投机生意，也对抗战有利，实际上他是在走向醉心个人发财致富的堕落道路。他的政治理想到这时已变成空谈。最后，他的惨淡经营，终于被日本帝国主义的炮火轰得粉碎。他比俞实夫懂得政治与个人的关系，也很想凭自己的热情与正直为国家做些事情，然而在国民党的反动统治之下，抗日运动既受到镇压，而抗战之后，一个象赵安涛这样的爱国分子，不可能正常地发挥自己的能力，也是必然的。他当然也还有更进一步、更切实的道路可走，但那只是经过了现实的惨痛的教训之后，他才觉悟到必须"从头做起，做一点切实有用的事情"。他同俞实夫一样，都是有缺点的人，他最初对政治的认识，是模糊而笼统的。作者对这个人物基本上是同情的，剧本描写他开始走向新的道路。

当然，我们的读者和观众，可能对剧作者有更多的要求，可能要求把俞实夫和赵安涛写得更理想一些，然而把三十年代的我国知识分子写成今天的样子，那只是不顾具体历史情况而对于生活真实的一种粉饰，是等于忽视了我们从痛苦的旧社会斗争过来的一切发展。同时我们也不该把自己的眼界缩小到只看见现在。不懂得过去，是不容易正确地认识未来的。

我愿意推荐这个剧本，因为我们不只看到我们"曾经有过而已经摆脱了的东西"，并且我们还看到每个人物的内心生活，内心的斗争。俞实夫和赵安涛都不是一下子就走上他们应走的道路的，当我们看着这个剧本或是它的演出的时候，我们是带着极大的兴趣和关心，想要看到他们到底经过什么样理智与情感上的折磨、痛苦，以及在夫妻与朋友之间经过什么样的争执与帮助，然后才能终于觉悟起来。

总之，这剧本对于我们现实生活的意义，是应当从多方面去体会、理解的。只有能够允许我们更多地去体会和理解的作品，才愈能显出作者反映现实的深广，才能显出那在艺术方面捕捉到我们心灵的力量。

我相信这个剧本将不只一次地感动我们、教育我们，并将感动我们的孩子，也给他们以宝贵的启示和教育。

（原载1954年6月12日《光明日报》）

我们为什么介绍《法西斯细菌》

〔日本〕实藤惠秀

我们早稻田大学中国语研究会有意要翻译介绍《法西斯细菌》这个剧本，是由于以下三大理由：

一、正如剧名所示，这个戏是批判法西斯的细菌的。发现法西斯细菌的剧中人钱裕，在第四幕中说，这是世界上最可怕的细菌。他说："从今年（一九四一）六月到现在（十一月）在东欧苏德前线，已经死了一千万人，其实这种毛病在全世界已经流传了很久……"，"传布这种细菌的不是老鼠，不是虱子、跳蚤，而是我们自己——人类"，"……（这细菌）叫做法西斯主义，由于这种细菌而生的传染病就是法西斯的侵略战争……"

第五幕中俞实夫说："他（阿裕）所发明的所谓人类最大的传染病——法西斯细菌不消灭，要把中国造成一个现代化的国家不可能，……自然科学可以征服疾病，但是人类的愚蠢和野蛮……法西斯侵略战争阻碍了科学的进步……"

这不单对中国是如此，对日本来说也是这样。在新中国已经没有法西斯细菌了，但是在日本，这细菌似乎还在传染。因此认为有必要翻译这个剧本。

二、这个剧本以学术和政治为问题，剧中站在不同立场的人物，是俞实夫和赵安涛；实夫是医学家，安涛是政治家。当日本和中国之间漂漾着非同寻常气氛的满洲事变前夕，两人都在日本留学。安涛对于两国之间的关系是敏感的；实夫却是只埋头于医学研究，连报纸都不看的学者。

“这不行，”安涛说，“你不理睬政治，政治却要来管你。我们中国人留学日本，谁都想安静地求学问，但是能逃避中国和日本之间的政治问题吗？……政治决定一切。……国家的政治不好，科学就不发达。”

可是在日本得到医学博士学位的俞实夫，却不是那么容易屈服。因为满洲事变两人都回国了。实夫成了上海自然科学研究所的研究员，仍然不关心政治，继续研究他的斑疹伤寒。

日中战争，上海也有战事，他便搬到香港，自己买了显微镜；仍然埋头于研究工作。这期间，安涛和实夫只要见面，就会对学术和政治问题进行激烈的争论。

这时候，战火又烧到香港，实夫也亲眼看到侮辱、残杀——法西斯细菌式的疯狂。

他逃离香港来到桂林之后，便参加了消灭法西斯细菌的工作——红十字会工作。

我认为这种对学问和政治的态度，对于我们也很有启发。

三、这个剧本也可以说是描写日本和中国的关系的。女主人公静子，集中地表现出日本和中国的关系。

静子是日本人，留学生俞实夫的妻子，是个沉静的有教养的妇女。她在这剧中也可以说是第一个主角，作者是以最大的敬意和爱惜来描写她的。

一个被描写成和静子性格相反的是安涛的妻子琴仙。静子是朴质的，琴仙是浮华的有闲的太太。作者在让琴仙学习静子的贤淑。香港战争发生，琴仙完全受不了但静子却是很沉着很安稳的样子。

静子生长在日本，做了中国人的妻子，也有着说不出的苦恼。在第三幕香港开战前，她说：“我忽然想起一句话来，在东京的时候，赵先生不是讲吗？在东京街上走路，每一个日本人的眼光都象一根刺……现在我在这儿住，也觉得每个人的眼光，都象一根刺了。”

她又说：“……到中国来之后，我觉得，已经是一个中国人了。”

因此每听到人家说日本人的残暴行为，她就很难受。对于女儿寿珍的话，她也感到心痛。

在第五幕中她说："我是一个日本人啊，日本人做的好事情有我一份光荣，日本人做的坏事情有我一份耻辱。""……日本军阀把他们弄得家破人亡，这好象我也要分担一部分罪恶，一部分责任。"

作者所描画的静子，使人感到她是一个善良的日本人，同时又是一个善良的中国人。

当日本兵在她面前逞凶，自己也象受到侮辱一样，当钱裕为庇护她而被日本兵残害时，她对实夫说："他们侮辱了你，打死了他，那已经够惨了，可是，（一个字重于一个字）更使我苦痛的是，我亲自看见了我的同胞，日本人，公然的抢劫、奸淫、屠杀，做一切非人的事情……（喘了一口气）我听得很多了，可是，我总希望那不是事实，现在，我看见了……（猝倒）"

又在第五幕中，当她知道实夫参加了抗战工作的时候，高兴地说："……昨天我也劝了他，参加中国的抗战，说起来也就是为了日本，为了日本人……"

作者是那么细致地描写了她。

我们的感觉是仿佛静子就代表了我们似的。

想到这个剧本是一九四二年夏在重庆写成，在重庆演出的时候，一想到了解日本的中国知识分子，这样地在描写日本人，我们觉得很惭愧。

还有，剧本的第一幕和第四幕，有日本人出场还用日语谈话（这是罗马字拼音的）。中国话之间夹杂着日本话，这样的剧本如果不用原文演出，就显示不出真正的意味。这是一个和日本关系很深的剧本。

我们就是在这个意义上，对这剧本抱有深厚的共感。

（陈秋帆节译）

（原载《关于夏衍的戏剧〈法西斯细菌〉》，《剧院》16（9）〔54-9〕）

《戏剧春秋》一解

宋之的

《戏剧春秋》完稿以后，我们都很兴奋。对于这种兴奋的心境，夏衍兄当时曾很感喟地说："在这一次的写作中，说明了我们还有着突击精神，还有克服困难的热情，这是值得高兴的。"

这是值得高兴的。虽然，这种仓促成章的办法，在严谨的批评家眼里，是不足为训的事；但我们，在象雾城的暮色一样灰暗的心境中，在连自己也不能相信那消褪了的热情还会复返的情况下，居然能在困难来了的时候，以规定好了的速率把这个戏突击完成，这不能不唤起我们一些轻微的欢喜。

最低限度，这证实了我们还有不怕困难的稚气。

自然，这一半也要归功于我们所写的，就正是我们曾经和正在生活着的，我们对之异常地亲切而熟悉。那些剧中人物，是我们的朋友、同伴，甚至包含着我们自己，我们对之有纯真的爱和敬，怨和恨。我们和他们同时的在哭，在笑，在恨，在闹，他们最失意的时候，也就是我们最伤心的时候，他们最得意的时候，也就是我们最快活的时候。

也正因为有着这种"纯真"，所以我们才能这末大胆的"春秋"，我们觉着我们无所忌，我们并不想隐讳什么。我们直觉到我们笔下的"诚恳"，我们并无意夸大什么。当我们对某一些事，某一些想法下针砭的时候，我们是苦痛的，当我们对某一些英勇的行为，某一些有益的事态歌颂的时候，我们从心底里笑了。

所以当有些朋友在事后问我，某人是否影某人，某事是否射某事的时候，我不否认，也不承认。因为这是我们全体的故事，是我们共同呼吸着的境遇。

就因为是我们全体的故事，所以有些朋友在读过剧本以后，就不免心存疑虑。以为我们对弱点暴露得太多，恐怕增重一般人的误解。我们不掩饰我们的弱点，这正是我们诚恳的地方。我们习惯的是看“脸谱”，以为凡是英雄，必定完美无疵，智勇兼备，既为长者，就一定道貌岸然，忠正过人。其实这是距人性很远的。我们相信，越是严肃的主题，越是英雄的事业，越是可爱可亲的人物，就越有它阴晦的一面。舍其反而仅取其正，则决不能亲切入骨，且或反晦其明，成了平板的堆砌，没有活人的气息，不能够真实了。

何况我们所写，也还是规谏多于讥刺，指责重于讽骂呢。即以唐倩倩这个人物而论，虽然习性坏，作风不好，工作态度不认真，但她得以在戏里——换句话说，在我们戏剧界里，也常常居于相当重要的地位，倘无她的才华、机智、美丽，是可能的吗？自然不可能。因为一般社会里象有这类习性的人多得很，其所以永不能在人们心目中留一点印象，就因为她没有唐倩倩的才华、技艺。倘使经过我们的讽谏，而唐倩倩能有所悟于自己的品格，舍其莠而取其良，她未始在将来没有较好的前途吧。

此之谓“春秋”。

我们深信是必为贤者所不忌，且必为贤者所乐闻的。

因为讳病忌医，一向就不是我们从事艺术工作的人的习惯。

11月12日

（原载1943年11月15日《新华日报》）

评《复活》

汪 淙

“人与人之间，相隔得多么远啊！”

托尔斯泰翁关心于八十一九十年代的人民生活，借写卡丘莎·玛斯洛娃的沦落与新生，而展开了对于人类生活“许多不正常的，反人性，反人民的事物，指出生活不是照着应有的生活而建立起来的”那些场景。他不在于把卡丘莎的一生写得美丽或哀感如诗，却在于显示人类可悲的堕落！为什么社会制度的不公平的发展，该由一个无告的弱女儿去担负呢？托翁苦口婆心地指出了人性复活的道路，但在这一世纪里，我们却仍须为人性泯灭而感到衷心的不安，深深的战栗！夏衍先生的感喟，并非偶然，更因为他的良知驱使他去观察与感受这人类运命的作弄。哲人的先知，已成今日的忏语了！然而当我们作为一个现代人，且能无视这人类精神生活的罅隙呢？是的，夏衍先生曾谦抑地说他的改作是“明知会失败而冒了一次大险”，但即使他只写出了“一些出身不同，教育不同，性格不同，但基本上却同具着一颗善良的心的人物，被放置在一个特别环境里面，他们如何蹉跌，如何创伤，如何爱憎，如何悔恨，乃至如何到达了一个可能到达的结果”；对于托翁的大手笔，他的确并未止于欷歔！如果托翁是显露了人类的创痛，夏衍先生却再一次地揭开了这个疮疤。他不象那位法国新浪漫主义巨子巴大叶那样地只把《复活》的故事，囿于哀艳动人，不象田汉先生那样地借《复活》作为说教的讲坛。他捉住了《复活》中每个人生命的律令，而同蹉跌，同创伤，同爱憎，同悔恨。托翁发隐显微的慧眼只看见了涅赫留道夫牺牲一己挽救卡丘莎于堕落的沉渊，夏衍先生却看到人类只有在“大我”之中，才能抑制罪恶的洪流。即使这一点是写得那样隐晦，明眼人可并不需要多大的指示。我们曾为卡丘莎的际遇，彳亍不安；曾为涅赫留道夫的牺牲，感到欢欣，但是真正打动我们良心的倒是那批在风雪无边中西伯利亚原野上的流徙之徒。人与人之间可能隔得那末辽远，但当每个人真诚生活时，人与人之间可又是多么亲近！

这是夏衍先生《复活》改编本题旨之所在。你说第六幕中，拉出了玛丽·维拉杜赫娃，格雷哥里老爹，珂纳德利，和那个死了母亲的小婴孩只是为了铺张舞台的热闹吗？是的，卡丘莎为尘俗所掩埋的灵魂是复活了，但不是单单由于涅赫留道夫，是他们，是这批流徙之徒的挚性所驱。我们不能讳言的则是在舞台上，这一幕的演员，却未完全显示出这一种突出的空气来。但就此一点，却不能即说导演没有把握住全剧的题旨。在全个剧中，导演是可喜地重新创造了这些人物来。他赋予了每个脚色必需的生命和律令，且利用了观众的提心吊胆，观众的爱好憎恶，而布置了握住观众呼吸的诸点。当涅赫留道夫和卡丘莎在皎洁的月夜互诉衷情时，我们真为这对小儿女祝福。但就在涅赫留道夫听审回来，他和娜它莎、伊格纳底、科撒科夫间的强烈对比，不禁使我们对于这批泯灭人性的家伙，起了深深的厌恶。导演夸张了他们和埃司狄若夫的动作，但这不是在制造笑料，正因为他们恬不知耻的丑恶形态，才充分地描画了人性的堕落。他们一样是穿着整齐的人，但他们是兽性的禁脔。我们不但看到了他们灵魂的恶俗，我们更透视了那一容许他们“人”样生活的社会制度。陈鲤庭先生的导演手法每重于各个人物形象的突出，这凸出胜于以剧情的进展来赢得观众的爱憎多多。

却尔斯兰姆说：“戏之演得好坏，以舞台幻觉所产的比例如何而定。此种舞台幻觉之能否完善非问题之所在。而这种舞台幻觉之达到则须演员完全不意识到观众之存在。”所谓“不意识到观众之存在”，实在于要求演员能在舞台上亦如真实生活。以之论《复活》中白杨与项堃的演技，倒是极好的准则。我们以为全剧中白杨的最好演出是在监中和涅赫留道夫的会见，在医院里峻拒埃司狄若夫的侮辱，在流徙途中与涅赫留道夫挥别的一刹那。这儿，我们所看到的是一个真正的卡丘莎：她的喜怒，她的哀怨，她的挚情。而在第一二两幕中，我们是感觉到真正的白杨在博取观众的爱怜的。在项堃：花花公子的涅赫留道夫，深自忏悔的涅赫留道夫，对于卡丘莎信任动摇的涅赫留道夫是和涅赫留道夫一起生活过来的，他揣摹了涅赫留道夫的心情，自自然然地表达出来。但最后他和卡丘莎的分手，依我们的揣测，也许他没有把握住那必须从“小我”走进“大我”的关键，在那一群流徙之徒中，甚至是和卡丘莎间，他缺少了那一份亲切的心情，为什么他不能衷心喜悦于卡丘莎真正的新生呢？

人物当中，眉西该是在贵族的范畴间最能了解涅赫留道夫的，她之被誉为“圣彼得堡的奇迹”，正因为她具有一付善良的慧心。但李青来却没有帮助涅赫留道夫忏悔，她有一个女人失掉希望的悲痛，却没有了解自己爱好的人的体贴。伊格纳底和科撒科夫只有一个形象（也是导演所赋予的），丁然的埃司狄若夫反而真正争得了观众的憎恨。胡晓风的维拉杜赫娃显示了人民的朴质的气氛，但周峰的西蒙生却缺少那一付十八世纪八十年代到民间去的工作者的纯真。

焦菊隐先生说：“不能全貌地了解生活，也不能摆脱传统的剧艺观念的人们，恐怕不能更懂得柴霍甫与夏衍剧本之淡雅，简单，平凡的下边，沸腾着多么大的一个现实的伟力。”而在演出夏衍先生的剧本，这一点我们也以为是必需的理解。

（原载1943年5月10日《新华日报》）

看《离离草》后

酒　泉

夏衍先生的剧本在观众印象里总是结构妥贴，入情入理。《离离草》亦然。它决不会冗长、重复，把观众所早已料想到的场面、对白，娓娓不倦地拖住了人不放。因此我们不会觉得他的剧本太长，可以删去多少多少地方。总觉得很紧凑，经济，并且抓住观众的情绪。

《离离草》这本戏就是四幕之中幕幕紧张，动人心魄。作者既把剧情的发展安排得叫人全神贯注，要看个究竟，而且他的人物的命运，由于他的热情的刻划，叫观众不得不关心和揣测。他们的受难深深地感动我们，他们的战斗更兴奋地鼓舞我们。它是这种戏——看了一两幕，我们的脸发热了，除了全神倾注着台上的动作、说话，不会再想些别的什么。

马顺，我想应该是东北一辈中下层社会的忠厚纯良而富于民族意识的旧社会的典型人物吧！他的说话、动作，处处表现出他的质朴的北方气质。他们的倔强，使日寇感到头痛，感到这是侵略中国的最大障碍，使他愤愤地说："我就是要消灭倔强！"东北人民坚持不屈的斗争精神该就是把这个做脊梁的！我们今天看到北方的消息，有时不免使若干人觉得不解，或故意解作什么什么原因；我想，如果他们碰到马顺，这样一个平凡的，然而在市民社会看来是奇特的人物，看见了他的作为，他的长大成为一种巨大的力量，我想，他们将不得不停止他们的舌头。

六平俊吉，黑田源三……等等，他们的形象立刻使我们上海观众的记忆重新鲜明起来。我们不停地听到他们对台上这些角色的腿和步法，说话，笑声发生极大的反应。日寇的狡狠残暴该不致在我们的脑海里忘却吧？作者这一完整的戏好象是一个备忘录那样，可以提醒那些健忘之辈，虽则他们的活身出现在我们眼前还是昨天的事。

大吉这个角色讨人喜欢。剧本里最通常的角色是单纯的坏蛋，单纯的好人，一个完善的反派，一个极坏（写得极坏）的正派。观众看来觉得好象吃一块没有半个气孔的硬大饼，“结实”固然，无如无味乎？在现实生活中我们所接触的未成熟的人太多了，他们或则正在向正派发展，或则正在向反派发展，或者不定型，他们或彷徨或矛盾，既然如此，我们为何必须一定要在舞台上碰到每一个都是从头到尾，完整统一的人物？有人形容现实世界的人为未完成的神，可是舞台上却独多已完成的神！

离题远了，率性再远些吧！这戏在重庆演时导演贺孟斧先生有一天在路上招呼我：“去看吗？”我当时因事没去看，想不到今天却在上海看了这戏，而贺氏已作古！我们不能再看他导演这戏，多么不幸啊！

（原载《文联》，1946年1月第1卷第2期）

看《离离草》

李广田

一　现实的题材

前些天接连看过两次古装剧。看过以后就时常感到疑惑：古装剧的价值究竟是在哪里呢？据我所能想到的，最低限度，古装剧可以让我们看见历史，因为演出本身乃是历史的复活，历史事件的再现，然而这实在是一种并不怎么重大的价值。比较重大的，当然还是作者所把握的主题，所要强调的那历史事件的意义，譬如在其中发掘了深刻的人性，或者指出了善恶的冲突，黑暗与光明的对照等等。这些自然也很好，不过，这所谓人性，所谓善恶，无论表现得多么好，对于今天的我们，总觉得中间还隔着一层，总觉得和我们相去那么遥远，那么互不相关似的。就只说那些装置，那些服饰吧，一接触到那些事物，我们的感情就和当前的生活渐渐脱离，就渐渐地背着现实向后转，那种感觉，就好象置身于一座满藏古籍的大图书馆，或者在读一篇充满了典故的文章一样。在这种情形中，无论如何拥护正义，或召唤光明，它的价值也总是有限的。这里的原因很明显，那就是因为，古装剧的题材不是现实的。当看过两次古装剧以后再接着看《离离草》，就恰好给这一问题作了最好的回答。看过《离离草》，不禁使人发问：有这样好的现实题材而不取，剧作家们为什么一定要写那么多历史剧呢？象《离离草》这么有力的现实题材，不是随处都是吗？说“借古证今”或“借古讽今”乃是由于某种不得已的情势而造成的写作策略，这诚然也是的，然而，由于这一策略而造成一种风气，就很可能给剧运带来一个恶运。一个剧作家，是一个艺术家，在今天，他应当面对现实，把现实的题材在自己认识中重新创造，不但表现它，而且改造它，鞭策它，不但叫观众看见它，而且要认识它，从它受到教养，从它接受一声回答："今天我们该怎么办？"这里当然要遇到某些困难，然而艺术之所以为艺术，就在于运用一种表现方法，通过了困难，却绝不歪曲现实。《离离草》里的马大叔在悲痛中呼道："八年了，关里的人们早把我们忘记啦！"最后又悲愤地喊道："南边的人们，我们在等你们啊！"谁听了这呼声而不颤栗？谁听了这呼声而不掩泣呢？让那些穿了古装而说现代话的脚色们在舞台上赚人们的眼泪，让那些古代的英雄们去鼓舞人们的义愤吧，那固然也好，然而，那些古人的千言万语，那些洒不尽的血和泪，比较起马大叔这几句简单的呼声来，那实在太显得无力了，为什么呢？就因为，《离离草》的题材是现实的，而在这一现实的题材中，作者又提供了那最适合于现阶段的积极主题。

二　三位一体的创造

剧本是为演出而写作的。观众只应看演出，不必看剧本。假设一个戏的演出不能使观众直接领受，而有待于观剧之先读剧本，那就是演出的失败。话虽如此说，但是不看戏或看不到戏的人当然也读剧本，为了便于看演出，也未尝不可以先读剧本。先读剧本而后观剧的结果，当然不能一概而论，而不满意演出，觉得演出的效果远不如只读剧本的效果，这也是常有的一种现象。为什么会这样呢？最容易想到的，当然就是由于导演和演员的某些缺陷，以致破坏了作者的剧本。然而有些剧本，坐在书房里当作小说阅读也许还好，等到一上舞台，即便由好导演和好演员演出，也往往难免失败，这又是为了什么呢？以我们门外汉的见解看起来，作者写剧，当然是创造的，但以演出而论，作者的创造只是一部分的创造，因为导演的工作也必须是创造的，而演员的表演更须是创造的，导演与演员当然要受剧本的限制，可是这种限制并不能压迫他们，相反，而只是给他们一个适宜范畴，叫他们尽量地发挥创造力。这样，作者、导演、演员，能够三位一体地创造，这一演出就一定成功。我以为《离离草》的演出之成功，就在于这三方面的一体创造。夏衍先生的剧本，如大家所共同承认，是以平凡而见出伟大的。它平凡，所以它最真实，也正因为它平凡，它才给导演和演员以创造的可能。夏衍先生的剧本并不容易演，就因为它容许再创造，它必须等待那有创造力的导演和演员来演它。譬如《离离草》中的马大叔和崔大叔两个人，那真是两个最不容易表现的脚色，其中尤以崔大叔为甚，因为他们的个性都非常平凡，但又非常深刻，在剧本中，作者又并未专为他们预备下多少动听的台词，——因为徒然有动听的台词是无用的，假如演员除了背台词再没有其他本领的话，——作者只给导演和演员创造了机会，留出了可能的地步，而这也就是导演和演员们尽量创造的机会和地步。《离离草》中马大叔那些最深刻的表现大都在无言中，大都是在他的内部，在他的生命中。换一个没有修养，没有创造力的演员，即便他的表面动作多么熟练，他的口才多么巧妙，那都没有用。至于崔大叔，这个朝鲜老倌，那真是太平常的人物，那是我们日常所见的人物，那也是我们中国农村中所常遇见的左邻右舍、叔叔大爷，然而，这个角色实在深刻之至，看过《离离草》的人恐怕最不能忘记的就是这个人了。当剧作者创造的时候，他自然是朝向这个方向创造的，但是如果夏衍先生看见这一次的演出，也一定更惊讶于这个演员的创造的吧。这里最明显地见出了夏衍先生的剧作的特色，而他这一特色是非有这样的演员不可的。那么，为什么有些剧本，即便由很好的导演和演员来演出，也往往遭到失败呢？那就是因为，那剧本本身即缺乏创造性，而又不能给导演和演员以创造的机会和地步。有些剧本中根本无戏可做，天好的演员又焉有用武之地？这情形即便有些取了现实题材的剧本固然也难免，而古装历史剧也许是更不容易避免的吧。

三　南风从哪里吹起

看《离离草》，看到第三幕，我就起了一种奇怪念头。当大吉，这个可爱的韩国青年，为了共同的仇恨，为了帮助革命，终于被敌人枪杀之后，我就想道：当枪声未响之前，他还在拚命地呼喊，当枪声既响之后，他就寂然无声了，他休息了。他是应该休息的，因为他已经演了三幕硬戏，不，是他已经做了一件很好的工作，他可以下台，可以完了。然而那些没有死的，当然还要工作下去。到了第四幕，当大吉的爸爸，崔老倌，夺了敌人的火把投出窗外，作为我军进攻的信号，他这时才觉悟，才认识敌人不是人，他也被打死了，随着枪声，他倒下去，他也算休息了，因为他已经演了四幕硬剧，而且演得那么出色，而且，他最后不但觉悟，而且也做了一件最好的工作，他可以倒下，可以完了。这时候我觉得最难为情的是老马，是我们那个可爱的马大叔，尤其是苏姑娘在同爬山虎讲话的时候。苏姑娘和爬山虎的谈话这时候仿佛觉得很长，他们说什么“南风是温暖的”，说什么“我们大伙儿在一起”，这时候苏姑娘最勇敢，最乐观，一切精力都聚在她身上，一切希望都摆在她眼前。照理，我们的生命应该和她的生命相化合，相一致，然而别扭得很，我却只看见老马，只看见他在这一顷刻中的受难，他不如早死了，早下场，或早倒下休息，那倒更好些，可是他没有死，他支持到底，他此刻没有动作，他听了苏姑娘的壮语，但是不知如何是好。这在戏上说，是最难表现的一顷刻，不，不是戏，是在现实生活中，这种无动作是最难度过的一段时间了。可是，老马是受了伤的，不错，我们可没有受伤，“今天，我们应该怎么办呢？”是啊，我是想到了我们。老马说：“八年了，关里的人们早把我们忘记啦！”又说：“南边的人们，我们在等你们！”忘记他们的该是我们？他们等待的可是我们？他们等待我们，我们等待谁们？下台休息是很好的，可是没有演戏，没有做过一件工作，如何下台？如何休息？我们是在休息中等待，而且已等待了很久，我们一直没有动作，这是最难堪的阶段。“南方的风是温暖的”，这句话美丽而空虚，南方的风是温暖的吗？温暖的南风应该从哪里吹起呢？

1945年3月18日

（原载《文学枝叶》，1948年1月益智出版社初版）

五个战时剧本（节录）

乐少文

前　言

抗战以来，在文艺创作各个部门中，无疑以戏剧文学的果实收获最丰；为了在战争当中作家们不甘于消极的在纸面上表达人生，反映现实，他们要求以国民一份子的资格，直接有所用命于抗战。他们又没有机会拿枪，自然而然的选了戏剧作为克敌致果的武器。

这说明了为什么几位搁笔已久的老剧作家们在战时都发表了可贵的作品。（田汉先生有《秋声赋》，熊佛西先生有《袁世凯》，洪深先生有《鸡鸣早看天》，欧阳予倩先生有《旧家》……）这说明为什么有好几位小说作家也“客串”写起戏来；郭沫若先生有辉煌的历史剧的制作，茅盾先生写了有名的《清明前后》，老舍先生献出了《雾重庆》（编者注——此剧应为宋之的作），《面子问题》，《桃李春风》和《大地龙蛇》。剧坛得到这几枝精锐的生力军的参加，更是气象万千。同时一般剧作家都实行增产，佳作如林，颇极一时之盛。

战时剧坛另一个异彩，是敌后区的孤军苦战，在量的方面和质的方面，都是值得夸耀的。在形式方面和大后方的作品异趣，首先是“喜剧”和“笑剧”的产量比较多，这不外观众在极度精神压缩下，要求放松，要求透过一口气，在另一方面就写作的技术来讲，“喜剧”和“笑剧”比较可以自由抒发一点，也可以说得更委婉一点，相反的大后方客观上需要比较严肃一点的作品，在某一程度上可以板起面孔说话，所以出产的成品以“悲剧”和“问题剧”为多。敌后区另一特点是改编的作品较多，除了由于上述原因之外，还基于替职业剧团打天下的理由。

最有意思的是双方不约而同的向同一方向发展——向历史剧的方向发展。推究起原因来，在敌后区不言可喻的是为了敌宪刺刀的威胁和伪方的迫害，即使句斟字酌，偶一不小心，也会惹下麻烦，不得不乞灵古人，借古人的酒杯，浇自己的块垒，这自是一条崎岖的道路，可是人们顾不得许多了。那么大后方的戏剧创作为什么也不约而同的走上这一条路呢？那是为了检查制度的压迫，有一个很长时期后方言路之狭，不下于敌后，大家遂亦不得不绕弯儿说话，托古讽今，指东说西。

总之，两股创作的主流都是在曲曲折折地生长，汇合成澎湃的洪流，蔚为壮观！

战后，由于内战的爆发与扩大，政局继续恶化，文化事业日就萎缩，剧运一天比一天消歇，戏剧创作完全停滞，不但为了出版条件的限制，更为了作家无心执笔。回过头去，看看战时那一分朝气，那一分成就，怎么能叫我们不痛心于这意外的蹉跌？怎么能叫我们不担心于国家的命运？过去我人躬冒矢石，身经百战，如今象是被收缴了武器的兵卒，丧失了所有的阵地，我们不为偶然的失败悲哀，而为战斗力的消失悲哀……

我们忧心忡忡，坐以待旦，在这黎明未降临前的漫漫长夜里，我们需要光明，即使一支烛光也好，我们不能放弃一分可能的努力。

这里我们选出战时产生的几个戏剧创作，作一个粗浅的介绍和批评，就正于作者和读者，执笔之顷，缅怀盛时，诚不胜感慨系之！

《芳草天涯》

（夏衍作）

这是作者所写“第一个以恋爱为主题”的戏，更正确一点说，是讨论婚姻问题的戏。保持着作者特有的清新冲淡的风格，并且在技巧方面更加洗炼，更加文学地动人。

故事是简单的：

心理学教授尚志恢，在砰石中山大学任课，为了不堪他的太太的精神虐待，潜赴桂林，投奔老友孟文秀，想暂时逃避一下，不料尚太太却追踪而来；由于孟文秀夫妇的调停，他们也卜居于桂林了。孟文秀有一个远房侄女孟小云，同尚志恢常常见面，不觉互相爱慕起来。当孟小云的爱人许乃辰知道小云别有所恋，毅然出走，“到人民中间去”了。在一个偶然的场合，尚太太发觉了丈夫和孟小云之间的秘密，尚太太乞求孟小云的“帮助”，孟小云也做了一个慷慨的行动：她设法在逃难的时候离开他们这一群，加入一个战时服务队。当孟尚两对夫妻逃到柳州的时候，无意中邂逅孟小云；她替尚志恢夫妇弄到了两个汽车位子，送他们上车，挥手作别。

时代背景，是抗战期间，一九四四年春天到秋天。

作者运用这一平凡的戏剧素材的粘土，塑制出一个个出色的艺术品；那么冲淡，象一泓秋水，清可见底；那么隽永，耐人咀嚼，耐人回味。

不同于一般剧作家的，他追求的不是所谓戏剧性的发掘，而是现实生活的再现，他所写的都是那么亲切，几乎可以扪捉得到，一种道地的契诃夫的味道。

他所要表达的人间斗争，往往是内在的，如同春波微漾，秋云舒卷，可以感觉，而不可以言传。如第一幕许乃辰来看小云，小云还没有起来，有下面一段对话：

孟太太　（从桌上拿起那束方才邮差送进来的信件，看了一下，好象有意使乃辰不快似的）请你带给她吧，（自言自语）咱们那位侄小姐吓，每天邮差来的时候，总是那么一大把。（象是问人，象是自语）哪来这么多的信呀？

许乃辰　（接过来随便翻看了一下）唔，都是她从前学校里的那些同学。

孟太太　（有意）噢，她的同学？她在上海的同学都到桂林来了？（故意讽刺）好象有封重庆来的航空，那名字不是一名有名的音乐家！

孟文秀　（不让她发展下去）太太，到后面去张罗一下吧，让许先生跟尚先生谈谈……

孟太太　（冷笑）好的，你们谈谈，怎么的小云还不出来？

在平淡之中，散发着浓郁的人间味。

第二幕开场：

石咏芬　哼，清闲得很。

尚志恢　（……低声说）拿去蒸一下，方才买的一点熟食。（停了一下）过会儿有客。

石咏芬　（接过来。看了一眼，冷冷地）哪来的钱呀，请客？昨天要你买点肥皂，你还说……

尚志恢　（苦笑了一下）没有什么，为的是……不记得了？今天是——你自己的生日。

石咏芬　你还记得？……哼，要不是她提起，你便没有这回事了。

尚志恢　（为难地坐下来，笑了笑）好，算我记性不好。

石咏芬　不是记性的问题，心不在。

用平凡的对话，来抒写夫妇间的不可究诘的困难，非常深刻。

客人来了，尚太太唠唠叨叨，找着机会就发泄一阵子，作者的“舞台指示”如下：

尚志恢　（难堪地低下了头，为了要在小云面前维持一点可怜的知识分子的矜持，随手从桌上取过一份报来看了。）

诚然，作者“在叙述人生的这些愚蠢和悲愁时，是带着眼泪的”。

我们读完卷首的“代序”和“前记”之后，觉得作者要告诉我们的，当不外离婚是人类踏上更高一级文化的梯子的幸福，在目前离婚，通常包含着一方面辛酸的眼泪。因此，“践踏过女性的尸体而走向自己的幸福，把别人的痛苦铺的道路，都是犯罪的行为。”从而主张“夫妻之间，反而应该有争吵”，这样才能不断的向善向美走去。“夫妇是矛盾体，让他们互相冲突。理智做铁轨，人情做润滑油，结婚的车子才能不停地上前。”作者希望“恋爱和家庭变成工作的正号而不再是负号。”

把握了作者上面的理念，就不难了解剧本的主题所在。

这个理念，似乎很难作为现实人生的指导。

结婚的一杯水主义，当然是应该唾弃的，可是叫一对错鸳鸯厮守到白头，也不能说是完全合理的吧。今有甲乙丙三人于此，甲乙是夫妻，双方感情已陷于完全破裂的情形，甲却与丙相爱，他们可能成为一段美满姻缘。如果甲乙不能离婚，丙让他“到人民中间去”，或者加入“服务队”，问题并没有解决，为了甲乙依然是痛苦的，决不可能变成工作的“正号”，而丙也不会不痛苦。如果，我们让甲丙去结婚，乙让她去碰机会，不错，乙固然有痛苦，然而甲丙究竟是幸福了。从社会整体讲起来，有一对夫妻从工作的“负号”变为“正号”，应该是有收获的。

让我们把“理智来铺成铁轨，人情做润滑油”，试来开开已经出了毛病的“结婚的车子”，一如剧作者所示那样。

尚志恢是一个心理学教授：心理大概是健全的，我们从剧本里得到的印象：他有理智，通人情，如第一幕，页二十，有孟太太在场，孟文秀虽然盘问他心里的事，他却讳莫如深，不愿把一肚子牢骚发泄出来，既人情又理智；第二幕我们看到尚教授如何在艰难地驾驶他的“结婚的车子”，如上面所征引的，尚太太先放了一支冷箭，“哼，清闲得很。”尚先生的反应是“低声说……”；接着太太再放出第二支冷箭，直奔尚先生的要害：她说他没有钱。尚先生的答复是“苦笑了一下”；等到他说明是为她做生日，她放出一连串冷箭，“你还记得？”“哼，要不是她提起，你便没有这回事了”……客人们来了之后，她不再施射冷箭，她投下了炸弹！尚先生却始终容忍着。这里说明虽然“理智的轨道”有了，“人情的润滑油”有了，尚先生的车子还是开不出去，——在这上面我怀疑理智与人情，究竟能起多大作用。

剧作者征引托尔斯泰的话：“人类也曾经历过地震，瘟疫，疾病的恐怖，也曾经历过各种灵魂上的苦闷，可是在过去，现在，未来，无论什么时候，他最苦痛的悲剧，恐怕要算是——床笫间的悲剧了。”剧作者为了“当女性不能参加生产时，在社会当中，女性总是吃亏之故”，悲天悯人的主张不要“自由的分离”，要求不幸的结婚者，面对一种超过“地震与瘟疫的恐怖”，——整整的一生！未免要求得太多一点了罢。

我们今日处在一个中世纪的黑暗的统治下，我们没有言论自由，没有人身自由，我们不能再放弃这仅有的“分离的自由”，是不是？到了“人类改正了目前的社会的错误时”，当然一切没有问题了。

这无疑的是作者最好的一个剧本，无论从演出价值看，从文学价值看，都是一个稀有的收获。

（原载《文艺复兴》1946年11月第2卷第4期）

评《芳草天涯》

何其芳

可以用几句话来叙述《芳草天涯》的故事。一个普通的进步知识分子，与他的较落后的太太家庭生活过得不和睦，爱上了另外一个年青的女孩子，然而后来由于他的太太为此很痛苦，他和那个女孩子就中止了这种恋爱关系的发展。

作者夏衍先生的用意是很明白的：反对那种“踏过别人的痛苦而走向自己的幸福”的恋爱观。而又由于陷入这种纠纷的是一个进步知识分子，作者更企图解决这一个问题，进步的工作者应该如何处理恋爱纠纷。

没有人会否认作者的好心。但是，值得讨论的是在作者把这样的问题放在什么样的一个地位上，以及用什么样的观点去解决。

作者在《前记》中引用了托尔斯泰一句话，“人类也曾经历过地震，瘟疫，疾病的恐怖，也曾经历过各种灵魂上的苦闷，可是在过去，现在，未来，无论什么时候，他最苦痛的悲剧，恐怕要算是——床第间的悲剧了。”作者说，除了“未来”二字而外，他同意这句活。他的同意是在这样一种解释之下的，他说：

“我望着天痴想：要是普天下的每一对男女能够把消费乃至浪费在这一件事情上的精力节约到最小限度，恋爱和家庭变成工作的正号而不再是负号，那世界也许不会停留在今日这个阶段吧。”

这问题真有这样重大吗？这真是一个关系整个世界进步或停滞在某一阶段的问题吗？不是的。还不用说整个世界，就是一个国家，一个民族，它从某一阶段进到另一阶段，总是千百万群众觉悟与组织起来，并去进行多次曲折复杂的斗争的问题。在这种事业中，知识分子有他的伟大的作用，但仍然不是主力军的作用。而在恋爱和家庭的问题上消费乃至浪费最大限度的精力者，不过是知识分子，在劳苦人民中这类问题并不是这样麻烦的。

这也是为什么我们认为文艺工作者们最应该关心，理解，并去反映的不是旁的，而是千百万群众自己的事情，他们的痛苦，呼声，觉悟，斗争。

也许这近于以辞害意。夏衍先生的本意也许不过为了强调这问题在知识分子中的普遍与重要，故作夸张之论而已。

那么再试讨论在知识分子中这究竟是不是他们最重要的问题。也许正陷入于这类问题中的知识分子（当然我指的是旧知识分子）会主观上自以为这就是。但主观的是不等于客观的是，客观上，仍然不是。对于今日中国的一般知识分子，最重要的问题是在政治上觉悟；对于已经倾向革命的知识分子，最重要的问题是认识自己的思想还需要经过一番改造，并从理论学习与社会实践去实行这改造。因为政治上觉悟在知识分子本身是一个迷失抑寻得人生道路的问题，而思想上改造，则是决定他能否坚持他的选择的道路，并在这条道路上少犯错误，少给予革命事业以损失的问题。至于恋爱纠纷，则处理得好也吧，坏也吧，一般地说，对于知识分子没有什么决定性的影响。而且假若他政治上已经觉悟，思想上又经过了相当的改造，处理这种私人生活的问题也并没有什么太困难。

由于以上的理解，我感到夏衍先生在《芳草天涯》一剧中提出的问题意义并不很大。当然，这一类作品的产生还反映了一个事实，在它身上可以看见反动的统治集团这几年摧残文化政策的烙印。戏剧是最受压迫的部门之一，至今他们的爪子仍是掐住它的咽喉。这些，中国的历史是要写下来的。在这中间，作家们进行过不断地争取言论自由的斗争，也产生过一些曲折地表达出来了很大的反抗的作品，然而，也无须隐讳，某些作家在某些作品上曾作了过多的退让，写起一些没有什么政治意义的小事情来，或甚至于迁就反动的政治。我这并不是无视于客观的限制而苛责一些艰苦奋斗的进步作者，我乃是怀抱着一种忧虑，怕有的作者慢慢地习惯于这种束缚，不自觉地减弱了他的战斗的勇气。另外，无论写大问题或写小问题吧，我们的观点应该求其合乎严正的科学理论。我所又忧虑的乃是有的进步作者，甚至有的还是革命的战士，某些时候在某些问题上也流露出非科学的非劳动人民的观点。这就不能也归于客观的限制与压迫，而是由于我们受了长期的旧社会的教育，而又处于广大的资产阶级与小资产阶级的思想的包围中，若不对这给以充分的估计与注意，我们是难于完全摆脱他们的思想影响的。

夏衍先生，谁都没有忘记他这个笔名是从《包身工》开始用的。象《包身工》那样的作品，我不是指它的形式而是广泛地就它的内容与它的精神来说，到现在也仍然不是太多而是太少。在这以后的剧作，虽说我还读得不全，差不多都是与当前的政治斗争结合着的。这些戏，大体上看来，还是应该肯定的多。《芳草天涯》的确还是作者第一次以写恋爱为主的作品。然而，就在那些与当前的政治斗争结合着的剧本中，也有的在里面流露出来了一种与《芳草天涯》一脉相通的观点，如《上海屋檐下》、《水乡吟》，即提倡在恋爱上尊重别人，牺牲自己的观点。这两个戏，本来一暴露上海，一反映敌后游击队与老百姓的关系，都是很有意义的戏，然而由于把这个恋爱道德贯穿在中间，反而破坏了全剧，成为瑕疵。《芳草天涯》差不多就更是集中来宣传这个恋爱观。

我们且不来专门讨论这个恋爱观。我们先看看用这个观点是否真的能够很好地解决了作者企图在《芳草天涯》中提出来的问题，进步知识分子应该如何处理恋爱纠纷。

这个问题，上面我说过意义不很大，但意义不很大并不等于没有意义。假若能处理得很好，也未始不可起一种奋发人的作用。这就是说，虽然我在前面讲过今天的作家最应该反映的是有关千百万群众的问题，但我并不是认为其他次要的问题就不能写。问题在写得如何，而最基本的是观点如何。比如作者过去的另一剧本《心防》，中间也穿插了一次小小的恋爱的波动，那是处理得很好的，因而也是动人的。那个有过一次波动的主人公，也就是全剧的主人公，在全剧中都是沉浸在工作里面，不断地热情地在进行着对敌伪的斗争，因而在他偶有软弱的时候，回到当前的庄严的工作就很容易克服，因而剧中用匈牙利诗人裴多菲的名诗“生命诚可贵，爱情价更高，若为自由故，两者皆可抛”的歌唱，刚好是抒情地而又自然地回答了这个问题。此无他，欲解决恋爱与工作的矛盾，只有把工作的意义强烈地找出来，用这有力的巨大的一面去克服那软弱的细小的一面。

但《芳草天涯》却并不是主要用工作去解决，而把重心放在这样一个伦理观念上，即“踏过旁人的苦痛而走向自己的幸福，这是犯罪的行为”。女主人公孟小云之走向人民，以及男主人公尚志恢之最后声言“我会坚强起来的”，都是在这个伦理观念的阻止之后。这近乎一种无可奈何的逃避。因此这个戏闭幕以后留给观众的并不是一种激发人去献身工作的庄严的力量，而是一种芳草天涯，藕断丝连的软弱的情绪。作者虽说把孟小云写得相当的坚强，但在尚志恢身上就充分地流露出来了这种情绪。而所谓恋爱，只要还有一方存在着，纠纷就不能说已经完全终止。这其中是颇有点道理，应该去追寻一下的。我想，这种尊重别人的爱情或者幸福，不惜牺牲自己的观点，本身到底教育了人什么呢，其最后的实质不过是宣传个人的爱情或者幸福是很神圣很重要而已。既然个人的爱情或者幸福是如此神圣而又重要，则夺取别人的固然“犯罪”，牺牲自己的又何尝不严重而可悲，自然会“天长地久有时尽，此恨绵绵无绝期”了。我们常常在资产阶级文学的著作中遇到对于这种恋爱观的描写与歌颂，仿佛这是人类的最崇高的品德，这不是偶然的。就其实质来说，这也是一种强调个人的东西神圣的思想。这固然比较作者反对的另一种恋爱观，“为自己幸福而轻易牺牲别人幸福”，一般地说也许好一些，然而最神圣庄严者并非个人的东西而是大多数被压迫与被剥削者的集体的利益，为这种集体的利益而牺牲个人的利益，才是今天的人类的最崇高的品德。这样的话从孟文秀那样一个胡里胡涂的美国留学生嘴里说出来，身分倒是相合的。然而可惋惜的是作者竟表示了赞同并图以此来解决这问题。孟文秀还讲过另外与这性质相同的话，当他在回答孟小云说有的男子对女孩子“爱之欲其生，恶之欲其死”的时候：

> 那是相互的问题，因为我们没有生活上的民主，每个人都不够容忍……因为 Tolerance，这个字是欧美民主主义的基本精神。

容忍，这难道真是民主主义的基本精神吗？已经有了“生活上的民主”的欧美人难道真的都很容忍吗？欧美的帝国主义分子对于殖民地的人民，对于本国的劳动者，一点也不容忍，相反的是残酷地压迫，剥削。同样地，觉悟了的欧美人民对于他们的反动的统治者一点也不容忍，相反的是坚决地反抗，斗争。这不也说明了民主主义的问题基本上并不在于人对人的态度，而在于阶级与阶级的关系吗？资产阶级起来代替了封建地主阶级就有了资本主义的民主，工农阶级起来代替了资产阶级就有社会主义的民主，以无产阶级为领导的几个革命阶级起来代替了大地主大资产阶级，就有新民主主义的民主。

这也反过来说明了恋爱的问题，人与人间的态度问题，究竟不过是一个小而又小的问题。我们判断一个人，主要是看他的大的方面即政治上的思想和行动呢，还是看他的小的方面即私人生活中的这样和那样呢？无疑的应该是前者。这样才合乎我们的道德标准，同时也是科学的客观的标准：考察一切社会事物应该首先看它对于今天中国人民的解放是有利，无利，还是甚至有害。因此我们认为最大的犯罪莫过于对人民的事业犯罪。大节小节都好固然是完人，大节凛然而小节出入也不是什么了不得的事情。就说是白璧微瑕吧，总不会因有了微瑕白璧就变成了污泥。

所以，在《芳草天涯》中流露出来的作者的好心也好，以及在故事与细节上作者所费的苦心也好，都并不能补救这个致命的弱点：把一个小问题夸张成为很大的问题，而又企图用一种不能从根本上解决它的方法去解决。

（原载《关于现实主义》，1959年4月上海文艺出版社出版）

《考验》导演手记之一

佐　临

读了《考验》后印象最突出的是剧本的现实性、典型性和概括性。

第一，现实性。在反帝、反封建、反官僚资本主义的英勇斗争中，每个共产党员都有过辉煌的战绩，但在中国新民主主义革命胜利后，当全国人民进入社会主义革命的新阶段以来，党内一部分干部就被胜利冲昏了头脑，滋长着一种极端危险的骄傲自满情绪。

向这些人进行无情的斗争是本剧作者的意图，他狠狠地揭露和批判了那些当年对敌人作艰苦斗争时倒能经得起考验，但在今天，被工作中若干成绩蒙蔽了心窍，对个人的错误，特别是资产阶级个人主义的思想，便视而不见，甚至不敢面对现实，因而阻碍了国家建设顺利前进的负责干部。

本剧的主要矛盾表现在行政领导的两种不同的思想作风上：一种是“我打你通，我说你服”；另一种是“深入生产，深入群众，紧紧地和生产相结合的政治工作、思想工作”。前者是卑鄙的个人主义思想，必须要抨击；后者是集体主义思想，必须要树立。

当全国劳动人民，在共产党和毛主席的英明领导下，同心同德，开始投入社会主义建设和社会主义改造的伟大事业的时期，这是具有重大现实意义的。

第二，典型性。作者不但充分地尖锐地反映了我国当前历史现象的矛盾本质，并且创造了一些典型人物，例如：

杨仲安——革命了十五六年，三年来，在厂里做了很多工作，应该说，在接管整顿阶段，都有过很大贡献；他对党忠心，对生活严肃，这都没有话说……但成绩使他迷失了方向，加上他“什么事情一把抓，自己劳碌，也不让别人休息”的老脾气，竟渐渐地变了质，于是就功臣自居，骄傲自满，好夸大个人作用，强调个人威信，专爱听人奉承，不爱受人批评，对批评者实行压制和报复，独断孤行，用大喇叭喊话，自以为老子天下第一。

丁纬——谦逊、朴素，肯学习钻研，懂得走群众路线，马列主义修养很高，并能处处结合实际，能坚决贯彻党的政策；对新事物有敏感力，善于掌握批评与自我批评的武器；懂事而聪明，亲切、幽默；身上的政治热情不断地发出感染力，发出光和热。这是值得做我们的模范和效仿对象的明朗的艺术形象。

薛为德——旧知识分子，在外行人看来是内行，在内行人看来是外行；开会的时候发言很积极，讲话怪漂亮，表面上看似乎是留用人员里面进步得最快的一个，在会议上总是带头响应领导号召，对上面交下去的任务从来没有二话；但实际上这种人常常是上捧下压，两面三刀。

徐达民——解放前学运中锻炼出来的新知识分子，性子急，讲话尖刻，经常吵架（虽然是站在正确方面），眉目间有几分稚气，勇于提意见，在每次群众运动中是个积极分子；工作热情很高，肯动脑筋，在青年工人中间关系是不坏的；目前是超龄团员，申请入党尚未批准；一个能够一贯的用饱满的热情来革新生产，给人民创造财富，如果没有相当政治觉悟是不可能的……总之，他是毛泽东时代的青年技术人员。

钱沛之——总工程师，在法国留学时做过工，拖过地板，也洗过碟子，那时候勇气可不小，可是回来以后，这些年来，落后了，老了……在巴黎时既没和留学生中的革命战士接近，也没有和留学生中反动分子交往；解放前既没奔向解放区，也没逃台湾……这显然是高级知识分子的清高思想，或者更恰当的说，是科学技术上的非政治观点……这种具有一定的抱负和爱国思想的好学不倦的高级技术人员在坏的领导下是采取淡漠态度的，特别是当他被看作“一个满脑子英美技术观点的留用人员”，气焰高应该被压下去的对象；但在懂事而聪明的领导下，得到积极的、诚恳的教育和帮助之后，必定会发挥潜在力，来一次“废料山寻宝记”，“通过抵抗，突破抵抗，发出光来，发出热来”，认真地做到“生活在毛泽东时代的老头子也是幸福的”。

第三，概括性。《考验》一剧最大特点是作者洗练的概括能力。一支歌曲——《我们要和时间赛跑》——就标志了剧本中所描写的历史阶段，有声有色地反映着新中国在第一个五年计划中走向工业化大道时移山倒海，沸腾腾的气息；简短的一段话就总括了我国近百年的历史（“满清时代我还小，不清楚，后来袁世凯，蒋介石，汪精卫，日本人，美国人，还有什么这个统那个统的，我都亲眼看过，亲身受过，到今天和那些日子一比，咱们学科学的人不愿意随便恭维什么人，可也不能不得出一个事实的结论，就是：现在比从前好。”）；另一段话就刻划了社会主义改造中两种不同的人（“一种是象薛为德那样的人，百依百顺，没有不同的意见；你说今天的太阳带一点蓝颜色，他说对啊，简直蓝得象阴丹士林一样；你说今天水里有点盐味，他说厂长真了不起，连千分之一万分之一的盐分也辨出来了。这种人象一块丝绒，摸上去顺手，光溜溜的舒服，可是相信这些人，就会坏事，就会把厂搞垮，把你葬送。另外一种是象徐达民那样的人，憨头倔脑，不听话，凡事有意见，你说好，他说不一定，你说对，他说还有问题。这种人象一块粗麻布，摸上去刺手，不舒服，可是这种人会提醒你，警惕你，帮助你，把我们的事业搞好。”）；再一段话就形象化地说出中苏两国人民牢不可破的友谊（“因此有人说过，反干涉战争结束的时候，年轻的苏维埃是扶着拐杖离开战场的”，“我们中国也是一样”，“有一样的地方，也有不一样的地方。一样的，是工农业生产的落后和战争的破坏，不一样的，是咱们中国并不是孤零零地扶着拐杖离开战场，而是被一只强有力的手扶着、支持着，离开战场的”，“对，这只扶着我们的手，就是苏联。”）这样的例子布满全剧，不胜枚举。但剧作的概括性，不仅仅出现在台词里。譬如，剧中涉及到许多党的重要原则问题，如军事干部转入工业建设的问题，关于如何正确对待旧的技术人员的问题，四中全会所作的《关于增强党的团结》的决议等等。这些都是非常具体地有机地通过人物的思想感情流露出来，而不是干巴巴，生硬地搬教条、喊口号。每一人物，每一事件都有生活依据，但又非真人真事，而是经过相应剪裁，极生动有力，具体鲜明地表现出来的。换言之，剧中的人物事件的来龙去脉，他们的过去、现在和未来似乎都有案可查，真实可信，并且看出发展。虚构而非架空，概括但不概念。

因此，我认为这是一个思想性和艺术性结合得很好的完整作品。读了剧本之后我们不得不钦佩作者的高深的政治和艺术修养，广阔的生活知识，和渊博的科学知识。但，至于怎样将剧本中现实性的深度，典型性的厚度，概括性的广度在舞台上体现出来，这将是我们演出人——导演，演员，舞台美术人员——的光荣而艰巨的考验。

（原载1954年9月6日《文汇报》）

读《考验》

风 子

夏衍剧作《考验》以国营企业中领导思想的斗争为背景，反映出过渡时期中我国人民重大的政治生活的一面。全国人民都学习过党在过渡时期中的总路线，也学习了党的七届四中全会的公报，联系到工作和生活的实际，都程度不同地接触了或参加了同资产阶级思想的斗争和自我斗争。现在读到或看到《考验》，如同又照一次镜子，可以从剧中人物找到自己某一方面的影子，我们会不自觉地同剧中人的思想感情交织在一起。

正如四中全会公报所指出的，全国新民主主义革命胜利后，有一部分人滋长了极端危险的骄傲情绪，背着革命包袱，夸大个人作用，强调个人威信……甚至把自己所领导的地区和部门看作个人的资本和独立王国。这些被胜利冲昏了头脑的人，不但自己栽了跟头，给群众极坏的影响，更糟是使工作蒙受了难以估计的损失。

以文艺的形式讴歌了党的思想战线上的又一次胜利，揭发和批评骄傲自满的官僚主义者，《考验》的主题体现四中全会公报所指示的精神，具有着非常现实的教育意义。它被各地话剧团列为演出剧目不是偶然的。它相当成功地刻划出投进到尖锐的思想斗争里面的几个典型人物：批判了自以为辛辛苦苦、实际上目无组织并脱离群众的杨仲安；写出了具有一定的共产党员修养的领导干部丁纬和坚持党员立场的王蕙；相当成功的为留用的技术人员总工程师钱沛之留下一幅剪影；同时作者的笔也触及到现实生活中新生的一代人物——徐达民和俞嘉华等。

作者擅于运用环境氛围来烘托人物的思想性格，而且相当成功的用对比的手法写出两个不同的思想性格的人物来。丁纬和杨仲安，在冲突中，思想是尖锐地对立着的；就在矛盾斗争中，作者不放松对人物思想性格具体的描绘。

丁纬和杨仲安都是多年革命的老干部，过去的老战友，而且是有过生死之交的。现在又回到同一的岗位上来——搞工业。过去的友谊使他们庆幸又能在一块工作，可是现实揭露了两人思想上的距离。在第一幕、第四幕和三幕二场中，对照鲜明地写出两人的不同的家庭生活，从而看出他们两人对待生活的不同的态度。同样，第二幕和第五幕，通过人物的环境，看出他们两人不同的领导思想和工作作风。

以杨仲安为例，作者从各个方面写出了这样一个典型人物，首先作者写出了杨仲安应该肯定的某些部分：他是一个有十多年革命历史的老党员，如方克所说的：他“对党忠心，对生活严肃”，我们看到这个人物精力饱满，热爱工作。问题在他的思想方法不对头，由于三年接管阶段，他做了很多工作，有了很大的贡献，三反运动中，他是一个群众意见较少的军代表。老干部这个包袱，加上三年来的成绩，却变成了他前进的绊脚石。他不但未改变“主观强”，和“什么事都一把抓，自己劳碌，也不让人家休息”的一贯作风，反而“还有点自负”了。他的自负不自觉地流露于言谈之间，第一幕丁纬问到工厂生产情况，他答道：“你放心，有我。……我摸了三年，差不离了，已经有了底儿。”第四幕同丁纬谈到徐达民，他说：“我？我对他可不坏呵！你也许不知道，他是市委派来搞民主改革的。搞完了就要走。我看他还能干，是我争着把他留下来的，他当车间副主任，也是我提议的。……”看吧，这个“我”字在他的思想里占多大分量，个人作用是如何的被强调。

第二幕厂长办公室，办公室主人没有上场以前，那一片忙乱景象就介绍出这个厂的领导人的思想和作风。时间是三月底，为了完成第一季度的任务，副厂长正忙于用扩音器喊话，电话在报告车间出了事故，有的干部等着副厂长来告状，还有一大叠请购单、报销单、请假单在等着批。副厂长出场，的确具有“为革命献身的精神”，把自己陷进忙乱的事务工作中。既不能全面地掌握计划，按节奏生产，就只好盲目地来完成任务了。他签署了不合规格的线圈，他命令："咬碎牙齿也得干，不能太民主！"听到有人讲怪话，就叫小组长把讲怪话的人的名字记下来；听到积极分子也反对这样变相的加班加点，就批评干部没有做好政治工作。可是他的所谓政治工作的具体内容呢？借方克的话就是："看来，训话、做大报告，他所说的'打通思想'，已经成了他的完成任务的唯一领导方法。……"

三幕二场，从他的家庭，从王蕙的言行中，我们也看出了杨仲安这个人物的精神面貌，他是一个不懂得生活的人。星期天"不是打电话，就是约人来谈话"，再好的天气，"连院子里也不去走走"。从他对待王蕙的态度，看出他给予妻子儿女精神上的压力是不轻的。

主观地自以为是，不重视集体领导制，和组织对立，不去了解实际情况，不解决生产中的关键问题，轻视群众的创造，不去推动群众挖掘潜力，只盲目地追求完成生产数字，为了维护个人威信，不择手段的打击报复批评者，杨仲安这样一个领导干部，发展到抗拒和压制批评，例如他决定调走徐达民，意图指使王蕙向党报写反批评的文章，这一系列的思想和行动，在现实生活中绝不是仅有的。总起来看这个人物是活的，我们在工作中，可能接触到某一面和杨仲安相类似的人物，甚至在我们身上也可能存在有杨仲安具有的某些缺点，因此，这个人物是有典型性的。通过这个人物使我们又照了一次镜子，作者以艺术的手法概括地创造了这样一个有严重的思想问题的人物，对于现实中类似杨仲安的大小干部，是有一定的批评教育作用。

和杨仲安思想相冲突的另一方面，也就是矛盾的主要一面的代表人物有丁纬，方克，徐达民，王蕙等，作者用写杨仲安的手法来写丁纬，人物的思想性格通过环境氛围和人物对待事物的态度表现得相当鲜明。方克和徐达民两人写得较弱，而以王蕙写得比较成功。生活中我们看到过王蕙这样的妇女，在她的身上体现了中国妇女在旧社会所经历的双重苦难！全国解放了，可是妇女们并未全部从封建意识影响下的男权思想的统治中翻身。在艰苦的革命环境里斗争过来了的王蕙，今天却被儿女拖累，个人能力赶不上工作需要，在丈夫的眼里是孩子的保姆，生活上的问题不得不容忍、迁就；但作为一个革命工作者，一个共产党员，遇到原则问题，就要坚持党员的立场，据理力争。王蕙对自己丈夫的思想问题是有认识的，三幕二场她参与丁纬和杨仲安对于徐达民和薛为德这两个干部的看法的谈话，她同意丁纬的意见并指出杨仲安的看法有片面性，当杨仲安的思想发展到抗拒批评、甚至指使她冒名向党报写反批评时，她严正地批评了杨仲安的错误。后来当组织上检查杨仲安的问题时，她站在党的立场帮助杨仲安进行检查。在王蕙身上我们看到受到革命锻炼、党的培养的具有新的道德品质的妇女，事实上作者对这个人物着笔并不多，却描绘出一个完整的人物形象。

作者写的总工程师钱沛之，一方面体现了党的政策，党对技术人员改造的政策；另方面也对解放四年多以来的技术人员的觉悟给了一定的估价。三幕一场工厂会议室，丁纬为了了解情况约徐达民谈话，不期碰到躲着学俄文的钱沛之，这场戏钱沛之这个人物的轮廓勾画得非常鲜明，对待一位新上级，他意识地非常世故，但不流于圆滑，谈话时是谨小慎微的，当发现对方的诚意时也就不自觉地流露出个人的看法了。以学俄文这件事来说，作者肯定了这一类型的科学家积极的一面，也说明了生活在集体中的个人可能有的发展和变化；但长时期生活在旧社会里的老技术人员，必然残留下旧的思想和作风，因为思想改造需要较长的时间。如果不遇到象丁纬这样的领导，钱沛之绝不会主动的靠近组织并积极地来推动技术改进工作。

作者的文笔是以含蓄、朴素、简炼见长的，《考验》保持了作者一贯的风格。《考验》的主题在于体现四中全会指示的精神、加强集体领导、批评骄傲自满的资产阶级个人主义，作者意图以丁纬的领导思想和作风来对照杨仲安的领导思想和作风，从而说明主题。就在这个问题上，我们感到有些不够和不足的地方，似乎作者的笔力尚未能完满的达到这个意图。我们想一方面由于作者着笔时过于含蓄、过于简炼，因而使主题表现得不够突出和有力。更主要是作者意图强调的未能通过“正面人物”方克和丁纬的行动表现出来。

任何一个单位如果方针政策出了偏差，说明该单位思想领导差，也就是党的领导不强。杨仲安和丁纬之间的冲突，实质是杨仲安和党委书记方克两种不同的领导思想的矛盾的发展。杨仲安是一个忙忙碌碌、辛辛苦苦的官僚主义者，由于有骄傲情绪，自以为是，也就必然轻视群众、和组织闹对立。杨仲安忽视集体领导，闹个人主义这一点刻划得是不够的。问题不在写杨仲安如何对抗党委会，问题在方克这个人物写得弱了一点，所以弱的原因，作者未让方克正面的投进到矛盾斗争中来。党委会对杨仲安的思想作风曾经而且继续在斗争，可是，作者只侧面的提一两句。第二幕方克找丁纬，揭露了这个问题。例如丁纬问方克："你说的是，厂长和党委之间的关系？"方克答："……这不是普通的所谓关系，而是思想上的距离。"对于思想上的距离，丁纬来厂以前党委会是做了许多工作的，如呼吁上级派一个得力的厂长，与杨仲安也有过斗争的。作为党委书记的方克可能能力弱一点，未能帮助杨仲安及时改正错误。而事实上杨仲安不再兼党委书记和丁纬的被派来厂，是党委会同杨仲安思想斗争的成果。方克在戏里第一次出场，和丁纬谈到杨仲安，主要应是说明党委会对于杨仲安的问题的看法，而不应急于检讨。方克检讨自己："……能力不够……党性不强……在重要问题上不能坚持原则……"这些话是有损于人物的。同时也抹煞了党委会在思想领导方面和杨仲安作斗争的事实。丁纬来厂以后，通过对待徐达民的问题，杨仲安的思想问题就更明确了，而当思想矛盾发展的过程中，我们看不到党委书记方克的行动，因此丁纬到厂后给人的印象是"个人单干"。方克再次出场是第五幕，已经是尾声了。方克代表组织宣布对于杨仲安的处理，同时通过王蕙不但反映了杨仲安受到党的批评和处分后的思想情况，并且从王蕙对组织表示的态度使我们相信杨仲安有改正错误的可能，这场戏是必要的；但另方面，这场戏并未解决属于方克这个人物的根本问题。丁纬在第四幕表明了他对原则问题的看法："到党委会去争，由集体来做主。"但在做法上，也就是在行动上，我们却看不到以党为代表的集体领导的力量。我们并不希望舞台上出现"党委会开会"的场面，但很希望方克和丁纬之间，能够有有机的联系。第五幕方克第二次出场，他似乎是丁纬的下级，他和丁纬商量今后的工作安排，意味着检讨和请示，而丁纬对方克的谈话却也有批评和指示的意味。这段戏，对于这两个人物都有损害，就内容看，也似乎是多余的。

丁纬的"个人单干"也表现在和杨仲安工作上的合作关系，丁纬初步同意成立一个专门性的技术小组，事先并未同杨仲安商量。第四幕同杨仲安谈到这个问题同时提出自己的意见“打算叫徐达民来负责”，这样的商量也必然会激怒对方。方克说过丁纬是帮助和纠正杨仲安的最适当的人物，因为丁纬懂得杨的长处和缺点，可是在行动上，丁纬对杨的帮助就不够了。

新生力量的代表人物徐达民，是一个肯负责任，肯钻研业务，有群众观点，敢于同官僚主义者作斗争的青年。青年人的优点，热情、积极，和青年人可能有的性格上的缺点，急躁，在徐达民身上都具有着。作者写这样一个人物的目的，正如丁纬劝杨仲安时说的：“咱们这一辈子，是在革命和战争的环境中生活过来、成长起来的。而现在，碰上了新环境，咱们熟悉的那一套，闲下来了，用处不大了，我们完全不熟悉的，却逼着我们去做。我们肩上的责任很重，自己去钻、去学，当然很重要，可是，更重要的，是有意识地去培养、扶植年轻的一代。”培养、扶植的精神是完全对的，可是作者在处理杨仲安的问题同时提拔徐达民为副厂长，使人感到有点意外了。新生力量应该提拔，甚至越级提升是可以而且应该的。具体到徐达民这个青年，能否胜任副厂长的职务是令人怀疑的。作者只写出他热情、积极和敢于斗争的一面，而缺乏对于他在工作方面的能力的描绘。同时，通过俞嘉华这个人物谈到团支部开会时她对徐达民所提的意见，看来，徐达民在政治上还不够成熟。作者写他的天真却使人感到人物近乎幼稚，第三幕一场在小会议室，徐达民应丁纬召，第一次单独和新厂长见面就进行检讨，这不只是幼稚，而且也不符合于人物的性格。

《考验》的矛盾揭露得相当慢，第二幕只有一些现象，第三幕才提出问题，到第四幕才展开面对面的斗争，而第五幕已经是尾声了。从剧本整个的结构来看高潮似乎是搁在幕后。作者这样的安排，显然有意的不落俗套，避免来一个公式概念的结尾，这意图未始不好；问题是没有读过剧本的观点，看到第四幕才明确问题，也必然有兴趣知道问题是怎样解决的，但剧本不给观众正面的答复，观众也必然不能满足。

以上提到的关于剧本主题，人物，和结构等几个问题，只是个人读后的感觉，分析得不够全面，仅供参考。

（原载《剧本》1955年7月号）

评《考验》

赵 寻

夏衍剧作的特色是：尖锐、鲜明的思想内容和简练、单纯的艺术风格。他的新作《考验》继续并发扬了这些特色。

近来，在社会主义建设和社会主义改造的狂涛巨浪前面，日益显明地看到我们的思想是怎样落在现实斗争的后面。问题还不仅在于我们思想落后，更在于有些人不但看不到自己的落后，反而骄傲自满、脱离群众，横躺在前进的路上，成为人们前进的绊脚石。剧本《考验》虽然取材于一九五三年华东"新三反"运动，但所批判的思想作风，对今天的现实仍有着很大的教育意义。

《考验》从工业方面反映了思想战线上一个重要的斗争——反官僚主义的斗争，提出了在社会主义建设中一个值得重视的问题——领导思想作风的问题。我们有不少这样的领导干部，他们具有对新鲜事物的敏感和进取的精神，勤恳虚心地完成了党和人民交付的任务；但是也有这样的领导干部，他们以个人主义、官僚主义的态度来对待党和人民的事业。两种干部，两种思想的斗争，实质上是日趋复杂、尖锐的阶级斗争在我们内部的反映。在新的历史时期，我们面临着一个新的、比过去所经历的更为严格的考验——社会主义革命的考验。有人受得起这个考验，而且成为创造社会主义事业的重要力量，也有人经受不住，甚至终于从时代的列车上摔了出去。《考验》严肃地提出这个重大的问题，并且形象地做出了解答，让我们从这一面思想的镜子中，得到印证、警惕、启发和提高。

《考验》是通过严密的戏剧结构，从人物个性的创造中，来揭露与展开这一思想斗争的。作者这样安排了两个主要人物的关系——丁纬与杨仲安，他们是十多年来长期合作的老战友，今天在新的环境、新的工作岗位上又相遇了。新的合作使他们感到兴奋，但思想上的距离又不能不使他们苦恼。杨仲安官僚主义的思想作风与丁纬的社会主义的思想作风终于展开了激烈的斗争。一方面是深厚的友谊，一方面是原则的斗争，使两个不同思想、不同性格的人物真实而生动地被塑造了出来。

《考验》的成就之一，首先是对人物（特别是主要人物）思想性格刻画的成功。作者以政治透视的能力和概括集中的手法，突出地表现了人物的思想本质。杨仲安这个人物的创造是比较典型的。人物出场不久，在举止言谈之中，作者明确而简练地介绍了他的思想情况。丁纬与杨仲安相见的一场是第一幕的重点，生死之交，久别重逢，这里该有多少可写的好“戏”，有多少可发挥的感情，但是，作者舍弃了这些一般的写法，一段简短的对话，着重在人物思想的描绘。例如当丁纬向杨仲安问到工厂情况时，杨仲安说：

> 你放心，有我……我摸了三年，差不离了，已经有了底儿。……现在办事不容易，上面要检查，下面有意见，好了还要好，完成了生产任务，还要求什么按节奏生产。工厂，可不比部队，凡事都得民主，凭良心，我这个人，不算不民主吧，可是这次党代表会议，意见就提了一大堆。老丁，你下去，得有个精神准备。（纵声大笑起来）

虽然是三言两语的随意谈心，这个骄傲自满、不听批评、有严重的个人主义思想的人物的轮廓就清清楚楚地被勾画了出来。这样准确、简练地描绘人物性格的对话，在剧本中是不少见的，不是具有丰富的素描修养，是不易做到的。

剧本的第二幕进一步在行动中揭露了官僚主义者的工作作风。一开幕，杨仲安虽未上场，而他的作风在厂长办公室里就有了很好的写照：人来人往，一阵忙乱，远处的扩音机里喊叫着他的动员报告声；

近处电话铃交响声中传来了生产混乱的情况：有的车间发生事故，有的车间出了废品。杨仲安出场时，身后跟着一群谈问题的干部，桌上放着一堆要批阅的公文，“什么事都是一把抓”，“每天等着待批的文件就有这么多，看也看不了”。事务主义、文牍主义，这就是剧本中展示的杨仲安官僚主义性格的一个方面。剧情从这里展开：一批线圈不合规格，检验科不肯签字，与生产车间发生争执，杨仲安说：“他们不签，我签。”年轻的车间副主任徐达民对这违反科学规定的做法提出了意见，杨仲安的回答是：“你们，就爱啃着科学不放。”不按生产制度、科学规格，而按照主观主义、自以为是地做决定，这是杨仲安官僚主义性格的另一个方面。为了完成任务，月底季末不得不加紧突击，工人们提出了意见，杨仲安“要小组长把讲怪话的人的名字记下来，……咬碎牙齿也得干，不能太民主”。粗暴专横，强迫命令，这是杨仲安官僚主义性格的第三个方面。徐达民对这种变相加班加点、不顾工人健康的现象表示不满，杨仲安教训他说：“……工人一定得休息八小时，请问我厂长每天休息几小时？我哪一天不在加班加点？老弟，我杨仲安革命革了十五、六年，难道这一点群众观点都没有？”背老包袱，摆老资格，自以为对革命有功，就可以居功自傲，这就是杨仲安官僚主义性格的第四个方面。但是，事故一天多一天，任务一天紧一天，工人情绪一天低一天，怎么办？“……训话，做大报告，他所说的‘打通思想’，已经成了他的完成任务的唯一领导方法。”用一般的工作方法来解决复杂的生产问题，经验主义，老一套，是杨仲安官僚主义性格的第五个方面。党和行政不一致，厂长和党委书记不团结，不实行集体领导，不接受党的监督，这是剧本展示的杨仲安官僚主义性格的第六个方面。

作者不但描写了杨仲安的工作作风，也描写了他的生活态度。第三幕二场中我们看到了他的家庭生活，正如他的妻子王蕙说的：“什么礼拜不礼拜，不是打电话，就是约人来谈话……这么好的天气，连院子里也不去走走，……他这个人，就是不懂得生活。”不会工作的人也不会生活，连看看电影都是“兴趣不大”，就是这样一个枯燥无味的人。对待爱人和孩子也是随意呵斥命令，在工厂中他是独裁者，在家庭中他是暴君，他的家庭生活是毫无乐趣的。

作者善于从多方面来表现人物。对于杨仲安这些富有性格的细节描写不是单线的、平列的，而是从各个方面、各个角度上来刻画的，也不是零散的、静止的，而是联贯的、发展的，象剥笋一样，一层层深入人物的思想核心。一切细小的矛盾都汇流到杨仲安与丁纬的矛盾中，而杨仲安与丁纬的冲突，集中地在对待徐达民的问题上尖锐展开。对待徐达民的问题，并不是一般的人事问题，这是一场原则性的斗争，表现了杨仲安在几个主要问题上的思想：一、表现了他对生产革新者的态度。他对于工人的合理化建议置之不理，他说："几位工程师又加上从大学里请来的一位专家开了几天会还解决不了问题，一个工人马小宝能够解决？"但是，工人马小宝与技术人员徐达民的合作终于解决了他认为不能解决的问题。他又认为"这些枝枝节节的改革，解决不了整个问题"，实质上，是他对徐达民有成见，他不相信工人的力量，这种态度已经发展到妨碍生产、失掉阶级立场的程度了。二、表现了他对批评者的态度。杨仲安要调走徐达民，主要的是因为他爱提意见，他的干部政策不是从党的原则、国家的利益出发，而是从个人的好恶出发的。象丁纬说的：他喜欢象丝绒那样的干部，摸上去顺手，光滑滑的舒服，百依百顺，专会打顺板，而不喜欢徐达民这样的干部，象块粗麻布，摸上去刺手、不舒服，凡事有意见。他"只能听人奉承赞扬，不能受人批评监督，对批评者实行压制和报复"（四中全会公报），这种态度已经发展到违反党的纪律的程度了。三、表现了他对党和党报的态度。当他看到徐达民把厂里生产混乱的情况向党报反映以后，他的暴怒就更加难以抑制了，他的恶劣的思想品质就更加暴露出来了，他认为这是党委书记要他丢脸，是有意"整"他，是党报登错了，并毫无原则地要自己的爱人盗用工会的名义写信去更正，从抗拒批评、掩饰错误，一直发展到与党闹对立的程度，从思想上的错误发展到品质蜕化的程度了。

到这里，一个官僚主义者的形态、风貌到他的思想本质已完全显示出来。由一个满腔热忱勤勤恳恳为人民服务的共产主义战士，堕落到了卑鄙的资产阶级个人主义的泥坑。杨仲安这个人物的典型是具有广泛的意义的。我们在别的地方也曾经遇见过他！在我们熟悉的朋友中，也会有和他多少相象的人物。剧中的描写使人猛然惊醒，无限感触，从舞台上吸取了深刻的教训。剧本的思想力量就在这里。

作者善于运用对比的方法来描写人物，把不同性格的人物有机地组织在一个矛盾冲突中，在同一环境、同一事件中表现了不同的态度和作风，黑白分明，个性突出。和被批判的人物杨仲安相对立，作者创造了一个正面人物的生动形象——丁纬。

丁纬不论在生活态度和工作作风上都与杨仲安不同：和杨仲安相反，他是一个有风趣、会生活的人，他有一个令人羡慕的和睦的家庭。和杨仲安的骄傲自满相反，他是谦虚谨慎的，他知道："今天搞工厂，单靠忠诚与决心已经不够了"，因此，要学习，要"钻"，他给自己规定了一个严格的学习时间表，而杨仲安是"连看报的时间也没有"的。和杨仲安的凡事一揽子、乱抓一把的做法相反，他善于运用科学的工作制度，制定了切实可行的工作计划，注意解决生产中的关键问题。和杨仲安的主观主义相反，他善于调查研究，走群众路线，凡事要摸个"底"，不是"你打我通，你说我服"，而是"大家动起手来"。和杨仲安忽视技术革新的态度相反，他坚决支持了工人的合理化建议，建立了专门性的技术研究组。和杨仲安资产阶级贵族老爷式的态度相反，他知道扶植新生力量，"应该多看看这批年轻人的优点，有意识地去培养扶植年轻的一代"。和杨仲安对技术人员要"压一下，冷一下"的态度相反，他认为"不是消极的'压'的问题，而是积极地诚恳地教育帮助的问题"。和杨仲安反对党的领导、反对集体领导相反，他说："不在你作主或我作主，由集体作主，党来作主。"和杨仲安压制批评的态度相反，他坚决支持了批评者的斗争，并让正确的意见最后取得了胜利。和杨仲安以个人感想、个人好恶来代替政策相反，他有坚持原则、牺牲个人的精神，正如他和杨冲突时说的："要是个人问题，我决不坚持，我一定退让，可是原则问题'连一寸一分也不能'。"杨仲安和丁纬在友谊的看法上也不相同，杨仲安以为好朋友、老同志就可以互相包庇，而丁纬认为，为了战斗的友谊，更需要向错误的思想进行斗争，在危险中去挽救同志，是自己不能推卸的责任。通过这些对比的描绘，使丁纬这个人物的性格特征鲜明地被表现了出来。

同样地，作者用对比手法描写了另外一对人物：车间的正副主任

——薛为德与徐达民。一个是投机取巧、逢迎奉承、庸俗卑鄙的市侩主义者，一个是热情负责、有正义感、有斗争性、有革新精神、有群众观点的青年积极分子。他们的性格的对立也增强与丰富了这一场斗争的内容。作者创造的另外一些人物：杨仲安的妻子王蕙、丁纬的妻子郑裕青、老工程师钱沛之，也着笔不多而勾画准确，表现了人物个性的某些方面的特征。

全剧以不过六万多字的篇幅，描写了这样多的人物性格，表现了鲜明的时代背景和尖锐的冲突，这样简练、集中的手法和风格是大大值得我们提倡和学习的。我们今天的不少剧本常常很冗长，内容芜杂，人物性格与主要斗争并不突出："简练是天才的姐妹"，契诃夫的这句话是值得我们深思的。

《考验》的主题是尖锐的，但是它比起我们丰富、动人心魄的现实斗争来，又不能不使我们感到不够满足。观众一般的反映，感到这个戏太"干"，艺术的感染力不强。我想，主要原因之一，是作者对所描写的生活赋予的热情不够，因而在人物性格的刻画上，还不够完整和丰满。对丁纬这个人物，剧本中表现他尖锐与理智的地方多，表现他诚恳与热情的地方少，这就给他的性格留下了缺陷。在对待杨仲安的态度上，正如杨仲安在皖南事变时背丁纬突围一样，这次是丁纬拉着杨仲安在错误思想的环绕中突围，这就不仅要有清晰的认识与尖锐的批判，更要有切身的感受与巨大的关怀，不能不为同志的错误感到痛苦，不能不为朋友的处境感到惋惜，他的感情状态不是冷静而轻松的，而是灼热而沉重的。但是，这样的情绪在丁纬身上表现不深。他曾一再说明是要挽救杨仲安的危险，但却很少看到他进行过什么具体的帮助。倒是在某些细节的描写上，表现了对杨仲安不够尊重的态度，例如三幕一场，丁纬同俞嘉华去参观小会议室，看到了扩音器的设备时，他说："哦，那些大喇叭的声音都是从这儿发出去的，说实话，我是最怕这些大喇叭的。"所谓大喇叭的声音就是指的杨仲安"训话"的声音，刚来工厂，当着秘书的面前，就讽刺厂里的领导同志，不是显得有点太尖刻了吗？特别是在丁纬听到杨仲安要调走徐达民的时候，当着品质不好、作风很坏的干部薛为德的面前，立即否定了杨仲安的决定。杨仲安的意见是不对的，但在没有详细了解并与他商讨以前就立即表示了态度，显然是不合适的，这不是缺乏领导者的涵养，就是缺乏合作商量的习惯。这些地方都使正面人物与观众之间情绪的交流受到阻碍，损害了人们对丁纬的亲切的感觉。

丁纬的形象的不够完整，更重要的原因还在于作品对党的领导的描写过于薄弱。剧本对党委书记这个人物的描写是不成功的。事实上，没有坚强的党的领导，反官僚主义的斗争是不可能得到彻底胜利的。而作者在设计中，却没有把方克放在重要的地位上加以考虑。我们并不认为缺点在方克这一人物表现得能力较弱，因为只有党的领导不强的地方才有可能产生官僚主义，但是，在反官僚主义的斗争中，也正是党的组织巩固与加强的过程，最后它必然发挥领导斗争、组织斗争的积极作用。可是在剧本中，党委书记始终游离在斗争之外，我们不曾觉察，在丁纬来以前，他的斗争有什么影响，丁纬来后，在这场斗争中他又起过什么作用；在剧本中，党委书记是个可有可无的角色。丁纬的斗争没有取得党委的领导，这样，就不能不只显出了他个人的作用，而没有表现出组织的力量，如果生动地刻划出党委书记的形象，丁纬的斗争和方克的斗争有机地联系起来，这样，不但表现了党的领导，也表现了正面人物力量的来源。观众也才会对他产生更高的政治热情，更深切地同情他的斗争。

另一个正面人物是做为新生力量出现的徐达民。剧本描写了他的斗争精神，也表现了他的幼稚、急躁，最后作者以越级提拔的方式让他代替杨仲安作了副厂长，这一点曾引起了观众的怀疑，怀疑不是由于对青年人做领导工作的不信任，而是对徐达民这个人能不能担起副厂长的担子表示担心。因为作者只描绘了他品质好、态度积极的一面，而对他工作能力、斗争经验的一面缺少形象的描写，他看来是没有经过多少风波，没有受到多少艰难，而带着一些天真与稚气的孩子，特别是在政治上还很不成熟。三幕一场与丁纬的一场谈话，一见面就作自我检讨，这样的描写显然降低了人物的思想水平与精神状态，三幕二场与杨仲安的一场讨论，除了表现了一些青年的执拗，并未看出他有一定的认识能力，因此，人物性格的提高与他工作职务的提高不相一致，人们对他的领导能力缺乏信心。对徐达民的态度是丁纬与杨仲安斗争的焦点，杨仲安轻视与打击新生力量当然是错误的；而丁纬对徐达民的态度只是信任与越级提拔，并未看到他对徐达民的具体帮助与热心培养，因而也不能赢得观众更多热烈的同情和感动。对徐达民的性格的描写上的不够丰富，就使得这个斗争的焦点吸引不了观众的全部的注意与关注。

剧本的艺术感染力不强的另一个原因在于矛盾冲突未能深入、全面地展开。

剧本的矛盾冲突较多的是表现在主要人物间对工作问题的争论，而较少注意到通过人物的内心活动去深入地表现这种矛盾冲突。这一点不妨再从杨仲安与丁纬这两个人物的性格上来研究一下：杨仲安是这样一个主观、自信、而又直率的人，当他在思想问题的牛角尖里一时钻不出来的时候，精神的苦闷、情绪的委屈是可想而知的，我们看到过工作忙乱中的杨仲安，也看到争论问题时的杨仲安，可是没有看到倾心而谈、诉说心情时的杨仲安。丁纬应该是个诚恳热情的好同志，在斗争中，他不会没有矛盾苦恼和激动的心情，但在这里，他除了轻松幽默的对话，就是思想理论的争辩，在剧本中，这两个知心朋友推心置腹的谈话，一次也没有正面展示。观众很想看到革命的友情在原则斗争中所迸发出的耀眼的火花，而看到的只是燃烧以后的灰烬。作者介绍：在党委会开会前，丁纬曾去杨仲安家，而这一场有意义的谈话却被放在幕后去了，党委会开会后，杨仲安受到了处分，他的内心活动与思想情况，观众也是非常关心的，但在戏结束以前，始终没有看到他最后的态度。这样，对人物精神面貌描绘得不够丰满，观众在情绪上是不能感到满足的。

不能说作者没有注意对人物日常生活的描绘，特别是对正面人物丁纬的性格与作风，作者是曾运用了生活的气息来加以烘托的。丁纬在家里和女儿开玩笑，和爱人闲谈，都使人感到非常亲切。丁纬在工厂里和“小姑娘”秘书的对话，和老工程师的聊天也颇有风趣，但是一和杨仲安相处时，一接触到剧本中主要的矛盾斗争时，生活气息就冲淡了。这些生活的描写，只是作为一种衬托，一种穿插，没有与人物及其斗争有机的结合起来，因而，这些脱离了斗争的生活描写，就会使人感到平淡无奇，这些缺乏生活的人物和斗争也会使人感到枯燥乏味。

剧本中的矛盾冲突只单纯地集中在杨仲安与丁纬两个人身上，而对他们周围的人们，好象都没有发生显著的作用。党委书记、工程师、车间主任，都没有看到他们在斗争中的行动，王蕙虽然与杨仲安有过斗争，但并没有发展，郑裕青连情况也不太清楚。而且，这些次要人物之间，互相的关系也不多，剧本中介绍过王蕙与郑裕青为了自己的丈夫曾有一场颇有情感的谈话，但作者把它作为暗场处理了。一些必要的旁枝细节的描写，不但会丰富剧情，也会对主要人物、主要矛盾起推进作用。次要的矛盾与主要的矛盾相结合，象一棵大树，有树干，也有大小树枝树叶一样，就会使作品生动、丰富起来，一条单线的矛盾斗争是会影响主题的深刻与广阔的。

剧本在主要的矛盾冲突上也没有深入扩大地展开。全剧共五幕六场，但到三幕二场才揭露了具体的冲突，第四幕时斗争正将发展，但又豁然中止，高潮象暗流似地被置在幕后去了，这样就使第五幕的结束不但显得突然，而且不够有力。按照剧情发展的需要，矛盾是可以而且应该尖锐地展开来的，比如党委会开会前后，人物的思想情感在斗争的尖端正可以突出地表现，正好安排好多有意义的戏剧情节，但是作者避开了这些冲突，省略了这些描写。也许作者这样做是为了不使剧本表现一些人为的戏剧效果，不使作品流于一般化。的确，脱离了人物性格与生活真实而制造出来的廉价的舞台效果是应该反对的，但是，在突出主题思想、表现人物性格的需要下，矛盾冲突的尖锐展开却是十分必要的。只有全面地、尖锐地展开了矛盾冲突，才会加强艺术感染的力量。

这样过于强调了剧本的矛盾冲突，是不是会有损作者原有的朴素、清淡的风格呢？我想，所谓风格，是决定于内容的，既然作者选取了这样一个尖锐的主题，那末新的内容就要求原有的风格取得新的因素，要求有所发展。根据作者长期积累的创作经验，吸取了今天新的生活的滋养，必将使原有的风格得到更鲜明动人的色彩。作者搁笔十年以后，写出了《考验》这样的剧本，应该认为是一个新的成功的开始。可以预期夏衍同志在新的剧本创作中将带着更动人心魄的艺术力量，创造出更丰满的艺术形象，来回答无数观众的热烈期待。

（原载《文艺报》1956年2月号）

《中国现代文学史》关于夏衍剧作的节录

唐　弢　严家炎主编

夏衍，一九〇〇年生，浙江杭州人，他是抗战前期影响较大的剧作家之一。三十年代初期，他就参预了左翼戏剧运动的组织领导工作，剧本创作则开始于一九三四年。最早的独幕剧有《都会的一角》。一九三六年四月写的“讽喻史剧”《赛金花》，是他发表的第一部多幕剧。作者自述此剧的创作意图，是“想画一幅以庚子事变为背景的奴才群像”，“以揭露汉奸丑态，唤起大众注意‘国境以内的国防’。”❶剧本以妓女赛金花的活动为线索，对清政府上层统治者李鸿章、孙家鼐、魏邦贤之流的反动腐朽和卑鄙无耻进行了鞭打，借历史题材对现实作了讽喻，因而曾遭到国民党禁演。女主人公赛金花，原也置于讽嘲的“焦点之内”，但由于作者对她“同情”较多，认为她“多少的保留着一些人性”，❷实际落笔时对她不无赞颂。剧本对义和团的革命历史作用，也缺少正确的较为全面的认识和评价。对《赛金花》一剧的毛病，鲁迅曾经在《“这也是生活”……》中有所批评。一九三六年冬，夏衍创作的第二部多幕历史剧《秋瑾传》（初次发表时名《自由魂》），则在思想上和艺术上都比《赛金花》有明显的进步。这个剧本以辛亥革命时期的女英雄秋瑾的壮烈事迹为题材，真实地表现了她反帝反封建的革命精神和杀身成仁、舍生取义的英雄气概，对她缺乏警惕和不懂革命策略的弱点也有批评。与此同时，更无情地鞭挞了

❶❷ 夏衍：《历史与讽喻》，载《文学界》1936年创刊号。

媚外残内的清朝统治者和汉奸走狗。剧本的戏剧冲突比较集中，主人公的性格刻划比较明朗突出；作者后来形成的简洁、素淡的风格特色，在这部剧作中也初露端倪。

一九三七年四、五月间，夏衍开始以现实生活为题材创作了三幕剧《上海屋檐下》。当时正是西安事变之后不久，抗日统一战线处在酝酿之中，国民党政府被迫有条件释放一批长期关押的共产党人和其他政治犯。一些革命者经营救陆续出狱，他们中间有些悲欢离合的故事触动了作者，使他写出了这部一名为《重逢》的剧作。在这个剧本中，作者认真地“用严谨的现实主义去写作”，❶有意识地在人物性格刻划和环境描写等方面下功夫，力图“从小人物的生活中反映这个大的时代，让当时的观众听到些将要到来的时代的脚步声音”。❷剧本通过一座弄堂房子里五户人家的一天经历，十分真实地表现了抗战爆发前夕上海小市民的痛苦生活。在这黄梅天一样晴雨不定、郁闷阴晦的政治气候中，家家都有一本难念的经。沦落风尘的弃妇施小宝，被流氓逼迫去卖淫，她想挣扎，然而四顾无援，终于跳不出邪恶势力的魔掌。老报贩“李陵碑”孑然一身，他的独生子在“一二八”战事中参军牺牲，使他孤苦无依，精神错乱，成天哼着“盼娇儿，不由人，珠泪双流……”，酗酒解愁。失业的洋行职员黄家楣，正陷于贫病交困中，偏巧这时辛辛苦苦培植他到大学毕业的老父亲从乡下来了。老父亲满以为这个自幼就被诩为“天才”的儿子，早在上海有了“出息”，实际上“天才在亭子间里面”。儿子儿媳企图用借债、典当把窘状隐瞒过去，强颜欢笑，谁知老父亲耳聋心不聋，私下发觉了实情，立刻托故回乡，临走还把自己最后一点点血汗钱，偷偷留给了小孙子。小学教师赵振宇安贫乐命，与世无争，可他的妻子却愁穷哭苦，叨叨唠唠，为讨菜贩的一点小便宜竟至连蒙带唬，关门抵拒。作为剧中主线的，是二房东林志成、杨彩玉一家的故事。林志成是一个工厂中的下级职员，他不仅由于做着亦“牛”亦“狗”的工作而整天担忧、赌气，更由于被监禁十年、久无消息的匡复的突然归来，使他禁不住良心的谴责。匡复是革命者，是林志成的好友，是杨彩玉的丈夫和葆珍的生

❶❷ 夏衍：《谈〈上海屋檐下〉的创作》，《剧本》1957年4月号。

身之父。长期的牢狱生活损害了他身体的健康，而眼前的尴尬局面又给了他意外的苦楚和酸辛。彩玉过去是同情革命的少女，为同匡复结合而脱离家庭，可匡复被捕后，孤苦、贫穷的磨难逼得她退却了，她在误以为匡复已经遭难的情况下与林志成结合，变成一个小心翼翼随顺夫权的家庭主妇，生活的奴隶，尽管她的感情还在前夫与后夫之间痛苦地挣扎着……。剧本借助于戏剧冲突所表现的人物这种种生活处境和精神面貌，无一不是与那个社会密切相关的，无一不是那个黄梅天一样压得人透不过气来的政治气候带来的结果。正是通过人物的不幸命运，剧作对当时的黑暗社会和国民党反动统治提出了深沉强烈的控诉。

作者对这群人物的未来还是抱着希望和信心的。他把希望寄托在葆珍等“小先生”身上。孩子们高唱《勇敢的小娃娃》歌，朝气蓬勃，表达了“大家联合起来救国家”的决心。这歌声促使匡复重新振作起来，毅然出走。他声称，这“决不是消极的逃避”，并鼓励朋友们“勇敢地活下去！”他终于是一个革命者，用革命的理想克服了个人生活上的伤痛，走上“救国家”的人生大道。——舞台上从远处轰轰然响起惊雷之声，预示着令人沉闷的黄梅天即将过去。

剧作布局新颖而严密，作者把一群各种各样的“小人物”巧妙地拉到一起，使他们的故事齐头并进，却没有一点紊乱的感觉，波澜起伏，紧凑自然，最后达到高潮——匡复出走。能够写成功这样一出“个个角色有戏的群戏”，[1]在很大程度上得力于作者对生活的熟悉。他曾经在这种屋檐下生活了十年，剧中的各种人物他都曾经亲眼看到过。因此，全剧处处散发着浓郁的生活气息，每个人物虽然台词和动作不多，而他们的面貌和特征却都被生动地刻划出来。应该说，《上海屋檐下》标志夏衍在现实主义创作道路上迈出了坚实的一步，并显露出独特的艺术风格。

抗战头三年颠沛流离的生活中，夏衍先后在广州写成《一年间》（《天上人间》），在桂林写成《心防》和《愁城记》。这三部剧作，差不多全取材于沦陷的上海。作者在《愁城记》的代序——《一个旅

---

[1] 李健吾：《论〈上海屋檐下〉——与友人书》，1957年1月26日《人民日报》。

人的独白》中解释说："为什么我执拗地表现着上海？一是为了我比较熟悉，二是为了三年以来对于在上海这特殊环境之下坚毅苦斗的战友，无法禁抑我对他们战绩与运命表示衷心的感叹和忧煎。"在这方面，三剧之中以《心防》表现得最为突出和成功。

四幕剧《心防》，写成于一九四〇年五月。它生动地反映了上海沦陷后的最初两年间，进步文化工作者为坚守这个城市"五百万中国人心里的防线"而进行的艰苦、英勇斗争的事实。原来在《上海屋檐下》中弥漫着的那种黄梅时节的阴晦和沉闷的气氛，在这里已被抗战爆发卷起的时代风暴冲破了。主人公刘浩如，是一位具有炽烈爱国热情、高度责任感和不怕牺牲精神的新闻记者，进步文化界的领导者之一。上海刚沦陷的时候，他曾准备到后方去，但随即又决定留下来。他意识到："现在摆在我们面前的问题，是如何死守这一条五百万人精神上的防线，要永远地使人心不死，在精神上永远不被敌人征服，这就是留在上海的文化工作者的责任！"由于抗战节节失败，汪精卫公开叛国投敌，使斗争环境更加复杂、困难。他不仅顶住了敌伪的种种威胁和利诱，而且排除了来自生活方面的干扰，始终坚定不移地站立在"防线"的最前沿。同时，他还善于帮助战友们识破敌人的阴谋诡计，鼓励他们增强胜利的信心，坚持斗争。一直到被敌人刺杀倒下去的时候，他所挂念于心的仍然是"咱……们……的防……线！"——这也就是剧本所要表现的主题。由于作者非常熟悉上海进步文化界的各种人物，对他们艰苦曲折的战斗情况深有了解，充满同情，其中某些斗争生活更是作者亲身经历的，所以剧本在表现这些战斗场面的时候，就能够取得真实动人的效果，并且能够在剧烈的矛盾冲突中，把人物性格十分鲜明地刻划出来。剧本也有不足，使人不能充分看到进步文化界坚持斗争的群众基础。

因受敌后人民武装和游击队英勇斗争的鼓舞，作者于一九四二年六月写成四幕剧《水乡吟》，来表现"叫做'天堂'的'鱼米之乡'"的浙西一带农村"在受难……也在斗争"的情景，给观众"带来一些故乡已经春来的消息"。可是，作者不熟悉这方面的生活，"不想再在沙上建塔"，于是正面描写的是一群知识分子的悲欢离合，"有意的把真正想写的推到观众看不见的幕后，而使之成为无可究诘的后景

与效果”。❶

随后写于一九四二年夏的五幕剧《法西斯细菌》（一度改名《第七号风球》），则是标志夏衍在思想上和艺术上更加成熟的一部现实主义力作。剧本以一九三一年至一九四二年间国内外某些政治事变为背景，主要通过细菌学家俞实夫由不问政治到“再出发”的曲折的觉醒过程，严正批评了超阶级、超政治的科学至上主义，揭露了法西斯主义与人类一切进步事物为敌的反动本质和国民党统治的黑暗腐败。当时，《新华日报》曾陆续发表评论文章，赞许该剧是经得起时间考验的“杰作”，❷剧中人物“都有活力与生命”，“它给人们内心的感动不是一刹那的，而是意味深长的”。❸它对教育知识分子关心政治、认清国民党统治的黑暗和法西斯主义的反动，激励他们投身抗战洪流，曾经起过很大的作用。

俞实夫与作者其他剧作中的人物相比，塑造得更加丰满、深厚，具有较高的典型意义。象俞实夫那样埋头科学研究不问政治的学者，在旧中国高级知识分子当中是不少的，而日本帝国主义的侵略暴行、中华民族危亡的命运，确实曾促使他们中的相当一部分人开始觉醒。当然，俞实夫又是具有鲜明个性的，他的觉醒过程处于特定的历史环境之中，有其特殊的表现方式。他为人正直、迂阔，真诚而执拗地希望用自己的科研成果“为国家，为民族……为全世界全人类的将来”服务，工作勤奋专注。然而，他不问政治，政治却要问他。一九三一年九月，当他获得日本医科大学博士学位的时候，“中日关系大破局”的政治形势促使他离开留学的日本回国，虽然他仍然到日本人办的“上海自然科学研究所”担任预防医学系的研究员。一九三七年八月，继芦沟桥事变后上海“八一三”抗战的爆发，中国人民抗日热潮的高涨，立即波及到他的家里来；因为他的妻子是日本人，所以在无可厚非的民族感情驱使下女仆坚决辞职，女儿被同学们骂为“小东洋”，……在这种政治形势的迫使下，他只得移居香港，虽然他仍决

❶ 夏衍：《忆江南》，收入《边鼓集》。

❷ 颜翰彤：《消灭法西斯细菌》，1942年10月16日《新华日报》。

❸ 章虹：《谈〈法西斯细菌〉——从剧本说到演出》，1942年11月5日《新华日报》。

意闭门研究他的斑疹伤寒之类。直至一九四一年十二月太平洋战争爆发，日本侵略者闯进了他的家门，不仅捣毁了他的“科学之宫”，侮辱了他，而且当着他的面残杀了爱国青年钱裕；这血淋淋的事实才使他开始醒悟到：“人类最大的传染病——法西斯细菌不消灭，要把中国造成一个现代化的国家，不可能……”。于是，他从香港逃回后方以后，决定参加“扑灭法西斯细菌的实际工作”，进行一次“再出发”，等到反法西斯战争胜利后再继续他的科学研究工作。俞实夫的这个觉醒转变过程，表现得实实在在，令人信服。剧中另外两个对俞实夫起到烘托作用的高级知识分子形象——赵安涛和秦正谊，也刻划得比较真实、鲜明。由于戏剧冲突表现得真实、具体、生动，主人公塑造得突出、典型，剧本的主题也就表达得深刻动人。

一九四四年底，作者又写成《离离草》，虽然怀着爱国主义激情和“野火烧不尽”的信心，企图表现东北人民坚持不懈的抗日武装斗争，但是没有这方面的生活经验，剧中斗争生活情景“全出臆造”，因此人物性格浮泛，缺乏真切感人的力量。一九四五年春写成的四幕剧《芳草天涯》，作者意在引导知识分子正确处理恋爱纠纷，以集中精力于抗战工作，在冲突安排和表现人物复杂心理方面，也不乏精巧的笔触。但是，剧本对某些知识分子的软弱性原谅和同情过多，政治倾向不够鲜明，并且把解决这类纠纷的根本途径，放在确立一个抽象的伦理观念上，过分夸大了爱情纠葛的作用和影响。

作为一个不断探索和成长的作家，夏衍在创作道路上虽有曲折，有教训，但主流却是健康的，日趋成熟的。从《上海屋檐下》到《法西斯细菌》，夏衍的剧作显露出它独特的现实主义的风格。剧本的选材紧密配合当前的现实斗争，洋溢着争取民族解放的激情和革命乐观主义的精神；在揭露眼前黑暗和消极现象的同时，总能够指出些光明、积极的因素，向人们透露未来的曙光。其次，在艺术上它既不同于曹禺剧作那样冲突尖锐剧烈、色彩浓重，也不同于郭沫若的剧作那样诗情洋溢、慷慨激昂；它往往用日常生活中那些富有特征性的细节构成冲突，生活气息浓郁，语言朴素、洗练，以一种素描或淡彩画的笔法来表现严肃的主题，揭示时代的本质，使人感到平易亲切，耐于咀嚼回味。其中有些地方，可以看到契诃夫和高尔基戏剧影响的痕迹。

夏衍的剧作几乎全是写小资产阶级，特别是知识分子的。这主要是由于作者长期在国民党统治区域的城市里从事地下工作，对这些人物有深刻的了解和同情。其中的不足，主要如作者自己所说："在于当作者批评和鞭挞这些旧事象、旧人物和旧性格的时候……往往会'情不自禁'地怜惜乃至欣赏了这些弱点"。[1]

（原载《中国现代文学史》第80—87页，
1980年12月人民文学出版社出版）

❶ 夏衍：《〈夏衍选集〉代序》，人民文学出版社1959年版。

《中国新文学史稿》关于夏衍剧作的节录

王　瑶

一

当时大家认为以国防为主题的最成功的剧作是夏衍（沈端先）的历史剧《赛金花》，剧作者协会曾召集过开《赛金花》座谈会，[1]出席的人虽也有批评的意见，但大致都是推崇的；在上海的演出效果也很好。他自己说：

> 去年（一九三五）深秋，我在一个北国的危城里面困处了两个月之久，……于是我就想以摘露汉奸丑恶，唤起大众注意，“国境以内的国防”为主题，将那些在这危城里面活跃着的人们的面目，假托在庚子事变前后的人物里面，而写作一个讽喻性质的剧本。
>
> 因为最初的着想如此，只想对于那些愿为奴隶和顺民的人们加以讽嘲和诅咒，所以在性质上说，这习作只是以反汉奸为中心的奴隶文学的一种。高踞庙堂之上，对同胞昂首怒目，对敌人屈膝蛇行的人物，从李鸿章孙家鼐一直到求为一个洋大人的听差而不可得的魏邦贤止，固然同样的是作者要讽嘲的奴隶，就是以肉体博取敌人的欢心而苟延性命于乱世的女主人公，我也只当她是这些奴隶里面的一个，我想描画一幅以庚子事变为后果的奴才群

[1]《〈赛金花〉座谈会》，《文学界》1936年6月创刊号。

像，从赛金花到魏邦贤，都想安置在被写的焦点之内。我不想将女主人公写成一个“民族英雄”，而只想将她写成一个当时乃至现在中国习见的包藏着一切女性所通有的弱点的平常的女性。我尽可能的真实地描写她的性格，希望写成她只是因为偶然的机缘而在这悲剧的时代里面串演了一个角色。不过，我不想掩饰对于这女主人公的同情，我同情她，因为在当时形形色色的奴隶里面，将她和那些能在庙堂上讲话的人们比较起来，她多少的还保留着一些人性！

为着要使读者能够在历史的人物里面发见现今活跃着的人们的姿态，也可以说是为着要完成讽喻（allegory）的作用，我于是避开烦琐的自然主义的复写，而强调了可以唤起联想的，与今日的时事最有共同感的事象。……这作品的主要目的是在讽喻，而讽喻史剧的性质上就需要着能使读者（观众）不费思索地可从历史里面抽出教训来的“联想”。我希望读者能够从八国联军联想到飞扬跋扈无恶不作的“友邦”，从李鸿章等等联想到为着保持自己的权位和博得“友邦”的宠眷，而不恤以同胞的鲜血作为进见之礼的那些人物；但是，我却绝不希望读者从原始的农民暴动联想到目前的民族自卫运动，更不希望读者从那无组织的乌合之众的失败，联想到救亡自卫的前途。❶

为了引起读者或观众的联想，他的写法不是以批判为原则的一般历史剧的写法，而采取了讽喻的手法，画了一幅以庚子事件为背景的奴才群像。作者为了表现对这群人的憎恶，他的描写和讽刺都用了漫画式的夸张手法。历史事件在这里只是衬托了一个背景，也并不象《孽海花》似的注意于一个女人的浪漫谛克的故事，虽然作者对她也寄予了很大的同情，象第七场的标题就是“可是他们给她的报酬呢”；但这些都没有影响了主题的开展，他暴露当时政府腐败昏庸的投降外交和官僚奴才们的无耻，都是很成功的。有几个人物写得极好，如赛金花的平凡，李鸿章的奸猾，孙家鼐的顽固，都很生动。他用了电影剧

❶ 夏衍：《历史与讽喻》，《文学界》创刊号。

本式的片段连接的速写手法，这样比较容易收到讽刺的效果，但却不易集中表现力量。剧中对于义和团本身的反帝性质和帝国主义者的残暴也表现得不够明显，在故事中还带有一点浪漫气味。虽然这样，但正如凌鹤在“赛金花座谈会”上作的总结所说：“这剧作是在中国提出建立‘国防戏剧’口号后，第一次收获到的伟大的剧作。”作者把他的愤怒化为讽刺，作品就因之有了力量。接着他又写了《自由魂》（即《秋瑾传》），同样取材于清末的历史，主角也同是女人，但作者这次写出了正面人物，他表彰一个革命家勇敢壮烈的为事业殉身的精神。这剧本写得不如《赛金花》成功，题材受到了史实的限制，也没有象《赛金花》一样引起广大的注意。写法上他先画出时代背景，即集中力量写几个人物的性格和故事的开展，写得平易自然，却缺少了作者的感情，因此不如《赛金花》感动人。这以后，他就不再写历史剧了。他评魏如晦的剧本《明末遗恨》时说：“从历史的悲剧的结束，就无法可以联想到现实的明日的光明。”这也就是他改变创作题材的原因罢。一九三七年他写了以上海小市民生活为题材的剧本《上海屋檐下》，另外还有一本独幕剧集《小市民》，用的也是同类的题材。这是他所熟悉的材料，没有惊人的传奇情节和英雄人物，有的只是灰色的平凡黯淡的日常生活；但当这些人可笑而又可怜地对观众生活着的时候，我们深深地受了感动。一种阴沉的调子写出了这些在生活和社会桎梏之下呻吟着的人物，虽没有紧张的场面，却在众生相中显出了严重的现实面貌。作者对这些人物是有感情的，他要他们转变。他说：

> 我把他们放在一个可能的改变，必须改变，但是一定要从苦难的现实生活里才能改变的环境里面，我想残酷地压抑他们，鞭挞他们，甚至于碰伤他们，而使他们转弯摸角地经过各种样式的路而到达他们必须到达的境地。❶

他对现实的态度是严肃的，他要一切人跟着社会变，并推动社会

❶ 夏衍：《〈小市民〉序》。

的进展。《上海屋檐下》分三幕，时间在一天之内，背景是上海租界边沿的石库门楼房里；有五家人家同时出场，各有不同而又有某种相似的生活。主要的情节摆在了一对夫妇十年之后的重逢，巧妙地插入了各家的不同情形，错综而不杂乱地呈现给观众，使我们可以了解他们生活的全貌。这是一个日常生活的断面，他们扮演的是平凡真实的悲剧。整个的情调是阴沉忧郁的，这本是这群人的生活色彩；但并不悲观，他借一个小孩林葆珍的进取乐观的动作和歌唱，给未来描摹了希望；这希望能使得一个为监狱摧残了勇气的革命者又重新振作起力量。与契诃夫有点相似，他的作风是素朴平易的。不着重于舞台情节的穿插，而把技巧致力于组织实生活的现象；观察又明锐深刻，因而作品的思想性就比较强了。

比起小说来，这一时期的剧作是不够丰盛的；但比之前一时期的剧作，那就不只在数量上增多，艺术水平也大大地提高了。有很多人在极其艰苦的环境下坚持剧运，也有很多人不断地努力创作。从“九一八”到抗战，戏剧在鼓动抗日反帝的情绪和国防动员的宣传上，是尽了巨大力量的。而且出现了许多新进的努力写作的剧作家，为抗战时期的戏剧运动和剧本创作打下了良好的基础。

二

敌区与后方

夏衍这时期写了五个剧本，《一年间》、《心防》、《愁城记》、《水乡吟》和《法西斯细菌》。《一年间》是抗战初期的代表作之一，它是跳出了当时一般作品的公式化窠臼的。它写一个飞行员在结婚之次日即奉命归队，参加空战，他的一家则在战乱中逃至上海；到第二年“九一八”，他夫人得养一子，中国飞机也适于此时来上海侦察，故事乃告结束。借了这个故事，他也写出了沦陷区人民的爱国热忱和一些汉奸败类的无耻活动，表现得非常生动。《心防》是写上海沦陷后文化界的坚持活动情形的。国军撤退后，有四百五十万人口的上海公共租界和法租界仍是中国抗战的堡垒，“我们用什么力量守这个堡垒的呢？不是武力，不是金钱，而是文化，说得具体一点的是笔尖。在文化部门中成绩最著的是新闻，补习学校，戏剧三种。特别是新闻事业坚定了广大民众对抗战必胜的信心，所以有人说，上海几家报纸足抵二十万大军，从对敌人的威胁和维系沦陷区的人心上说来，或许这个譬喻并不夸大。”❶作者这剧本就是为了表扬和鼓励那些留在上海和敌伪苦斗的文化人，特别是新闻记者的。象刘浩如那样坚持不离开上海，一直到被敌人暗杀倒下去的时候，还挂念着要固守上海人“心里的防线”的新闻工作者，是的确值得人敬仰的。《愁城记》是以上海知识青年的生活为题材，写一对善良的青年男女怎样从小圈子断然跳到大圈子中去的。他自己说：

> 相煦相濡，在个人是美德，这是无疑问的，可是，在涸辙中，于人于己，究有些什么好处？我相信，有的人可以用力量来使涸辙变成江湖，而这些方才感觉到自己是处身于涸辙的懦弱者，煦濡之后的运命，不是可以想象的吗？于是“不若”和“不得不”相忘于激荡的江湖，也许是这些善良的小儿女们的必然的归结了。❷

这戏是为了在上海演出而写的，里面也暴露了一些上海投机商人的活动，而重心则在劝导善良的青年们放大眼光，走向战斗的人生。他说：

> 颠沛三年，我只写下了三个剧本：在广州写了《一年间》，在桂林写了《心防》和《愁城记》；这三个戏的主题各有不同，而题材差不多全取于上海——一般人口中的孤岛，和友人们笔下的“愁城”。为什么我执拗地表现着上海？一是为了我比较熟悉，二是为了三年以来对于在上海这特殊环境之下坚毅苦斗的战友，无法禁抑我对他们战绩与运命表示衷心的感叹和忧煎。❸

---

❶ 夏衍：《〈心防〉代序》。

❷❸ 夏衍：《愁城记》代序《一个旅人的自白》。

好些取材于沦陷区及半沦陷区（所谓阴阳界）生活的作品，除了关怀在敌人占领下的坚强不屈的人民和他们的斗争以外，也是为了在言论不自由的环境下可以比较有发表和演出的方便，而这也同样是可以教育敌区和后方的读者及观众的。《水乡吟》是写浙西半沦陷区敌我双方如何展开政治经济战的场面，以及我方经济游击队与敌伪坚持作战的情形，其中也处理了青年人恋爱与革命，及个人利益与民族利益之间的矛盾等问题。他说：

> 这一年夏（一九四一），敌人攻陷了金华。苟安的幻想在凶残的三光政策下面粉碎，金和铅在战火中判别了他们的坚实与脆弱了。眼看得见的是几乎无可挽救的土堤般的溃决，眼看不见的却象是遇到阻力而更显出了它威力的春潮。要不是浙西人民武装和游击队伍一再的出击与阻扰，这一年夏季的法西斯洪水也许会冲得更远一点吧。我明白了浙西人所谓“浙西人的柔弱”这个概念只能正确地适用于上层知识分子，于是而我也居然常常以王八妹之类的草泽英雄作为我们故乡的夸耀了。
>
> 《水乡吟》四幕，是在这样心情下所写。但我为了不想再在沙上建塔，所以我有意的把真真想写的推到观众看不见的幕后，而使之成为无可诘究的后景与效果。❶

他作品中的人物不多，没有过多的穿插和热闹的场面，只淡彩地然而扼要地表现了生活的真实，但读后或观后是会引起一些令人深思的问题的。香港沦陷以后，他又写了《法西斯细菌》，他在《跋》中说：“我在此更痛切地感到有从速毕业于素描阶段之必要了，人物不能凸出，性格不能鲜明，结构不够坚实，表现不够强烈，这都不是可以用什么风格之类的美名来辩解的。要学油画，我还得从基本学起。”这虽然是自谦，但《法西斯细菌》中的戏剧性是比以前浓多了，说明了作者的努力的成绩。这是借一位研究斑疹伤寒的医学博士的经历和转变，说明“法西斯与科学不两立”的。作者借剧中人的口说：

❶ 夏衍：《忆江南》，《边鼓集》。

伤寒和其他的疫病，每年不过死伤几万乃至几十万人罢了，可是法西斯细菌在去年一年内，不已经在苏联杀伤了千万人吗？

法西斯主义不消灭，世界上一切卫生、预防、医疗的科学，都只有在民主自由的土地上，才能生根滋长。

这剧对于一些纯技术观点的科学工作者，是有很大教育意义的。故事的发展在时间上经过了十年，地点上经历了东京、上海、香港、桂林四处，将香港战事当作促进这位医生转变的因素，布局剪裁上是很用了一番心思的。作品中的主题明确，观察深入，可以说是剧作家中思想性很强的一位。

（原载《中国新文学史稿》，上册第280–283页；下册第158–161页，1954年12月新文艺出版社出版）

《中国新文学史初稿》关于夏衍剧作的节录

刘绶松

一

夏衍最初的两个剧本——《赛金花》和《秋瑾传》(一名《自由魂》),都是以历史事实为根据,而又对于现实环境有所讽喻,希望"读者能够在历史的人物里面发见现今活跃着的人们的姿态","不费思索地可从历史里面抽出教训来的"。《赛金花》一剧取材于庚子事变的史实,用意在"将那些在这危城(指当时的北平)里面活跃着的人们的面目,假托在庚子事变前后的人物里面","对于那些愿为奴隶和顺民的人加以讽嘲和诅咒"。[1]这个剧本发表后,因为作者刻划人物所运用的夸张手法和对于卖国汉奸的烈火似的讽刺,很快就受到了读者和观众的热烈爱好,而且被认为是提出建立国防戏剧的口号后第一次出现的伟大剧作。

《秋瑾传》最初以《自由魂》的题名发表在《光明》杂志(二卷一、二号)上。这个剧本描述了中国民主主义革命先烈秋瑾女士的艰苦奋斗的一生,强烈地表现了她的不畏艰险的爱国主义精神和她的视死如归的崇高的民族气节。在剧本的序幕中,作者就把秋瑾这样一个英雄人物安放在她与中国广大人民(特别是农民)的"休戚与共"的紧密联系中,显示了:国家和人民的灾苦是形成秋瑾的英雄性格和行

[1] 夏衍:《历史与讽喻》,《文学界》创刊号。

为的最主要的动力，秋瑾正是把她的生命贡献给她的受苦受难的祖国和人民的。第一幕写秋瑾如何为爱国热情所鼓舞而冲出封建家庭的牢笼，离开她的官僚丈夫到日本去，她对她的朋友吴兰石说："我把革命看作一团热火，我跳进火里去，我想，我一定会跟着更猛烈地烧起来。"第二幕写秋瑾从日本归国，开始参加实际革命斗争，她要"打一个惊天动地的雷，放一把惊天动地的火，使整个的中国都改变"。第三幕写秋瑾所领导的革命起义，因为被内奸所出卖而泄露，但她坚决不肯离开，终于壮烈牺牲。她在死前说："成仁取义，这是我们革命党分内的事情！我的头不会白断，我的血不会白淌，全中国的同志，一定会继续我的遗志，中国妇女的自由平等，中国民众的解放独立，一定会实现的！"这种壮烈的充满信心的声音一直在我们耳畔响着。鲁迅曾说："我们从古以来，就有埋头苦干的人，有拼命硬干的人，有为民请命的人，有舍身求法的人，……虽是等于为帝王将相作家谱的所谓正史，也往往掩不住他们的光耀，这就是中国的脊梁。"《秋瑾传》把秋瑾的英雄的性格和事迹，很饱满地形象地塑绘了出来，当外寇日深，而国民党反动政府正想投降卖国的时候，《秋瑾传》的出现，无疑地，加深了人民对于日本帝国主义和反动统治者的仇恨心理，增强了他们对于斗争前途的胜利信心。

作者关于秋瑾的对于潜伏革命内部的敌人缺乏警惕，和固执冒进、不懂革命策略的弱点，通过剧情的发展，也给予了适当的批判。但这不是主要的地方。主要的是把秋瑾这样一个人物安置在她所处的特定的历史环境里，她思想着，行动着，放射着生命的光辉和热力，她"代表了一定的阶级和倾向，因而也代表了当时一定的思想"。她的"行动的动机不是从琐碎的个人欲望里，而是从那把他们浮在上面的历史潮流里汲取来的"。[1]因此，这个剧就正如作者在剧前所引的亚理士多德《诗学》中的话，它"叙述了可能的——就是依据着真实性和必然性的法则而可以发生的事件"，它具有着现实主义文学艺术的真切动人的力量。

在性格的刻绘上，作者用了一些对比的手法，这样使得主要人物

---

[1] 恩格斯：《给拉萨尔的信》，《马恩列斯论文艺》。

秋瑾的性格显得鲜明而突出。但也有这样一个缺点，就是：其他有些人物（例如秋瑾的几个女友）仿佛是专门为烘托秋瑾性格而存在，他们在整个剧情的发展中缺少与其他部分的必要的有机联系，因此失去了他们本身所应该具有的真实性和明确性。

作于一九三七年的《上海屋檐下》（三幕剧），是上海小市民灰郁生活的"横断面"的画图。下面是第一幕布景说明中的一段："这是一个郁闷得使人不舒服的黄梅时节。从开幕到终场，细雨始终不曾停过。雨大的时候丁冬的可以听到檐漏的声音，但是说不定一分钟之后，又会透出不爽朗的太阳。空气很重，这种低气压也就影响了这些住户们的心境。从他们的举动谈话里面，都可以知道他们一样的都很忧郁，焦躁，性急……所以有一点很小的机会，就会爆发出必要以上的积愤。"黄梅时节的低沉天气，是剧中人们生活的象征式的说明，也形成了整个剧本的主要色彩和情调。

剧本错综地然而有条不紊地展现了五户人家的面目各异的阴暗的生活。他们显得如此卑微而凡庸，琐屑而苦闷，可笑而又可怜。但是你在书中或者是在舞台上面对着他们的时候，你不由得不带着一种严肃的心情，你不敢耻笑他们之中的任何一个人（不管是整日"板着面孔、好象受了一肚子的委屈似的"林志成，不管是住在阁楼上的终日梦想着儿子当司令的"李陵碑"，也不管是……），因为在他们的背后立着一个面貌狰狞的陷他们于这样生活境地的腐旧的社会制度。这个社会是一个泥坑，他们在里面挣扎着，打着滚。他们要就是站立起来向整个社会制度宣战，要就是在泥坑里默默地从贫穷和焦郁走向死亡。作者没有让我们完全被笼罩在这个沉闷的天地里，有一丝阳光始终在闪耀着，它带给观众以希冀和信心。这就是杨彩玉的女儿——葆珍，她的活泼快乐的歌声始终在剧本里（也就是在人们生活里）响着。她是属于新生的、勇敢的、团结的、战斗的一代，她使她的"对于生活已经失掉了自信"的父亲重新获得了勇气和力量而再度"勇敢地活下去"。——作者以他的匠心和技巧为我们摄取了一幅现实生活的画景，他在这上面涂抹的并不完全是单调、阴郁的彩色。

独幕剧集《小市民》正如书名所标志出的，写的也还是作者所熟悉的小市民的生活。作者在序文中说："我把他们放在一个可能改变，必须改变，但是一定要从苦难的现实生活里才能改变的环境里面，我想残酷地压抑他们，鞭挞他们，甚至于碰伤他们，而使他们转弯抹角地经过各种样式的路而到达他们必须到达的境地。”这段话说明了作者对于他书中人物的情感和希望。

作者曾经在回答一位读者的信中，这样谈到在作品中写小市民阶层所持的态度：

你说我“鞭挞这些知识分子的时候常带着眼泪”，我除出同意你的说法之外，觉得需要补充的是：由于小资产阶级是革命的同盟军的原故，由于在今后的残酷斗争中，他们可以也必须和革命主力长期合作的原故，所以，假如我们能够站在人民大众的立场，那么对他们鞭挞的时候还“带着眼泪”，和他们斗争的时候不忘记团结，也许还是必要而应该的；在这种场合真真的错误所在，我以为只在于当作者批评和鞭挞这些旧事象、旧人物和旧性格的时候，由于作者不能坚定地站在人民大众的立场，由于作者本身对一切旧时代的残余还保留着千丝万缕的联系，所以就往往会“情不自禁”地怜惜乃至欣赏了这些弱点！我们只要反省一下就可以察觉：当我们的笔尖接触到小有产者纤细、优美、温情、洗练、诡谲、高傲、乃至避忌实际斗争的所谓“洁癖”、“孤独”的时候，我们不是不仅一点也不带着憎恶和反感，而且毫不掩饰地抱着同情、赞叹和欣赏的态度么？……❶

这样的一段自我批评，对于我们进一步分析和理解夏衍本时期的剧作是有帮助的。

二

夏衍也是本时期影响较大的剧作者之一。他的剧作，计有：《一年间》、《心防》、《愁城记》、《水乡吟》、《法西斯细菌》、《复

---

❶ 夏衍：《蜗楼随笔》，《夏衍剧作选代序》。

活》（根据托尔斯泰小说改编）、《离离草》和《芳草天涯》。

《一年间》、《心防》、《愁城记》三剧是作者在抗战初三年中写下的：《一年间》写于广州，《心防》和《愁城记》写于桂林。这三个剧本虽然主题各有不同，但都取材于上海。据作者在《愁城记》的代序——《一个旅人的自白》中说："为什么我执拗地表现着上海？一是为了我比较熟悉，二是为了三年以来对于在上海这特殊环境之下坚毅苦斗的战友，无法禁抑我对他们战绩与运命表示衷心的感叹和忧煎。"作者这一段"自白"概括地说明了这三个剧本的主要内容。在这三个剧本之中，意义较大的是写在一九四〇年的四幕剧《心防》。《心防》写的是新闻记者刘浩如始而准备离开上海，继而决定留下来坚持战斗，终于在苦斗中被敌人暗杀的故事。时间是从一九三七年十一月一日直到一九三九年十月。上海沦为"孤岛"后这两年内的重要变化，透过文化战线上的斗争，得到了比较集中而明晰的反映。在第一幕中，刘浩如说："我们的军队退出了上海，闸北的防线放弃了，沪西的防线也放弃了，现在，南市的防线也放弃了，可是，还有一条防线，我们不曾放弃，而且永远也不能放弃，……这就是五百万中国人心里的防线，精神上思想上的防线！……现在摆在我们面前的问题，是如何死守这一条五百万人精神上的防线，要永远的使人心不死，在精神上永远的不被敌人征服，这就是留在上海的文化工作者的责任！"这是《心防》一剧所要表现的主题思想，也是主要人物刘浩如的思想精神面貌。因为作者非常熟悉上海文化界的人物及其生活，同时也具有着深厚的感情，所以他们的艰苦曲折的长期斗争，在剧本中能够得到真实动人的刻绘，而他们的性格，也在剧烈的斗争中相当鲜明地被表现了出来。

《水乡吟》（四幕剧）是一九四二年写下的。它展示了"叫做'天堂'的'鱼米之乡'"的人民和敌伪两种力量之间的斗争图景。青年和游击队长的俞颂平，为敌伪所追赶，负了伤，但他被乡民何裕甫家隐藏了起来，何裕甫的侄女何漱兰（一个刚归乡不久的都市女学生）给他以周到和关切的看护，又为他送消息给游击队。他的伤处痊愈得很快。何裕甫的儿媳妇梅漪恰好是俞颂平过去在上海时的爱人，为他在伪保长处设法弄到了一张敌伪的旅行证，就在日寇军队快到、他准备离开何裕甫家的时候，距离这个乡村不远的车渚里，两家代东洋人收茧的茧行已经燃起游击队点燃的民族仇恨的火焰了。这样一个剧本，使我们看见了在敌人的炮火和疫毒下默默地成长着的中国人民的"故乡"：那里有不愿把蚕茧卖给东洋人的老百姓，有在艰苦境况下坚持教育工作的小学校长，有冒着最大危险来看护受伤的游击队长的青年女性；在这些人物身上，作者的确给他的观众和读者"带来了一些故乡已经春来的消息"。故乡的受难和斗争，是不仅在流亡者的心中撩起一些"乡愁"，而且也给了他们以希望和鼓舞的。不过，这个剧本既然取材于农村，但作者并没有将广大农民作为斗争的主力来描画，作为主要人物出现在这个剧本中的，却是农村中的几个"外来人"的知识分子。这说明了剧本现实基础的薄弱，同时也说明了作者生活幅员的狭隘。其次，剧本中写这些小有产者的知识分子是缺乏批判的，浪漫谛克的情趣与情节，构成了剧本的主要部分，而且也冲淡了它的最重要的主题——民族斗争。正如作者所曾经说过的一样，当他的"笔尖接触到小有产者纤细、优美、温情、洗练、诡谲、高傲、乃至避忌实际斗争的所谓'洁癖'、'孤独'的时候"，是不免抱着一些"同情、赞叹和欣赏的态度"❶的。

《法西斯细菌》（五幕剧，写于一九四二年）是夏衍本时期的一个最优秀的剧本。它着重地批判了超政治、超阶级的"为科学而科学"的糊涂思想，并且以无可争辩的说服力量描写了一个科学家（细菌学家）的逐渐觉醒的过程。主人公医学博士俞实夫，当他一九三一年在日本读书的时候，就已经在科学上取得了很高成就，被日本报纸誉为"新中国医学界的光芒"。他认为他是一个有"自由思想"的人，对于政治问题和社会问题一点也不感兴趣。因此当"中日关系大破局"已无可避免时，而他却应允了日本人创办的上海自然科学研究所的约请，与他的日本夫人静子一同归国，担任了它的预防医学系的研究员的职务，一直做着培养斑疹伤寒菌苗的研究工作。他认为他的"研究不仅是为国家，为民族，而是为人类，为全世界全人类的将来"。"八一三"上海战争爆发后，因为他一直是在日本人的研究机关中工作，

❶ 夏衍：《蜗楼随笔》，《夏衍剧作选代序》。

而他的夫人又是日本籍，在民族仇恨空前高涨的当时，他不能不离开上海，偕着妻女一起到了香港，在这“冒险家的乐园，走私商的天堂”的海岛上，过着清贫艰窘的生活，继续做着科学研究工作。然而战火到底是在香港燃烧起来了，日本强盗炮火毁坏了他的和平的小天地，他亲眼看见日本兵捣毁了他的研究设备，杀死了青年钱裕，而且他自己，一个有成就的值得尊敬的科学家，也受了日本兵的凌辱。他终于觉悟到在这世界上不扑灭法西斯，要根本的消灭伤寒病疫，是完全不可能的；他终于承认他的“科学至上主义，都已经支离破碎，不存在了”；他终于抛开了他的纯粹做研究工作的梦想，而打算做一点切实有用的事情，应朋友邓先生之约，去参加红十字医院的工作了。他对他的妻说：

> 我想了很久，（笑着，但是很坚定）也许你会觉得奇怪，我已经答允了他的要求。我想，尽管力量小，这倒是一件工作，一件扑灭法西斯细菌的实际工作，讲得大一点，为了国家，为了伤兵难民，要去，讲得小一点，为了阿裕的遗志，我也要去。（低头）一路上来，我一闭上眼，好象就看见阿裕那双老是望着我的善良的眼睛。……也好象看见了那些日本兵的发了疯的脸嘴……

这样一个觉醒，从俞实夫说来，的确不是一件简单的事。作者如实地描摹了他的这个长远而曲折的觉醒过程，使这位老科学家的脱离政治的研究态度在客观现实的有力教育下逐渐地改变了过来。这样，我们就不仅在剧本中看见了一个人物性格的变化和成长，而且也看见了整个民族的苦难和斗争。关于俞实夫，作者一方面严正地批判了他的落后的一面——他的超阶级、超政治的科学观点，但同时对于他的守正不阿的坚苦精神，也给了它以一定的肯定和赞扬。这就使得剧本增加了真切动人的力量，也使得观众和读者从其中得到了更多有益的东西。关于其他几个人物，作者也给了恰当的处理。静子这个人物，是被塑造得相当成功的，在她的身上体现出来的是大多数日本人民的善良而正直的心灵。她为了她的国家里的那些法西斯军阀们在中国和世界上所造成的罪行而感到苦痛和愤怒。她说：“更使我苦痛的是，我亲自看见了我的同胞，日本人，公然的抢劫、奸淫、屠杀，做一切非人的事情……。”她为了俞实夫的“再出发”而发出欢乐的声音，她的出现，加强了人们对于一切法西斯主义者的仇恨，也深刻地说明了日本军阀所发动的不义的侵略战争是如何地违背了大多数日本人民的利益和愿望。对于赵安涛这个人物，作者是把他当做俞实夫的对照来处理的。对于这个不坚定的小有产者的知识分子和他的“发财思想”，作者也没有吝惜他的讽刺的笔墨。通过汽车司机徐阿发的前后迥异的生活境况，也反映出了当时国统区的一片糜烂景象。无论就作品内容的思想深度和表现艺术的完整饱满来说，《法西斯细菌》都应当算是本时期的一个不可多得的剧本。

《离离草》（四幕剧，一九四四年十二月完成）取材于东北人民武装抗日的英雄事迹。作者在剧本后的《记〈离离草〉》一文中说：“在一个偶然的机会中，读到了一些日本人所写的笔记和一些传奇性的人物，被束缚的大地在悲叹，在哀诉，在哭泣，被割开了的伤口在排脓，在流血，但，尽管是出于敌人的笔下，这一切对于‘满洲’的报告不也表示了这块苦难深重的地方正在生长新肌与新血么？血在灌溉新芽，他们沉默的战斗以心传心地在激励着整个的民族，我相信，每个有血性的中国人，谁也不会忘记将我们引导到全民抗战的这‘最初投掷的一石’和‘一粒死了的麦子’的。人民，是不朽的，人民，是善于抉择的，也只有人民的武装抵抗，是才能使侵略者的军队瘫痪的。白居易说‘野火烧不尽’，那么从那些敌人笔下所记录的材料，不是也已经够使我们远隔的人感到盎然的春意了么？”作者创作剧本的原意和他对剧中人物所抱的深厚感情，从这段话中是不难完全看出的。但是由于因实际斗争生活体验的缺乏，剧中几个主要人物（如张文西、马顺、苏嘉等）都没有得到有血有肉的栩栩如生的塑绘；故事的传奇性质是得到强调了，但读者和观众却还不能从其中获取惊心动魄的感受。四幕剧《芳草天涯》（写于一九四五年）是一个“以恋爱为主题的戏”。通过这个剧本，作者企图“把不合理的旧社会的恋爱定义为人类生活中最苦痛的悲剧”，而且认为：“要是普天下的每一对男女能够把消费乃至浪费在这一件事情上的精力节约到最小限度，恋爱和家庭变成工作的正号而不再是负号，那世界也许不会停留在今日这个阶段吧。”因此，通过《芳草天涯》这个剧本，作者“在叙述人生的这些愚蠢和悲愁时”，对他“同时代的知识分子”发出了“带着眼泪的谴责”，[1]而最后，则以青年许乃辰、孟小云的投身于抗日实际工作，作为他们应有的出路的指示。这样一个剧本，我们不能说它完全没有教育的意义，但把恋爱问题强调到如此重要的程度，终究是不免失之于夸张的。

一般说来，夏衍的全部剧作，都具有着他所特有的艺术风格。他在现实生活的源泉中汲取创作的题材，他很少创作脱离现实斗争的作品。在人物创造和情节安排上，始终保持着严肃不苟的态度。他不单纯追求惊险曲折的场面，也没有因为要满足某些观众的不正当趣味而降低他的作品的思想、艺术的水平。在平淡朴素的风格下面，往往真实地明朗地揭示了生活的真理。在这些地方，夏衍的剧作显示了一个现实主义作家的重要素质。

（原载《中国新文学史初稿》上册第388-392页；
下册第160—166页，1956年4月作家出版社出版）

---

[1] 夏衍：《〈芳草天涯〉前记》。

《中国新文学史》关于夏衍剧作的节录

〔香港〕司马长风

一、夏衍《上海屋檐下》

中共党员作家夏衍（一九〇〇—），原名沈端先，浙江杭州人，日本留学生，左联的要角之一。夏衍可称得起多才多艺的作家，他最初写小说，三十年代改写剧本，也写文学批评，同时翻译了许多俄国和日本的文学名著。但主要成就还是在戏剧方面。

左派作家的写作比独立作家多一层艰难，那便是必须依从政治教条和路线。在这一限制之下，要使作品达到水准，那必须更多的艺术刻划，否则艺术的肉，包不住政治的骨，便成为政治骷髅了。在这一严酷限制之下，夏衍在新文学的收获期，写出了好几部博得赞赏的作品，有如《赛金花》、《自由魂》（《秋瑾传》）及《上海屋檐下》。尤以后者最受文坛赞誉。

在夏衍的剧作中《上海屋檐下》所以特别出色，主要原因有二：第一它产生于中共教条主义退潮时期，所受的政治牵累最少，这因为一九三六年春中共即自动解散左联，对南京当局由不共戴天的抗争，转向争取合作；同年十二月发生西安事变，国共军队事实上休战，翌年七月发生芦沟桥事变，南京政府收编红军以及国共恢复合作已趋成熟；而《上海屋檐下》即诞生于同年八月。

由于撤除了政治教条的束缚，作家的心和笔自由奔放了，作品的色和香自然就鲜艳起来，浓郁起来。

其次是夏衍自己对剧本的创作有了新的觉悟，刘西渭曾有评论：

"从《自由魂》到《上海屋檐下》，在这短暂的山泉一样喷涌的创作期间，作者起了'一种痛苦的反省'，丢下英雄人物，拾起那久已活在心头，然而搁置一旁的渺小人物。"又："他明白戏剧的宣传效果，同时也主张作品必须具有坚固的艺术性。……他要青年剧作者'写自己所知的事，写自己所十分了解的题材，因为只有这样，创作出来的作品才不陷于观念化，才不陷于公式主义。'"❶

对艺术性有了觉悟才能创作艺术。这是基向的转变，这是把文艺当作政治宣传的穷途知返。放弃莫须有的"英雄人物"，回到所唤所感的现实里来，从腐朽中创造神奇，这才是写实主义的真髓和正道。

《上海屋檐下》写上海弄堂里一楼一底的五户人家，有小学教员赵振宇，失业汉黄家楣，报贩，女工施小宝及二房东林志成。与林志成同居的女人杨彩玉，原是政治犯匡复的妻子，匡被捕入狱，她无以维生，便带着女儿葆珍归了林志成。

剧本写这一楼五家，在一天里早晨，下午和晚上发生的事情。一景三幕剧。剧中的高潮是匡复出狱归来，又开脱的离去。林志成和彩玉一惊一喜。众人各有各自的苦难，但是剧本最后的启示则是："大家联合起来救国"。虽然未能尽脱露骨的政治意图，但是全剧朴实、生动的描写了现实，耐人回味。在转移戏剧作风一点上是分水岭上的里程碑。

虽然，刘西渭指出，《上海屋檐下》的结构形式，模仿日本左翼作家藤森成吉的《光明与黑暗》。但仍慨然称赞作者的成功。

关于"中国的一切"他有进一步的说明：

> 我们不为作者讳言外来的影响，这不是什么耻辱，而是创作过程中一种必要的潜移默化的良善作用。问题不在形式或内容属于谁，而在生活属于谁。假如这里的生活真实，假如形色基于它本身的需要，假如我们觉得在表现上一切是中国人的，或者缩小些，是上海人的，我们便有理由向作者道贺："你成功了"。❷

❶❷ 刘西渭：《上海屋檐下》，《咀华二集》。

二、夏　衍

在左翼剧作当中，夏衍是颇能谨守写实主义原则的人，他纵然也恪遵党的路线，在作品中贯彻政治要求，但是他较能照顾实际生活的土壤，尽量给剧中人以个性和血肉，包住政治的骨骼。战前写的《上海屋檐下》是极好的典型。夏衍在战时战后的创作进程，也和一般左翼作家相同，即抗战前半期，集中于抗日宣传，后半期则从事讽刺现实，揭露黑暗；内战时期则投入所谓反饥饿、反迫害的城市斗争（配合中共在农村的军事斗争）。

综观这个期间夏衍的作品，属于鼓吹抗战者有《一年间》、《心防》、《愁城记》、《离离草》等；属于讽刺和暴露者有《法西斯细菌》；但是这个时期也写了若干政治色彩很淡，探索人生的剧作，创作如《芳草天涯》，改编的剧本如《复活》等是。

《一年间》是抗战初期最有深度的抗日剧。他不落俗套，独出心裁，写一空军战士，在新婚第二天，即奉命归队参加空战，家人则在战乱中流离到上海。恰经过一年，他的爱妻产下一子，中国空军适于此时飞临上海上空，故事遂告结束。将抗战的希望，个人的苦难，都借这一家的生离死别烘托出来。

刘西渭在《咀华二集》对《一年间》有评介：

> ……《一年间》是现实的，……，然而就它的使命来看，我们简直可以把它归入象征剧。为了象征新生的意义，作者差遣新妇怀足了十二个月的孕，忘记在对话之中稍稍加以说明。这里是一个空军将士的亲族，父亲携着他的新妇，带着一家大小，辗转流离，逃在上海避难。在艺术上，夏衍先生依然慎重将事，他不夸张他的情绪，一切依据人情，不求过分，不作无益的呐喊。我们很少从对话发见几句演说。它们忠实于性格，忠实于环境，同时，语言恰切，属于生活，因而也就言出肺腑，属于我们寻常然而英勇的人性。这里表现的是一种清醒的现实，……

《芳草天涯》可看做夏衍摆脱政治绳索，探求人生的尝试。主题在写三角恋爱纠纷。男主人公许乃辰，因不满意其妻思想落后，而恋上了年轻有朝气的孟小云，这引起了妻子的剧烈痛苦，遂使他和孟小云抑制了爱情。遭此刺激，孟小云走向了抗日工作的道路。许也表示："我会坚强起来的。"这与田汉在《秋声赋》里，以献身工作来解决爱情纠纷，手法颇为近似。这可以看做左翼作家，探索人生问题，总不能干净利落，总要拖一条"为社会走向人民"的尾巴。不过，在他们已经难能可贵了。夏衍在本书《前记》中，委婉说明，企图把不合理的旧社会的"恋爱定义为人类生活中最苦痛的悲剧"，又说："我望着天痴想：要是普天下的每一对男女能够把消费乃至浪费在这一件事情上的精力节约到最小限度，恋爱和家庭变成工作的正号而不再是负号，那世界也许不会停留在今日这个阶段了吧！"又说："在叙述人生的这些愚蠢和悲愁时"，对他"同时代的知识分子"发出了"带着眼泪的谴责"。这里多少流露了顾影自怜的痕色。

据王瑶说：本书"出版后曾引起一些争论"，刘绶松则批评："把恋爱问题强调到如此重要的程度，终究不免失之于夸张的。"从马列主义看来，这些批评都属于当然。

（原载《中国新文学史》中卷第306–307页，下卷第277—278页；1979年12月香港昭明出版社出版）

《中国新文学史》关于夏衍剧作的节录

〔台湾〕周　锦

一

夏衍（沈端先），发表了历史剧《赛金花》，是以借题发挥的方式，采取讽喻的手法，把庚子事件中的人物，漫画似的勾勒出一幅奴才群像。还有《自由魂》（《秋瑾传》），也是历史剧，表彰了革命先烈勇敢奋斗和壮烈成仁的伟大精神。民国二十六年写了三幕剧《上海屋檐下》，以上海小市民一天中的生活为题材，朴素平易地呈现给观众；剧中没有紧张的场面，也没有舞台情节的刻画穿插，只是要显出众生相的现实面貌。

二

夏衍，在新文学第三期共写了七个剧本，比起前期的作品，要成熟些，艺术感要高些。这一个时期他的创作——

《一年间》，写一个飞行员在结婚第二天就奉命归队，参加作战，家人则在战乱中逃难到上海。第二年，逃难中的太太生了一个孩子，就在这个时候，中国空军飞机到上海执行任务，故事就在激动欢腾中结束。

《心防》，是写上海沦陷后，一些留在孤岛租界中坚贞不屈的文化人士，特别是新闻记者，他们念念不忘的，是固守着上海人“心里的防线”。

《愁城记》，是以上海的知识青年的生活为题材，写一对善良的青年男女，冲破了自己的小天地投身到伟大的现实世界中。所谓“愁城”或是“孤岛”，都是当时文人笔下对“上海”的别称。

《水乡吟》，写浙西半沦陷区中，敌我双方政治战和经济战的场面。为什么以及怎样写这个剧，作者后来在一篇《忆江南》的文章中叙述得很清楚。他说：

> 这一年（一九四一）夏，敌人攻陷了金华。苟安的幻想在凶残的三光政策下面粉碎，金和铅在战斗中判别了它们的坚实与脆弱了。眼看得见的是几乎无可挽救的土堤般的溃决，眼看不见的却象是遇到阻力而更显出了它威力的春潮。要不是浙西民众武装和游击队伍一再的出击与阻扰，这一年夏季的法西斯洪水也许会冲得更远一点吧。我明白了浙西人所谓“浙西人的柔弱”这个概念只能正确地适用于上层知识分子，于是而我也居然常常以王八妹之类的草泽英雄作为我们故乡的夸耀了。
>
> 《水乡吟》四幕，是在这样心情下所写。但我为了不想再在沙上建塔，所以我有意的把真真想写的推到观众看不见的幕后，而使之成为无可诘究的后景与效果。

《法西斯细菌》，是借着一位研究斑疹伤寒的医学博士的经历，以及香港沦陷促使他观念转变的故事而写成。在对白里，剧中人说：“法西斯主义不消灭，世界上一切卫生、预防、医疗的科学，都只有在民主自由的土地上，才能生根滋长。”这也就是这个剧的主题。

《离离草》，是写东北民众在敌人残暴统治下的抗日武装活动。剧中还安排了韩国爱国志士崔大吉的英勇行动。

《芳草天涯》，是以爱情为题材的剧本。作者要求男性知识分子，必须要作自我牺牲和克制，才能够减少男女间悲剧的发生。同时，他还特别要求人们注意——踏过别人的痛苦而走向自己的幸福，这是犯罪的行为。

《复活》，是根据托尔斯泰小说改编成的剧本。原作侧重在人性的复活，夏衍的剧本则暗示了人类只有在正常的社会生活中，才能抑制罪恶的洪流。他在《我冒了一次大险》的文章中说：“我只写了一些出身不同、教养不同、性格不同，但是基本上却同具着善良之本性的人物，被放置在一个特出的环境里面，他们如何蹉跌，如何创伤，如何爱憎，如何悔恨，乃至如何到达了一个可能到达的结果。”

夏衍一直是共产党在政府区的文工干部，每一篇作品都是政治性的，都有它特殊目的。只不过作者的水准较高，从表面时常不容易看得出来。

（原载《中国新文学史》第459页、第672—674页；
1977年6月台湾长歌出版社再版）

新的良好的收获

苏　凤

在武侠片与神怪片的必然的没落以后，中国电影界显然的已经发现了新的努力的途径。——从一九三二年的下半期开始，我们乐观地看到了若干反帝国主义的反封建思想的中国影片，真使我们对于中国的电影事业怀着无限的热望。——虽然事实上还不足以表示出新兴电影的坚强的锐利的建设；但，显然地，中国的电影从业员已经相当的觉醒了，中国的电影事业也已经相当的抓住了时代的意义了。我们可以断言，这是中国电影有史以来的最光明的开展。

编剧及其意识

把多年以前的“大水灾”来做题材，《狂流》虽然还没有整个地解释出这大水灾的产生的主因；但，它的可贵的一点，就是编剧者能够把这一角落的描写来代表地说明了“人祸”的主因。——在这里，虽然许多地方都感觉到暴露得不够，但，意识并不曾歪曲，而且那一种勇敢的反抗的精神，毕竟是有力地被启示着的了。

全剧的重心，是在“暴露”着土豪劣绅的罪恶，这一点，确实是获得了成功。其次，“恋爱事件”在片中虽然是重要的穿插，但编剧者是聪明地使它只成为穿插而没有现出“喧宾夺主”的现象，这是很值得钦佩的手法。

只是，我所观察出的《狂流》的编剧上的唯一的弱点，便是“群众的力量”与“恋爱”的不曾有融洽的联系，因此，使这个穿插不能成为主要的题材的有力的帮助，而反把斗争的空气相当的减少了。

幸而，在这里，关于恋爱的穿插方面多少总也流露出了一些“反封建”的意识。这，对于整个的故事虽然还是“得不偿失”，而这里的所谓“爱之狂流”的片段的描写毕竟要比所谓“恋爱至上主义”的那种影片里的对于恋爱的架空的描写更高明得多了。

导演及其技巧

对于镜头的运用的灵活，以及 montage 的运用的适当，导演者程步高先生在《狂流》中的确是替国产影片展开了一个新的局面。

无疑地，程先生的成功，是在对于故事的意识的认识的清楚，所以，他能够抓住了它的重心而没有表现上的错误。——因此，我更加相信导演者与编剧者是应该取得密切的联络与了解了。

全剧的故事并不多，但导演者能够给予各个演员以充分的表演的机会，而适当地利用着 montage 的转换以及镜头的角度的活动以避免去冷静和单纯的空气。——这是值得赞美的。

自然，在这影片里，几节“新闻片”的利用还觉得太多（这几节新闻片里，我以为还可以加以相当的字幕而使这新闻片的运用更见其自然），但，导演者毕竟是能够聪明地把握住悲惨的空气而没有使观众觉得太生硬。至于几个群众的场面，也相当的能够避免去那些临时演员的弱点，而在 Long-Shots 之中表显出导演的聪明来。

最好的一个镜头，是“李和卿追逐素贞”的 Following-Shot 这是很可以看出导演者的“不苟且”来的。若干雨景，也制造出了郁抑的空气，而增加了剧情的力量；不过，有两处可惜是显出了“用自来水”的“假”来。

至于“缺点”，也不能讳言：一是“表现群众的力量”的各场面不能如“表现恋爱”的各场面来得动人。这显然是导演和演员们没有实际的体验的缘故。二是最后的一幕，和“决堤”后的情景似乎转换得太快了，在观众的情感的反映上，显然的失去了应有的谐调。

表演以及其他

讲到表演：首先值得提出的，是龚稼农君自己的空前的成功。我可以说，在以前龚君所主演的各片中，从没有象在《狂流》中那样动人的。一方面固然是“身分恰合”的缘故，而他一方面，不能不说是他的努力的成功。

胡蝶女士在表演恋爱的各场面中，也始终是努力的（尤其是开场时候的一幕）。不过，因为剧情中没有使她有充分的表演的机会，所以，除了“称职”以外，也没有什么特殊的贡献。

夏佩珍又很称职，剧中人的身分恰和她相配。王献斋在这片里，表演得很自然，一些不过火，这可以说是他的进步。谭志远、王梦石、朱孤雁也全都努力。

总之，选角很适当，所以表演方面很少错误。不过，有一部分的戏，终因为演员们缺少实际的体验，所以虽然努力在表演，而总觉得缺少自然的热情的跳荡。

结　论

这是一部值得赞美的影片，多少可以显出它的前进的意识与圆熟的技巧，而使我们承认着这是中国影片的新的良好的收获。

希望明星公司有继续的更健全的努力，希望整个的中国电影事业随着这《狂流》冲向光明中去。

（原载1933年3月6日《晨报·每日电影》）

《狂流》的评价

席耐芳

《狂流》在公演以前，已经引起各方面的注意，得到了不少的批评，现在它公开在一般观众的眼前了。爱好艺术的人们，一定去给它一个公正的评价，如今，且就我观后所感到的，先分条写在后面。

一、主　　题

（一）《狂流》的题材和以前轰动一时的《人道》颇相类似，而作者的态度则和《人道》恰恰相反。《人道》是一部旧伦理的说教；《狂流》却是新时代的动相的写照。《人道》替权利辩护，硬说荒旱是天灾；《狂流》却站在勤劳大众的立场，指明水灾是人祸。《人道》拥护封建社会，捏造出“琴瑟”式的节妇来骗大众的眼泪；《狂流》却暴露封建余孽的罪恶，描画农民斗争的苦况，指出大众应该争取的出路。这两部描写灾害的片子，正示着中国现在思想的两个极端，观众对于这两部片子的反对和拥护，也是必然地以他们的社会关系而决定，这是毫无疑义的。

（二）《狂流》既以描写农村的大众斗争为主题，当然应该充分表现出大众的活动和力量。在这一点，《狂流》是否成功？我们很遗憾地不能不承认这一点并未成功。农民对于自然的抵抗是否已经竭尽所能，银幕上并没有告诉我们。就是农民对于封建余孽的斗争，也嫌过于软弱。固然是的，《狂流》所描写的只是没有组织的农村大众；

但是，无论怎样没有组织，农民自发的斗争，依然应该是有力的。农民是一堆火药，爆发时应该凶猛可怕。绝对没有洪水将至，死在目前的时候，农民还会是那样柔顺的。这当然有种种原因，但是，作者没有充分描写群众，只顾主人公几个人的纠葛的发展，这实在是一个最大的原因。

二、故　　事

（三）主题能否贯彻给观众，全在故事的结构能否适应主题。若故事独自发展离题太远，观众对于主题一定会发生误会。这样，故事尽管曲折入微，只能引起反效果。《狂流》虽不至于如此，但是故事的展开至少会使主题模糊，这是不能否认的。这因为故事不以农村大众为主人公，而只注重了指导者刘铁生的身边杂事，固然，这些身边杂事，也都和水灾有连带关系；但是故事的中心偏重在领袖个人之间的纠葛，而水灾的发展反好象成了旁边的点描。这给主题以相当的打击，那是必然的结果。

（四）故事本身也有相当缺点。最主要的是性格描写的不充分。秀娟的性格更多不自然的地方，不，简直可以说是矛盾杂凑，作者精意去做内心的描写（如片中的许多回忆），但没有更加注意性格，实在是件憾事。

（五）由编剧谈到字幕。许多人说字幕没有力量。它是值得商榷的一个问题。字幕是戏曲的一部分，帮助戏曲的进行，所以应该有力的。譬如《生路》的字幕，虽然不懂俄文的人，只看银幕上字句的排置和出没，已经感到刺激。但是，说字幕要有力，并不是说只要字幕上写着一些与戏无关令人兴奋的空话。近来似乎颇有些人对字幕生着一种误解甚至一种迷信。往往戏的进行非常平淡而字幕却独自高潮。这会使人发生奇妙的感想。《狂流》的字幕，没有落在流行的时髦的病态，并不能说坏，不过，在《狂流》中，字幕没有发挥它的积极性，自然是一个缺点。我的意见，除过戏的进行中，对话中有些地方应该加强以外，最好前面添加一个总说明。葛雷菲士的《十诫》、《国民的诞生》都用过这个法子，而普特符金曾表示赞成过。《狂流》若用此法，观众一定可以得到一个更强烈更深刻的印象。

三、技　术

（六）导演确实用了许多新的技巧，镜头也非常灵活可喜，不过总觉得有一些缺点。大约这种缺点，在转换过程中是必不能免的。譬如一个作家，在转换期中，作品的意识上情调上总有不能十分合致的地方一样。这的确是一个困难。为克服这些困难，在导演只有更加了解作者的意识，在演员只有更加了解剧中人物的性格。这样，一个成功的前途必然横在面前。

（七）演员有几个稍嫌过火。电影中所要求的动作只是日常的动作，和舞台上要求动作夸大是两样的。因为在银幕上没有舞台剧那样的间隔，并且开麦拉的机构比人类的肉眼精巧几倍，所以仅仅日常的动作已经够给观众刺激了。现在好象有许多演员还不很了解这一层，往往用舞台剧的表情来做电影戏。观众受了过度的刺激，会发生反效果。这是演员应该注意的。

四、结　论

（八）《狂流》究竟是成功还是失败？在现在情况所容许的诸种条件之下，《狂流》没有做到可能的极致，这是公平的话。然而《狂流》毕竟是成功的作品。在阐明社会机构上，暴露封建余孽的罪恶上，在描写知识阶层出身指导者的苦闷上，都可以给观众以深刻的印象。

（九）《狂流》的内容并没有象它的名字那样有力，但是这种暴露性的反封建的作品，在中国今日是很必要的。在电影的启蒙运动中这指示出很坦直的一条大道。

（原载1933年3月7日《晨报·每日电影》）

看了《春蚕》影片之后

穆木天

影片《春蚕》，是中国新文学作品之最初的上银幕。今天“新光”到了意想不到的多数观众。这的确是可以记录的。《挣扎》、《小玩意》、《春蚕》，今天的广告，真是给了人以强烈的刺激。虽在三个电影院都在映演初上银幕的国产影片，虽在天阴欲雨，但是恐怕各处都是人满罢。

外国影片，是只有《赖婚》、《生路》、《金山》等可以招引得这么多的观众罢。

这种现象是深有意义的。中国电影文化之进步，中国新的文化之进步，从这一点，可以被反映出来了。

电影接近了文艺，使文艺作品上了银幕，这是第一个可记录的。

电影日趋接近群众，成为教育群众之工具，使观众到电影院中不只是可得到娱乐，而且可以得到教育，这种新的倾向也是可记录的。

这一种电影的进步，同时也是反映着中国社会的进步。水灾、兵灾、旱灾、蝗灾、丰灾，促成了中国农村的破产，都市中小市民失业的失业，无出路的无出路。但是，同时，对于制造灾害的帝国主义者，中国民众更进一步地表露出憎恨来了。从国产电影的取材之点，和民众热烈地欢迎之点来说，中国民众反帝的情绪是日益高涨了。

帝国主义的压迫一类的字样，上了银幕，这正与帝国主义的“野兽片子”，“非洲黑人生活影片”，成了对照。

但是，电影曾在实践着教育大众的任务，他曾描写农村的没落，曾暴露阶级社会中之矛盾。但是，帝国主义的横暴凶恶，例如《春蚕》则终是没有指示出农民的出路是在于反对帝国主义。

银幕没有过“鸦片战争”，也没有“团匪之乱”，也没有过真实地描写水灾的作品，也没有“九一八”、“一·二八”的真实的影片。这是很大的缺陷。

譬如《春蚕》，他只写了农村破产，丝茧丰收而农民挨饿之一方面，而另一方面呢，对于帝国主义之侵略，外丝之侵略情形，“九一八”、“一·二八”等等的事变，以及国内的种种灾难，一点都未表现出来，令人看不出一个对照来。这种消极的写法，的确是中国文学作品上和电影上的一个大缺点。

“怒吼罢，中国！”我们需要在文学作品上，在电影片上，表现出来怒吼的民众，义勇军不是在那里血战么？我们更需要在电影上看见帝国主义的本来面目，日本诗人村山知义作了戏曲《鸦片战争》，我们则需要使“鸦片战争”一类的帝国主义压迫中国的近情实事映上银幕。

（原载1933年10月13日《申报》）

谈《祝福》的改编

白景晟

鲁迅先生的小说《祝福》，是一部高度概括、异常凝炼，无论在思想上还是在艺术上，都堪称为经典性的文学作品。

改编这样一部作品是不容易的。文学与电影这是两种不同的艺术形式。作为一部影片，它不同于小说，它不允许有静态的描写，也不允许有单纯的叙述，它必须形成戏剧性的情节，必须要有一个贯串的动作，而这一切又必须通过具体可见的形象展示出来。怎样将文学形象转化为电影形象，又能保持原作的精神，这确是一件很费斟酌的事。

通常说到改编，往往单纯指文学剧本，实际上一部影片改编的成败，包括了导演、演员、摄影、美工等各个方面因素在内。而《祝福》的改编，整个摄制人员都做出了成绩。它提供了不少可资借鉴的创作经验。

小说《祝福》，首先出现的是第一人称的“我”。小说开始，写的是“我”来到鲁镇后的感受和心情，描述鲁四老爷这位封建礼教的卫道者的言谈举止和他那使人窒闷的家庭环境，进而引出路遇祥林嫂的情景，提出了那个做为小说核心的使人震惊的问题：“一个人死了之后，究竟有没有灵魂？”然后描述出“我”当时的尴尬处境，再一次加强了“我”“决计要走了”的决心。直到听到祥林嫂的死讯，开始了对祥林嫂一生的回叙。❶

❶ 以上引文及叙述内容均见原作《祝福》。

这一大段文字描述，如果我们不做任何改动，原封不动地搬上银幕，在银幕上首先出现“我”，出现鲁镇、鲁家、鲁四老爷，再出现路遇祥林嫂的场面，这不仅显得多余、累赘，而且在表现上也会遇到不少困难。首先是小说中那一段“我”的心情描绘，很难用电影形象来表现，而这一段在小说中却很重要，它表达出作者对那个社会环境的厌闷之情，也是故事的一个引序。另一个问题则是“我”这个形象，既可说成是鲁迅本人，也可做为某人的代称。按照惯例，小说中的第一人称往往并不代表作者本人。夏衍同志谈到过他在改编剧本时对这问题的考虑。[1]现在影片抛弃了这一段描述，直接从祥林嫂丧夫打柴归家写起，这个取舍是符合电影的特点的。因为这一段所表达的思想感情，完全可以体现在戏剧情节和电影形象之中。

祥林嫂从家中逃至鲁镇，小说叙述得非常简略，而影片中却安排了一系列戏剧场面，如卫老二与婆婆设计卖掉祥林嫂为阿根娶亲，阿根告知祥林嫂，祥林嫂的恐惧、悲恸，直到逃出家门奔向鲁镇……这就变成了戏剧情节，为后来情节的发展（抢亲、逼婚）埋下了伏线。

改编者在这里增添了一个人物卫老二，这在小说中是没有的，小说中只提到祥林嫂的堂伯。增加卫老二这个人物非常必要，这就使卫老二做为旧势力的一方面的代表，直接参预了对祥林嫂的迫害，有力地增强了戏剧冲突。改编者对这个人物的刻划，也是非常符合时代特点的。以贩卖人口、买卖婚姻为生的地痞、流氓等人，正是封建势力的一部分，因此这个人物也是非常可信的。由此可见，在改编中根据戏剧的需要，增添一些人物，只要人物符合原作的时代特点，不仅不会歪曲原作，反而会丰富作品的思想内容。

祥林嫂在淘米被抢的一场，影片增添了一个妇女去上坟的镜头，因而引起祥林嫂对亡夫的思念，这个细节的增添，也有助于揭示祥林嫂的心情，增强时代感和丰富社会面。

祥林嫂被迫再嫁，与贺老六成婚的夜晚和次晨，是影片中精彩的段落。贺老六在小说中只是寥寥几笔：“有的是力气，会做活”，“是坚实人”等等，而在银幕上，却出现了一个鲜明的、具体的形象，这

[1] 见《杂谈改编》，载《中国电影》1958年第1期。

是剧作、导演、演员一个共同的、成功的创造，新婚夜晚到天明一段，把贺老六那种纯朴、善良、诚挚、忠厚的性格和心理，完满地揭示了出来。这一场戏，剧本写得细腻、精炼，语言含蓄，给演员提供了丰富的潜台词和发挥的余地，导演在镜头处理上也非常简洁，中景、近景、特写、推拉等运用得非常妥贴，两位演员（白杨、魏鹤龄同志）深刻、细腻地表现出人物的内心活动，通过演员的交流，把人物之间的关系和心理变化准确地表现了出来。

祥林嫂与贺老六成婚后的生活，按照小说上说是“交了好运了”，而影片却没有单纯去渲染他们婚后的幸福，作者不忘在他们的和谐的生活中，投入阵阵阴影，如贺老六对债务的担心等等。这一点也是符合这个悲剧的情境的，也是有利于戏剧发展的。影片还通过打狼、阿毛乱跑等细节，预示出未来的惨剧。老六与阿毛的死，小说中并不是发生在同一时刻，改编者把他们处理在同一天中，并且用平行手法表现，这不仅使情节集中，加强了悲剧的力量，而且将自然祸害（狼吃人）与人间灾害（地主逼债）联系在一起，形成了一个巧妙的隐喻。

祥林嫂第二次回到鲁家，精神上发生了显著的变化。小说中描写得比较详尽，影片基本上保留了原作的段落，但比较突出的是改编者加入了一个斫门槛的情节，来反映祥林嫂希望的破灭和对神权的怀疑。这一情节曾引起过评论家的争论，当然这一问题还可以继续研究，但从戏剧发展的角度看来，从前面情绪的郁集到这里出现了一个爆发性的强烈动作——祥林嫂绝望的反抗，却是戏剧所需要的，可取的。

值得提到的是小丫头阿香这个人物，也是改编者增添的。这个人物虽然并没有直接参加进戏剧纠葛中去，但对于展示旧社会劳动妇女的命运，却很有必要。特别是最后，当祥林嫂被赶出鲁家踯躅街头时，平行表现阿香端着鱼盘上福礼的镜头，是很富于寓意的，它暗示出祥林嫂虽被辞退，一个新的被奴役者又接替了她的位置，如果这个万恶的社会制度没有改变，等待着阿香的也仍然是祥林嫂同样的命运。

上面简略地叙述了影片在改编上的成就。总的看来影片从文学剧本到导演、演员，在如何运用电影手法再现原著方面，做出了不少成绩。影片的情节脉络清晰、井井有条，逐步发展，制作者们善于安排伏笔，善于运用细节，影片还采用了一些重复手法，前后呼应，形成对比。如祥林嫂前后两次上福礼，甚至在场面调度上也是相同的。主要演员抓住了时代赋予人物的特定心理，不温不燥，准确地表现出人物的性格。影片的成就是整个创作集体共同努力的结果。

最后，也应该谈到《祝福》这部优秀影片，仍然有一些值得探讨的课题。比如如何体现原作的风格问题。我总感到影片缺乏原作那种沉郁的力量和气氛。大家知道鲁迅先生在写《祝福》时，正是思想上经历彷徨、苦闷的时期，作家当时这种心情，直接影响到作品的风格。当然这个问题比较复杂，有待于进一步的探讨。

（原载《人民电影》1978年第5期）

《祝福》学习札记

章 抒

北影出品的《祝福》，是我所喜欢的国产影片之一。这部影片虽然摄制于一九五六年，但今天看来，仍有许多值得学习的地方。作为电影艺术的小学生，我愿意把自己对这部影片的零碎的感受和一些粗浅的看法写出来，希望得到专家同志们的指正。这里需要说明一下：在这篇札记里，我没有着重去谈鲁迅原著与剧本之间的差别，也没有去谈剧本与影片之间的差别。关于这类问题，过去已有许多人谈过，这里无需重复了。

影片一开头就具有吸引力。这个吸引力的产生，一方面是由于那深秋时节浙东傍晚美丽的山色，但更重要的还是由于这山色与人物相关联、相呼应。影片的主人公祥林嫂背着柴薪走下山岗时，没有被这美丽的山色所吸引。她低着头，拖着沉重的脚步，冷淡地走下山岗，走过小桥。这美丽的山峦，似乎与她无关。其实，正是在这"无关"之中，我们看到了艺术上的关联，看到了艺术家的匠心。因为在这"无关"之中，正好陪衬出主人公的心事重重。她的心灵已被某种东西所封闭，没有余裕来接纳周围的景色。

在村口，卫老二上场了。由于他的上场，便初步介绍了主人公，揭示了她的心灵，她的不幸。

这个过场戏很短，可是在影片中起着颇为重要的作用。

卫老二刚一上场就扬一胳臂，大声喊道："祥林嫂！——"祥林嫂慢慢转过身来。我们在影片中第一次看清了她的面孔：一个和蔼的、庄重的面孔。从她的眼神中流露出她的善良和真挚。这个镜头无异向观众说，祥林嫂是这样一个劳动者，一个好人。

通过祥林嫂和卫老二的接触，我们进一步认识了她的性格。我们看到了她的内向的、腼腆的、说话很少的……特征，也看到了她的忧郁。在他们打招呼后的谈话里，她只说了无法再少的两个字。

〔卫老二走近祥林嫂。

卫：打柴呀？

祥：嗳。

卫：你婆婆在家吗？

祥：在。

等卫老二劝说她不必给祥林带孝，要她“想开点”的时候，她痛苦地低下头，根本没有答腔。在这里，我们发现了她的不幸遭遇：她的丈夫死了，从而也就找到了她心灵封闭的重要原因。

这时，观众对她已有初步认识：知道了她的名字，她的劳动者的地位，她的某些性格的、心理的特征，她的不幸遭遇。自然，在这种情况下，她已开始赢得了观众的同情和关切。

需要注意的是：使我们感动的，首先便是这位劳动者和善的、诚挚的心灵的揭示。在世界上，有什么比美好的心灵更能吸引人的呢？而且这个心灵好象是我们观众自己发现的，我们没有感到创作者们想要向我们进行什么介绍。因为演员只说了两个字，她用动作、表情，很巧妙地、很自然地表达了（似乎是“泄露了”）祥林嫂的善良的灵魂。观众感到是自己发现的东西，那么它的印象就一定深刻。

在这里，是通过卫老二和她的接触来揭示她的心灵的。可是卫老二并不是一架机器，动了几下，说了几句，便算完事。卫老二是具有他独特的思想性格的，例如他的溢于言表的狡诈之类。影片通过他，也就是用一个截然相反的性格，衬托、突出了主角的心灵。有如绘画，用浓黑的阴影来衬托受光部分，则受光部分就更加鲜明了。我们看到，这两人对比很强烈：一个是狡诈，一个是善良；一个主动地问长问短，一个被动地勉强应付……。

但，这毕竟有个宾主之分。卫老二上场时，我们只看到他阴暗的背影。当主角转过身正面地向观众“自我介绍”了之后，我们才看见了卫老二的面孔：而在谈话时，他是站在主角的后面（距镜头较远）。如果喧宾夺主，或平均主义地处理，都不会有如上的良好效果。

用人物乙的突出的性格来陪衬、帮助表现人物甲，一般说来，是不大容易被发现这之中对甲有什么人为的、有意的描绘，找不到描绘的痕迹。因而观众就又感到是他们自己更加看清了某甲，是他们自己越来越发现了某甲的某些高尚品质等等。观众总以为这某乙是为剧中某种故事内容的需要而来，没有觉察到他也是为了某种艺术技巧的需要而来。对于创作者说来，内容与技巧是应该密切结合着来考虑的，不能脱离内容来考虑技巧、艺术性的问题。

观众在这时对祥林嫂已有初步认识；但，卫老二这阴暗形象的出现，以及他所说的一些话：“人死了吗，算啦，想开点吧。”特别是他的狡诈的神色，则不免使观众为祥林嫂担心。他到底是做什么来的呢?

镜头变换了，现在是祥林家的内景。通过卫老二和祥林嫂婆婆的谈话，我们知道了卫老二出主意要卖祥林嫂，婆婆和他讲价钱，争执，最后同意了。……

这一场戏是很精采的。

这里，似乎是一些普普通通的日常的对话，但意义远不止此。

第一，通过对话，进一步暴露了卫老二的思想性格。他出主意卖祥林嫂，却装做是为了给阿根说亲，实质上是要婆婆还账（他的这个来意，在他临走时才暴露出来）；婆婆嫌钱少，他给算细账；婆婆装作不同意，他就装作甩手走开；婆婆怕祥林嫂不肯，他便马上提出：“不肯？那就抢亲，老规矩，有我！”看起来，他不但狡诈，而且是老谋深算，预有计数的；同时，对于欺压无告的农村妇女，他还是“勇于承担”、“愿效犬马之劳”的。在另一方面，也暴露了婆婆的思想性格。婆婆相当精明，料事周详，唯恐有失。可是正由于她精明，才陪衬出卫老二的更加狡诈、奸滑。婆婆的所有担心，疑难之处均经卫老二逐一解决，无话可说。在这场戏里，卫老二以摆出照顾对方的姿态始，中经几次反复争夺，终于说服对方，达到了自己的卑鄙的要账的目的。

由于写出了两个性格，由于把这两个性格放在一个勾心斗角、争钱讲价的情节之中，因而很能引人入胜。

第二，上述两个性格的刻划，纠葛的展开，又反转来强调表现了祥林嫂的不幸。在村口那场戏是靠祥林嫂与卫老二的接触来表现祥林嫂的。而这里，是靠卫老二与婆婆的纠葛来描写祥林嫂，来表现她的不幸的（当然，这样就更不容易看出描绘的痕迹）。祥林嫂的一切，祥林嫂的命运，他们可以随意摆布，好象对付一只羊、一只鸡一样，而且振振有词，行之无愧。这不能不引起我们对祥林嫂的更强烈的同情，而对那些封建思想的体现者则燃起憎恨的情绪。

第三，在他们讲价还价之际，在对话中间，似乎是不经意地，然而却画龙点睛似地揭露了封建社会的实质（而这也便是影片主题思想之所在）。卫老二说的"老规矩"就正是这样。在封建社会中，人们一方面要女人三从四德，守节终生，一方面又可以强迫她再嫁，陷她于"不义"；一方面讲究仁义道德，一方面又可以买卖活人。两方面都是"老规矩"，虽然极端矛盾，却可并行不悖。因为这些所谓规矩，都是有利于男权，有利于封建家庭的统治者的。这里应特别注意卫老二的这句话："不肯？那就抢亲，老规矩，有我！"既简单明了，又含蓄深刻；既反映了卫老二的思想性格，又暴露了当时社会的黑暗；既顺畅易读，又富动作性。这是运思至再、千锤百炼后的句子，的确耐人寻味，值得仔细学习。

当卫老二和婆婆刚刚讲完的时候，祥林嫂便走了进来。这个无辜的、善良的农村妇女，牵引着观众的同情与担心的目光，安详地、默默地，对于上述的买卖毫无所知地提着水桶，缓缓走来。她刚一进门的形象，令人感到非常美好而难于忘怀。这时，落日的余辉映在她的脸上、身上，在这阴暗的小屋里，予人以独放异彩的感觉。演员的身姿与动作，摄影师的明暗处理，给我们创造了如上的形象。但，我们也不能忘记，她这时已是一个刚刚被暗算的、一个凝聚了观众无限同情的人物形象了。在这时，观众已被这人物所俘虏而不自知。

可见，一个人物能紧紧抓住观众的心灵，这绝不是一件简单的事情，绝不是信笔写来，随手拈来，一蹴而就的事情，而是经过创作者们细心琢磨，反复推敲的结果，是深刻的思想性与高度的艺术性巧妙结合的结果。

现在已经能比较看清卫老二出场的意义了。他在思想上肩负着揭露封建势力的作用，在艺术上除了帮助揭示主角心灵，主要是为了引起冲突，推动剧情。而当卫老二与婆婆之间的冲突得到了解决，新的冲突就将在婆婆与祥林嫂之间展开。也就是说，祥林家的不幸，最后还是转嫁到封建社会最下层的、无告的妇女身上。

祥林嫂这个虽有家庭却孤苦无依的人，现在走进后屋去洗碗了。阿根轻轻走来把那不幸的消息偷偷地告诉了她。祥林嫂在震惊之余，表示了感谢的神色。观众也怀着感激的心情望着那稚气的、朴实的阿根。正在这时，给阿根迎面打过来一道灯光。这个夜晚中很自然的灯光，美化了阿根的形象，对他的善良，进行了适时的赞扬。这灯光体现了创作者们的思想与艺术的意图，而且也代表了观众对阿根的情感。

接着，婆婆给阿根试衣服，一面也在向阿根讲话。她谈到了给阿根订亲，谈到了她现在只能指靠阿根了，而且说这衣服是祥林在结婚时穿的。正在门口偷听的祥林嫂眼泪簌簌地流了下来。

在这里，值得注意的是，隔着板门，在前屋后屋，形成了两个截然不同的精神世界。在前屋，婆婆正在心花怒放，卖了祥林嫂，既能还债，又能为儿子订亲；在后屋，祥林嫂却黯然神伤，做牛做马，仍不免于被出卖。而前屋婆婆的愉快是建筑在后屋祥林嫂的痛苦上面的。看到这里，我们不禁为祥林嫂一洒同情之泪，尤其当祥林嫂用手堵住嘴，不敢哭出声音的时候。

影片选择了适当的对话，利用了适当的细节（祥林结婚时穿的衣服），串起了如上两种情感，并为故事的发展奠定了有力的基础。

祥林嫂该怎么办呢？

寂静的秋夜。月光如水。祥林嫂闷坐在“别人的”屋子里。她沉思好久以后，才决心出走。由于她的出走，就揭示了她性格的另一面，即对于压力的反抗的一面。在出走前，她还看了看祥林的灵位，然后又踌躇环顾屋内，看了看她朝夕相处的炉灶与柜箱。这些描写，充分表现了祥林嫂的心理的真实，因为象她这样的人，绝不会拂袖而去，一无挂碍的。

当她走到前屋时，婆婆正在床上翻身，造成了一个小小的波澜。以后，祥林嫂总算离开了这个“家”，但迎接她的只是黑黝黝旷野中的狗叫。树丛象黑色的恶魔站在她身后，似乎随时都能探过头来，张牙舞爪，把她吞了下去。她不知所措地在那飒飒的秋风里彳亍地行走着，不时地回过头来。她将走到哪里去呢？有什么不幸在等待她呢？

祥林嫂来到了鲁镇。阮大嫂把她介绍到鲁四老爷家做活儿。

这里一开头是一片静静的朝霞、静静的村落、静静的河流。（这里一系列镜头都是很好的水彩画式的画面。令人惋惜的是，在这些画面中祥林嫂均未出现。）这和上一段的描写，形成了显著的对比。影片利用这种手法，为我们揭开了新的篇章。祥林嫂走到河埠，跪下来，用手掬水来喝。她看了看周围：这便是美丽的鲁镇。摄影师利用俯拍的一个镜头，在介绍阮大嫂出场的同时，向我们也介绍了鲁镇的风景。

大自然给鲁镇披上了美丽的装束，劳动人民又给鲁镇修下了美丽的栉比的房屋，可是这里的人心又如何呢？祥林嫂来到了鲁家。影片利用了“大夫第”的匾额、深深的庭院、鲁四老爷教阿牛描红，鲁四太太在折银锭……看来毫不吃力的几笔素描，就已经把观众带到了一个与祥林家迥然不同的所在了。在这里，我们认识了许多新人，尤其是鲁四太太。这个“烧香吃素的”、“镇上出了名的好人”，是在阮大嫂提出“工钱少一点也不要紧”之后，才表示要留祥林嫂的。是她看祥林嫂“手脚挺粗壮，模样也还老实”，才让她“试试看”的。总之，是她看出了便宜，才“发慈悲”留下了祥林嫂的。

这里没有更多地介绍鲁四老爷，只是表现了他对祥林嫂的不满和轻蔑，那是他发现祥林嫂为丈夫带孝的白发绳之后。在他看来，不幸死了丈夫而缠起白发绳，就好象什么罪孽深重的标志，故必怒目而视之，深恶而痛绝之。所幸者，他还没来得及提出反对，四太太已然把祥林嫂留下了。

这时，虽然祥林嫂已安下心，生活暂时有了着落，可是，在她的生命船舶的前面，显然藏着许多暗礁，鲁四老爷的眼色便是其中之一。

这道貌岸然的鲁四老爷，对待穷人又是逼债，又是咒骂，果然是一大暗礁。不过祥林嫂倒没有注意这些。这可怜的祥林嫂又是煮福礼，又是擦锡器；又去烧火，又去帮阿香，忙个不可开交。祝福的时候，影片里出现了一套按“老规矩”办事的繁文缛节，鸣鞭放炮，摆供上香。在这熙熙攘攘之中，祥林嫂轻快地走过来，端了一大盘鱼，嘴角上挂着微笑。她愉快地奔走在别人的家中，为别人祝福。演员形象地表现了一个没有什么奢求的素朴的劳动人民的本色。

影片很好地创造了鲁家祝福的气氛（写春联、煮福礼、擦锡器、点檀香、放爆竹……）。是在这一浓厚的气氛之中，把各个人物的活动编织了起来；是在各个人物与祥林嫂的关系之中，展示了祥林嫂的思想。这样的描写，就不至于有支离破碎和穿插生硬之感。不但如此，由于祥林嫂成了许多人物行动的焦点，因而祥林嫂的思想就得到了较突出的表现。

接着，银幕上出现了表现时序更迭的美丽的梅花、柔嫩的枝条和天空中那微微摆动的风筝。这时，我们又看到了没有什么奢求的祥林嫂的愉快的面孔。可是，正当我们从主角那儿分得一些快慰心情的时候，我们却看到了另外一种想法，那便是鲁四老爷的想法。鲁家用了祥林嫂，沾了便宜，鲁四老爷是知道的。但他不让声张，免得祥林嫂听见。他说“这种人你一说她好，她就要加工钱”。他的这种“以小人之心度君子之腹”的想法，实属龌龊而又可笑之至。另一方面，他解释祥林嫂之所以会胖起来，是什么“天生的劳碌命”。这又是多么具体而生动地刻划了地主阶级的嘴脸！

通过祝福前后祥林嫂的不遗余力的劳动表现和祝福后鲁四老爷对她的“评价”，使善恶判然。他们虽然都生活在鲁镇，在鲁家，可是他们之间的距离该有多么遥远！

这里没有第三者对鲁四老爷进行理性分析和批判。这里对地主的揭露，只是通过地主对祥林嫂的可笑的看法，也就是说在他“评价”别人的时候，让他进行自我暴露的。这样，地主的丑恶，在观众的心里，反而会留下较深的印象。

有一次，当祥林嫂正在河边淘米，并愉快地望着鸦群的时候，突然晴天霹雳，在河对岸出现了那探头探脑的卫老二。于是祥林嫂仓皇奔回鲁家，引起了鲁四老爷的猜疑和不满。

看到这里，不能不在观众的心灵里从新搅起不安。

在这段描写里，我们看到祥林嫂的仓皇奔逃是在她的一连串愉快镜头之后。这些镜头就不能不成为她现在仓皇奔逃的有力反衬，不能不加强奔逃的“突然”之感。

其次，在祥林嫂奔跑的时候，镜头放在哪里，这很有关系。如果创作者把镜头放在卫老二那边，使我们看到了一个狞笑着的卫老二的近景。而祥林嫂的矮小的人影在远处狼狈奔驰，这会产生什么效果呢？这不免有长卫老二的志气，灭祥林嫂的威风的味道，因而观众会感到很蹩扭。反之，象影片这样，把镜头放在祥林嫂这边，也就是说，让观众站在祥林嫂这边，看到了她仓皇紧张的神色，而远处卫老二的矮小人影无论是在桥上探身向这眺望，或是在弄底向这里窥视，都不仅增加了祥林嫂的紧张，而且也增加了观众的担心。这样处理，观众会感到很顺当。

以后，卫老二把看到的情景告诉给祥林嫂的婆婆，他们商议及早抢亲。接着贺老六为了结婚，向老七爷借高利贷。不久，祥林嫂终于被抢走。

在这几场戏里，需要注意的是：

一，在贺老六借债后，有一段小插曲，那便是当祥林嫂在河边洗衣，偶尔向对岸张望时，她发现对岸一妇女上坟的一场戏。观众是清楚的：祥林嫂上次正是在这里望见对岸探头探脑的卫老二的。现在她又在张望，而且是在卫老二准备抢亲之后，于是很自然地使人联想到这可恶的卫老二一定又来了。可是恰恰不然，我们所看到的不是卫老二，而是一个穿孝服的妇女带一个小孩去上坟。通过祥林嫂和阿香的谈话，我们知道祥林嫂死了丈夫已有一年，可是现在她连去上坟都已经不可能了。她不胜怅惘地跪在地上，茫然地望着远方。这段插曲至少有两个意义：一是从另一角度来表现祥林嫂的不幸；二是由于这段插曲出乎观众意外，观众的精神被吸引到不能上坟的问题上去，因而当下一场戏（抢亲）终于出现时，观众便失却了或大大减弱了思想准备，随而强调了下场戏出现的突然性，强调了抢亲的野蛮性。

二，祥林嫂被抢走的一场戏是描写得很生动的。卫老二所乘的那只船，深洞洞的象一只张着嘴的大怪物，向祥林嫂这边儿游来；一个大汉，张牙舞爪地跳上岸，绕到祥林嫂背后；接着，卫老二从船舱探出头向祥林嫂张望。这几个镜头形成一个无声的惊险的场面：祥林嫂已处于腹背受敌，无法逃脱的境地了。这时，她刚要逃跑，便被大汉和卫老二扭住。她坚决反抗，以至于声嘶力竭，但终于被人抢走。这一场面以短短三十六米的胶片形象地表现了在那山明水秀、古塔巍然、房屋栉比的鲁镇中，勤劳善良的祥林嫂的孤苦无告的悲惨处境，抨击了抢婚陋习。

三，这里进一步揭露了鲁四太太和鲁四老爷的为人。鲁四太太这个“镇上出了名的好人”现在公然克扣了祥林嫂二十三天的工钱！她在扣工钱时，面不改色，依旧是“温文尔雅”、“端庄娴静”。鲁四老爷呢，对于鲁四太太的克扣工钱一举，自然没有异议。而且为她找出根据，曰：“这是规矩，她临时走了，我们得另外找人。”当然，这是地主阶级的规矩，是戕害人民的绳索。由于影片形象的揭露，使我们再一次清楚地嗅到了当时所谓“规矩”后面的血腥的气息。

四，当鲁四老爷叫阿香去找祥林嫂的时候，那三个无声的、似乎没有联系的镜头（这里所指的是下面三个镜头：1.〔全景〕阿香跑到河埠；2.〔特写〕竹篮、衣服、木棒；3.〔全景〕一只船划去），处理得很有趣味。这三个镜头所组成的蒙太奇句子，如果译成文字，大致是：阿香跑到了河岸，那里只有竹篮、衣服、木棒而已，载着祥林嫂的小船已远离鲁镇。这几个镜头很自然而且富于情感地把鲁家中的一场戏接到祥林嫂坐花轿上山的一场戏上去。

以后是花轿抬进了山林。贺家忙办喜事。可是，这与其说是“喜事”，还不如说是“悲事”。结婚用的钱是借的高利贷，人是象俘虏似地抢来的。贺客们满脸悲戚，尤其是当他们看到祥林嫂撞案角和她被卫老二按着脑袋磕头的时候。在这“悲事”中，我们却发现了贺老六的品质。贺老六在七爷家借钱的时候，我们还看不出他的性格特征。可是在结婚时，却逐步展示了他的心灵深处。他看到卫老二用“对付猛兽的姿势”来对付祥林嫂的时候，他显然不满，并于心不忍。祥林嫂撞案角后，他更是惶惑莫名，坐立不安（祥林嫂撞案角倒在地下后，贺老六俯身抱住她。中国的农民会在婚礼时抱住自己老婆，这样处理恐不妥）。新婚之夜，祥林嫂一再催他走开，他不知所措地走开了，一个人睡在稻草上。祥林嫂这个被轻蔑的人居然具有如此力量，这恰好说明贺老六的善良，说明了贺老六对祥林嫂作为人的尊重和同情。不然的话，贺老六是有足够的膂力来压服对方的。演员恰到好处地创造了贺老六这纯朴忠厚农民的形象。第二天早晨的一场戏是观众所最喜欢的了。这里，情节的发展使人感到很意外，但又很合乎人情，祥林嫂急欲离开，而贺老六竟然答应了她；贺老六答应之后，祥林嫂反而留下。这种意外的发展，突出了两个不幸的人的善良而淳厚的心灵。

祥林嫂的新生活开始了。

我们看到了他们夫妇二人互相体贴，互相照顾的幸福生活。不久，我们又看到了他们的孩子。

这里，值得注意的，有以下几个方面：

一，为了强调这愉快的、互相体贴的新生活，这场戏是以繁花如锦的画面开始的。充满了画面的美丽的花朵，把观众立刻引向恬静的、欢悦的、甜蜜的气氛中，而这也正是此时主角心情的写照。当然，这一画面的出现也是为了要标志出主角生活中一个新的篇章的开端。

二，对于他们的互相热爱，影片并没有采取某种老一套的、庸俗的表现方法。影片用争抢来表现爱慕，用责备来表现体贴（他们互相争抢着做活儿，让对方休息；贺老六责备祥林嫂不该在未满月的时候外出……）。这比某些影片用一对青年男女良久地、尴尬地、不知所措地偎依在一起等表现方法要好得多了。所以好得多，并不单纯是因为这种表现方法“与众不同”，而主要是因为用这一对夫妇的矛盾与争执来暗示内心的强烈的统一，这样会予人以较深刻的印象。

三，在这些愉快的日子里，地主的黑影也侵入了情节（贺老六一再谈到还债的问题）。尽管观众希望这一对善良的夫妇能把这愉快的日子过得更畅快些，可是这黑影毕竟闯了进来。这有什么办法呢？就是这样不合理的社会么！他们夫妇二人的愉快的日子怎么可能孤立地存在呢？但应注意，在这里，影片仍旧是以愉快的互相体贴的生活为主来描写的。地主的黑影是次要的，只是在他们谈话之中提到而已，地主阶级的人物并未在画面上出现。从整个影片说，这是一出悲剧，但这一场面却主要表现了主角的欢悦。这正如冷调子的绘画中也有某一部分用暖色，而暖色中又夹杂着冷色是一样的。这样错综复杂地使用颜色，就会相得益彰，使各种色彩都更加鲜明。正是因为这样，影片中愉快场面中搅进来的地主阶级的黑影，就会更加突出，就会无形中有力地燃起观众的憎恨。

贺老六为了还清地主债款，除了打狼以外，在七爷家工作受伤后，又答应给赵老爷拉纤。他在紧张拉纤时，终于不支倒地，接着就卧病不起了。之后，杨七爷和王师爷又逼迫贺老大向老六要债。老六在重病中受到了身体和精神的严重摧残，饮恨死去。阿毛这时也被恶狼吃掉。面对这双重惨剧，祥林嫂丧魂失魄有如白痴。

这里，影片对贺老六进行了较细致的刻划。他在七爷家工作受了伤，生怕祥林嫂知道难过，于是就设法瞒着她：他不让小伙子扶他回家，免得被祥林嫂发现；他到家时，阿毛要他抱，他试了试，腰部疼了起来，于是他改为“坐轿子”了（他和祥林嫂同时抬着阿毛）。这些细节，有力地烘托出老六的心情，他对祥林嫂的真挚的爱。

由于故事的展开，我们又看到了他心灵的另一面，即他对地主阶级的恨。而他心灵中的这一面，代表了千千万万朴实农民的自然而又可贵的心情。在封建的、不合理的社会中，正是这种心情，这种倔强的、反抗的性格，不断地冲击那腐朽的旧制度，才使社会逐步前进的。在影片中，在表现老六的反抗方面，也是做得较细致的。起初，王师爷凶狠地走进屋时，祥林嫂前去迎接，王师爷对她不加理睬，眼睛直盯盯地、阴险地望着贺老六。尽管如此，老六还是放下碗筷，笑脸相迎。只有当贺老大（在王师爷威胁下）叫他押房子时，他才生气了：“这是存心不让人活了是不是？”于是当王师爷问他“到底给不给”时，他爽直地、气忿地答道：“不给！”但这时，他还没有拿起枪来，最后，当王师爷凶狠地抓住他的胸口，把他从病床上猛力拖下来，而且蛮横地推开祥林嫂的时候，他才感到了过分的凌辱，实在忍无可忍，于是拿起了猎枪。由笑脸相迎到拿起猎枪，这是一个“质变”，影片表现了由旧质到新质的"量变"的过程，因而生动可信。当然，这样的表现不止为了"可信"，这里，主要是通过象贺老六这样忠厚善良的农民的心情的"突变"来强调表现其社会原因——地主阶级及其爪牙的凶残。

在影片的这一部分，我们也看清了贺老大的性格，贺老大是个庸俗、胆小、没有主意、没有骨气的人。他并不存心害人，可是为了保护自己，在压力之下，便给恶势力作了工具，作了帮凶。这个卑小的、鼠目寸光的人物形象之所以能予人以生动的印象，除了演员的表演能力外，还是因为在剧作中，作者业已把这个人物放在一个进退两难的境地中。在这种情况下，他究应如何处理，是站在弟弟老六的一面，即正义的一面呢，还是站在杨七爷、王师爷的一面，即非正义的一面？他为难之后，终于站到了非正义的一面了，而他的思想性格也就暴露清晰，不言而喻了。

在影片的这一部分，我们也看到了两个人的死亡。阿毛的死，事前已有"伏笔"：一是贺老六在村口曾经打了一只狼，说明狼是近在咫尺的。二是在阿德嫂和祥林嫂谈拉纤的一场戏中，我们看到阿毛曾经哄鸡出画面，祥林嫂说"这孩子真皮，一晃儿就不见了"。这说明阿毛好一个人走开，有危险。但，能不能说，阿毛之死纯粹由于他"皮"，"一晃儿就不见了"，或是由于此地狼多呢？不能。影片中，阿毛所以能离开屋，能够看到一只鸟而追赶，是由于屋里来了封建势力的爪牙——王师爷。王师爷走进屋时，他的凶狠的脸色、凶狠的语调，使得阿毛很害怕。阿毛怯怯地走到祥林嫂膝前。看到这种情景，祥林嫂才把他领到外面剥豆。因此，阿毛之死首先是而且主要是由于王师爷所代表的封建势力——一种披着人衣的狼——闯进了贺老六的屋子。贺老六的死的描写，影片表现也较细致。贺老六这个很结实的农民在七老爷家干活受了伤，伤势未好又为了还七老爷的债，给赵老爷拉纤。在拉纤时赵老爷催他快拉，他因用力过猛，跌倒在地。以后又因王师爷的残酷逼债，老六终于死去。可见，他的患病以至死亡都与封建势力的压榨分不开。

由封建势力所造成的阿毛和老六的死亡，房子的被夺，对祥林嫂说来是她全部幸福的毁灭。她又成了无家可归的人了。

祥林嫂只好又来到鲁四老爷家出卖劳动力。但由于她"不干不净",祝福时许多事都不许她沾手。她把阿毛被狼吃掉的故事讲给别人听,起初还有人要听,后来就遭人厌烦了。她把阿毛的小鞋给别人小孩穿,却受到了一顿责骂和申斥。总之,这时祥林嫂的存在似乎是多余的,而且似乎是有害的了。

这里,影片对鲁四老爷夫妇再一次作了有力的揭露。鲁四太太这次留下祥林嫂,和上次一样,是贪图她能象从前那样"一个抵两个"地干活。可是,时间不同了,这已是祥林嫂从豺狼出没的山墺里回来的时候了。现在这个精神业已不健全的人,对鲁家说来,已经无油可榨。于是鲁四老爷埋怨她"手脚也笨了,脑筋也坏了"。不但如此,鲁四老爷还认为她是"白虎星克夫命,嫁了两个死两个"。所以,他认为用这种人是"不吉利"的。因而冬至祭祖宗的时候,这也不许她摸,那也不许她碰。她成了"晦气的"、"动辄得咎"的人了。

封建势力毁了她的全部幸福,毁了她的身体和精神之后,又严厉地指责她无用,诬赖她"晦气",这是多么残酷的事情!

影片不仅揭露了鲁家的残酷,而且也揭露了受封建思想侵蚀的周围的人们对祥林嫂的冷淡。

祥林嫂从山墺里回来,似乎只带来一件比较有用的东西,那便是牺牲了性命、牺牲了全家幸福之后所换来的一段悲惨的故事。起初,这段故事的确还有人围拢来要听,以便在死水似的生活中增加一点涟漪。但这故事,对祥林嫂说来,刺激过甚,使她念念不忘,使她"唠唠叨叨"的。她重复得多了,那麻木不仁的人们就不要听了,因为她没有供给别人以新的谈话资料。于是人们感到她的出现是可厌的,于是竭力避开她。

今天看来,也许感到这是难于理解的。因为在我们的新社会中,到处所看到的,是人对人的关怀与协助,对人冷淡的风气已经一去不复返了。影片使我们触目惊心地回到了四十年前残酷的愚昧的年月里。

这里有一个细节,是值得注意的,那便是阿毛的鞋子。关于阿毛的鞋子,影片是费了不少"笔墨"的:

1. 祥林嫂第一次做鞋,是在阿毛哄鸡后"一晃儿就不见了"的时候。

2. 贺老六卧床不起时，阿毛扇扇子煮药，祥林嫂为阿毛做好了第一只鞋。

3. 王师爷来逼债时，祥林嫂领阿毛外出剥豆，祥林嫂给阿毛扎鞋带，并且告诉他：“别走开，地上湿，当心鞋子！”

4. 祥林嫂听说有狼，急忙奔出寻找阿毛，她从草丛中发现了一只鞋。

5. 祥林嫂第二次到鲁家和四太太淡话时，不自觉地从衣袋中摸出那只鞋子。

6. 最后，祥林嫂拿小鞋给不相识的孩子比一比。那孩子的母亲发现后，连呼“倒霉”不止。

影片为什么把鞋子这细节描写了六次之多呢？

由于有了前三次的描写，所以当祥林嫂从草丛中找到这鞋时，这鞋就使人一下子想起了阿毛。如果没有前三次的具体描写，祥林嫂发现鞋后的痛哭就减弱了感染的力量。同样的道理，当祥林嫂在四太太面前呜咽着摸出这小鞋时，这小鞋又生动地代表了那可爱的阿毛，使人又联想起祥林嫂在山墺里的种种不幸，那药罐、那王师爷凶狠的眼光、那恶狼……。可以说，小鞋的每一次出现，就增加了观众的感触。当这感触逐渐积累起来，贯通起来时，就深化了人们的认识。起初，它只不过是一只普通的小鞋，后来，它就象征了阿毛，代表了祥林嫂的不幸，并使人联想起那残酷的社会环境。也就是说，这个细节有助于揭示主题思想，因而是一个很有意义的细节。

很显然，把祥林嫂的不幸寄托在小鞋上，用它来为祥林嫂申诉，远比祥林嫂直接哭喊，捶胸顿足，来得含蓄，予人以咀嚼的余地，回味的机会，因而会产生有力的效果。

看来，祥林嫂回到鲁家，不是她悲剧生活的结束，而是她悲剧的深化（现在她已经是四面碰壁，一筹莫展了）。祥林嫂该怎么办呢？柳嫂劝她捐门槛“赎罪”，她听信了。她千辛万苦积了十吊钱，买了门槛。可是结果仍旧无补于事，而且鲁家还把她撵了出去。她在悲痛之余，于是去砍门槛以泄愤。

影片的这一部分，通过门槛的故事，串起了好几个人物性格，进一步强调了祥林嫂的不幸。

这里，影片刻划了柳嫂。在她看来，祥林嫂最好是在第二次结婚时撞死，免得死后被锯开，分给祥林、贺老六一人一半。既然当时未能很理想地撞死，为了补救，于是她劝祥林嫂捐一门槛，让千人踏，万人跨，以便赎罪……。这就是一个盲目拥护封建落后思想的人。她有一颗虔诚的心，然而却献给了那木雕泥塑的偶像。她脑子里充满了鬼神之类的阴森森的故事，她已被这种故事所慑服，又从而去慑服别人。她对于封建势力也具有一种畏敬心理，对于他们的所做所为，只有顺从，毫不怀疑。及至门槛捐后无补于事，祥林嫂来追问柳嫂："他们为什么把我赶出去？"柳嫂只能含糊地答复："我也不知道。"她不知道，而且也不想知道，因为在她看来，反正错的是祥林嫂，鲁四老爷当然是不会错的。

通过门槛的故事，影片也顺便刻划了庙祝。虽是寥寥几笔，却也未放松对他丑恶灵魂的暴露。庙祝要祥林嫂捐十吊。他说："这是最少的数目，再少就是不诚心，捐了也不灵。"祥林嫂捐了后，他还假惺惺地安慰她，说这下子她就要交好运了。这显然是一个靠佛穿衣、赖佛吃饭的肮脏卑劣的人物，他利用别人善良的心愿、虔诚的信仰以自肥。

通过门槛的故事，影片又刻划了鲁四老爷、鲁四太太。在祝福的时候，发现了祥林嫂在端福礼，四太太和四老爷都满脸飞朱，怒不可遏。四老爷甚至吼叫起来："你捐一百吊也没有用，你的罪孽一辈子也洗不清！"最后当鲤鱼落地的时候，他简直对祥林嫂破口大骂了："……马上给我滚！"

"诗书门第"中的"道貌岸然"的鲁四老爷和"端庄娴静"的鲁四太太，现在居然一反常态，撕下了平时伪善的面孔，露出了野兽般的嘴脸，他们的本质于此得到了有力的暴露。

当然，这些人物的思想性格的刻划又推动了剧情，帮助表现了祥林嫂。已经失掉全部幸福生活、四面碰壁的祥林嫂，得到了柳嫂和庙祝的"指引"，她是如何的兴奋，如何感激他们。在她看来，挨过了辛劳的岁月，她定将得救。于是她兴奋地推磨子、劈劈柴、洗衣服……。过了一年多，她把积下的工资以及最低微的求生愿望，捧献给庙祝。

之后，她带着满脸笑容走回来。她行走如风，逢人便道：“我捐了门槛了！”在贺老六死后，这是我们第一次看见微笑挂在她的脸颊上。可是在祝福的时候，鲁家把她从希望的高峰蓦然推到绝望的深谷。剧情急转直下，她以前的一切努力，都已落空。一年多的工钱所换回来的只是更大的不幸、更深的痛苦。鲁四老爷这座黑色的礁石终于撞翻了祥林嫂的船舶。现在，祥林嫂连给富人祝福的资格都没有了。正是这种走投无路的绝境，使她颤抖的右手，拿起了菜刀。她那性格中反抗的一面也因而得到了突出的表现。

在这里，我想顺便说几句关于砍门槛这一细节的真实性问题。有人认为它很不真实，说这一细节“意味着她竟决然与宗教势力决裂”而这是“多么不容易啊！”……“和周围环境多么地不协调。”于是推测并反对改编者的意图说：“这样处理根据的逻辑，也许是‘压力越大，反抗力越强’，但生活并不处处都如此。鲁迅先生小说人物，也并不个个都如此。”接着又说鲁迅作品中许多人物都是“受尽压迫，未曾反抗，甚至是精神麻木的人物。即以祥林嫂而论，也不一定压力越大，反抗力越强。……”所以，在他看来，这一砍门槛的行动，这一据说是“反抗性发展到了最高峰”的行动，是“完全违背人物性格的发展规律的。”（详见《文艺报》1956年24期《祥林嫂砍门槛的细节》）

我觉得这意见是值得商榷的。

首先，我认为砍门槛是符合祥林嫂性格发展规律的，因为她早有反抗的一面。例如她的从婆家逃出，以及她的反抗改嫁。既然过去反抗过，现在为什么不能呢？特别是在当时具体情况下，她已无可走之路，又无立锥之地，眼看自己被推到饥饿与死亡的边缘。在这种情况下，她已经顾不得和周围环境“协调”了，这不是显然的么？难道在这时候，也必须一直顺受到底么？

第二，她砍门槛时，心情应是相当复杂的：这里应包括她自己的悔恨，对受柳嫂、庙祝欺骗的一种反击，对自己的各种不公正的遭遇的不满……对于当时她的这种反抗心情，应有足够的估价，但如认为她这时便能大彻大悟，是“反抗性发展到了最高峰”，也未必恰当。

第三，鲁迅原作的思想意图是想通过祥林嫂这一人物的不幸遭遇着重暴露当时社会的残酷无情。鲁迅原意当然不是为了着重写一个“受尽压迫，未曾反抗”的人物。而且鲁迅绝不想在此证明：世界上确实有这么一种人，她一贯地逆来顺受，她决不反抗，因之由于她的存在，说明了“压力越大，反抗力越强”这一社会规律是不完全可信的。如果鲁迅原意想着重写一个不反抗的性格，我相信，鲁迅一定会对这种性格进行有力的批判。在《聪明人和傻子和奴才》一文中，鲁迅不是有力地鞭笞了奴才的奴性么?

祥林嫂被庙祝逐出后，就只好在街头流落乞讨了。有一次，在寒冷的祝福之夜，她又来到了鲁家的门前。在她周围伴随她的，只有呼啸的猖狂的风雪。世界依然如故，大家照例祝福。鲁家门前又是孩子们在放爆竹，只是教别人放爆竹的已不是祥林嫂，而是祥林嫂教会了的长大了的阿牛；来找阿牛回屋磕头的已不是祥林嫂，而是阿香了；鲁家大厅中端大鲤鱼的已不是祥林嫂，也是阿香了……。周围又响起了鞭炮声，把人们美好的祝愿，带向黑夜的天空。只是那曾经为别人祝福的祥林嫂却依在桥栏旁，缩做一团。猖狂的寒风象鲁四老爷一样在向她咆哮。她默默地站起来，彳亍地走在白茫茫的大雪中，终于无声无息地倒下去，死了。

可以看出，影片的结尾很好地呼应了前文，帮助影片成为完整的整体。同时，由于这呼应，也显示了前后的差别，随而也突出了祥林嫂每况愈下的遭遇。影片最后对风雪的描绘，有力地暗示了当时的“社会的寒冷”。有如以前的各个场面，这里使我们再一次感到了创作者们对祥林嫂的无限同情。

影片有力地暴露了当时社会的残酷无情，并为此生动地刻划了一系列人物。

除祥林嫂外，象贺老六、祥林嫂的婆婆、贺老大、卫老二、鲁四太太、鲁四老爷等等，也都各有其独特的思想性格，彼此毫不重复，因而使人经久难忘。至于祥林嫂，她是最动人的了。

祥林嫂之所以动人，是因为她的思想性格得到了突出的刻划。而其所以能突出，并不在于她向观众高谈生活之道，或讲述她的不幸遭遇。在整个影片中，她所说的话，总共不过有900多字，而在文学剧本里，才只有400多字。可见，她的突出，主要是靠别的表现方法来达到的。例如，这一人物（演员）的表情与动作，其他人物对她的烘托，激动人心的情节的展开，细节的恰当运用，景物的精心选择等等。总之，形象地、侧面地、含蓄地，在冲突、对比之中来表达人物的思想性格及其遭遇，是这一人物突出的重要原因。

祥林嫂所以话说得少，是她的性格使然，倒不是为少而少。如果表现一个喋喋多言的人，话语难免要多些。或多或少，必有其根据。我们现在一些影片中的缺点是，不管人物性格如何，不管是否需要，话说得没完没了，而不善于用其他手段来表现人物。明明是用动作或其他形象化的方法能很好表达的事情，却偏要让主人公讲来讲去。这种枯燥无味的对话在观众身上所起的作用不是"+"号，而是"-"号。为什么会是这样的呢？因为电影主要是由一系列活动的画面所构成。也就是说，它是以不断变化的视觉形象为主。违反这一点，必有损于电影的感染力，随而影响它的教育作用。当然，不能否认对话在电影中作为表现手段的作用，有时，这种作用确实是不可代替的。可是，不能过多依赖对话，更不能让主人公自己不断地"说思想"，"讲大道理"。在对话确有必要的情况下对话要能表达性格，要深刻，要生动，要富于动作性，要有助于推动剧情的发展。

1959年2月

（原载《电影创作》1959年6月号）

于朴素中见深刻

——影片《林家铺子》观后

梅　阡

影片《林家铺子》以一种朴素的艺术风格生动地表现了深刻的思想内容，可以说是一部佳作。

故事十分简单。这不过是在年关前后一家店铺亏累倒闭，老板潜逃，债权人查封清理，小存户受到损害的一个旧时代的小风波。这是当时每天都在发生着的千万件“社会琐闻”之一。这里并没有什么纵横捭阖、气势磅礴的“惊涛骇浪”，正象影片在开始一个镜头所暗示的：一盆污水倾倒在一条小河沟里，不过是一点死水微澜而已。但是通过真实而朴素的艺术描写，使我们看到在这一平凡事件背后的巨大的社会意义，及其复杂的阶级关系，使它成为反映了旧时代面貌的一个缩影。影片编者把林家铺子的盛败兴衰和整个时代的命运紧密地联系了起来。虽于小处落墨，却从大处着眼。通过一些情节的安排，例如学生在街头为抵制日货的宣传讲演，从上海涌来仓皇逃难的人群，上海客人的坐逼货款，散兵游勇的敲诈勒索等等。这些情节虽然着墨不多，有的甚至只一两个镜头，但却准确地把那个时代动乱的面影投射到这个小小店铺里来，而且推动着人物与事件的发展。林家铺子的勉强挣扎，苟延残喘，暂时虚假的繁荣以及最后的倒闭，正是处在帝国主义武装侵略下，政治黑暗，经济崩溃，农村破产，工商业凋敝萧条的半封建半殖民地旧中国的必然产物。影片所反映的事物远远超出林家铺子的狭窄的范围之外。由于它牢牢掌握住林家铺子的命运和整个动乱时代的内在联系，这就使我们能于一粒砂里见世界，透视到在那一历史阶段中国人民所经历过的苦难的岁月。影片编导这种言简意赅，意境绵邈的手法，是我们民族传统的文学艺术优秀的特点之一。

影片通过对林老板这个人物的刻划，和他与周围人物之间的矛盾冲突，显示了十分复杂的阶级关系。无论从导演的处理和谢添同志的表演看来，可以说是成功地塑造了一个真实而生动的艺术形象，这是近年来电影艺术创作中一个可喜的收获。首先这个人物身上带着十分鲜明的阶级烙印。在小工商业者中间他不是一个平庸之辈，他沉稳干练，深通人情世故，也颇有心机手段。具有一般商人私有者损人利己、唯利是图的本性。他表面上的老成本份，掩盖不住内心的狡猾机诈。在抵制日货的时候，他却通过贿赂手段，偷天换日，以日货换贴国货商标来欺蒙顾客。他是同行竞争的能手，不惜牺牲血本来争夺主顾，然后再暗中加码。当“一二八”战争爆发，逃难的人们流落到这小镇上来，他又抓住时机搞出“一元货”的花样来大作生意。他拼命想支撑残局，从困境中挣扎出来，但是由于整个经济崩溃的影响，他只有越陷越深，终于惨遭没顶。他是个处在夹壁中的人物，一方面受着上层的卜局长、余会长之类残酷的压榨，对他强取豪夺，敲骨吸髓，他不能不忍痛奉承，在他陪着笑脸的时候也暗咽辛酸的眼泪。他的对面又有钱猢狲、陈老板之类的对手，他们之间尔谲我诈，钩心斗角，相互倾轧，幸灾乐祸。在他的下面又有着比他处境更惨的王老板和把血汗钱存在他店里的朱三太、张寡妇等人。当他向王老板提货的时候，一样不顾别人的死活，露出一副狰狞的面目；而对于朱三太和张寡妇更是手辣心黑，软欺硬骗。影片对这个人物的复杂性刻划得面面俱到，饱满淋漓。从他和周围人物的关系中，深刻地揭露了那种大鱼吃小鱼、小鱼吃虾米的残酷无情的社会制度，构成一幅血泪斑驳的阶级社会悲惨的图景，使我们对朱三太、张寡妇产生由衷的同情。影片以极其冷峻的笔调，一方面写出林老板可悯的处境，一方面又细致地揭示了他丑恶的内心世界，极有深度。影片对于林老板这个人物的刻划，笔调也掌握了朴素洗练的特色。并没有把他更多地放在一些表面上感情激越，剑拔弩张的相互冲击的场面之中，而是把那些尖锐的矛盾斗争，通过他心情的变化细腻地反映出来。林老板的得意，苦笑，沉思，焦炙，他的愕然无语，强作镇定，……都具有丰富而充实的内容，都反映了外在事物巨大的变化和矛盾。使人发生深远的联想。例如在林老板为应付上海客人到恒源钱庄去借款，失望归来，雪夜里在望仙桥边踽踽独步，站在桥头沉思，这时画面上出现了上海客人声色俱厉的叠影。这一场面由于它的情景交融，意境深远，结果把林老板四面楚歌，走投无路的处境体现得更加鲜明。我看这要比写一场二人正面争吵的戏，能够给人留下更深的印象。这种精炼的构思，使得影片在朴素的基调上收到强烈的艺术效果。

（原载1959年10月8日《人民日报》）

《革命家庭》的风格及其他

陈白尘

××同志：

看了《革命家庭》，很喜欢！这是一部好电影。你要我写文章，也很想写，但想了两天，没有写出来。对一部有缺点的片子，我们很容易一下子就列举出它许多失败之处，对于一部好电影，要准确地分析其成功之点，就比较难了。难于很恰当。一方面，电影是经过编剧、导演、演员、摄影等诸方面综合而又一再创造的，另方面，观众的喜爱、趣味各不相同；一篇文章要使电影诸方面的创造者和多数观众都能折服而且有益，是一件很艰难的工作。如果一篇文章对创造者和观众都没什么益处，只是为了凑凑热闹，那又何必浪费自己和别人的时间呢？自然，凑热闹，也不是坏事，对于一部好电影，似乎也应该热闹一下，才对得起艺术家的辛苦劳动。但“观众的脚底板是最好的批评家”，千千万万观众亲自走去排队买票，又挤进影院，最后，以愉快、兴奋的步子走回家去，这给予艺术家的安慰是远胜于凑热闹的文章的。我写不出较全面的深入分析的文章，又不喜欢写那样凑热闹的东西，所以两天来什么也没有写出。

没写出文章，并不等于对电影就无话可说。只是我要说的话太简单、平常，值不得写出文章，浪费别人时间。想来想去，还是写封信给你，仅供你工作上的参考吧。

夏衍同志的创作，我是喜欢的，不用说，你也知道；水华同志的导演，我也是喜欢的，这理由很简单：他那明快、简洁的风格，是最适宜于导演夏衍同志剧本的。电影《林家铺子》是最好的例证。这次他们的合作，是又一次成功。

首先，要说到这部电影所独有的风格。象剧本所根据的《我的一家》这样一个题材，从一九二六年大革命，经过“马日事变”，一直到一九三七年抗日战争爆发，包括十多年、几个不同时期的革命斗争史；包括那么众多的人物，其中牺牲、贫病而死的又是如此之多；人物的经历又是如此之艰难曲折，困苦颠连；依据一般设想，它会是怎样的一部电影呢？这里将会充满火与血，充满刀与剑，充满眼泪与呼号，充满“伟大场面”的吧？但作者们展开在我们面前的却是这样一幅图画：一般所设想的都退作背景了，在那轰轰烈烈的背景之前，一个普普通通的家庭妇女，默默无声、但坚忍不拔地走着革命的道路：她埋葬了为革命牺牲的丈夫，她目送着走上断头台的爱子，最后，自己也走进黑暗的牢房，而在出了监牢之后，又踏上新的革命征途。作者们没有用过大红大紫的色彩，没有用过强烈的音响，同样把一九二七年前后的革命斗争史烘托了出来。观众在银幕前有如置身在那群少先队员之间，静静地听着周莲以简单朴素的语言，不夸张、不伪饰，但娓娓动听地讲着故事。即使在“五一”劳动节大示威那个群众场面里，作者们也没有乱过脚步，依然谨严地保持着朴素的风格。

我还不能进一步分析作者们这一风格的成败得失，但我感觉得喜欢。为什么喜欢，我也说不清。也许是腻于一般同类电影的风格之大同小异，而感觉其清新吧？即使如此，我也觉得这是可贵的。一个作家、艺术家之所以成家，必需有其自成一家的独创的风格。

你自然会理解我的意思：我不是否定别种风格而独独提倡这一种风格。风格是不能学习模仿，更不该去学习模仿的。我只是希望电影艺术家们发扬其各自独特的风格，来满足千差万别的观众欣赏要求而已。我之所以特别赞美《革命家庭》，其目的即在于此。

其次，要说到《革命家庭》的改编。作者们在完成片上不称他们的劳动为“改编”了，我想，这是作者们不断的创造，已使剧本距离原著更远了，免得引起真人真事的纠纷之故。但我还想说这是改编的剧本。（“改编”这个词是不够妥切的，但好在夏衍同志在《杂谈改编》一文里说过：改编也是一种“创造性的劳动”；那我说它是改编，自无丝毫贬低之意了。）因为只有从改编的过程里，才能看出作者创造性的劳动。

在《我的一家》里，叙述者自己是不占主要地位的，这是叙述者的谦德。改编者却大胆而明智地改变了她的地位，使她成为剧本的主角。这种改变不仅由于剧本形式的要求，而是作者从原著的纸面以外，理解到这《革命家庭》之所以形成，其轴心实在于梅嫂子。没有梅嫂子，立群、小莲、小清后来也有可能成为革命者，但也有可能不再参加、或推迟参加革命。梅清和立群的英勇牺牲是应该歌颂的，但在这“一家”中担负苦难最深重的却是这位伟大的母亲。最难于走上革命的道路的，也是这位母亲。她终于经住苦难的磨炼，终于走上艰苦的革命斗争道路；在她的身上体现了一个普通劳动人民的、也是半殖民地中国人民的最可贵的品质。以她为全剧的主角，是更具有典型意义的。作者这一改变，看来是个技术问题，实是一个重大的关键性问题，许多同一原著的改编本都没有解决的问题。我认为这也正是作者创造性劳动的主要成功之点。这种创造在形式上并没耗费作者多少笔墨，但正是《杂谈改编》中所谓改编工作的最“吃力”之处。

在改编中，作者还有很多创造，我这里只提一个小例子：便是梅清的死。原著中梅清是工作疲劳过度而病死的，作者改为久病后与警察搏斗因伤致死，这种改变当然算不上创造，但作者对于梅清的久病，却是用了最简洁的笔墨作了巧妙的安排。开头在旁白里说了一句梅清生病的话，作为伏笔；梅清离开长沙时，周莲给他带上药瓶，汉口相见时又看见那药瓶原封未动，梅清去《大江报》前，在楼梯上一捂胸口，这就把梅清的病历逐步交代，而且逐步说明病情加深了。后来被警察一击而倒，而病，而死，便觉得合情合理了。但这前后五次关于病的描写，作者一共只用了寥寥几十个字！这是多么精炼而准确的笔触！——这只是举一个例而已，类似的地方还很多，更不用说作者对人物情节等等所作的集中、概括那些重大的创造劳动了。

所以举一个例，是为了证明这确实是一种艰苦的“创造性的劳动”。相反，也是想说明某些缺乏“创造性的劳动”的剧本，从原著照搬照抄的也算作“改编”，实在使得改编这一个词蒙羞！（这种情况在某些戏曲的“改编”上就更严重了，不同剧种改头换面移植一下，也称之为“改编”的！）在这意义上，作者们不称他们的劳动为改编，我是同意的。但改编这个词的本身到底怎样来使用呢？很希望你们，特别是戏曲界将来能定出个规格来。这些自然更是题外的废话，不过提请你注意罢了。

最后，也想对电影提出一点意见。我前边说过：水华同志是最适宜于导演夏衍同志剧本的，因为他们在风格上很接近；或者说，导演善于体会编剧的风格。这自然是优点。但优点发挥过份，“过犹不及”，是否也会走向相反呢？简洁、明快自然是优点，过了头，也不免有简单、匆促之感了。整个电影看来如行云流水，异常舒畅。但在几个情节的关键地方，作为观众，我是希望多停留一会，多看一会的，作者们偏偏把我们匆忙拖走了。比如梅清死后，周莲伏案而泣，孟涛三言两语，便把她“送到上海去”了。又如周莲拖着三个孩子到上海找不着党，只在贴标语的地方呆了一阵，立群到了工厂就又找到党了。据剧本交代，这是经过两年漫长的时间的！自然，这些地方在庸手处理，不外乎多加许多眼泪与愁眉，我不是对作者们作如此要求。但这些地方也正是严重考验周莲之处，毫无跌宕，就很难看出周莲的发展成长的过程了。这也正是观众需要和剧中人思想相通、命运与共的地方，也是观众在艺术中感到享受的地方。作者们未免惜墨如金，近乎吝啬了。在分镜头剧本里：梅清死后，周莲与孟涛谈话中，孟涛听到周莲要求跟着党走，感动得拉住她手，连叫了两次“周莲同志”；周莲也激动地听着，“感到无限的力量和温暖”。这是一段极其精彩的描写。在完成的影片上，这一段被大大简化了，那表示由一个家庭妇女走进革命第一关的两声“周莲同志”，也没听见了。这是很可惜，很可惜的！——我的所谓“意见”，主要的就是这一点。这意见是否对头，毫无把握，说不定“隔靴搔痒”，会使编导感到啼笑皆非的。所以这封信仅供你个人工作上的参考而已。

此致

敬礼！

陈白尘

1961年2月23日

（原载1961年3月10日《光明日报》）

湘水龙华一脉通

——看影片《革命家庭》以后的感想

袁　鹰

个人的爱憎哀乐，小家庭的离合悲欢，从来是文学艺术作品的通常主题。但是，也只有当它们同时代的脉搏相联系，反映了时代真实声音的时候，它们才能发出光彩，也才能动人心弦，产生一种感染力量。否则，就是没有生命的，游离于时代和社会斗争之外的，因而也是苍白无力的。《革命家庭》在反映时代真实上尽管还有某些不足之处，但是，它到底写出了小家庭的幸福和革命大家庭利益的一致性，写出了只有跟上时代的浪潮，投身到革命斗争的烈火里去，在烈火里改造旧的小家庭，才有真正的前途，才会得到真正的、最大的幸福。

江梅清、周莲这一家人的成长，不是正好说明这个道理吗？江梅清走过的生活道路，是三十年代中国知识分子背叛自己出身的阶级献身革命的一条光荣道路；周莲，从一个普通的家庭妇女，逐渐懂得一些革命道理，为革命做一些事，终于成为一个忠贞的革命战士；他们的儿子立群，从儿童团员、小交通、红色的青年工人，成长为一个青年革命者，党的新的血液，到莫斯科出席青工代表大会，在被捕后坚强不屈，从容就义；他们的女儿小莲，从一个爱撒娇、爱哭的小姑娘锻炼成敢于向工头反抗、敢于穿过敌人的严密戒备，把红旗送到示威游行的集合地点南京路；就连那个最小的小清，也懂得替哥哥姐姐放哨、懂得了认清是自己人才开门。这一切，如果不是革命的锻炼，不是党的培养教育，怎么有可能出现呢？无情的现实生活，粉碎了旧时代小家庭的温馨的美梦，使他们懂得了“覆巢之下，安有完卵”，当整个国家民族被帝国主义和大地主大资产阶级残酷统治的时候，当千万个家庭忍饥受寒，辗转呻吟的时候，怎么能有正直的、善良的小家庭的幸福？反面的教育，使他们震撼；革命的洗礼，使他们清醒。这个长沙城里的小家庭，到了汉阳，就已经同革命密切不可分离，到了上海，就全都投入革命洪流，真正变成革命家庭了。

时间前后经历二十年，跨越了两个历史时期——第一次和第二次国内革命战争时期。要精炼而又充分地完成这个艺术创造是并不容易的，剧作者夏衍、水华同志，导演水华同志，演员于蓝、孙道临、张亮等同志（包括那饰演小清的小演员），以他们出色的成就，给了我们以思想上的教育和艺术上的享受。

剧作者安排了四次生离死别的场面。这四次互相衔接的生离死别，贯穿着这一家人的命运，构成了整个影片的基本情节。剧作者的强烈的现实主义手法，细腻而精萃的描写，使银幕上的这四次离别，一次和一次不同，一次比一次提高。

第一次是在湘水边上，江梅清带着一肩行李，跨上帆船，到远方寻找真理去了。应该说，这时候的江梅清，有的只是一腔救国豪情，书生意气，但是他所要寻找的真理究竟在哪里，究竟怎样积极地把个人的抱负与民族的命运联系在一起，还不是那么清楚的。而他的年轻的妻子周莲，对丈夫的行动更是茫然。“我真不知道他对这个家还有什么不满意呢？他究竟要到外面去寻找什么呢？他所说的真理究竟是什么？”这些在她都是问号。站在湘水岸上，目送征帆远去的周莲，这时所感觉到的只是一片迷惘。她所追求向往的小家庭的幸福正在动摇。但是究竟是什么动摇了她的小家庭的幸福，她却连想也没有想过。影片从这里开始了它的第一个乐章（在这以前的叙述，只能算是序曲），是有意义的。在我们面前的周莲，依然是几年前刚刚坐上花轿时的那个单纯的善良的妇女。她开始走向生活，可是生活对于她，还象一张白纸。

在白色恐怖笼罩着的长沙城内，江梅清为了逃避敌人的搜捕，在刀光火影中二次离家。已经是一个比较成熟了的革命者的江梅清，这时候忧虑得多的是同志们的安全，革命的失败，对于他的温暖的小家庭，只是简单地交代了几句，就匆匆地走了。初步受到革命浪潮洗礼的周莲，虽然还没有深刻地理解到这次反革命叛变的实质，但她的朦胧的革命意识，和对亲人的深挚感情，已经使她感觉到面临的决不是寻常离别，而是反映了一场革命与反革命的生死斗争。她没有说许多话，只是递给丈夫一瓶丸药，再三叮咛要他保重身体，人们可以体会到，她的这种关心岂不是已经把对亲人的关注和对革命的期望连结在一起了吗？我们看到周莲站在门口，深情地目送江梅清和老陈走向巷口，看看长沙城里的一片烽火，然后她回过头来，忍住了眼泪，人们可以看到她的神情里，除了悲哀还有希望，除了痛苦还有信心。周莲，已经不是江岸送别时候的周莲了。

汉阳死别，对于周莲来说是一次严峻的考验，江梅清在同敌人搏斗之后受了重伤，终致不起。他留下了未完成的事业，留下了亲爱的同志，留下了爱妻和三个孩子，含恨离开人世。尽管周莲已经有了革命的觉悟，革命的感情，也明白了革命就是要有人牺牲流血，但是丈夫的死，不能不是一个空前沉重的打击。当她看到护士用白被单盖上江梅清的头，她头晕目眩，心旌神摇，几乎不能克制自己。回到家里，她苦苦哀啼，仿佛已经陷入绝望的境地。当老孟同志来劝慰她，对她说她的不幸就是党的不幸、她的儿女就是党的儿女，要她永远跟着党走，为了千千万万家庭的幸福奋斗到底的时候，她才清醒过来，在她面前是一条宽广的道路。从此，个人的小家庭的命运同集体的革命大家庭的利益联系在一起，就如同小溪流进了大江一样，再也不能分开。革命教育了周莲深深体会到离开了党不仅没有小家庭的幸福，而且根本不能生活下去。这样我们就可以理解，当她带着儿女到了上海，找不到党的关系的时候，为什么那样焦急；当她一旦遇到了党的时候，为什么那样惊喜若狂；当她按照党的指示不能和子女见面的时候，为什么执行得又是那么坚决，并不是她不爱他们，而是她知道这种父母子女之间的爱应该从属于整个革命利益的爱。在当时的地下斗争环境中，如果留恋于小家庭的温暖，一定就会给革命带来重大损害。因为不论是她自己也好，她的儿女也好，都不仅是属于他们自己的小家庭，而是革命大家庭里的一员了。自觉地把个人利益置于集体利益之下，是周莲逐渐成长为一个革命者的标志。

现在，我们看到了第四次生离死别的镜头，在龙华监狱，周莲置身于一场更为严峻、更为尖锐的斗争的尖端，摆在她面前的是这样一种抉择：说出了党的组织关系就可以救出儿子，否则儿子就会死在眼前，这是关系到党的安危和儿子的存亡的最后的抉择。儿子带着镣铐，站在母亲面前，虽然他相信母亲对革命的忠诚，但是在这样的重要关头，他也是不能不有所担心的，不是担心自己，因为他早已视死如归；他担心的是，那么深情地爱着自己的母亲，会不会为了一念之差坏了大事。母亲先是一阵心酸，然而立即克制住自己。她对儿子不能说一句话，她只是用坚定的目光回答了儿子的注视。然后她斩钉截铁地回答了敌人："不认识！""不认识！不知道！知道也不告诉你！"说完她又看了儿子一眼。四目相遇，母亲和儿子的心完全相通了，再不需要多说一个字了。在这场戏里，周莲只说了上面那四句话，立群一句话也没有说，寥寥十六个字，却胜过千言万语。在这里，我们又看到了和第二次离别相似的画面：儿子被宪兵押着走向远处，母亲站在审讯室门口，望着儿子的艰难而又坚定的脚步，她没有流眼泪，没有表露哀伤的神情（但是，我们知道她的心里有多么悲痛！）。我们看到的是深深的阶级仇恨。

这是四次生离死别中的高潮，也是整个影片的高潮。至此，影片完成了对周莲和立群形象的塑造，影片的主题也得到了充分的表达。从湘水岸边到龙华监狱，是一条艰苦曲折的道路。周莲和她的家庭，在党的指引下，走上了这条革命的道路。影片让我们细致地真切地看到了一个普通的家庭妇女，怎样在革命斗争中受到锻炼，把个人命运和阶级命运、时代命运联系在一起，把小家庭的感情和大家庭的感情联系在一起，成长为一个自觉的革命战士。从这里面，使我们受到革命精神的深刻教育，鼓舞了对革命斗争的无比热情。这便是影片《革命家庭》给我们的最大教育。

当然，在这方面，影片也还有不足之处，那就是还没有能更充分地表达出白色恐怖下的时代气氛。影片的大部分背景是在武汉和上海，这两处当时正是反动血腥统治的中心，是反革命势力向革命进攻的大本营。革命与反革命的斗争，那么剧烈、尖锐而又复杂。但是，这种斗争形势，还不是那么细致入微地反映在这一家的生活和人物的精神状态里。在不少时候，还是有点象在和平环境里生活的样子。

《革命家庭》在艺术创造上，有独特的风格。简洁，明快，而又带着浓厚的民族色彩和抒情意味。影片的语言、音乐和技术的许多方面，都努力注意反映时代的色彩。甚至连一个店招（如“先施乐园今日开放”）、一个画外音（如“长锭要哦长锭？”）都是一丝不苟的。在影片的剪裁上，也充分运用了电影的特点而又独具匠心。开头一小段独白，几个互相衔接的画面，表达了多少繁复的内容，但却如此简洁，绝不拖泥带水。从梅清教周莲认方块字紧接着就是周莲教孩子认方块字。镜头接得这么干净俐落，不落俗套，使人回味无穷。

（原载1961年1月19日《人民日报》）

写剧本的一把钥匙

欧阳予倩

有些写得不得法的话剧和电影，看上去蹩蹩扭扭，有的甚至于不容易看懂，这可能由于思路不清，也可能由于忽略了编剧必须注意的规律。我曾经想过：是否应当写一点编剧入门一类的东西？朋友们有的认为用不着，理由是：内容决定形式，恐怕搞了些条文反而会使创作受到限制。有的认为作为创作经验谈一谈很有必要，但恐怕被看作单纯技术观点。有位同志说：写编剧的常识也要马列主义，所以不主张随便写，但是我仍认为只要写得好，对初学者会有很大帮助。写剧本也和其它科学一样并不神秘，但有行家领着跨过一条门槛，就可免得在摸索中走许多弯路。夏衍同志的《写电影剧本的几个问题》一书，我读了非常高兴。这是理论，但是从实践中提炼出来的。这是常识，但他把有关编剧的一些道理阐明得非常透彻而扼要。他用鲜明生动的文字真正做到深入浅出，说明问题。尤其可贵的是所举的许多例子都具体而十分恰切，使人易于理解。

作者一开始就谈到创作的目的性。为什么写电影剧本？为谁写电影剧本？总的说就是要以电影艺术为人民服务。可是每一部片子或者每一个戏都有它的创作目的。没有目的的影片或戏是不成立的，目的性含糊的一定是不好的片子。我们的艺术是为无产阶级政治服务，要以社会主义、共产主义思想教育人民，所以写剧本必须政治挂帅。夏衍同志接着就说“政治挂了帅业务就得跟上去。”业务如果不跟上，拿什么为政治服务？所以说：政治与业务，思想与技术应该是统一的。

这一点非常重要。如果把政治与业务，思想与技术统一起来，使我们又红又专，正是我们奋斗的目标。其次，他着重谈了写剧本的群众观点。他主张首先必须要群众看得懂，再就要群众高兴看。看不懂固然不行，看得懂而群众不喜闻不乐见，那也就无从起教育作用，收宣传效果。为着更好的把作品普及到群众中去，剧作者必须从自我欣赏的小圈子里解放出来，深入群众，千方百计为群众写出思想性和艺术性高度结合的剧本。要求思想性高，表达得又好，那就必然要有高度的艺术修养来为主题服务。

电影是最复杂的艺术，包括的东西很多，夏衍同志这篇讲稿提纲挈领谈了几个最重要的问题，每谈一个问题都包含着丰富的创作经验，提出了电影艺术简明的文法和最恰切的例证，这符合于当前迫切需要。不久以前，我看过一个戏，是写工厂的。我看完了第一幕，还不知道那是个什么工厂，许多人在台上争论得很激烈，也不知道究竟是为了什么；到第二幕又好象转到了另外一个问题，热烈紧张，但是不知所云。如果能学习一下夏衍同志这本书里的怎样写电影的第一本，就不会搞得那么乱。

这本书关于政治气氛和时代脉搏，关于人物出场，以及布景服装音响效果如何为人民服务，关于结构和脉络针线、蒙太奇等，都联系着思想有条不紊地谈得非常透彻，也很具体。文中没有艰涩的语句，没有费解的名词，没有支蔓的论述，平易朴实，简炼而精辟；可以说是言简而意赅，语近而旨远。对于学习编电影剧本和话剧剧本的都是很好的路标。

这本书是一篇完整的论述，谈的是一套完整的方法，也就是作者从事电影二十多年的心得。最初夏衍同志学习电影也和还有其他几位同志一样，是为着党的革命事业，对敌斗争，同反动派争取文艺领导权，必须掌握这个武器，经过不断的看电影作笔记，分析电影剧本，研究摄制技术等一系列的刻苦钻研和长年月的写作锻炼。他的经验和学识是从战斗中来的，是有深厚的积累的。这本书是写剧本的一把钥匙，有了这把钥匙就更会觉得电影艺术没有什么神秘。今天我们的学习条件比过去不知道优越多少倍，学会一样本事不会象前人要花那么长的时间。但是不肯下工夫，只想听一两次报告，读一两本小书就什么都会了，那也是不行的。电影是门科学，是综合性的艺术，有它的特点和规律；“有文学、戏剧、音乐、美术、舞蹈、建筑的因素，它和科学技术也紧紧地结合在一起。”如果不下决心学习，不去勤修苦练，电影艺术还会是一个神秘的堡垒。电影是个能力很大的武器，要能掌握它，可以发挥很大的教育作用，不然也能发生危险。夏衍同志说：“电影的特点一是群众性，一是综合性，所以它和其它艺术不同，武器越尖锐，用起来就越要当心。”所以他要求从事电影艺术的人（特别是导演、编剧）永远不要忘记电影的群众性，和电影对群众所引起的思想与感情上的影响。还有就是除要有正确的世界观之外，还要有对文学、戏剧、音乐、美术、科学等广阔丰富的知识。我想每一个编剧和导演以至演员，都应该这样要求自己。对我们所使用的武器由懂得它的性能到精通它的用法，要做到得心应手，那就必须下千锤百炼的工夫。譬如游泳必须经常下水，下棋也要经常对垒。文法不过那么几条，实际运用起来就千变万化。毛主席告诉我们：在战略上要藐视困难，在战术上要正视困难。夏衍同志在《怎样写电影剧本》那篇文章里，引用了这个原则，感觉到十分意味深长。我们只要有革命的热情和科学的分析，任何困难也难不倒我们，写剧本也要兼备这两者。读后略抒所感，以当序言。

（原载《中国电影》1959年第2期）

《包身工》分析

荃麟　葛琴

这篇《包身工》是一九三六年夏天写成的，发表在《光明》的创刊号上；发表以后，引起当时文坛上热烈赞颂。当时报告文学形式初流行于中国，这篇报告颇起了示范的作用。

内容分析：这是描写半殖民地国家内，帝国主义工业资本一种最残暴的劳动剥削方法，——所谓“试验工”和“养成工”，普通说法就是“包身工”。

这是近代资本主义的劳动剥削方法，和半封建社会的奴隶剥削制度的一种结合，帝国主义者利用中国的封建剥削方法到他们资本主义的生产上，这样既可以取得最低廉的工资条件，而且可以无限地加强他们的劳动，可以任意打骂，并且还可以防止他们参加工人组织和反抗活动，这是最合算不过的。但是这种工人却遭受了双重的剥削。“带工的”收买他们完全是一种封建剥削方法，对于“带工”，他们是一种没有人的地位的奴隶，对于外国资本家，他们又是一种“活机器”，这就是所谓半封建半殖民地国家劳动者所遭受到的命运。由于帝国主义商品的侵略，使中国农村日益破产，于是大批饥饿的农民儿女，便被诱骗到都市来，通过这种残酷的方法出卖其劳动力，帝国主义利用这种低廉的劳动力，又不断地扩张其商品生产和市场，使中国农村更陷于破产的地位，这样循环不已，中国便愈来愈穷，而人民的生活也愈来愈悲惨，这就是为什么终于人民不得不激起反帝反封建的革命巨潮的原因。这篇报告虽然仅仅告诉我们这种“包身工”的剥削制度，但是从这一点挖掘下去，也就使我们明白了所谓半封建半殖民地社会的意义。

一九三六年前后，正是中国农村经济剧烈崩溃的时候，同时也是上海工人斗争，在大革命失败后重新开始抬头的时候，帝国主义的资本家，特别是日本帝国主义资本家，便竭力利用这样的剥削方法。上海是个东方纺织工业的中心，象芦柴棒这样的包身工不知道有多少。虽然作者说，这些工人“没有自觉，没有团结，没有反抗。……”“在这些强压强榨着的生物，好象连那可以引火，可以燃烧的火种，也已经消散掉了。”但是实际上“石在火种在”，他们的力量是存在的，也正如作者所说：“黎明的到来，还是没法推拒的。”当人民翻身起来的时候，他们将是最坚决最勇敢的先锋队。

这种剥削方法，也存在于其他产业中间，和其他殖民地国家中间，特别在马来亚、越南各地的华侨工人，许多都是这样卖掉身体去做工的。方式虽各有不同，但实际却是一样的。在海外和国内的读者，如果仔细去调查一下许多大产业的劳动状况，就可以发现有无数和芦柴棒同样命运的人物。

所谓“带工”一流人，大都是都市中间的流氓、工贼一类人物。他们是帝国主义和资本家的最下等走狗，他们无疑也是人民的敌人。

本篇的创作方法和报告文学的写法：这篇报告是没有什么具体的故事，它只是写出了这种包身工的具体日常生活和他们被剥削的一些细微而真实的情况。但是它的价值就在这里，它彻底地、无情地揭露了这些血淋淋的残酷剥削的生活，它这里所写的，全是毫不夸张的真实情形，这是一般人所不清楚知道的。因此，它本身就是一个有力的抗议书。据作者自述，他这篇八千字的报告，却花了三个月的时间，他每天清晨四五点钟起来，跑到日本纱厂和工房门口去调查和观察实际的情形，和工人们谈话。这种不惮劳苦、耐烦的精神，终于使这篇作品取得了真实的内容，这是值得学习的一种精神。了解报告文学，有些读者以为写报告文学一定要有轰轰烈烈的故事才能写，或者觉得自己生活周围都平凡得很，没有什么可写，因此觉得不知道该写什么，这其实是不对的。只要有点真实生活内容，并不一定要什么轰轰烈烈的故事，否则岂不是要变成等待主义了？而真实生活是存在于我们周围的，问题是在我们能否去发掘？包身工这一类生活，无论在上海，在香港，在海外到处都存在的，我们为什么不能象作者那样，躬身力行去发掘，去调查研究呢？我们真正接触了一种生活，为什么担忧没有东西可写呢？作者对于那些工人并没有什么直接关系，但是决心要去认识，就终于得到了成绩，这种实事求是的精神是很可贵的。这篇《包身工》对于我们写作上，是很有帮助的。

文学上有一种所谓“材料主义”，这是应该为我们所反对的。这是说，只有材料没有通过作者的思想感情，那只能说是一种新闻的记事，不能算文学作品。但反对“材料主义”，并不等于反对“材料”。文学的材料就是生活，没有生活，怎么能写出东西呢？所以仔细而具体地去认识生活，在写作者都是重要的。先进者常常叫我们重视调查研究，实事求是，这在文艺工作者也同样重要的，尤其写报告文学更不能不重视这种条件。但是这些材料仍然通过我们的思想感情，把握它的主题，这样才会成为一篇有血有肉的作品。

（原载《文学作品选读（下）》，生活·读书·新知书店1949年出版）

漫谈《包身工》

魏金枝

左联成立的当时，曾经竭力提倡过报告文学这个文学形式。当时的所以提倡这个文学形式，自然也因为这个文学形式便于迅速地反映现实；但更主要的还在于想使文学和政治结合起来，使作家和现实生活的斗争结合起来。夏衍同志的《包身工》，就是在这样的要求下产生，而且给这个文学形式留下了光辉的典范。所以我们今日来重论此文，首先就必须重点地肯定下这一点。

然而这并不等于说，《包身工》的主要价值，只是在于政治意义这一面，而在艺术上却是次要的。这样的说法，显然是机械的。我却以为，正因为作者夏衍同志通过了与现实相结合这条道路，从政治上得到了明确的观察力，和炽烈的正义感，因此才能更深刻地写出现实的真实，才能对反动统治作更有力的控诉。《包身工》这篇作品的本身，就鲜明地说明了这一点。

就是单纯地从艺术手腕上讲，我以为在两个月匆促的观察中，在千头万绪的关系中，在纷纭复杂的事物中，光是对题材的整理，场面的安排，人物的勾划，要是在政治上没有明确的观念，也就在艺术上不能有这样综合与概括的巨大才能，也就很难在写作上做到这样有条不乱，和头头是道的地步。我们必须承认，在无论什么作品中，作者总是掌握着人物或故事这两个纲领，有步骤有程序地开发出去，这在一般的作者讲，要把这件工作做到完整无缺的地步，已经并不容易。但就《包身工》的题材来看，其中几乎没有一个完整的人物，和一件完整的事件，而只是一堆杂乱的垃圾。这正如被我们扯碎、抛弃在杂物箱里的各种字纸和杂物一样，我们要从这里看出这个杂物箱的主人的性格，这是一件十分困难的事情。更应该这样说，虽然当时作者很想深入工人群众，然而在白色恐怖下，这是非常困难的，于是作者观察生活的方式，只能象站在墙外的看花客一样，必得从墙外的一枝一叶一花上，来估量园内的景物。这对作者来说，就必须有巨大的观察和推理的能力。总之，作者在面对这样的现实，和这样的题材的时候，固然需要高明的艺术才能，却更需要明确的政治观点，来指挥他的艺术才能。我们可以从作品中，隐约的看得出来，作者显然是运用他精密的组织力，把那些纷乱而残缺不全的题材，有条不乱地用若干线条串连起来，然后又串连在一条总线上，使读者得到完整而明确的印象。从大体上讲，作者是把所有的题材——过去的历史，现在的现实，以及将来的命运，依照它的性质和事类，搭挂在从清早到黄昏这个时间的纲领上。反转来说，作者也依着这个纲领的程序展开了多种多样的触目惊心的断片，叫人发生身入地狱的感觉。

无须说得，作者在完成了题材的组织任务以后，他在这里所担当的任务，虽然已经只是一种向导员或讲解员的作用，然而正因为他是向导员和讲解员，他还必须把游人引导到最深奥的隐蔽处所去，把最足以使人感染的色彩和气氛，指给游人观看，这就得要求这个向导员和讲解员，显出他自己的高度的思想性和高度的表现力。《包身工》的作者夏衍同志，就在这点上，使出了巨大的才能，如对芦柴棒的免除抄身的描写，如对外头工人和包身工之间的对比，如对哄骗乡亲们的带工头口吻的叙述，如对拿莫温东洋婆之间莫逆于心的刻划，都用了他犀利的解剖刀给解剖开来，深刻而分明地显示给读者，叫人看了后发生不寒而栗的感觉。这里，不但是选择题材的问题，还包括着作者如何提炼题材，以至于生发题材的问题。举例来说，譬如拿莫温和东洋婆的合作嬉弄工人，这不仅是这两人间单纯的性格的表现，也不单纯是帝国主义者和半殖民地上的买办奴才相互勾结的典型例子，而且在这场嬉弄中，在虐待中国工人这点上，还含有相互启发、相互竞赛，不断发展的倾向。而在另一方面，尽管作者没有可能在这里描写出工人的大暴动的场面，可是在受难者的深思和冒险逃亡中，在作者所说的附有冤魂的锭子上，这在作者的笔下，也就隐含着山雨欲来风满楼的气势。作者在这些描写的字里行间，都留有教人深思猛省的余地。在这篇作品里，这样的地方是很多的，假使我们能细细的读它，都能从空白的地方，读出深刻的意义来。

然而也正如我在上面所说过的那样，这些搭挂在时间这个纲领上的许多断片，也不是没有它们的统一的系统的。大约的说来，这里有打杂和老板娘挂钩的关节，有带工头和拿莫温挂钩的关节，有拿莫温和东洋婆挂钩的关节。这是从封建社会通到资本主义社会的一条黑线，也是半殖民地反动统治者和帝国主义连成一片的一条黑线。这是筑成资本主义体系这个大厦的一些骨架，也是这篇作品内容上的主要骨架。附属在这骨架上的，又有“请愿警”和“抄身婆”，有“小荡管”和“打杂”，以及如《包身工》的姊妹篇——《〈包身工〉余话》上所说的当时的反动统治者，和反动统治者所订的反动法律。所有这些，都重重叠叠地束缚住包身工，也压榨着包身工。但是我们应该着重地说，这些骨架的主体，是帝国主义，东洋婆只是从她的行动和性格中，体现了她所属的那个阶级和国家的性质而已。至于“拿莫温”和“带工头”，甚至连作为奴才的“打杂”和“抄身婆”等等，一方面固然也体现出他们所属阶级的丑恶的本质，但主要的到底还是帝国主义的附属物。作者在作品的结构上和罪恶根源的叙述上，显然应用了寻根问底的手法，一步一步地追寻到帝国主义这个罪大恶极的祸魁，于是最后就提出警告，教那些殖民主义者，“当心呻吟着的锭子上的冤魂”！假使我们不注意这条作者在作品内容上所勾划出的黑线，不了解作者在表现上所着眼的重点，那就会迷惑于各个断片的细枝末节的描写，那就会看不出作品的主题思想，以至于走到迷途上去。

为了说明这点，我们来研究一下作者对“抄身婆”和“外头工人”的描写，是很有意义的。作者对“抄身婆”的凶恶，固然没有轻易放过，然而她到底只是帝国主义的奴才，而且是最底层的奴才，因此她对芦柴棒那样的瘦骨，终究因为怕做恶梦而不敢去碰她一碰。但带工头的态度，就完全不同了，他是“包身工”的直接剥削者和统治者，他和帝国主义者分享“包身工”身上压榨出来的血液，他就宁赔棺材，“要她做到死”。他这样做，不但要保护目前的利益，而且要树立一种铁样的剥削制度，以保护长远的利益。而于外头工人，作者却又采取另一种态度。虽然对于“外头工人”的轻视“包身工”，不免有所不以为然，说她们只是多了一种“做或不做的自由”，多了一种“拿出钱来贿赂工头的权利”，一种随时可以调厂和不做的权利，总之是只多了一种宁愿饿肚子的自由。这是一种嗔怪的责备而已，而实际上却也是十分同情她们，认为她们所受的苦，只是比“包身工”稍微轻些而已。从这两个例子里，我们就可以看得出来，作者对人物的描写，不但刻划出他们各自不同的精神面貌，同时也反映出作者对各种人物的不同的思想感情。这就启示我们，一个作者的世界观和政治思想，对于写作是如何的重要，它们简直和我们夜班工人的灯光一样，没有它，就不但看不出工作物，甚至也看不出自己手上的工具。假如有了它，假如我们能把它点得更亮，那末，对于我们的工作，当然是更加有利的。

（原载《文艺月报》1958年第4期）

夏衍的《包身工》

邵伯周

夏衍同志的《包身工》，是一篇杰出的报告文学，一九三六年六月，发表在《光明》创刊号上。由于它的政治性和艺术性的高度统一，不仅起过很大的政治影响，并且在我国现代文学史上也有着重大的意义。

报告文学之形成为一种独立的文学形式，时间并不长。它是在第一次世界大战以后，无产阶级革命运动蓬勃发展的情况下产生的；在我国，出现于第二次国内革命战争时期。一九三一年间，中国左翼作家联盟为贯彻文艺大众化的路线，使文艺更好地为革命的政治斗争服务，曾号召作家研究并批判地采用中国本有的大众文学、西欧的报告文学、墙头小说等体裁，及时的反映生活，并使之普及到工农大众中去；同时，左联的刊物上也就开始选载通讯报告。一九三二年“一二八”事件发生，适应新形势的要求，报告文学这一新的文艺形式，开始得到了发展。这就是说，报告文学在我国，是在党的号召下，作为一种人民大众的政治斗争的武器出现的。

一九三五年前后，日本帝国主义在经济、政治、军事各方面日益加紧并扩大对我国的侵略，中国农村在帝国主义和封建主义的压榨下在迅速的崩溃；同时中国革命运动也在迅速地向新的高潮发展。这时候，我国报告文学创作，也有了新的发展，左联编辑的《活的记录》和茅盾主编的《中国的一日》，便是当时出现的两部重要的报告文学选集。而夏衍同志的《包身工》这篇作品，由于它的强烈的政治性和完整的艺术形式，标志着我国报告文学创作，达到一个新的水平，在当时，对于我国报告文学的创作，颇起了示范的作用。

包身工制度是近代资本主义的剥削方式和半封建社会的奴隶性的剥削制度的一种结合，是帝国主义对中国进行经济侵略的一种最残酷的方式。《包身工》这篇作品，本质地揭示出帝国主义与中国封建势力相勾结，利用包身工制度，残酷地压榨中国劳动人民的真相；并坚信中国劳动人民终有一天会起来粉碎身上的枷锁，求得自己的解放的。——这本来是一个很复杂的社会政治问题，要简明而深刻地阐说清楚，是不容易的一件事。但作者夏衍同志根据他对中国社会的正确理解，运用他所掌握的丰富材料和高度艺术修养，周密地安排了结构，把艺术表现和科学分析有机地结合了起来，从而形象地、深刻地揭示出当时中国社会的主要矛盾，指出历史发展的动向。作品不仅具有高度的思想性、战斗性，同时也具有完美的艺术形式，并且两者得到有机的统一。

《包身工》的思想性和写作艺术，有如下的几个特点。

从“晓星才从慢慢地推移着的淡云里面消去”的早晨到“十百千个奴隶”叹息她们命运的黑夜，以时间的推移为线索，作品描写了包身工一天的生活，形象地勾画了一幅半封建半殖民地社会的令人颤栗的生活图景。

“上午四点多一刻，晓星才从慢慢地推移着的淡云里面消去”，时间还那么早，但包身工却已经被催逼着起身了。就在这时候，作者引导我们去熟悉工房内外的情况：“用红砖墙严密地封锁着的”“鸽子笼一般”的工房，里面充满了汗臭、粪臭和湿气，“七尺阔，十二尺深”的空间里，要住上十六七个“专门替别人制造纱布的猪猡”；但在外面，在工房的门槛上却贴着“积德前程远”、“存仁后步宽”之类的春联。这是一个多么矛盾的现象啊！作者引导我们注意到这样一个矛盾的现象以后，接着又引导我们和包身工一起，在吃了所谓“粥”之后，冲出“红砖罐头的盖子”，经过“红头鬼把守着的铁门”，深入到车间，去经受“音响，尘埃和湿气”的三大威胁。在这里，对于车间的情况，作者一方面给以形象的描绘，同时作者又好象在和你作亲切的谈话，随时注意唤醒你感觉上的经验，如关于尘埃的威胁，作者这样写道：

> 要知道这些花絮粘在身上的感觉，那你可以假想一下——正象当你工作到出汗的时候，有人在你面前拆散和翻松一个木棉絮的枕芯，而使这枕芯的灰絮遍粘在你的身上！

作者就这样用唤醒你感觉上的经验的方法，加深你对车间生活的感受。

在三大威胁和拿莫温的虐待下的十二个小时的劳动以后，作者又引导你在放工的时候和包身工一起经过“抄身”这一关，回到鸽子笼一样的工房里，去听包身工们在死一般的长夜里的呻吟和叹息。

就这样从早晨到黑夜，作者引导你去参观工房和车间，介绍你去认识和了解两种不同的人：带工老板、拿莫温和东洋婆是一种，“芦柴棒”、小福子等包身工是一种，并告诉你他们之间的关系。

作者在开始介绍你参观工房的时候，就分别给你介绍了带工老板和包身工！关于带工老板，作者记录了在自己乡亲面前诱骗他们儿女时的甜言蜜语和对待包身工的凶恶态度，对比之下，完全暴露了他们的流氓性格；工房门槛上的牌子，八卦之类的画像和“积德前程远”之类的春联，反映出他们的精神状态；他们把包身工作为赚钱的“机器”，并把剥削所得用来放债、买田、起屋，并兼营茶楼、浴室、理发铺。更表现了他们那种流氓和奴隶主式的剥削者的身分。关于包身工，作者描写了她们起身时的“打伸欠，叹气，……”等动作；“蓬头、赤脚”，“手脚瘦得象芦棒梗一样”的肖像；“成人期女孩所共有的害羞的感觉”也“已经很钝感”了的心理状态；反映了她们在物质上和精神上所遭受的迫害的深重。“猪猡”、“懒虫”等称呼以及她们的人数被作为带工老板财产多少的标志，更反映了她们的社会地位。

就这样，作家形象而概括的告诉你，在“用红砖墙严密地封锁着的工房区域”内，存在着不可调和的阶级矛盾！但作者并没有停留在这个问题上，而是采用了寻根问底的办法，一步步追寻下去的。于是一方面作者在对带工老板的介绍中，拖出了拿莫温——外国资本家的走狗；又在对拿莫温的介绍中，揪出了“东洋婆”——外国资本家的缩影，她的毒辣，正是她所属的那个阶级和国家的体现。这样，作者就揪出了帝国主义这个罪魁祸首。同时作者又帮助你从眼前的复杂的现象中理出来一条清晰的线：从封建社会通到资本主义社会的线，也正是帝国主义者把中国半封建社会中的奴隶剥削制度利用到资本主义生产上去的线。另一方面，作者在介绍芦柴棒、小福子和一个“什么名字记不起了”的包身工等时，除了帮助你理解被压在社会最底层的奴隶一样的包身工的痛苦生活和悲惨命运外，并引导你把视线放远，去注意广大的中国农村，告诉你大批饥饿农民的儿女，被诱骗到都市里来，廉价的出卖劳动力，正是中国农村日益破产的反映。

就这样，作者终于在你的面前形象地揭示出当时中国社会的本质特征：中国劳动人民和帝国主义的不可调和的矛盾。帝国主义把中国的封建剥削方法应用到他们资本主义的生产上，利用中国最低廉的并且是毫无自由——甚至连饿肚子的自由也没有的劳动力，不断扩大其商品生产和市场，进行经济侵略；帝国主义的经济侵略越甚，中国农村就越加破产，广大破产了的农民及其儿女，又不得不更廉价的出卖劳动力和人身自由。这样循环不已的结果，那就是外国资本家在中国的企业飞跃地扩大了，而中国人民的生活却愈来愈悲惨。也正因为这样，中国人民不得不进行反帝反封建的斗争。

根据上面的分析，可见虽然作品中没有一个完整的人物，没有一件完整的事件，可是由于作者运用了他对包身工制度的正确理解和他的艺术才能，巧妙地把许多片断的事件和人物活动联系了起来，形象地勾画出一幅生活的画景，不仅能给我们以完整而明确的印象，并且揭示出社会问题的本质。因而《包身工》这篇作品，作为一个艺术品来看，它是成功的。这是第一个特点。

在对自己所要反映的社会问题作艺术的描绘的同时，作者又运用他所掌握的丰富资料，对包身工制度的本质及其历史发展，作了科学的分析。

包身工制度是在帝国主义的经济侵略和中国农村日益破产的情况下出现的，但它的得到迅速发展，却是在“五卅”运动以后。为什么呢？作者给我们做了深刻的分析：“产业工人的流动性，这是近代工业经营最嫌恶的条件”，而在“五卅”运动以后，中国工人阶级的觉悟在迅速提高，在重重的压迫下，“当他们忍耐的最大限度超过了的时候，他们往往会很自然的想起一种久已遗忘了的人类所该有的力量。有时候愚蠢的奴隶会理会到一束箭折不断的理论，再消极一点他们也还可以拼着饿死不干”，这是和帝国主义的利益根本矛盾的。而事实也已使帝国主义者看到“在民众的结合力面前”，是“什么权力都不中用”的，那么怎么办呢？他们便看上了“廉价而没有结合力的包身工”。因为：包身工的身体是属于带工的老板的，她们没有人身的自由；包身工是一种“罐装了的劳动力”，可以“安全地”保藏，自由地取用；工价低廉，做男工做的工，而工资不及男工的三分之一。这在外国资本家看来，自然是一种“极合经营原则和经济原理的方法”，于是包身工被愈来愈多的使用了，在中国的东洋厂也就“飞跃地膨大了”！

“一二八”以后，帝国主义加紧对中国的经济侵略，其特征是“资本攻势的劳动强化”。关于这个问题，作者举出了一系列的统计数字，告诉我们这样一个事实：东洋厂的锭子和布机在增加，而工人人数却在减少；在渐减的工人里面，包身工的成分却在激剧地增加；科学管理和改良机器的结果，产量增多了，而工人的工资却在减少！工资减少对包身工本身，本来是没有关系的，因为除了“包身费大洋二十元”以外，包身工的工资是归带工头所有的，工资减少，那就要剥削在带工头的账上了，当然，带工头是不会承受这剥削的，结果呢，是包身工忍受更残酷的压榨，“直到榨完了残留在她们皮骨里的最后一滴血汗为止”。

就这样，作者用具体的事实，细致的分析，明确地告诉我们，包身工制度是近代资本主义劳动剥削方法和封建社会的奴隶性的剥削方法的结合。在这里，有“二十世纪的烂熟了的技术、机械、体制，和对这种体制忠实地服役着的十六世纪封建制下的奴隶！”

就这样，作者明确地告诉我们，实行包身工制度的结果，一方面是：“在一种特殊优惠的保护之下，摄取着廉价劳动力的滋养，在中国的东洋厂飞跃膨大了”；另一方面是：对于带工，是一种没有人的地位的奴隶，对于外国资本家，又是一种“活机器”的包身工，在双重的剥削下，等待被榨完最后一滴血。

虽然作者没有明确指出包身工们如何进行求解放的斗争，但作者既这样深刻地揭露出半封建半殖民地的中国社会阶级矛盾的本质特征，那么，应该采取什么方法来解决这个矛盾，不是也就很清楚了吗？

运用正确的统计数字，丰富而确实的材料，再给予系统的科学的分析，层层深入，既揭示问题的本质，又显示解决问题的方向，因而也就使作品具有严密的逻辑力量。从这一个角度来看，那么，它又是一篇具有高度政治意义的社会调查报告。这是它的又一个特点。

表面看来，《包身工》的作者似乎只是在冷静的描绘生活和报告事实。但只要细加体会便会感觉到在作者冷静的态度中，是融和着深厚而炽烈的感情的。这种感情具体表现为对封建主义者和帝国主义者的憎恨，对包身工的生活的关怀和对她们必将获得解放的坚定的信心。

对封建主义和帝国主义者，作者有辛辣的讽刺，如对工房门楹上的春联和画像的描写；有冷峻的揭发，如对带工老板的在乡亲面前甜言蜜语、对包身工穷凶极恶、向拿莫温送礼时卑躬屈膝的描写，对拿莫温的奴才相和对东洋婆的毒辣手段的描写等等，有巧妙的借喻，如关于船户养墨鸭捕鱼事情的叙述。所有这些，不只是显示出作者艺术表现的技巧，更表现出作者对帝国主义者及其走狗、对半封建半殖民地的社会制度的极端憎恨，并予以严厉的批判和彻底的否定。尽管作者的笔调是极其含蓄，不露锋芒的，但作者对帝国主义者及其走狗、对旧社会制度的批判和否定的感情力量，却是非常有力的。

作者对包身工的关怀和热爱的感情，也是融和在描写包身工生活的笔墨中的。譬如对包身工吃粥时的生活场景的描写，对车间里的三大威胁的描写，对芦柴棒、小福子等受虐待的场景的描写，显然作者自己的心情是严峻的、激动的，但作者并没有让他的这种感情流露出来。另一方面，在形象的描写过程中，作者却随时都在提醒和教育读者不要旁观，要设身处地的去感受，去和包身工同生活，共呼吸，去体验她们的感情。这正反映出作者对包身工，对劳动人民的深厚的爱。

作品没有描写工人阶级的斗争，并且作者还说包身工们“没有自觉、没有团结、没有反抗”，甚至“好象那可以引火，可以燃烧的火种也已经消散掉了”。但实际上，“石在，火种是不会灭的”。作品在对“五卅”运动的片断回忆中，在“当他们忍耐的最大限度超过了的时候，……”的叙述中，在作品的字里行间，都透露出一种暴风雨即将到来的气势。至于包身工们的“没有自觉，……”，只是暂时的现象，因为她们是“住在一个伟大的锻冶场里面，闪烁的火花常常在他们身边擦过。”火总有一天会烧起来的，“黎明的到来还是没法可推拒的。”这正显示出作者对中国无产阶级的力量，是有正确的估计的，对中国劳动人民在不久以后的将来即将获得解放的信念是坚定的。

作品最后对帝国主义者提出的警告，是一个非常有力的警告，因为那是全体中国人民的声音。

对帝国主义者及其走狗的批判和否定，对旧社会的批判和否定，对被压迫者的深厚而炽烈的感情和对中国劳动人民必将获得解放的坚定信念，这就使作品具有浓厚的抒情气氛。作者所抒发的是劳动人民的感情，革命者的感情。这股浓厚的抒情气氛，大大地增强了作品的艺术效果。这是作品的第三个特点。

艺术的表现，科学的分析和浓厚的抒情气氛交错在一起，并且熔铸成为一个整体，这就使《包身工》这篇作品的革命的政治内容与完美的艺术形式取得了有机的统一。在政治上，对于发动人民群众参加抗日民族解放斗争起了很大的教育作用；在艺术上，给我们的报告文学创作，留下了一个很好的范本。

这些成就的取得，是和作者的艺术修养分不开，更是作者深入生活的结果。大家知道，在当时的白色恐怖统治下，作家要和工农群众结合，是非常困难的，但夏衍同志仍然坚持深入生活的原则。他为了写这篇作品，每天早晨四五点钟起来，到日本纱厂和工房门口去调查和观察实际情形，和工人交朋友。这样化了三个月的时间，终于使这篇作品取得丰富而真实的内容。徒有艺术才能而没有生活经验，只好作无米之炊；有了生活经验同时亦需要艺术概括和表现的才能。但根本关键还在于作者的立场，在于作者的革命的政治热情，在于作者对社会本质特征的认识，在于作者的马克思列宁主义的修养。假使这一方面不够或者不对头，是必然要影响甚至损害作品的思想倾向的。艺术修养，实际的生活经验和感受，革命的立场和政治热情三者结合，而政治必须挂帅，才能写出有血有肉的作品。夏衍同志的《包身工》，就是一个有力的证明。

抗日战争以后，我国的报告文学创作，继承了为革命的政治斗争服务的传统，无论是内容或形式，都有新的发展；特别是在解放战争时期和抗美援朝运动中，更出现了许多描写英雄人物、报告英雄事迹的优秀作品。这些作品的革命英雄主义和国际主义精神，给全国人民以极深刻的教育；这些作品的多样的形式，丰富了我国的现代文学。

在全民全面大跃进的今天，报告文学这一战斗的文艺形式，在迅速地反映大跃进的现实，以共产主义精神教育人民方面，将发挥更大的作用；同时报告文学本身，也将获得更大的跃进。

1959. 2. 28

（原载《语文教学》1959年第4期）

夏衍的杂文集

瞿光熙

夏衍同志在《杂文与政论》的《后记》中提到："抗日战争时期，我写过五六本杂文集子，在桂林和重庆编集的，几乎全被禁止出版，连原稿也丢失了，在香港出过两本，现在也已经很难看到了。杂文与政论，我的确写了不少，但是自己很不珍惜，上面所说的那些集子，也都是报社和出版社的同志代我编集的，现在，连集子的名字也记不起来了。"❶

抗日战争时期，夏衍究竟有哪几本杂文集？据我所知，抗日战争时期及加上胜利后在香港所出的两本，夏衍的杂文共编集过八本：

《从冬到春》（或《从春到秋》）、《转形期》、《此时此地集》、《桂林论集》、《长途》、《边鼓集》、《劫余随笔》、《蜗楼随笔》。

其中三本没有能出版与读者见面，见到的只有五本。据作者一九四四年九月在《边鼓集》的《后记》中所记："这是我的第六本杂文集子。但是《从冬到春》、《转形期》两本，一九三九年在桂林夭折，不及和读者见面，《桂林论集》在香港排好付印的时候战事爆发，尸骨无存，因此这变成能够出版的第三本了。"在《边鼓集》之前出版的两本杂文集，一本是一九四一年五月出版的《此时此地集》，一本是一九四二年十二月出版的《长途》。以前三本编成没有出版的杂文集，作者在一九四八年三月第四本出版的杂文集《劫余随笔》的《前

❶ 夏衍：《杂文与政论》，1959年3月北京出版社第1版。

记》中又曾提到："这二十年中，除出印了若干本翻译和十二三本剧本和小说之外，只印过两本杂文：《此时此地集》和《长途》，那还都出于出版者的怂恿。我相信印出来的部分，数量上最多不过我所写的五分之一……在这些日常写下来的东西里，也偶尔有一些在当时或事后还可以使我们的敌人受到一点伤害，因此曾经有两次也曾想把它搜集起来出版的愿望，一次是一九四〇年在桂林，《救亡日报》出版部的朋友曾替我排印过两本政论集子：《转形期》和《从春到秋》，但校好打好纸版，却因审查不通过而流产，香港有朋友愿意帮我印行，可是把纸版寄出之后，就莫名其妙地'失踪'，现在自然连内容是些什么也不很记得了。另一次是在重庆，也是由于一个出版社的要求，自己编了一本杂文集子，……我将它取名为《屋上盆栽集》……最初是不准通过，后来经出版者的交涉、请客、讲情，发下来的'红铅笔'本子是删掉了三分之一，而又禁止我用'屋上盆栽'这个名字，看内容，象被重庆耗子啃过的破絮，不论怎样委曲也已经补缀不起来了，我一气，索性不出版了。"在这里也可以知道编成未能出版的集子有一九三九年、一九四〇年在桂林编排的《转形期》、《从冬到春》（或《从春到秋》）和一九四一年在香港排好的《桂林论集》。至于《劫余随笔》的《前记》中所说在重庆编成未曾出版的《屋上盆栽集》，其实这本集子就是改名《边鼓集》出版过的。在《边鼓集》的《后记》中，作者曾有说明："这本集子的篇幅本来还要多出三分之一以上，原来打算定名《屋上盆栽集》的，后来因为某种连自己也不明白的原因，剪贴好了的原稿卧病三月，最后是自己动手术，割掉三分之一，剩下与国家大事无关的部分，而这部分恰好是谈到剧运的文章，于是就把名字改成《边鼓集》了。"大概作者错记了没有出版。第五本出版了的杂文集是一九四九年五月在香港出版的《蜗楼随笔》，是由作者的友人洪遒、华嘉二人代为剪辑了一九四八年在香港所写的文章编成的。

此外，夏衍还有一本《血写的故事》，一九三八年上海黎明书局出版，收录的大都是报告文学作品。

现将这五本杂文集作一简单的介绍：

一　《此时此地集》，《野草丛书》之一，一九四一年五月桂林文献出版社印行，三十二开本，六十四页，收杂文二十四篇。

集中除了时事和社会杂感之外，还有几篇纪念死者的文章，如《忆聂耳》、《悼念西苓》等。

最可珍贵的是集中收了两篇作者谈自己的文章——《旧家的火葬》和《谈自己》，这是研究夏衍的重要资料，一般却很少看到这两篇文章。集中所收《我这样的写了〈心防〉》，也未见收入各版的《心防》作为序跋。这对研究夏衍的剧作是有价值的参考材料。

二 《长途》，《野草丛书》二辑之一，一九四二年十二月桂林集美书店印行，三十二开本，一百五十四页，收杂文十七篇，分一、二两辑，一辑十二篇，二辑五篇，扉页正面印有“献给在桂三年间曾共危难的友人们！”字样，反面印“终长夜之漫漫兮，掩此哀而不去！——屈原：《悲回风》”字样。集中各文多注写作时间，写于一九三九年至一九四一年之间。

一辑多为关于戏剧的文章，有论于伶剧作的，有谈战时剧本荒的，有论孤岛期间上海剧运的，有综谈抗战三年间戏剧的，有谈战时文艺和战时宣传的，有谈《一年间》写作经过的。二辑收了作者在抗战前期的五篇旅行记和通讯。

关于《长途》的出版还有一段插话，一九四〇年在上海出版的《小剧场》杂志中保存了夏衍致友人的一封信，托询巴金，《长途》是否可由文化生活社在上海出版，并说生活书店本来也要出这本书的。结果这书过了两年才在桂林出版，内容已有增补。

三 《边鼓集》，《海滨小集》之十二，一九四四年十月重庆美学出版社印行，三十二开本，一百三十三页，收有关戏剧的短论、散文、杂感二十九篇，后记一篇。

在《后记》中除说明编印经过是由《屋上盆栽集》而改为《边鼓集》外，还说明了因为集中的文章都是谈到剧运的，所以集名改为《边鼓集》。

皖南事变后夏衍被迫离开桂林，他办的《救亡日报》也被查封了。到香港后，他于一九四一年五月写了一篇《一个旅人的独白》，自喻为一个失了土地的农夫，他说：“我以一个又经历了一次战役的‘文化兵’的感觉，到了没有轰炸，没有警报，物质上是润泽，而心灵上是枯燥的地方。三年来的疲惫，突如的逆袭过来，待我舐愈了创伤，平复了疲倦，香港的雨季又到来了，世界正在坩埚中鼎沸，同胞被追迫到黑暗的角落里焦伤，因与果逆置，黑与白混淆，是与非颠倒，为着爱，为着憎，我禁抑不住从心底进发出来的呼号，可是被窒息了的地上，那儿有我们自由呼喊的地方？在绵绵春雨中，我在郊外痴望着一个及时地耕播着的农妇，我感到冲击，我又陷于无底的忧伤，我已经是一个失却了土地的农民，尽管生平习惯于勤谨，可是现在，已经是欲耕耘而无地了。”[1]太平洋战争后夏衍由香港回到重庆，在《劫余随笔》的《前记》中追叙了当时的情况。他说：“我没有耕播的地方而又不甘怠惰，于是我想起了一幅北欧画家的油画，画一个穷人在都市里的屋顶上浇灌盆花的情景，所以我将它取名为《屋上盆栽集》。不能在大地上耕种而只能在屋顶上栽一两棵草花，这是我在重庆三年间的心境，可是，不愿人世间有一点绿色的文化警察，竟连这一点可怜的‘自慰’也不肯容许。”结果不但是由不准出版到删掉原书三分之一，连这个集名也不准用，只得改为《边鼓集》出版。

四　《劫余随笔》，《万人丛书》之一，一九四八年三月香港海洋书屋印行，小三十二开本，五十八页，收前记一篇，杂文十篇。

除第一篇《超负荷论》作于一九四六年十二月，其他均作于一九四七年。当时国内形势发展很快，国民党反动派大举进犯解放区，并召开伪国大会议，人民解放军粉碎了国民党军队的进犯，开始了战略反攻，解放区实行土地改革，国内阶级斗争形势更趋尖锐，知识分子应该何去何从，是一个重大的考验。《改造与转变》、《从〈樱桃园〉说起》、《坐电车跑野马》这几篇文章，就是针对着当时知识分子的思想情况写成的。

《关得住吗？关不住了》是全书最长的一篇文章，对战后文艺界出现的某种孤芳自赏、超然物外的倾向作了批判。《第四种人》是全书最短的一篇文章，揭露了某些标榜“中间路线”的人实际上并不是不左不右的“公正”者。

五　《蜗楼随笔》，《人间文丛》之一，一九四九年五月香港人

[1] 夏衍：《愁城记》，《一个旅人的独白》（代序），开明书店版第2页。

间书屋出版，三十二开本，一百十三页，收杂文十三篇，后记一篇。

这本集子所收的文章都较长，在《人间文丛》的书目中，注为“论文”。如《啊，这一百年》是纪念《共产党宣言》发表一百周年的，《论“三四年时间”》是阐述新华社社论《人民解放战争两周年的总结和第三年的任务》中关于“至少还要准备三四年的时间去作艰苦的斗争”的问题，因为当时许多人都注意和谈论这个问题。其他文章多是论文艺、戏剧、电影问题的，其中一篇《写方生重于写未死》，副题作《答石牌 H·F 先生》，是答复这位 H·F 先生从远道寄给作者关于长篇小说《春寒》的《讨论总结》的复信，提出为什么他的作品着重地写知识分子而没有写广大人民群众等问题。作者在解放后编《夏衍剧作选》时，曾经转录了这封信，作为《代序》来说明所选的三个剧本。

夏衍的这些杂文集，揭露了当时的黑暗社会，抨击了某些反动的文艺流派，宣传了革命的真理，还谈到了有关创作的问题，对研究当时的社会情况和革命文艺运动，都有一定的参考价值。对研究夏衍自己的戏剧创作，也是重要的参考资料。

（原载《文学评论》1964年第3期）

民主、科学、人道主义

——读夏衍著《长途》

连　宜

《长途》是一本有益于世道、人心，并且饶有兴味的散文集。全书分一二两辑；第一辑，关于戏剧和剧运的论著，以及关于为人、工作、学习方面的杂著；第二辑是作者旅行，“走险”的见闻录。

民主、科学、人道主义——是三道主要的河流，贯穿在这本书中。无论是批评一位剧作家，或是和战地工作者讨论学习和工作上的毛病，无论是和不相识的安南人握手，或是在曲江遇到一家分散，重又团聚的青年，无论是痛斥杀人的法西斯的科学，或是怜悯他自己剧本中的角色——我处处看见这三道永存不灭的河流。作者无休无止地大声疾呼着，我们要提倡科学，要求民主。科学昌明，以达到利用厚生的目的，民主建立使人成为自由的“政治的动物”，而不是畜生一样过活的奴隶。凡此都是希望人类走上快乐幸福之途，所以作者的基本态度，作者的出发点，是在新的基础上的人道主义。

作者在《于伶小论》中所说的关于这位剧作家的活，一方面固然指特定的一位作家，也可以说是作者对文艺的一般的看法。“……最触目最感人，也是我们这位剧作家最值得使人珍爱的是他洋溢着的人道主义。人道主义使他同情弱者，人道主义使他憎恶强暴，人道主义使他带着不愉快的心情来正视现实。”

于伶先生的《长夜行》是此文一年多后的作品，我们仍旧可以把这一段话来看这个剧本。象杜斯妥耶夫斯基那样把“被侮辱与被损害者”的鲜血淋淋的现实，显露在观众之前，正是由于他的人道主义之故。夏衍先生特别指明人道主义出发点的可贵，他认为这是作家“灵魂的本体”，正确的世界观固然是支持他，指导他，但只有当“理论”不复是“一根机械的外在的支柱”，而是“溶化成为自己的血肉，浸润自己的每一个细胞，汇合同时代人的苦痛为自己的苦痛”的时候，他自己的灵魂“才能壮健起来，能够巍然独立”。

不单在戏剧方面，即在一般文艺作品中，我们也和作者一样看到一种现象：“发于情者大都为珠玉，而急于理者大多为赘瘤。”在好的方面讲，艺术的良心促使一个作家急于把一句结论借着英雄的嘴巴讲出来，在这样善恶搏斗紧张的时代，这更是必然的，也是未可厚非的事实。可是为了更动人一点，更容易说服观众一点，我们就不单要求作家把这句结论放在作品中，我们还要求尽量把他达到这句结论的过程，如实地充分表现出来。光是几句话很难改变一个人。要现实本身，和贴近现实，真实得和现实几乎相等的那种艺术，方始可以把人的灵魂改变过来，是所谓潜移默化，而不是教条命令。

作者所谓“不能胜之以情，乃图胜之以理”，即是说明在情与理乖违状态下，艺术作品的未能尽如人意之处。要补偿这个缺点，作者强调了作家必须“更深的思考，更广的感受，更真挚地关心全人类的运命”，以及作家本身的生活实践。而所谓关心人类运命，即是人道主义的精神。“只有具备着全副心肠的深而且广的人道主义的知识分子作家，才能不沉溺于自己狭隘的情操……才能成为真实的社会人和世界人。”

作者反对“狭隘的情操”，要求作家生活的广，把这一点发挥得最透彻的是在《乐水》一文中，这一篇不单写文艺作品的人可以把它当做最好的参考品之一来看，也是青年修养的明鉴。作者把水来做比方，“乐水”是“智者乐水”的意思。他说，文艺工作者应该象水一样有很大的“可适应性”，“社会性”，也要象水一样强固，“形要软，质要硬。”并且“水具有一种不怕任何阻碍而非达到一定目的不可的特性”，“这种贯彻力，这种韧的作风，也是文艺工作者所该‘乐’的事情。”再加上水的可溶率特别大，文艺工作者一方面要有坚定的信念，骨气，还要使头脑不硬化，永远柔软。不要偏狭，要象水一样无孔不入。

他反对小圈子主义，反对孤僻，“只管自己，不顾别人”，“在社会上变成了一个畸人”，这也可以说是对于自己的不民主。他主张文艺工作者也应该学习学习除了文艺以外的各种科学，“不懂要钻，愈钻常识愈广，眼界愈宽，胸襟愈博，在性格上也就会渐从偏狭变成民主。”

在《杀人的与活人的》一文中，作者很珍贵市民社会勃兴时期的科学昌明，推翻了黑暗的封建社会，也惋惜他们在衰老的退化中，利用科学来杀人。“为人类服务，使人类幸福的科学”，只有新时代的新人群中才能复活。

在第二辑的旅行记中，我们仿佛和作者一起看到了后方和海外，以及沦陷区的人民生活情形，当我们看见他在柳州见到孩子团写的标语而微笑，当我们看见他在曲江为青年的面貌谈笑所兴奋，当我们看见他用钦佩的心情看一个边境上的忠实工头，以及他被几百个孩子挤拢来抢他的书而无可奈何的时候，字里行间，我们不知不觉被他的人道主义的心肠，乐观的态度所浸染了。

（原载1943年3月1日《新华日报》）

忆《华商报》的《热风》和《茶亭》

1947.11—1949.5

顾家熙

《华商报》是抗战时期从皖南事变到太平洋战争和抗战胜利后到全国解放，在香港由我党领导，以统一战线姿态出现的一张革命的报纸。

两次，夏衍同志都参与主持了《华商报》的工作。夏衍同志长期从事新闻工作，主持过《救亡日报》、《新华日报》、《建国日报》，在新加坡参加了《南侨日报》的工作。稍后，他又重回香港《华商报》工作了两年，直到一九四九年五月。在他从事新闻工作的十二年中，每天都以笔进行战斗，留下了很多可珍贵的纪录，和办副刊的经验。

夏衍的副刊观

香港《华商报》在一九四七年搞了几个月的读者乐捐救报运动，《热风》副刊停了一个时期。革新后由夏衍同志主编。一九四七年十一月十四日，他在《热风》上以“编者”署名发表了《做厨子不易》的“今日谈”。他这样说：“在这次读者乐捐救报运动中，报社向读者征求了一次对于编辑方面的意见。在几千份读者意见中，几乎每一个读者都热心地对副刊提出批评和希望。从此可知，广大读者对《热风》的期望和要求，还是很殷切的。”

接着夏衍满怀信心地写道：“根据这些意见，《热风》打算来一次革新，起初想，只要有方针，有政策，编一个综合副刊算不得一件难事，可是再仔细研究一下，华商报读者的范围，和他们提出的各种要求，这就使编者感到困难起来。

“早有人说，编刊物象做厨子，每天一桌菜，要得到一家老小大家满意才好，而现在，我这个厨子的服务对象是一个‘大杂院’呢！象‘节约餐’一样的已经有一重限制，而读者从名流学者到工农大众，各有水准与嗜好之不同，譬如这次的读者来信中，有人说‘多登一些文艺作品’，有人说‘文绉绉酸溜溜’的玩艺儿愈少愈好，有人说：‘我们要刺激’加大葱辣椒，但也有人正相反的说：‘最好轻松一点，不要剑拔弩张。’

“这些，编者认为还是一个可克服的技术问题，把这些不同的要求记在心头，在‘配菜’上特别留意到每一位读者的嗜好，求出一个大多数人的共同性来，这难题勉强可对付得过去的。

“其实，作为一个厨子，重要的还不止于技术而应该是还有一个心术的问题，不偷工减料，不懒得出去采办，而随便买些烂鱼臭肉乃至有毒的东西来伤害主人的健康，这不是为一个厨子的天职么？”

夏衍同志就是这样把厨子提到职业道德高度来谈。这是《热风》的告白，也是夏衍的副刊观。一九四七年底夏衍在《岁暮致读者》一文中指出：“使我们惶愧的是一年来的《热风》对华南文化运动不曾贡献出什么力量，最初是没有方针，被迫地‘有什么稿子登什么’，有一个时期也曾为了过分想讨好所谓‘都会市民层的趣味’，而流于浮滑和卑俗，经过‘救报’运动中读者提出的批评和建议，方针是确定了，而实际做起来又因为主观努力的不够和客观环境的限制，一个半月以来依旧不能对广大读者作更好的服务。”

这些话，直到今天仍然对我们编好副刊有用。

夏衍编副刊的用稿标准是内容为上，文采次之，接触到现实生活的，即使文字差一点也尽可能先用。他要求作者：尽可能的接触生活，尽可能的有时代感，再就是尽可能的短些。《热风》只五栏，每天就有八篇以上的题目，编得错综有致，的确费了不少苦心。

一九四八年八月二十五日《热风》改为《茶亭》，篇幅从五栏增到八栏。茶亭开业，夏衍以“亭长”的名义发表了《请大家来歇脚》

的欢迎词，他说：

“当人们挑着重担走路，捱着困苦前进的时候，忽然望见了前面有座茶亭，一定会很高兴，一定会跑得更快些，肩上的重担也似乎轻得多了，他们需要快些走进茶亭里休息，舒服地喘口气，减轻疲劳恢复气力。

“粗看起来，人们对于茶亭的留恋，是为了一时的凉快与舒服，其实呢？是为了继续前进。”

这说得多末深刻。他又说：“作为一个茶亭的主人，最大的希望是亭子里热热闹闹，而不是冷冷清清，要做到这一点，多备几样茶点是必要的。为了大众的需要，我们提倡卫生食品，以有益大众的健康为原则。”

健康的结果是什么？健康将使一个人更有勇气的向前迈进。

“提倡卫生食品”，“有益大众健康”不也是我们今天写文章，办副刊必需遵守的原则吗。

连载·补白·通讯

现在很多人未必知道有个香港《华商报》，并出过《热风》、《茶亭》这两个副刊。可是很多人知道并读过黄谷柳的《虾球传》和郭沫若的《洪波曲》。其实这两部书都是由夏衍组织在这两个副刊上连载的。这只要翻翻这两部书的序言、后记，就可以知道副刊组织这两个连载所起的作用了。

夏衍在《忆谷柳——重印〈虾球传〉代序》中关于《虾球传》发表的经过，曾有详细的描述。夏衍看了谷柳的原稿后，告诉他这个长篇可以在副刊上连载，但提出了一个对他说来很苛刻的要求，就是要他按照报刊上连载小说的方式进行修改，每千把字成一小段，并留有引人入胜的关节。他很高兴地同意了，说：“我正要向香港的那些章回小说家学习，这是一个很好的练习机会。”连载后立刻受到广大读者的欢迎，直到今天这部流传了三十多年的作品，仍然吸引着新的读者。

夏衍编副刊很重视我国报纸副刊有连载的这一传统，并且形式多样不仅是小说，还有回忆录、游记等等。《热风》改为《茶亭》就发表了郭沫若的《抗战回忆录》，这就是后来的《洪波曲》。郭沫若在该书的前记中说："解放前一年一九四八年寓居香港时，夏衍同志在主编《华商报》的副刊《茶亭》。在他的鼓舞和督促之下，让我把在国民党管制区的抗日战争的一个回忆写出，逐日在报上发表了。"

夏衍和郭沫若约定为了适应于日报的连载，分章分节来写；每节不能超过一千五百字，而在每节中须得构成一个小的中心，使它自成段落。

夏衍利用为读者欢迎的连载这一传统形式而赋予了新的内容。完全舍弃了连载非言情、公案、剑侠、侦探小说不可的那一套做法。

夏衍善于用多种文体配合形势发表政见，甚至连补白也抓得很紧，真是副刊上的十八般武艺样样精通。

《热风》还没改版，就发表了一个补白，题为《那是毛泽东自己写的啊》，文曰：

"抗战军兴，国共合作，名义上，共产党处在国民党的领导下，但实际上，关于许多现实的军事政治问题的认识，共产党的见解，看法，都比较正确而深刻，不过国民党不肯为此承认而已。

"中共所出《论持久战》、《论新阶段》诸书，不但国内人士，奉为圭臬，就连番鬼佬也敬佩不置。

"据说，有一次蒋看了《论联合政府》，便对陈布雷说：'你看！人家写的东西多么好，我们为什么……？'言外颇有点激励陈布雷的意思，希望他以后多替自己写一点象样的文章，使人要看。

"谁知陈听了以后，却不慌不忙的答道：

'那是毛泽东自己写的啊！'蒋闻之哑然。"

这样短小的补白，实际上比长篇大论更厉害。

夏衍又写过《一副挽联和一个歌》的补白：

"这次北平学生为于子三而起的反迫害运动中，在青年群里，产生了两个真正的人民文艺作品！

"一个是'燕京读书生活社'和'现实读书会'悼于子三的挽联：

烈士你死了，据说是'畏罪自杀'；

我们还活着，决不怕'奸匪嫌疑'。

"另一个是在大会中群众自己创造出来的一个歌，这歌出来以后，立刻传遍平津！

‘反动政府，反动政府，要垮台，要垮台，马上就要垮台，马上就要垮台，要垮台，要垮台！’（仿《打倒列强》调）

“这不仅凝结了今天全国人民的愤怒和仇恨，更重要的是今天最明确的政治口号。”

邵荃麟同志为此补白，还在《热风》的“特约文化专栏”上撰文倍加推崇，认为“这是艺术！群众的艺术！”

夏衍又擅长写文艺通讯。一九四七年十一月二十一日和十二月十六日的《热风》上连续发表两篇“特约上海通讯”。一篇题为《冬眠了的上海文化》，另一篇为《寒流中的上海》。通讯反映了当时上海文化界的情况，极富史料价值。

一篇的开头是这样：“一踏进旧历十月，上海已经是冬季了，清早和黄昏，一出门就有衣单之感，而政治和经济的双重压力，要使四百万上海市民战栗于将要到来的严冬。”另一篇在《他们都走了》的小标题下写道：“香港也许还是小春天气吧，而此地，却早已经是严冬了，气候冷，物价高，而作为全国文化中心的上海，也已经完全在政治的寒流中窒息。民盟解散前后，政府方面就一再散布出要逮捕文化人的消息。”“但在这个时候，被注意的，为政府方面所欲得而甘心的人物，却一个个的离开了。柳亚子先生十一月初赴港，接着进步文坛的两大支柱，郭沫若和茅盾十一月下旬就离开这个没有自由的都市，到香港去了。”

“这情形使人想起了一九四一年春天的陪都。

“那时候正在皖南事变之后，几乎所有的文化人都离开了重庆，而这一次，似乎比上次还彻底些。

“那时，不是郭老还有一个‘租界’，衡老也还可以在青木关以内执行律师职务么？”

夏衍身在香港，但消息灵通，几乎天天与从上海刚到港的文化人接触，完全有条件写这样的通讯，甚至比身在上海的人写得还全面、准确、生动。从这里也可以看出在整个解放战争时期，在香港这个地方，《热风》副刊在另一条战线上所起的作用之一般了。

统战工作

夏衍同志在当时主要任务是做统战工作，这也体现在副刊版面上。一九四八年一月十日他在《热风》《今日谈》专栏用"东风"的署名写了一篇题为《第四种人》的文章，此文既有针对性又具有普遍意义。文如下：

"储安平先生主编的《观察》，最近（十二月二十七日）发表了两封'读者投书'，总标题《左鞭右打》，第一封引用了《华商报》的通讯，说左派鞭它；第二封引用了《中央周报》的论文，说右派打它，编者把这两封信加上这么一个标题登出来，自然更显出这本杂志的不左不右，公正无偏。同时，他们的公正而遭遇到左右的鞭打，自然也就更可以引起读者的同情。

"假如世间上真真有纯客观的自由主义观察者，那么我们想：碰到社会中两造争执的时候，他们的本分应该是先用科学的客观态度，来分别争执的是非所在。假如他们这样做了，那么很明白，可能有五种不同的结果：

"就是一、辨明了甲是乙非，于是为了是是非非，勇敢地加进去扶甲倒乙；其二、辨明了甲是乙非，但是'自问棉薄'，或者明哲保身，暂时束手旁观；其三、辨明不出是非，无从表示态度；其四、辨明不出是非，或者明明是辨明出是非来，但是为了自身利害，不能是其是而非其非，但又不甘寂寞'不能闭目不管'，于是挤进争执的漩涡里去，对乙轻轻的推一把，对甲重重的踢一脚，而又偏偏要自命为公正人；其五、辨明了甲是乙非了，但是因为乙是他的老板，所以抛弃是非，加进去扶乙倒甲。"

这篇文章语重心长，效果良好，后来储安平先生还是站到"是"的方面来了。

此外，夏衍还在《今日谈》栏帮助过当时以第三方面自居的王芸生先生，一篇是《王芸生的愤语》，一篇是《王芸生一语传神》。

对当时酝酿的新的第三方面，夏衍也在《今日谈》栏写了《此地无银三百两》，对"中国社会经济研究会"予以揭露和争取。文章发表后正直的人纷纷退出，团体垮台，刊物也胎死腹中，有好些人不久也来香港转入解放区。

《热风》上登了一篇《关于胡适答读者问》，是答读者认为《热风》对胡适口诛笔伐少了的。文章说这是因为“暴露，是在对象还遮遮掩掩，不敢明目张胆站出来为人人痛恶的反动势力辩护的时候，才有其意义和必要。一旦我们过去暴露他的，已经由他自己的言行证实了，他的原形已经完全表露在弧光灯下，无可掩饰，终于也不能掩饰，不想掩饰了的时候，那么，暴露就失掉了它的作用了。”“胡适早已自动脱掉一切‘学者’、‘人文主义者’的外衣在大庭广众之间露出了他疮痂满身的裸体了，这类画家不画的题材，我们也想谨谢不敏了。”这个答读者问真使大家思想霍然开朗。

散文·政论·随笔

夏衍编的副刊杂文政论，都是由自己每天撰写，偶尔才有篇把是别人的，所以他编的副刊主调都是一致的，极具风格及特色。

夏衍在一九四七年十一月三十日以“杨琪”的署名写了一篇纪念朱德生日的《今日谈》，题为《祝福，朱总司令》。这是一篇感情洋溢的优美散文，可惜未收入作者的选集中。

文章结尾写道：“今天这好日子，南中国晴朗得好象三春，你呢，也许依旧戴起眼镜在地图上画红蓝铅笔，也许依旧在跟弟兄们玩篮球，也许烤着太阳，在和乡下佬村妇们讲家常巴！但是，你组织起来，训练起来的军队，却已经围保定，攻徐州，临川边，胁武汉，准备解放更多的人民和城市，来作为对你的贺礼！我想起了你的笑容，对，老百姓笑的日子到了。

“祝福你，‘朱老总’（让我们也这样称呼你吧），为人民珍重。明年今日，让我们能在北平、南京、或者广州，听到你爽朗的笑声吧。”

一九四九年初党的七届二中全会完满结束，夏衍同志统战工作的对象各民主党派的领袖、民主人士、知名的爱国华侨、暂时在港寓居和从内地来路过香港的文化人已纷纷离港进入东北或华北解放区。大军南下南京解放后，夏衍本人也奉命离港回北平转江南，随大军进入上海，接管文化、报纸工作，可能从那时起就没有直接编报搞副刊了。

诚如他所说，搞文艺工作不如搞新闻工作痛快，不论是大的国际大事，或者小的社会现象，人民群众有意见，要讲话，要抗议，我们当天晚上十一点钟以前写好社论，第二天清早就可以和读者见面，这是一个政治上、写作上、编报技术上的最好的锻炼自己的机会。新闻记者的笔，是一种最锐利的为人民服务的武器。

夏衍同志在报纸上写得最多的是社论、政论、杂文、新闻纪事和“司马牛”、“蚯蚓眼”、“今日与明日”等专栏文章，可是这些很多都没有收入《夏衍杂文随笔集》，现在印出来的只不过是总量的五分之一，如果把那些佚文搜集起来，对搞新闻学，研究当代文化史、思想史，以至搞文艺副刊的编辑将是有益的。

（原载《大地》1981年第6期）

沈端先的翻译

〔日本〕阿部幸夫

以完全由政府派送的留学生身份，却把学业抛在一边，而去从事日本工人运动的实际工作，现在回想起来，“却是一种托尔斯泰所描写过的所谓‘忏悔贵族’的心情，同情工人，以‘启蒙者’自居，而不知‘蒙’着者正是自己。”（《走过来的道路》）夏衍的这个自我批评，乃是射中目标的利器。因为他在沈乃熙时期所知道的，日本具有革命倾向的文学作品，后来便用沈端先的名字逐步翻译发表了。这些作品，说得好是多种多样，如果用稍稍严格的眼光看来，可以说是杂多的没有系统的。沈端先回国后，没有经过过滤，就把面对着一个目的意识的运动体——文学，而正在发愁的日本无产阶级阵营的苦恼，照原样地翻译介绍给祖国的革命文学运动。这首先是热情，加上智慧的多彩多样的翻译活动，但照原样地编排进中国左翼文艺的指导理论之中，我以为这乃是中国文艺界的一件不妥当的事情。

沈端先所译的日本文学作品，有藤森成吉的《牺牲》，金子洋文的《地狱》，平林泰子的《在施疗室》，小林多喜二的《蟹工船》，还有《有岛武郎集》等等。作为党的文艺工作干部的沈端先，真是三头六臂，拚命地工作；他翻译介绍日本的小说，重译介绍苏联的艺术论、文学论，并引用它们来论述无产阶级文学和性意识的问题等等。完全是废寝忘食地在工作。这正是从一九二九年到一九三二年上海事变的一段时间。试看左联机关刊物《拓荒者》创刊号中：“端先将为本刊翻译日本新兴文学的第一部名著，小林多喜二的《蟹工船》，在第三一四期上，大约可以开始发表。”（编辑室消息）在同一期中还刊登了他译的露莎·罗森堡的《俄罗斯文学观》，次号的预告上大书他介绍小林多喜二的《一九二八年三月十五日》，广告栏上还有沈端先译的《金融资本的一断面》（桥本英吉）。在《拓荒者》第二号确是介绍了多喜二的《一九二八年三月十五日》，他还翻译了《伊里支的艺术观》，在广告栏中还有他译的藤森成吉的《特别快车》（剧本）等等，在发挥着多方面的才能，他那精力旺盛的活动令人惊叹，同时，一看他那快速的对外摄取方法，又使人觉得他那周详的“选择眼光”是否能起作用？

当时的沈端先是处在大正十年代的留学生时期，从头到尾清浊不分地把自然主义，从白桦派到民众艺术派、工人文学，全都带进来，经过咀嚼之后，又以更旺盛的吸收力把什么都吞下去，这种姿态，看来是又再出现在《拓荒者》时期的工作态度上。

虽然是过早的作了结论，但是如果稍为深入地注意到沈端先选赠给饥饿的中国青年们的日本文学作品，便可以理解这种玉石混淆地移植到中国来的杂而多，却成为以后长时期的文学、思想论争中，与对方感情不融洽之因。

金子洋文曾参与筹划在家乡秋田的《播种人》创刊工作，并努力向东京推广，直到后来的《文艺战线》，他是第一届的责任编辑，尽力于重建无产阶级文学；他的名字和工作，在年轻的留学生中间有着什么样印象呢？创刊号一发行立即被禁止的《播种人》，在一些对左翼文艺有着不同寻常的关心的人们之间，引起强烈的注意，这是不难想象的。金子的有名作品中篇小说《地狱》（一九二二年三月《解放》），后来由沈端先翻译了。它的内容是以日本一个大地主为模特，描写东北的酒田家及其佃农在旱灾的年头乞雨的事。虽然无法详细知道译者根据什么理由介绍这篇小说，但是在一九二九年发行的《海风周报》（第五期）中，刊有《关于金子洋文》一文，从这里却可以窥见一些。《海风周报》是蒋光慈等创办的文艺杂志；所谓周刊，大约是在大革命失败后国民党压迫之下，为着应付被查禁、停刊的忙乱时期所采取的，如果被搞掉了又立即站起来迅速刊行的办法吧。如果是这样，那么，沈端先的成为这个杂志重要的执笔人，恐怕是在一九二八年后半期，他离开工人运动的工作，被安排在文艺工作的组织中的时候吧。一九二八年十二月三十日，中国著作家协会正式成立，经协会会员九十余人选举，沈端先成为九个执行委员之一。这在该刊第二期的“文坛消息”上有报道。他的突然转向文学运动的时间，大约可以推定为一向说是一九二九年秋的前一年。

《关于金子洋文》这篇介绍，首先叙述了金子的出生年月是在明治二十六年（1893）十一月三日，然后说明金子是属于“劳农艺术家联盟”的成员，在《文艺战线》上发表过许多作品，接着把金子的作品划分为三个时期，说明他从人道主义逐渐趋向社会主义：

> 一、空想的社会主义时代——……金子氏很深的受了武者小路的影响，所以在他初期的作品里面，到处表现出人道主义的色彩。后来与今野贤三相值，他的思想渐渐改变，他对于资本主义发生了反感，但是他的作品里面所表示出来的，依旧是对于空想的新村的憧憬，和对旧社会的柴霍夫一般的憎恶。
>
> 二、“小儿病”的时代——在这个时代的作品，他只是热心于意德渥洛奇的检讨，所以有许多地方为着提高作品的意识，不恤牺牲了自己的心情。这种弊病最显著的作品就是《地狱》和《载着废兵的最终电车》。
>
> 三、《地狱》以后的时代——……《地狱》发表之后，他的作风有了个很大的转变，从冒险转到沉潜，从空想变为现实。《被杀了的火鸡》是意识地矫正《地狱》弊病的作品，但是这一篇里过分的“沉潜”，使作品全般流出了一种野趣横溢的甘味……。
>
> 全体的说来，金子洋文的作品多有一种描写普鲁列塔利亚的纯情、苦恼和争斗的抒情倾向。而最近发表的《铳火》和《天花板的善公》，虽然已经有了从抒情转变到叙事的倾向，但是他的固有的那种抒情倾向，还是不能脱却。

这种左倾幼稚病在意识方面的先行，我以为不一定是现在中国文学所要求的，也不仅只是为传达素朴的正义感或者无产阶级的纯情。

作为冷静叙事的写作，在作品中表现的金子的人品，看来是很有魅力的吧。

《播种人》在理论方面使文艺运动和工人运动相结合，由统一化而产生阶级艺术作品，金子的《地狱》便是为此而急速制造适合的土壤的。这个事实是不能忽视的。如果借用沈端先的话说，“空想的新村的憧憬”或者“柴霍夫一般的憎恶旧社会”，这种脱却原始的反抗阶段的《播种人》运动，其实际成果便是《地狱》，这样就能理解他翻译介绍给中国读者的用意。关系到无产阶级文学存在的生存斗争中所产生的作品，一定是比斯蒂文思、迪更斯、屠格涅夫、托尔斯泰更直接地抓住沈乃熙的心吧。在“饥岁之春不馕幼弟”（韩非）的国家动乱之中，对于目标在新文学运动的人们看来，《地狱》是描写了动摇于旱灾和乞雨之间的东北（日本）农民尖锐斗争的佳作。

平林泰子初期的作品，传达了不修边幅的女性姿态。特别是《在施疗室》（一九二七年九月《文艺战线》），把粗暴的野性全部暴露出来的描写，伴随着无政府式的反抗，是很有力量的。某无政府主义者因抗争被投入监狱，和他同居的“我”在以谋利为主的施医室受监护，她决意生育一个女布尔什维克，不久婴儿生下来，因为不能不把害脚气病的“我”的奶汁喂养婴儿，在这种绝望的情况之下，婴孩死去了。带着强烈反抗的心情和十分衰弱的身体，走向“李家屯旅顺监狱分所”的女主人公，面对着日本殖民地的殖民主义者们，和冷酷的环境斗争，义无反顾地一味反抗权力的强悍的笔力，使得沈端先也受到震动吧。不知是在一九二七年秋被日本政府驱逐之前读过这篇作品，或是在回国后看到的，但他对于女主人公说的：

> 社会主义者的我，是在入狱这件事情的面前萎缩着！的确，这是一种萎缩！啊啊！这种可怜的自觉，又使我对于自己绝望起来。
>
> 女人呀！相信未来！假使对于孩子的爱着很深，那么，唯其爱着深，所以应该上前去奋斗！

对于这样的一意相信虚渺的将来，毫无希望的明天的一种决心，是起了共鸣的。

夏衍对于处在逆境的女性，战斗的女性，或者强烈要求生存的女性，趋向光明的女性，以及游移不定的女性等等，所有挣扎于变革期的女性一般情况，都给予深切的关心，这是通过他的作品都可以看到的。而如果认为他翻译《在施疗室》也是这样的意思，那么他着手翻译的心思是多么的仔细，这可以说是对于坚决要求生存下去的女性的共鸣吧。

多少有些无政府式的反抗的女性，虽然是一心一意地求生存，但是前途如何不得而知，所以在顺着触发的事件次序中，不知道该转向何方。事实上也是如此，平林泰子后来离开了学艺范围，去攻击普罗文学的非人性问题，单只注重于人情味了。

> 就我自己来说，由于长期在国民党区域工作，自己没有主动地去和工农群众接近，国民党反动派也不让我们去和工农群众接近，所以在很长的一个时期之内，立场态度和思想感情的问题依旧还没有得到很好的解决。（《走过来的道路》）

这是夏衍自己对自己的分析，在国统区工作，这也确实是直接的原因，但是也可以认为是从留日的时期继续下来的吧。

进行选择的判断标准，当然会因人因立场的不同而有差异。有敢于在大众面前暴露反面教员的，也有认为配合目的经过整理分类之后，集中介绍必要的一系列的作品，才是正常办法的。如果想到贫乏的资金和不充分的时间，以及仅少的篇幅，还有所处时代的紧迫性，就会觉得不能慢吞吞地只让反面教员出场。他的翻译出版小林多喜二的《蟹工船》，介绍《一九二八年三月十五日》，大约就为的是配合时代的紧急性吧。这恰象翻译介绍高尔基或者高尔基一流的革拉特珂夫的作品一样，是同一个目的的。上述都是从《世界新兴文学丛书》的统一广告中来的。虽然不是直接从本国语言翻译而是间接的重译，但却是采用目前急需的东西的积极态度。由此我联想到鲁迅对翻译的态度。他在《上海文艺之一瞥》中说：

是一面创作，一面也看重翻译的，是注意于介绍被压迫民族文学的，这些都是小国度，没有人懂得他们的文学，因此也几乎全都是重译的。

在这种时代的紧急需要之中，沈端先还翻译了菊池宽的《演剧研究》，并译了没有脱出白桦派一步的《有岛武郎集》等等。这样广泛的伸张出翻译之手，我们将如何理解才好呢？

有人研究说，菊池宽的《父归》和夏衍的《上海屋檐下》（一九三七年春，上海）类似，现在且不谈它，还是进一步谈谈关于翻译《有岛武郎集》的情况。如果知道他翻译过藤森成吉根据有岛武郎的情死事件写的剧本《牺牲》，由这个事实就不能不说这是颇能触及沈端先的心弦的。这个剧本确实是传达了主人公石川谦造（以有岛为模特）的心思，一方面否定私有财产，而现实的资本主义社会，又不承认放弃私有财产的意思么？或者是想探讨片山千代子（主人公之妻）的在无从逃脱倦怠夫妇的男女关系中，知识分子卑劣的生活方式？

如果真是这样的话，那么他的翻译《有岛武郎集》，并接着翻译藤森成吉的《牺牲》，就说明他对于这一主题的紧追不放。

虽然是辞不达意的笔头，但还是想探讨一下在沈端先的翻译工作中，不论事件的重要与否，或者主题的大小，使得中国新文学混杂的三种类型的萌芽。

第一是他把留日时期的日本无产阶级文学的混杂照原样吸收进来。这中间的事实关系和进展的考察研究，且让给各个专门的研究。不过在把日本文学一再动摇的转换期实况，照样搬到中国来，这一点是沈端先特有的。

第二是在混乱中发现的女性的顽强生活方式。《在施疗室》、《女工哀史》是产生《包身工》而使夏衍氏扬名的，《牺牲》、《有岛武郎集》是影响了《赛金花》、《上海屋檐下》、《愁城记》等等夏衍的一系列剧作，这且待以后论述。

第三是夏衍的爱好问题，比起小说来他是更倾向于戏剧的。

总而言之，沈乃熙注意到了包含各种社会主义志趣的，争论不休的日本无产阶级文学，而沈端先是无条件地移植到中国来，夏衍却又使它们形象化成为自己的作品了。

（陈秋帆　译）

（原载《转形期备忘录》之一节）

夏衍评论资料目录索引

陈　坚

记夏衍　　徐　明
载《小说月报》1943年10月第37期。

记夏衍　　天　行
载1946年8月22日《东南日报》。

记夏衍　　白　沉
载《文艺生活》新6卷合订本。

作家和战士——记夏衍同志　　吴祖光
载《剧本》1957年第4期。

夏　衍
载《中国青年》1957年7月号。

革命的作家和战士——夏衍同志　　吴祖光
载《剧本》1980年第1期。

在前辈指导下学步——谈《故都春晓》的写作　　绍武　会林
载《人民戏剧》1980年第1期。

夏衍戏剧研究资料　　会林　绍武
1980年1月中国戏剧出版社出版。

凌云健笔意纵横——《夏衍杂文随笔集》代序　　廖沫沙
载1980年6月4日《人民日报》。

夏衍年表　　会林　绍武
载《戏剧艺术论丛》1980年5月第2辑。

夏衍二姐谈夏衍童年　　陈　坚
载《西湖》1980年10月。

辛苦了，老水手　　柯　灵
载《戏剧艺术论丛》1980年10月第3辑。

回忆片断　　金　山
载《戏剧艺术论丛》1980年10月第3辑。

夏　衍　　会林　绍武
载《中国电影家列传》，1982年4月中国电影出版社出版。

夏衍剧作论　周钢鸣
载《文艺生活》1941年11月15日第1卷第3期。

夏衍和契诃夫　焦菊隐
载1944年7月14日《新民报》（重庆版）。

《夏衍剧作选》　星
载《文艺报》1953年10月号。

读《夏衍剧作选》　王　瑶
载《文艺报》1954年5月号。

夏衍的剧作　李束丝
载《戏剧学习》1957年第3期。

简论夏衍的戏剧创作道路——兼评《上海屋檐下》、《一年间》、《法西斯细菌》　端木　叶涛
载《戏剧教学》1958年第3期。

夏衍和他的戏剧创作　刘献彪
载《山东师院学报》1959年第3期。

左联时期的戏剧（节录）　陈瘦竹
《左联时期无产阶级革命文学》，1960年江苏人民出版社出版。

夏衍作品中的资产阶级思想　何其芳
载1966年4月1日《人民日报》。

论夏衍同志解放前的话剧创作　陈　翰
载《上海师大学报》1979年第4期。

夏衍和他的剧作　王文彬
载《语文战线》1979年第4期。

略论夏衍的话剧创作　陈　翰
载《上海师大学报》1980年第3期。

夏衍剧论　袁良骏
载《戏剧艺术论丛》1980年10月第3辑。

夏衍抗战剧浅析　钟德慧
载《四川大学学报》1981年第2期。

《赛金花》座谈会　诸　家
载《文学界》1936年6月创刊号。

《赛金花》的演出　郑伯奇
载1936年11月20日《大晚报》。

《赛金花》评座　钱亦石等
载1936年11月24日《大晚报》。

读《赛金花》剧本后　庸
载1936年11月31日《中央日报》。

谈《赛金花》　茅　盾
载《中流》1936年12月第1卷第8期。

庚子事变与赛金花　田　汉
载《女子月刊》第4卷第9期。

关于《赛金花》 阳翰笙
载《女子月刊》第4卷第9期。

《赛金花》公演小评 若 英
载《电影戏剧》1936年12月第1卷第3期。

《赛金花》论 何典（茅盾）
载《读书》半月刊1937年2月16日第1卷第3期。

《赛金花》剧本的真实性 周煦良
载《文学杂志》1937年5月创刊号。

评《赛金花》 沙 雁
载《文艺月刊》1937年5月第10卷第4、5合期。

《赛金花》的风波 艾思奇
载《实践与理论》，1939年读书出版社出版。

《赛金花》值得搬上舞台了 阿 芬
载1955年1月14日《新民报·晚刊》。

历尽沧桑《赛金花》 评论员
载《南国戏剧》1979年第1期。

应当重新评价《赛金花》 洪 道
载《南国戏剧》1979年第2期。

我看过《赛金花》 吴仞之
载《上海戏剧》1979年第1期。

从《秋瑾传》说到《赛金花》
柯 灵
载《战地增刊》1979年第1期。

夏衍与《赛金花》 董立甫
载《语文函授通讯》（上海师大）1979年第17期。

评《赛金花》 代 一
载《辽宁师院学报》1979年第5期。

辽宁大学中文系七八级开展《赛金花》专题讨论
载《语文教学参考》1979年第4期。

从《赛金花》想到《羊脂球》及其他
王汝惠
载《语文教学参考》1979年第4期。

《赛金花》的政治倾向应该肯定
王大路
载《语文教学参考》1979年第4期。

谈谈对《赛金花》的评价问题
祝一寰
载《牡丹江师院学报》1979年第2期。

论历史讽喻剧《赛金花》 陈则光
载《文学评论》1980年第2期。

关于《赛金花》公案的一个故实
柯 灵
载《新文学史料》1980年第2期。

当年的《赛金花》 吴泰昌
载1980年5月13日《解放日报》。

《赛金花》之我见——由柯灵、洪道等同志的文章引起的 箭 鸣
载《社会科学战线》丛书:《现代文学论集》1980年12月号。

重评《赛金花》——兼驳某些批判文章 王剑丛
载《社会科学战线》丛书:《现代文学论集》1980年12月号。

评《自由魂》 《光明》读者会
载《光明》1937年3月第2卷第7期。

评《秋瑾》——《自由魂》 高 山
载《文艺月刊》1937年5月第10卷第4、5合期。

关于《上海屋檐下》及其改编 柳 青
载1939年1月23日重庆《中央日报·平明》。

《上海屋檐下》 姚 伊
载《燕京文学》1940年12月第1卷第3期。

介绍《上海屋檐下》 克 明
载1942年1月7日延安《解放日报》。

《上海屋檐下》 刘西渭
载《咀华二集》,1942年1月文化生活出版社。

论《上海屋檐下》——与友人书 李健吾
载1957年1月26日《人民日报》。

关于话剧《上海屋檐下》——致观众的短笺 金 山
载1957年1月26日《人民日报》。

《上海屋檐下》反映了什么? 君 犁
载1957年2月14日《西安日报》。

看《上海屋檐下》 吴祖光
载1957年2月19日《北京日报》。

看《上海屋檐下》的一点体会 袁水拍
载1957年2月19日《北京日报》。

一分钟的戏——评《上海屋檐下》的演出 王 培
载1957年3月21日《北京日报》。

看《上海屋檐下》 丁 石
载《剧本》1957年第4期。

廿年旧梦话“重逢”——再度看《上海屋檐下》的演出 唐 弢
载1957年6月2日《解放日报》。

想起了十七年前的《上海屋檐下》 江水曙
载1957年6月2日《新闻日报》。

看《上海屋檐下》——兼谈中国青年艺术剧院的演出 冯亦代
载1957年6月8日《文汇报》。

谈《上海屋檐下》的演出 贝 思
载1957年6月16日《陕西日报》。

从《上海屋檐下》谈起 陈 方
载1957年7月7日《新民报·晚刊》。

在那阴晦和愁愁的日子里——评《上海屋檐下》的演出 江华 枝宁
载1957年7月28日《甘肃日报》。

重读《上海屋檐下》 缪依杭
载1962年1月21日《新民晚报》。

《上海屋檐下》是反时代精神的作品 卓 如
载《文学评论》1965年第3期。

记金山排《上海屋檐下》 宋 庆
载《人民戏剧》1980年第1期。

重演《上海屋檐下》有感 路 曦
载《戏剧艺术论丛》1980年10月第3辑。

按照历史面貌演出《上海屋檐下》 郭 庆
载1980年11月18日《文汇报》。

重看《上海屋檐下》的联想 张 颖
载《人民戏剧》1980年第12期。

看过《一年间》 崔万秋
载1939年4月20日《救亡日报》。

夏衍著《一年间》 楼 佐
载《杂志》1939年5月第4卷第5期。

写在《一年间》公演之前 殷 扬
载1939年10月3日《救亡日报》。

国庆·戏剧节·《一年间》 殷 扬
载1939年10月4日《救亡日报》。

《一年间》读后 于 逢
载1939年10月4日《救亡日报》。

喜悦与哀愁 周钢鸣
载1939年10月5日《救亡日报》。

《一年间》演出之前 周钢鸣
载1939年10月6日《救亡日报》。

《一年间》 朱端钧
载1939年10月7日《救亡日报》。

从《上海屋檐下》到《一年间》 司马文森
载1939年10月7日《救亡日报》。

一年间 刘念渠
载《抗战剧本批评集》1939年12月。

公演《花烛之夜》有感 罗蒙
载1940年2月22日上海《大美报·早茶》。

《一年间》之等待 予且
载1940年2月28日上海《大美报·成草》。

《一年间》的思想和艺术 陈坚
载《浙江学刊》1980年第1期。

谈《愁城记》 章罂
载1941年11月9日《新华日报》。

序《愁城记》 田汉
载《愁城记》，1942年8月文献出版社初版。

夏衍名作《水乡吟》的成功 田汉
载1944年1月4日《新华日报》。

《法西斯细菌》剧本和演出 刘念渠
载《十三年间》，1957年2月新文艺出版社出版。

真理只有一个——一个医生对于《法西斯细菌》的感想 田舒
载1942年11月8日《新华日报》。

消灭法西斯细菌——《第七号风球》读后感 颜翰彤
载1942年10月16日《新华日报》。

谈《法西斯细菌》从剧本说到演出 章虹
载1942年11月5日《新华日报》。

新进步的开端——评《法西斯细菌》的演出 颜翰彤
载1942年11月9日《新华日报》。

《法西斯细菌》的形貌 史田
载1942年11月10日《新华日报》。

谈夏衍的《法西斯细菌》 黄芜茵
载1942年12月30、31日《新华日报》。

论《法西斯细菌》的主题——典型环境与前线主义 颜翰彤
载1943年1月6、7日《新华日报》。

《法西斯细菌》读后 C F
载《青年文艺》1943年5月1卷5期。

《法西斯细菌》今天演出的意义 朱端钧
载1950年5月6日《文汇报》。

消灭人类共同的敌人——法西斯细菌　　路　凯
载1951年5月7日《大公报》。

谈重演《法西斯细菌》　　刘念渠
载1954年5月23日《北京日报》。

看《法西斯细菌》的几点体会　　金　丁
载1954年6月12日《光明日报》。

《法西斯细菌》的现实主义　　吴祖光
载1954年6月30日《大公报》。

为什么上演《法西斯细菌》　　张　庚
载《戏剧报》1954年6月号。

谈《法西斯细菌》的再演出　　刘念渠
载《戏剧报》1954年6月号。

谈《法西斯细菌》中静子的角色形象　　陈丁沙
载1954年7月31日《光明日报》。

我演静子　　雷　平
载1954年7月31日《光明日报》。

导演《法西斯细菌》自问录记　　洪深　张逸生
载《戏剧报》1954年7月号。

扮演俞实夫的点滴体会　　姜祖麟
载1954年8月7日《光明日报》。

谈《法西斯细菌》的舞台人物的形象　　陈卓猷
载《戏剧报》1954年8月号。

再演《法西斯细菌》　　洪深等
载1954年9月4日《天津日报》。

我创作静子的一些体会　　雷　平
载《戏剧报》1954年9月号。

谈《法西斯细菌》的上演　　张　庚
载1955年1月5日《长江日报》。

在前进中——谈《法西斯细菌》的再度演出　　蒙　生
载1955年6月14日《长江日报》。

夏衍的《法西斯细菌》　　李瑞熙
载《天津师院论文集刊》1957年第1期。

重读《心防》与《法西斯细菌》　　李健吾
载《戏剧艺术论丛》1980年10月第3辑。

《戏剧春秋》先读有感　　杜镜若
载1943年11月1日《新华日报》。

《戏剧春秋》一解　　宋之的
载1943年11月15日《新华日报》。

"东北是我们的"考——《戏剧春秋》题外的话　　陆鸣皋
载1943年11月29日《新华日报》。

谈《戏剧春秋》　　章　罂
载1943年12月27日《新华日报》。

评《复活》　　汪　淙
载1943年5月10日《新华日报》。

话剧《复活》忆旧　　木　红
载1957年6月29日《新民晚报》。

公爵和女囚的会见　　中　原
载1957年6月29日《新民晚报》。

谁复活了卡秋莎——《复活》话剧观后感　　吴　俊
载1957年12月8日《文汇报》。

美征服了丑——话剧《复活》观后　　边善基
载1957年12月21日《解放日报》。

看《离离草》后　　酒　泉
载《文联》1946年1月第1卷第2期。

东北是人民的——读夏衍的《离离草》　　陈之天
载《文艺新闻》1946年4月第5号。

看《离离草》　　李广田
载《文学枝叶》，1948年1月益智出版社初版。

五个战时剧本　　乐少文
载《文艺复兴》1946年11月第2卷第4期。

评《芳草天涯》　　何其芳
载《关于现实主义》，1959年4月上海文艺出版社出版。

夏衍的新作《考验》　　保　予
载1954年8月25日《新民报·晚刊》。

《考验》导演手记之一　　佐　临
载1954年9月6日《文汇报》。

谈话剧《考验》的主题　　子　新
载1954年9月14日《新民报·晚刊》。

"单靠忠诚和决心已经不够了"——从话剧《考验》中的丁纬这一人物得到启示　　王　瑶
载1954年9月16日《新民报·晚刊》。

我读《考验》　　陈伯吹
载1954年9月23日《文汇报》。

看人民艺术剧院演出的《考验》　　陈　达
载1954年10月5日《新民报·晚刊》。

话剧《考验》中的薛德为　　张立德
载1954年10月8日《新民报·晚刊》。

夫妻之间（演《考验》中王蕙的体会）
章曼萍
载1954年10月13日《新民报·晚刊》。

两种力量的斗争——谈夏衍的剧作《考验》 郑国铨 林志浩
载1954年11月13日《光明日报》。

略谈《考验》的剧情和演出 肖宏达
载1954年12月29日《四川日报》。

对话剧《考验》演出的一点意见
兆 震
载《内蒙古文艺》1954年12号。

对话剧《考验》的体会 徐 宁
载1955年2月18日《旅大人民日报》。

迎接新时代的《考验》 刘 明
载1955年3月16日《新华日报》。

话剧《考验》及其上演的意义
雪 枫
载1955年3月26日《大众日报》。

我们迎接着《考验》 傅圣谦
载1955年6月25日《江西日报》。

骄傲自满会阻碍革命事业前进——剧本《考验》读后 胡家林
载1955年7月14日《新民报·晚刊》。

谈《考验》的二个人物 肖 衍
载《文学书刊介绍》1955年第4期。

剧本《考验》座谈会 勒
载《剧本》1955年第5期。

谈北京人民艺术剧院演出的《考验》
吕 复
载《戏剧报》1955年第6期。

读《考验》 凤 子
载《剧本》1955年第7期。

评《考验》 赵 寻
载《文艺报》1956年第2期。

骄傲自满是建设社会主义的敌人——谈夏衍的剧本《考验》 刘念渠
载1957年5月14日《大公报》。

《考验》中的人物 陈伯吹
载《语文学习》1958年4月号。

新的良好的收获 苏 凤
载1933年3月6日《晨报·每日电影》。

象诗一般的渺茫 舒 湮
载1933年3月6日《晨报·每日电影》。

狂流意识论 安 娥
载1933年3月6日《晨报·每日电影》。

《狂流》的评价　　席耐芳
载1933年3月7日《晨报·每日电影》。

关于《狂流》　　芜　邨
载1933年3月7日《晨报·每日电影》。

评《狂流》　　铁　叟
载1933年3月7日《晨报·每日电影》。

又一评　　毅　群
载1933年3月7日《晨报·每日电影》。

关于《狂流》批评——质安娥先生　　公　平
载1933年3月8日《晨报·每日电影》。

读安娥先生的《狂流意识论》　　凤　梧
载1933年3月10日《晨报·每日电影》。

《狂流》话旧　　史　簇
载1960年4月24日《北京晚报》。

看了《春蚕》影片之后　　穆木天
载1933年10月13日《申报》。

评《上海24小时》　　尤　兢
载1934年12月16日《申报·电影专刊》。

评《同仇》　　凌　鹤
载1934年4月28日《申报·电影专刊》。

《同仇》本事　　乾　白
载《明星月报》1934年第2卷第3期。

《自由神》评　　包　时
载1935年8月26日《民报·影坛》。

《女儿经》本事　　乾　白
载《明星月报》1934年第2卷第4期。

《脂粉市场》本事　　乾　白
载《明星月报》1933年5月创刊号。

读《祝福》电影剧本　　黄　钢
载《中国电影》1956年第1期。

电影剧本好，影片也好——略谈影片《祝福》及其剧本　　金　草
载1956年10月22日《人民日报》。

祥林嫂的时代永远过去了　　白　杨
载《大众电影》1956年第15期。

《祝福》的美术工作片断　　编　者
载《大众电影》1956年第15期。

写在《祝福》上演之前　　桑　弧
载《大众电影》1956年第19期。

重读《祝福》及初看影片　　陈伯吹
载《大众电影》1956年第19期。

《祝福》是一个好影片　　于　伶
载1956 年10月21日《解放日报》。

动人心魄的不朽诗篇——《祝福》
胡秉中
载1956年10月21日《新疆日报》。

评《祝福》 钟惦棐
载1956年10月26日、27日《文汇报》。

是否“画蛇添足”？——对《祝福》的一点意见 龙世辉
载《大众电影》1956年第24期。

《祝福》电影剧本 黄钢
载《中国电影月刊》1956年10月号。

生活规律和艺术效果——谈影片《祝福》中的一些情节 许杰
载1956年11月2日《文汇报》。

关于祥林嫂砍门槛的细节 林志浩
载《文艺报》1956年第24期。

试论《祝福》的导演处理 阮潜
载1957年1月26日《光明日报》。

一封谈《祝福》的信 阮潜
载1957年3月31日《文汇报》。

请准许祥林嫂砍门槛 剑青
载《长江文艺》1957年4月号。

谈影片《祝福》 苏灵
载1957年4月7日《解放日报》。

推荐《祝福》 王少遂
载1957年4月19日《重庆日报》。

读电影《祝福》剧本 倪祖堃
载1957年4月19日《重庆日报》。

不是发展了原著，而是背离了原则——从影片《祝福》中祥林嫂砍门槛等问题谈起 舒若等
载《中国电影》1957年4月号。

《祝福》学习札记 章抒
载《电影创作》1959年6月号。

谈《祝福》的改编 白景晟
载《人民电影》1978年第5期。

扮演林老板的体会 谢添
载《大众电影》1959年第4期。

谈谈《林家铺子》片断 张客
载《大众电影》1959年第4期。

喜读电影剧本《林家铺子》 杨天喜
载《中国电影》1959年第6期。

于朴素中见深刻——影片《林家铺子》观后 梅阡
载1959年10月8日《人民日报》。

一幅三十年代的图案 麻梦华
载1959年10月8日《杭州日报》。

看过去，更热爱今天——优秀影片《林家铺子》　楼适夷
载1959年10月10日《中国青年报》。

看优秀影片《林家铺子》　何家槐
载《大众电影》1959年第19期。

大浴潭中的小波澜——看电影《林家铺子》　年大有
载1959年10月13日《重庆日报》。

人吃人的旧社会　黄益庸
载1959年10月14日《黑龙江日报》。

深刻的时代的悲剧——杂谈《林家铺子》　李　景
载1959年10月15日《羊城晚报》。

《林家铺子》杂谈　霍　荃
载1959年10月17日《福建日报》。

岂是一家铺子的悲剧——我看电影《林家铺子》　席明真
载1959年10月17日《成都日报》。

阶级社会的缩影——看影片《林家铺子》以后　力　坚
载1959年10月18日《广州日报》。

创造性的改编——看影片《林家铺子》以后　文　若
载1959年10月18日《哈尔滨日报》。

锦上添花的改编——简谈电影片《林家铺子》的成就　景生泽
载1959年10月22日《陕西日报》。

旧时代黑暗的缩影——电影《林家铺子》观后　金钟鸣
载1959年10月23日《长春日报》。

事件虽小，意味深长——看电影《林家铺子》　许南明等
载《百花》1959年第10期。

看《林家铺子》散记　汪岁寒
载《电影艺术》1959年第5期。

论林老板这个性格——看电影《林家铺子》所想到的　甘惜分
载《文艺报》1959年第23期。

关于《林家铺子》——从小说到电影兼谈林老板这一人物　佩　华
载1959年12月29日《北京日报》。

略谈影片《林家铺子》的改编　杨　光
载1960年2月16日《天津日报》。

《林家铺子》演后感　谢　添
载1960年2月16日《天津日报》。

一堂生动的历史课和阶级观点教育课——看《林家铺子》　南开大学中文系影评组
载《百花》1960年第13期。

表演双重性格人物的初步尝试——访《林家铺子》主演谢添　李　新
载《百花》1960年第13期。

在人吃人的旧社会里——彩色影片《林家铺子》观后　潘　泽
载1960年8月16日《成都日报》。

谈《林家铺子》的美术设计　韩尚义
载1962年4月4日《文汇报》。

黑暗旧中国的一角——影片《林家铺子》观后谈　尔　潜
载1963年6月28日《成都晚报·锦水》。

评《林家铺子》的改编　张天翼
载《文艺报》1965年第6期。

在中国资本主义行不通——从电影《林家铺子》复映说起　周忠厚等
载1979年4月16日《人民日报》。

重评《林家铺子》——浅谈电影创作中的现实主义和历史主义
周忠厚　刘燕光　杨力
载《电影创作》1979年第9期。

昂扬的革命斗争——评《革命的一家》　顾仲彝
载1960年3月30日《光明日报》。

象革命前辈那样英勇奋斗——记影片《革命家庭》座谈会
载1961年6月17日《中国青年报》。

湘水龙华一脉通——看影片《革命家庭》以后的感想　袁　鹰
载1961年1月19日《人民日报》。

《革命家庭》　冯　牧
载《文艺报》1961年第1期。

革命抒情曲《革命家庭》　方　明
载《大众电影》1961年第1、2期。

访于蓝同志　沈基宇
载《大众电影》1961年第1、2期。

于蓝谈《革命家庭》　陈朝玉
载《上海电影》1961年第2期。

感动之后——看影片《革命家庭》有感　谢逢松
载《中国妇女》1961年第2期。

一部极不平常的影片——《革命家庭》赞　吴　雪
载1961年2月7日《光明日报》。

革命的一家　西　高
载1961年2月15日《成都日报》。

要永远记住革命的胜利和幸福是怎样得来的——影片《革命家庭》观后　曾　克
载1961年2月19日《四川日报》。

每个人都可以从中吸取力量——推荐影片《革命家庭》　黎　响
载1961年2月23日《辽宁日报》。

朝革命的路上变　许广平
载1961年2月27日《人民日报》。

崇高的形象　独特的风格——看了《革命家庭》以后的感想　李洪辛
载1961年2月28日《文汇报》。

风格与局限　老　舍
载《电影艺术》1961年第2期。

周莲的变——谈影片《革命家庭》　凤　子
载《上海电影》1961年第3期。

谈《革命家庭》的几个细节　邹荻帆
载1961年3月2日《光明日报》。

为了壮丽的革命事业——《革命家庭》观后　小　虹
载1961年3月2日《河北日报》。

永远艰苦奋斗——看影片《革命家庭》的一段回忆　周　香
载1961年3月5日《吉林日报》。

要象革命前辈那样英勇奋斗——影片《革命家庭》观后　王　忠
载1961年3月7日《黑龙江日报》。

个人·家庭·革命——看影片《革命家庭》　方　甫
载1961年3月7日《黑龙江日报》。

《革命家庭》的风格及其他　陈白尘
载1961年3月10日《光明日报》。

略谈《革命家庭》　李厚基
载1961年3月13日《光明日报》。

无产阶级战士的道——学习《革命家庭》影片的几点体会　邝　吴
载1961年3月13日《成都日报》。

成都各界座谈影片《革命家庭》
载1961年3月14日《成都日报》。

改编也是创作——漫谈《革命家庭》的改编　田　心
载1961年3月22日《羊城晚报》。

《革命家庭》里周莲的形象塑造　边善基
载《上海电影》1961年第4期。

学习先烈不断革命的精神——重看《革命家庭》有感　又　耳
载1961年5月1日《成都晚报》。

漫谈于蓝同志在《革命家庭》中表演的几个片断　沈　容
载《大众电影》1961年第5、6期。

残酷的斗争环境，革命的乐观主义精神　昭　文
载1961年7月9日《吉林日报》。

夏衍谈写电影剧本的方法　春
载1958年12月25日《人民日报》。

写剧本的一把钥匙　欧阳予倩
载《中国电影》1959年第2期。

对话、结构及其他——《写电影剧本的几个问题》学习偶记　苏　杭
载《中国电影》1959年第4期。

夏衍的《写电影剧本的几个问题》　汪岁寒
载《读书》1959年第7期。

评夏衍的《电影论文集》　王春元
载1966年3月11日《光明日报》。

评夏衍的《电影论文集》　海红缨
载1966年12月23日《光明日报》。

夏衍早期描写工人生活的小说　瞿光熙
载1963年4月5日《新民报》。

民主、科学、人道主义——谈夏衍著《长途》　连　宜
载1943年3月1日《新华日报》(重庆版)。

对瓦砾宽容，对弱草苛厉　珏　人
载1946年11月22日《东南日报》。

夏衍的杂文集　瞿光熙
载《文学评论》1964年第3期。

一篇深挚感人的抒情散文——谈夏衍的《记〈离离草〉》　陈　坚
载《语文战线》1980年第13期。

《包身工》分析　荃麟　葛琴
载《文学作品选读(下)》，生活·读书·新知书店1949年版。

夏衍的《包身工》——一篇典范意义的报告文学　叶　园
载《春雷》1957年7月号。

漫谈《包身工》　魏金枝
载《文艺月报》1958年4月号。

知道过去，才更珍惜现在　周凤姣
载《多读好书》1959年第2辑。

温故而知新——重读《包身工》有感　王　大
载1959年4月3日《人民日报》。

夏衍的《包身工》　邵伯周
载《语文教学》1959年第4期。

从采杜鹃花想起的——介绍夏衍的《包身工》　邓蜀艺
载《湖南文学》1959年5月号。

纺织工人谈《包身工》　藏　申
载1959年5月4日《北京日报》。

知道过去，才更珍惜现在　党秀臣
载1959年6月19日《西安日报》。

《包身工》　瑾
载《文学知识》1959年11月号。

《包身工》读后　吴培兴
载1961年6月21日《解放日报》。

对旧时代的沉痛控诉——谈夏衍的《包身工》　吴淮生
载1962年7月22日《宁夏日报》。

一支刺穿黑暗社会的戈矛——重谈报告文学《包身工》　李焕仁
载1963年4月30日《光明日报》。

火辣的阶级感情——重读报告文学《包身工》随感　卷　耳
载1963年5月1日《河北日报》。

由《包身工》想起的　王庆生
载《长江文艺》1963年第5期。

《包身工》的写作前后　何　成
载1963年6月9日《吉林日报》。

从《执政府大屠杀记》到《包身工》——我国初期报告文学发展的概况　史　明
载《语文战线》1979年第4期。

新闻与文学的完美的结合　杨志坚
载《语文战线》1979年第4期。

电影手法的运用　钱国钢
载《语文战线》1979年第4期。

准确·鲜明·生动　陈宏遂
载《语文战线》1979年第4期。

报告文学的杰作《包身工》　袁良骏
载《十月》1978年第3期。

谈谈《包身工》的议论特色　修龙恩
载《泰安师专学报》1980年第3期。

忆《华商报》的《热风》和《茶亭》　顾家熙
载《大地》1981年第6期

《春寒》讨论总结 广州中山大学文学院学生
载《青年知识》1948年7月第35期

后 记

"五四"以后，中国产生了完全崭新的无产阶级文化新军。这支在中国共产党领导下，以鲁迅为旗手，以共产主义文化思想为锐利武器的文化新军，在反帝反封建的伟大斗争中，取得了辉煌战绩。夏衍是其中的重要骨干和优秀战士。他是革命电影戏剧运动的先驱者，杰出的剧作家，报告文学和政论杂文作家，翻译家。在半个多世纪的漫长岁月里，他为探索革命文艺的正确途径，发展无产阶级文艺事业，竭尽了毕生的精力，在戏剧、电影、文学、新闻等各个领域做出了卓越的贡献。系统地认真地研究夏衍等老一辈无产阶级作家的思想与创作，从中总结有益的历史经验，是现代文学研究的一个十分迫切的任务，这对于新一代文学青年的健康成长和繁荣社会主义文艺创作是很有意义的。为此，我们编辑了这部《夏衍研究资料》，企望能对这一课题的深入探讨有所裨益。

这本书汇集了下列内容：

一、夏衍传略；

二、夏衍谈自己的生平、创作道路与作品；

三、夏衍年表及有关图片；

四、夏衍著译系年（附夏衍笔名录）；

五、评论、研究夏衍及其作品的较有影响的文章；

六、有关夏衍评论的资料目录。

需要说明的是，夏衍的著译，特别是杂文、随笔、政论等文章数量极大，由于环境和战斗需要，发表时经常变换笔名，加上他对自己的作品很少保留、收集，因而散佚较多。这次我们尽力搜集了一部分，编成系年，但肯定还有不少缺漏。书中作家自述部分，收录后经夏衍同志亲笔做了一些不涉及内容的文字修改。凡属内容有改动或补充更正史料之处，均由编者一一加注说明。全书限于水平，在编排体例、材料选择等方面亦不免存在缺点，均望专家及同志们不吝批评指正。

本书编辑过程中曾蒙夏衍同志亲自审阅，并参阅了上海图书馆朱守芬、上海师大中文系董立甫等同志编纂的夏衍著译索引，在此一并致以谢忱。

编　者